1990年常德县政区图

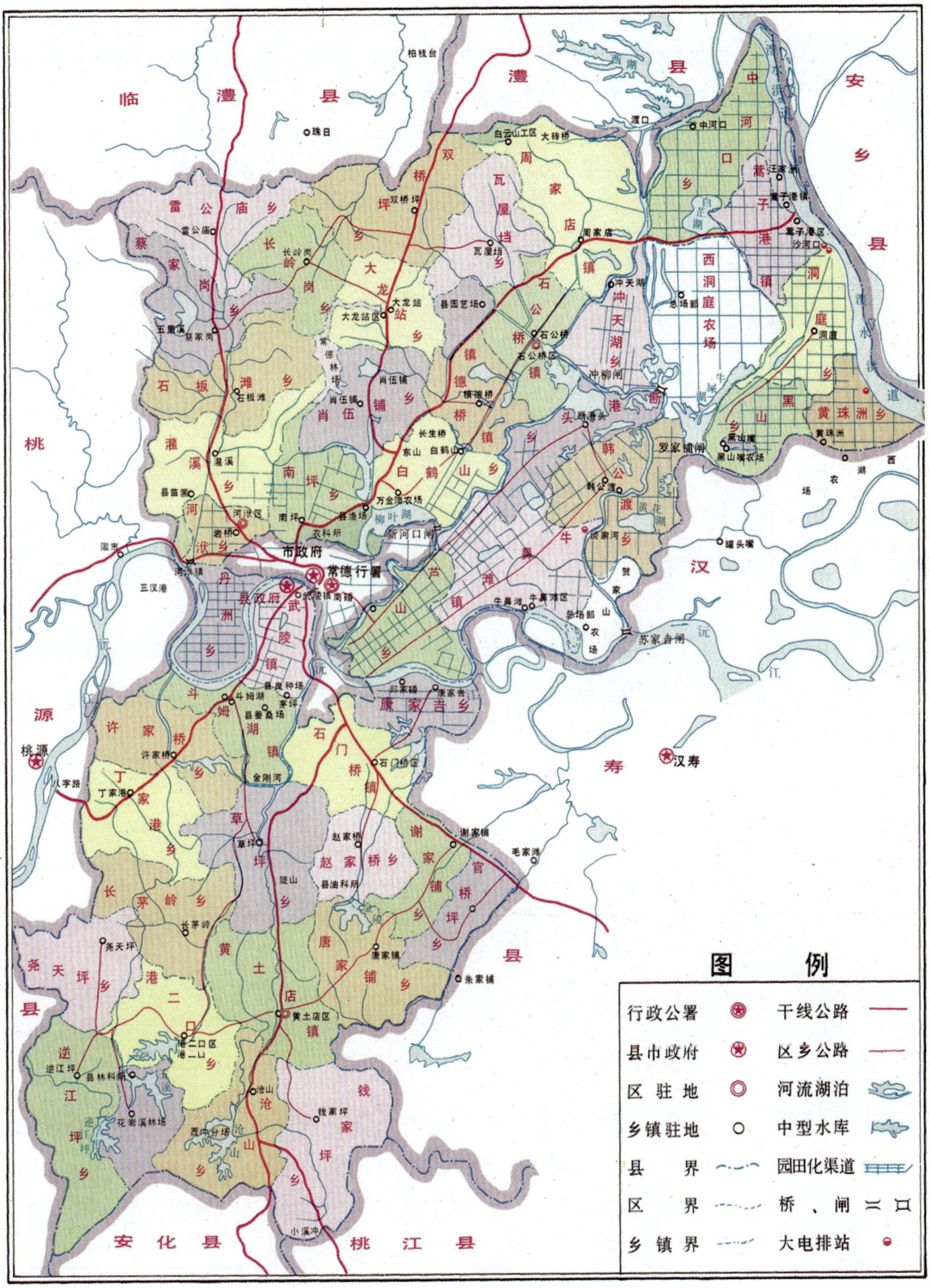

2005 年鼎城区政区图

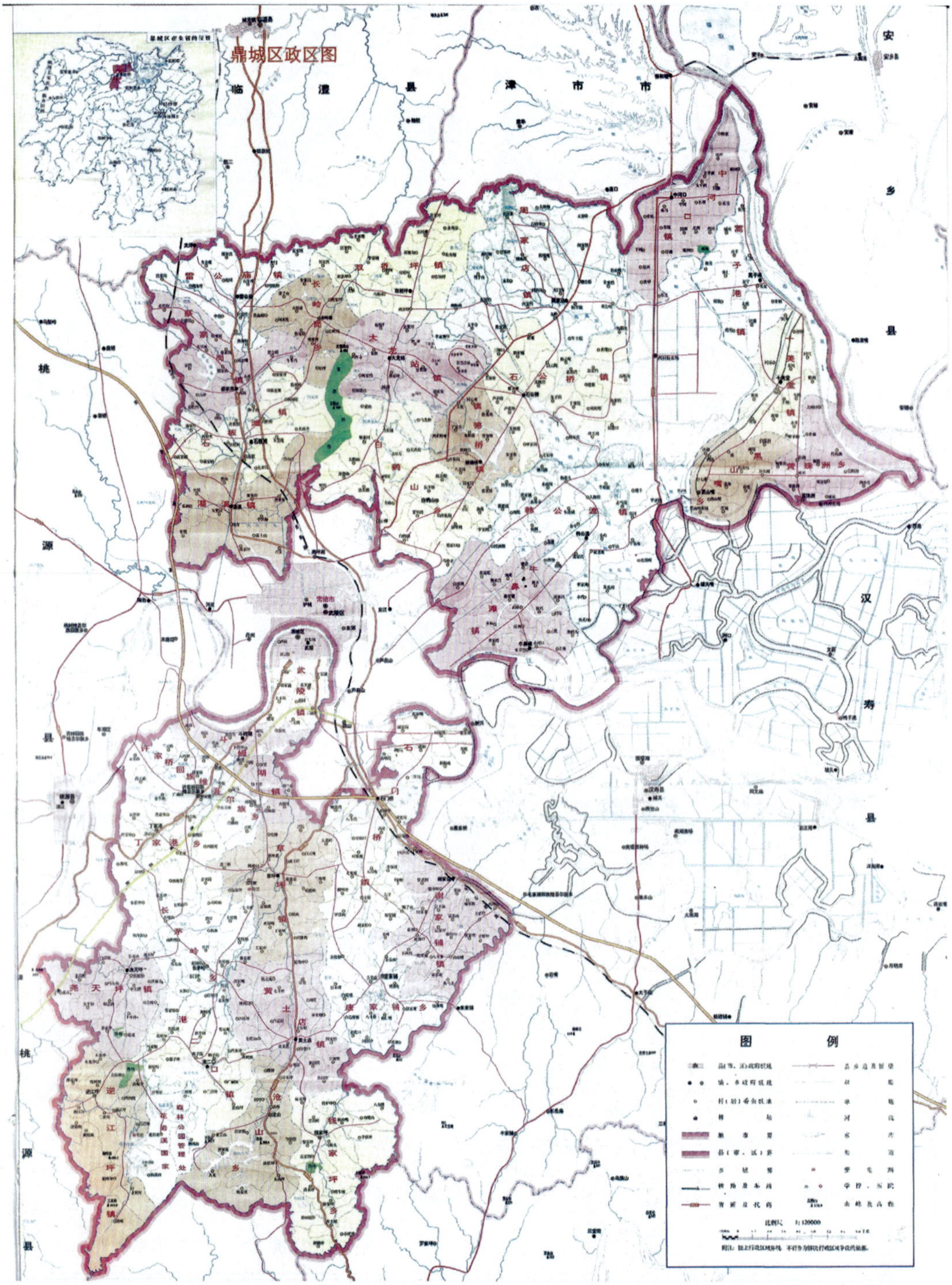

2014年鼎城区政区图

湖南省乡镇(街道)简志系列丛书

鼎城区乡镇简志

常德市鼎城区人民政府地方志办公室　编

方志出版社
Publishing House of Local Records

图书在版编目（CIP）数据

鼎城区乡镇简志／常德市鼎城区人民政府地方志办公室编. --北京：方志出版社，2017.10
ISBN 978-7-5144-2588-8

Ⅰ. ①鼎… Ⅱ. ①常… Ⅲ. ①乡镇－地方志－常德 Ⅳ. ① K296.45

中国版本图书馆 CIP 数据核字（2017）第 256949 号

鼎城区乡镇简志

编　　者：常德市鼎城区人民政府志方志办公室
责任编辑：李志瑜
出 版 人：冀祥德
出 版 者：方志出版社
地址　北京市朝阳区潘家园东里 9 号（国家方志馆 4 层）
邮编　100021
网址　http://www.fzph.org
发　　行：方志出版社图书经销中心
电话（010）67110500
经　　销：各地新华书店
印　　刷：长沙市雅捷印务有限公司
开　　本：889×1194　1/16
印　　张：33.375
字　　数：646
版　　次：2017 年 10 第 1 版　2017 年 10 月第 1 次印刷
印　　数：0001～1000 册
ISBN　978-7-5144-2588-8　**定价：**298.00 元

鼎城区乡镇简志编纂委员会

主　　任：朱金平

副 主 任：雷建国　杨　凡

顾　　问：徐政国

委　　员：欧阳雁　张长远　罗振军　金　刚

汪其明　李　辉　聂君利　陈谋昌

蒋　华　雷　飞　卢曙光　熊永锋

丁保国　王志坚　陈吉伟　冀定辉

高　力　杨国军　葛辉琳　徐　杰

廖再利　牟凯波　钱小龙　李远书

史道广　赵湘波　曾世平

鼎城区乡镇简志编辑部

主　　任：曾世平

执行编辑：刘忠祥　娄福友

编　　辑：官姿伶　金柯羽　陈　欣　郑运莲

谭宏君　李艳平

序

鼎城山川秀美，兼得湖区丰饶与山区灵秀，人文民俗各呈特色。随着现代农村经济的发展，城镇化城乡一体化进程的快速推进，各乡镇正经历前所未有的历史变革。生产关系不断变更，合乡并镇并村建制，区划不断调整，曾经世代传统居住的乡、镇、村渐行消失，生活环境、生活方式不断发生质变，新农村建设方兴未艾，美丽乡村建设如火如荼，正演绎着农耕文明向现代文明的华丽蜕变。为忠实记录、反映鼎城乡镇的历史与现状，铭记过去，昭示未来，不失时机地将本境域内的历史挖掘整理、编修成册，留下珍贵的乡村史料和文化遗产，对于激励后人爱家、爱乡、爱国，实施“存史、资治、教化”，都有着深远的历史意义和现实意义。

《鼎城区乡镇简志》作为鼎城历史上第一部较为全面记载境内各乡镇政治、经济、文化历史及演变、发展过程的地方志书，也是对1988年编纂的《常德县志》、2004年编纂的《鼎城区志》的延伸完善和有益补充。一卷在手，通过区域概览、经济发展、基础设施、社会事业、特色地情等板块，了解一方山水的历史沿革、风俗人情、物产资源、经济建设、名胜古迹、文化遗址、历史人物、历史事件以及新近所取得的成就；让人望得见山、看得到水、记得住乡愁；能保存历史、传承文明、资政育人、服务社会。这便是编纂《鼎城乡镇简志》的初衷和意义所在。

《鼎城乡镇简志》编纂历时两年，其间正值新一轮大规模撤乡并村、调整行政区划进行时，时间跨度大，资料收集难，任务重，责任大，给编纂工作带来一定难度。为此，编纂领导小组和区方志办进行了认真谋划、精心部署和科学调度。在上级方志部门和有关专家的精心指导下,在全体编纂人员的共同努力下,终于如期付梓出版,特此表示衷心祝贺和诚挚谢意。

是为序

中共常德市鼎城区委副书记、区人民政府区长:朱金平

2017年5月

凡 例

一、区内街道设置始于2014年，故本简志命名为《鼎城区乡镇简志》。

二、本简志以马克思列宁主义、毛泽东思想、邓小平理论、“三个代表”重要思想和科学发展观为指导，贯彻落实习近平总书记系列重要讲话精神和治国理政新理念新思想新战略，坚持辩证唯物主义和历史唯物主义的立场观点和方法，客观真实、简明扼要记述全区各个乡镇（场）的历史与现状。

三、记述时限上起有历史资料记载之时，下迄2014年12月。鉴于2015年乡镇区划调整和2016年村居合并意义重大，为保持事物发展的完整性，故作适当下延后将该史实入志。

四、遵循“略古详今”的原则，重点记录各个乡镇区划、机构变化与政治、经济、社会、文化等方面发展变迁。遵循“述而不论”原则，寓观点于资料中。

五、采用述、记、志、传、图、表、录诸种体裁，以志为主，辅以其他体裁。志首设概述，志尾设附录和后记。志据乡、镇、场建置共设35个记述单元，其中镇21个，乡10个，农林场4个。乡、镇单元结构采取“板块+栏目”格式，区域概况、经济发展、基础设施、社会事业、特色地情五大板块统一，板块下条目根据各乡、镇实际情况灵活设置，以突出地方特色。鉴于农林场单元的特殊性，大体参照乡、镇结构，又有所不同。

目 录

概 述

区(县)置历史 史上先后有临沅县、监沅县、索县、汉寿县、吴寿县、沅南县、武陵县、常德县等名称,先后隶属于黔中郡、武陵郡、义陵郡、建平郡、武州、沅州、篙州、朗州、武贞军、永顺军、武顺军、武平军、鼎州、常德军、常德路、常德府、武陵道、常德专署、常德市等县以上行政机构。1988 年 4 月 18 日,湖南省人民政府根据国务院〔1988〕18 号函精神,颁发湘政函〔1988〕22 号文件,将常德县改称常德市鼎城区。

地名来历 源于北宋大中祥符五年(1012)改朗州为鼎州,因境内有鼎水(一名澹水,今称渐水)而得名。《水经注·沅水》载:"澹水出(东汉)汉寿县西(太)阳山,南流东折,经其县南……亦曰渐水也。水所入之处,谓之鼎口。"《大清一统志·常德府》说:"渐水,在(武陵)县北,源出梁山,(主源太浮山),流经龙阳县西北入沅水,一名渐水,一名鼎水,亦曰鼎江。"鼎州即以此而名。县改区以鼎城命名,其源自此。

行政区划 西汉初临沅、索县两县境域,东、南抵长沙国益阳县(今益阳、桃江、安化),西接零阳县(今慈利、石门、澧县、临澧等地),西南毗邻沅陵县,北括洞庭湖抵孱陵

▲ 沅水将鼎城分为前、后河区

县(今湖北公安与湖南南县、华容、岳阳、安乡等地)。此后,境域渐次缩小。吴赤乌十一年(248),析出龙阳县(今汉寿县)。宋乾德元年(936),析出今桃源县地域。清光绪二十年(1894),划出等伴洲、复盆洲以东之地归南州厅(今南县)。民国35年(1946),划出仁道乡的潘家河、大溪口、曾家坡归桃源县。1949年8月5日,县城启明、沅安、长庚3镇及近郊析出置原常德市(今武陵区,下同)。至2014年,常德县先后12次析出434.93平方千米归原常德市和德山经济开发区管辖。其中成建制析出归原常德市管辖的乡镇有河洑乡、南坪岗乡、丹洲乡、河洑镇、芦荻山乡、白鹤山乡,归德山经济开发区的有石门桥镇。其间,1959年3月31日,经国务院批准,原常德市划归常德县领导,其市级体制不变。1961年7月,省人民委员会通知,原常德市改由常德专署领导。2014年年末,鼎城区境东临汉寿县,界线长131.80千米;南抵桃江、安化县,界线长47.18千米;西临桃源县,界线长45.21千米;西北接临澧县,界线长39.38千米;北连津市市,界线长35.30千米;东北隔澧水望安乡县,界线长35.30千米;常德市委、市政府及直属机关和常德市武陵区位于区境中心,界线长150千米。全区东西宽69千米,南北长85千米,区域面积(不含西洞庭农场、贺家山农场、石门桥镇、常德林场)2096平方千米。

机构设置 明隆庆年间,县城内划宣化、庆丰(又名丹桂)、珠履、绣衣四坊,坊下为街、社。一社辖十保,一保辖十甲,一甲辖十户。乡间划8乡69村。村以下百户为团,一团十甲,一甲十户。清道光、同治年间,县城仍为宣化、庆丰、珠履、绣衣4坊。乡村改划为东、南、西、北4乡,乡领村、村领里、团、闾、甲。民国初,区划沿清末体制。民国9年(1920),县下改置区(镇)、区辖村里、村辖闾与邻。全县置县城、护城、浙安、周士、四贤、鼎安、斗姥、黄洲、兴隆、崇孝10镇。民国19年(1930),将原10镇改划为13区,区下村里改称乡镇,闾邻改称保甲。

新中国成立后,县(区)以下,乡镇(公社)以上经历过几个设置、撤除区(办事处)一级行政机构的阶段,部分乡镇(公社)和村(大队)也多次出现过合并和拆分的情况。1949年7月29日县境解放。8月,全县设7个区,辖29乡,183保,4352甲。9月,全县调整为14个区,区下置368个乡。1951年调整为19个区,辖359个乡10个镇,乡镇始以地名命名。1956年6月,撤区并乡。全县并为34个乡1个镇。即:蒿子港乡、十美堂乡、石公桥乡、大龙站乡、蔡家岗乡、镇德桥乡、石公庙乡、河洑乡、斗姆湖乡、石门桥乡、谢家铺乡、长茅岭乡、龙山乡、将军桥乡、唐家溪乡、港二口乡、中河口乡、周家店乡、双桥坪乡、长岭岗乡、石板滩乡、牛鼻滩乡、竹根潭乡、韩公渡乡、许家桥乡、康家吉乡、草坪乡、丁家港乡、黄土店乡、新桥乡、钱家坪乡、尧天坪乡、逆江坪乡、官冲乡、河洑镇。1957 年 2 月，设 4 个办事处、3 个片、3 个直属乡、1 个直属镇。1958 年 10 月，全县建立洞庭、英湖、冲天、上游、红旗、金刚、金星、东风、金霞、跃进 10 个政社合一的人民公社。1959 年由冲天人民公社析置太阳人民公社。1961 年 3 月，11 个人民公社调整为 33 个公社、1 个直属镇。1961 年 8 月，恢复区建制，全县置蒿子港、牛鼻滩、石公桥、大龙站、石板滩、河洑、石门桥、斗姆湖、黄土店、港二口 10 个区与河洑 1 个镇。

1988 年，撤常德地区建常德市，常德县改为鼎城区，原区公所改为办事处。是年全区有 9 个办事处，10 个镇，35 个乡，625 个村，2 个区属场。1989—1994 年，有 6 个乡撤乡建镇。1995 年 11 月，撤（办事）处并乡，全区 9 个办事处及 40 个乡镇，变更为 33 个乡镇。2014 年 3 月，鼎城区撤销武陵镇，组建玉霞、红云、郭家铺 3 个街道办事处，撤销斗姆湖镇，建立斗姆湖街道办事处。2014 年年末，鼎城区下辖玉霞、红云、郭家铺、斗姆湖 4 个街道办事处；特种养殖场、芦苇场、园艺示范场、花岩溪林场（花岩溪国家森林公园管理处）4 个农林场；周家店镇、草坪镇、石公桥镇、十美堂镇、谢家铺镇、黄土店镇、韩公渡镇、牛鼻滩镇、雷公庙镇、尧天坪镇、双桥坪镇、中河口镇、镇德桥镇、石板滩镇、灌溪镇、蒿子港镇、港二口镇、大龙站镇、蔡家岗镇、丁家港乡、逆江坪乡、长岭岗乡、黄珠洲乡、唐家铺乡、黑山嘴乡、钱家坪乡、沧山乡、长茅岭乡、许家桥回族维吾尔族乡 29 个乡镇。2015 年 11 月，乡镇行政区划调整。2016 年 4 月完成并村。撤并后，区辖 1 个乡、17 个镇，4 个街道办事处，4 个农林场，226 个村委会，76 个居委会，2898 个村民小组（合乡并村情况附后）。2014 年年末，辖区人口 762464 人，其中农业人口 656388 人，非农业人口 106076 人。

自然环境 全区地势自西南向东北倾斜，由山地、丘陵、岗地过渡到广阔的滨湖平原。南有雪峰山余脉的插角、九龙、沧山、古城、盘古诸山延伸，重峦叠嶂。北有武陵山余脉的太阳、白云等山绵亘，山崖峻峭。西、南、北群山起伏，冈峦盘环；东北湖河网结，水陆间错。中部沅水曲形切割，将区境分为南北两半。南部俗称“前河”，枉、沧二水蜿蜒而下汇入沅水，形成若干冲岔与沿河平地。北部俗称“后河”，澧水绕区东北边境向东流入洞庭湖，渐水、冲柳、马家吉河、自北向南注入沅水。牛屎、白芷、土硝等湖点缀其内。区内最高点为插角山（又名插角殿），主峰插花岭海拔 716.2 米；沅水两岸、澧水之西地势低平，海拔 30 米左右。全境地势高差 686.2 米。比降率 1.5%。2014 年，全区总面积 314.4 万亩，按三大类分，其中农用地 258.53 万亩，建设用地 38.43 万亩，未利用地 17.44 万亩。按 8 小类分，其中耕地 116.35 万亩，占（总面积，下同）37.01%；园地 7.20 万亩，占 2.29%；林地 98.46 万亩，占 31.32%；草地 0.68 万亩，占 0.22%；城镇、村居民住房及工矿用地 27.94 万亩，8.89%；交通运输用地 7.44 万亩，占 2.37%；水域及水利设施用地 52.24 万亩，占 16.62%；其他土地 4.09 万亩，占 1.03%。全境地处中亚热带向北亚热带过渡的季风湿润气候区内，以大陆性气候为主，兼有湿润的滨湖气候。具有冬冷夏热，四季分明；热量充足，雨水集中；春温多变，夏秋多旱；严寒期短，暑热期长的特征。2014 年年平均气温 17.3℃，较常年偏高 0.3℃。平均降水量 1379.9 毫米，与常年基本持平；年平均日照时数 1325.5 小时，较常年偏少近 2 成。山脉由武陵山余脉和雪峰山余脉组成。武陵山余脉主要有太阳山和白云山。雪峰山余脉主要有插角山、三尖山、九龙山、沧山、金霞山、紫云山。2014 年年末，全区有林地 98.64 万亩，其中有林地 52.5 万亩，灌木林地 43.73 万亩。在林业用地中，有用材林 29.8 万亩，经济林 46.6 万亩，薪炭林 0.2 亩。有活立木蓄积量 223.4 万立方米，毛竹蓄积量 2831.1 万根。区境查明的植物有 740 余种，其中木本植物 396 种，隶属 82 科，205 属；草本植物 316 种，隶属 89 科，258 属；菌类植物 28 种。区境有野生动物 365 种。列入国家重点保护有 24 种，其中列入国家一级保护的野生动物有 7 种，列入国家二级保护的野生动物有 16 种。除沅、澧两水外，境内有河 68 条，分属沅水、澧水、西洞庭湖 3 大水系。一级支流 9 条，二级支流 39 条，三级支流 29 条。流域面积 2322.47 平方千米。区境有大小湖泊 85 个，总面积 56376 亩。产鱼类 145 种，贝类 10 种。区内发现的矿产主要有黄金、金刚石、锆英石、石煤、石灰岩、板页岩、高岭土、铁矿、铝土、砂石、黏土、铜、矿泉水。

城池治所 沅南城，又名司马错城。城址在今区治西南 35 公里长茅岭乡古城山村。秦昭王二十七年，使司马错伐陇西兵，因蜀攻楚筑此城。建武二十六年(50)析临沅县以南(沅水南岸)置沅南县，此后至隋开皇三年(583)的 533 年间，一直为沅南县治。该城东西长约 1000 米，南北宽约 400 米，面积约 40 万平方米。今城址遗迹尚存 200 余米长的城垣。位于区治东北 30 千米韩公渡镇城址村的索县古城，是汉高祖五年(前 202)至隋开皇三年(583)的 785 年间的索县(又名汉寿县、吴寿县)县治。西汉为武陵郡治。东汉阳嘉三年(134)移荆州刺史部治于此。在今常德市沅江以北城区的张若城是置县治时间最长、保留至今的古县城。秦昭王三十年(前 285)，蜀守张若伐取巫郡及江南置黔中郡，筑此城。秦至隋开皇三年(803)为临沅县治。隋开皇三年并临沅、沅南、汉寿三县置武陵县后为武陵县治。民国 2 年(1913)改称常德县至 1983 年县治南迁之前 70 年间，为常德县治。1983 年 11 月，中共常德县委、县人民政府及其所属机构由常德江北城区南迁至武陵镇，武陵镇成为鼎城区(原常德县)区治。20 世纪 30 年代前，武陵镇所在地是荒僻的小村落。1931年，湘西北第一条公路——长常公路通车后，在此地建起汽车南站。1952年(常德)县、市分治，建南站居委会。1981年开始，武陵镇按照新县城规划，修建东西向武陵路、隆阳路，南北向鼎城路、大湖路4条主街道，呈“井”字形分布。1987年年底，武陵镇修建大小街道18条，街道格局基本形成。1995—1999年期间，武陵镇市政建设累计投入1.2亿元，对老城区主干道先后拓宽，改黄色路面为混凝土路面。2002—2003年，投资市政建设资金6263万元，先后对车站路、阳明北路、迎宾路、鼎城西路、金霞路、大湖北路、善池路、德海东路等城区主干道铺设混凝土路面；对临沅路加铺油砂路面。2003年年底，建成城区主次街道17条，小街小巷道路94条。形成“六纵七横”街道网格局，六纵即玉霞路、大湖路、阳明路、善池路、德安路、双潭路；七横即临沅路、隆阳路、鼎城路、迎宾路、朗州路、永安路、金霞路。2012年，全面实施江南城区“三改四化”(“三改”为路、水、屋的改造升级，“四化”指美化、亮化、绿化、数字化)建设，2014年城区面积16.55平方千米，常住人口16万人。

地理交通 鼎城历史上有“五省通衢”之号称。古代从中原到西南、华南的交通，驿站以洛阳—南阳—江陵—常德为轴线，西至云、贵、川直抵缅甸，东下赣、闽、浙，南到粤、桂及越南，北上鄂、豫、陕，水路上溯黔东，下通长江，直达苏皖。这种五省通衢的地理位置，使鼎城成历代当政者开发华南、西南的重要基地。新中国建立后，鼎城的交通更为便捷。沅水航道通江达海，厦门到成都的319、锡林浩特至海安的207两条国道及长(沙)常(德)张(家界)、长(沙)常(德)吉(首)、常(德)岳(阳)、二(连浩特)广(州)高速公路在境内交汇，306(原1804)、205两条省道穿境而过，石(门)长(沙)铁路横贯全境，境内桃花源机场开通多条航线，水陆空通道连通四面八方，使鼎城成为常德市的交通枢纽。

战略地位 史上有籍可查的战役多达百余次。最著名的战役有战国秦将张若掠取黔中之战、东汉马援征发五溪之战、三国吴蜀荆湖之战、东晋桓玄之战、南宋岳飞与钟相、杨幺洞庭之战、元末陈友谅与朱元璋常德之战、明末张献忠攻常德之战、清末太平军西征之战、民国23年(1934)红军将领贺龙、萧克大败驻常国民党罗启疆三十四旅之战等。特别是1943年11月，国民党七十四军五十七师师长余程万率领8000将士死守常德孤城，与40000多名日本侵略者浴血奋战16昼夜，幸存者仅78人，写下中华民族抗击日本侵略者壮烈的一页。

历史人文 早在旧石器时代，即有人类在此活动，区内有大溪文化、龙山文化、屈家岭文化、皂市文化等多处文化遗址。随着北方移民两次南迁，中原文化和湖湘文化

▲ 2010 年的桥南市场

相互交融，遂使鼎城“为文物之邦”。莱公甘泉、鹤湖翔羽、龙门古洞、阳山雄峙、天子义岗、金霞夕照、沧浪仙山、花溪仙池等名胜，吸引了无数骚人墨客来此游历题咏。丰厚的文化土壤孕育了无数俊杰英才。入史籍的鼎城名流多达数十人。诸如舜帝让天下于善卷，善卷辞而不受；春申君相楚多年，珠履三千，名满天下；周行逢“励精为治，公而无私”，将首府由长沙移至朗州，“奄有湖湘，兵强谷阜”；杨嗣昌文武双全，位居内阁首辅，其“四正六隅十面网”之作战方略至今仍有参考和研究价值；清代两江总督杨超曾赈济江淮水灾，使百姓免于涂炭；闽浙及云贵总督赵慎畛一身正气，严惩贪官污吏……

这些古代先贤声名远播，成为鼎城的骄傲。至于文人学士、佳作华章，更是蜚声遐迩。南北朝的黄闵和唐朝的鲍坚都纂有著名的《武陵记》；明朝的教育家蒋信创办桃岗精社，“讲学近千人”，著有《蒋道林文粹》行世；陈氏“三杰”陈洪谟、陈楷礼、陈启迈纂有《嘉靖常德府志》《嘉庆常德府志》《同治武陵县志》三部最有影响的方志。在近现代革命与建设中，鼎城更是人才辈出，业绩辉煌。维新运动中的何来保、蔡钟浩，辛亥革命中的刘复基、陈孝骞、梅景鸿，新民主主义革命中的鲁易、黄爱、刘泽远，抗日战争中的陈辉、冯冠雄等人，都是为国捐躯的英烈志士。著名的历史学家杨筠如、钱实甫，法学家陈瑾昆、戴修攒，目录学家余嘉锡，纺织专家毛翼丰，经济学家胡善恒，平民教育家余曼贞，美术家杨启舆等人，学有专攻，业绩斐然。鼎城的红色文化浓厚，中国系统传播马列主义第一人赵必振为石板滩镇人，革命烈士戴修文、徐炳初和开国将军潘振武领导的文甲农民起义发生在长茅岭。优良的文化养育了良好的民风，崇德、向善、好学、善思、勤奋、进取的传统不断在鼎城人中流传延续。

经济社会发展 1949年以前的民国时期，鼎城处于自给自足的半封建农耕经济社会，生产力水平低下，加上长期的战乱和社会动荡，人民群众食不果腹，衣不遮体，长期挣扎在生死线上。中华人民共和国成立后的头两年，恢复国民经济，进行土地改革，建立国有商业，国民经济迅速稳定增长，1952年，工农业总产值比1950年增长21.4%。1953—1957年，对农业、手工业，和私营工商业实行社会主义改造，全区逐步形成以国营经济为主体、以集体经济为主导、个体经济为补充的经济体制和结构。所有制的变化激发经济活力，1957年工农业生产总值比1952年增长31.7%。1958—1960年期间经历政策上的“左”倾冒进和自然灾害，经济发展受到严重影响。此后对国民经济实行“调整、巩固、充实、提高”；实行公社、大队、生产队三级所有队为基础的农村生产分配体制，国民经济出现一个较快发展过程，到1965年，全县工农业总产值9437万元，比1960年增长25.1%。“文化大革命”的十年，工农商各业受到破坏性影响，经济发展起伏大，有些年份甚至出现较大的负增长。到1975年，工农业总产值25790万元，比1965年增长1.73倍。1976—1980年，全面贯彻国家“调整、改革、整顿、提高”的方针，农业实行包产到组，鼓励发展社队企业，生产出现恢复性增长，1980年，全县工农业总产值达到36077万元，比1975年增长39.9%。中共十一届三中全会后，城乡一系列改革政策出台，极大地调动了城乡群众的生产积极性，国民经济出现飞跃式发展，到2014年的35年间，是鼎城经济发展速度最快，发展最平稳，经济结构在发展中不断得到优化的时期，工农业总产值年增长率保持在10%~15%之间。2014年实现地区生产总值238.70亿元，比上年增长10.5%，总量居常德市第三位。其中第一产业增加值52.32亿元，增长4.4%；第二产业增加值83.12亿元，增长9.4%，其中工业增加值70.06亿元，增长9.3%；第三产业增加值103.26亿元，增长15.0%。三次产业结构比为21.9%、34.8%和43.3%。

农业 鼎城地处沅澧两水入洞庭湖的结合部，山丘与湖平区各半，农业资源天然优越，自古有“鱼米之乡”之美称。民国元年（1911）至民国26年（1937）境内湖洲围垦加快，耕地面积扩大，稻谷、棉花、油菜籽、鲜鱼等大宗农产品产量逐步增长。抗日战争时期，社会动荡，农业生产受到破坏，民国38年（1949），全县粮食总产315万石，比民国26年（1937）下降7.8%，棉花总产1.48万石，比民国26年（1937）下降60.2%。新中国成立后，土地改革激发了农民的农业生积极性，农产品总产量迅速增加，到1952年，粮食总产达到22933.3万千克、棉花总产1817万千克、生猪饲养6.17万头、农业总产值达到5778万元。1953年至1960年，前期鼎城农业经济发展经历过快速成长阶段，但到1958年后，由于“左”倾冒进，加上经济困难，生产力受到破坏。1960年全县粮食总产21254万千克，棉花总产198.2万千克、食油总产127.4万千克、牲猪饲养9.8万头、分别比1957年减少14%、35.1%、41.6%和41%。1961年至1965年，全县农业生产出现恢复性增长。“文化大革命”的十年，农业生产有时停滞不前，但大部分年份处于缓慢增长状态。1976年到1980年第五个五年计划期间，农业实行定额包工、联产到组的机制，全区农业发展达到历史最好水平，农业总产值达到25104万元，较1975年增长16%，年递增3%，农副产品收购总值9918万元，较1975年增长46.2%，年递增7.9%，粮食总产量44076万千克，棉花总产590.1万千克，食油总产514.6万千克，生猪饲养63.57万头，是全国闻名（全国排名前50名）的产粮大县、产棉大县、生猪生产大县和水产品生产大县。进入20世纪80年代以后，农村实行家庭联产承包责任制，农副产品收购价格提高，大力提倡发展商品经济，农民的生产积极性空前提高，全县农业进入一个飞跃发展阶段。到1987年，农业总值46690万元，较1980年增长86%，年递增9.3%，农副产品收购总值35171万元，较1980年增长254.6%，年递增19.8%，粮食总产68048.5万千克、食油总产1004万千克、生猪饲养96.5万头，分别比1980年增长54.4%、95.6%和51.8%；由于调整结构，棉花生产较1980年下降65.2%。从20世纪90年代开始，农村劳动力加速向二三产业转移，务农劳力逐步减少，农业经营收入在农民家庭收入中的比重大幅降低，农业经济增速下降。进入21世纪后，农业在地区经济结构中的比重进一步下降，全区农业处在一个中低速平稳增长的时期。到2014年，全区实现农林牧渔业总产值83.17亿元，比上年增长4.4%。粮食种植面积185.69万亩，比上年增加1.03万亩；棉花种植面积18.56万亩，比上年增加1.72万亩；油料种植面积61.51万亩，比上年增加0.51万亩；蔬菜种植面积29.83万亩，增加0.89万亩。全年粮食总产量66.98万吨，增长1.5%；棉花总产量1.75万吨，下降16.5%；油料总产量6.58万吨，下降0.5%，其中油菜籽6.32万吨，下降1.0%，油茶籽1.59万吨，增长4.3%。全年蔬菜产量41.75万吨，增长16.1%；柑橘产量3.36万吨，下降2.4%。年末出栏生猪82.84万头，比上年增长2.6%；出栏肉牛2.42万头，增长2.5%；出栏肉羊11.15万头，下降6.4%；出笼家禽1238.8万羽，下降3.8%。全年肉类总产量8.15万吨，增长0.9%；禽蛋产量6.13万吨，增长0.3%。

工业　鼎城地处常德城郊，新中国成立后很长一段时期区（县）治与武陵区（原常德市）同城，工业发展条件得天独厚，各个时期工业经济处于全市（地区专署）领先位置的情况并不鲜见。1957年，全县国有、集体工业企事业106家，职工2945人。20世

▲ 2015 年建成的江南沅江风光带

纪 70 年代末，县属工业企业和社队企业发展到 949 家，完成产值 7554 万元，占工农业总产值的 24.6%。区内规模较大的工业企业有水泥厂、氮肥厂、昌明锅厂、新源印刷厂、中兴机械厂、化工厂、无线电元件厂、常德新湘卷烟厂（今常德烟厂的前身）等。到 20 世纪 80 年代，贯彻国家“改革、开放、搞活”的方针，调整产品结构，整顿工业企业，扩大企业自主权，落实经济责任经营，学苏南大力发展乡镇企业，工业生产迅速发展，乡镇企业异军突起。到 1987 年，全县共有工业企业 12152 家，完成产值 39793 万元，为1949 年的 516 倍，比 1978 年增长 6.25 倍，占工农业总产值的 46.1%，形成国有、集体、个体经济成分并存的格局。产品带电清洗剂、速溶水玻璃等 4 种产品填补了国内空白，太阳山牌桂花糖、昌字牌铁锅获国家级金奖。1997 年后，民营经济日益发展壮大，国有、集体工业企业步入困境。2000 年开始，先后对区内国有、二轻和乡镇工业企业实行破产、重组和产权置换，民营工业数量迅速增多，规模迅速扩大。到 2003 年，全区工业企业 4510 家，其中民营 4502 家，总产值近 30 亿元，从业人员 34419 人；建成桥南、灌溪两个工业园，形成机械制造、纺织印染、塑料化工、食品加工、建筑建材、造纸印刷，竹木加工等比较完整的工业体系。此后，区委、区政府大力实施工业鼎城发展战略，开展以推进现代工业文明为主要内容的“二次创业”，鼎城工业进入跨越式发展新阶段。工业投入持续增长，两大工业园区建设投资连年增加，尤其是灌溪高新区，面积不断拓展，基础设施不断优化；招商引资力度不断加大，引进了中联重科、南方水泥、辰州锑品、芙蓉烟叶等一批科技含量高、体量大的企业落户投产；科技更新的频率不断加快，淘汰落后产能，逐步缩短产品更新换代的周期，形成了沅江以北以机械装备制造产业、新型建材产业、林产品加工业为主导，沅江以南以临空产业园、健康医药、轻工食品为主导的产业体系和布局。2014年，全区完成工业增加值70.06亿元，比上年增长9.3%。规模以上工业净增13家，达75家，产值过亿元企业27家，同比增加6家。规模以上工业完成增加值31.68亿元，比上年增长9.0%。规模以上工业实现主营业务收入109.60亿元，实现利润9.08亿元，实现利税13.05亿元。

商贸物流 以桥南市场的发展壮大为标志，鼎城的商贸业在常德市具有引领性地位。1985年，桥南市场由南站轮渡河坡地摊市场起步，逐渐发展成以桥南工贸市场为主体，以桥南副食城、桥南商贸城、桥南家电城、桥南水产市场、隆腾物流园等专业市场为骨干，与周围近30家中小型市场连为整体，集批发、零售、仓储、物流、电子商务为一体的市场群。20世纪末和21世纪初，桥南市场群在湘西北独树一帜，为全国十大综合批发市场之一。整个市场群占地4000多亩，门面摊位近20000个，固定资产近20亿元，有来自全国20多个省120多个县的近2万名商人在此经营。商品辐射国内10多个省市的200多个县，市场日人流量达15万人次，2014年货物贸易额突破500亿元。

经济指标 改革开放以来，鼎城的交通运输、邮电、金融、保险、旅游等各行业得到快速发展。2014年年末，全区社会车辆拥有量为101020台，新增7403台，其中汽车新增5779台，摩托车新增1361台，全年完成货物周转量10570万吨千米，旅客周转量111085万人千米，汽车总站每天发送旅客13228人次；全年完成邮电业务总量48850万元；年末金融机构各项存款余额179.42亿元，其中，城乡居民储蓄存款余额142.87亿元；年末金融机构各项贷款余额89.67亿元；全年各项保费收入23713元，其中：财产保险收入8616万元，人寿保险收入15097万元，保险赔付额4723万元；全区有旅行社1家，旅游门市部6家，省级旅游示范点1个，花岩溪由AAA景区升级为AAAA景区。全年各景区共接待游客52.62万人次，游客过夜22.28万人次，全年实现旅游门票收入227.97万元。

社会事业 新中国成立后，鼎城的社会事业一直处在加速发展之中。特别是中共十一届三中全会以来，社会事业日趋完善，全方位、多领域为人民群众提供公共产品与服务的质量不断提高。2014年全区拥有中小学校96所，其中，普通中学42所、普通小学54所、在校学生49170人、参加国家学生体质健康标准测试合格率93.7%，初中升学率为94.9%，高中升学率68.8%，各类学校拥有专任教师5036人，普通中学师生比为1∶8.8；普通小学师生比为1∶14.8。2014年，全区共有卫生机构48个，拥有病床

2338 张，卫生技术人员 1779 人，执业医师和助理医师 813 人，注册护士 622 人，每千人床位数、卫生技术人员数、执业医师和助理医师数、注册护士数分别为 3.1 张、2.3 人、1.1 人和 0.8 人，其中有乡镇卫生院 34 个，拥有床位 1134 张，卫生技术人员 866 人；有卫生监督检验机构 1 个，卫生技术人员 19 人。2014 年全区拥有艺术表演团体 1 个，演出场次 187 场，观众 84150 人次；有公共图书馆 1 个，总藏量 105251 册件，图书流通 35100 人次；拥有国家级和省级非物质文化遗产保护单位各 1 个；全年数字电视实际用户 75856 户，全区广播和电视综合人口覆盖率 100%。

武陵镇

地图审图号：湘 S(2008)052 号

2013 年武陵镇行政区划图

2015 年红云、玉霞、郭家铺街道行政区划图

一、区域概况

地理位置

常德市鼎城区武陵镇，区人民政府驻地，位于沅水南岸善卷垸内，东临枉水和常德经济开发区(德山)，南接斗姆湖镇，西濒沅水与武陵区丹洲乡，北与常德主城区隔沅水相望。因区境昔称武陵县而得名。镇人民政府设玉霞社区。

建置沿革

明清时期，镇域属武陵县善卷村。民国 18 年(1929)，善卷村更名为常德县善卷乡。1931 年，境内建常德汽车南站，俗称南站。1949 年 8 月常德解放后，从善卷乡析出南站及近郊划给原县级常德市(今武陵区)管辖。1950 年废除乡、保、甲制，1951 年设郭家铺、红云寺、大禾场、报国庵、将军庙、西站、停车场、拐堤、港口 9 个乡，1956 年并入

▲ 武陵镇政府

斗姆湖乡。1956年6月，原县级常德市设南站办事处。1958年10月实行人民公社体制，随斗姆湖乡划入金刚公社。1961年3月，析置斗姆湖公社。是年，南站办事处并入原常德市护城公社。1964年3月，境域从斗姆湖公社析出，置郭家铺公社。1981年4月，湖南省人民政府决定，将原常德市护城公社中位于南站的红色、常沅2个大队和南站居委会划属常德县，建立县属城关镇——武陵镇。是年红色大队更名为花船庙大队。1982年，郭家铺公社停车场大队第一、二、三、四、五、六、七队，永安大队第一队和西站大队第一队，红云大队第十、十一队划属武陵镇。1984年撤销人民公社，郭家铺公社改称郭家铺乡、大队改称村。是年，郭家铺乡的红云、西站、王家铺、停车场4个村划属武陵镇。1986年，郭家铺乡成建制并入武陵镇。1988年常德地区改为设区的地级市，常德县武陵镇更名为常德市鼎城区武陵镇。2014年4月，撤销武陵镇，设立玉霞、红云、郭家铺3个街道办事处。

区划面积

1964年3月，成立郭家铺人民公社，下辖腰堤、大禾场、郭家铺、福广、红云、西站、停车场、永安、永兴、三滴水、三汊湖、报国庵12个大队。总面积34平方千米。

1981年4月，成立武陵镇，下辖常沅、花船庙2个大队和南站居委会。总面积3.67平方千米。

1986年，郭家铺乡并入武陵镇，全镇辖鼎城、渡口、德安、常沅、南站、海鹰6个居委会和腰堤、大禾场、郭家铺、福广、红云、西站、停车场、王家铺、孔家溶、三滴水、三汊湖、报国庵、常沅、花船庙、严家岗15个行政村。总面积37.67平方千米，其中耕地面积21700亩。

1990年，常沅村并入常沅居委会；花船庙村改设花船庙居委会，析出一部分新设临江居委会，一部分并入德安居委会；严家岗村改设严家岗居委会；海鹰居委会撤销，一部分并入花船庙居委会，一部分并入德安居委会。1993年，撤销南站居委会，分别并入临江、常沅居委会。

1993年,全镇下辖鼎城、渡口、德安、常沅、严家岗、花船庙、临江7个居委会和腰堤、大禾场、郭家铺、福广、红云、西站、停车场、王家铺、孔家溶、三滴水、三汊湖、报国庵12个行政村。

2002年,居委会改称社区。2003年,缩小社区规模,严家岗社区析为迎宾、玉霞、永安、善卷4个社区;常沅社区析置桥头社区,德安社区析置善池社区。王家铺、停车场2个村改为社区,商贸城区域新建金霞社区。全镇下辖鼎城、渡口、德安、善池、常沅、桥头、花船庙、临江、迎宾、玉霞、永安、善卷、王家铺、停车场、金霞15个社区及腰堤、大禾场、郭家铺、福广、红云、西站、孔家溶、三滴水、三汊湖、报国庵10个行政村。

2014年2月,西站、红云、福广、郭家铺、孔家溶、三滴水6个村改为社区。全镇辖21个社区和4个行政村,总面积37.67平方千米,其中城区面积16.55平方千米,有耕地面积13638亩,其中水田10665亩,旱地2973亩;养殖水面5100亩。

2014年4月,撤销武陵镇,设玉霞、红云、郭家铺3个街道办事处。玉霞街道辖临江、鼎城、渡口、桥头、迎宾、善卷、常沅、玉霞、永安9个社区;红云街道辖花船庙、福广、善池、德安、停车场、红云、西站7个社区;郭家铺街道辖王家铺、郭家铺、孔家溶、三滴水、金霞5个社区及腰堤、大禾场、三汊湖、报国庵4个建制村。

2014年6月,社区再次调整合并。玉霞街道将9个社区合并调整为5个,临江社区与桥头社区合并,命名为临江社区;永安社区与善卷社区合并,命名为永安社区;常沅社区与玉霞社区合并,命名为常沅社区;鼎城社区与渡口社区合并,命名为鼎城社区,红云街道将7个社区合并调整为6个,善池社区与德安社区合并,命名为德安社区,郭家铺街道将5个社区合并调整为4个,孔家溶社区与金霞社区合并,命名为孔家溶社区。

调整合并后,玉霞街道辖临江、永安、常沅、鼎城、迎宾5个社区;红云街道辖花船庙、德安、停车场、西站、红云、福广6个社区;郭家铺辖街道郭家铺、王家铺、孔家溶、三滴水4个社区及腰堤、大禾场、三汊湖、报国庵4个建制村。

人口民族

1964年,郭家铺公社有2986户14455人,均为农业人口。原常德市南站区域有762户3041人,其中城镇居民196户800人。境内辖3748户17496人。

1987年,武陵镇有6993户26591人。其中城镇居民1235户4303人。

2000年第五次人口普查统计,全镇总人口84253人。其中,男性42375人,占50.3%;女性41878人,占49.7%。汉族83983人,占99.68%;少数民族270人,其中回族198人、土家族55人、维吾尔族17人。

2014年年末,玉霞街道总人口7.62万人,红云街道总人口3.49万人,郭家铺街道总人口 2.89 万人，共计 14 万人。

自然环境

镇域位于善卷北垸，地势平坦低洼。最高点腰堤唐家岗海拔 38.4 米，最低点王池湖、赤塘湖、刘家湖、三汊湖等湖底海拔 28 米，全境平均海拔 33.2 米。赤塘湖、王池湖、刘家湖、三汊湖、杨家港、大湖、小湖、窄湖 8 个自然蓄水湖分布其间，蓄水面积 253.33 万平方米。东、西、北三面被沅水环抱。属中亚热带向北亚热带过渡的季风湿润性气候区，以大陆性气候为主，兼有湿润滨湖气候。具冬冷夏热、春温秋凉、四季分明、降水丰沛、热量充足的特征。年平均降雨量 1200—1300 毫米，4—7 月为多雨季节。年平均气温 16.9℃，夏季最高气温 40.6℃，冬季最低气温 -3.8℃。年日照时数 1700—1750 小时。年无霜期 272 天。土壤为河湖冲积型土层，土质为耕性潮土。

二、经济发展

经济综述

清末、民国期间，境内受水患影响和旧制度约束，经济发展缓慢。正常年景，稻谷亩产 100—150 千克，棉花亩产皮棉约 10 千克，油菜籽亩产约 20 千克。畜牧业有猪、牛、鸡、鸭养殖等。家庭手工业有织棉布、织斗笠、制油纸伞、榨油、酿酒和铁木制品加工等。商业仅有常德汽车南站商业墟场，另加郭家铺、王家铺南货小商店。民国 38 年（1949）粮食总产量约为 160 万千克，棉花总产量约为 84000 千克。

1950 年土地改革后，实行农业合作社和人民公社体制，经济得到较好发展。1964 年，境内粮食总产量 440.55 万千克，棉花总产量 216500 千克，全年农业总产值 298 万元。

“文化大革命”期间，农业生产缓慢发展。1976 年，粮食总产量 768.72 万千克，棉花总产量 5642 担，全年农业总产值 323.73 万元。

1978—1986 年，实行改革开放，以经济建设为中心，社队企业、家庭副业、个体经济等迅速发展。1986 年，国民生产总值 6196 万元，完成财政收入 805 万元。镇村企业 49 家，实现企业总产值 5740 万元。

▲“江南浦东”——武陵镇

1987—2013 年，以城镇建设为依托，以市场建设为主体,形成农、工、商、贸一体发展格局,镇域经济持续发展。2013年,全镇实现国民生产总值13.45亿元,完成财政收入1300万元。城镇居民人均可支配收入20616元,农民人均纯收入8477元。

农业

种植业 境内历史上以传统农业生产为主。1956年全面推广种植双季稻。1975年,开始引进杂交水稻种植。1982年,实行家庭联产承包责任制。1986年镇乡合并后,种植业仍然以水稻、棉花、油菜、蔬菜为主。1993年后,水稻种植面积逐年递减,但通过改植优质品种后,对比1978年,双季稻单产增幅80%,一季稻单产增幅50%。棉花种植面积亦逐年递减,但推广种植优质棉后,单产增幅在200%以上。油菜种植面积自1988年起逐年递增,成为冬季农业开发的主要项目。随着优质油菜大面积推广和栽培技术不断更新,至2013年,油菜籽亩产达200千克。

养殖业 改革开放后,在市场经济的调节下,全镇低洼田先后改挖鱼池8000亩,异地迁入养猪场30处。养殖业逐渐形成以猪、鱼、鸭、鸡为主的格局。2013年,全镇有专业养猪场30个,年出栏肉猪9500余头。养殖水面9000亩,其中精养水面2000亩,普养水面7000亩,出售成鱼155万千克。养鸭专业户12户,年放养6800羽,产鲜蛋6.75万千克。

工业

1964年,红色、常沅大队兴办碾米、轧花、榨油等加工厂,为境内队办工业之始。1966年后,郭家铺公社各大队先后办起大队加工厂。1972年,郭家铺公社企业管理办公室成立,兴办郭家铺公社印刷厂,为境内第一家社办工业企业。随后相继办起公社预制建材厂、机械修配厂、轮窑砖厂等社办企业。

20世纪60年代中期,县属二轻工业常德建设机械厂、常德供销机械厂等先后落户境内。

1986年,镇属工业企业发展到18家,村办工业企业发展到14家,固定资产总额1340万元。企业职工1256人,工业产品以湘绣、针织、建材、机械电子、化工、印刷、缝纫、皮革加工、塑料制品等为主。

1996年起,境内民营企业日渐发展。1997年,武陵镇引进4家民营企业,征地25.7亩,筹建武陵镇工业小区。2000年,该小区收归鼎城区政府直管,并成立桥南工业园管委会,同时入园企业42家,厂房及其他固定资产投资2.5亿元,其中500万元以上的规模工业企业6家。有纺织印染、机械制造、食品酿酒、竹木加工、油剂化工、塑膜印刷等10个门类,从业人员2800多人。至2013年,全镇有镇属工业企业16家,驻境工业企业2家,从业人员1665人,实现工业总产值5.7亿元。

商贸服务业

民国20年(1931)长(沙)常(德)公路通车后,建立常德汽车南站,车站附近相继开设旅馆、饭馆、商店10余家,逐渐发展成为商贸区。

中华人民共和国成立后,南站商贸发展加快,车站公路进出口两侧开设数十家商铺,逐渐形成街面,并沿长(沙)常(德)、常(德)怀(化)公路向东西两端逐年延伸。经营的商品有饮食杂货、百货布匹,粮油食品、手工业品、农具及生产资料等。其间,又兴办郭家铺商店、将军庙商店、王家铺商店。1962年,郭家铺墟场定为农村畜牧交易集市点,逢十日一市。1964年,郭家铺墟场设立公社供销社、肉食站、粮油供应站等,成为公社辖区内的中心商贸市场。同年,王家铺商店改称王家铺供销分社。1966年,各大队分别开设商业代销店。1978年中共十一届三中全会后,桥南地摊市场日益开放活跃。

桥南市场 1981年设立武陵镇后,境内商业贸易迅速发展。1990年,建成桥南市场,随后不断扩建,逐渐形成以工贸市场为主体,副食城、商贸城、家电城等专业市场为骨干,周围20多家中小型市场为补充的市场群。市场群占地3000亩,门面摊位15000多个,固定资产10亿元。成为湘西北商品集散中心,全国十大综合批发市场之一。2003年,成交额突破120亿元,上缴税费6000万元,占鼎城区全年财政收入的三分之一。

2010年后,随着桃花源机场大道建成通车和城市建设向南推进,龙腾商贸物流市场、五金机电大市场以及汽车修配、百货超市等由镇区向郭家铺墟场迁移,水产品大市场由商贸城向三滴水社区迁移,加速了郭家铺墟场、三滴水社区的商贸服务业发展。

2013年,全镇有大型超市225家,大型农贸综合市场18个,高中档宾馆68家,各类大小商店3098个,各类商贸服务业企业3480家,从业人员35860人。

新市场建设 2009年,以郭家铺墟场地带进行江南城区新商贸中心区规划建设,实施大桥南市场拓展延伸。先后沿东西向修建永福路、江南大道、杨家港路、报国路4条城市主干道。沿南北修建桃花源大道和319国道两翼建设新市场群,形成"一纵四横"新商贸市场大格局。永福路:自319国道经物流园商贸街,横跨机场大道进入五金机电城和机电城安置小区,物流园段2013年建成,机电城和安置小区段2014年建成,路宽40米,全长800米。江南大道:自319国道穿过龙腾物流园以南,横跨机场大道进入地藏庵向东延伸,经红云路、德安路、阳明路、大湖路,与善卷大道连通。杨家港路:2014年11月动工,自湘西北医药贸易物流中心直通报国庵村,接阳明路向东延伸,与善卷大道连通,路宽40米,全长4000米。桥南综合物流园:位于桃花源机场大道与319国道中间地段，永富路贯穿其中。2011年第一期用地230亩，建筑面积19.5万平方米，建设投入3亿元，项目拆迁85户。湘西北国际五金机电城：位于桃花源机场大道与江南大道交汇处，由常德邵商置业有限公司开发修建，2014年第一期用地223亩，总建筑面积18万平方米，总投资6.5亿元。

三、基础设施

交通运输

清代至民国，境内有两条大路。一条是武陵县城（今常德市城区）通往安化县城的古驿道。自城区陡码头过河途经常沅、拐堤、孔家溶、赤塘湖、地藏庵、大茅坪、二里岗、响水垱、官仓、黄土店进入安化，道路平坦，轿马可行。一条是菜码头通往斗姆湖集镇的古垸道，自菜码头途经西站、上李家湾、青湖岗、陈家巷、罗家巷、大禾场、田家湾、石家岗进入斗姆湖。沅水两岸有舒家河与陡码头、南站与下南门、菜码头与大西门、西站与落路口、下芮家河与夹街寺、上芮家河与陈家河6处私营渡口，常年渡运行人。

民国20年（1931），长沙至常德公路建成通车，设立常德汽车南站。民国24年（1935），常德至沅陵公路建成通车。1957年，停车场经红云至西站落路口汽车轮渡公路建成，全长1.5千米。1968年，境内郭家铺墟场经赤塘湖东南角至永兴陈家湾公路建成，与长常公路连通，全长3.3千米。1970—1972年，郭家铺公社完成通往大队、生产队的园田化大道。2005年后，实施村、组道提质改造。2008年，常德南站新址建成，沿国道、省道、高速公路开通上百条大巴、中巴、长途、短途客运线路，江南城区内开通十多条公交线路（2015年开通BRT城市快速公交线）。2014年，建立起郭家铺龙腾物流园，专业现代物流快速通达全国。建成桃花源机场大道，经腰堤、大禾场、郭家铺、福广、红云、西站过常德沅水三桥进入常德市城区。至2014年，全镇建成村道水泥路113条100.3千米，组道水泥路148条62.53千米，实现水泥路组组通。207国道和319国道及长常（常德至长沙），长张（长沙至张家界）、长吉（长沙至吉首）、常岳（常德至岳阳）4条高速公路在境内交汇环绕，形成高速公路交通枢纽。境内公路以武陵镇为中心向各乡镇辐射，东通长沙，西至沅陵，南抵安化、桃江，北经沅水大桥和桃花源大桥直达常德市城区。

邮政通信

民国中期，善卷乡公所设有邮信柜。普通信件由邮差徒步投送乡公所邮信柜，再由保长转发收信者。包裹邮件、收寄挂号、小款汇兑等则到斗姆湖邮政所办理。中华人民共和国建立初期，设南站邮亭。1958年，设南站邮电所，普通信件由乡邮员投送到大队部，包裹、挂号信等由乡邮员投送本人盖章领取。

民国27年(1938),善卷乡公所安装电话,为境内电话通信之始。1958年,先进、辉煌、红专、双美大队部安装电话,各配备1名专职电话员。1961年,郭家铺墟场安装24门交换机1台。境内所属大队及斗姆湖区驻垸单位同时安装电话。1964年,郭家铺公社设立电话总机室,安装24门交换机1台,配备专职话务员和线务员各1名。公社供销社、粮店、卫生院、联校、畜医站等全部安装电话。1983年,中共常德县委、县人民政府及其所属机构相继由常德江北城区迁入镇内,全镇邮电通信迅速发展。1986年,武陵镇全部装上程控拨号电话,结束手摇电话历史。1992年,开通移动电话。1998年起,邮政、电信分设,分别成立鼎城区邮政局和鼎城区电信局,武陵镇设立邮政支局,移动、电信、联通无线通信和宽带网络实现全覆盖。

供电供水

供电 民国35年(1946),常德城区先后建成新德、启明、光明、民生、利民、德新6家私营电厂供市民照明用电。境内南站汽车站、南站商贸街道及附近居民率先使用电灯照明。1960年,境内天井硚机埠与建设硚机埠通电。1964年,近郊红色、常沅大队部通电,利用电力为大队加工厂提供动力。1966年,境内各大队先后通电,农户采用电灯照明。1981年建镇后,新建变电站1座,新架设输电线路8千米,新装变压器12台2100千伏安。1986年,武陵镇城区主要街道全部安装路灯。1996年桥南11万伏变电站建成投入运行,2013年,在西站村新建一座11万伏变电站,实现电力增容。

供水 民国时期,常德城区居民与南站商贸区居民饮用井水与河水。境内村庄农民饮用湖泊、堰塘、沟港地表水。后由于农药、化肥大量使用,地表饮用水源受到污染。

▲ 江南外滩公园风光

1972年,郭家铺公社机关自挖水井、修建水塔抽取地下水,为境内农村饮用地下水之始。1980年,境内开始推广真空机压井,俗称压把井,农户普遍饮用地下水。1981年,常德县政府在武陵镇建设供水站。1984年,供水站改为常德县供水公司,建成常德县第一自来水厂,年供水量167万立方米,受益人口1.8万人。1986年,供水公司更名为常德县自来水公司。1987年,在孔家溶村建设常德市第四自来水厂,年供水量219万立方米,受益人口2.1万人。2010年后,境内各村居先后接通自来水,实现农村安全饮水。至2014年年初,全镇城乡自来水安装入户33166户,入户率97.1%。

堤防建设

善卷垸北临沅水,东界枉水,南至金刚河,西达南阳河。沅水临洪大堤自南阳起,自西向东,沿沅水南岸,经腰堤、大禾场、郭家铺、福广、红云、西站、武陵镇城区、雷家潭,至康家嘴,再沿枉水东岸至金刚闸,全长24.1千米,其中镇境内长22.1千米。善卷垸历经兴废。清同治元年(1862)《武陵县志》载:"善卷障,乾隆三十一年(1767)水决,任其自废。清道光五年(1825)修复,旋又刨毁。"民国时期,垸境分为善卷北垸和善卷南垸。1949年两垸合一。

中华人民共和国成立后,不断加强堤防建设。20世纪50—80年代人工挑土筑堤,将沅水临洪大堤普遍加高3—4米,加宽6米,堤顶高程达到41.65—43.5米。内外坡坡比为1:3—1:25,内平台38米,护岸坡30—36米,采用块石和预制块护坡。沿堤建有永安硚、天井硚、天井硚电排站进水闸、建设硚及新、老金刚闸6处硚闸。20世纪90年代中期至2010年,采用大型专业机械施工,培修大堤25.3千米,填塘固基10处,吹填压浸腰堤至红云堤段、常沅至康家嘴堤段,翻新重建天井硚电排、永安硚机埠,总投资达1亿元。2010—2014年,实施防洪墙水利工程综合治理,工程以防洪墙、防洪交通闸、防汛道路、边坡护砌、绿化工程、原堤身开挖土方等六大部分为主。第一期防洪墙工程西起鼎城西路,东至花溪东路,全长3760米,总投资2.1亿元。第二期对斗姆湖陈家港至西站迎流当冲的9.8千米堤段进行综合治理。堤脚50米范围内,征拆房屋133栋,迁坟1409冢,土方压浸回填68万立方米,封井902口,堤身高喷灌浆4千米,出险处充填灌浆10处,穿堤建筑物翻修3处。工程于2015年5月初全面完成,总投资2.5亿元。

农田水利建设

1949年,善卷垸北垸仅建有天井硚、建设硚、永安硚3处自排硚闸,春汛排涝时,遇上外河洪峰高于内涝水位,只能关闭硚闸任其内涝。1949—1954年,每年垸内洪涝淹没面积达万亩以上。1956年,建成天井硚排灌站,安装1台100马力柴油机及水泵。高洪期关闸后可向外河排渍,干旱时可从外河提水灌田。1960年,天井硚、建设硚两处安装电力排灌，天井硒排灌站更名为天井硒电力排灌站。1962年，腰堤抗旱机埠建成。1965年，永安硒电力排灌机埠、红云抗旱机埠建成。1965年后，天井硒、建设硒、永安硒3处公社电排站只负责抽排渍水，农田灌溉由大队各自在沅水大堤或垸内湖泊建机埠抽水解决。1978年，天井硒排渍机埠扩建，1985年永安硒排渍机埠扩建。

20世纪70年代，开始实施园田化建设，境内3万多亩田地平整成形，沟渠排灌畅通，部分低洼田得以旱涝保收。1973年，永兴排涝河开通，全长2.2千米。1975年，改造杨家港的“三堤二沟”工程竣工，垸内实现高低水分家，高水高排，腰堤、大禾场、郭家铺等地面高程35米以上区域内涝水一律经高排渠直流排入外河。1996年后，各村河堤机埠先后在大堤培修和加高加宽中被填压。河堤机埠取消后，境内各村民小组或农户联合建机井，抽取地下水灌溉农田。全镇10个村(居)农田区共打灌溉机井101座。

城镇建设

街道建设 1981年开始，武陵镇按照新县城规划，修建东西向武陵路、隆阳路，南北向鼎城路、大湖路4条主街道，呈“井”字形分布。1987年年底，武陵镇共修建大小街道18条，街道格局基本形成。1995—1999年，武陵镇市政建设累计投入1.2亿元，对老城区主干道先后拓宽，改黄色路面为混凝土路面。2002—2003年，投资市政建设资金6263万元，先后对车站路、阳明北路、迎宾路、鼎城西路、金霞路、大湖北路、善池路、德海东路等城区主干道铺设混凝土路面；对临沅路加铺油砂路面。2003年年底，建成城区主次街道17条，小街小巷道路94条。形成“六纵七横”街道网格局，六纵即玉霞路、大湖路、阳明路、善池路、德安路、双潭路；七横即临沅路、隆阳路、鼎城路、迎宾路、朗州路、永安路、金霞路。2012年，全面实施江南城区“三改四化”(“三改”为路、水、屋的改造升级，“四化”指美化、亮化、绿化、数字化)建设，覆盖城区面积16.55平方千米。

公园建设 2013年，垸内王池湖、赤塘湖、刘家湖更名为阳明湖，1200亩水面及周边作为城市休闲旅游用地，开始兴建阳明湖公园，由常德福捷投资有限公司投资建设。2014年完成投资1.98亿元，征收土地203亩，完成土地平整，启动基础设施建设。

民居建设

民国时期，境内贫困农民住房一般为简易茅屋，富裕户一般为宽敞大木瓦房。中华人民共和国成立后，经过农业合作化、人民公社化后，逐渐形成以生产队为单位集中居住。1970年后，普遍沿主干道按园田化要求居住，或在原村庄宅基处重新规划居民点。

20世纪50—60年代，境内住宅多用土砖砌墙，盖上小青瓦或大块水泥瓦。20世纪70年代，土砖房逐步改为红砖平房。进入80年代后，农民收入增加，农村居所逐渐改善，部分农民开始按城市厅楼式建新房，少数先富户建起装饰精致的别墅式楼房。

2006—2013 年，全镇启动新农村建设，重点改造农村水利、电力、道路等基础设施，大力整治村容环境，实施清洁工程。各村改建村部办公楼，更新办公设施。

四、社会事业

教育

旧制教育 清末民初，境内有义学和私塾、蒙馆多家。民国 29 年(1940)，善卷乡开办报国庵中心国民学校，随后全乡 10 个保各开办 1 所国民小学。刘氏、廖氏先后开办过家族小学。

小学教育 1950 年，常德县人民政府接管乡校、保校，取缔私校。是年，报国庵中心国民学校改名为报国庵完全小学，各保国民小学改名为小学，境内有完全小学 1 所，初级小学 15 所。

1953 年，兴建常德市南站完全小学。是年，境内完全小学和其他小学全部改为公办，适龄儿童入学率 78%。所属 12 个大队各创办耕读小学教学班。

1964 年，境域郭家铺公社成立联校。

1968 年，公社小学(包括耕读小学)下放到大队办，改成“五年一贯制”全日制完全小学(1985 年改回九年义务制教育)。

1981 年，因县直机关整体从江北城区南迁江南，成立城关镇——武陵镇，创办武陵镇中心小学。

1991 年，因江南城区发展扩容，原村办常沅小学、花船庙小学、王家铺小学、严家岗小学升格为镇管小学。

2000 年，境内郭家铺、大禾场、三汊湖、三滴水、腰堤 5 个村的公办小学因教育体制改革和城区发展、生源调整等原因先后停办。

中学教育 1965 年，境域郭家铺公社创办农业中学，1969 年称“五七”中学。

1981 年，县直机关整体迁址武陵镇后，于 1986 年创办武陵镇中学。同年，郭家铺乡并入武陵镇，原郭家铺乡中学更名为武陵镇郭家铺中学。

1994 年，武陵镇中学改为武陵镇完全中学，武陵镇郭家铺中学并入武陵镇完中。2003 年，武陵镇完中升格为鼎城区第九中学。

驻境教育 因县直机关整体迁址武陵镇，境域于 1984 年创办常德县武陵中学，为县办中学，第一任校长刘岳汉。1990 年 9 月，原常德县一中由白鹤山迁址武陵镇武陵中学，武陵中学并入。1988 年，更名为鼎城区第一中学。1995 年，区一中被认定为“湖南省重点中学”。

1982 年，常德县教育局选址临江路创办常德县教师进修学校，随后附设初中。

2015年，初中析出，成立江南中学。

1986年，常德地区财校选址落户镇境临江路，1994年改制为全日制普通中专，2004年教育部授为国家重点中等专科学校。

2000年，创办鼎城区景新实验中学，实行“名校办民校”，为国有民办，租赁鼎城一中校舍办学。2007年，改制为公办初级中学。2009年，鼎城区政府对学校择址新建。2011年，景新中学整体迁入新校区，更名为善卷中学。2014年，善卷中学有40个教学班，学生1200余人，教师160人。

民办教育 20世纪90年代，境内民办教育兴起，鼎城区一中教师彭治权停薪留职，筹资170万元创办淮阳中学。2014年，淮阳中学共设有初中部、高中部、小学部70个教学班，拥有师生员工3200人。

1993年，退休教师周大道与其子周本成及好友何立华联合创办朗州小学、诗淇双语学校。2000年，领办鼎城区第三中学。2009年，将第三中学从城郊斗姆湖迁入镇境，改称鼎城区朗州高级中学。

1994年，李少夫投资1000万元创办常德电脑技术学校（职业培训）。2004年，升格更名为湖南同德职业技术学院（大专）。2014年，升格更名为湖南应用技术职业学院（本科）。

1996年，农民企业家汤泽云投资500多万元创办私立泽云小学。办校10年后，转资武陵区办学。此外，境内还先后兴办有常德计算机学校等。

幼儿教育 1978年，各小学开办学前班，接受5—6岁儿童入学，为境内幼教之始。

1981年，城区先后兴办机关幼儿园、职工之家幼儿园、民办幼儿园。

1994年，幼儿园15所、教职员工50人、入园幼儿585人，幼教设施投资128万元，全镇幼儿入园率40%。2005年幼儿园50所，教职员工400人，入园幼儿5250人，幼教设施投资2550万元，全镇幼儿入园率90%。

2014年，镇内共有幼儿园60所，教职员工796人，入园幼儿10260人，幼教设施投资总额达5867万元。幼教专用校车160辆。全镇幼儿入园率达100%。

2014年，武陵镇境域有县属公办高、初级中学4所（鼎城一中、鼎城九中、善卷中学、江南中学），公办小学5所（武陵小学、常沅小学、花船庙小学、王家铺小学、严家岗小学）；民办大学1所（湖南应用技术职业学院）、民办中学2所（淮阳中学、朗州高级中学）、民办小学5所（朗州小学、诗淇小学等）；公办幼儿园3所，民办幼儿园57所。

文化

境内传统民间文化活动有三棒鼓、采莲船、车儿灯、地花鼓、常德花鼓戏等。中华人民共和国成立后，由老解放区传入红色歌曲、腰鼓、扭秧歌、小演唱等表演形式，文艺表演紧扣政治运动、中心工作。

1965年,郭家铺公社成立文化站。“文化大革命”期间,各大队成立毛泽东思想文艺宣传队,会前会后、田间地头唱语录歌、跳“忠”字舞。1976年,郭家铺公社电影队成立,为各大队巡回放映。1979年,公社大会堂改建为电影院和剧院,引进民间戏剧团演出。

1981年,武陵镇文化站成立。随着改革开放,文化市场日益活跃,营业性录像放映厅、交际舞厅、卡拉OK歌厅等逐渐发展。群众先后自发成立专业戏剧团、管乐队、锣鼓唢呐队、军鼓队,为城乡婚丧嫁娶、老人寿庆、开业庆典等活动演奏和演出。2010年后,集娱乐、健身为一体的群众性广场舞普及,成为人们业余休闲生活的重要部分。2014年,镇内群众自发成立军鼓队8支、管乐队8支、锣鼓唢呐队7支、规模广场舞队36支。

体育

境内历史上“抵劲”、拔河等民间体育活跃。1995年,投资4000万元的鼎城体育中心在花溪路建成。1998年,作为湖南省第八届运动会分会场承担篮球、排球等比赛项目。同年,在鼎城体育中心举办鼎城区首届农民运动会,参赛者万人以上,比赛项目有排球、篮球、羽毛球、乒乓球、拔河、门球等。武陵镇代表队在总决赛中,拔河、门球、羽毛球获前三名。1996年,武陵镇健身体育协会成立,会员以退休干部职工为主,至2013年发展至300多人。

医疗卫生

民国时期,郭家铺墟场有小药铺诊所一家,有数名中草药郎中游医于乡间村落。中华人民共和国成立后,于1952年取消个体医药铺,设立公立郭家铺卫生所。1958年,分设南站卫生所、停车场诊所。1964年,郭家铺公社卫生院成立,有病床8张,专业医护人员15人。1968年,各大队首次设立医务室,选培1—2名“赤脚医生”,境内首次实行农村合作医疗。1984年,郭家铺公社卫生院改称郭家铺乡卫生院。1986年镇乡合并,全镇实现村(居)卫生室全覆盖。

▲2006年的桥南市场

1987年,武陵

镇城区新建常德县人民医院第二门诊部。1988年,更名为常德市第六人民医院。

1991年,郭家铺乡卫生院迁址武陵镇城区,组建武陵镇卫生院,原址更名为武陵镇卫生院郭家铺分院,所属居委会卫生室改称卫生服务站。

2002年,武陵镇卫生院改设为江南医院,该院分设中、西医及内、外、保健、手术、放射等科室,病床60张,专业医护人员128人。

2006年,启动新型农村合作医疗制度,镇内一次性全覆盖,年内参合率达98%。2011年,武陵镇分别成立北片与南片两个卫生服务中心。是年起,每年为城区60岁以上老人免费健康体检一次,并为体检老人建立病历档案。

2013年,落户境内的常德市第四人民医院南区医院建成,占地面积8.8万平方米,建筑面积11.5万平方米,设计床位1500张。是年,撤销市六医院,其设备与人员并入市四医院南区医院。

2014年,境内有区属医院3家,分别是常德市第四医院南区医院、区妇幼保健医院、区血防院。镇属医院3家,分别是武陵镇江南医院、武陵镇卫生院郭家铺分院,武陵镇卫生院张子航分院;社区卫生服务站15家,村卫生室10家,学校医务室3家。个体诊所121家,民营药房35家,从事个体医药人员476人。

社会保障

1952年土改分配"胜利果实"时,孤老孤儿一人分得两份土地和物资,土地由农会组织代种,开始给予救助安置。1956年,实行五保制,即对孤寡老人保吃、保穿、保住、保医、保葬(含孤儿保教)。五保义务由农业合作社承担。1958年人民公社化期间,境内先进、辉煌、红专、红色、双美大队兴办养老院,生活不能自理的五保对象由大队养老院供养。1961年起,采取分散供养,由所属生产队承担。1990年,开始由村集体承担。

2001年,启动农村独生子女奖扶制度,年内有独生子女老年家属1562人享受独生子女奖扶待遇。

2006年,启动贫困居民最低生活保障制度,年内有358人享受农村低保待遇,有135人享受城镇低保待遇。启动城镇居民医疗保险制度,对农村特困户、五保户、城镇低保户实行大病救助。

2010年,启动新型农村社会养老保险制度,简称"新农保",镇属农业村一次性全覆盖,年内有1890名农村老人享受"新农保"待遇。

2010—2014年,西站、红云、福广、郭家铺、孔家溶、三滴水等村实施项目建设征拆后,人均耕地0.3亩以下区域纳入农村社会养老保险的老年人有1485人。

人民生活

明、清时期,善卷垸境内水患频繁,民不聊生。中华人民共和国成立后,加固沅水大堤，兴建排灌机埠，实现旱涝保收，人民生活开始改善。1959—1961 年三年自然灾害时期，农业收成急剧减少，社员的生活水平下降。人民公社化期间，农业发展缓慢，人均年纯收入 100 多元，社员的生活水平满足温饱。20 世纪 70 年代享用钟表、自行车、缝纫机“三大件”被视为高档奢侈品。1979 年改革开放后经济快速发展，农村开始兴建砖瓦房，组合式新款家具兴起，电视机、电冰箱、洗衣机被视为“新三大件”逐步普及。进入 20 世纪末期，出现农村楼房热，汽车、电脑进入农户家庭。2006 年国家免征农业税，农民享受各种惠农补贴。200 6 年实行新型农村合作医疗。2010 年后，土地被征用的村民、60 岁以上老人进入养老保险。2013 年，全镇城镇居民人均可支配收入 22120 元，农村居民人均纯收入 9843 元。液晶电视、摩托车，移动电话、智能手机、空调、电脑、全自动洗衣机、小汽车等现代高档生活设施，进入普通百姓家庭。自来水与无线通信网络入户率均达 90%，人民生活达到小康。

五、特色地情

文物古迹

善卷古墓 位于花船庙村。据清《湖南通志》载，善卷古墓在武陵县城南善卷村永庆宫，即今境内花船庙附近，有遗址可寻。

鼓槌子沟 据《清同治武陵县志》记载，报国村鼓槌子沟是善卷以敲鼓为号，召集众人议事的地方，有善卷先生的耕作地和为耕牛洗脚的洗蹄塘。相传远古时代高贤善卷先生在鼓槌子沟犁田时，遇上舜帝微服私访，舜帝见善卷贤德高尚，欲将帝位禅让，善卷辞而不受。

沈约台 位于福广村。相传南朝梁文学家、音韵家沈约曾在福广村佛光寺建台读书，并在寺前植樟树一株。佛光寺及古樟树毁于 1958 年，今有遗址可寻。

玉皇阁 位于红云村与西站村交界处。建于清乾隆年间，毁于 1958 年金刚公社建设万头猪场之时。

嘉庆玉玺匾 清嘉庆八年(1803)至民国，地藏庵境刘氏宗祠大厅正上方，一直悬挂着嘉庆皇帝钦赐的“玉玺匾”，褒奖武将刘之仁。刘之仁官至陕西陕宁镇总兵，病故军营后，嘉庆皇帝不仅钦赐“玉玺匾”，并在“谕祭”中称“刘之仁性行纯良，才能称职，方冀遐龄，忽闻长逝，朕用悼焉，特颁祭典，以慰幽魂”。《嘉庆皇帝谕祭》全文被刊入《刘氏族谱》。玉玺匾规格为“4 尺 × 8 尺”，毁于 1958 年建公共食堂时。

人物

善卷 尧舜时代武陵人，隐居沅江枉水河畔，相传尧帝曾师事善卷，请教治国之策；舜欲让天下于他，不受；大禹治水求教于他，听从建议收服三苗。是一位上古贤人，歃称为中华道德始祖，华夏德育第一人，中国隐逸第一人。

鲁易 （1900—1932）原名鲁其昌，原常德县善卷乡鲁家河人，生于清光绪二十六年(1900)。早年留学日本。“五四”运动爆发后，毅然弃学回国，参加反帝反封建斗争。第二年赴法国勤工俭学。民国11年(1922)到海南岛琼州第六师范任教，同年加入中国共产党。先后担任黄埔军校政治部副主任，国民革命军第一军第三师党代表、中共中央军委秘书、湘鄂西革命根据地红三军政治部主任、红三军前敌委员会委员、湘鄂西红军学校政治部主任、红三军第七师政委等职。

民国21年(1932)6月，国民党军大举进攻湘鄂西革命根据地。红三军主力八师和九师调鄂西外线作战，鲁易率红七师留守根据地。8月31日在新沟嘴战斗中不幸被俘，10月4日，在湖北省仙桃镇被杀，时年32岁，烈士墓地在湖北省监利县境内。

刘国福 （1937— ）三汉湖村人，1988年9月授予少将军衔。曾任中共山东省委常委、山东省军区政治委员。1955年12月应征入伍，先后任司务长、团政治处干事、师司令部秘书、连指导员、军政治处干事、副处长、处长、师副政委。1982年任山东省军区副政委、济南军区后勤部政委、中国人民解放军第二十集团军政委。1992年1月，调任中共山东省委常委、山东省军区政委。业余爱好书法，系中国书法家协会会员、中国书法社顾问、山东省书法家协会名誉主席、山东省青年书法家协会名誉主席、山东省将军书法院院长。

革命烈士(部分)

吴起如　1950年湘西剿匪作战牺牲，郭家铺村人。

廖德成　1951年抗美援朝牺牲，大禾场村人。

郝照军　1972年在甘肃因公牺牲，西站村人。

罗喜保　1951年抗美援朝牺牲，红云村人。

刘开仲　1979年中越边境自卫还击作战牺牲，郭家铺村人。

郭四喜　1979年中越边境自卫还击作战牺牲，德安居委会人。

重大事件

垸民怒砸堤总屋 民国22年(1933)6月，沅水高洪期间，善卷垸东堤康家嘴决口溃垸。险情出现时，巡守大堤垸民赶往堤总朱炯芝宴席前告急：“康家嘴大堤冒水鼓花。”喝得醉醺醺的朱炯芝却说“多大的鼓花，有我鸡鉢的鼓花大”。洪水退泄后，朱炯芝征收垸民决口堵复款后，没及时组织修堤堵口，两个月后沅水秋洪由决口漫入，垸内秋荞遭淹。垸民愤然而起，乘8条渔船直冲朱炯芝宅处兴师问罪，见朱躲避不在家，众怒之下开始砸屋，数百人划船赶往现场围观助威。

三汉湖惨案 1943年冬天，日本侵略者进犯常德，窜村骚扰，抢劫财物，强奸妇女。12月2日，3个日军在三汊湖苏家坟山碰到农民潘二元，举起刺刀要杀，潘与之搏斗，夺得手榴弹1枚，将敌炸死1人、炸伤1人。潘被敌开枪击中牺牲。随后，一个排的日军在苏家坟山上架起机枪，将躲藏在该地的三汊湖杨家湾村民全部抓出来，用刺刀乱捅，杀死300多人，仅4人幸存。

中央中南局社教工作队驻红云试点 1964年10月，中共中央中南局书记处书记王首道率社教工作队进驻红云大队试点，开展社会主义教育"四清"（清思想、清政治、清组织、清经济）运动。随队进驻的还有湖南省委组织部领导任清怀、常德地委领导刘佳时、常德县委领导赵树立等38人。"四清"运动连续10个月，主要以清理经济为主。由省财政厅会计师严必胜主持，不仅清理大队、生产队会计、出纳经济账目，而且对生产队记工员工分账，肥料员肥料账也一并进行清理。对犯有经济问题的基层干部，予以严肃处理。

1991年抗高洪抢险 1991年6月30日至7月14日，常德市区域内连降暴雨15天，累计降雨达342毫米，镇内平均降雨258.6毫米，沅水常德站水位高达40.33米，超危险水位0.65米。7月14日，沅水大堤红云寺大堤内坡近脚发生数处翻砂鼓水和跌窝等大险。区防汛指挥部政委、指挥长迅疾赶往现场，调集600多名干部、1000余民工采取围堰水压的办法减轻鼓水压力，同时抢运砂石填压跌窝，使险情得以消除。

1996年抗高洪抢险 1996年7月13日至15日，沅水上游连续普降大暴雨，水位不断攀升。善卷垸有近20千米堤段低于洪峰水位1.5米左右。7月16日上午，鼎城区防汛指挥部下达命令，全区20多个乡镇、5万多名干部群众在3个小时内集结善卷院临洪大堤，迅速用编织袋装土垒筑子堤，半天筑起长18千米，高1.5米的挡水子堤。是日19时，氮肥厂堤段子堤突然决口，推入堵口的两台汽车瞬间被冲走，1000多名抢险队员迅速抢筑第二道子堤。由于洪水疯涨，老堤滑坡，第二道子堤又被撕开。关键时刻，长沙炮兵学院官兵赶到增援。将100多吨磷肥、大米、玉米、钢材，190多立方米砂卵石、木材、几十根电杆等全部倾注缺口。附近工人农民也用麻袋装上自家稻谷，抱着棉絮，背上建房用的木材、砖块直奔缺口投入抢险堵口，险情得以控制。7月17日傍晚，善卷院康家嘴大堤内平台以下出现80多米长大面积滑坡。区委书记曹儒国等现场指挥2000多名干部群众和解放军官兵投入抢险战斗。每隔一米挖一个坑，坑里填上块石或卵石，水从石缝里浸出来，有效地控制了滑坡，保住了大堤。19日19时许，善卷院猪尾巴堤段出现贯穿性管涌，碗口粗的水柱上喷1米多高，外坡迎水面出现盆口大漩涡。堤顶出现长8米、宽2米跌窝。守堤的长茅岭乡党委副书记袁万国、水利局干部王宏尧与民工莫国祥、徐文新、董永富等十多人飞快地从附近船上拖下油布，跳入水中压住漩涡。守堤负责人指挥1000多名干部群众。经过近6小时的激战，投入大米、玉米70多吨，块石和砂卵5000多立方米堵住管涌，避免了溃垸性大险发生。

桥南市场特大火灾 2004年12月21日上午7时30分，桥南市场发生特大火灾，过火建筑面积83276平方米，烧损门面、摊位5605个，直接财产损失1.88亿元。1000多名消防官兵和公安干警现场扑救。扑火过程中69人受伤，大火连续燃烧12个多小时，直到下午7点多才被全部扑灭。副省长许云昭现场指挥扑火，省长周伯华到火灾现场了解灾情。引发特大火灾事故的3名嫌疑人被警方刑事拘留。12月24日，区委书记吴生元因火灾事故免职调离。火灾当晚，区委召开常委扩大会议，紧急部署火灾善后工作。抽调1100名区直机关干部，组织成立"12·21"灾后维稳工作组。实行24小时值班制度，取消双休日和节假日休息，同时向区直各单位下达包保任务，对包保经营户进行对口慰问。给受灾经营户发放救助金，为投保经营户兑付保险赔款。

2014年抗高洪抢险 2014年7月18日凌晨2时，境内西站九组沅水堤脚50米处出现5米直径翻砂鼓水特大管涌险情。市委书记王群、市长周德睿、区防汛指挥部政委刘定清、指挥长杨易迅疾赶往现场，组织300名抢险突击队、3000多名机关干部和周边群众、600名部队官兵、500名民兵预备役战士及一批大型机械设备投入抢险战斗。经过数千人彻夜抢险，翻砂鼓水处填满砂卵，被加高加固，筑起长80多米、宽30多米的围堰，围堰四周的二级平台也用块石垒牢，溃垸性的大险得以控制。

六、各村（社、居）简介

临江社区

东起车站巷，西至阳明路，南至临沅路及桥南路，北抵沅水大堤，大小巷道60条，划分为7个"网格"，占地1.55平方千米，辖9个居民小组，6058户9385人，流动人口5000人。驻社区单位16个，社区工作人员9人，办公大楼580平方米，设综合服务大厅、调解室、警务室、健康服务室、图书阅览室等。曾获常德市"社区建设示范社区"称号。

永安社区

位于江南城区鼎城路以南、金霞路以北，东至善卷大道、西至大湖路，6条大街7条小巷，划分为13个"网格"，占地面积0.96平方千米。辖7个居民小组、2个居民小区，2876户7167人，流动人口3584人。驻社区单位12个，其中有区九中、严家岗小学及5所幼儿园。社区工作人员14人，办公楼420平方米，设综合服务大厅、调解室、警务室、健康服务室、图书阅览室等。

常沅社区

东起滨江路，西与善卷路相连，南起金霞路，北至车站巷，11条大街23条小巷，划分为8个网格，占地1.5平方千米。辖7个居民小组,6个商品房开发小区,5300户21200人,流动人口15000人。社区工作人员16人,办公楼860平方米,设综合服务大厅、警务室、议事室、市民学校、图书阅览室等。有文体活动场所6处,小学1所,幼儿园5所,在建托幼助残养老中心一座。

鼎城社区

东起桥南路、西至阳明路、北起临沅路、南至鼎城路,地处南站老城区。纵横6条大街8条小巷,划分为9个“网格”。占地面积0.58平方千米。辖9个居民小组,7060户13635人,流动人口近万人,驻社区单位35个。社区工作人员16人,办公大楼900平方米,设有公共服务大厅、警务室、卫生计生室、文体活动室、代表议事室、网格员工作室等。曾先后获“全国和谐社区建设示范社区”“全国科普示范社区”“全省社区建设示范社区”“全省民主法制示范社区”“平安社区”等称号。

迎宾社区

东起大湖路,西至常沅路,南抵停车场社区,北临鼎城路,划分为5个“网格”,占地面积0.8平方千米,辖3个村民小组,3268户6928人。辖区内有机关、企事业单位9个,物业小区7个,敞开式小区5个。社区工作人员16人,办公大楼386平方米,设有公共服务大厅、警务室、老年大学、健身娱乐厅、电子阅览室等。

花船庙社区

东起阳明路,西至西站路,北起沅江大堤,南至隆阳路,划分为3个“网格”,占地面积1.3平方千米,辖5个居民小组,6279户13017人。社区工作人员10人,办公大楼580平方米,设公共服务大厅、社警务室、卫生计生室、文体活动室、慈善超市、档案室、荣誉室、代表议事室、心理咨询室、网格支部办公室、网格员工作室等,先后获湖南省“和谐社区促进奖”,常德市“社区建设示范社区”等称号。

德安社区

位于江南城区西北端,东临鼎城一中,西靠西站社区,南接鼎城殡仪馆,北抵临沅路,总面积1.58平方千米,划分为6个“网格”。辖11个居民小组,5802户16450人。社区工作人员11人,办公楼300平方米,设公共服务大厅、警务室、卫生计生室、网格员工作室、代表议事室,退伍军人之家、图书阅览室和文体活动室等。有文体活动场所11处,幼儿园7所,区一中、三中及淮阳中学驻境。曾先后获省市区“平安社区”“文明社区”“城市管理工作先进单位”等称号。

停车场社区

位于江南城区中心地段,划分为2个片区、4个“网格”,占地2.5平方千米。辖9个居民小组,3251户13004人。社区工作人员13人,办公大楼3000平方米,设有公共服务站、警务室、卫生计生健康服务室、、居民代表议事室，文体活动室等，安防体系、电子监控覆盖各小区。

西站社区

成立于 2014 年 4 月，东起德安路，西抵沅江大堤，南接红云社区，北至鼎城进修学校，占地面积 1.5 平方千米。有蔬菜种植面积 395 亩。辖 9 个居民小组，638 户 2318 人，流动人口 180 人。社区工作人员 10 人，办公楼 230 平方米，设有“党员之家”“退伍军人之家”等。

红云社区

东接停车场社区，西抵沅水大堤，北至西站社区，南与福广社区相邻，总面积 1.5 平方千米，耕地面积 1500 亩，其中水田 705 亩、瓜果种植 595 亩、低田改鱼池 200 亩，辖 18 个居民小组，3 个网格，920 户 2800 人。社区工作人员 8 人，办公楼 500 平方米，设有计生健康室和图书室等。

福广社区

位于西城建设中心地段，东至善卷公园，南接郭家铺社区，北靠红云社区，西至沅水大堤。总面积 2.3 平方千米，耕地面积 950 亩，其中水田 400 亩、旱地 550 亩，辖14 个居民小组，672 户 2680 人。社区工作人员 12 人，办公楼面积 320 平方米。金霞路、国道 319、机场路、红云路、永丰路、永吉路、西站路等贯穿境域。

郭家铺社区

北抵福广社区，南至大禾场村，东与孔家溶社区和报国村毗邻，西临沅江大堤。总面积 2.2 平方千米，有耕地面积 1766 亩。辖 15 个村民小组，495 户 1945 人，社区工作人员 9 人。2014 年作为城市新区，项目建设征用土地 774 亩，拆迁 250 户，新建物流市场、机电市场等园区。

大禾场村

北抵郭家铺社区，南至腰堤村，东接报国村，西临沅江。耕地面积 1780 亩。辖 15 个村民小组，525 户 2008 人，村干部 5 人。2014 年建成村道 5 条 6 千米、组道 13 条 1.55 公里（实现硬化）、硬化排水沟 400 米。有大小抗旱机井 16 座，总装机容量 200 千瓦。变压器 8 台，总容量 1700 千伏安。自来水入户达 100%。

腰堤村

北抵沅江，南至斗姆湖街道新渠村，东接大禾场村，西临斗姆湖街道南垸村。总面积 2.5 平方千米，耕地面积 2115 亩。辖 8 个村民小组，486 户 1851 人，其中村干部 5 人。硬化主干道 4.5 千米，硬化沟渠 400 米，主干道绿化带 400 米。2014 年村民人均纯收入 8510 元。

孔家溶社区

北抵金霞路，南至常德市第四自来水厂，东临善卷路，西接郭家铺社区，总面积3平方千米，耕地面积1086.56亩，其中水田876.56亩，旱地210亩。辖20个居民小组，771户2946人，社区工作人员12人。道路硬化7公里，大小抗旱机井5座，总装机容量100千瓦，变压器6台，总容量1400千伏安。区廉租房小区、区工业园及湖南应用技术学院坐落辖区。2014年人均纯收入17500元。

王家铺社区（原王家铺村）

位于沅江大堤与善卷大道之间，划分为5个"网格"，耕地面积450亩，辖15个居民小组，685户2874人。社区工作人员15人，办公大楼面积1120平方米，设有服务大厅、医务室、图书阅览室、文体活动室等。2014年生产总值5637万元，曾先后获市区"奔小康带头村""百强村"等称号。

三滴水社区

位于善卷南路，东抵德山经开区。总面积2.5平方千米，耕地面积1766.4亩。辖10个居民小组，303户1268人。社区工作人员11人，办公大楼2290平方米，基本服务设施齐全。境内有湘云科技、天和管桩、水产品大市场、生猪定点屠宰场等大型生产、商贸企业。

三汉湖村

北抵报国庵村，南至斗姆湖街道，东接三滴水社区，西临大禾场村，耕地面积1630亩辖10个村民小组，344户1296人。村干部5人。境内硬化道路8条，7.8千米。排灌沟渠硬化5000米。自来水入户率99.9%。种植水稻为主，兼种棉花、蔬菜，养殖生猪、鱼。2014年生产总值1096万元，人均纯收入8460元。

报国庵村

北抵孔家溶社区，南至三汉湖村，东接三滴水社区，西临郭家铺社区及大禾场村。耕地面积1592亩，辖11个村民小组，328户1310人。村干部5人。以水稻、棉花、油菜等传统种植为主，2000年以来农业生产实现机械化、自流灌溉化，有大型排灌机埠1座、大小灌溉机井12座，硬化村组干道14条3.5公里，自来水入户率96.9%。

（执笔：刘开健　编辑：刘忠祥）

蒿子港镇

地图审图号：湘 S(2008)052 号

地域名片

2004 年，被建设部、发改委、民政部、国土资源部、农业部、科技部列为全国重点镇。2014 年，再次被住建部等 6 部委列为全国重点镇。

一、区域概况

地理位置

蒿子港镇位于常德市鼎城区北部，东濒澧水，与安乡县陈家嘴镇隔河相望，西与西洞庭管理区接壤，南与十美堂镇相邻，北与中河口镇毗连。镇人民政府驻光复村，距区人民政府驻地 50 千米。

建置沿革

民国年间，镇域属常德县西湖乡。中华人民共和国成立后，于 1951 年撤销西湖乡，境域设蒿子港镇和蒿子港乡。1956 年，蒿子港镇并入蒿子港乡。1957 年，恢复蒿子港镇。1958 年，实行人民公社体制，合并蒿子港镇、蒿子港乡、中河口乡、十美堂乡、黄珠洲乡、黑山嘴乡，成立洞庭人民公社。1961 年，缩小公社规模，洞庭公社析为 5 个公社，设蒿子港公社。1981 年，蒿子港街道从蒿子港公社析出，恢复为县直辖蒿子港镇。1984 年，撤销人民公社体制，蒿子港公社改为蒿子港乡，所辖光复村划入蒿子港镇。一部分扩建新街区，取名振兴街道。1986 年，蒿子港乡与蒿子港镇合并为蒿子港镇，至 2014 年无变化。

区划面积

1986 年镇、乡合并后，全镇辖仁和、长安、庆丰、咸庆、富美、金仁、邱家、复宁、太岳、德安、民康、幸福、光复 13 个行政村和振兴街、建设街、锦阳街、劳动街、河口街 5 个居委会以及 1 个镇渔场，166 个村民小组和 24 个居民小组。总面积 56.15 平方千米。1986 年乡镇合并后至 2014 年，所辖行政村和街道居委会及其村、居小组均无增减变更。

人口民族

1986 年，全镇有 7021 户 32470 人，其中男性 18583 人，占 57.2%；城镇居民 10562 人，占 33.8%。总人口中，汉族 24677 人，占 76%；3 个少数民族共 645 人，其中回族 353 人，维吾尔 176 人，土家族 116 人。2014 年全镇总户数 7321 户，总人口 33473 人，男性 19675 人，占 58.6%，汉族 24891 人，占 78%，3 个少数民族共 682 人，其中维吾尔 187 人，土家族 128 人，回族 367 人。

自然环境

镇域地处洞庭湖滨、澧水河畔。地势低洼，属典型河湖冲积平原，最高地海拔 34 米，最低处海拔 28 米，一般高程在海拔 31～33 米之间。属亚热带季风湿润气候，光照充足，热量丰富，四季分明。多年平均气温为 16.7℃，极端最高气温 40.1℃，最低气温 -13.2℃。降水丰沛，多年平均降水量 1313.2 毫米，各区段分布不均，春多寒潮，夏多大到暴雨。年平均降雨日 147 天，无霜期 300 天左右。境内沟港河湖纵横，有水面 1 万多亩。平湖沙洲沟港芦苇、杨树、蒿子丛生，致使河江流水缓慢，河床逐年淤积抬高，易造成水患。

二、经济发展

经济综述

境内史上多水患，生产无保障。新中国成立后，水利事业逐年发展，生产条件不断改善。中共十一届三中全会以后，实行改革开放，农民生产积极性迸发。1986 年镇、乡合并后，镇、乡优势互补，有效地促进了经济发展。1995 年，全镇实现工农业生产总值 10899 万元，其中工业总产值 6500 万元，农业总产值 4399 万元。2004 年被列为全国重点镇后，镇域经济快速发展。2014 年，全镇实现工农业总产值 15.6 亿元，农民人均纯收入达 8740 元。

农业

种植业 境内种植业历来以粮食、棉花和油菜为主。新中国成立后，实行土壤改良，推广二熟制、三熟制和优良品种，农作物产量大幅提高。20 世纪 90 年代起，镇党委、政府调整产业结构，发展优质农作物，推行专业化、规模化经营，有效提高了种植业效益。1995 年，全镇粮食产量 17030 吨，皮棉产量 80 吨，油菜籽产量 136.5 吨。2014 年，全镇有耕地面积 3.59 万亩，其中水田 2.51 万亩，旱地 1.08 万亩。家庭农场 10 个，专业合作社 12 个。家庭承包耕地流转 1.62 万亩，其中股份合作面积 446 亩，流转入农户 9723 亩，流转入专业合作社 2916 亩，流转入企业 2344 亩。种植早稻 3.23 万亩，产量 10646 吨；晚稻 32261 亩，稻谷总产 22583 吨；种植棉花 42837 亩，皮棉总产 2066 吨；种植油菜 3135 亩，油菜籽总产 3135 吨。

养殖业 境内养殖业历来为农户散养，主要有牛、羊、猪、鸡、鸭、鹅等畜禽。1956 年，养牛 1615 头，主要用于耕田，养猪 5378 头，鸡 11500 羽，鸭 12500 只，鹅 600 只。1968 年出栏生猪 1.1 万头，出笼鸡鸭 7.6 万羽，产禽蛋 29 吨，鱼 28.5 吨，养牛 1712 头。1976 年，生产队集体养鱼 3575 亩，总产 89769 千克。1980 年实行农村家庭联产承包责任制，养殖业快速发展。1984 年，全镇有养猪大户 10 户，养鸡大户 7 户。1998 年出现养牛、养羊专业户，养肉食黄牛 287 头，羊 600 头。2014 年，全镇出栏生猪 1.56 万头，出笼家禽 35 万羽，产鲜蛋 70.3 万千克，出产鲜鱼 26.9 万千克。

牧业家禽业收入 1860 万元，渔业收入 1125 万元，出售渔业收入有 1108 万元。

林业

20 世纪 50—70 年代，境内所植树木均以杨、柳等防旱保水的阔叶林为主。1980 年起，重视街道、公路和田园沟港绿化。2010—2014 年，全镇造林绿化村组道路 216 千米、培植苗圃 28 亩、花圃 16 亩，栽植风景树 15 万多株。

工业

民国年间，境内有罐头厂、铁匠铺、木业作坊、食品糕点坊、篾业作坊等手工业作坊。1950 年，成立手工业社、铁业社、木业社、篾业社、缝纫社、罐头厂。1970 年，创办酒厂、食品厂、修理厂、预制件厂、印刷厂。从 1980 年起，建有造纸厂、轧花厂、油厂、米厂等 20 家企业。2000 年后，国有集体工业企业改制转型为民营工业企业，更具活力。其中天泽米业集团，年产值达 6 亿元以上；复宁复合肥厂年产值 5000万元。2012 年，引进润田机械制造有限公司、打火机制造厂 2 个企业，年产值均在 2 亿元左右。2014 年，全镇拥有工业企业 14 家，年产值 15.5 亿元，安置就业 600 人。

商贸服务业

清代和民国时期，境内有河口集市、建设集市、长安集市、邱家湖集市、德安集市 5 处集市墟场，经营鲜鱼、肉食、家禽、南杂、小百货、小型农产品、手工业品等。1951 年，成立建制镇，设有供销社、粮油站、肉食店、百纺批发站、木材站、煤站、商店、饮食店等商贸单位，成为周边地区商贸服务中心。1992 年投资 410 万元，在振兴街北老街和大桥结合部，兴修蒿子港市场，占地 12 亩，有摊位 660 个，“蒿子港市场”匾牌由湖南省政协原主席刘正题写。2014 年，全镇有各类集市摊位、商铺、服务店 816 家，商贸从业人员 3108 人，社会商品零售总额 6218 万元，其中集市商品成交额 3122 万元。

三、基础设施

交通运输

水路　中华人民共和国成立前，镇域澧水河道有小木船横渡两岸，从事客运和货运，有少量帆船沿澧水主航道上下穿行。1949 年后，开始疏通沟港河道，水上交通得到发展，集镇边河岸修建有码头，澧水航道有大中小船只上通津市、石门；下通安乡、南县、柳林嘴，经洞庭湖，可达常德、长沙、岳阳，连通长江水运航道。1951 年，建成轮船客运码头。1955 年，建成货运码头，可停百吨级船舶。1958 年，建成对河横渡船码头。1960 年，修建东风航运社码头。1966—1980 年，有大中型客货内燃机轮船跑津市、常德、长沙、岳阳、武汉等地。1955 年起，内河水运航线开通，沿途停靠青茅港，黑桥、泥港口、新港、七里桥、常德北门外马木桥等客货码头。20 世纪 70 年代起，水路交通开始萎缩。进入 80 年代后，公路交通发展，境内航路水上客运逐渐消失，垸内水路运输完全被陆路运输取代，澧水航道货运量也不断下降，百吨以下的小船货运基本绝迹。为了保住大宗货物水运廉价的优势，于 2014 年在澧水外河启动千吨级大型货运码头建设。2014 年，往返蒿子港、安乡两岸的轮渡尚存，蒿子港货运码头，正常运行，主要是运输沙砾，化肥等。

陆路 1962年，修建常（德）蒿（子港）公路，里程53千米，在蒿子港大桥相距30米远的地段建成蒿子港汽车客运站。1963年，常蒿公路延伸至西湖农场，即蒿西公路，延伸里程25千米。1968年，建成连通蒿子港、十美堂、黑山嘴的“蒿十黑”公路，长25千米。同年，修通至西洞庭农场、中河口镇公路，长40千米。1984年，村、组公路全部修通。2000—2010年，通村公路56千米，通组公路33千米全部硬化。2012年，修通常德至岳阳高速公路，境内6千米，并对连通周家店、蒿子港、西湖的周西公路进行全面扩建硬化。2014年，有80多台中巴车经蒿子港开往常德市和附近乡镇、管理区，日客运高峰时客量达8000人次，年客运量40万人次，日货运高峰1000吨，年货运量25万吨。

邮政通信

1949年10月，成立蒿子港邮政代办所。1958年，在大队部和街道单位安装电话座机，在公社机关设置总机室。1987年，成立蒿子港邮电支局，1989年修建电信大楼。1991年5月10日，蒿子港开通程控电话。1993年，蒿子港邮电局综合大楼建成。1996年5月初，程控电话扩容。1999年10月，在集镇区安装卡式电话24台；11月，联通公司在镇区兴建移动电话基站一座。2000年，电信和邮政分设。是6月，区电信局在镇区修建移动电话通讯基站。2012年，互联网开通。2014年，全镇拥有固定电话246部，移动电话13500部，互联网用户6980户。

供电供水

供电 1964年，修建汪家洲电排站，拉通蒿子港镇长安村至河口街变电站输电线路，境内始通电。1965年，兴建蒿子港变电站，安变压器24台，开始对境内街道和乡村全面供电。1986年，全镇户户通电。是年，成立镇电管站。2005年，启动农村电网改造，增加和更新变压器30多台，更新改造输电线路80千米。2014年，境内变压器增至83台1.1万千伏安，全镇用电量达8233万千瓦时。

供水 1983年，镇政府自筹资金建成镇自来水厂，日供水240立方米。1984年10月移交县自来水公司管理。后县自来水公司无资金投入维修，承包给私人经营。由于承包者频繁换人，只求短期效益，不投资维修改造，造成设备老化、水管漏水、水源不足，水厂供水能力下降，缺水断水时有发生。2005年水井垮塌报废断水一个多月，2010年水管破裂连续几个月缺水断水。2012年，镇党委、政府筹资1300万元，用地12亩，兴建镇综合自来水厂。水厂铺设水管22千米，供应5个居委会和8个行政村的饮用水，日供水能力达4800立方米。2011—2013年，境内建起5个村自来水厂。全镇人口实现100%安全饮水。

水利建设

1954年治理西洞庭湖，境内修建澧水防洪大堤1700米，修建从林家滩到沙河口段蓄洪间堤2100千米。后陆续加高培厚大堤，修建进、排水涵闸，块石护坡保脚，营造护堤和防浪林，提高抗洪能力。20世纪60年代，借省政府大打洞庭湖区电力排灌工程歼灭战之机，境内建起长安、汪家洲、仁和闸、镇医院闸、沙河口等排灌机埠，总装机容量6400千瓦；修通长126千米的主灌排渠。1974年，修建沙河口大型电力排灌机埠，装机4台3200千瓦。1978年，修建王家湖电力排灌机埠，装机10台1550千瓦。2011—2013年，全镇投入水利建设资金677.52万元，共完成渠道清淤110千米，完成土方60.8万立方米。2014年，国家实施环洞庭湖区治理工程，项目涉及7个村88个组，投入资金1478.4万元，完成毛渠硬化105.6千米；投入建设资金477.028万元，新修机耕道125.6千米；投入资金624万元，新增机埠96个；投入建设资金936万元，硬化主灌排渠7800米。

镇村建设

集镇建设 蒿子港镇是一座水乡古镇。清末，集镇建在澧水洪道中心小洲上。民国8年(1919)，以洲筑堤围垸后，集镇得到发展，建成街道1条，长1160米、宽5米，条石铺面。有鱼行、米行、花纱行、戏院等，商业兴隆，素称“小常德”。1954年，治理西洞庭湖，拓宽澧水洪道，镇址迁至洪道西岸光复村，修建设街、民主街、河口街3条街道。1980年修建锦阳街。1984年将蒿子港乡光复村划归蒿子港镇，新建振兴街，向社会公招自理口粮户口1300人，在新区定居建房。1986年，蒿子港乡、镇合并，镇区建设加快。至1993年，共新建5条街道，总长7685米。1995年，对主街道实施水泥硬化。

1995年，蒿子港镇被建设部列为小城镇建设试点镇。1996年，被列为湖南省农村综合改革试点镇。2001年，继续被列为建设部试点镇。2002年，被列为湖南省第二轮农村综合改革试点镇。2004年，被建设部、国家发改委、民政部、国土资源部、农业部、科技部列为全国

▲ 蒿子港集镇——小城镇建设示范镇

重点镇。2014年,再次被住建部等7部委列为全国重点镇。

2014年,镇建成区面积达1.75平方千米,常住人口1.7万人。有振兴路、建设路、劳动路、锦阳路、红辉路、宇福路、泰宁路、桥渔路、环城路等大小街巷20条,总长12015米,道路面积137800平方米,硬化率达75%。镇区安装33个高清监控摄像头,治安防控体系健全。振兴路为镇区骨干街道,北起澧水大堤,南至太岳村一组,全长1715米,其中澧水大堤至蒿子港老街大桥长170米,主车道宽14米,人行道两边各宽5.5米;大桥至太岳村一组长1545米,主车道宽17米,人行道两边各宽6.5米。该街道设置有盲道,安装有消防栓和121盏LED路灯,下水道实现雨污分离。

乡村建设 2010年起实施“统筹城乡发展,建设美丽蒿子港”规划,加快美丽乡村建设。仁和村从2013年起,投入800万元,用于村庄基础设施建设,其中,硬化村道2.5千米,修桥2座,安装路灯80盏,添置垃圾池145口、垃圾箱510只,村庄绿化20000平方米,修建1600平方米文体休闲广场1处,修建740米长休闲长廊1条,以及配套建设文化娱乐、健身器材等公共设施,村庄面貌焕然一新。其他行政村也相应加快建设步伐。2014年,全镇乡村道路全面硬化,村组道路硬化达80%,所有行政村开通乡镇公交车辆。各村配有专职保洁员,共修建垃圾池2385个,栽植风景树3.5万株。

四、社会事业

教育

民国年间,境内有私塾3所,完小1所。20世纪50年代初,境内办有蒿子港完小、金仁完小和咸庆小学、董家铺小学。1957年创办蒿子港附中(初高中合办),蒿子港完小附设的初中改办成独立初中,校名为常德县第五初级中学,校址在蒿子港镇光复村。是年,有11个班、学生801人。1965年春,又在太岳官塘湖办起蒿子港公社农业中学(初中)。1967年农中并入附中,更名为常德县第五中学,为纯高中学校。

1968年9月,全公社13个大队各办小学一所,另有蒿子港乡完小和蒿子港镇完小及金仁完小。1971年,蒿子港乡完小更名为蒿子港公社中学,金仁完小更名为金仁中学,均为初中学校。1972—1980年,蒿子港公社中学兼招高中生。1975年,蒿子港镇完小更名为蒿子港镇中学,招收小、初、高三个阶段学生;1978年,停招高中生。

1976—1982年,因生源增加,各大队学校先后开设初中班。

1984年,蒿子港公社中学更名为蒿子港乡中学。

1988年9月,因乡镇合并和生源减少,蒿子港镇中学、金仁中学撤销,并入蒿子港乡中学,命名为蒿子港镇中学。

1992 年,常德县第五中学更名为鼎城区第五中学。2010 年,因高中生源锐减,五中撤销,校产划归镇中学。

2000 年后,因生源锐减,各村小学陆续撤并。2006 年,全镇小学仅存镇中心小学、金仁小学、太岳小学 3 所。2011 年 9 月,金仁小学撤销。

2013 年 9 月,蒿子港镇进行教育资源整合。中学、中心小学、太岳小学整体合并,迁入原区五中校址,蒿子港镇中学成为一所九年一贯制学校,有中小学生 859 人,其中初中 5 个班,初中生 193 人。

到 2014 年,全镇仅存九年一贯制学校 1 所,幼儿园 4 所;中小学教师 117 人,学生 852 人;幼儿教师 15 人,入园幼儿 386 人。

文化体育

境内民间传统文艺形式有三棒鼓、渔鼓、莲花闹、地花鼓等。清代至民国时期,群众文化活动多见于春节、清明、端午等节日。平时在集镇的茶楼酒肆有民间艺人说书、打渔鼓等。乡民在生产劳动中即兴唱山歌、喊号子。20 世纪 50 年代,广大群众庆解放、庆翻身,青年农民和学生广泛开展扭秧歌、打腰鼓等活动。1958 年"大跃进"中,开展赛诗、赛歌、赛画活动。"文化大革命"中,盛行跳"忠"字舞活动,传统艺术多受到批判。中共十一届三中全会以后,各种民间传统艺术活动又逐渐恢复。1985 年,镇里的诗词书画爱好者建立阳城诗艺社,编印诗集,发表作品。2000 年后,境内相继建立有蒿子港老年摄影家协会、蒿子港飞宇乐团、蒿子港女子管乐队、蒿子港女子腰鼓队、蒿子港乐队、蒿子港文艺演唱团和多支广场舞团。2014 年,全镇各村和居委会都建起农家书屋,有图书刊物 24500 册。

境内民间体育活动主要有舞龙、舞狮、划龙舟、练拳棒等。中华人民共和国成立后,农村篮球、排球、乒乓球、羽毛球、拔河等活动逐步开展起来。2005 年参加湖南省农民体育运动会,蒿子港镇代表队获团体赛一等奖。2010 年至 2013 年,全镇先后组织 13 支农民体育代表队,开展各类体育训练和比赛。

医疗卫生

民国年间,境内私人开设有 3 家西医诊所、4 家中医诊所和数家中药铺。1952 年,建立乡卫生院。蒿子港是血吸虫疫区,1955 年,组建蒿子港血吸虫病防治组,简称血防组,1957 年改建成蒿子港血吸虫防治院。1980 年,更名为常德县第一血吸虫病防治院。

1996 年,蒿子港办事处医院和镇卫生院合并为蒿子港镇卫生院,并征地 15 亩,新建门诊大楼和住院部大楼,建筑面积 9000 平方米。

2014 年,境内有蒿子港镇医院和蒿子港血防医院 2 家综合医院,有医务人员 42

人，病床200张。全镇13个行政村，村村建有卫生室。

社会保障

新中国成立后，对农村中无劳动能力、无生活来源、无法定赡养扶养义务人或虽有法定赡养扶养义务人，但无赡养扶养能力的老年人、残疾人和未成年人，给予安置和救助，实行保吃、保穿、保医、保住、保葬(孤儿为保教)“五保”制度。1994年，全镇“五保”对象实现应保尽保。

2005年建立镇敬老院，40名“五保”对象入院集中供养。全镇有1210人享受农村低保，853人享受城镇低保。2006年，启动新型农村合作医疗保险，22852人参保。2006年，启动城乡居民最低生活保障制度。

2014年，全镇供养“五保”对象237人，其中集中供养45人；享受农村低保552户950人，享受城镇低保674人；22172人参加新型农村合作医疗保险，参保率91.5%。

五、特色地情

特色养殖

甲鱼、芦鳝、泥鳅、螃蟹、龙虾、蛇等为镇境特种水产养殖。其中咸庆村甲鱼养殖面积200亩，养殖农户32户；民康村与四川大众养殖公司联姻，自繁自养台湾泥鳅与才鱼，养殖面积40亩；长安村养殖鳝鱼、泥鳅80亩；长安村试养螃蟹40亩，德安村投资50万元养蛇近6000条，产品畅销沿海。

名优特产

糯米粑粑、蒿子粑粑 光复村依据境域盛产优质大米和野生香蒿优势，6个家庭式作坊企业生产的生态食品糯米粑粑、蒿子粑粑远销长沙、广东、上海等地，年产值500万元，年利润100万元。

革命英烈

孔庆福(1919—1951) 男，汉族，民康村人，1949年1月参加中国人民解放军，1951年6月赴朝鲜参加抗美援朝，系中国人民志愿军第67军199师596团3营2高机连战士。同年10月在朝鲜黑云岭作战牺牲，安葬在朝鲜黑云岭。

熊以其(1923—1951) 男，汉族，金仁村人，1951年2月参加中国人民志愿军，同年4月11日赴朝鲜参加抗美援朝，系第47军139师416团3营9连战士。同年11月在朝鲜作战牺牲，安葬在朝鲜。

熊福廷(1931—1953) 男，汉族，仁和村人，1951年7月参加中国人民志愿军，1953年1月赴朝鲜参加抗美援朝，系第45军135师404团3营9连战士。1953年7

月20日在朝鲜金城作战牺牲,安葬在朝鲜金城。

戴运南(1953—1979) 男,汉族,富美村人,1977年1月参加中国人民解放军,系第41军122师365团战士。1978年10月加入中国共产主义青年团。1979年2月,参加中越边境自卫还击作战牺牲,安葬在广西壮族自治区那坡烈士陵园。

杨国友(1955—1979) 男,汉族,咸庆村人,1975年1月加入中国共产党,1977年1月参加中国人民解放军,系第41军121师364团班长,曾受部队嘉奖3次。1979年2月,参加中越边境自卫还击作战,同年2月20日在中越边境自卫还击作战中牺牲,后被部队追记三等功一次,安葬在广西壮族自治区靖西烈士陵园。

钱正学(1959—1979) 男,汉族,富美村人,1977年1月参加中国人民解放军,系第41军122师炮兵团加农炮营7连2排5班班长(后任代理排长)。1978年9月,加入中国共产党。1979年2月,参加中越边境自卫还击作战,同年2月17日在越南朔江作战牺牲,安葬在广西壮族自治区那坡烈士陵园。1979年4月被部队追记一等功一次,广州军区追授"二级战斗英雄"称号。

孙孝明(1958—1979) 男,汉族,仁和村人,1974年8月加入中国共产主义青年团,1978年3月参加中国人民解放军,系广州军区独立坦克团一营二连炮手。1979年2月,参加中越边境自卫还击作战,荣立三等功一次。同年2月19日在越南作战牺牲,安葬在广西壮族自治区龙州烈士陵园。

重大事件

1964年,在太岳村发掘出一块刻有"二品夫人"字样墓碑,同时还有古石器、古瓦片之类的珍贵文物。

20世纪70年代,整修澧水大堤时,发掘出岳飞的儿子岳云所用的一方白玉印章,保存在湖南省历史博物馆。

2004年,蒿子港镇被建设部、国家发改委、民政部、国土资源部、农业部、科技部联合确定为国家重点小城镇。

2014年,蒿子港镇再次被建设部、国家发改委、民政部、国土资源部、农业部、科技部联合确定为国家重点小城镇。

六、各村(居)简介

光复村

位于镇集镇中心。辖7个村民小组,288户1565人,其中男性784人,女性781人。总面积1605亩,其中水田875亩,旱地500亩,林地30亩,住房基地150亩,其他用途50亩。2016年4月与复宁村合并,沿用光复村名。

咸庆村

位于镇北,辖11个村民小组,1318人,其中男性766人,女性552人。耕地面积3245亩(其中高标准水田2392亩),鱼池1100亩,林地20亩。农业以传统种、养业为主。水、陆交通便利,城镇基础设施完善。2016年4月与庆丰村合并,沿用咸庆村名。

长安村

位于澧水河畔,鼎城区最北端。辖15个村民小组,420户1590人。村域面积5300亩,有耕地2972亩,水面200亩。传统种养业为主要产业。有500亩冬瓜生产基地,2015年产值达250多万元。6.3千米连村通组公路实现硬化。2016年4月与仁和村合并,沿用长安村名。

民康村

位于镇最南端。辖14个村民小组,620户2153人,其中男性1105人,女性1048人。总面积4600亩,其中耕地面积3500亩,水产养殖面积1100余亩。完成道路硬化14千米。有规模蛋鸡养殖场6个、生猪养殖场2个、特种水产养殖面积达700余亩。2014年人均纯收入8000元。2016年4月与德安村合并,沿用民康村名。

金仁村

位于镇西北,距镇治所3千米。辖13个村民小组,562户1978人,其中男性1098人,女性880人。总面积5400亩,其中耕地面积3273亩,鱼池550亩。村内地势平坦,土地肥沃,水源丰富,灌溉方便,排灌渠道硬化19千米。出产棉花、葡萄、湘莲等。养殖有生猪、家禽、淡水鱼类等。硬化村组道路15千米。2016年4月与福美村合并,命名为福美村。

太岳村

北抵镇治所地,靠常岳高速,省道1804线穿村而过,为镇特色农业示范村。辖14个村民小组,661户2367人,其中男1175人,女性1192人。总面积3935亩,其中耕地面积3505亩,水面140亩。珍珠、甲鱼、泥鳅、田螺等特种养殖为特色产

▲ 蒿子港镇长安村

业。水利条件优越，村组道路硬化10千米。有县级文物单位官塘湖遗址。2016年4月与幸福村合并，沿用太岳村名。

庆丰村

位于镇西北，与中河口街镇毗邻，距澧水河500米。辖14个村民小组，1760人。耕地面积3700余亩，其中精养鱼池与甲鱼养殖面积1230亩，甲鱼为特产，盛产粮食和鲜鱼。16千米村组道实现硬化。2016年4月与咸庆村合并，命名为咸庆村。

仁和村

位于镇北，东临澧水，南接镇集镇区，西傍青茅港，北靠长安村。村域面积1650亩。辖8个村民小组，254户987人。2016年5月被授予常德市“美丽乡村”称号。2016年4月与长安村合并，命名为长安村。

复宁村

位于原镇中心，分布省道1804线两旁。辖10个村民小组，1648人。耕地面积2780亩，其中水田1530亩，旱地740亩。主产水稻、棉花、油菜等传统农产品。近年国家投资292万元、个人筹资90万元平整土地。2016年4月与光复村合并，命名为光复村。

邱家村

邻西洞庭管理区，北接金仁村，东靠复宁村、太岳村，南抵德安村。辖17个村民小组，2698人。耕地面积4510亩，其中水田360亩，旱地4150亩。2007年被确定为镇级新农村建设示范村。

幸福村

北临澧水大堤，西抵光塘湖（光复村），东至民康湖（民东村），南邻民康村。辖12个村民小组，1586人，其中男性801人、女性785人。总面积2988亩，其中水田1570亩，旱地1418亩，以种植水稻、棉花为主，渔业、养殖业为辅。2016年4月与太岳村合并，命名为太岳村。

福美村

东与金仁村接壤，南抵西洞庭湖管理区白芷湖，西抵中河口镇兰州村，北抵庆丰村。辖14个村民小组，346户1628人，其中男性795人，女性833人。耕地面积3026亩，其中水田2460亩，旱地566亩。水利设施完善，2014年环洞庭湖治理工程项目修建14处机埠。村道硬化11千米。2016年4月与金仁村合并，沿用福美村名。

德安村

地处西洞庭管理区东侧，南抵十美堂镇子牛村，东抵民康村，北抵太岳村，西北抵邱家村。辖 17 个村民小组,545 户 2450 人。总面积 4800 亩,其中水田 3178 亩,旱地 745 亩。粮棉生产为主,养鱼、养鸡及大棚蔬菜等为辅。有龙门木业家具厂、现代化养鸡场、大棚蔬菜基地、特种(蛇)养殖基地等。2016 年 4 月与民康村合并,命名为民康村。

集镇居委会

分设建设街、锦阳街、振兴街、劳动街 4 个居委会,为镇域政治、经济、文化中心。总面积 1.2 平方千米,人口 8973 人。其中锦阳街定居上岸渔民 202 人。居民经济收入以粮、棉、油、生产为主,加工业和商业经营为辅。

(执笔:易斌清　编辑:娄福友)

中河口镇

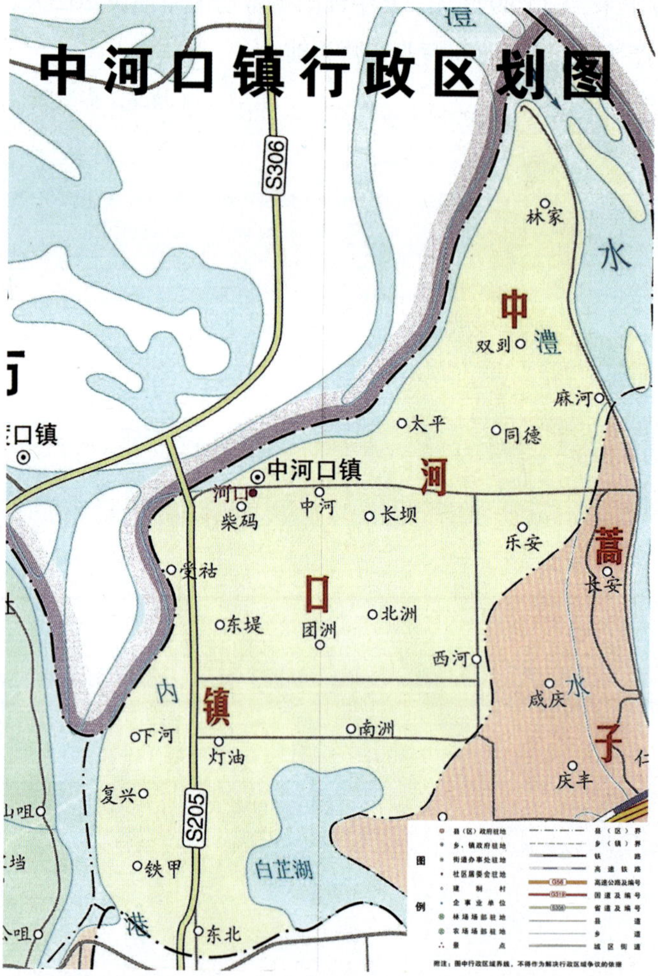

地图审图号：湘 S(2008)052 号

一、区域概况

地理位置

鼎城区中河口镇位于区境东北端，东濒澧水，与安乡县安裕乡隔河相望，东南与蒿子港镇毗连，南与西洞庭管理区接壤，西与周家店镇相邻，北与津市市渡口镇、保河堤镇交界。因澧水支流东湖河分支河口正对河中王家洲、丁家洲而得名。镇人民政府驻河口居委会,距区人民政府驻地60千米。

建置沿革

民国时期,镇域分属西湖、周士2乡。1949年8月,常德县境解放后,属西湖乡。1951年11月,废除保甲制度,常德县置19个区359个乡10个镇,镇域设立中河、受祜、麻河、太平等乡,属第一区管辖。1956年6月撤区并乡,合并中河、受祜、麻河、太平等乡建中河口乡。1958年实行人民公社体制,中河口乡划入洞庭公社。1961年3月析置中河口公社。1984年2月撤销人民公社,更名为中河口乡。1994年撤乡建中河口镇。至2014年无变化。

区划面积

1987年,中河口乡辖20个行政村231个村民小组。2014年,中河口镇辖林家、双剅、同德、麻河、太平、乐安、长坝、西河、团洲、南洲、中河、柴码、受祜、东堤、北洲、灯油壶、下河、复兴、铁甲、东北湾20个行政村和河口居民委员会,232个村民小组。镇域南北最大距离14.45千米,东西最大距离10.27千米,总面积73平方千米,其中陆地68.2平方千米,水域4.8平方千米。水田面积4万亩,旱地0.8万亩。

人口民族

2014年年末,中河口镇总人口3.38万人,其中男性1.73万人,占51.2%;女性1.65万人,占48.8%;16~55岁劳动力资源数1.67万人;城镇常住人口0.35万人,城镇化率10.8%。人口出生率8.12‰,死亡率4.08‰,人口自然增长率4.04‰。总人口中,汉族3.357万人,占99.33%;7个少数民族共225人,其中土家族150人,回族50人,苗族20人,侗族2人,瑶族1人,壮族1人,朝鲜族1人。

自然环境

气候 镇域属于亚热带季风性湿润季候,四季分明,雨量丰沛,日照充足。无霜期长300天,年平均气温18℃,年平均降雨量1200毫米。4—9月为雨季,占年降雨量的75%。易发多雨和"倒春寒"天气。

地形地貌 镇境位于洞庭湖滨,澧水西南岸,属滨湖地貌,最高点位于乐安村境,海拔33米,最低点位于灯油壶村,海拔25米,平均海拔30米左右。

水系 境内有冲柳高水系澧水支流,有重要的调蓄湖——白芷湖、林家湖。1998年,冲柳高水镇属王家垱水位高达41.31米,超历史最高水位1.62米,是当时防汛的重点堤段,多次出现险情。

二、经济发展

经济综述

清代和民国时期，境内交通闭塞，农业基础设施薄弱，经济落后，耕种面积不足万亩，粮食产量最高年不足3万担(每担50千克)。中华人民共和国成立以后，不断改善交通和生产条件，经济逐步发展。1954年，国家对湖区进行大规模治理，1956年实行对民族资本与手工业者的社会主义改造，翻身后的农民生产积极性被发挥出来。随后，境内实行"园田化"，耕种条件明显改善。20世纪80年代初，实行家庭联产承包责任制，激活农民的生产积极性，乡镇企业及个体经济开始发展，1982年，全乡实现工农业总产值近亿元。撤乡建镇后，镇党委、政府引导农民调整产业结构，加大招商引资力度，全镇一、二、三产业协调发展。2014年实现工农业总产值65808万元，农民人均纯收入6507元。

农业

种植业 境内以种植水稻、棉花、油菜为主，兼种豆类、蔬菜、瓜果等。20世纪50年代初期水稻种植为一季稻，常年种植面积2.5万亩左右，年总产量450万千克左右。1959年开始种植双季稻，早稻品种主要是雷火早，种植面积2.85万亩，总产量488,75万千克，晚稻品种主要是东粘籽，种植面积3.1万亩，总产量461万千克。是年，种植棉花1.2万亩，籽棉总产72万千克；种植油菜1.3万亩，油菜籽总产58,5万千克。1968年开始园田化建设，境内耕地面积增加。1972年水稻种植面积3.2万亩，总产量1248万千克；棉花1.8万亩，籽棉总产144万千克；油菜1.9万亩，油菜籽总产99.75万千克。1995年引进杂交水稻种植，实行晚稻单产超早稻，早、晚稻总产1376万千克。棉花品种由陆地棉改为岱字棉和湘棉，产量大幅提高，平均亩产由80千克提高到100千克。1981年后实行家庭联产承包责任制，精耕细作，粮食、棉花、油菜籽产量逐年上升。1989年稻谷总产2080万千克，棉花234万千克，油菜185.25万千克。20世纪90年代大力推广农业栽培新技术，引进农作物新品种，推广测土配方施肥，水稻推广"双两大"有孔地膜育秧移栽、肥泥浆穴施，油菜推广育苗移栽、施用硼肥等技术，粮食、棉花、油菜单产进一步增加。双季稻亩产750千克，棉花亩产150千克，油菜籽亩产100千克。2003年起棉花价格上升，棉花种植面积逐年增加，水稻种植面积逐年减少。2009年棉花种植面积3.5万亩，水稻种植面积2.2万亩。

2012年开始，外出务工人数增加，种植劳动力减少，机械化作业逐年增多，棉花种植逐年减少，水稻面积逐年增加，双季稻改种一季稻面积增多。蔬菜种植产业开始起步，并逐步形成为特色产业。组成湘中蔬菜专业合作社，发动社员种冬瓜3800多亩，自建以蔬菜套种(主要是包菜、毛豆、榨菜等)为主的果蔬产业园500多亩,种(冬春)季节性蔬菜4000多亩,主要种植雪里蕻、榨菜和芥菜,为老干妈、康师傅等提供原材料。蔬菜种植大户江正武,种植四季(大棚)蔬菜200多亩,果瓜蔬立体套种协调发展,年创利润50多万元。2014年,全镇种植水稻4.2万亩,棉花1.1万亩,油菜3.2万亩,蔬菜1.5万亩。粮食总产2150万千克,棉花总产215万千克,油菜籽总产480万千克,种蔬菜产值3700多万元。

养殖业 境内素有畜禽和水产养殖的习惯。中华人民共和国成立初期,农户圈养少量生猪和家禽,主要供自食所用,少量畜禽产品兑换油盐等生活日用品。水产为天然鱼塘常规养殖,产量较低只供自养自食。1958年建立人民公社后,发展集体养殖业,生产队设有专职饲养员,生产大队办有大型鱼塘。但由于家庭养殖受到限制,养殖业徘徊不前。1980年后,实行家庭联产承包责任制,境内养殖业快速发展。1984年,养殖生猪18000头,耕牛1200头,羊300只,鸡80000羽,鸭70000羽,出水鲜鱼1万吨。2000年后,镇政府鼓励规模化养殖,对农户养母猪一头,补贴现金100元;对规模养殖按实养数量给予经济奖励;对养殖大户的栏舍扩建给予补贴并指派技术人员指导。到2010年,境内发展养猪大户7户,养牛大户3户,养羊大户4户,养鸡大户2户,养鸭大户8户。全镇发展生猪1.5万头,牛214头,羊450只,鸡1.2万羽,鸭1万羽。水产养殖8000亩,出产鲜鱼960万千克。2014年,境内有养猪大户18户,养牛大户4户,养羊大户15户,养鸡大户6户,养鸭大户12户,水产养殖大户11户,特种养殖有"七彩山鸡"大户1户。全镇发展生猪3.9万头,牛328头,羊4240只,鸡7.2万羽,鸭1.8万羽,野山鸡0.3万羽,水产面积1.2万亩,产鲜鱼1800万千克。

林业

20世纪50年代初期,境内植树以农户房前屋后为主,树种多为柳树、苦树、香椿等。1959年,县委、县政府为发展湖区林业,建立洞庭公社林场,地址位于今西河口村。林场面积500多亩,人员370人,营造杉树120多亩,楠竹50多亩,果木林基地100多亩,药材基

▲ 中河口镇蔬菜

地100多亩,育苗基地50亩。1969年,公社成立林业队,在北洲大队建立基地200多亩。20世纪80年代,引进欧美杨、水杉等速生树种,林业经济效益显著增加。1985年,中河口乡出席林业部在沅江县召开的全国湖区林业工作会议,并作典型发言。2000年后,国家加强环洞庭湖生态建设,境内林业生产向着绿色环保方面转变,红豆杉、桂花树、红叶石楠、广玉兰、杜英、樟树等遍布千家万户。

工业

民国时期镇域属洞庭湖西汊,只有湖水和芦苇,没有工业。1960年,北洲村从长沙机械厂购回1台1115柴油机,作动力打米、抗旱、排涝,为境内最早的加工业。1966年,公社成立全县第二个拖拉机站,先后购置各型拖拉机6台套,安排从业人员17人,农忙从事水旱田地耕作生产,农闲运送农副产品和农业生产资料,同时带动乡镇企业发展。20世纪80年代,建立起油厂、米粉厂、米厂、纸厂等小型企业。1994年,中河口镇开办了3家工厂,即中河口镇大米加工厂、中河口镇米粉厂、中河口镇硅酸锆厂,经营数年,后因市场原因相继停办。2005年各级鼓励大力招商引资,相继引资成立了常德裕佳食品有限公司和常德市富民桥农产品加工有限公司,两家企业因经营状况优良升级为规模企业,带动了当地劳动力就业。2014年,有产值过千万元的冬诚木业、产值过500万元的裕安环保砖厂、孙伟不锈钢厂、吉祥大米厂等民营企业105家,工业从业人数300余人,实现总产值6300万元。

商贸服务业

1950年,组建西河口供销社。1961年,成立中河口供销社,下设农场、西河口、林家、麻河4个分社。经营商品有南货、百货、疋头、针棉、文具、农药、化肥、油料等,收购农副产品有棉花、生猪、蛋品等。1988年中河口乡商贸服务业以计划经济下的公有制为主体,如中河口乡第一、二门市部、中河口乡肉食水产站,商品受供应量的制约,供不应求。1994年市场全面放开,货物流通主体为个体经营户,如百货店、餐饮店、农机修理部、美术装饰店、钟表修理店、缝纫店等。2005年,全镇个体经营户200余家,经营行业包括餐饮、百货批零、摩托车修理销售、家电销售、美容美发等等。2014年,镇内有大型超市2个,农贸综合市场1个,个体工商户350家。

劳务输出

1980年实行农村家庭联产承包责任制后,农民生产积极性提高,劳动效率增强,农村劳动力富余,外出务工人员增加。1994年,外出务工人员约1920人,分布行业主要是电子制造、鞋帽制造、建筑施工、酒店服务等,代表人物袁万忠。2005年,外出务工人数4800余人,占总人口15%以上。劳务收入约1.8亿元,行业分布建筑业、制造业(电子、鞋帽)、家俱、餐饮、物流、酒店等,代表人物:应建成、杜长武、袁万忠。2014年,全镇总劳力15334人,在外务工8174人,其中在“长三角”3165人、“珠三角”2556人、省内785人、市内1668人,劳务总收入过2亿元。

三、基础设施

交通运输

水路 1958年成立中河口公社后,社员交公粮、出行用自制木船往来于纵横交错的河湖沟港。20世纪70年代,为方便村民出行,在澧水建立麻河渡口、王家垱渡口用于人员过渡往返安乡。1975年后,由于公路运输兴起,境内水路运输逐渐萎缩。

公路 1969年实行田园化建设,至1971年修建经纬渠道简易公路,连通常蒿(常德—蒿子港)公路,始有通县城班车。1997年,硬化经十九线至墟场公路,全长10.5千米。2011年,连接哑河大桥的省道205湘北干线建成通车,全长62.5千米,境内10.1千米。2014年,镇境内硬化省道9千米,乡道21.5千米,村组道路111.3千米,到农户道路实现硬化率85%。

邮政通信

1976年,设立邮电所,收发信函电报,投递报刊包裹。

1962年,公社机关开通手摇式电话。

1985年,境内机关、学校、供销社、粮店等单位拥有手摇式电话10余部,均由公社总机转接。

1994年,开通拨号程控电话。

1997年,邮政、电信实行分营。

1995年,开通直拨电话,住宅电话开始进入农家。

1997年,开通移动通信。

1997年,高峰期时境内拥有固定电话用户400余户,之后随着移动通信手机的兴起逐年回落。

2003年,开通互联网。

2010年,境内设立移动通信基站,移动信号网络实现全覆盖,手机开始普及。

2002年,集镇设置中国移动代办点,2004年设置中国联通代办点。

2014年,全镇拥有移动、联通、电信移动电话用户7328户,固定电话用户103户,互联网用户2608户。邮件快递月均收发1200件。

供电供水

供电 1972年,建成蒿子港至复兴大队供电线路,镇域进入有电时代。1973年,成立中河口公社水利电力管理站。1982年,单设电力管理站,是年,实现户户通电。

1992 年，中河口 3.5 万伏变电站建成投入运行，境内电网分中复线、中林线、中镇线三路进行升级改造，供电质量进一步提高。2014 年，全镇有主输电线路 2 条 57 千米，配电线路 3 条 99.5 千米，配电变压器 157 台 14130 千伏安，年总用电量 1062 万千瓦时。

供水 境内生活饮用水集中供应始于 1989 年，是年建成集镇和柴码村 2 个自来水厂，日供水量各 120 立方米。1991 年建成中河、太平、麻河、南洲 4 个村自来水厂，日供水量各 100 立方米。1993 年建成林场自来水厂，日供水量 50 立方米。1994 年建成北洲、复兴、铁甲、灯油 4 个村自来水厂，日供水量各 100 立方米。1996 年、1997 年，分别建成林家、同德 2 个村自来水厂，日供水量各 100 立方米。2002 年建成棉科自来水厂，日供水量 20 立方米。2008 年，投资 500 万元建成惠民水厂，日供水量 549 立方米，供应下河、受祜、东堤 3 个村生活饮用水。2013 年，投资 1300 万元，兴建镇中心水厂，实行大片集中供水，覆盖林家、双到、麻河、太平、同德、乐安、西河、林场、长坝、北洲、柴码、棉科 12 个村和河口居委会，日供水量 1500 立方米，受益人口 17000 人。2015 年，投资 600 万元改造惠民水厂，日供水量 1000 立方米，覆盖灯油壶村、东北湾村、复兴村、铁甲村、团洲村，受益人口 12000 人，被大型水厂覆盖区域的村水厂均停用。

水利农田基本建设

民国后期，境内有复兴、乐岁、吉庆、同福、安宁、同德、保康东、同春、受祜、时利、和丰、撮箕、羌口 13 垸。1954 年治理西洞庭湖，13 个小垸合并为民主阳城垸。1966 年开始园田化建设。1979 年完成“沟渠纵横相连，作物区域成片”的高标准田园化建设目标。建有渠道 56 条，总长 232.4 千米，其中灌渠 30 条 117.3 千米，排渠 26 条 115.1 千米；机埠 238 处，装机容量 4696 千瓦，其中镇属机埠 6 处 520 千瓦；桥、涵 150 处。

2012 年起，实施环洞庭湖基本农田建设项目(试点)，境内涉及 13 个行政村，24 个标段。项目区总面积 3582.36 公顷，建设规模 2830.32 公顷，总投资 8783.42 万元。项目实施后新增耕地面积 101.58 公顷，新增耕地率达 3.59%。

是年土地平整工程完成总面积 215 公顷，完成总土方 34.29 万立方米。灌溉与排水工程：沟渠硬化完成 18.18 万米。其中硬化沟渠开口宽为 1.3 米的渠道 287 条，长度 8.8 千米；开口宽 1.6 米的渠道 187 条，长度 6.38 千米；开口宽 2.1 米的渠道 28 条，长度 7938 米；开口宽 2.7 米的渠道 33 条，长度 9351 米；开口宽 4.5 米的渠道 17 条，长度 5627 米；开口宽 6 米的渠道 5 条，长度 2389 米；开口宽 8 米的渠道 6 条，长度 4737 米。沟渠清淤完成 6.11 万米，沟渠疏浚完成 6.1 万米。涵管埋设完成 4.33 万米。维修泵站 153 座、蓄水池 153 座、渡槽 10 座、水闸 101 座、机耕桥 40 座、人行便桥 3 座。整修、新修一级田间道 4.28 万米；整修、新修二级田间道 15.33 万米，生产路 8.12 万米；一级田间道会车点 77 个。

2014 年度，环洞庭湖基本农田建设工程土地综合整治项目涉及 10 个行政村。项目区挖填土方量(不含田间调配)6.91 万立方米，田间调配土方量 6.14 万立方米；表土剥离土方量 2.51 万立方米；表土回填土方量 2.51 万立方米；土地翻耕面积 12.75 公顷，人工细部平整 73.47 公顷，外运土 1.79 万立方米，并对外运土进行推平，田埂修筑土方 0.43 万立方米。项目区整修 I1 支渠条 1982 米；整修Ⅲ支渠 19 条 9705 米；整修Ⅳ支渠 6 条 2942 米；整修Ⅴ支渠 4 条 9144 米；整修Ⅵ支渠 2 条 5509 米；新修斗灌排渠 17 条 6344 米；整修Ⅰ斗灌排渠 72 条 2.7 万米；整修Ⅱ斗灌排渠 13 条 5191 米；整修Ⅲ斗灌排渠 36 条 1.27 米；整修Ⅳ斗灌排渠 7 条 2646 米；新修农灌排渠 73 条 1.96 万米；整修Ⅰ农灌排渠 108 条 2.97 米；整修Ⅱ农灌排渠 9 条 2373 米；整修暗渠 1 条 111 米；新修Ⅰ暗管 3 条 104 米；新修Ⅱ暗管 11 条 329 米；整修Ⅰ支沟 2 条 981 米，整修Ⅱ支沟 1 条 4807 米；整修农沟 5 条 1002 米。

项目区新建拦水坝 3 座，新建泵站 91 座，整修改造泵站 1 座，配套电路 4550 米，修建各类水工建筑物水闸 641 座，过路管涵 927 座、跨渠管涵 901 座，桥涵 1 座，下沟台阶 1625 座，跨沟桥板 1053 座，各类分水涵 7256 个，渡槽 4 座，项目区新修机耕桥 33 座，新修人行桥 20 座，配套沉沙池 2 座。整修Ⅰ一级田间道 6 条 7035 米；整修Ⅱ一级田间道 24 条 1870 米；整修Ⅲ一级田间道 16 条 1.11 万米；整修Ⅳ一级田间道 2 条 6701 米；新修二级田间道 155 条 4.62 万米；整修Ⅰ二级田间道 45 条 1.55 万米；整修Ⅱ二级田间道 132 条 5.15 万米；整修Ⅲ二级田间道 39 条 1.65 米；新修生产路 7 条 1933 米。新修农用废弃池 273 座。

至 2015 年，全镇建成高标准机灌沟 278.4 千米，一级田间道 97 千米，更新配套排灌机埠 238 处。

四、社会事业

教育

20 世纪 50 年代，境内有西河口、中河口、玉带沟 3 所完小。1965 年，在北洲原三角仓库建中河口农业中学，开设初中班。1967 年，农业中学迁至长坝湖。1968—1975 年，各大队陆续建立小学 23 所。1969 年，农业中学更名为“五七”中学，增设高中班 1 个。1971 年，中河口完小撤销，“五七”中学迁至今中河口中学校址，为总校，长坝湖设“五七”分校，高中班增至 2 个，高中学生 120 人，初中部有 4 个班。1972 年，撤销西河口、玉带沟 2 个完小，改办初中。1973 年，撤销西河口中学。1974 年，中河口乡中小学由春季招生改为秋季招生。1976 年，各大队 22 所小学附设初中班。1976—1979 年，玉带沟中学办两届高中，全公社中小学生人数达 2341 人。1979 年，玉带沟中学由铁甲九队迁至复兴三角闸。1981年,除双剅学校2个初中“带帽班”外,其他各大队小学附设初中班陆续撤销。同年,撤销五七中学高中部。1983年,五七中学更名为中河口公社中学。1997年,全镇中小学7所,学生1789人。2006年,撤销玉带沟中学。2013年,境内有双剅、乐安、南洲、复兴、东北湾、中心校6所小学。2014年,撤销东北湾小学,全镇有中学1所,小学5所,小学生1294人,中学生439人。中河口镇中学校园占地27580平方米,建筑面积9210平方米,教职工58人,初中部10个教学班,学生439人,六年级2个教学班,学生102人。

文化体育

中华人民共和国成立后,群众文化活动丰富。“文化大革命”期间,80%居民跳“忠”字舞。各生产大队成立毛泽东思想文艺宣传队,公社每年组织会演。1975年5月,成立公社电影队,到各大队巡回放映,村民每年在家门口观看电影10多场次。1974—1978年,乡内五届高中学生文艺宣传队经常到各村和水利工地演出。1983年12月,建成中河口影剧院,有座位1248个,邀请专业文艺剧团售票演出,群众文娱生活得到丰富。1984年12月,乡业余剧团演出的《二嫂戏店》在常德地区现代戏汇演中获二等奖。1987年11月,镇文化站万册图书馆开馆。2008年后,镇内成立有1个民间职业剧团,1个竹马灯队,2个腰鼓队,2个管弦乐队,广场舞在各村得到普及。2010年各村建有农家书屋,广播电视村村通,村民文化生活丰富多彩。

1972—1982年,各大队成立体育代表队参加公社组织的篮球、排球、拔河、象棋运动会。1995年5月,中河口镇被评为“湖南省体育先进乡镇”。2014年参加区第一届运动会,居委会居民黄金香获乡镇女子组象棋赛冠军。

医疗卫生

1953年成立西河口卫生所,位于今林场,有茅屋3间,面积120平方米,医生6人。1956年成立联合诊所,有20名医生,下设双剅、中河、西河、下河、复兴5个诊所。1961年联合诊所改为中河口公社卫生院,位于

▲ 中河口松花皮蛋

今柴码村内江堤外,有4间木屋及3间茅屋,占地1400平方米,下设双刭、西河、复兴3个分院,1名西医医生,其余均为中医医生,职工30名。1975年卫生院由堤外迁至堤内,政府划拨土地7000多平方米,修建门诊部、住院部及职工宿舍,建筑面积1100平方米。1992—1995年修建门诊楼、住院楼。2010年修建公共卫生服务办公楼,总建筑面积2617平方米。卫生院设有门诊部、住院部、公共卫生服务中心,集医疗、预防、妇幼保健为一体。2014年,卫生院设有病床30张、专业技术人员21人。全镇有村级卫生室22个。

社会保障

中华人民共和国成立后,对老弱病残及因天灾人祸导致困难的群众给予救助安置。1963年起,由生产队对孤寡老人及无劳动能力残疾人实行"五保"。1994年镇民政所建立后,全乡所有"五保"对象均有救助保障。1998年镇首批10名居民纳入贫困居民最低生活保障。2004年"五保"对象一律享受"五保"待遇。新型农村合作医疗覆盖率达90%。2012年,全镇295名"五保"对象月生活费提高到243元。2014年有"五保"供养对象295人,其中集中供养35人;低保269户405人,其中城镇低保36户42人;残疾403人,其中重度残疾131人,年内累计发放重残补助7.8万元;新农合参保8772人,新农合补偿7078人次,791.2万元;城镇医保续保175人。

人民生活

20世纪50年代初,境内人均耕地不足2亩,普遍种植一季稻,农民普遍居住土砖、茅草平房。1958年,开始种植双季稻,粮食产量增加,人民生活有所提高。1959—1961年经济困难时期,农业生产收成锐减,人民生活水平有所降低。1978年中共十一届三中全会以后,农村经济迅速发展。1983年实行家庭联产承包责任制,粮食产量大增。一部分家庭先富裕起来,开始兴建楼房,购置电扇、电视机、洗衣机、电冰箱、摩托车等。1995年,全镇农民人均纯收入890元,人均储蓄920元,45%的农户建新房。2014年,全镇农民人均纯收入6507元,人均储蓄达3000元,90%的农户住上新楼房。每百户农户有摩托车116辆、汽车28辆、空调63台、液晶彩电93台。

五、特色地情

古迹名胜

白芷湖 隶属于西洞庭管委会,原是一个水清草茂、年产鲜鱼过50万千克的天然湖泊,是境内重要的调蓄湖,承担4个村农田的排渍灌溉,后因原西洞庭纸厂废水排入湖,受到严重污染。从1998年起,市、区先后投入500多万元,进行治理,关停纸厂,修筑挡污堤,两次排走污水,换进清洁水,污染得以有效整治,水质逐渐恢复。

麻河口 位于镇东5千米处。为古代军事要地、古战场。清顺治二年(1645),南明将领马进中、王进才攻占常德。三年之后在此与清兵发生激战。

园田化 20世纪70年代,常德地委大力推广"山、水、田、林、路"综合治理,中河口镇在治理中实现"园田化",农田整理成500米见方的方格,共计230多个格子。

六、各村(居)简介

双剅村

地处镇东北,分别与林家村、同德村、麻河村接壤,辖9个村民小组,375户1420人,以刘、张两大姓居多数。耕地面积2999亩,水面2552亩,盛产鲜鱼、稻米、棉花等农产品。2014年农民人均纯收入6335元。2016年5月,双剅村、林家村合并,沿用双剅村名。

林家村

地处镇东北角,辖15个村民小组,557户1929人,以刘、朱两姓氏居多。耕地面积3643亩,水面3100亩,盛产鲜鱼、稻米、湘莲、菜藕、龙虾等。2014年农民人均纯收入6465元。2016年5月与双剅村合并,命名为双剅村。

麻河村

地处镇东部,辖13个村民小组,415户1490人,以李、聂两姓氏居多。耕地面积2919亩,水面2464亩,盛产鲜鱼、稻米、湘莲、菜藕等。2014年农民人均纯收入6335元。2016年5月与同德村合并,命名为麻河口村。

同德村

地处镇中部,辖12个村民小组,420户1595人,以张、李两姓氏居多。耕地面积2868亩,水面2441亩,盛产鲜鱼、稻米、湘莲、菜藕等农产品。2014年农民人均纯收入6461元。2016年5月与麻河村合并,命名为麻河口村。

乐安村

地处镇中东部,分别与同德、长坝、西河相邻。辖12个村民小组,454户1680人。以刘、李两姓氏居多。耕地面积3217亩,水面2738亩,盛产鲜鱼、稻米等农产品。2014年农民人均纯收入6299元。2016年5月与长坝村合并,沿用乐安村名。

长坝村

地处镇中部,分别与太平、中河、乐安、北洲村相邻。辖9个村民小组,262户1034人,以李、黄两姓氏居多。耕地面积2255亩,水面1842亩,盛产鲜鱼、稻米、湘莲、菜藕等农产品。2014年农民人均纯收入6349元。2016年5月与乐安村合并,命名为乐安村。

南洲村

地处镇中南部,隶属西洞庭管委会的白芷湖在其南面,是该村重要的调蓄湖。有

13 个村民小组,450 户 1685 人,以陈姓居多。现有耕地面积 3375 亩,水面 1685 亩,盛产鲜鱼、稻米、湘莲、菜藕等农产品。2014 年农民人均纯收入 6764 元。2016 年 5 月,南洲村、灯油村合并,沿用南洲村名。

灯油村

地处镇中南部,曾名灯油壶村,因其村图形似灯油壶而得名。辖 9 个村民小组,284 户 1150 人,以陈、曾两姓氏居多。耕地面积 2266 亩,水面 1928 亩,盛产鲜鱼、稻米、湘莲、菜藕等农产品。2014 年农民人均纯收入 6747 元。2016 年 5 月与南洲村合并,命名为南洲村。

北洲村

地处镇中部,分别与长坝、西河、南洲、团洲相邻。辖 8 个村民小组,250 户 1075 人,以陈、刘两姓居多。耕地面积 2056 亩,水面 1750 亩,盛产鲜鱼、稻米、湘莲、菜藕等农产品。2014 年农民人均纯收入 6589 元。2016 年 5 月与西河村、林场合并,沿用北洲村名。2016 年,成功创建省级公共文化示范村。

西河村

地处镇中东部,东与蒿子港镇相邻,西临北洲村。辖 13 个村民小组,410 户 1535 人,以钟、邓两姓氏居多。耕地面积 2781 亩,水面 2367 亩,盛产鲜鱼、稻米、湘莲、菜藕等农产品。2014 年农民人均纯收入 6277 元。2016 年 5 月与北洲村、林场合并,命名为北洲村。

团洲村

地处镇中部,分别与中河、东堤、南洲、北洲相邻。辖 12 个村民小组,348 户 1352 人,以刘、宋两姓氏居多。耕地面积 2656 亩,水面 2260 亩,盛产鲜鱼、稻米、湘莲、菜藕等农产品。2014 年农民人均纯收入 6568 元。2016 年 5 月与东堤村合并,命名为团洲村。

东堤村

地处镇中部,分别与受祜、灯油、团洲、柴码相邻。辖 10 个村民小组,244 户 1076 人,以刘姓居多。耕地面积 2097 亩,水面 1785 亩,盛产鲜鱼、稻米、湘莲、菜藕等农产品。2014 年农民人均纯收入 6567 元。村内有东堤湖渔场,曾归属镇企业办管理。2016 年 5 月与东堤湖渔场、团洲村合并,命名为团洲村。

中河口村

地处镇中部,分别于长坝、团洲、柴码村及林家湖支流相邻。辖 12 个村民小组,388 户 1520 人,以黄、李两姓氏居多。耕地面积 2927 亩,水面 2491 亩,盛产鲜鱼、稻米、湘莲、菜藕等农产品。2014 年农民人均纯收入 6311 元。2016 年 5 月与太平村、棉科合并,沿用中河口村名。

太平村

地处镇中部，毗邻同德村、长坝村。辖 10 个村民小组，340 户 1288 人，以赵、张两姓氏居多。耕地 2253 亩，水面 1985 亩，盛产鲜鱼、稻米、湘莲、菜藕等农产品。2014 年农民人均纯收入 6882 元。2016 年 5 月与中河口村、棉科合并，命名为中河口村。

受祜村

地处镇中西部，西北临高水，与柴码、东堤、下河相邻。辖 10 个村民小组，369 户 1496 人，以余、刘两姓氏居多。耕地面积 3318 亩，水面 2824 亩，盛产鲜鱼、稻米、湘莲、蔬菜等农产品。2014 年农民人均纯收入 6305 元。2016 年 5 月与柴码村合并，沿用受祜村名。

柴码村

地处镇中西部，为镇政府所在地。历史上因有运送木柴的码头而得名。辖 11 个村民小组，415 户 1594 人，以雷、余两姓氏居多。耕地面积 2773 亩，水面 2364 亩，盛产鲜鱼、稻米、湘莲、菜藕等农产品。2014 年农民人均纯收入 6605 元。2016 年 5 月与受祜村合并，命名为受祜村。

复兴村

地处镇西南部，东邻白芷湖。辖 13 个村民小组，506 户 1989 人，以张、王两姓氏居多。耕地面积 3264 亩，水面 2782 亩，盛产鲜鱼、稻米、湘莲、菜藕等农产品。2014 年农民人均纯收入 6403 元。2016 年 5 月与下河合并，沿用复兴村名。

下河村

地处镇中西部，与受祜、灯油、复兴村相邻。辖 12 个村民小组，375 户 1390 人，以王、胡两姓居多。耕地面积 2809 亩，水面 2390 亩，盛产鲜鱼、稻米等农产品。2014 年农民人均纯收入 6569 元。2016 年 5 月与复兴村合并，命名为复兴村。

东北湾村

地处镇西南角，南与西洞庭管委会接壤，北与铁甲村相连。辖 12 个村民小组，420 户 1929 人，以陈、张两姓氏居多。耕地面积 2902 亩，水面 2470 亩，盛产鲜鱼、稻米、湘莲、菜藕等农产品。2014 年农民人均纯收入 6568 元。外出务工为主要经济收入之一。2016 年 5 月与铁甲村合并，沿用东北湾村名。

铁甲村

地处镇西南部，南与东北村接壤，北与复兴村相连。辖 12 个村民小组，420 户 1518 人，以徐、周两姓氏居多。耕地面积 2902 亩，水面 2470 亩，盛产鲜鱼、稻米、湘莲、菜藕等农产品。2014 年农民人均纯收入 6568 元。2016 年 5 月与东北湾村合并，命名为东北湾村。

（执笔：胡婉钟　编辑：娄福友）

十美堂镇

地图审图号:湘 S(2008)052 号

地域名片

中国长寿之乡

国家 AAA 级景区

乌儿洲国家湿地公园所在地

湖南最美乡镇

一、区域概况

地理位置

十美堂镇位于区境东北部。东与安乡县安成乡隔澧水相望,南与黑山嘴乡、黄珠洲乡毗邻,西与西洞庭管理区交界,北与蒿子港镇接壤。因清代有议事堂称十美堂而得名。镇人民政府驻十美堂镇老街居委会北端,距区人民政府驻地 60 千米。

建置沿革

民国 9 年(1920),属常德县黄洲镇。24 年,属成德镇。27 年,属阳城乡。1949 年 8 月,常德县境解放后,仍属阳城乡。1950 年 2 月,废除旧的乡、保、甲,属常德县第一区直辖。9 月,设十美堂、教育局、同兴数个小乡。1956 年 6 月合并为十美堂乡。1958 年实行人民公社体制,属洞庭公社。1961 年 3 月,缩小公社规模,洞庭公社析置十美堂等 4 个公社。1968 年,十美堂公社更名为洞庭公社。1984 年,废除人民公社体制,改为洞庭乡。1990 年,更名为十美堂乡。1994 年,撤乡建镇,改为十美堂镇。2015 年 12 月,与黄珠洲、黑山嘴 2 乡合并为十美堂镇。

区划面积

1961 年十美堂公社建立时,辖沙河、东风、同兴、胜利、互助、小茅、虾子湖、上坝、高粱、教育、南湾、紫流、同富、同乐、民东、一港、四港、南堤、白泥 19 个大队和 1 个居民委员会。

1964 年,析出一港、四港、南堤、白泥 4 个村,划归新成立的黑山嘴公社。

1972 年,将处于新建街区的东风大队第三生产队划出,成立农业科学技术推广站。

1984 年,将 15 个大队统一更名为行政村。

1987 年,更名为洞庭乡,辖沙河、东风桥、同兴、胜利、互助、小茅、虾子湖、上坝、高粱、教育、南湾、紫流、同富、同乐、民东 15 个行政村。总面积 48.7 平方千米。耕地面积 5.9 万亩,其中水田 3.75 万亩,旱地 1.66 万亩,水域面积 4798 亩。1990 年,复更名为十美堂乡,区划与面积无变化。

1994 年,将原老街居委会拆分为老街、兴镇 2 个居民委员会,农科站更名为村,共辖 16 个村,172 个村民小组,2 个居民委员会。

1995 年,十美堂镇辖沙河、东风、同兴、胜利、互助、小茅、虾子湖、上坝、高粱、教育、南湾、紫流、同富、同乐、民东、农科站 16 个行政村和老街、兴镇 2 个居委会。至 2014 年,全镇行政区划和总面积无变化,耕地面积 58881 亩,其中水田 34362 亩,旱地 19721 亩。水域面积 4798 亩。

人口民族

1968 年,洞庭公社有 3274 户 17024 人。其中男性 8760 人,女性 8264 人。14 岁以

下2622人。65岁以上4767人。汉族16955人,占99.6%;回族69人。

2014年,十美堂镇有6333户26600人。其中农业人口23883人,非农业人口2717人。男性13812人,女性12788人。14岁以下4097人。65岁以上9310人。汉族26514人,占99.7%;回族86人。

自然环境

镇域属西洞庭湖平原,东濒澧水,三千亩沙潮湖从北至南分布,地面平均海拔30米,最高点教育村六组海拔36.5米,最低点虾子湖村4组海拔27.5米。属中亚热带向北亚热带过渡的季风湿润性气候区,以大陆性气候为主,四季分明,日照充足,雨水丰沛。年平均降雨量1269毫米,4—7月为多雨季节。无霜期330天,年日照时数2800小时。年平均气温22.5℃,极端高温41℃(2005年7月6日),极端低温-10℃(1954年12月29日)。地势平坦,土壤肥沃,偏酸性或中性(pH值为6~7),有机质含量为2%~2.5%,适宜于农作物生长,主要农作物有稻谷、棉花、油菜等。水资源丰富,有大小内湖3个,适合养鱼。易发自然灾害主要有水灾、旱灾、风灾、冰灾等。

二、经济发展

经济综述

1968年境内工农业生产总值2715万元,农民人均纯收入528元。1978年工农业生产总值3418万元,农民人均纯收入678元。2014年,全镇实现地区生产总值35477万元,农民人均纯收入6899元。

农业

种植业 1958年,开始种植双季稻,水稻面积3.12万亩,亩产155千克,总产4830余吨。棉花面积2.56万亩,亩产籽棉87.5千克,总产2240吨。油菜面积1.57万亩,亩产油菜籽90千克,总产1409.13吨。20世纪60年代,推广化肥农药,引进安乡唐纯银的种棉技术。1968年,水稻面积2.95万亩,亩产340千克,总产10003吨。棉花面积2.74万亩,亩产200千克,籽棉总产5484吨。油菜面积1.84万亩,单产105千克,总产1932吨。20世纪70—80年代,推广杂交水稻种植,油菜改撒播为小苗移栽。1988年水稻面积3.47万亩,亩产445千克,总产15441.5吨。棉花面积2.22万亩,亩产300千克,籽棉总产6660吨。油菜面积1.99万亩,亩产180千克,总产3582吨。90年代,水稻推广软盘抛秧,棉花普及营养钵带土移栽,油菜施用复合肥和叶面肥。2000年,水稻面积3.49万亩,亩产480千克,总产16752吨。棉花面积2.11万亩,亩产320千克,籽棉总产6752吨。油菜面积1.86万亩,亩产190千克,总产3534吨。2000年起,推广测土配方施肥和集约化生产。2014年,水稻面积3.79万亩,亩产500千克,总产18950

吨。棉花面积 1.9 万亩,亩产 350 千克,籽棉总产 6650 吨。油菜面积 1.66 万亩,单产 210 千克,总产 3486 吨。

养殖业 1958 年,养猪 1500 头,养牛 500 头,养羊 30 只,养鸡 400 只,养鸭 2000 只,出水鲜鱼 30 吨。1968 年,养猪 5000 头,养牛 1200 头,养鸡 8000 只,出水鲜鱼 80 吨。1988 年,养猪 20000 头,养牛 1500 头,养羊 500 只,养鸡 9010 只,养鸭 20000 只。2014 年,养猪 28000 头,养牛 2000 头,养羊 800 只,养鸡 38000 只,养鸭 25000 只,出水鲜鱼 2500 吨。

林业 镇域为平湖区,无成片林地,林业主要为村旁、宅旁、路旁、水旁植树。1958 年,在内湖两岸及河滩植经济林 50 亩,植风景林 20 亩。在村宅旁植经济林 50 亩,风景林 50 亩。1968 年,水旁植经济林 70 亩,风景林 50 亩。宅旁植经济林 100 亩,风景林100 亩。1988 年,公路旁植经济林 25 亩,风景林 30 亩。水旁植经济林 100 亩,风景林 100 亩。宅旁植经济林 150 亩,风景林 200 亩。2014 年,公路旁植经济林 100 亩,风景林 600 亩。水旁植经济林 200 亩,植风景林 300 亩。宅旁植经济林 500 亩,风景林 500 亩。

工业

20 世纪 50 年代,境内没有工业企业,只有 5 家木器社、4 家竹器社、1 家缝纫社。1968 年,开始发展社队工业,办有农具机械修理厂、木器加工厂、纸板厂,年收入 15 万元。1973 年开办油脂厂,从业人员 12 人,年产值 18 万元。1976 年,建成 1 家砖瓦厂,从业人员 40 人,年产值 48 万元。1979 年办起 1 家预制件厂,从业人员 20 人,年产值 20 万元。1982 年建成 1 家印刷厂,年产值 15 万元,从业人员 28 人。1983 年,办起湘绣厂,从业人员 150 人,年产值 64 万元。1985 年开办草帽厂,从业人员 25 人,年产值 20 万元。由于原料、技术、销路等原因,上述企业于 1986—1992 年相继停办。2009 年,伏龙农业科技开发有限公司投资 3000 万元兴办大型油脂厂,年销售收入达 2 亿元。由于资金短缺,产品销售不畅,于 2013 年停产。至 2014 年,全镇已无工业企业。

商贸服务业

中华人民共和国成立初期,十美堂集镇有 2 家饮食店、1 家肉行、1 家鱼行、2 家布店、1 家百货商店、1 家药铺、1 家米店。1956 年,实行公私合营,成立十美堂供销合作社,设有百货部、南货部、生资部、日杂部、疋头部。全年营业收入 150 万元。1958 年,成立人民公社后,在十美堂集镇设立肉食水产站、粮油店,在沙河、同乐、高粱开设 3 个供销分社,在各大队设代购代销店。20 世纪 80 年代,实行改革开放,境内个体私营商业快速发展。1989 年,全镇拥有大小个体经商户 215 家,其中餐饮 43 家,肉店 21 家,理发、照相、打字、家电、建材等 50 余家,社会商品零售额 630 多万元。2014 年,全镇有大小商铺 400 多家,其中大型超市 4 家,打字社、摄像店、电讯所、生资店、五金店、宾馆、畜禽饲料店 20 家,餐饮店 150 家,肉食店 30 家,社会商品零售额 5320 万元。

乡村旅游

2010 年,镇政府开发建设鸟儿洲国家湿地公园和油菜花海两个核心景区。至 2012 年,硬化观光道路 500 米,搭建 205 米长空中游廊 1 条,修建 4 个游船码头,3 个观景塔和 2 个公共厕所,开通 550 米长农特产品展销一条街,建农特产品展柜 30 个,发展农家餐馆、农家旅社 108 家,引进豪华游船 5 只,旅游巴士 10 辆。2013 年,举办首届油菜花节。2014 年,接待游客 60 万人次,旅游收入达 2000 万元。

财政金融

1968 年,境内财政收入 176.5 万元。1988 年财政收入 558 万元。2014 年财政收入 1536.05 万元,其中工商各税 188.53 万元。

1968 年,境内储蓄存款 198 万元,贷款 102 万元。1988 年储蓄存款 18000 万元,贷款 858 万元。2014 年,年末存款余额 25000 万元,贷款 9950 万元。

三、基础设施

交通运输

水路 镇域濒澧水,澧水航道经境 7.5 千米。清朝和民国时期,冲柳高水泥港口码头经苏家吉至常德南硒的水路可通舟楫,1956—1963 年间逐渐堵塞不通。1969 年开挖南干渠;1970 年开通蒿子港至黄珠洲人工渠道,均可行小木船。1985 年后,被陆路交通取代,成为纯排灌渠。

公路 1962 年,建成十美堂至黑山嘴公路,全程 12 千米。1970 年,建成蒿子港至黄珠洲公路,经境 18 千米。2007—2008 年,硬化十美堂镇集镇至黑山嘴一港村公路 4.75 千米。2011—2012 年,硬化村级公路 91.5 千米。至 2014 年,全镇有通村公路 45 条,通组公路 420 条,总长 485 千米,其中硬化 388 千米。

供水供电

供水 20 世纪 70 年代初,人们饮用沟港渠道的地表水。从 1975 年开始,有农户建手压真空泵水井,饮用浅层地下水。1980 年,在公社水电站旁建起第一个自来水厂,日供水能力 400 立方米,为集镇及周边近 1000 户居民提供安全清洁饮用水。2007 年扩建,日供水能力达 800 立方米,供应集镇及周边 8 个村 1 万多人的安全清洁饮用水。2008 年,建成沙河村水厂,日供水能力 200 立方米,供应 370 户居民安全饮用水。2009 年建成高梁村水厂,日供水能力 1000 立方米,供应高梁村、教育村、小茅村、虾子湖村、互助村、胜利村 2085 户 1 万多人安全饮用水。2010 年建成同乐村水厂和紫流村水厂,日供水能力各 200 立方米,供应 961 户的安全饮用水。2012 年,改造升级沙河村水厂，日供水能力达400立方米，供应725户的安全饮用水。2014年，再次扩建镇中心水厂，日供水能力达1500立方米。至2015年，全镇26000多人实现饮用安全清洁自来水。

供电 1970年前，境内无电，照明靠点桐油灯、煤油灯。1971年，公社筹资15万元办起一个柴油机发电厂，发电功率55千瓦，主要供政府机关、学校及集镇照明。1973年开始列入国家大电网供电，紫流大队是常德县试点单位，架设高压输电线6千米，安装1台200千瓦变压器，5月1日正式通电。1974年，同富、同乐、民东、东风4个大队及集镇通电。1980年，境内全部通电，公社电管站成立。1984年，全境由国家电网供电。2008年完成农网改造。至2014年，全镇有10千伏输电线路2条95千米，400伏输电线路1条1443千米，配电变压器95台2520千伏安，用电客户6325户，年用电量1080万千瓦时。

邮政通信

邮政 1960年，设立邮政代办所，受理信函、包裹、报刊投递业务。2011年建邮政所，有营业场地120平方米，业务覆盖16个行政村和2个居民委员会。2014年，邮政业务总量达50万元，报纸杂志发行量达2500份。

通信 1963年，十美堂公社机关安装境内第一部手摇电话。1974年，手摇电话机发展到50多部，各机关单位和各大队都安装有手摇电话，公社安装有人工电话交换机（总机）。1990年，开通程控电话，1993年，开始使用BB寻呼机和手机。2000年，邮政和电信分家。2001年，境内设立移动基站和联通基站，移动电话逐步普及。2010年，电信开通光纤宽带，互联网信息开始进入农家。2014年，全镇有5家移动、联通、电信营业网点。电话交换机总容量2800门，固定电话用户1000户，移动电话10000多户，互联网用户1500户。

水利建设

渠道 1965年，修建21条小渠道，总长约65千米。1972年秋冬，以澧水古洪道为基础，开挖南干渠，从沙河大队起至黑山嘴公社罗家铺，全长12千米，宽54米。南干渠可灌可排，能满足境内两边10万亩农田抗旱排涝需要。至1980年，境内共修渠道50条，

▲ 油菜基地

总长 147.6 千米，其中灌渠 27 条 82.5 千米，排渠 23 条 65.1 千米。

机埠 1963 年，在同乐大队第十一生产队建丁家吉机埠，装机 1 台 55 千瓦，担负民东大队、同乐大队农田排灌任务。1970 年在同富大队第七生产队建铜盆窝机埠，装机 1 台40 千瓦，担负同富大队农田排灌任务。1974 年，装机 3200 千瓦的蒿子港沙河口机埠建成后，丁家吉、铜盆窝机埠被废。1971 年在紫流大队第十生产队建紫流机埠，装机 1 台 55 千瓦，担负紫流大队农田灌溉任务。

桥闸涵管 1961—2014 年，全镇建有通车桥 39 座，便桥 107 座，节制闸 5 座，涵闸 41 处，涵管 31 处，汆水管 30 处。

集镇建设

民国年间，集镇建在澧水防洪大堤上，街道长 250 米，沿街建筑多数为木结构小瓦房，始形成集市。1972 年，集镇搬迁至东风大队四生产队，形成丁字形街道。1994 年撤乡建镇后，集镇建设加快。2003 年，集镇占地面积 840 亩，房屋建筑总面积 11.23 万平方米，主要街道 2 条，总长 2300 米，常住人口 2800 人。至 2014 年，集镇设有老街、兴镇 2 个居委会，总面积 2 平方千米，房屋建筑面积 4 万平方米，其中居民住宅 3.6 万平方米，公共建筑 0.4 万平方米，街道总长 2000 米，常住人口 1967 人。

四、社会事业

教育

民国末年，境内有保校 9 所，中心国民小学 1 所，教师 21 人，学生 417 人。

1949 年 8 月常德县境解放后，人民政府接管学校，积极发展教育事业。1957 年，十美堂乡有初级小学 6 所，完全小学 4 所，教师 65 人，学生 1625 人。1958 年建十美堂完小附中，1959 年完小附中初中班级并入原常德县五中，十美堂完小保存至今。1975 年建洞庭完全中学(有初中部和高中部)，1979 年高中部并入原常德县五中，初中保留至今。1987 年，全乡有洞庭中学 1 所(初中)，小茅、教育、沙河、紫流、新民 5 所完小，同兴、胜利、东风、高粱、南湾、同富、同乐、虾子湖、上坝、互助、民东 11 所初小，中小学教师 280 名，小学在校学生 1550 名，初中在校学生 630 名。

20 世纪 90 年代起，计划生育效应显现，学生生源减少，学校开始撤并。至 2007 年，全镇保留十美堂镇中学 1 所(初中)，十美堂镇中心小学、教育完小、小茅完小 3 所小学，教师 110 人，在校中小学生 1600 人。2013 年起，境内建 2 所私立幼儿园和 1 所公立幼儿园。此后教育完小、小茅完小被整合。2014 年，全镇有镇中学和镇中心小学各 1 所，中小学教师 105 人，在校中学生 605 人，在校小学生 410 人。幼儿园 3 所，教职工 33 人，在园幼儿 450 人。

科技

1958年，成立洞庭公社农科站，推广双季稻等农作物新品种，引进新农机和新农业技术。1960年实行高秆改矮秆，籼稻改粳稻。1970年实行冬闲改冬种。1972年，各大队成立农科队。1979年，推广杂交水稻和建立农作物病虫测报网。1980年全面实行常规稻改种杂交水稻。1983年杂交晚稻威优六号最高单产达547.5千克。1990年改水稻移栽为直播，降低生产成本且产量提高，双季稻亩产吨粮的面积逐年增多。2010年代起，加速提高农业机械化程度。2014年，全镇有收割机145台，旋耕机68台，插秧机23台，水稻烘干机械3台套，抽水机械259台，农用运输机械185台。

文化

境内民间传统文化活动有说书、渔鼓、围鼓、三棒鼓、地花鼓、舞龙、舞狮等。1958年起，流行表演顺口溜、打油诗、三句半、小品、革命样板戏等。1966年，由民间文艺爱好者黄士元、聂其山等人发起，成立文艺宣传队，在乡村巡回演出。1978年，公社成立文化站。2008年镇政府建起图书室，各村建立农家书屋。2010年，举办十美堂镇第一届农民春节联欢晚会，被《常德日报》和《湖南日报》等媒体报道。2011年建成鸟儿洲文化广场，面积2000平方米。2014年，全镇拥有3个民乐乐队，4个管弦乐队，20个文化专业户，7支音乐、美术、书法及文学业余创作队伍。

广播电视

1965年建立公社广播站，高音喇叭安装到大队。1972—1982年，各大队有广播放大站，入户率达82%，之后，每年都有村因维修不及时而停用。2000年后彻底弃用。2014年2月，实施广播村村响，紫流、同富、沙河、东风、胜利、互助、小茅、虾子湖、上坝9个村投入使用。

1986年，普及黑白电视。1993年，普及彩色电视。2012年全镇有线电视入户率达100%。

体育

民国年间至20世纪50年代初，每年在澧水河道中举行龙舟赛，1954年澧水改道后停办。1969年，回乡知青与复员军人增多，境内始兴打篮球、排球。1985年起，境内每年都有篮球赛、排球赛、乒乓球赛、拔河比赛。2010年后，各村辟有体育运动场地。

医疗卫生

民国年间，境内有两家个体中医诊所。于1954年组建成十美堂联合诊所，1958年改为洞庭公社卫生院。1969年实行农村合作医疗制度，各大队建立合作医疗站，配备1至2名不脱产的赤脚医生。1985年合作医疗终止，赤脚医生经考核转为乡村医生。1994年撤乡建镇后，乡卫生院更名为十美堂镇卫生院，医疗卫生基础设施建设加快。

至2014年，镇卫生院占地面积达12006平方米，拥有门诊楼920平方米，住院楼900平方米，西医及中医综合楼730平方米，职工宿舍672平方米，职工公租房672平方米。置有200毫安X光机、彩超及黑白B超、全自动生化分析仪、心电图、制氧机、高频妇科治疗仪等医疗设备。有医务人员24人，开设病床42张。下辖村卫生室15个，村级医生18人。年接纳住院1100人次，门诊8000人次。

社会保障

农村五保 1963年开始，对孤寡老人实行保吃、保穿、保住、保医、保葬（简称“五保”）供养制度，全公社有“五保”供养对象210人，由所在生产队提供住房，发放口粮衣物等生活用品，死后由集体安葬。1984年改乡后，“五保”供养由村负责，费用从村提留列支，2003年后改为政府财政列支。2009年，将原新民小学改建为镇敬老院，可容纳50人入住。2014年，全镇供养“五保”对象321人，其中在镇敬老院集中供养38人，分散供养283人。

新型农村合作医疗 自2003年起实施，当年参加人数22125人，占总人口的95%，缴费标准20元/人年，完成新农合筹资44.25万元，报销比例85%。2005年参加新农合人数22369人，占总人口的96%，缴费标准30元/人年，完成新农合筹资132.43万元，报销比例90%。2010年参加新农合人数22865人，占总人口98%的，缴费标准30元/人年，完成新农合筹资132.43万元，报销比例90%。2014年参加新农合人数22715人，占总人口的98%，缴费标准60元/人年，完成新农合筹资132.432万元，报销比例95%。

新型农村社会养老保险 2009年开始实施。2014年，全镇10749人参保，参保率86%，上缴新农保基金109.23万元。发放社保卡11673张，享受养老保险4345人。

城乡居民最低生活保障 2010年，同时启动城镇和农村低保。2014年，全镇有956户1152人享受农村低保，发放保障金145.26万元；97人享受城镇低保，发放保障金32.59万元。

人民生活

吃 1958—1968年，年人均口粮152千克、肉类11.5千克。1969—1978年，年人均口粮185千克、肉类32.1千克。1988—2014年，年人均口粮203千克、肉类155.2千克。

穿 1958—1968年，年人均用8.35米布做衣。1969—1978年，年人均用15.67米布做衣。1979—1988年，年人均用23.7米布做衣。1989—2014年，年人均用32.76布做衣，西装、裙子等新款高档服装进入普通农民家。

住 1968年，农户70.89%住茅草房，29.11%农户住土砖瓦平房，人均面积10.78平方米。1969—1978年，61.78%的农户住木砖瓦平房，38.22%的农户住土砖瓦房，人均面积10.78平方米。1988年，82.4%的农户住砖瓦平房，10.8%的农户住土砖瓦房，6.8%的农户住砖瓦楼房，人均面积15.78平方米。2014年，67.77%的农户住砖瓦楼房，19.33%的农户住欧式楼房，12.9%的农户住砖瓦平房，人均面积25.98平方米。

用 1978年，每百户有自行车2部，电风扇14台。1988年，每百户有自行车22部，电风扇33台，电视机47台，洗衣机12台，电冰箱5台，摩托车8部。2014年，百户农户有液晶彩电65台，空调54台，摩托车112辆，小车23辆。

五、特色地情

名优特产

河洲龟鳖 河洲龟鳖放养在沙潮及两岸养殖湖泊，为常德市河洲龟鳖专业合作社的品牌产品，畅销全国23个省市。2012年，获湖南省农博会金奖。

富硒大米 湖南省湘悦农科产品。采用湘早籼45号等优质稻种，以稻蛙鸭共生模式栽培。产品畅销省内外。

洞庭美味菇 20世纪80年代始种，至2014年有菇农1300多户，年产食用菌1000万公斤以上，有平菇、黑木耳，金针菇、草菇等多个品种。

大湖鱼 十美堂镇渔场在沙潮大湖拥有养殖面积3200亩，人工放养品种有青鱼、草鱼、鳙鱼、鲤鱼、鳜鱼等，野生鱼种有鳡鱼、黄颡、野鲶等，常年捕捞达20万千克以上，品质上乘。

风景名胜

鸟儿洲国家湿地公园横跨紫流、南湾、同富、东风、沙河、同乐、民东、教育村境，以南干渠为主体，连接澧水和牛耳湖，面积16.42平方千米。境内野生动植物资源丰富，有野大豆、金荞麦、中华结缕草、樟树、镇海林蛙、湖北金线蛙、豹猫、北草蜥、鼬獾、乌梢蛇、黄鼬、燕隼、灰鹭、白尾鹞、斑头鸺鹠、红隼、领鸺

▲ 油菜花海

鹳、普通鵟。2014 年，被国家林业总局批准为国家湿地公园。

澧水古洪道 1954 年治理西洞庭湖，澧水改道，原河道成为古洪道。古洪道有独特的水文、生物、人文景观，一年四季有游客前来观赏。2014 年在古洪道沙洲建观光塔一座。

油菜花海 位于紫流、同富两村，阳春三月，万亩油菜花竞相开放，满目金黄。

地名典故

教育村 1926 年，湖南省参议院的两位常德籍参议吴仁阶、吴迪阶在境内围湖造田，所得收入用于湖南省的教育事业，把该地取名为教育局。20 世纪 50 年代改为教育大队，1988 年称教育村。

重大事件

1946 年 9 月 19 日，中共湘鄂特委书记徐少保及其妻夏梦蝶、交通员王锡信，陈家嘴支部书记朱桂林 4 人同时在十美堂与安乡交界的芦苇荡里被捕，于 9 月 22 日在常德被国民党当局秘密杀害。

1950 年 2 月 9 日，原旧政府乡长朱经民、中统特务康钊纠合一些不明真相的农民手持凶器，准备抢劫储存在十美堂积谷仓内的军粮，杀害农会干部，当场被军管人员鸣枪吓退。

1954 年 6 月，发生百年不遇的大水灾，防洪大堤被冲断，镇域所在的民主阳城垸全部淹没。

1957 年，十美堂集镇的西街发生火灾，60 户居民住宅被烧毁。

六、各村(居、站)简介

紫流村

地处澧水古洪道西面，东与同富村相邻，南靠沙潮湖，西与黑山嘴交界，北与西洞庭毗邻，辖 16 个村民小组，598 户 2275 人。面积 5493 亩，旱地 2263 亩，宅基地 520 亩，水面面积 490 亩，属湖区。7.8 千米村组要道已经硬化 7.5 千米。村境为“油菜花旅游节”的核心景区。2016 年 5 月，紫流、同富村合并，命名为紫流村。

东风村

地处镇集镇附近，辖 10 个村民小组，429 户 1578 人。总面积 3730 亩，其中水田 1200 亩，鱼池水面 900 亩，旱地 1300 亩。水利设施较为完善。粮、棉、油、鱼等为主要产业，特色种植有葡萄(提子)、大棚蔬菜。通村组公路 11 千米，村民实现安全饮水。2016 年 5 月，东风村、农科站村、兴镇居委会合并，命名为兴镇居委会。

同富村

辖 13 个村民小组，474 户 1659 人。有耕地面积 4670 亩，其中水田 2692 亩，旱地

1978亩。建有食用菌专业合作社,大小机埠18处。硬化村组道路12.2千米。2016年5月与紫流村合并,命名为紫流村。

高粱村

位于镇东南,东与小茅村为界,南与虾子湖和黑山嘴乡白泥村为界,西与教育村为界,北与南湾村相邻。原名高收大队,包括南湾、上坝、小茅、虾子湖、长湖村,1966年更名为高粱大队。辖11个村民小组,425户1605人。耕地面积3367亩，其中水田2577亩、旱地1000亩,水面110亩。村组公路17000米,其中实现硬化7000米,水系沟渠14000米。2016年5月与教育村合并,沿用教育村名。

小茅村

地处镇南,东抵黄珠洲乡界福村,西邻高粱村,北靠上坝村,南抵虾子湖村,1952年建村,因芦苇荡和遍地的茅草得名。辖8个村民组,254户1021人。面积2平方千米,耕地2699亩,其中水田2267亩,旱地432亩。以种植水稻、棉花为主,传统养殖业有猪、鸡、鸭、鹅、淡水鱼、甲鱼等。2016年5月,小茅、上坝、虾子村合并,沿用小茅村名。

同乐村

东抵南干渠,南邻同富村,西抵篙子港镇民康村,北邻本镇民东村。1954年以前为同乐乡，包括今同乐、同富、民东村和蒿子港民康村的部分组,1954年成立同乐村,1957年改为同乐大队,1982年复为同乐村,1989年拆分为同乐村与同富村。辖15个村民小组,2144人。总面积6108亩,农业产业以种植优质水稻为主,部分农户规模种植豆角和葡萄。特色水产有甲鱼、鳜鱼、珍珠养殖等。2016年5月与民东村合并,沿用同乐村名。

民东村

辖9个村民小组,350户1210人。耕地面积2979亩,其中水田2130亩、旱地849亩。种植水稻1500亩,旱地农作物主要为棉花,部分农户套种时鲜水果近200亩。有规模养牛专业户1家,规模养殖淡水珍珠、淡水鱼以及甲鱼专业户近100户,养殖水面近800亩。2016年5月与同乐村合并,命名为同乐村。

上坝村

地处镇中,东抵互助村,南抵小茅村,西抵南湾村,北靠街道。辖7个村民小组,213户730人。耕地面积1340亩,以传统种植粮、棉、油为主。2014年村果蔬专业合作社种植瓜蒌子100多亩。村组公路实现水泥硬化,自来水接通各农户。2016年5月,上坝、小茅、虾子村合并,命名为小茅村。

沙河村

位于澧水河畔,蒿子港至西洞庭公路横贯全村,为进入十美堂镇门户。辖394户

1420人。耕地面积3227亩,其中水田1932亩,旱地914亩。以种植水稻为主,近年引进草莓、湘莲特色种植。河洲、澧水大堤为优良"牧场",有水牛养殖、鸟儿岛森林土鸡养殖等多家规模养殖户。2016年5月,沙河、同兴村合并,命名为同兴村。

同兴村

原同兴村成立于1949年,辖今东风村、沙河村、胜利村、互助村,1963年拆分。辖12个村民小组,1505人,面积4083亩,其中水田2909亩,旱地652亩,水面452亩。主产水稻、淡水鱼,葡萄、猕猴桃、水牛、羊等为主要特色农产品。2016年5月,同兴、沙河村合并,命名为同兴村。

南湾村

东抵上坝村,西抵沙潮,南抵高粱村,北靠街道居民点。辖9个村民小组,334户1122人,有劳动力540人。耕地面积2876亩,其中水田1962亩、旱地914亩。粮、棉、油生产为主要传统产业,近年甲鱼、淡水鱼养殖形成特色规模经济,养殖面积达300多亩。组村公路实现硬化,自来水接通农户。2016年5月,南湾村、老街社区居委会合并,命名为老街居委会。

教育村

东抵高粱村,南抵南堤村,西抵一港村,北抵紫流村。由北堤、西堤合并而成,1956年称教育村。辖18个村民小组,2389人。总面积5033亩,其中耕地4500亩。以种植业为主,兼有养殖,农副产品加工等。2016年5月,教育、高粱村合并,命名为教育村。

互助村

东抵澧水河畔,南抵黄珠洲乡上河口村,西抵上坝村,北抵东风村,蒿子港至西洞庭公路贯穿村内。辖382户1388人,劳动力620人。总面积3441亩,其中水田2389亩、旱地700亩,水面200亩。主要特产有食用菌、太空莲、晚秋黄梨。2016年5月,互助、胜利村合并,命名为胜利村。

胜利村

东靠澧水大堤,西抵周西(周家店—西洞庭)公路,南抵上河村,北抵同兴村、东风村。辖13个村民小组,365户1340人,耕地面积3348亩。粮、棉、油为传统农业生产,村组公路实现硬化,农户全部通自来水。2016年5月与互助村合并,沿用胜利村名。

虾子湖村

总人口1007人,劳动力450人。耕地面积2240,其中水田1080亩、旱地355亩。村道长10000米,实现硬化8000米。有养殖、种植大户8户,大米加工厂一个。2014年农民人均收入6000元。2016年5月,虾子湖、小茅、上坝村合并,命名为小茅村。

农科站

农科站东临蒿西公路(篙子港至西洞庭公路),南抵东风村,西抵沙潮河,北抵东风村。辖 61 户 231 人。耕地面积 576 亩,湖面 111 亩。粮、棉、油为传统产业,甲鱼、各类淡水鱼养殖为特色养殖,其中甲鱼养殖水面达 70 多亩。通村公路全部实现硬化,自来水通达全部农户。2016 年 5 月与东风村、兴镇居委会合并,命名为兴镇居委会。

集镇居委会

分设老街、兴镇 2 个居委会。面积 0.44 平方千米,街道总长度 1970 米,总户数 416 户,总人口 3296 人(其中老街居委会 1978 人、兴镇居委会 1318 人)。城镇低保户 68 户 94 人,农村低保 26 人 16 户。

(执笔:康兴民　编辑:娄福友)

牛鼻滩镇

地图审图号：湘 S(2008)052 号

一、区域概况

地理位置

牛鼻滩镇位于区境东南部。东、北与韩公渡镇接壤，东南与贺家山原种场毗邻，南与汉寿县新兴乡隔沅水相望，西与武陵区芦荻山乡相连，西北与柳叶湖旅游度假区抵界。境内沅水洪道有一深潭，碧水清澈，古名流碧潭，后因水势变化，泥沙淤积，由潭变滩，人们取其谐音，称作牛鼻滩。镇人民政府驻水月宫村，距区人民政府驻地 22 千米。

建置沿革

据史料记载,牛鼻滩地域在唐虞之时,属未开化的蛮荒之地。春秋战国时属楚,秦时属黔中郡。汉高祖五年(前202),属索县。隋时索县并于武陵县。牛鼻滩镇地域一直在武陵县的管辖之下。宋代以前,境内土著居民甚少。北宋末年,发生靖康之乱(1126~1127),中原汉人大量南流。永乐三年(1404),从江西迁移大量农民来湖区垦殖,牛鼻滩区域容纳大量移民,人口显著增加。

清康乾时期,置白沙、高蹟二村行政单位,隶属常德县,管理牛鼻滩区域内行政事务。民国年间及中华人民共和国成立初期,境内设碧潭、民安、崇孝3乡。1950年2月,废除旧的乡、保、甲,由常德县第四区管辖。9月,设观音庄、芷湾、鸡叫湾、肖家湾、水月宫、谈家河、顶兴、陈家铺、栏马口、猫儿山10个乡。1951年,在集镇设牛鼻滩镇。1955年,汉寿县四美、同春2乡因治理西洞庭湖,小河口被堵,而划入常德县。1956年6月,撤区并乡,上述乡镇并入牛鼻滩乡。1957年7月,析置牛鼻滩镇。1958年10月,牛鼻滩镇和牛鼻滩、韩公渡、芦荻山3个乡合并成立英湖人民公社。1961年3月,英湖公社撤销,设牛鼻滩、韩公渡、芦荻山3个公社和牛鼻滩镇。1969年,牛鼻滩镇改为五七大队,划归牛鼻滩公社管辖;1973年恢复牛鼻滩镇,为牛鼻滩区区属镇,1981年升为县属镇。1984年2月,撤销人民公社,牛鼻滩公社改为牛鼻滩乡,大队改为村,生产队改为村民小组。1986年,牛鼻滩乡、牛鼻滩镇合并为牛鼻滩镇。至2014年无变化。

区划面积

1961年,牛鼻滩镇辖2个居委会,有集镇居民1200余户,3000余人。牛鼻滩公社辖观音庄、芷湾、鸡叫湾、肖家湾、水月宫、谈家河、顶兴、陈家铺、栏马口、猫儿山、四美垸、同春垸、南港、兴丰14个大队。

1964年,鸡叫湾大队更名为永福大队,观音庄大队析为观音庄、高车2个大队,芷湾大队析为芷湾、百家湖2个大队,栏马口大队析为栏马口、白洋湖2个大队,猫儿山大队更名为黄溪堰大队,四美垸大队析为濠洲、武陵2个大队,同春垸大队析为同春、渔码头、上林、三星、小河口5个大队。

1966年春,在境内蚊子障成立建设大队,安置沧山水库移民350户1150人。

1970年,将濠洲大队三、四队121户485人划出,组建牛鼻滩公社林场;从南港、小河口、顶兴3个大队加芷湾渔场抽调98户354人,在贺家山对岸的沅水外洲小汎洲组建牛鼻滩公社芦苇桑园场。

1976年,高车大队并入观音庄大队。

1979年,为解决远田难插难管问题,由黄溪堰大队5队,南港大队4、5队,从肖家湾、濠洲大队抽调53户815人组建姚家垱大队;从肖家湾、濠洲、顶兴3个大队抽调

125户426人，在周家湖垸以东组建新建大队。全公社辖观音庄、芷湾、百家湖、肖家湾、永福、水月宫、小河口、上林、三星、同春、渔码头、濠洲、武陵、谈家河、顶兴、陈家铺、姚家垱、建新、南港、新建、兴丰、白洋湖、栏马口、黄溪堰24个大队和1个林场、1个芦苇桑园场。

1981年，水月划出在集镇的1、2两个队，组成新街居委会，牛鼻滩镇辖居委会从3个增加至4个。

1986年镇、乡合并后，牛鼻滩镇辖24个行政村，4个居委会，5个（林、渔、园艺）场。总面积83.4平方千米。耕地面积4.83万亩，其中水田3.4万亩，旱地1.43万亩。养殖水面8300亩。

2001年，实施平垸行洪工程，撤销芦苇桑园场，所属115户395人搬离小汎洲，落户牛鼻滩集镇。沅水斜对岸的汉寿桔林村58户216人搬离大汎洲，落户境内肖家湾、水月宫等村。大汎洲划入牛鼻滩集镇。2002年，实施退田还湖、移民建镇工程，撤销蚊子障、周家湖周边的姚家垱、南港、建设、新建4个村，设立姚家垱渔场。

2014年，牛鼻滩镇下辖观音庄、芷湾、百家湖、肖家湾、永福、水月宫、小河口、上林、三星、同春、渔码头、濠洲、武陵、谈家河、顶兴、陈家铺、兴丰、白洋湖、栏马口、黄溪堰20个行政村，南街、北街、上街、新街4个居委会，以及镇林场、姚家垱渔场。总面积89.1平方千米。耕地面积4.56万亩，其中水田2.46万亩，旱地2.1万亩。水产养殖面积2.17万亩。

人口民族

境内人口以汉族为主。百家湖村5个村民小组为回族聚居地，系明朝初年征讨南方“苗蛮”军队驻留人员后裔，从许家桥、草坪等乡镇迁徙而来。

1956年，牛鼻滩乡有6025户28350人，其中男14240人，女14110人。回族392人。

1969年，牛鼻滩公社人口为32578人，其中男16380人，女16198人。回族567人。

1992年，牛鼻滩镇有9356户41854人，其中男21140人，女20714人。回族685人。城镇居民5217人。

2003年，全镇8676户38965人，其中男19727人，女19238人。回族745人。城镇居民5765人。

2014年，全镇8438户37879人，其中男19185人，女18694人。回族820人。城镇居民6450人。

自然环境

气候　镇域属亚热带季风性湿润气候，年均降水量1300毫米，主要分布在4—9月份，平均湿度为83%。年平均温度18℃，无霜期270～300天。极端最高温度43℃

(1972年),极端最低温度-12℃(1954年)。易发多雨和“倒春寒”天气。

地形地貌 为洞庭湖西汉冲积与沉积区,地势低平,最高处上林拐以南海拔32.5米,最低处周家湖、乱泥湖周围,海拔28.3米,全境平均海拔31.6米。境内土质为砂质土壤,偏酸性,地质结构为沉积岩结构。

水系 镇域三面环水,南临沅水,北濒冲柳低水,东靠冲柳高水。有周家湖、烂泥湖、木家湖、杨柳湖、百家湖、白洋湖、姚家垱湖等小型湖泊,在蚊子障周边,退田还湖后被成片开发的调蓄湖有近2万亩。

植被 沅水高水吹填的1200亩平台与沟渠种植10万株欧美杨林,农户房前屋后种有桔、桃等经济林和观赏的风景林。

二、经济发展

经济综述

清代与民国时期,境内农业基础设施薄弱,自然灾害频仍,经济落后,耕作面积不足万亩,最高年粮食产量不足150万千克。中华人民共和国成立后,实行土地改革,1954年,国家对湖区进行大规模治理,1956年实行对民族资本与手工业者的社会主义改造,翻身后的农民生产积极性被发挥出来。又相继建成三百三、芷湾老八台机埠,区域内耕地面积成倍增加,1957年达到3.1万亩,粮食总产776万千克。1959—1961年,生产受到严重影响,总产量比1958年减少两成。1966—1978年,发展集体经济,创办社队企业,扩大双季稻面积。1978年,全公社粮食总产2550万千克,工业产值1400万元,人均310元。1978年以后,实行改革开放,经济发展迅速。1995年,全镇实现工农业总产值28350万元。2003年,实现工农业总产值41246万元。2014年,全镇实现地区生产总值105856万元,农民人均纯收入9350元。

农业

种养业 境内传统种植业以粮食作物为主,辅以棉花、油菜、柑橘、湘莲等经济作物。养殖业主要为养猪、养鱼、养家禽。1956年,牛鼻滩乡粮食产量610万千克,油菜籽82万千克,皮棉10万千克,湘莲1.5万千克,柑橘5万千克,生猪3850头,鲜鱼150万千克,鸭8万羽,鸡11万羽。1987年,全镇粮食总产3110万千克,籽棉总产580万千克,食用植物油60万千克,柑橘2000万千克,出栏生猪3.5万头,出水鲜鱼750万千克,家禽18万羽。2014年,全镇粮食总产2560万千克,食用植物油68万千克,出水鲜鱼1240万千克,出栏生猪3.65万头,养蛋鸡40万羽,产蛋18万箱,存栏羊2997只、水牛163头。发展以豆角、苦瓜、黄瓜、辣椒、香葱为主的蔬菜面积1.98万亩,蔬菜种植收入2.43亿元。

林业

▲ 南港珍珠湖

1949年以前，农村居民在房前屋后栽种柳、杨、苦、椿等常规树木，还伴有少量桃、枣等果林。1970年，公社成立林场，发展无核蜜橘1200亩。1990年以后因经济效益不佳，逐步毁掉。20世纪80年代以后沅水大堤通过两次吹填，出现大面积海拔35米以上的沙质地，镇政府成立林管站，发展林业。2014年，全镇有以欧美杨为主的经济林1.1万亩，年产木材1500立方米。

工业

1905年，乡人江绍清联合汉寿沧港人刘桂高在牛鼻滩集镇创办昌明锅厂，年产值6万银圆，在湘西北一带享有盛誉。1956年，县政府将其搬迁至河洑镇。20世纪60年代末70年代初，牛鼻滩公社响应国家号召，大办社队企业，1969年，在水月宫大队二队的小河口古河滩上，占地22亩，创办公社造纸厂，用稻草生产作建筑材料的纸筋和土卫生纸。是年起，各大队先后办起大米加工厂、榨油厂25个。1984—1990年，境内创办皮鞋厂、湘绣厂、桂花糖厂、鞭炮厂、印刷厂、农具厂、篾业社和芷湾、观音庄2个轮窑砖厂，改造升级镇造纸厂，生产白板纸与箱板纸。到1990年，有镇办企业42家，从业人数达850余人，实现工业产值1.2亿元，上缴利税150万余元。进入21世纪后，因市场变化等因素，牛鼻滩镇工业逐渐萎缩。2014年，仅有的集体企业镇造纸厂转为民营，加上顶兴、白洋湖二家私营砖厂，全镇仅存3家工业企业，年产值3100万元。

商贸服务业

民国年间，境内有牛鼻滩、栏马口、谈家河3处集市。1948年境内有旅店饭铺3家，麻线铺4家，日用杂货铺18家，屠行7家，渔行8家，从业人数210余人。中华人民共和国成立后，经过社会主义改造，个体商贸走上集体合作化道路。1963年，在牛鼻滩集镇建立牛鼻滩公社供销社。到1974年，设有栏马口、观音庄、芷湾、武陵4个供销分社和18个大队代销店，有职工180多人。还建有公社粮库与粮店，从业人员54人。1978年，中共十一届三中全会后，镇域商贸服务业发展迅速。2014年，经牛鼻滩工商行政管理所正式注册登记的商户有720余户，从业人员1350人。这些商户大多集中在牛鼻滩集镇、六总宫、栏马口，从事的门类包括服装、鞋帽、餐饮、百货、建材、电器、家具、摩托、加油站、肉食、农药、化肥、医药、旅店等近20余项，全镇商贸收入达2.11亿元。

其他产业

旅游 牛鼻滩镇旅游资源开发，起步较晚，原黄溪堰村村主任姚吾弟到广东沿海城市打工办厂，取得成功以后，于2006年，租赁大湖面积1200亩，投资500万元，在镇境内常德—断港头公路往南800米创建白云生态农庄，占地27亩，建筑面积2300平方米，可供垂钓休闲，居住餐饮于一体，并建立两个30亩的鳄鱼养殖池，鳄鱼用来观赏食用，招揽顾客。

劳务输出 进入21世纪以后，农业机械化全面实现，牛鼻滩镇剩余劳动力达1.5万人以上，同时，镇政府在上级相关部门的大力支持下，培训青壮年劳动力达8000人次以上，主要学习电脑操作、机械修理、饮食烹饪等专业技能。2014年，牛鼻滩镇在外务工人员达1.13万人，其中1850人在常德市区从事建筑业，年劳务输出收入达3亿多元，成为农民主要收入来源之一。

三、基础设施

交通运输

陆路 1975年，建成常（德）韩（公渡）公路，次年又建成六（总宫）牛（鼻滩）公路，砂卵石路面，宽8米，后于1996和1999年，分两次完成路面水泥硬化。两条公路在境内长达15千米，解决上林、渔码头、三星、同春、小河口、水月宫、谈家河、顶兴、兴丰、武陵、濠洲、林场、陈家铺、姚家垱渔场、永福、肖家湾、百家湖、芷湾、观庄19个村场出行常德城区的问题。1978年2月，建成总长32.6千米常（德）断（港头）公路，砂卵石路面，路宽8米，于2001年实施水泥硬化，途径白洋湖、黄溪堰、栏马口3个村，境内长7.8千米。常韩、常断公路分别于1977年、1978年开通客运班车，营运主体为常德湘运集团公司。1988年以后，民营客运逐步取代国营的湘运公司在境内营运。到2014年，两条客运线有民营中巴车52台，其中起终点在牛鼻滩镇的有23台。2006年开始新农村建设，促进了乡村组公路的修建。到2014年，镇内筹措资金3132.5万元，硬化镇主道、村道、联组道125.3千米，实现水泥路村村通、组组通。

水运 境内主要有三条水道。一条是沅江水道，位于境南，过境长度超过10千米。民国时期就已通客运。中华人民共和国成立后，于1949年下半年建港务码头、客运码头、修防会码头3个，港区岸线1000米，泊位6个，靠泊能力300吨级。1961年，湘航常德办事处建立客运站和候船室。1987年，港口货物吞吐量12万吨，其中运进9.9万吨，运出2.1万吨。月停靠客轮4班，上通常德下南门，下达省会长沙，年载客量

16.43万人次。20世纪90年代以后,公路运输日益发达,牛鼻滩港航运功能逐步萎缩。到2014年,仅有少量砂卵船、小机动捕鱼木船、鸬鹚船停靠在港口外埠。境内牛鼻滩和芷湾两个沅江渡口,因平垸行洪、居民他迁,于2002年废止。一条是小河口至津市的南北水上运输通道,该通道绕开洞庭湖直达长江,民国时期,河里常有帆船、轮船通过,民间有"走津市拐牛鼻滩"的俗语,就源于该条航道。沿河渡口有小河口渡、濠洲渡、鸡叫湾渡、陈家铺渡、武陵渡、顶兴渡。1954年治理西洞庭湖,小河口被堵断流,该航道废为哑河。一条是境北面的马家吉至泥港口航道,可达安乡县城,途径境内白洋湖、栏马口2个村,民国时期可走帆船,1949—1968年通小型轮船,在境内设有新河口渡,1970年后逐步被公路运输取代而废弃。

邮政通信

邮政 1958年7月成立常德县邮电局后,在牛鼻滩设立邮电代办所,有员工3人,负责全境的邮件、电报、少量报刊传递工作。1969年,邮电代办所迁至同德垸内。1987年,代办所升级为牛鼻滩邮电支局。后因邮电业务扩大,办公房地不能满足需要,于1994年迁至离集镇400米远的六牛公路东侧,建800平方米的办公大厅和8套员工住房。

通信 1958年7月,牛鼻滩邮电代办所安装境内第一部手摇磁石电话机。1966年,手摇电话机开通到各个大队,公社总机室有一部人工接转的交换机。1974年,常德县邮电局在境内安装载波机,共24端。1987年,启动县邮政局至牛鼻滩特高频安装工程,水泥杆线取代木质杆线。1991年安装程控电话交换机,驻集镇单位与个体户老板开通使用程控电话。1995年,开通程控电话2300余部。1992年,被称为大哥大的移动电话开始使用,因价格昂贵,境内只有少数经商者持有。1996年以后,移动电话呈飞速发展态势,逐步进入千家万户。2014年,全镇拥有手机2.85万部。程控电话相对减少,全镇仅存325部。互联宽带网覆盖到每个村组。全镇20%以上居民家里安装电脑,年电信业务收费870万元。

供电供水

供电 1958年,境内架设全县第一条常德电厂至芷湾35千伏高压输电线路,在芷湾沅水大堤平台上建全县第一座农村变电站,牛鼻滩集镇于次年通电。1981年该站移至集镇以北,变压器容量2000千伏安,后又扩至5000千伏安。20世纪60年代末70年代初,境内先后架起4条输电线路。一条是10千伏牛芷线,为牛鼻滩变电站向芷湾片供电专线,线路总长20.84千米;一条线是牛水线,为牛鼻滩变电站向水月片供电专线,线路总长31.52千米。一条线是10千伏牛星线,为牛鼻滩变电站向三星片供电专线,线路总长15.48千米。一条线是牛镇线,为牛鼻滩变电站向牛鼻滩集镇及周边相关村供电专线,线路总长3.34千米。从2006年起,牛鼻滩镇实施3次大的电力整改,整改的内容一是增大导线线径,单线制改4线制;二是变压器补点、增容,变压器台数由78台增至125台;三是设备改造执行三换,即换电线58千米、换变压器65台、换电杆102根;四是砖木屋配电房模式改为变压器台架式搁置模式,提高了用电安全系数。通过整改,全镇居民的用电需求得到保障。2014年,全镇总供电量达8500万千瓦时。

供水 20世纪70年代前,境内居民饮用水直接取自江、河、湖、港。80年代,外江、内河水位抬高,大堤加固加高,沿堤居民搬离河堤,取用江、河水多有不便,垸内地表水又逐渐被农药、化肥污染,不能饮用,于是打井取地下水饮用。到80年代中期,境内手压机井超过5800口。80年代后期,因境内地下铁、锰、锌等重金属元素严重超标。同时,血防部门为防治血吸虫病,禁止人们在沅江取水和作业。为解决牛鼻滩集镇吃水问题,1990年,八官垸水利修防会在驻地西边平台上,投资120万元建成日产1500吨的自来水厂,管网长达10多千米,供应集镇居民及集镇附近村民9800人的饮用水。1991年,上林村自筹资金30万元,在村部建日产500吨自来水厂,解决该村1700人饮用水问题。2004年,同春村争取资金70万元,在村部兴修一座日产450吨自来水厂,解决本村及附近村3060人的饮水问题。该水厂2014年废止,受供范围并入牛鼻滩水厂管网供水。2009年,筹措资金270万元建成白洋湖水厂,解决低水流域白洋湖、栏马口、黄溪堰、南港渔场、韩公渡镇团洲湖5个村、场6000多人的安全饮水问题。2010年,谈家河村投资130万元,建成日产1100立方米的自来水厂,供应谈家河、兴丰、韩公渡镇的双胜、渔场4个村、场3330人的用水需求。2013年,运行20多年的修防会自来水厂废止。争取国家投资600万元,居民自筹150万元,在原牛鼻滩中心卫生院旧址上,垦复土地4100平方米,修建日产3000立方米的牛鼻滩自来水厂,于2013年底竣工投产,从根本上解决牛鼻滩镇街道和60%以上村2.9万人口的安全饮水问题,全镇实现包括周边韩公渡镇部分村在内4.1万人口安全饮水的全覆盖。

水利建设

堤防 境内垸老田低,三面环水,开发时间早。靖康年间(1126—1127年)与明永乐三年(1404),曾有两拨北方与江西移民至境围湖造田。清末与民国年间,在牛鼻滩集镇设有八官垸修防会,负责沅水、内河及低水的防汛与堤垸简易维修。因政府腐败,修防会形同虚设,堤垸依旧,水灾频繁。中华人民共和国成立后,开始大规模的水利建设。1954年,常德县集中7万劳动力,历经120天,搬运土方600余万立方米,在沅水北岸培修牛鼻滩、贺家山等处大堤,堵住马家吉、小河口两处河口,实现沅、澧分流,减轻防洪防汛压力。1969年,对马家吉至苏家吉全长31.9千米(牛鼻滩境7.47千米)的沅水大堤加固加高。1982 年，国家斥巨资，对西起观音庄、东至水月宫段的翻砂鼓水险段和新六台、藕湖堤、苏家吉、新老潭子段进行吹填，形成 35 米以上堤脚平台。次年，又对上林拐外坡渍坑进行吹填。1996 年超历史高洪以后，采用机械作业，对沅水大堤再次加固加高，堤面高程普遍达到 41.5 米以上，抗洪保安能力达到 100 年一遇标准。

机埠 1956 年，在栏马口建单机 242.71 千瓦内燃机排灌机埠，是全县最早的动力机械排灌机埠，该地机埠由此取名三百三。1965 年改内燃机为 4×155 千瓦的电力排灌机埠。1998 年，该机埠设施全面更新，成为黄溪堰、白洋湖、栏马口 3 个村的出水主渠。1958 年，在芷湾建成装机容量 8 台 600 千瓦的排灌机埠，是常德县最先建成的电力排灌机埠，地名由此称老八台。1991 年，该机埠设备全面更新。1970 年，老老八台以东 200 米处新建装机容量 6×180 千瓦的电力排灌机埠，称新六台，2006 年，该机埠设备全面更新。老八台、新六台机埠建成后，修筑西起观音庄、东至武陵村、北抵百家湖渔场、贯通 10 个村场的进出水主渠道 15 千米。1971 年，在渔码头临高水处，建单机 1×155 千瓦排渍机埠，修建排渍渠道 6.5 千米，解决同春、渔码头、上林、三星、小河口 5 个大队内渍问题。20 世纪 60 年代末 70 年代初，各大队建有 1×45 千瓦小型机埠 47 座。后因农业结构调整、退田还湖等原因大多停用。到 2014 年，仅存百家湖、水月宫、小河口、栏马口、黄溪堰、濠洲 7 座。1977 年建成装机容量 5×800 千瓦的谈家河大型电力排灌机埠，主要承担八官垸内芦荻山、断港头、韩公渡、牛鼻滩 4 个乡镇的排渍任务。在牛鼻滩境内开挖由谈家河机埠往北至英湖闸长 3.5 千米宽 50 米、往西至观音庄十队冯家垸长 6.2 千米、宽 30 米宽的中心河道，配套建有英湖闸、宋家包闸、百家湖渔场闸 3 座大型钢混水闸及谈家河公路桥、建设桥、南港桥、百家湖桥 4 座桥梁。1991 年，建成小河口 4×1250 千瓦大型电排机埠，主要功能是低水削锋，保常德市区安全，

▲ 牛鼻滩自来水厂

并兼排八官垸渍水。是年,还建栏马口泄洪闸和龙贯、水月出水闸,疏通小河口、濠洲、永福、陈家铺村古河道3.8千米,新开挖陈家铺至栏马口35米宽新河道5.5千米,配套建成濠洲、永福、栏马口3座跨河公路桥,在栏马口桥往南至陈家铺还建有4座小型钢混结构桥。至2014年,谈家河、小河口2座机埠仍在使用。

集镇建设

牛鼻滩集镇为常德县四大古镇之一,清代即已形成集镇,落在水月宫村十组、十一组的沅水大堤平台上,东西长800米,南北宽约70米,舟楫排筏泊此,商贾辐辏。1969年,集镇搬迁到同德垸内,占地东西长1200米,南北宽80米。至1981年,建街6条,总长3543米。有客运、货运码头。有粮食仓库13栋,建筑面积20554平方米。集镇占地面积1.75平方千米,常住人口4620人。20世纪80年代末,集镇开始沿六牛公路两侧向北发展至濠洲公路桥,长1500米,形成"T"字型布局。2006年,镇政府筹资500万元,全面启动集镇改造升级工程,对长1200米宽10米的东西主街道及南北两条70米进口街、大饭店十字街进行硬化,新修街道两侧下水道1800米,重建垸东大堤出水涵。新建碧潭文化娱乐广场,在垸南建成长2300米的沅江风光带。2007年,新建营业面积2000平方米的农贸市场,在市场周围及镇北边公路左侧新建五栋三层68套近7000平方米的商品住房。在集镇街道安装路灯105盏,栽种桂花树等风景林4800余株。至2014年,集镇建成区面积达13.5平方千米,总建筑面积8.27万平方米,街道总长1850米。设有4个居委会,常住人口6835人。

四、社会事业

教育

清末民初,境内有私塾数家。多为合族设馆,用祠堂公款聘请塾师,招收同族子弟入学。1923年,清末秀才管昌丹、姚竹宜、管清夫利用水月宫寺庙创办境内第一所小学,民国16年(1927)改为新式学校,有学生30多人,采用复式班教学,生源为各保甲有钱人家子女。

中华人民共和国成立后,教育事业得到较快发展。1950年1月,创立公办牛鼻滩完全小学,1951年完小附设幼儿园,招3岁以上儿童入园,开常德县幼儿教育之先河。

1953年,境内设有陶家铺、观音庄、谈家河、永福垸4所初级小学,有教师18人,学生310人。因师资不足,大都为复式班教学。

1958年,各大队开办农民夜校扫盲班,有1500名青壮年农民参加,80%以上学员脱盲或半脱盲。是年,常德县在同德垸内设立常德县牛鼻滩初级中学。

1965年,各大队设立民办小学,教师由回乡的初高中生担任,待遇是给工分参与生产队的分配，称为民办老师。是年，创办牛鼻滩公社农业中学(1970 年改为群英中学)。

“文化大革命”期间，教学秩序虽受冲击，但适学人数增多，教学规模不断扩大，各大队均办有完全小学。境内有黄溪堰、群英、牛鼻滩 3 所初中和 20 所大队完小。1969 年，县办初级中学升级为纯高级中学，取名常德县第七中学，1988 年，改名为鼎城区七中。

1978—1986 年，境内生源达到峰值。增设水月、谈家河、建设 3 所初中。各大队小学开办初中班。牛鼻滩中学增设高中班。期间 1983 年，在校小学生 2180 人，中学生 1570人。

进入 20 世纪 90 年代后，生源逐渐减少，群英中学、黄溪堰中学、水月宫中学先后被撤销，全镇仅保留牛鼻滩镇中学。1995 年，投入 150 万元，在镇中学新修三层 18 间教室的教学大楼，其他教学设施得到改善。

2000 年，因生源严重不足，撤销鼎城区七中，其校产整体移交牛鼻滩镇政府。2000 年 5 月，牛鼻滩镇中学迁至原七中校园，原镇中学校址改作牛鼻滩镇中心小学。2006 年，由于生源进一步减少，全镇仅保留镇中学和镇中心小学、栏马口小学、同春希望小学。2008 年以后，创办两所民营幼儿园。至 2014 年，全镇有初中 1 所，小学 3 所，幼儿园 2 所。有中学教师 45 人，小学教师 63 人，幼师 25 人。在校初中学生675 人，在校小学生 863 人，在园幼儿 234 人。

科技

1965 年，改良水稻品种，大面积推广“农垦五八”，产量明显提高，每亩增产 50 ~ 100 千克。1972 年，在小河口大队建牛鼻滩公社拖拉机站，占地 18 亩，购置大型东方红拖拉机 8 台。各大队成立农科队，进行粮棉科学实验。1973 年，常德县在三星大队设立棉花实验技术推广基地。1979 年，在肖家湾二组，建占地近 20 亩的种子供应站，同年设公社农科站，推广杂交水稻。1985 年以后，境内杂交稻面积占 80%以上。1990 年，现代农机具开始进入千家万户。2014 年，全镇购置轮式拖拉机 29 台，收割机 58 台，微耕机 16 台，从事机耕的专业技术操作员达 215 人，耕地 100%实现机耕化，耕牛退出农耕历史舞台。

文化

民国中后期，牛鼻滩集镇民间戏剧演出活跃，集镇开设有 3 个剧场。常德汉剧团(沅水流域的四大剧团之一)，常来或留驻牛鼻滩集镇进行演出。出演“三国戏”“山寨戏”、《水浒传》《封神榜》《岳飞传》等传统历史剧目，常德花鼓戏剧团有时也到牛鼻滩集镇或下乡演出。这一时期，民间艺人如说书人、渔鼓人、三棒鼓、皮影队等经常往来于集镇、乡市、祠堂、茶馆等公共场所演出，深受民众喜欢。

新中国成立后,文化活动更加活跃。1951 年 3 月,湖南省电影总队第一队首次来常德放映电影,牛鼻滩集镇作为第一站,使牛鼻滩人感觉新奇。50 至 60 年代,县放映队经常下乡到各大队作巡回放映,60 年代末至 70 年代初,又有了革命现代京剧的彩色电影放映。

1961 年,牛鼻滩同春、四美两垸和集镇的戏剧爱好者自发地组成民间职业汉剧团,试演或演出很多剧目。1968 年"文化大革命"时期各大队由回乡知青或城市下放知青组成10 多支"毛泽东思想文艺宣传队",在各大队作巡回演出,演出选在晚上搭露天舞台进行。

1977 年,牛鼻滩在公社右侧,同德垸西沅江大堤上坡处,新修一座前厅有四层楼,放映厅能容纳 820 名观众的电影放映院,建筑面积 3800 余平方米。20 世纪 90 年代,随着电视的普及,电影逐步失去市场,但牛鼻滩电影院一直都作为中小学生、幼儿班小朋友文艺节目演出场所和全镇村组干部党员大会主会场。这一时期也有民间汉剧团来牛鼻滩集镇演出。

1992 年 2 月,牛鼻滩镇渔码头村村民成基元,在牛鼻滩成立友华扇子汉剧团,演职员达 30 人,1992—1995 年,4 年间在湘西北乃至湖北南部地区进行 300 多场次的演出。

为了满足富裕起来的镇村居民精神文化需求。20 世纪 90 年代末和 21 世纪初的 10 多年时间里,牛鼻滩镇陆续成立同春、武陵村共同组织的嘹亮先锋歌舞艺术团、腰鼓队,永福、观音庄、上林、栏马口、六总宫墟场管弦乐队,民间艺术团队员达 150 多人,活跃在全镇各村、组。

体育

民国时期,黄溪堰姚达吾、吴施海、姚景万等人,一方面习武强身,一方面用伤科中草药悬壶济世,在地方享有盛誉。姚氏后起之秀姚仕伟,在传承中华武术上作出成绩,1990 年,参加湖南省武术散打比赛,获得金奖。1993 年,牛鼻滩镇成立武协分会,姚仕伟出任会长。

从 2005 年起,牛鼻滩镇村居民自发开展健身操、跳广场舞活动逐渐增多。为满足群众活动需要,集镇和各村部先后建起娱乐健身文化广场。到 2014 年,境内还建有碧潭、花湖湾、武陵、濠洲、上林、三星、渔码头、栏马口、谈家河、观音庄等 10 多个健身场地。

医疗卫生

民国时期,牛鼻滩集镇有杨逢春大药房、姚氏中药房、史氏(北京人)中药房 3 个,柳文希西药房、黄逸仙西药房 2 个,中西医生 8 人。乡村民间中草药郎中,比较出名的有回族草药郎中黄辅成，还有姚达吾、吴四海、姚景万等。1942 年，常德县中西卫生院在牛鼻滩设立卫生所，有医护人员 3 人。

中华人民共和国成立以后，党和政府重视医疗卫生事业。1954 年成立牛鼻滩联合诊所，有医护人员 12 人，病床 8 张，并负责境内预防接种。1959 年，联合诊所改为公社卫生院。1968 年，实施农村合作医疗，各大队建立合作医疗站。为解决医务人员不足，牛鼻滩公社连续举办两期为期 2 年的培训班，培训对象为各大队优秀回乡知识青年，共培训 66 人。结业后，分配到各自的大队合作医疗站工作。被称为“赤脚医生”。

1970 年，新建牛鼻滩公社卫生院，院址设在沅水大堤平台上。1984 年,经湖南省卫生厅批准升格为牛鼻滩中心卫生院。

2005 年，中心卫生院迁址集镇左侧六牛公路旁，并与牛鼻滩血防站合并，占地 1.34 万平方米。

2014 年，投资 700 万元，对牛鼻滩中心卫生院进行扩改建，总建筑面积达到 7200 平方米，其中医药用房 4500 平方米，有病床 120 张，医护人员 27 人。全镇有 28 家个体医护诊疗点，药房 10 家。

血吸虫病防治 1956 年调查发现，境内大、小汎洲 1590 亩面积存有钉螺，是血吸虫病疫区。1960 年代初，常德县设牛鼻滩血防医院，负责八官垸内血吸虫病预防与治疗。2012 年并入牛鼻滩中心医院。在半个世纪里，牛鼻滩血防院治愈血吸虫病患者近万人。1987 年，牛鼻滩镇有血吸虫患者 2000 多人，患病率在 5%以上，经牛鼻滩血防医院与中心卫生院治疗，绝大多数患者已恢复健康。

社会保障

赈灾 清代赈灾，大多由民间慈善团体和宗族祠堂办理，遇有特大灾害，也会派朝廷官员实地考察放赈。道光十四年(1834)，八官垸决堤溃垸，朝廷免征田赋，为灾民发放口粮、种子和房屋修缮款。宣统三年(1911)，水灾更甚，未决堤垸所剩无几，招壮健农民修堤，以工代赈，老弱妇孺由地方日供白粥两餐。民国时期，灾害频繁，国民政府救济甚微，官僚们还予以克扣，灾民所得无几。民国 20 年(1931)遭遇百年罕见大水，境内饥贫交加而死的灾民达 100 余人。中华人民共和国成立后，人民政府高度关心人民疾苦。1954 年八官垸遭遇特大水灾，围垸尽溃，是年冬天，又遭百年难遇的寒流袭击，最低气温在 -12℃以下，持续时间一月有余。人民政府积极组织灾民进行生产自救，从外地购进耕牛与种子，从贵州购入大米解决吃饭问题。1980 年，冲柳高水近 7 万亩农田和养殖水面被淹，1000 栋房屋被毁，灾后仅牛鼻滩公社就发放救济款 57 万元，无息贷款 80 万元，生产投资 90 万元，拨粮食指标 850 万千克，食油指标 3.7 万千克，木材指标 1650 立方米，楠竹 4.5 万根。

"五保"供养 对丧失劳动能力、生活没有依靠的鳏寡孤独乡民，在清末至民国时期，主要靠祠堂或公共族田获得粮食供养，死后由族人捐款安葬。中华人民共和国成立初期，主要由国家救济，辅以群众互助。1954年，由农业合作社包工代耕，1958年起，实行"五保"即保吃、保穿、保住、保医、保葬(含孤儿保教)供养制度，由生产队向"五保"对象提供柴米油衣物等生活用品，保障他们享受到生产队平均生活水平。1994年起，"五保"对象所需经费和实物，从乡统筹费中列支。2006年起，"五保"供养费由政府财政列支。2010年，建成镇敬老院，集中供养"五保"对象50人。百家湖村和顶兴村建成两个"五保"之家，分别入住为4人、6人。2014年，全镇有"五保"老人303人，其中集中供养60人，分散供养243人。国家拨供养资金，标准分别为集中供养对象每人每年4200元，分散供养对象每人每年2900元。保教孤儿11人，供养标准为每人每年7200元。全镇支付供养资金104.2万元。

城乡低保 2005年开始实行城乡居民最低生活保障制度。2014年，全镇享受农村最低生活保障的居民1138户1615人，发放低保资金总额近200万元。享受城镇低保居民550人，发放低保资金总额179万元。

新型农村合作医疗 2010年11月新型农村合作医疗在牛鼻滩镇全面推开，当年参保农村居民为3.05万人，占农村总人数90%以上；第二年，农民获得国家医疗补助达600多万元；2013年年底，参保人数达3.28万人，占农村人口95%以上，2014年，享受国家农村新型合作医疗补贴1875人次，资金总额875万元。

新型农村社会养老保险 2010年10月1日，牛鼻滩镇开始实施农村社会养老保险，当年全镇参保人数达1.41万人，参保金额160余万元。2011年年底，发放国家社保金440万元，2014年参保人数1.25万人，上缴金额140万元，发放国家社保资金补贴535万元。

优抚救助 享受国家优抚对象共379人，年发放优抚资金总额为98.06万元。享受高龄补贴全镇6518人，年资金补贴500万元。民政大病救助对象198人，年发放求助资金60万元。全镇享受一、二等残疾待遇对象259人，年发放残疾补助资金15.54万元。2014年，牛鼻滩镇各类弱势群体包括农村居民享受新型合作医疗国家补贴近2000万元。

人民生活

1949年以前，境内土地主要掌握在少数有钱人手中，绝大多数农民很少有土地或根本没有土地，主要靠租种土地或打长工、帮短工为生，还有一部分农民靠在江河、湖泊上打鱼为生。加上垸老田低，经常受到自然灾害的困扰，垮堤溃垸的情况时有发生，讨米逃荒的大有人在。一般年景，境内群众年用粮食150千克左右，不足的用莲藕、瓜菜替代。穿的主要是自织的土布，数量有限，每人一年难做一套衣服。少数大户人家住木质大瓦房或四合盘天井上楼下地板房，佃农与自耕农们住的是茅草房，四周是竹条裹稻草的毛壁，一家好几口人，挤在 2～3 间茅草房内，生活十分清苦。

中华人民共和国成立后，人民政府进行农村土地改革。大规模的水利建设扩大了耕地面积，生产水平得到相应提高。1957 年，人均年消费粮食 234 千克，食用油 1.05 千克，肉类 2.25 千克，鱼类 5 千克，农民年人均纯收入 55 元，人均储蓄存款余额 0.98 元，户均房屋 2.42 间，人均 6 平方米。国家干部、教师、集镇职工年平均工资为 470 元。农村居民穿戴以自制土布和商品棉布为主。1958—1961 年，实行大公社体制和供给制，兴办公共食堂，无偿平调财产和劳动力，挫伤农民积极性，加上连续的自然灾害，农业生产严重减产，城镇、农村居民生活水平下降。1960 年，农民人均收入不足 50 元，比 1957 年减少 15%，人均占有粮食比 1957 年减少 5%，食用油减少 28%，肉、鱼类减少 60%。人们以蔬菜、野菜、糠饼甚至树皮草根充饥，不少人患上水肿病。1962 年，调整国民经济，实行“三级所有，队为基础”的人民公社体制，解散公共食堂，划拨自留地，之后，经济逐年恢复，人民生活有所改善。1977 年，境内人均生产粮食510 千克，人均口粮 302 千克、食用油 3.5 千克，肉类 11 千克，基本上能吃饱肚子。但受计划经济影响，日常生活用品严重短缺，布料、肉食、红糖、煤油甚至肥皂都凭票供应。

1978 年中共十一届三中全会以后，实行改革开放，农村经济获得发展，家庭副业日趋兴旺，农民收入逐年增加。1987 年，农民年人均收入纯 620 元，年人均拥有口粮 350 千克，食用油 12 千克，肉食 15 千克，禽、蛋、鱼虾 10 千克，温饱问题得到解决。高档衣物、电视机、电风扇、摩托车开始走进千家万户。茅草房被拆除，代之以砖瓦结构的平房或楼房，人均住房面积 25 平方米。

2014 年，全镇农民人均纯收入 9350 元，城镇居民年人均可支配收入 1.5 万元，人均住房面积 35.8 平方米。30%农户购置家用小轿车，15%农户在城市购有商品房，90%以上居民过上小康生活。

五、特色地情

人物

柳万春　又名庆远，字荫堂，生于清道光五年(1825)，牛鼻滩观音庄村人，饬赠振威将军，卒年不详，今墓碑犹存。

管竹　字竹君，常德县牛鼻滩人，生于清光绪三十一年(1905)，数学家，陕西省科普协会理事。1977 年膀胱癌病逝于北京。

管平　原名管于松，生于 1916 年，牛鼻滩镇水月宫村人，先后任文化部艺术局负责人、文化参赞、顾问等职，1982年离休，1988年病逝于北京。

龚学仁 （1928—1989） 牛鼻滩镇人，1958年7月，被湖南省人民政府授予劳动模范称号。1959年10月出席全国群英会，被评为全国劳动模范。1989年因病去世。

黄熗 小名黄铁牛，生于清光绪三十年（1904），牛鼻滩濠洲村人，1925年考入黄埔军校第四期，毕业后历任国民党军连长、营长、团长、师长，在解放战争时期升任国民党军代军长、军长，授中将军衔，1949年在上海被解放军俘获，判有期徒刑，1959年被人民政府特赦。1979年落实政策，曾先后担任鼎城区政协委员、湖南省政协委员，1981年病逝于牛鼻滩。

文物古迹

三宫 真武宫：建成年代不详，建在沅水大堤平台上街，民国时期住有道长，宫内存有外部镀金的泥塑祖师爷像，毁于1953年。水月宫：在现中心小学校址上，建成年代不详，建筑为四合院天井式，民国后期至新中国成立前夕，由真人张明新任主持，1951年改做牛鼻滩完小校舍，后学校在原址上翻新重建，庙宇被拆毁。管福宫：旧址在水月村二组地段，庙内供有送子娘娘，据当地老人们说，牛鼻滩集镇周边的人们要到五雷山敬菩萨，首先要到水月宫敬当地菩萨。“文化大革命”时被毁。

五庙 易家庙，上林庙，郭家庙，濠洲庙与读书庙。其中的易家、上林、郭家、读书四庙比较简朴，供的是土地、城隍菩萨或无常，但濠洲庙可与水月宫媲美。

万善寺 建在芷湾沅水外滩，始建于宋朝瑞宗皇帝赵昰景炎三年（1275），相传为农民起义首领杨幺捐资所建，存600多年，1959年因加修沅水大堤被毁。1998年，在芷湾村人罗宗明的主持下，重建万善寺，选址在常—贺公路以北1公里处的芷湾九组南端，资金主要靠信众捐助，重建的万善寺占地2100平方米，建筑面积650米，耗资150万元。罗宗明任主持。

被毁的庵堂和佛塔 永福九组的神护庵，解放前住有尼姑3人，1970年废后修成学校；黄溪堰的乾阳观、陈家铺的伍儿庵、武陵的观音庵、谈家河张家嘴的前观、后观等众多的观、庵、庙等均在土地改革时由政府做主分给贫雇农建房或在“文化大革命”时期被毁。建于明清时期佛塔有谈家河张家嘴的佛塔，为五方古塔，共九层，高20米，顶端为琉璃绿缸，塔身为青砖结构，五方角的顶端置有风铃，塔内壁上绘有彩画，毁于“文化大革命”。明朝时建在肖家湾六组沅水内坡的古佛塔，20米高，由青砖砌成，1944年因遭沅水长期冲刷，倒入沅水江中。

天主教堂 芷湾村的曾德芳夫妇2000年筹资40余万元，在常—韩公路以南的四组处，建成一座天主堂，自建成以来，常德城区周边常有信教者在星期天去做祷告。

传说

芷湾的传说 “芷湾”原来叫指湾，相传，杨幺当年在此与观世音斗过法。杨幺在撞仙桥遇见化着一老妇人的观世音，老妇人对杨幺说：你要拜我三拜，我可以保你以后成就大事。杨幺不信也不拜。观世音又对杨幺说：你不拜我，我来拜你，对杨幺拜了三拜，说：我一拜杨家无天子，二拜杨家少后人，三拜杨家斩草除根。杨幺大怒，仗剑追杀观世音至沅水大堤上后不见了，杨幺又用剑头指着相反的方向，用力一挥，大堤出现了一道湾，百姓死伤不少，后人将此地称为指湾，在观音隐身而去的地方立了一根石桩，书刻上“观音在此下马”六个大字，此桩现仍保存在当地，并修了小庙，供着观世音菩萨，观音庄、芷湾地名也因此而来。

鸡叫湾的传说 鸡叫湾位于永福公路桥以南100米的弯道处。相传鲁班经过此地，见路人过河不便，善心大发，在此处修建木桥。这日桥将建成，傍晚，观音菩萨化着一妇人，笑着问正在忙碌的鲁班：师傅，此桥何时修好？鲁班满怀信心地回应：今晚鸡叫二道时修好!观音摇摇头道：不然矣!于是鲁、观二人在此赌下了砝码。天黑不久，才到二更天光景，观音菩萨学着鸡叫，叫得真真切切，引来周围家家户户的鸡都跟着叫了起来，此时鲁班的木桥尚未修好，大怒，一脚踹翻尚未建好的木桥，并把西边的河堤踢出一道湾来。鸡叫湾由此得名。

名优特产

牛鼻滩麻线 清朝时期，渔民们经常利用捕鱼闲暇时间，在牛鼻滩外滩撑篙织网、补网，为适应这一需要，牛鼻滩集镇渐渐兴起麻线小铺。店主购来细麻，分发给周边农村妇女，纺成渔民所需的各种麻线，交店铺出卖。到1949年，较有名气的有李记（李逢明）、韩记（韩云祥）、管记（管于孝）麻线铺。1956年，经过工商业社会主义改造后，成立集体性质的牛鼻滩新记麻线社。牛鼻滩麻线以细、滑、牢见长，在西洞庭湖区享有很高声誉。1957年，牛鼻滩麻线到北京参加展览，获得好评。后因湖面被围垦，渔民上岸，从事捕捞渔民大量减少，网具需求量减少，麻线逐步淡出市场。

上林榨菜 20世纪60年代初，上林村村民为换取油盐钱，在自留地栽种榨菜，经过切片、晾晒、拌椒放盐、上坛封制后，在牛鼻滩客运码头搭船到常德出卖，受常德市民欢迎，渐具名气。中共十一届三中全会以后，上林村栽种加工贩卖榨菜农户达80%以上，并带动周边同春、四美两垸及顶兴、谈家河村的榨菜种植，全镇种植榨菜面积达2万亩以上。榨菜一般交到上林村加工，每亩可获近千元的收入，远高于油菜收入。产品远销湘西北、长沙、江西、广东等地，每年销售量近万吨。

永福香葱 2000年，永福村村民在种植业竞争中，选准种植耗工多、肥料特殊的香葱，并形成规模品牌。到2014年，种植面积1100余亩，产品销往常德甘露寺、长沙马王堆、广州、深圳的各大农贸大市场。

重大事件

1939 年 3 月，建立中共猫儿山（今黄溪堰村）支部，支部书记刘英。

1949 年 7 月 28 日，解放军四十九军一四七师，从津市乘船到达牛鼻滩外埠，上岸后，迅速解决国民党军垦局所辖残废军人农场之敌，牛鼻滩获得解放。

1954 年 6—7 月，常德降雨 39 天，降雨量达 848 毫米，沅、澧两水同时暴涨，八官垸遭受特大水灾。造成断垸 5 个，淹田 10 多万亩，受灾 20 多个村，冲走粮食 30 多万斤，房屋近万间，受灾人口达 4 万余人，损失惨重。入冬后，又遭受特大冰冻灾害，长达一月有余，最低温度 -12℃。

1980 年 8 月 6 日，八官垸内谈家河大队张家嘴高水河堤决口，淹田 12 万亩，倒房 1500 余栋。

1998 年 6 月，沅、澧两水泛滥成灾，姚家垱湖西堤决口，淹鱼池、水田 2000 余亩。

2002 年 11 月 11 日，牛鼻滩镇中学分校发生毒鼠强中毒事件，造成 123 名学生中毒。后经公安机关侦破系初二一学生报复同学所为。因各级领导高度重视，市区各大医院抢救诊疗及时，未造成学生残疾和死亡。

六、各村（居）简介

白洋湖村

地处牛鼻滩镇西北角，西与武陵区芦荻山乡李白溪接壤，北与新河口相连。1961 年成立，2014 年辖 10 个村民小组，521 户 1863 人。农户吴、杨两大姓氏占多数。耕地面积 3603 亩，水面 1650 亩。盛产鲜鱼、稻米、湘莲、菜藕等经济作物。2014 年农民人均纯收入 8730 元。2016 年 5 月，白洋湖、黄溪堰村、南港渔场合并，命名为白洋湖村。

栏马口村

位于牛鼻滩镇正北，北与柳叶湖开发区白鹤山乡一衣带水，东与韩公渡镇团洲湖相连，2014 年辖 18 个村民小组，581 户 1924 人。农户袁、杨、黄姓占多数。耕地面积 3804 亩。盛产稻米、湘莲、菜藕。2014 年，农民人均纯收入 8950 元。

黄溪堰村

常德县第一个农村党支部诞生地，革命烈士刘英出生地，1961 年由猫儿山演变而成。2014 年辖 14 个村民小组，425 户 1574 人。农户陈、刘、姚姓占多数。耕地面积 1874 亩，水面 1250 亩。产稻米、湘莲等。白云生态农庄就位于本村以东。2014 年农民人均纯收入 8530 元。2016 年 5 月，黄溪堰、白洋湖村、南港渔场合并，命名为白洋湖村。

陈家铺村

位于牛鼻滩镇中心，1943 年日本侵略者曾在此烧、杀、掳、掠。2014 年辖 12 个村民小组，287 户 1070 人，农户中聂、伍姓占多数。耕地面积 1610 亩，养殖水面 850 亩。稻谷、鲜鱼出售和务工是农民收入的主要来源。2014 年农民人均纯收入 8760 元。2016 年 5 月，陈家铺、武陵村合并，命名为武陵村。

观音庄村

西与武陵区芦荻山乡双往档村田、地相连，是牛鼻滩镇的西大门，有“观音老母在此下马”的美丽传说，是历史名人柳万春的故乡，柳万春墓碑犹存。2014 年辖 15 个村民小组，425 户 1595 人。农户中柳姓居多。耕地面积 1980 亩，水面 630 亩。稻米、鲜鱼出售和务工是村民经济收入的主要来源。2014 年，农民人均纯收入 9800 余元。2016 年 5 月，观音庄、芷湾村合并，命名为芷湾村。

芷湾村

南临沅水，西与观音庄村相连，抗日战争时期，国民革命军曾在此地与日寇交战，也据传曾留下过爱国诗人屈原的足迹。2014 年辖 15 个村民小组，460 户 1582 人，农户曾姓居多。耕地面积 1906 亩，水面 320 亩。2014 年人均纯收入 8890 元。万善寺与天主堂坐落村内，“四清”与“文化大革命”时期是常德地委的农村工作点。2016 年 5 月，芷湾、观音庄村合并，命名为芷湾村。

百家湖村

1964 年成立，因有百家湖而得名，2014 年辖 16 个村民小组，425 户 1542 人，居住着汉、回两个民族，其中 5 个回族村民小组、820 余人。农户中杨、宋、黄姓居多。有耕地面积 2032 亩，水面 830 亩。2014 年农民人均纯收入 8450 元。

永福村

史称鸡叫湾，有鲁班与观音老母修桥斗法的美丽传说。成立于 1964 年，因有幸福垸而得名。2014 年辖 15 个村民小组，441 户 1721 人。农户中姚、严、郭姓居多。耕地面积 2524 亩，水面 420 亩。香葱种植已成特色产业。2014 年农民人均纯收入达万元。2016 年 5 月，永福、肖家湾村合并，命名为永福村。

水月宫村

牛鼻滩集镇位于村东南，南临沅水。2014 年辖 15 个村民小组，441 户 1668 人，农户中饶、管、肖姓居多。耕地面积 2271 亩，水面 420 亩。有 6 个村民小组长期种植蔬菜，满足集镇居民需求，有三分之一的村民在集镇从事第三产业，村民经济收入较高，2014 年人均纯收入在 1 万元以上。2016 年 5 月，水月宫、小河口村合并，命名为小河口村。

肖家湾村

南临沅水，常韩公路自西向东穿境而过。2014 年辖 11 个村民小组，454 户 1788 人。农户曾、杨姓居多。耕地面积 2559 亩，水面 320 亩。以水稻种植为主业，“文化大革命”期间是牛鼻滩区的农业示范基地。2014 年人均纯收入 8560 元。2016 年 5 月，肖家湾、永福村合并，命名为永福村。

兴丰村

位于牛鼻滩镇中心，蚊子障以南，成立于 1964 年，2002 年退田还湖，移出近半数居民。2014 年辖 7 个村民小组，684 人，农户中聂、杨姓居多。耕地面积 1489 亩，水面 430 亩，以生产水稻、鲜鱼为主。该村基础薄弱，被评为贫困村。2014 年人均纯收入 7000 元。2016 年 5 月，兴丰、谈家河、顶兴村合并，命名为谈家河村。

顶兴村

自 20 世纪 80 年代以来为中央农村工作部农民收入调查点。2014 年辖 7 个村民小组，310 户 1090 人。农户中谈、陈、杨姓居多。耕地面积 2357 亩，养殖水面 750 亩，盛产水稻、鲜鱼等。村中心地是木家湖。2014 年农民人均纯收入 9100 元。2016 年 5 月，顶兴、谈家河、兴丰村合并，命名为谈家河村。

谈家河村

与韩公渡郑家湾村接壤，东南与韩公渡小湾一河之隔，民国时期为闻名于常德县的渔市。2014 年辖 12 个村民小组，525 户 1980 人，农户中谈、曾姓居多。耕地面积 2848 亩，水面 750 亩，内有杨柳湖。2014 年农民人均纯收入 9100 元。2016 年 5 月，谈家河、顶兴、兴丰村合并，命名为谈家河村。

同春村

位于同春垸，1954 年以前属汉寿县，1955 年划归牛鼻滩乡， 是蔡多文将军的故乡。2014 年辖 9 个村民小组，398 户 1436 人，农户中谈、伍、孔姓居多。耕地面积 1746 亩，以旱地为主，主要种植蔬菜、瓜果。基础设施比较完备。2014 年农民人均纯收入逾万元。2016 年 5 月，同春、三星、渔码头、上林村合并，命名为同春垸村。

三星村

位于同春垸中心，1954 年以前属汉寿，1955 年划入牛鼻滩乡。2014 年辖 11 个村民小组，1930 人。农用面积 2654 亩，以旱地为主，20 世纪 70—90 年代是常德市棉花示范基地，全国种棉劳模李正球出自村内。2014 年人均纯收入 10500 元。2016 年 5 月，三星、同春、渔码头、上林村合并，命名为同春垸村。

上林村

位于同春垸，南临沅水，东南接贺家山农场，原属汉寿县，1955 年划入牛鼻滩乡，有“榨菜之乡”之称。2014年辖10个村民小组，405户1760人。农户中陈、谈姓发居多。有耕地面积2660亩，水面200亩，现转型为蔬菜基地，农业产业化程度较高，有“华茂”“求远”两大经济合作社，有独立的自来水厂。2014年农民纯收入1.15万元，为牛鼻滩镇的首富村。2016年5月，上林、同春、三星、渔码头村合并，命名为同春垸村。

渔码头村

地处同春垸东端，东面与韩公渡镇一衣带水，东南与贺家山农场接壤，因历史上有远近闻名的渔码头渔市而得名，原属汉寿，1955年划入牛鼻滩乡管辖。2014年辖7个村民小组，320户1148人，毛姓农户多。有农用地面积1520亩，旱地为主，主要种植蔬菜。2014年人均纯收入9700元。2016年5月，渔码头、同春、三星、上林村合并，命名为同春垸村。

武陵村

1954年以前属汉寿县，1955年划入牛鼻滩乡，位于四美垸东端。2014年辖15个村民小组，598户2200人，是镇内人口最多的村，杨、聂、伍、邱姓农户较多，有以旱地为主的生产面积3418亩，主要种植蔬菜，兼种玉米。2014年人均纯收入9800元。2016年5月，武陵、陈家铺村合并，命名为武陵村。

濠洲村

地处四美垸西端，1954年以前属汉寿县，1955年划入牛鼻滩乡，2014年辖14个村民小组，538户1950人，黄姓农户较多。有耕地面积2582亩，以种植蔬菜为主。2014年农民人均纯收入为10600元。2016年5月，濠洲村、林场合并，命名为濠洲村。

小河口村

地处沅澧古河道出沅水的水口，原属汉寿县，1955年划入牛鼻滩乡。2014年辖6个村民小组，265户830人，陈、张、刘姓农户多。拥有耕地面积1030亩，以旱地为主，主要种植蔬菜。2014年农民人均纯收入10400元。2016年5月，小河口、水月宫村合并，命名为小河口村。

（执笔：黄家德　编辑：娄福友）

韩公渡镇

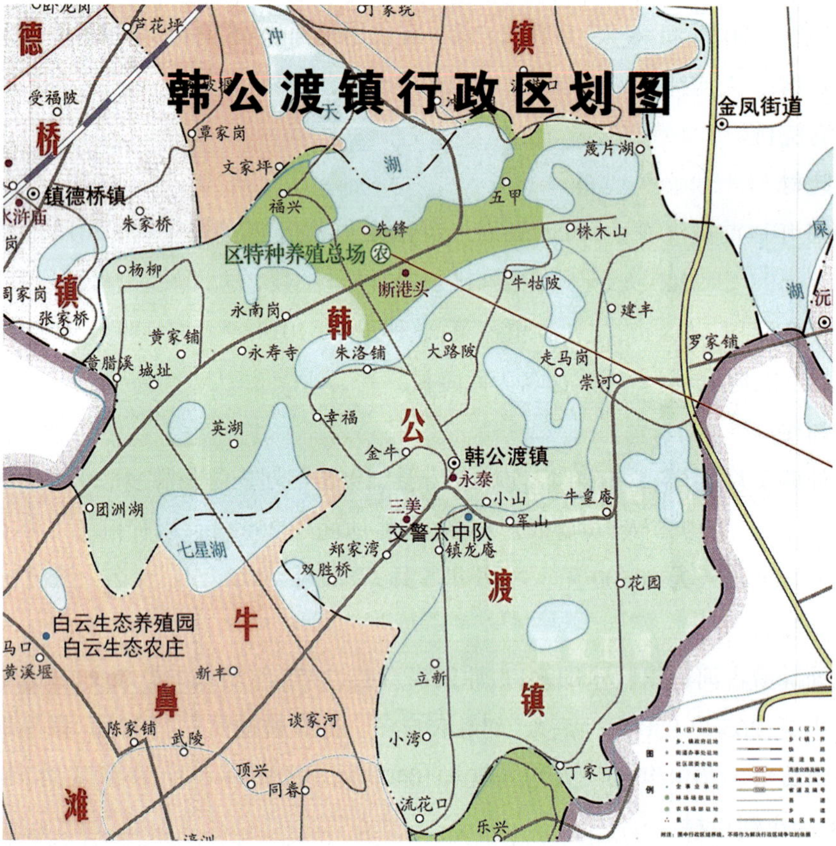

地图审图号:湘 S(2008)052 号

一、区域概况

地理位置

韩公渡镇位于区境中东部,东与西洞庭管理区、黑山嘴乡、汉寿县罐头嘴镇接壤,南与贺家山原种场、牛鼻滩镇相连,西与柳叶湖旅游度假区白鹤镇交界,北与镇德桥镇、石公桥镇毗邻。据传明末清初,有韩姓鳏者在境内古渡口摆义渡,乡人敬之,称为韩公,称渡口为韩公渡。镇人民政府驻永泰居委会,距区人民政府驻地 30 千米。

建置沿革

民国年间属崇孝、广德两乡。常德县境解放后，1949 年 8 月属崇孝乡。1950 年 2 月废乡、保、甲制，属常德县第四区直辖。9 月设韩公渡、断港头、五甲、崇河、牛牯陂、永南岗、黄腊溪、朱洛铺、牛皇庵、郑家湾、镇龙庵、丁家口、小湾 13 个小乡。1956 年 6 月合并为韩公渡乡。1958 年 10 月实行人民公社体制，属英湖公社。1961 年 3 月，撤销英湖公社，分设韩公渡等数个公社。1965 年，从韩公渡公社析置断港头公社。1984 年撤销人民公社，设立韩公渡乡、断港头乡。1993 年韩公渡乡改为韩公渡镇。1995 年 11 月，断港头乡并入韩公渡镇。至 2014 年无变化。

区划面积

1993 年，韩公渡镇辖幸福、朱洛铺、金牛、双胜桥、郑家湾、小山、走马岗、大路陂、牛古陂、镇龙庵、军山、立新、小湾、流花口、丁家口、花园、牛皇庵、崇河、罗家铺、建丰 20 个行政村，永泰、三美 2 个居委会，4 个镇属渔场。断港头乡辖先锋、五甲、复兴障、篾片湖、株木山、永南岗、永寿、英湖、黄家铺、城址、杨柳、黄腊溪、团洲湖 13 个行政村。

1995 年镇、乡合并后，韩公渡镇辖 33 个行政村，2 个居委会，4 个镇属渔场。

1996 年 5 月，先锋、五甲、复兴障 3 个村划归鼎城区特种养殖总场。年末全镇总面积为 119.3 平方千米。耕地面积 6.13 万亩，其中水田 5.11 万亩，旱地 9072 亩。水域养殖面积 4890 亩。

至 2014 年，韩公渡镇辖幸福、朱洛铺、金牛、双胜桥、郑家湾、小山、走马岗、大路陂、牛古陂、镇龙庵、军山、立新、小湾、流花口、丁家口、花园、牛皇庵、崇河、罗家铺、建丰、篾片湖、株木山、永南岗、永寿、英湖、黄家铺、城址、杨柳、黄腊溪、团洲湖 30 个行政村，永泰、三美 2 个居委会，4 个镇属渔场。总面积无变化。耕地面积 5.6 万亩，其中水田 4.9 万亩，旱地 7000 亩。水域养殖面积 4890 亩。

人口民族

1961 年，韩公渡公社有 2687 户 11251 人。其中男性 5681 人，女性 5570 人。

1995 年，韩公渡镇有 7447 户 36602 人。其中男性 19735 人，女性 16867 人。总人口中，汉族 36236 人，占 99.8%。

2014 年，韩公渡镇有 10923 户 48327 人（其中含特养场 4868 人）。其中男性 24756 人，女性 23571 人。总人口中，汉族 48086 人，占 99.5%；10 个少数民族 241 人，其中：回族 78 人，苗族 77 人，土家族 40 人，壮族 21 人，瑶族 19 人，布依族 3 人，蒙古族 3 人。

自然环境

镇域属中亚热带向北亚热带过渡的季风湿润性气候区，以大陆性气候为主，四季分明，气候温和，雨量丰沛，日照充足。年平均日照1658小时。年平均气温16.7℃。1975年8月14日最高气温40.1℃，1922年1月8日最低气温-13.2℃。年平均降雨量1670毫米，历史最大年降雨量（1995年）2040毫米。土壤土层深厚，多为粘壤与沙壤，通透性强，土质肥沃，盛产稻谷、菜油和棉花。林木以绿化树木为主，有香樟、茱萸、红叶石楠、栾树等。地貌为滨湖平原，海拔高度为34米。水系属沅水，有冲柳高水河从太阳山北麓发源，经石公桥镇，由镇东北方流入辖区，至苏家吉电排注入沅水，境内长18.99千米。北有冲柳低水河，源于区特种养殖总场，经武陵区芦荻山乡流入沅水，境内长13千米。

二、经济发展

经济概述

中华人民共和国成立后，境内经济逐步发展。1978年实行改革开放后，利用境内自然资源大力发展经济，镇域工农业总产值由1958年0.14亿元增加到2014年的4.78亿元，农民人均纯收入由1958年的38元增加到2014年的7091元，经济生活逐步摆脱贫穷走向富裕。

农业

种植业 20世纪50—60年代，生产方式粗放，单季栽培模式，双季稻面积少，产量低。到1979年，粮食总产量提高到10500吨。20世纪70—80年代，农田基础设施建设逐步配套、抗旱排渍能力提高，双季稻面积增加，单位面积产量提高。1988年，粮食总产量22450吨。1990—2000年，粮食价格提高，国家取消农业税，对种粮实行补贴，农民的种粮积极性增强，杂交稻和双季稻面积增加，单产提高。2014年，粮食总产量达到54750吨，棉花（籽棉）总产量1575吨，油菜籽总产量3410吨。

养殖业 镇域位于西洞庭湖滨，水系发达，土地肥沃，畜牧水产业发展历史悠久。明清时，养畜养禽已成为农家的主要副业，牛为农家耕作的主要动力。民国时期，抗战爆发前，市场对畜禽、水产品的需求增多，境内每个农户养猪1~2头，养禽4~5只，一般两户养耕牛1头。中华人民共和国成立后，政府把畜牧水产业作为一项重要产业推动发展。1950年，实行“私养公助”政策，七年间，生猪饲养量翻一番。1958年，因取消社员家庭养猪，大办集体猪场，加上自然灾害导致饲料奇缺，生猪饲养量减少70%。1962年，贯彻执行“公养私养并举，以私养为主”的政策，生猪饲养恢复较快，其他畜禽饲养也得到恢复和发展。1968年，强调集体养殖业，限制社员家庭养殖，饲养量下降。改革开放后，畜牧水产业持续稳定发展。1985年国家取消生猪派购，放开生猪价格，调动农民养猪积极性，各类饲养专业户、重点户迅速发展。1985年，韩公渡乡的生猪饲养量达到24266头，养耕牛3300头。21世纪初，农村大量青壮年外出务工，传统养殖模式被现代专业户、规模养殖户取代。2014年，全镇有生猪规模养殖户29家，其中年出栏1000头的有5家，500头的有13家；养羊存栏100只以上的有8家；饲养蛋鸡的专业户49家，其中万只以上的有8家，蛋鸡饲养量30万羽，蛋鸭、肉鸭饲养量达15万羽。

林业

镇域为平湖区，无成片林地。20世纪80年代以前，主要以零星人工林和野生树木为主，空坪隙地种植果树。20世纪90年代起种植用材林，速生欧美杨树发展快，面积达1.2万亩。2000年以后，以种植绿化、名贵树木为主，提倡庭院绿化、美化。省、县道旁90%种植高标准绿化树，树种为香樟、茱萸、红叶石楠、栾树等，70%的村组公路得到绿化。

工业

20世纪50年代组织起木业社、铁业社。60年代末，开始兴办社队工业，先后办起农副产品加工、农机修配、印刷、建筑器材等工业企业。70年代末起，先后办起韩公渡农产品公司、浦韩电子机械厂、南阳拖拉机配件厂、曙光化工厂、福利藕煤厂以及印刷厂、日化厂、建筑公司、机砖厂、预制件厂等企业。1995年，全镇有工业企业129个，从业人员1298人，主要产品有冷冻食品、硅酸钠、预制件、标准件、拖拉机配件、化妆品等，全年工业总产值6700万元。镇冷冻厂生产的鳝片、鳝丝、虾仁、田螺等冷冻加工产品，出口美国、日本、德国、法国等地，年产值440万元。到2003年，全镇工业产值达到17308万元。之后，镇办企业进行改制，工业生产萎缩，到2014年，镇内工业产业基本消失。

商贸服务业

民国期间，境内已形成墟场集市，有店铺、茶楼10余家。中华人民共和国建立后，整合商业店铺，成立韩公渡供销合作社。20世纪50年代后期起，生资、肉食、餐饮归口供销社统管，化肥、农药、肉食、油、糖、布等计划物资凭票供应。1987年后，供销社等集体商业逐渐转体，个体私营商业迅速发展。2014年，韩公渡镇有大小个体经商户268家，其中餐饮8家，肉食9家，理发、照相、打字、音像、木器家具、家电、建材等服务业28家，从业人员937人。全镇社会商品零售总额895万元。

劳务输出

改革开放后，实行农村家庭联产承包责任制，劳动效率增强，剩余劳力增多，外出务工人员逐年增加。至2014年，全镇在外务工经商人数达11313人，劳务输出收入1.4亿元。

三、基础设施

交通运输

水路 清代和民国，崇孝乡去常德，乘木船走水路，是最便捷路径，从崇孝乡上船可至常德城区。有两条线路，一条以崇河村为起点，途径泥港口、冲天湖、低水河到南硆上岸，全长33千米；另一条以金牛村为起点，途径鹰湖、新河口到南硆上岸，全长27千米。1930—1945年，水运进入鼎盛时期。1954年，开始有汽轮客运。水路客运至1967年被公路客运取代。

陆路 1971年，常德北站至牛鼻滩公路建成通车，境内始有公路，境内长4千米。1975年，延伸至韩公渡。1993年，修通集镇至省道205公路，全长9千米，境内长6千米。有2条公路为群众进城要道：一条常韩公路（常德市城区至韩公渡镇），1972年冬修建后成为韩公渡连接外界的最主要交通要道，公路总长约25千米，1980年通公交车。2013年，从社木铺至韩公渡集镇中心的损毁路段重新全面硬化，路面宽4.5米。一条是丁马线（石公桥镇丁家坝至武陵区马家吉）公路，是原断港头乡至常德的主道，总长约25千米。至2014年，镇域内有省道1条（S205），县道3条（常韩公路25千米、丁马线25千米、十美堂东风渠道至韩公渡10千米）长60千米，乡道3条长42千米，通村组公路247条274.85千米。路面等级为C30，85%实现水泥硬化，镇内日通城区客运班车31班次。

邮电通信

1963年，在韩公渡墟场设立邮电代办处，办理各种函件、包裹、邮汇等业务。邮路为常德—韩公渡—石公桥。1957年韩公渡邮电所成立，有职工3人。1964年安装第一部手摇电话机。到1985年，全镇有18部手摇电话机。1996年，韩公渡镇出现第一部有线程控电话。1998年，在街道墟场安装磁卡电话机8台。1995年安装第一部移动电话，2006年，全镇有程控电话机14500部，入户率达90%以上。此后，移动电话逐步普及，程控电话逐步被移动电话所取代。2014年，全镇有程控电话1220部，手机19710部，互联网用户750户。邮政业务涵盖信件包裹邮寄、报刊发行、邮政缴费一站通、火车飞机票代售、快递业务。申通、圆通、顺丰、韵达等快递公司设有快递点。

供水供电

供电 1965年断港头变电站建成，1971年韩公渡变电站建成，境内农户告别桐油、煤油灯照明的历史。1982年，全公社各大队、生产队、农户全部通电。至2014年，全镇有断郑线、断韩线、断专线、断楠线、断三线5条10千伏高压输电线路41.1千米，低压线路125千米，变压器166台14095千伏安，供电量1072.4万千瓦时。

供水 历史上沿用自然地表水，后采用压把井取水。2008年，建成流花口水厂和丁家口水厂。流花口水厂日供水量200立方米，供水管网18700米，供应流花口村日常用水，受益人口2500人。丁家口水厂日供水量300立方米，供水管网21950米，供应丁家口村日常用水，受益人口2800人。2009年，建成永寿水厂，日供水量600立方米，供水管网47500米，供应永寿村、英湖村、永南岗村和特养场先锋村部分组日常用水，受益人口4900人，2014年改扩建，日供水量增至1500立方米，增加供水管网67600米，新增供应黄家铺村、杨柳村、黄腊溪村、城址村、团洲湖村日常用水，受益人口增加到11000人。2010年，建成立新水厂和集镇水厂。立新水厂日供水量500立方米，供水管网72300米，供应小湾村、立新村、镇龙庵村、军山村日常用水，受益人口5800人。韩公渡集镇水厂日供水量1500立方米，供水管网78600米，供应永泰居委会、郑家湾村、金牛村、幸福村、小山村日常用水，受益人口13000人。2011年，建成牛皇庵水厂，日供水量800吨，供水管网93200米，供应牛皇庵村、花园村、崇河村、罗家铺村、建丰村日常用水，受益人口8100人。至2014年，全镇有自来水厂6座，日供水能力达4800立方米，供水普及率100%，饮用水水质达标率100%，实现全面安全饮水。

水利建设

机埠 1964年建北硚头机埠和同心障机埠。北硚头机埠装机4台620千瓦，排涝灌溉面积2.3万亩。同心障机埠装机2台150千瓦，受益面积7500亩。1974年建高湾机埠和黄腊溪机埠。高湾机埠装机2台150千瓦，农田1万亩灌溉。黄腊溪机埠装机2台310千瓦，受益面积1.5万亩。1975年建郑家湾机埠和株木山机埠。郑家湾机埠装机6台930千瓦，受益面积2.5万亩。株木山机埠装机2台150千瓦，受益面积7500亩。1976年建立新机埠和丁家垱机埠。立新机埠装机4台620千瓦，担负乌黄垸1.8万亩农田的排涝灌溉任务。丁家垱机埠装机1台75千瓦，受益面积5000亩。1978年建赵家冲机埠和杨李垸机埠。赵家冲机埠装机容量3台465千瓦，受益面积

▲ 韩公渡镇城址村境的汉代索县城址

12000亩。杨李垸机埠装机2台150千瓦,受益面积6500亩。1979年建团洲湖机埠,装机1台155千瓦,受益面积7500亩。1980年建谈家河机埠和罗家铺机埠。谈家河机埠属区管,装机5台4000千瓦,八官崇孝垸内两镇一场近30万亩面积受益。罗家铺机埠装机2台110千瓦,受益面积6000亩。1982年建英湖机埠,装机2台150千瓦,受益面积9000亩。1997年建花园机埠,装机2台160千瓦,受益面积9000亩。1999年建流花口机埠,装机1台75千瓦,受益面积5000亩。至2014年,全镇有55千瓦以上机埠16处,装机容量8120千瓦;55千瓦以下机埠82处,装机容量2495千瓦。

渠道　1964年建北硒头排渠和同心障排渠。北硒头排渠长5500米,流量10立方米/秒。同心障排渠长6400米,流量5立方米/秒。1973年建高湾排渠,长5300米,流量8立方米/秒。1975年建立新排渠,长6200米,流量10立方米/秒。1976年建民兵渠和低排渠。民兵渠长6500米,流量12立方米/秒。低排渠长7200米,流量8立方米/秒。1978年建节流渠和赵家冲排渠。节流渠长12000米,流量8立方米/秒。赵家冲排渠长3500米,流量10立方米/秒。

调蓄湖泊　境内有4处调蓄湖泊。东边湖蓄水面积500亩,蓄水量50万立方米。西边湖蓄水面积800亩,蓄水量80万立方米。亭子湖蓄水面积1100亩,蓄水量120万立方米。周家垱蓄水面积700亩,蓄水量90万立方米。

集镇建设

1995年建镇时，集镇有大小街道5条，其中贯穿南北的中心大街长1500米,宽20米。集镇占地面积0.69平方千米,房屋建筑总面积69万平方米,其中居民住宅43万平方米,公共建筑12.5万平方米,生产建筑13.5万平方米,常住人口3200人。2003年,集镇占地面积达0.75平方千米,房屋建筑总面积75万平方米,其中居民住宅46.9万平方米,公共建筑13.5平方米,生产建筑14.6万平方米,常住人口3350人。2014年,集镇占地面积0.8平方千米,房屋建筑总面积80万平方米,其中居民住宅51万平方米,公共建筑14万平方米,生产建筑15万平方米,常住人口3586人。

四、社会事业

教育

清末年间境内每个村均有一所私塾，共有40来所，学生达千人。民国2年(1913),建立陈塘寺初级小学,校舍为木质青瓦四合院结构。中华人民共和国成立后更名为崇孝乡高小。

1965年至1995年间,境内教育为韩公渡、断港头两个乡分别兴办。

断港头公社(乡)教育　1965年成立断港头公社农业中学,校址设永寿寺完小,开设一个初中班，51个学生。1966年，农业中学与永寿寺完小分离。1965年至1968年间，各大队相继办起小学。1968年公社有1所中学（1个高中班、2个初中班，初、高中均为两年学制），13所小学（学生3127人，教师216人）。1969年农业中学更名为“五七”中学。1970年实施完小与中学分离，公社办初中，各大队办小学。1975年公社中学增办高中，有教学班4个，各大队小学附设初中班。1976—1978年，有高中教学班6个，师生370余人。1980年公社中学停办高中，大队小学停办初中，初中学生集中公社中学就读，初中学制恢复为三年制。1984年，断港头中学有8个教学班，教职工28人。1995年断港头乡并入韩公渡镇，时有1所中学，1所中心小学，11所村小，中小学教师108名，初中学生876人，小学生2157人。两乡镇合并后，断港头中学继续保留。2009年因生源减少，原断港头乡各村五六年级学生集中到中学就读，2013年各村小一至四年级学生集中到中学就读，各村小停办。

韩公渡公社（镇）教育 1913年，境内建陈塘寺初级小学，新中国成立后更名为崇孝乡高小，1969年经扩建后，升格更名为韩公渡公社五七中学，1970年有12个初、高中教学班。1981年停办高中，学校先后更名为韩公渡乡（镇）中学。1995年与段港头乡合并前，韩公渡镇时有1所中学，1所中心校，20所村小（一村一校，各村小曾办“戴帽”初中班），教师246人，初中学生2530人，小学生4231人。

1995年两乡镇合并后，全镇学校达35所。进入2000年后，因实行计划生育学龄儿童数急剧下降，村办小学生源不足，村小开始撤并，撤并32所村办小学。2014年，全镇有韩公渡镇中学、断港头中学和一所中心小学，在职教师195名，在校学生1864人，入园幼儿756名。

2013年，断港头中学教师彭向获“省级最美乡村女教师”提名奖。

文化

农村电影 20世纪60—70年代，由常德县电影队在各大队巡回放映电影，境内农民一般年均能看上2～3场，看一场电影是农民非常重要的文化生活。1983年7月建成韩公渡镇电影院，可容纳2000人，公社成立农村电影放映队。2002年因电影市场不景气和电视普及，电影队被取消。2007年成立数字电影放映队，有放映员1名，纳入国家“文化下乡”项目。

文物保护 1991年，地处城址村的“古索县城址”树立省级文物保护标志牌，建立相关保护档案。2014年年底，古索县城址被确定为全国重点文物保护单位挂牌保护，进入国家文物局电子档案监管。

文化广播 20世纪70年代分别成立文化站、广播站，管理人员或兼职或专职。文化辅导员负责乡村文化建设、辅导、管理，如图书阅览室、文艺会演、体育竞技、电影放映等活动，丰富群众文化生活。由于财力、设施、编制等原因，职能一度削弱，2000年后乡村文化繁荣，职能重新激活。广播站先是转播无线电台广播，后实行自办节目，2010年代后实现广播“村村响”、有线电视户户通。

医疗卫生

民国年间，境内有中医郎中10余名在乡间行医。中华人民共和国成立后，1953年设立韩公渡卫生所，1961年扩建为韩公渡公社卫生院，1984年公社卫生院改称乡卫生院。

1996年撤乡并镇后，境内原断港头卫生院改为特养场卫生院。1997年韩公渡镇卫生院占地面积近6亩，医务人员34人。2014年有专职卫生防疫人员11名，医、护、药技人员22名，病床30张，设急诊、内科、外科、儿科、中医科、妇产科、康复理疗科等科室，拥有彩超、全自动生化仪、放射等大型检查仪器，先后建立起居民健康档案39858份。

计划生育

1995年度镇总人口36602人，已婚育龄妇妇女1905人，出生人口531人，其中一孩409人（男223、女186），二孩122人（男66、女56）。

2014年度镇总人口48527人，已婚育龄妇妇女8566人，出生人口442人，其中一孩289人（男150、女139），二孩142人（男62、女77），政策内二孩108人，政策外二孩34人，多孩11人。补报2013年度未报5人。符合政策生育率90.72%。

2014年，境域计育知识普及、信息采集上报、流动人口登记管理、国家免费优生检查等指标位于区前4名；计划生育奖励扶助、优质服务、社会抚养费征收等排区前十；妊娠、生育、避孕节育信息均高于区平均值。

社会保障

农村五保 1963年，对农村孤寡老人及无劳动能力的人实行保吃、保穿、保医、保住、保葬（孤儿为保教）简称“五保”的社会保障。2014年，全镇供养“五保”对象358人，有残疾人共计922人。2012年争取资金50万元建成花园敬老院。2014年，镇民政所年内进行大病救助32人，发放救助资金6.7万元，临时救助8人，发放救助资金7000元。

城镇居民最低生活保障 1999年实施。2014年，全镇有城市低保对象共114户149人。

农村居民最低生活保障 2006年实施。2014年，全镇有农村低保对象共1473户，1571人。

机关事业单位养老保险 机关事业单位养老保险由区人社局机关事业单位保险站管理。全镇国家干部、教师、医生、站所职工全部参加事业保险。

新型农村社会养老保险 2009年开始实施。2014年有6465人参保，参保率86.53%，上缴新农保基金69.6万元。已享受养老保险对象3357人，按月标准75元/月，每年支付养老金302.13万元。

新型农村合作医疗 2005年实施。2014年，全镇参加新型农村合作医疗农民达16305人，参合率达90%以上。

人民生活

民国时期，域内人民多为佃农，靠佃种田地维持生活，群众穿着主要靠自己种棉，手工纺棉织布，请乡村裁缝用土布做衣蔽体遮风御寒。85%的农户住房为三两间结构的简易木板房，15%的为土坯茅草房。

中华人民共和国成立后，实行土地改革，生产水平提高，农民生活得到改善。1978年改革开放后，境内群众生活水平逐年提高，农民开始全面修建新居，并不断进行换代升级，从土坯茅草房改为红砖瓦房，从居民点式红砖平房改为小楼房。粮食连年增产，家庭养殖迅速发展，鸡、鸭、鱼、肉市场繁荣，人们的生活从吃饱肚子到讲究吃好、吃营养。各式品牌时装进入寻常百姓家，穿着打扮体面，追求时尚。2014年，全镇11%的家庭拥有家用小车，18%的家庭开通互联网。电视机、空调、洗衣机、热水器等家用电器基本普及。

五、特色地情

文物古迹

古索县城址 位于韩公渡镇城址村。古索县城始建于西汉，为索县县治和武陵郡治之所，东汉阳嘉三年，汉顺帝更名为汉寿城，移荆州刺史治于此，俗名崆巄城。分为大小二城，东为大城，西为小城，中间有城垣相隔。大城南北长约600米，东西宽约500米。小城南北长约600米，东西宽约300米。残存夯土城垣高3～4米，宽12～18米。东西南北均有城门。城的四角有瞭望台，残高7～8米。城四周有护城河，

宽约30米。城址内遍布汉砖、汉瓦和汉代陶器残片，村民曾挖出有铭文“汉寿”字样的古砖。城外东南方向有较多汉墓。索县城址是湖南最大且保存最好的汉代古城，1983年，被湖南省人民政府公布为省级文物保护单位。2013年，被国务院公布为全国重点文物保护单位。

人物

龚翠玉 1956年2月，代表乡农民先进集体代表参加全国劳动模范大会，受到毛泽东主席、周恩来总理接见。

黄伯诚 1942年12月生，韩公渡镇永南岗村人，原北京卫戍区副司令员，少将。

曾克清 韩公渡镇郑家湾村人，原成都军区副司令员，中将。

革命烈士

姓名	性别	出生年月	参加革命时间	籍贯	牺牲时间地点及原因	烈士证颁发年月
聂跃进	男	1960	1979	韩公渡公社镇龙庵大队	1979年在中越边境自卫还击作战中牺牲	
牟利文	男	1956.8	1977.1	韩公渡公社黄花湖大队黄家凸	1979年2月27日在中越边境自卫还击作战中牺牲	1979.4
郭世喜	男	1959.3	1977.1	韩公渡公社朱洛铺大队包家台	1979年2月在中越边境自卫还击作战中牺牲	1979.4
宋才武	男	1956.12	1977.1	韩公渡公社立新大队栗树山	1979年2月在中越边境自卫还击作战中牺牲	1979.4
彭老三	男	1927.7	1951.1	韩公渡公社大路陂大队		
彭德芳	男	1924	1949.2	韩公渡公社大路陂大队	1951年4月在朝鲜段麻山里作战牺牲	
彭发群	男	1947	1969.3	断港头公社永南岗大队铁匠彭家	1970年5月在广西生曲江县大坑口因公牺牲	
陈子华	男	1957	1977.1	韩公渡公社黄家	1981年站岗流弹击中	

名优特产

莲藕 境内出产的莲藕个大，支长，外观圆润丰满，表皮呈细微麻点，肉质细腻洁白亮爽，单支藕重1.5～5千克，煨汤易粉，凉拌爆炒均清脆爽口，生吃甜脆无渣。

湘莲 境内出产的湘莲又称糯莲，色白粒大，饱满粉嫩，清香味甘，营养丰富。煮熟汤清肉软，食用养心安神去虚火，明目润肺止咳嗽，滋阴补血固精益肾，为传统滋补保健食品。

六、各村(居)简介

株木山村

位于镇东北,距镇治所12千米,与西洞庭隔河相望,原名天明大队。2014年辖9个村民小组,223户786人。总面积2300余亩,其中耕地1500亩,水面300余亩,宅基地等500余亩。有机埠2处。以种植业为主。2014进行农网改造,安装4台100千伏变电器。通组公路基本硬化,村民生产生活环境安定舒适。2016年5月与篾片湖村合并,命名为株木山村。

杨柳村

1975年9月由常德县断港头乡开荒拓地,从黄家铺、城址、黄腊溪三村抽调农户、移民搬迁至杨李垸组建。2014年辖7个村民小组,183户615人。总面积1.84平方千米,耕地1300亩,养殖水面315亩,旱地120亩,宅基地、沟港渠道、公路、机耕道等935亩。以种植双季稻为主,有湘莲、棉花、油菜、芝麻,鱼苗、成鱼养殖等产业。2014年农业总产值486万元,人均8100元。2016年5月与黄腊溪、城址村合并,命名为城址村。

花园村

位于镇东,分别与牛皇庵村、汉寿县罐头嘴镇、盘古村、丁家口村相邻。2014年辖16个村民小组,1460余人。耕地面积4000余亩,主要种植稻谷、棉花、湘莲,养殖淡水鱼,有"鱼米之乡"美称。2016年5月与牛皇庵村合并,命名为牛皇庵村。

丁家口村

位于镇南,分别与贺家山农场、流花口村、黄花湖渔场、汉寿县罐头嘴镇相邻相望。1949年前属汉寿县大同乡第三保,后属常德县碧潭乡第六保。2014年人口2200人,耕地面积6500余亩。以稻谷生产为主,棉花、湘莲生产及淡水鱼养殖为辅,为"鱼米之乡"。

永南岗村

距镇治所5千米,东与区特种养殖场先锋村交界、南与永寿寺村相邻、西与黄家铺村接壤,北抵周家大垱。1950年为永南岗乡。2014年辖9个村民小组,1300人。耕地面积2567亩,主产水稻、棉花、油菜、湘莲。2016年5月与永寿寺村合并,命名为永寿寺村。

英湖村

位于八官崇孝垸内最低洼处,平均海拔为28米,为20世纪70年代移民组建。2014年辖9个村民小组,280户920人。耕地面积3200亩,水面200亩。主产稻谷、湘莲、棉花、油菜及养殖淡水鱼。2016年5月与黄家铺村合并,命名为黄家铺村。

军山村

位于乌黄垸境内,2014年,辖14个村民小组,1380余人。耕地面积3100余亩,以水稻种植为主,棉花为辅。村民居住分散,地势低洼,平均水位线在28点以下。2016年5月与镇龙庵村合并,命名为镇龙庵村。

镇龙庵村

位于镇境黄花障,乌黄垸西北,三面环水,区域面积3平方千米。2014年辖9个村民小组,320户1300人。水田面积2310亩,种植水稻、棉花为主,兼养鱼、种莲。农民收入主要依靠种田和外出务工。2014年总产值250万元。2016年5月与军山村合并,沿用镇龙庵村名。

城址村

位于镇西北,2014年辖10个村民小组,278户987人。20世纪60年代建村,因境内有全国重点文物“汉代索县城址”而得名。2015年、2016年先后两次举办“荷花节”,为区重点乡村旅游景区之一。通组公路硬化率达100%,村道路灯亮化率100%,为区级“美丽乡村”之一。2016年5月与黄腊溪、杨柳村合并,沿用城址村名。

立新村

原为英湖公社顶兴大队3队,1960年改为小湾大队,1972年从小湾大队析出成立宋家湾大队,1973年改为立新大队,1983年改名为立新村。2014年辖15个村民小组,1791人。耕地面积3888亩,主产水稻、棉花、油菜、湘莲和养殖淡水鱼。高水河绕村而过,境内“禁山遗址”为国家重点保护文物,曾出土一面五代楚国八卦纹钮铜镜,属国家一级文物。2016年5月与小湾村合并,沿用立新村名。

郑家湾村

位于镇南,距镇治所1千米,常韩公路贯穿全村。2014年辖18个村民小组,2200人。主要姓氏郑姓,据当地族谱记载,为明代江西省张村湾迁徙而来。耕地面积4000余亩,主要种植棉花、水稻、油菜、湘莲等,境内建有郑家湾机埠等4处。2016年5月与双胜桥村合并,沿用郑家湾村名。

双胜桥村

位于镇西,距镇治所3千米,2014年辖6个村民小组,234户680人。耕地面积1212亩,水面555亩。2015年实现村组公路硬化、改造机耕道、硬化沟渠、电网改造。2016年5月与郑家湾村合并,命名为郑家湾村。

朱洛铺村

位于镇北,距镇治所2.5千米。东临大路陂村,北抵区特养场,西接英湖村、幸福村。1942年因地下党员朱洛铺在此开猪肉店做掩护 设立联络站从事地下工作而牺牲,后以其名字为地名以示纪念。2014年辖12个村民小组,325户1375人。耕地3750亩,有规模种养合作社2个,家庭农场3个,有“鱼米之乡”“莲藕之乡”美称,年产莲藕2000多吨销往全国各地。是金健米业、广积米业优质稻生产基地。2014年投资50万元建成村活动中心和村卫生室。2016年5月与幸福村合并,沿用朱洛铺村名。

小山村

地处八官崇孝垸境内,治湖时在河滩上筑堤,形成一个小山型垸,此为地面来历。2014年,辖12个村民小组,1478人。面积4000余亩,主产粮、棉、油、湘莲。1956年,老支部书记龚翠玉被评为全国劳模,受到国家领导人毛泽东接见。

崇河村

位于镇东北,北与建丰村、罗家卜村相连、南抵亭子湖、西至高水间堤、东与汉寿县一堤之隔。2014年,辖10个村民小组,1330余人。耕地3800余亩,主产水稻、棉花,湘莲和养殖鱼。村境跨民主阳城垸和八官崇孝垸,韩黑公路(县道18线)贯穿村境。2016年5月与建丰、罗家铺村合并,沿用崇河村名。

幸福村

位于镇西北,东南与金牛村相连,西北抵英湖村、永寿寺村、朱洛铺村。辖8个村民小组,1132余人。耕地2800余亩,主产水稻、棉花湘莲和养殖鱼。2016年5月与朱洛铺村合并,命名为朱洛铺村。

黄腊溪村

地处冲柳低水东南,西北隔河与白鹤山乡、镇德桥镇接壤,东南与团洲湖、城址、杨柳村毗邻。1958年属断港头公社国太大队十二队,1959年更名为黄腊溪大队。2014年辖10个村民小组,986人。面积2.84平方千米,耕地1830亩,其中水田1650亩,旱地180亩,养殖水面30亩,成片欧美杨100亩。主产稻谷、棉花、油菜、湘莲、甘蔗和养殖淡水鱼及出产珍珠。常年在外务工、经商人员300人。2016年5月与城址、杨柳村合并,命名为城址村。

金牛村

位于镇西北,东临小山村,南抵郑家湾村,西抵幸福、朱洛铺村,北抵大路陂村。2014年,辖15个村民小组,1485人。总面积2476亩,其中水田1560亩、旱地541亩、甲鱼养殖258亩、葡萄种植100亩、鲜鱼养殖850亩。村组主干道7.8千米实现硬化,抗旱机埠13台。2016年5月与三美社区居委会合并,命名为三美居委会。

永泰居委会

位于集镇中心,镇治所地。西与三美居委会接壤,北抵小山村,东南临湾河,1993年组建,为韩公渡墟场。2014年人口4850人,面积0.58平方千米。集镇分东街、中街、新街、西街和北街，中街为商业区。

三美居委会

位于镇中心西北。辖303户1029人。以种植水稻、棉花为主，有少量柑橘林。2016年5月与金牛村合并，命名为三美居委会。

建丰村

位于镇东，周边分别与冲柳高水间堤、国营西洞庭农场、205省道接壤。2014年辖21个村民小组，486户2013人。耕地4010亩，渔湖近400亩。主产水稻、棉花、湘莲和养殖鲜鱼。2016年5月与罗家铺、崇河村合并，命名为崇河村。

罗家铺村

解放初期原名"长安社"，1959年改名为"罗家铺大队"，1983年更名为"罗家铺村"。2014年辖11个村民小组，319户1166人。总面积2.911平方千米，耕地2882亩。省道205与4号线公路贯穿村境。2016年5月与建丰、崇河村合并，命名为崇河村。

牛皇庵村

地处乌黄垸东北角，北接崇河村，南抵花园村，西通军山村，东邻汉寿县盘古村。辖12个村民小组，1340人。总面积约4500亩，耕地29820亩，以种植水稻、棉花、湘莲为主，辅以鱼类养殖。2016年5月与花园村合并，沿用牛皇庵村名。

流花口村

东抵汉寿县罐头嘴镇，南抵贺家山原种场，西抵牛鼻滩镇渔码头、谈家河村，北抵小湾村。2014年辖16个村民小组，1800人。耕地面积3023亩，以粮、棉种植为主。2014年人均收入4000元左右。

小湾村

位于乌黄垸西南，辖14个村民小组，385户1480人，水田面积3400亩，旱地1100亩。旱地主要种植棉花、蔬菜。2016年5月与立新村合并，命名为立新村。

篾片湖村

东抵株木山村机埠、株木山村6组，南抵株木山村8组，西抵高水间堤，与西洞庭五分场、冲天湖泥港口村隔河相望，1980年从株木山村析出新建。2014年辖7个村民小组，667人。2016年5月与株木山村合并，命名为株木山村。

走马岗村

位于镇中东部，东靠高水堤，南抵小山村，西北靠牛古陂，距镇治所3.5千米。2014年辖11个村民小组，420户1520人，劳动力910人。总面积3.1平方千米，耕地2987亩。水稻生产为主，棉花、湘莲种植及水面养殖为辅。甲鱼养殖池50亩，黄鳝养殖池30亩，养鱼水面600余亩，养鸡场7家3.8万羽。2016年5月与大路陂、牛古陂村合并，沿用走马岗村名。

牛古陂村

位于镇北，东抵走马岗村、莲家湖，南抵大路陂村，西抵赵家冲湖与大路陂村，北抵区特养场、五甲村，1961年由民主大队拆分组建。2014年辖13个村民小组，1680人。农业面积2868亩。2016年5月与大路陂、走马岗村合并，命名为走马岗村。

大路陂村

位于八官崇孝垸境内，东邻金陵小山村笠湖，南与朱洛铺接壤，西与先锋村赵家冲湘莲湖相连，北与牛古陂村相交。距镇治所2千米。辖14个村民小组，1358人。耕地2948亩，主种水稻；养殖水面300亩。2016年5月与牛古陂、走马岗村合并，命名为走马岗村。

黄家铺村

北抵中渡口、低水河、与石公桥镇覃家岗村隔水相望，东抵永南岗、永寿村，西抵杨柳村、城址村，南抵英湖村。2014年辖15个村民小组，1476人。水田3086亩。2014年人均纯收入约4700元。2016年5月与英湖村合并，沿用黄家铺村名。

永寿寺村

位于八官崇孝垸境内、冲柳河西岸。2014年辖10个村民小组，335个农户1321人。农业面积3200余亩，其中水田2000亩，旱地500亩，水面700亩。主产稻谷、棉花、油菜、湘莲、莲藕等产物及养殖鲜鱼、牲猪等。2016年5月与永南岗村合并，沿用永寿寺村名。

团洲湖村

东连城址村，南毗南港渔场，西抵市城区，北靠冲柳低水，与柳叶湖对河相望。1964年围湖造田时由本地3个组、今武陵区芦荻山乡移民8个组、沧山水库移民2个组、城址村移民2个组组建为团结大队，后改名为团洲湖村。2014年面积4.7平方千米，人口1228人。盛产稻谷、湘莲及养殖淡水鱼。

（执笔：彭小耘　编辑：娄福友）

石公桥镇

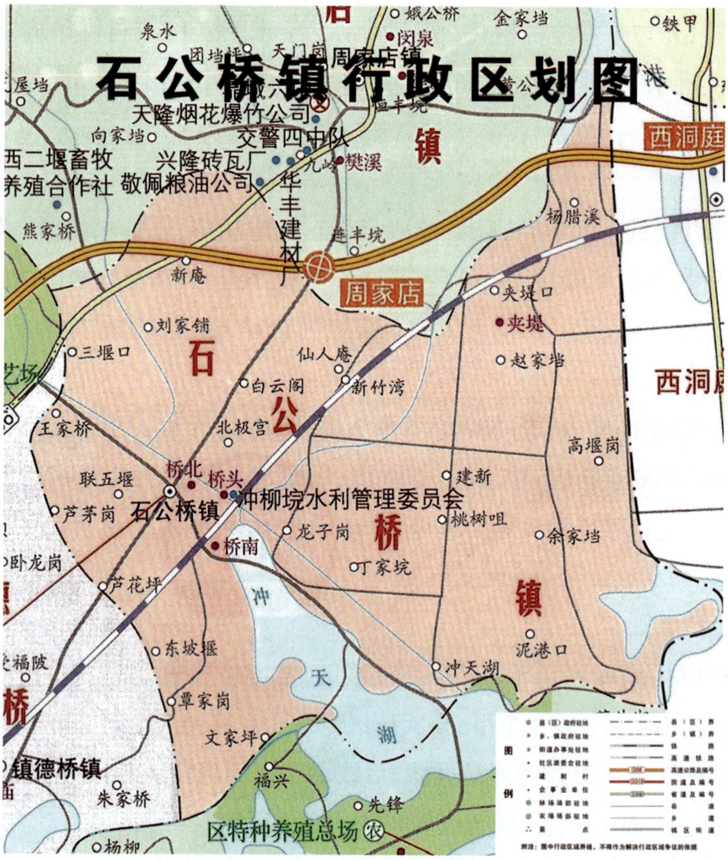

地图审图号：湘 S(2008)052 号

一、区域概况

位置面积

石公桥镇位于区境北部，东与西洞庭管理区交界，南与韩公渡镇毗连，西与镇德桥镇、大龙站镇相邻，北与周家店镇接壤。清康熙年间，乡籍武进士石钧修石桥一座，人称石公桥，后地名从桥名。镇人民政府驻桥头居委会，距区人民政府驻地 30 千米。

建置沿革

民国9年(1920),属四贤镇。民国27年(1938),属新德乡。1949年8月常德县境解放后,仍属新德乡。1950年2月,废除旧的乡、保、甲,属常德县第二区直辖。9月,设白云阁、芦花坪、王家桥、新庵等乡。1951年,设石公桥镇。1956年6月,上述乡镇合并为石公桥乡。1958年实行人民公社体制,属冲天公社。1961年3月,调整公社规模,冲天公社析为石公桥等公社。1965年,从石公桥公社析出12个大队,设立冲天湖公社。1984年2月,撤销人民公社体制,石公桥公社改为石公桥乡,冲天湖公社改为冲天湖乡。8月,石公桥乡改为石公桥镇。1995年11月,冲天湖乡和石公桥镇合并为石公桥镇。至2014年无变化。

区划面积

1987年,石公桥镇辖仙人庵、白云阁、北极宫、新庵、刘家铺、三堰口、王家桥、芦茅岗、联五堰、东陂堰、覃家岗、文家坪12个行政村,总面积45.2平方千米。1993年林场从新庵村拆分,独立为村级单位,名为石公桥林场。延续至1995年两镇乡合并时无变化。

1987年,冲天湖乡辖高堰岗、杨腊溪、夹堤口、赵家垱、建新、桃树嘴、丁家垸、龙子岗、新竹湾、冲天湖、泥港口、余家垱12个行政村和1个乡属渔场——岩儿湾渔场,总面积52.4平方千米。延续至1995年镇乡合并无变化。

1995年11月,石公桥镇、冲天湖乡合并。并后石公桥镇辖3个居委会、26个行政村和1个渔场——岩儿湾渔场、1个林场——石公桥林场。总面积97.6平方千米。耕地面积4.37万亩,其中水田3.97万亩,旱地3941亩。2014年,石公桥镇辖桥头、桥南、桥北、夹堤4个居委会,高堰岗、杨腊溪、夹堤口、冲天湖、泥港口、余家垱、赵家垱、建新、桃树嘴、丁家垸、龙子岗、新竹湾、仙人庵、白云阁、北极宫、新庵、刘家铺、三堰口、王家桥、芦茅岗、联五堰、芦花坪、东陂堰、覃家岗、文家坪25个行政村,岩儿湾渔场,石公桥林场,共31个村级行政单位。总面积无变化,耕地面积4.34万亩,其中水田3.95万亩,旱地3958亩。

人口民族

1983年,石公桥公社有4691户20386人,其中男10331人,女10055人。冲天湖公社有3294户15150人,其中男7810人,女7340人。

1990年,石公桥镇有5630户20829人,其中男10539人,女10290人。冲天湖乡有4260户15889人,其中男8161人,女7728人。

2006年,修建石门皂市水库,库区居民搬迁,有300多名土家族等少数民族居民迁移到覃家岗、联五堰、桃树嘴、建新、赵家垱五个村落户。

2014年,石公桥镇有9841户36310人,其中男性18288人,女性18022人。总人口中,汉族35955人,占99%,4个少数民族355人,其中土家族126人、回族135人、壮族57人、维吾尔族37人。

自然环境

镇域处于湖区与丘陵区接合地带,地势西北略高,丘岗连绵,中部平坦,港汊纵横,东部低洼。全境海拔在31米至37米之间。属沅水水系,2条支流北河、南河由西向东贯穿全境。冲柳高水、低水2条人工河穿过境内。境内有八一、新陂堰、东陂堰、青草陂4座水库,柳垱、柳堤、林家叉、新竹湾、谢家湖4个内湖。属亚热带季风湿润性气候区,四季分明,日照充足,雨水丰沛。年平均降雨量1300毫米,4—7月为多雨季节。年平均气温15.8℃。春季气温多变;夏季气温高,2005年7月16日达到41℃,为历史最高;冬季寒冷,1954年12月—1955年1月近两个月冰冻,最低温度零下18℃。2008年1月冰冻一个月,最低气温零下10℃,均造成冰冻灾害。境内土壤土层深厚,土质较肥沃,有机质含量为2%~2.4%,呈酸性或中性(pH值为6~7),适宜于农作物特别是水稻生长,丘陵山冈适宜柑橘生长。

二、经济发展

经济综述

民国年间,境内产业以农业为主,有零星手工业,农民人均年收入不足百元。中华人民共和国成立后,经济逐步发展起来。1950年,工农业总产值430万元,农民人均年收入136元。1958年开始推广农业双季稻,竹篾加工业得到发展,工农业总产值960万元,农民人均年收入220元。1982年,实行农村家庭联产承包责任制,工农业总产值过亿元,农民人均纯收入达到550元。2014年,全镇实现地区生产总值2.96亿元,农民人均纯收入7285元。

农业

种植业 境内主产稻谷、油菜、棉花,兼种玉米、花生、红薯及豆类等。1958年推广种植双季稻2.8万亩,亩产300千克,总产8400吨。1975年引进杂交水稻,种植面积1.3万亩,亩产400千克,总产5200吨。1982年实行家庭联产承包责任制,粮食亩产425千克,总产11200吨。1990年后,推广软盘抛秧和优良品种。2000年后调整农业结构,种植瓜果、蔬菜。2014年,基本实现种植机械化,全镇粮食总产44632吨,油菜籽总产4232吨,瓜果7470吨,甘蔗2400吨,蔬菜19116吨。

养殖业 境内历来有农户家庭养生猪、家禽和水产的传统。1958年实行人民公社体制,农民家养改为公社、大队、生产队集体养殖。1962年后允许农户家庭养殖,但水产养殖仍由生产队集体经营。1982年实行家庭联产承包责任制后，养殖业全面放开由农户经营。1984年，境内养鸡36498羽、鸭14638羽、生猪9538头，出水鲜鱼1520吨。20世纪90年代起，养殖业向大户养殖和规模养殖发展。2004年，香港惠生公司生猪繁养基地在龙子岗村建成，年出栏生猪3万多头。2006年北极宫村江丛胜等投资百万元办起江南鳡鱼养殖基地，2010年，江丛胜与10多个鳡鱼养殖户组成专业合作社。2009年，刘小兰在丁家垸村创办兴达鳜鱼养殖基地，育鳜鱼夏花苗200万尾，产品销往全国30多个县市，成为湘西北地区最大的鳜鱼苗种供应基地。2011年常德市晟源生态有机养殖场落户白云阁村，年出笼肉鸡192万羽。至2014年，境内有鸡、猪、羊等规模养殖场10多家。全镇养殖生猪48000头，家禽200万羽，生产禽蛋3650吨，出水鲜鱼4650吨。

林业

境内75%为四级红土，适宜各种树木生长。1958年，大炼钢铁、办公共食堂，烧炭炼铁，伐木为薪，山林遭受严重破坏。1973年，成立镇林场。1982年，林场合并到新庵村。1993年，再次拆分为林场，属于村级单位。1980年开始，政府鼓励支持农户植树造林，争取到200多亩国家退耕还林项目，退耕还林一亩政府给予农民150千克粮食、20元现金的补助。2012年，以构筑冲柳绿色走廊，打造湖区樟树之乡为目标，镇村两级投入100万元用于沿堤垸公路植树造林。镇政府沿100千米公路栽植樟树，村级完成300千米公路沿线造林。至2014年，全镇植树125380株，林地总面积391亩。

工业

20世纪50年代，境内只有传统手工业。60年代末，办起34个小型社队企业，行业涉及钢锉、农机具、化工等，主要产品有锉刀、皮带腊、硝酸钾、桃胶、太古油等20多种。钢锉由省、县五交化公司定点销售，年产400多万只。桃胶产品代替阿拉伯进口树胶，销往全国各地。80年代，境内企业有农具厂、篾器厂、砖瓦厂、水泥预制件厂、马蹄汁饮料厂等60家。1990年，企业总产值8790万元，创税利678万元，吸纳380人进厂务工。

从90年代开始，乡镇企业和集体经济发展速度开始放慢，亏损面日渐扩大，一些企业破产或改制。1991—1993年，镇供销社、饮食店、商店、理发店、粮店、食品站等国营和集体经营实体相继改制。私营企业逐渐兴起。2000年，成立湖南老实人食品酒业有限公司，年产白酒产5000吨，开发出“朗州”牌白酒系列产品30多种，年销售收入4000多万元。2005年3月，成立精为天生态农业股份有限公司，是一家集粮油收购、储备、加工、销售于一体的省级农业产业化龙头企业，总部位于三堰口村，在鼎城和桃源境内有两个生产基地和6个粮油食品生产企业，有生产工人1100个，年产值10亿元。至2014年,全镇有工业企业18个,从业人数2360人,年产值20多亿元。

商贸服务业

1956年,整合商业店铺,成立石公桥供销合作社。1965年成立冲天湖供销合作社。供销社在各大队建立代购代销店,在王家桥和刘家铺建立两个供销分社,生资、肉食、餐饮归口供销社统管,化肥、农药、肉食、油、糖、布等主要生产资料和生活资料实行计划供应。20世纪80年代,个体私营商贸服务业开始兴起,农贸市场日益活跃。1995年,境内有石公桥、冲天湖两个墟场,个体商铺发展到118家,社会商品零售额900多万元。

从2000年起,在省道306线王家桥段形成柑橘市场,年销量7万吨。在三堰口、刘家铺、覃家岗等村形成红提、甘蔗销售市场。在新庵、白云阁、北极宫、龙子岗等村形成西瓜销售市场。2014年,石公桥镇有个体经商户209家,其中餐饮20家,肉食12家,理发、照相、打字、音像、木器家具、家电、建材等服务业25家,从业人员579人。餐饮业收入1200多万元,其他服务业收入1000多万元,社会商品零售额6000万元。

劳务输出

20世纪80年代实行农村家庭联产承包后,劳动效率提高,劳动力开始剩余,境内农民外出务工人数逐年增加。至2014年年底,全镇在外务工人数达到10860人,其中在北京、上海3090人,长三角地区3290人,珠三角地区1100人,务工收入20300万元。

金融

信用社 1951年成立石公桥信用社,至2014年,固定资产达350万元,年末存款余额1.2亿元,贷款余额3000万元。

农村合作基金会 1991年,成立石公桥镇农村合作基金会,1993年,刘家铺、芦毛岗、芦花坪、联五堰、新安、北极宫、文家坪、冲天湖、杨腊溪、余家垱、高堰岗、夹堤口村相继成立村基金会,基金会融资总规模达到550万元。1998年10月,石公桥镇基金会宣布停业。1999年1月,贯彻国务院3号文件精神,取缔镇村两级农村合作基金会。2001年开始由国家拨付专项资金分期兑付基金会客户存款,年还款比例在10%~30%之间。到2012年年底,兑付完毕。

三、基础设施

交通运输

水路 苏家吉至石公桥航线,全长39千米,境内长3千米。可常年通行30吨的机帆船。1963年,开通一班常德至石公桥公社泥港口汽轮客船,航线及停靠码头为泥港口—石公桥桥码头—镇德桥三港子—牛鼻滩栏马口—芦狄山张家口—常德港。1974 年,因开挖高水河停航。

陆路 1969 年常德至蒿子港公路建成通车,经过芦茅岗、王家桥,丁家坝 3 个大队,境内始有公路,长 6.5 千米。1975 年始开客运班车。1977 年建成县道白鹤山至沙河口公路,全长 23.2 千米,境内长 7 千米。1986 年建成县道丁家坝至马家吉公路,全长 26 千米,境内全长 7 千米。1994 年从丁家坝到镇血防院进行路面水泥硬化,为镇内第一条硬化公路。2000 年代起加快通村通组公路建设和公路硬化。2006—2011 年,全镇铺筑水泥公路 111.7 千米。其中 2007 年,乡道马壕公路完成硬化 14.2 千米,2011 年,25 公里环垸公路全部完成硬化。2012 年,石公桥镇被区交通局评为全区农村公路管养示范乡镇。至 2014 年,全镇有公路 210 千米,其中硬化 121 千米。

水利建设

1954 年治理西洞庭湖,筑起民主阳城垸大堤,北起澧县渡口,南至泥港口,全长 20 千米,使冲天湖内现出大片肥沃土地。1963 年冬,石公桥区组织劳力围垦冲天湖,从石公桥、大龙站两区移民定居。1974 年,综合治理冲天湖,开挖仙人河与龙子岗河,疏通冲柳水系,加固和兴修高水河 19 千米河槽大堤,架设高低压线 19 千米,兴建 50 千瓦以上电力排灌机埠 10 处,功率 1670 千瓦,扩大耕地面积 3000 余亩。

20 世纪 60 年代,建成东陂堰、青草陂、八一、新陂堰 4 座水库,总蓄水量 158 万立方米,灌溉农田 1.8 万亩。

1978 年后,修建以高水、低水为主的防洪灌溉水渠网,主要有中排渠、纬三线、纬八线、纬十一线、东西排渠、东西灌渠、八一撇流、刘撇、南北干渠、夹箱河撇流、六祖山撇流、杉木桥进水渠、柳堤柳垱排渠等,总长 128 千米。

▲ 冲天湖

2008 年,对全镇 10 大机埠 20 台套机组进行全面维护与保养。2009 年,更新杨家洲机埠全套设备,对东陂堰水库进行除险保安,对王家桥、芦茅岗、联五堰 3 村的灌渠进行硬化,对余家垱、芦茅岗项目区近千亩低产田进行改造。

至2014年，全镇有柳堤、柳垱、林家汊、吉堤口、水河口、窑儿、张家阵、杨家洲、魏家垸、夹堤口10处镇属机埠，装机容量5000千瓦，村属机埠350余处，装机容量达4300千瓦，水库4座完成除险加固，山塘500多口，防汛大堤63千米，沟渠160余千米，受益农田8.7万亩。

邮政通信

1962年，成立公社邮电所，有员工2人，租用民房2间营业，收发信件，投送报纸杂志。1965年，开通30多部摇把电话联通所属部门单位和大队。1993年，始通程控电话，实现县乡电话联网。1996年设立无线移动通信基站，移动电话开始发展。1998年，邮政和电信分家，邮政开始办理储蓄业务。2000年后，无线通信及宽带网得到快速发展，移动、联通、电信、广电等几家运营商都落户境内。到2014年，境内有移动电话用户6万多户，宽带网用户1000多户，圆通、顺风快递公司在镇内设点，省内邮件快递件最快能朝发夕至，省外国内邮件最长不超过7天到达。

供电供水

供电 20世纪70年代前，境内无电，农户用桐油灯、煤油灯照明。1974年冬引入国家电网为排渍机埠供电，柳堤机埠供电线路专线1.5千米、柳垱机埠供电专线1.6千米、林家汊机埠供电专线1千米、文家坪机埠供电专线1.5千米，同时供应公社机关和学校等单位用电。1975年正式列入国家大电网供电，成立公社电管所，联五堰、王家桥、覃家岗、芦花坪、芦毛岗、刘家铺6个大队通电，受益人口8500人。1981年，公社被列入国家商品粮基地，国家投资加强供电建设，境内除新庵大队、林场外其他大队全部通电，受益人口19000人。1984年实现国家电网供电全覆盖。2014年，全镇拥有断闵线、王石线、王马线3条高压输电线路52.5千米，低压输电线路178千米，变压器102台12080千伏安，总用电量910万千瓦时。

供水 20世纪80年代前，境内居民饮用水直接取用溪河沟港或堰塘水井水。1991年4在石公桥集镇建立自来水厂，日供水能力100立方米，集镇和联五堰村1、2、11组居民用上自来水，用户100户。1995年水厂修建过滤池和曝气塔，水质得到提高，自来水用户增加到300户。2001年日供水量提高到200立方米，用户增加到500户。2011年，以西洋陂水库为水源，建起西洋陂水厂，日供水量3600立方米，供应石公桥镇、镇德桥镇、园艺场8000多户5万人口用水。2014年建成冲天湖水厂，供应12个村2万人口用水。全镇居民安全饮用水率达100%。

生活能源

1949年以前，境内居民在泥砖彻成的柴火灶上做饭，用树枝、稻草作烧柴。条件好的富农、地主家里用木炭取暖。20 世纪 60 年代，集镇居民开始用煤球烧火做饭，用木炭取暖。80 年代，国家推广藕煤和节煤灶，由城镇开始普及到农村，部分家庭仍以烧柴为主。90 年代推行液化气灶，到 2014 年，燃气灶普及率达到 90%，部分老人沿用柴火或藕煤灶烧水煮饭。

集镇建设

石公桥集镇明代始形成集市。清代，建独孔石桥连接土硝湖尾闾南北两岸。民国时期，街道长千余米。冲天、柳叶湖时，镇址迁南极宫。1987 年，建成大桥路、建设路、仙人路、马鞍路 4 条街道，总长 4100 米，集镇占地面积 1 平方千米，常住人口 3300 人。至 2014 年，集镇总面积达 1.38 平方千米，建成区面积 0.17 平方千米，主街道扩至 6 条，总长 4500 米，全面铺设下水管网，修建垃圾运转中心和文化休闲广场。集镇房屋建筑总面积 4 万平方米，其中居民住宅 3.5 万平方米，公共建筑 3000 平方米，生产建筑 2000 平方米。常住人口 7500 人。

四、社会事业

教育

清末、民初，境内有数所私塾。民国 28 年(1939)，创办新德乡中心国民学校。1949 年常德县境解放后，人民政府重视教育，将新德乡中心国民学校改为石公桥完小，新建仙人庵、王家桥、联五堰 3 所小学。1961 年成立石公桥公社，境内有小学 16 所，其中完小 6 所，教师 62 人，在校学生 560 人。1968 年，创办石公桥公社农业中学。1969 年，石公桥农中与石公桥完小合并为石公桥公社中学，设高中班。全公社 16 个大队均设立小学，其中联五堰、王家桥、刘家铺、白云阁、覃家岗、“五七”6 所完小办有初中班。1980 年中学取消高中班，完小取消初中班。1984 年，撤销公社建石公桥镇，石公桥公社中学更名为石公桥镇中学，联五堰完小与“五七”完小合并成立石公桥镇中心小学，设王家桥、刘家铺、覃家岗、白云阁 4 所完小和 11 所初小。全镇有教师 178 人，在校学生 4000 多人，其中中学生 2256 人。到 20 世纪 90 年代，因生源减少，撤并部分村小，保留下来的村小有覃家岗、芦茅岗、王家桥、白云阁、北极宫、三堰口、刘家铺等，有学生近 3000 人。1995 年石公桥镇与冲天湖乡合并后，全镇有中学 2 所、中心小学 2 所、完小 7 所、初小 20 所。中学教师 70 人，在校中学生 1500 人；小学教师 116 人，在校小学生 1790 人。2005 年冲天湖中学并入石公桥镇中学。2006 年起，生源减少，学校大量撤并。到 2014 年，全镇存石公桥镇中学、石公桥镇中心学校、夹堤口完小、王家桥完小 4 所学校，教师 170 多人，在校学生 1200 人，其中中学生 321 人。

文化

1958年,成立业余汉剧围鼓堂,成员16人。1960年,成立石公桥业余汉剧团,演职人员38人,其中专业演员8人,先后到周家店、蒿子港、安乡官垱和湖北石首滑家垱镇等地演出40多场次,1966年解散。2000年,镇政府投入100多万元,建起石公桥镇文化综合大楼。2010年起,各村相继建起图书室、电脑室、群众活动室、篮球场、老年俱乐部等。

医疗卫生

民国时期,境内有3家中药铺,由中药郎中诊断开方治疗。中华人民共和国成立后,1950年在集镇组建石公桥联合诊所,有医务人员9人,医疗用房12间,占地300平方米。1956年改为石公桥乡卫生院。1960年扩建为二层36间房。卫生院下辖大队卫生所。1968年实行农村合作医疗制度,各大队建立合作医疗站,配备不脱产的赤脚医生,为群众看病治病,1985年停办。1989年,卫生院重建门诊大楼。2011年新建住院大楼,建筑面积3000多平方米,病房配置有电视、空调等设施。2014年,石公桥镇卫生院有医务人员37人,开设病床60张,设有西医、中医、内科、外科、儿科、妇产科等8个临床科室,配有X光机、B超仪、分析仪、半自动化生化仪、半自动血球仪、制氧机、呼吸机、心电监护仪等先进医疗设备35台件。建有27个村卫生室,有村医29人。

血吸虫病防治

民国年间,血吸虫病在境内湖区流行,群众俗称“大肚子病”。文家坪村八方嘴有400多人,因患血吸虫病死亡甚多,到民国末年,只剩下20多人,其中寡妈18人,周围村民称该地为“寡妈嘴”。1953年6月,常德县首次摸底调查,在文家坪等地发现钉螺。1956年6月,常德县在石公桥设立血防组,办血防医院,组织第二次调查,查出石公桥乡钉螺密度达每平方尺90只,血吸虫感染者占总人口30.7%。疫情查清后,采取治、灭、管、防等综合措施防治。1956年始,拆除靠水源的厕所,渔船设立便桶,交通要道及集镇建立公厕,对饮用水采用分塘、打深水井等措施管理水源。1958年,组织数万民工开展治水灭螺。1962年,围垦冲天湖压缩钉螺滋生面积。1973年开始,连续3年进行冲柳工程建设,根治冲天湖、柳叶湖、土硝湖3个湖泊,彻底改变冲天湖地区的钉螺滋生环境。1980年,境内基本消灭血吸虫病。20世纪90年代,血吸虫病有所回升。1994年,在境内开展国家三年血防试点工作,全镇人、畜血吸虫病感染率分别下降26.35%、31.5%,通过国家验收。1997年石公桥血防院新建门诊楼940平方米,1999年新建住院楼1100平方米,设病床70张。2014年,石公桥血防院有医务人员47人。

社会保障

农村五保 中华人民共和国成立后,对老弱病残给予相应的救助安置。1963年起，由生产队集体对孤寡老人及无劳动能力的残疾人实行保吃、保穿、保住、保医、保葬（简称“五保”）供养制度。1984 年改乡后，“五保”供养由村负责，费用从村提留列支。2003 年后，改为政府财政列支。2005 年，建立石公桥镇敬老院，集中供养“五保”对象 42 人。2012 年，319 名“五保”对象生活费每月提高到 243 元，帮助无房“五保”户重建住房125 户，给 37 户严重受灾对象发放救助资金 19 万元。2014 年，全镇供养“五保”对象 333 人，其中集中供养 45 人，分散供养 288 人。

农村最低生活保障　2000 年开始实行城镇居民最低生活保障制度。2005 年开始实行农村居民最低生活保障制度。2014 年，全镇保障人口 1514 人，保障资金 192 万元，人均 100 元 / 月，其中享受低保 1321 人。有残疾人 754 人，其中享受补助待遇的 475 人，1 ~ 2 级 50 元 / 月，年内发放重残补助 10.8 万元，并免费享受农村合作医疗。

新型农村合作医疗　2010 年全镇“新农合”覆盖率达 98%。2014 年城镇医保续保 856 人，新农合参保率 98%，新农合补偿 13609 人次，合计 1890 万元。

新型农村社会养老保险　2010 年开始实施新型农村居民养老保险（简称新农保），到 2014 年，参保人数 25823 人，每年上缴城市居民保险基金 140 万元。已享受养老保险对象 7895 人，按月标准 75 元 / 月，每年支付养老金 710 万元。

人民生活

清代和民国时期，境内大多数农民靠佃种地主土地维持生活，交租后所剩无几，生活十分艰难，一部分人没有固定居所。中华人民共和国成立后，1952 年实行土地改革，农民分得土地，境内人均耕地 4.8 亩，普遍种植一季稻。1953 年，人均口粮约 250 千克，人民生活有所改善。1958 年，开始种植双季稻，粮食产量增加，人民生活有所提高。1959—1961 年经济困难时期，农业生产收成锐减，人民生活水平下降，部分农户难以维持基本生计。1978 年中共十一届三中全会以后，农村经济迅速发展，第二、三产业和家庭副业逐渐兴旺。1983 年，人均粮食消费达到 380 千克。农民温饱问题解决后，开始兴建楼房，自行车、缝纫机、手表、电扇、电视机、洗衣机等逐渐进入农村家庭。1995 年农民人均纯收入达到 980 元，年末人均储蓄达到 800 元，70%的农户建新房，电冰箱、空调开始进入农户家庭。2014 年，农民人均纯收入 7285 元，年末人均储蓄达 4800 元，80%的农户住新楼房，每百户农户有摩托车 190 辆，汽车 18 辆，空调 70 台，电冰箱 90 台，液晶彩电 80 台。

五、特色地情

文物古迹

白云阁　位于白云阁村，为清代纪念宋朝隐士管师复所建之祠。清嘉庆《常德府志》记载："管师复善诗，自号白云先生，仁宗召之问曰：'所得何如？'对曰：'满坞白云耕不尽，一潭明月钓无痕，臣所得也。'不受爵命，死后葬于祓紫山。"《常德县志》载："祓紫山，一作紫山，城北七十里，新兴绾以南有宋管白云墓。"阁内原有对联云："名齐伊乐辉青史，影落湖乡管白云。"今阁墓已毁，遗址尚存。

覃家岗汉代古墓群 位于覃家岗村一组，由湖南省人民政府立碑保护。

名优特产

石公桥鳜鱼 主要以鱼苗繁养为主，可年产优质鳜鱼种苗500万尾。每年可销售各种规格的鳜鱼苗200万尾以上。

石公桥鳡鱼 鳡鱼身形如梭，体色微黄，腹部银白，背鳍、尾鳍青灰色，游动迅速，行动敏捷，主要以鱼类为食，体型大较，肉质结实细腻，味道鲜美，为上等食用鱼类，晒制成的鳡鱼干为很多人所喜爱。

冲天湖银鱼 银鱼身体细长，无鳞，体长略圆，无骨无肠而呈半透明状，既肥嫩，又鲜美。银鱼中蛋白质含量为72.1%，氨基酸含量相当丰富，营养价值极高，具有补肾壮阳、祛虚活血，益脾润肺等功效，是上等滋养补品，被誉为鱼中人参，历史上被视为"贡品"。因围湖造田、垦殖、环境污染和过度捕捞，现冲天湖银鱼已基本绝迹。

人物

王以慜 （1855—1921） 字子捷，号梦湘，乡境原龙子岗村人。清光绪十六年（1890）中进士，授翰林院编修，后为御史。历任瑞州、抚州、南康等地知府，刘颚的《老残游记》中有述。著有《檗坞诗存》《檗坞词存》等48卷。《常德历代名人》有考，其名镌刻在常德笔架城上。

王德宽 （生卒年不详） 王以慜祖父，清嘉庆庚辰进士，官至刑部员外郎。

王成谦 （生卒年不详）王以慜伯父，清道光丁未进士，官至布政史。

陈 锐 （1859—1922） 字伯弢，号褒碧，武陵石公桥人（原住北极宫村），《常德历代名人》有考。清光绪十九年（1893）中举人，任江苏靖江知县，1919年再任湖南省长公署政治顾问官兼湖南省教育会会长。工诗文，是著名的湘西三才子之一，著有《褒碧斋集》。

丁国炳 （生卒年不详）民国时期常德县书法界三支名笔之一、绅士、武功师。

重大事件

1942年7月，日本侵略者飞机在境内施放鼠疫细菌，百日内，乡民感染鼠疫死亡者78人，有的灭家绝户。今境内立有"勿忘国耻"纪念碑。

六、各村(居、场)简介

高堰岗村

东抵西洞庭管理区,南接余家垱湖,西靠民主阳城垸大堤,北连杨腊溪村。辖17个村民小组,428户1622人,人口多为西洞庭管理区彭家洲(现祝丰镇)迁入。总面积6.48平方千米,耕地面积3920亩,鱼塘1200亩。1984年属冲天湖乡,1995年12月撤区并乡时并入石公桥镇。以生产粮食棉花为主,硬化村道3000米,硬化沟渠3000米,建有130千瓦电动机埠。2016年5月与杨腊溪村合并,命名为贵家铺村。

杨腊溪村

东抵西洞庭管理区,南抵高堰岗村,西抵周家店镇,北抵中河口镇。原属冲天湖乡,1995年12月撤区并乡,并入石公桥镇。辖10个村民小组,338户人口1451人。耕地面积3217亩,其中水田2252.3亩,旱地965.3亩,以生产稻谷、棉花为主,硬化村组公路12千米,硬化沟渠1100多米。2016年5月与高堰岗村合并,命名为贵家铺村。

夹堤口村

东抵西洞庭农场,南抵赵家垱村,西抵江堤大河,北抵周家店黄公咀村。属原冲天湖乡,1995年撤区并乡时并入石公桥镇。辖9个村民小组,1个林场,345户1262人,少数民族26人。总面积1.98平方千米,耕地面积2662亩,其中水田1910亩,旱地717亩。以生产粮食为主,棉花为辅,硬化村组公路9800米。2016年5月与建新、赵家垱村合并,命名为赵家垱村。

冲天湖村

位于冲天湖大垸,东抵泥港口村,南隔冲柳高水河,与区特养场五甲相望,西临丁家垸村,北接“纬三线”排渍沟与桃树咀相邻。原属冲天湖乡,1995年11月撤区并乡并入石公桥镇。辖13个小组,316户1206人。总面积3平方千米,耕地2895亩,其中水田1735亩,旱地600亩,养殖水面560亩。生产水稻为主,棉花、湘莲、

▲ 西洋陂水厂

柑橘、黄豆为辅。1980 年“种粮大户”鲁由海被授予国家劳模。2011 年利用鼎城区农业开发项目建新机埠 6 座，硬化村组渠道 1000 米，硬化村道 5.5 千米，增加 1000 千瓦变压器一台，建起卫生室和农家书屋。2016 年 5 月与桃树嘴、泥港口、余家垱村合并，沿用冲天湖村名。

泥港口村

位于冲天湖大垸东南角，东抵西洞庭环湖公路，南与韩公渡镇一河相望，西抵冲天湖村，北抵余家垱村。辖 10 个村民小组，238 户 921 人。总面积 2.53 平方千米，耕地 2248 亩，其中水田 1800 亩，旱地 448 亩，水面 680 亩，以生产粮食棉花为主。2016 年 5 月与桃树嘴、冲天湖、余家垱村合并，命名为冲天湖村。

余家垱村

东抵西洞庭、高堰岗村，南抵泥港口村，西抵桃树咀村，北抵石公桥镇渔场。辖 10 个村民小组，199 户 770 人，因围湖造田自 1957 年起由瓦屋垱、周家店公社迁入人口组建大队。耕地面积 2258 亩，其中水田 1808 亩，旱地 150 亩，水面 300 亩，以生产粮食为主，水面养殖水产。2016 年 5 月与桃树嘴、冲天湖、泥港口村合并，命名为冲天湖村。

赵家垱村

位于原冲天湖垸，东抵高堰岗村，南抵建新村，西抵石公桥镇仙人河渔场，北抵夹堤口村。辖 14 个村民小组，440 户 1498 人，土家族 86 人。耕地面积 4150 亩，其中水田 2800 亩，旱地 1000 亩，水面 350 亩。以生产粮食、棉花为主。硬化村主干道 3.5 千米，沟渠 6000 米，2013 年完成改水改厕工程。2016 年 5 月与建新、夹堤口村合并，沿用赵家垱村名。

建新村

位于冲天湖垸中部，东抵镇渔场，南抵桃树咀村，西临仙人湖和新竹湾村，北抵赵家档村，马嚎公路和尾八线公路形成十字贯穿全村。1995 年自原冲天湖乡并入，辖 9 个村民小组，258 户 958 人。耕地面积 2200 亩，其中水田 1300 亩，旱地 700 亩，水面 200 亩，以生产粮食、棉花、柑橘为主。有砖场、榨油坊、大米加工、精麻加工厂和玻璃纤维厂等生产企业。2016 年 5 月与夹堤口、赵家垱村合并，命名为赵家垱村。

桃树嘴村

东抵余家垱村，南抵冲天湖村，西抵丁家垸村，北抵建新村。1995 年自原冲天湖乡并入，辖 10 个村民小组，287 户 1069 人，其中有土家族 5 人。总面积 4.15 平方千米，耕地 3267 亩，其中水田 2956 亩、鱼池 311 亩。以生产粮食为主，鲜鱼养殖为辅。1980 年村民钟儒华代因种粮上百亩被评为国家级劳动模范。建修有抗旱机埠 4 座，硬化公路3300米,硬化沟渠6000米。2016年5月与冲天湖、泥港口、余家垱村合并,命名为冲天湖村。

丁家垸村

东抵桃树嘴村,南抵高水河堤,北抵龙子岗村、建新村,西抵马鞍山大堤。1995年自原冲天湖乡并入,辖17个村民小组,428户1641人,其中少数民族12人。总面积4.8平方千米,耕地3548亩,其中水田421亩,以粮食生产为主,兼有多种经营收入。硬化沟渠5500米,硬化村组道7000多米,建有50千瓦、37千瓦、14千瓦电动机埠多台,2016年5月与龙子岗、新竹湾村合并,沿用丁家垸村名。

龙子岗村

位于原冲天湖乡与石公桥镇的接壤处,东抵丁家垸村,南抵马鞍山国家储备库和区特种养殖场,西与北极宫村一河之隔,北抵新竹湾村。辖13个村民小组,356户1113人。耕地面积2300亩,其中旱地312亩,水面200亩。农业以生产水稻为主,棉花、柑橘、西瓜等为辅。建有"封火王家""羊儿山"机埠,村主干道,通组公路硬化90%。有香港惠生公司牲猪养殖场(年出栏3万余头)、龙子岗家庭农场、欧阳养鸡场、黄牛养殖场等。2016年5月与丁家垸、新竹湾村合并,命名为丁家垸村。

新竹湾村

位于冲天湖大垸,西抵仙人庵村,北抵夹堤河,东抵赵家垱、建新两村,南抵龙子岗村,1975年属原冲天湖公社。辖6个村民小组,182户742人。耕地面积1317亩,其中水田1271亩,旱地46亩,以生产粮食、棉花为主。2016年5月,新竹湾、丁家垸、龙子岗村合并,命名为丁家垸村。

仙人庵村

位于周家店、石公桥、冲天湖三乡镇交界处,东抵樊溪河,南抵仙人河,西接白云阁村,北邻周家店荷花村。辖8个村民小组,196户609人。总面积3.2平方千米,水田1172亩,旱地1250亩。生产粮食、棉花为主,柑橘等其他农作物为辅。村境实现改厕改水,硬化渠道4000米,公路2200米。2016年5月与北极宫、白云阁村合并,命名为白云阁村。

北极宫村

位于镇北,东与龙子岗村隔河相望,南抵石公桥镇渔场,西面是刘家铺村,北抵白云阁村。辖12个村民小组,302户1029人。耕地面积2789亩,其中水田2200多亩,旱地589亩。生产粮食为主,棉花、油菜为辅。建有排灌机埠5台,村组公路、沟渠大部实现硬化。2016年5月与仙人庵、白云阁村合并,命名为白云阁村。

新庵村

位于省道306线和常岳高速公路旁,东抵周家店镇九岭村,南抵白云阁村,西抵刘家铺村，北抵林场村。辖12个村民小组，309户1002人。总面积2.98平方千米，耕地2450亩，其中水田660亩，新植油茶500亩，橘园290亩。主产粮食、棉花、西瓜、柑橘。境内有小(Ⅱ)型水库一库。2016年5月与刘家铺、林场村合并，命名为三兴村。

刘家铺村

东抵北极村、白云村、新庵村，南抵镇渔场，西抵联五堰村、三堰村，北抵周家店镇和镇林场。南有白沙公路，北有省道306，一条3.7千米的硬化村公路贯穿其中。辖12个村民小组，423户1347人。耕地2410亩，其中水田2069亩、旱地341亩，主产水稻和棉花，种植有部分柑橘和葡萄提子。村组道、灌溉渠大部实现硬化，机埠设施更新。2016年5月与新庵、林场村合并，命名为三兴村。

三堰口村

东抵刘家铺村和周家店镇熊家桥村，南抵联五堰村11组，西抵王家桥村和区园艺场，北抵岳常高速公路，省道306线贯穿全村。辖18个小组，550户2056人。耕地面积2850亩，养殖水面1200亩。以生产水稻为主，棉花、红提、湘莲、柑橘、甘蔗为辅。有红提种植户50多户，面积350多亩，年产值3500万元。湖南省农业龙头企业"常德精为天米业公司"坐落村内。有小(Ⅱ)型水库一座，灌溉面积2300亩，抗旱机埠一座，硬化抗旱渠道3500米。

王家桥村

地处省道306线181千米路段，东抵联五堰村，南抵芦毛岗村，西与区园艺场毗邻，北面冲柳高水绕村而过。辖15个村民小组，384户1529人。耕地面积2300亩，山地230亩，水面260亩。盛产柑橘，村办集体橘园场1个，面积150亩，年产柑橘15万千克以上。2001年建成柑橘批发市场，占地2万多平方米，经营户120多户。2005年成立柑橘产销合作社。村组公路、排灌沟渠实现硬化，建有30千瓦排灌机埠1座。2016年5月与联伍堰村合并，沿用王家桥村名。

芦花坪村

东抵东陂堰村，南抵镇德桥镇卧龙岗村，西抵芦茅岗村，北抵联五堰村。辖17个村民小组，455户1770人。耕地4860亩，其中水田2800亩、山地240亩，水面420亩，以粮食生产为主。境内建有抗旱机埠和二级提水机埠，村组公路、排灌渠道大部实现硬化。2016年5月与芦茅岗村合并，命名为芦茅岗村。

联五堰村

东抵镇街尾，南抵芦花坪村，西抵王家桥村，北抵刘家铺村。辖12个村民小组，454户1649人。耕地面积2714.8亩，以生产粮食为主，有葡萄种植基地百余亩。建有村农贸大厦、规模型大米加工厂、养鸡场，20世纪90年代即为鼎城区小康村。2016年

5月与王家桥村合并，命名为王家桥村。

东陂堰村

位于镇南，东抵覃家岗，南抵镇德桥朱家桥，西抵寿福村、卧龙岗村，北抵芦花坪村。辖8个村民小组，258户956人。耕地面积1458亩，其中水田1286亩。以粮食生产为主，甘蔗种植为辅。2016年5月与覃家岗、文家坪村合并，命名为覃家岗村。

覃家岗村

距镇治所5千米，东与冲天湖一水相连，南与韩公渡镇接壤，西与镇德桥镇相望，北与石公桥镇夹堤口墟场毗邻。辖8个村民小组，499户1746人，有少数民族66人(土家族61人，回族5人)。总面积5.1平方千米，耕地3847亩(其中水田3347亩、旱地500亩)，水面500亩。有高标准优质稻基地2800亩，高标准精养鱼池370亩。农业以生产水稻、棉花为主，柑橘、湘莲等其他经济作物为辅，有五方荡、八叶湖、莲子湖三处百亩以上的淡水养殖湖，有代家山100亩柑橘园艺场。柳家垱汉代古墓群和三房汉代古墓群2处遗址位于村境。2016年5月与东陂堰、文家坪村合并，沿用覃家岗村名。

文家坪村

位于镇最南端，东南与韩公渡镇一河之隔，西北与覃家岗接壤。为1955年治理洞庭湖时，来自附近的15个村移民新组建。辖12个村民小组，235户867人。水田1102亩，旱地800亩，水面405亩，以生产粮食、棉花为主。村主干道、通组公路大部实现硬化。2016年5月与东陂堰、覃家岗村合并，命名为覃家岗村。

白云阁村

东抵仙人俺村，南抵北极宫村，西抵新庵村，北抵周家店镇九岭村。辖10个村民小组，288户1037人。耕地面积4230亩，其中水田2730亩，旱地1500亩，以生产粮食、棉花为主。村名产生于清代，因有宋代隐士管师复(自号白云先生)所建之祠而得。村境建有两个小型水库、白云阁水厂、抗旱机埠5台。2016年5月与仙人庵、北极宫村合并，沿用白云阁村名。

芦茅岗村

东抵联五堰村、芦花坪村，南抵芦花坪村，西抵卧龙岗村，北抵王石公路1千米处。辖13个村名小组，458户1650人。总面积3.26平方千米，耕地2755亩，其中水田2685亩，旱地70亩。生产水稻为主。2016年5月与芦花坪村合并，沿用芦茅岗村名。

镇林场

东抵周家店镇九岭村，南抵新庵村，西抵周家店镇熊家桥村，北抵周家店镇向家垱村，位于“八一水库”与“新陂堰水库”上游间。辖6个村民小组，121户446人。耕地面积1132亩，其中水田750亩，旱地382亩，以生产粮食、棉花为主。1993年从新庵村析出建新庵林场。有枫香林210亩，花木基地260亩。2016年5月与刘家铺、新庵村合并，命名为三兴村。

夹堤口居委会

位于夹堤口村境，为原冲天湖乡政府所在地，1995年并入石公桥镇，2000年更名为夹堤口居委会。东抵夹堤口村三组，南抵夹堤口村五组，西北边抵夹河大堤。辖向阳街、迎河街。辖居民259户868人，其中农村户口355人。有太阳山酒业、正宇塑管制品厂、水产养殖厂等企业，建有农贸市场、幼儿园、休闲广场，形成规模型集镇。鼎城区益民农机暨昌农水稻专业合作社落户村境。

街道居委会

位于镇墟场，辖3个居委会，1个农业组，1195户5205人，其中农业户16户54人。农业组为20世纪60年代末下放的48个知青开荒组建而成。

镇渔场

位于冲天湖大垸内岩儿湾，东抵民主阳城垸大堤，西抵冲天湖中排渠，北抵赵家垱村，南抵余家垱村。辖石公桥、岩儿湾、仙人湖、长城湖、橘园五个分场，156户406人。总面积达2825亩，以水产养殖为主。

（执笔：阮　英　编辑：娄福友）

周家店镇

地图审图号：湘S(2008)052号

地域名片

中国民间文化艺术之乡

中华诗词之乡

一、区域概况

地理位置

周家店镇位于区境北部，居八百里洞庭湖西汊，东与中河口镇、西洞庭管理区隔冲柳高水河相望，南与石公桥镇、区园艺场毗邻，西与大龙站镇、双桥坪镇交界，北与津市市渡口镇接壤。相传明永乐年间，一周姓老翁在西汊坡上开着一小酒肆，招徕过往船客，“周家店”因此得名。镇人民政府驻樊溪居委会樊溪街，距区人民政府驻地30千米。

建置沿革

民国9年(1920)，属常德县周士镇，民国19年(1930)撤镇建区，区下设乡，分属周士、同德2乡。常德县境解放后，1949年8月划属周士乡。1950年2月，废除旧的乡、保、甲，由常德县第二区直辖。9月，设周家店、瓦屋垱、万福桥、李家桥、武岗寨、白鹤寺、岩桥坪、团垱坪、娥公桥、九岭岗、太平寺、国富等10余个小乡。1951年，周家店乡改为镇。1956年6月撤区并乡，周家店镇和娥公桥、万福桥、国富、白鹤寺、团坪垱、岩桥坪6个乡合并为周家店乡。其余乡分别划归双桥坪、石公桥、大龙站3个乡。1958年10月实行人民公社体制，周家店、石公桥、镇德桥、双桥坪、大龙站5个乡合并为冲天湖人民公社。1959年2月，冲天公社析为冲天湖、太阳2个公社。1961年3月，撤销冲天湖公社，设立周家店、石公桥2个公社。1964年5月，从周家店、双桥坪、石公桥、大龙站4个公社析出部分大队组成瓦屋垱公社。1984年2月，废除人民公社体制，周家店公社更名为周家店乡，瓦屋垱公社更名为瓦屋垱乡。6月，周家店乡更名为周家店镇。1995年10月，瓦屋垱乡并入周家店镇。至2015年无变化。

区划面积

1956年6月合并后，周家店乡下辖天井、天门岗、娥公桥、竹山嘴、国富、杨腊溪、闵家桥、白鹤寺、团垱坪、九岭、年丰、柳溪湾、向家垱、泉水、岩桥坪15个高级农业合作社。1961年3月，周家店公社成立后，下辖年丰、荷花、天门岗、娥公桥、恒丰垸、金家垱、竹山嘴、黄公嘴、杨腊溪、贵家嘴、高堰岗、闵家桥、天井、大砖桥、白鹤寺、阳陂庵、武岗寨、柳溪湾、团坪垱、向家垱、泉水、岩桥坪22个大队。

1964年5月，从周家店公社析出向家垱、泉水、岩桥坪3个大队，双桥坪公社析出瓦屋垱、余家庵、合子山、新时堰4个大队，石公桥公社析出熊家桥、古堤垱、太平寺3个大队，大龙站公社析出蜘蛛山大队共11个大队，设立瓦屋垱公社。

1965年1月，从周家店公社析出金家垱、竹山嘴、黄公嘴、杨腊溪、贵家嘴、高堰岗6个大队，划入新成立的冲天湖公社。1972年12月，又从冲天湖人民公社析出金家垱、黄公嘴、竹山嘴3个大队，划归周家店人民公社。

1967年，从大龙站公社析出李家桥、神堰、垑陂堰3个大队，划入瓦屋垱公社。瓦屋垱和余家庵两个大队合并组成瓦屋垱大队。1969年，熊家桥和古堤垱两个大队合并组成熊家桥大队。1973年，李家桥、神堰、垑陂堰三个大队合并组成李家桥大队。1980年，李家桥大队5个生产队划入常德县园艺场。

1984年2月，公社改为乡，大队改为行政村。周家店乡辖建设、樊溪、闵泉3个居委会和年丰垸、恒丰垸、九岭、天门岗、黄公嘴、竹山嘴、金家垱、娥公桥、闵家桥、天井、大砖桥、白鹤寺、阳陂庵、武岗寨、柳溪湾、团垱坪16个行政村，总面积94.76平方千米。瓦屋垱乡辖瓦屋垱、熊家桥、向家垱、泉水、岩桥坪、新时堰、鹤子山、蜘蛛山、太平寺、李家桥10个行政村，总面积52.86平方千米。

1995年10月，撤销瓦屋垱乡，所辖李家桥村划入区园艺场，其余村并入周家店镇。合并后的周家店镇，辖建设、樊溪、闵泉3个居委会和年丰垸、恒丰垸、九岭、天门岗、黄公嘴、竹山嘴、金家垱、娥公桥、闵家桥、天井、大砖桥、白鹤寺、阳陂庵、武岗寨、柳溪湾、团垱坪、瓦屋垱、熊家桥、向家垱、泉水、岩桥坪、新时堰、鹤子山、蜘蛛山、太平寺25个行政村。总面积140.3平方千米。耕地面积4.92万亩，其中水田4.44万亩，旱地4783亩；山林面积3.29万亩；水域面积3500亩。至2014年，行政区划和总面积无变化。耕地面积4.42万亩，其中水田3.2万亩，旱地1.22万亩；山林面积4.1万亩；水域面积8300亩。

人口民族

1982年周家店公社有5433户23887人。其中男性12162人，女性11725人；农业人口22119人，非农业人口1768人。总人口中，汉族23869人；3个少数民族共18人，其中回族6人，土家族11人，瑶族1人。瓦屋垱公社有2759户12251人，其中男性6298人、女性5953人；农业人口11633人，非农业人口618人。总人口中，汉族12246人，土家族5人。

2004—2006年，境内接受皂市水库移民66户258人，多为少数民族。

2014年年末，周家店镇总人口35922人，其中男性18358人，女性17564人；城镇人口2444人、农村人口33478人，城镇化率6.8%。总人口中，汉族35248人，占98%；12个少数民族674人，其中土家族447人，苗族114人，壮族33人，回族28人，侗族15人，白族10人，维吾尔族7人，瑶族6人，满族4人，布依族4人，仡佬族3人，彝族3人。

自然环境

镇域地处洞庭湖西岸、武陵山余脉，地貌从平湖到丘岗到山地依次过渡。镇西北及中部岗岭连绵，东部地势低平，最高处红岩寨海拔666.9米，最低处东风机埠海拔

27.8米，全境平均海拔37.8米。有东风湖、吉尔湖、舟溪湖、樊溪湖四处天然湖泊。冲柳高水发源于境内，自北向南过境22.05千米，经津市市、西洞庭管理区，流入沅水。

境内土壤土层深厚，多为黏壤与沙壤，土质多为肥沃的高磷红土。主要植被为人工植被，有杉、松、樟、楠、桂、桑等经济类或观赏性树木。主要农作物有水稻、花生、棉花、黄豆等，盛产桃、李、柑橘等水果。

镇域属中亚热带向北亚热带过渡的季风湿润性气候区，以大陆性气候为主。四季分明，阳光充足，雨水集中。年平均降雨量1300毫米，4—7月为多雨季节。年平均气温18摄氏度。1954年以来记载最高温达40.1℃，日期为当年8月7日，最低温-5.2℃，日期为当年12月15日。主要自然灾害有旱涝、风灾、低温、霜冻、雷击、冰雹等。2011年，春夏连旱，有3条溪沟断流，600口山塘干枯，2000眼水井干枯，6座水库干涸，3.5万亩农作物遭受不同程度损失，5000多人和近1000头牲畜饮水困难。

二、经济发展

经济综述

境内经济以农业为主，工业基础薄弱。1970年，工农业总产值229万元，农民人均纯收入139元。1980年工农业总产值635万元，农民人均纯收入283元。1990年，工农业总产值3639万元，其中农业总产值2628万元，农民人均纯收入775元。1997年，工农业总值突破亿元大关，达14076万元，其中农业总产值13670万元，占97%。2014年，实现地区生产总值26985万元，农民人均纯收入8248元。

农业

种植业 1954年前，境内全部种植单季稻，亩产140千克。1955年试种双季稻1000亩。1956年推广双季稻，达4.2万亩，亩产240千克。1973年，公社农技站推广杂交水稻的种植，亩产提高到550千克。1982年实行家庭联产承包责任制后，耕作制度和农业科技得到创新，粮食产量迅速提高。1985年，白鹤寺、阳陂庵、柳溪湾、团垱坪、天井、大砖桥6个村成为常德县杂交水稻繁殖育种基地，为常德、益阳、张家界、怀化等地提供杂交水稻良种供给。1990年后，推广软盘抛秧，测土配方施肥等新技术，粮食产量进一步增长。2000年以后，农村人口大量进城务工，出现抛荒和借耕农田现象，为适应这种改变，大力发展水稻规模种植，先后成立3家千亩以上农业专业合作社，其中天井村天合农业公司流转田地3000亩，年产值超200万元。2014年，全镇粮食总产量4700万千克，亩产675千克；油菜籽总产量300万千克；籽棉总产量320万千克。

养殖业 境内养殖业以饲养生猪、牛、家禽、鲜鱼为主。1958年以前，为农户家庭散养。1958年成立人民公社后，由生产队集中养殖。1961年，境内饲养生猪4058头，年末存栏 2242 头，养牛 1770 头。1970 年，周家店公社养猪 4996 头，养牛 1172 头，养家禽 34558 羽，产鱼 381 吨；瓦屋垱养猪 2658 头，养牛 900 头，养家禽 26090 羽，产鲜鱼 153 吨。1982 年实行农村家庭联产承包责任制后，农村养殖业得到发展。1985 年，周家店镇养牛 1502 头，养猪 24483 头，出栏 11746 头，养鸡 124796 羽，养鸭 28373 羽，养鹅 631 羽，养蜂 305 箱，养殖水面 3177 亩，产鲜鱼 485 吨；瓦屋垱乡养牛 871 头，养猪 16603 头，出栏 10087 头，养鸡 76557 羽，养鸭 13709 羽，养鹅 94 羽，养蜂 278 箱，养殖水面 2057 亩，产鲜鱼 185.4 吨。1997 年，合并后的周家店镇饲养耕牛 1808 头，生猪 43000 头，出栏 29500 头，家禽出笼 300535 万羽，年末存笼 155356 万羽，禽蛋产量 1963 吨，养殖水面 8177 亩，产鲜鱼 1693 吨。2000 年后，大力发展规模养殖，到 2014 年年底，境内有年出栏生猪 500 头以上的养殖户 28 家，年出笼 1000 羽以上的养鸡户 20 家，年出栏肉牛 50 头以上的养殖户 1 家，年出栏山羊 100 只以上的养殖户 3 家。2014 年，全镇饲养生猪 10.28 万头，养殖水面 8300 亩，水产总量 8600 吨，菜牛 680 头，家禽 20 万羽，羊 2150 只。

周家店渔场 1972 年，周家店公社组建 38 人的专业渔场，20 世纪 70—80 年代，常德县后河片的鱼市基本由周家店渔场供应。1982 年实行承包制后，有 6000 亩水面长期养殖珍珠。2000 年后，因水质污染被逐渐关停，改为养殖鲜鱼、鳝鱼、龙虾。

林业

民国 34 年（1945），县国民政府在武岗寨村紫金寺至白云山地段开发万亩松、杉林业基地。1950 年，基地被常德地区林业局接管，组建成大龙站林场白云山林区，今为常德市国有林场。20 世纪 50 年代末“大跃进”时期，境内山林破坏严重。70 年代，在国家政策的鼓励扶持下，周家店公社陆续成立万亩杉松林场、3000 亩青皮竹场、500 亩乌桕林场、200 亩柑橘场、100 亩蚕桑林场 5 个社办林场。瓦屋垱公社建有 1500 亩的杉树湾林场、400 亩的草堰林场、200 亩的泉水国外松林场、150 亩的蜘蛛山林场、200 亩的缸钵冲林场、100 亩的宋家湾林场 6 个社办林场。此外，各大队均有小型队办林场。1972 年成立的青皮竹场，由常德县供销社投资种苗、肥料款 64 万元，从广东佛山引进种苗和技术，公社组建 60 人专业队伍，建成总场和 3 个分场。后因土壤、气候的差异，5 年后宣告种植失败，林场解散。1972 年建立的乌桕林场是为周家店养蜂场配置的蜜源基地，但因气候、土壤不适，原产四川 的乌桕树不流蜜，5 年后林场解散。其他林场正常经营到 1982 年，因体制改革，林场分包到户，逐渐解散。经过 20 世纪 70 年代的林场大生产时期，周家店林业得到恢复和发展。 20 世纪 80—90 年代，陆续植树造林 2.5 万亩。2000 年、2003 年、2005 年三次实施高标准的退耕还林造林，总面积达 1.5 万亩，其中退耕还林造林 7800 亩，荒山造林 7200 亩。2010 年后，大力发展油茶产业，连续新造油茶面积1.7万亩，老油茶改新8000亩，引进润龙公司、天明公司、天地农耕公司、佳润公司等油茶产业公司，产值达1亿元以上，是常德市万亩油茶示范基地。到2014年，周家店镇包括油茶林有林地面积4.1万亩，活立木积蓄量16.6825万立方米，森林覆盖率17.57%。

工业

1946年，周家店墟场建有民营犁头厂，年产犁头、铋耳上万件，销往常德县、安乡县等地。中华人民共和国成立后，陆续兴办农具厂、篾业社、缝纫社等集体企业。1953年，民营犁头厂合并到周家店农具厂，成为农具厂的一个犁头车间。到1972年，周家店农具厂有铸造、锻工、木工、篾工、加工部6个车间，从业人员115人，固定资产320万元，人均月工资45元，是常德县的先进工业单位。随着体制的变更，20世纪90年代被变卖解散。20世纪80年代—90年代，境内有乡办企业7家，村办企业64家。2000年以后一批私营企业发展起来，到2014年，全镇有工业企业10家，其中规模企业2家，从业人员700人，实现工业总产值2亿元。

湖南希母生物科技有限公司　2013年成立，占地15亩，投资800万元，以猪血为原料，生产饲料，年产值达2000万元。

常德市敬佩粮油有限公司　占地15亩，总投资4500万元，2013年开始建设，2014年正式投产运行，年产值8000万元。

商贸服务业

1949年，周家店镇墟场有大小商铺112家，有著名的王春林货庄、高大庆布装、丁万利日杂庄、胡玉楼花行，为方圆百里的农村人口服务，影响辐射到西洞庭、渡口、石公桥等地。瓦屋垱墟场有逢2、5、8日赶场的传统，吸引境内及双桥坪、石公桥等地居民前来参与贸易。1950年左右，传统商品有肉食、布匹、粮油食品、简易手工业品等。1956年起，在乡、公社驻地先后建立供销社、肉食站、粮油店等，成为农村中心市场，还在壕口、大砖桥建立两个供销分社。各村（大队）均开设有集体商业零售店或代销店。2014年，周家店镇有大小个体经商户208家，其中餐饮31家，肉食15家，理发、照相、打字、音像、木器家具、家电、建材等其他服务业50家，商业、餐馆业年营业额达900.88万元，其他商贸服务业年营业额1508.8万元。

其他产业

建筑业　2014年，全镇有从业人员2526人，完成产值23682.5万元，纯收入1579万元。

运输业　2014年，全镇有从业人员866人，各种大小农用运输车辆达803台，营运收入2369万元。

劳务输出 2014 年，全镇 16～59 岁人力资源总数为 19537 人，其中在外务工人员 9240 人，其中，国外 4 人，省外 2320 人，县外省内 3340 人，乡外县内 3576 人。全镇全年劳务收入 2.4 亿元。

三、基础设施

交通运输

水路 古有水路自樊溪湖经东风湖、柳叶湖至常德城郊七里桥。周家店镇墟场和瓦屋垱芭茅滩设有水运码头。1954 年治理洞庭湖后可经冲柳高水、苏家吉船闸入沅水达常德南硚，通洞庭湖和长江。1953 年，周家店成立船运队，1968 年高峰时，船运队有 13 艘船，运载能力 400 吨，职工 25 人。后因冲天湖、柳叶湖治理工程筑堤，水路逐渐不通，船运队随之衰落，1978 年撤销。

陆路 古有陆路自九岭经石公桥马鞍山、白鹤山猴子巷至常德城区，可行轿马和鸡公（独轮）车。1963 年，常（德）蒿（子港）公路建成通车，经境 8 千米，境内始有公路。1964 年冬，周家店集镇设立客运站，始有客车发往常德城区。原瓦屋垱 1975 年建成县道“刘钟线”8.37 千米，2009 年将刘钟线沙砾路面改建成水泥路面。1980 年代周家店修成 4 条沙砾乡道，分别为乡道 214、220、215、216。2009 年，乡道 214、220 建成水泥路面。1998 年，澧水石龟山公路大桥建成通车后，周家店成为安乡、津市至常德的交通要道。至 2014 年，境内有常（德）岳（阳）高速公路 9 千米，进出口距离周家店镇集镇 3 千米。省道 306 线过境 14.5 千米，省道 320 线过境 4 千米。周家店至西湖公路过境 3.5 千米。乡道 25 千米，村道 125.3 千米，组道 52.5 千米，全部水泥硬化。

邮政通信

中华人民共和国成立初期，境内没有专职邮递员，半月走一次邮班，收送信件电报。1951 年成立周家店邮电所，收发信函电报，投递报刊包裹。1965 年，开通固定电话。1985 年，境内有手摇电话机 80 多部，在周家店镇和瓦屋垱乡的政府机关设有总机房。1992 年，邮政、电信分营，电信专事通信业务，邮政专事包裹快递及邮政储蓄业务。至 2014 年，月均收发快递 800 件，居民储蓄额达 1.2 亿。1992 年，周家店开通程控电话。1995 年，开通直拨电话。1996 年，开通互联网。到 1997 年最高峰时期，周家店固定电话用户达 3800 户，之后逐年回落。2002 年，固定电话用户约 2000 户。2002 年，集镇出现中国移动代办点，约有移动用户 1000 户。2004 年，出现中国联通代办点，约有联通用户 200 户。2009 年电信 CDMA 移动手机开始放号，电信有了移动业务。至 2014 年，全镇拥有电信、移动、联通三家移动电话用户 11000 多户，固定电话用户 500 多户，互联网用户 5000 多户。

供电供水

供电 1958年冬，在樊溪湖建成小型水力发电站，供周家店集镇1000多人照明用电，白天为集镇的小型碾米机提供动力。1964年，接通国家电网断港头变电站供电线路，供境内年丰、九岭、天门岗、团垱坪、娥公桥、闵家桥、天井7个大队的抗旱抽水用电。1969年，瓦屋垱公社通第一条供电线路，由杨家桥电站供电。1970年，周家店公社设立水电站，管理境内供用电力，1987年改为电管站。1984年，周家店全境范围内通电。1999年，周家店镇修建微型变电站供电。2000年，成立周家店镇供电所，管辖范围为周家店、石公桥2镇和区园艺场。至2014年，周家店镇有周瓦线、周镇线、周乡线3条10千伏高压输电线路，总长度为89千米，有变压器104台11085千伏安。用电总量达819万千瓦时。

供水 20世纪60年代前，境内居民饮用水主要靠挑取溪河、堰塘等地表水。70年代流行挖手压真空泵井，抽取地下水饮用。1995年，建成周家店集镇自来水厂，日供水能力800立方米，供水范围限于集镇居民区。2008年，建成黄公嘴水厂，日供水能力500立方米，供水范围为黄公嘴村、竹山嘴村，受益人口4500人。2009年，建成娥公桥水厂，日供水能力500立方米，供水范围为金家垱村、娥公桥村，受益人口3500人。2012年建成城湖口水厂，日供水能力1500立方米，供水范围为大砖桥村、白鹤寺村、阳陂庵村、天井村、闵家桥村、天门岗村、九岭村、年丰村，受益人口18000人。2013年，建成蜘蛛山水厂，日供水能力500立方米，供水范围为蜘蛛山村及周边，受益人口2500人。

水利建设

水库 1958年大兴水利建设，组织20000多人建成5座小（Ⅰ）型水库，分别是城湖口水库，库容226万立方米；三渡水水库，库容336万立方米；彭家坪水库，库容129万立方米；大冲水库，库容197万立方米；梁家冲水库，库容160万立方米。1960～1980年，先后修建10座小（Ⅱ）型水库，总库容374.7万立方米，修建山塘500多口，2014年，周家店境内修建小（Ⅰ）、（Ⅱ）型水库15座，山塘500多口，总库容达15000万立方米，受益耕地面积27400亩。2010—2014年，上级政府投入和镇自筹资金共1000多万元，进行除险加固和渠道疏通。

堤防 境内有堤垸4个。五福垸始建于1958年，加修于1971年，垸堤长度22.15千米，垸内有水田旱地5.1万亩。1975年修建大砖桥小垸、高家嘴小垸及团坪小垸，三个小垸垸堤长度3.15千米，耕地面积0.83万亩。4个堤垸内挖有泉山港、樊溪湖、青草陂、张家垱、二堰、毛家堰、擅山撇水沟7处，长23100米。

机埠 境内有5个镇属排渍机埠。1964年修建芭茅滩机埠，装机1台130千瓦。

1973年修建东风机埠和双丰机埠，东风机埠装机2台560千瓦，双丰机泵装机3台465千瓦。1974年修建濠口机埠，装机1台130千瓦。1979年修建田坪机埠，装机1台130千瓦。20世纪70—80年代，陆续建成35个村属机埠，装机1350千瓦。

集镇建设

周家店集镇 相传明永乐年间，有周姓老翁在西汉河坡上开小酒肆招徕过往船商。后设店经商者渐多，形成集市。民国4年(1915)，建成街道1条，长700米，宽5米，青石铺街面。中华人民共和国建立后，集镇建设逐步发展。1956年，周家店乡政府机关选址在集镇樊溪湖边，在樊溪街西边修建砖木结构平房，给党政机关干部职工居住办公。1961年周家店公社成立后，学校、医院、供销社、粮店、信用社、血吸病防治组、食品站等相继建立在集镇。1962年开始扩街，常蒿公路从樊溪街经过。至1987年，建成常安、闵泉、建设、樊溪、常津、平阳6条街道，总长3212米，集镇占地面积1.11平方千米，常住人口2270人。1995年建设省道306线，促成集镇第二次扩街，新增绕城路、常蒿路、五福路、教育路，街道总长达7600米，并修建周家店镇农贸大市场，设立商贸区。居民自建住房20栋500套50000平方米。2012—2014年，投资500万元建设集镇基础设施，安装路灯170盏，修建客运招呼站6处，修建樊溪文化广场，修建下水道15千米。融资8000多万元修建高档居民居住小区。至2014年，周家店集镇占地面积达2.6平方千米，其中建成区2.1平方千米。集镇建筑总面积1.5万平方米，其中居民住房面积1.2万平方米，公共建筑面积0.3万平方米，常住人口11000人。

四、社会事业

教育

1929年之前，现周家店境内为私塾教学，阳陂庵、余家庵(今瓦屋垱)、闵家桥、天门岗、白鹤寺、李公庙(今鹤子山)等地设有私塾。每个私塾有1~2个先生授课，学生一般在10个以内。余家庵私塾规模最大，常有30多个学生，白鹤寺私塾其次，常有10来个学生。学生以谷充学费，每年交谷50~100千克。学习内容以识字为主，教授三字经、百家姓等。至20世纪50年代，公办小学越来越多，学费只需一两元，至1952年，境内所有私塾或关停或被公社接收变成公办小学，私塾学堂消失。

1929年，在天门岗设立常德县立第十高小。每年招收一个班，每班20~30人。1938年后，改为每年招收两个班。开设国文、数学、历史、地理、公民、美术、音乐、体育、手工劳动等课程。

1938年，成立周士模范初小，招收1~4年级学生。

1940年，常德县立第十高小更名为周士乡中心国民学校，开办四年制小学班。同年,白鹤寺私塾改成公办的白鹤寺小学。

1949 年常德县境内解放后,周士模范初小并入周士乡中心国民学校,学校更名为常德县天门岗完小。同年在余家庵私塾的基础上改建成公办的余家庵小学。

1952 年,兴办李公庙小学和回龙庵(今李家桥)小学。

到 1956 年,现周家店境内共有学校 5 所,教师 51 人,学生 1040 人。其中天门岗完小有学生 600 人,教师 25 人;白鹤寺小学有学生 200 人,教师 10 人;余家庵小学学生数达 300 人,教师 10 人;李公庙小学学生 50 人,教师 2 人;回龙庵小学学生 60 人,教师 2 人。李公庙小学与回龙庵小学为复式班教学。

1957 年 9 月,天门岗完小附设初中班。1960 年 9 月,初中班从天门岗完小独立出来,成立常德县第六初级中学(六中),1968 年开始办高中班,1971 年 1 月停办初中班,未毕业初中生进入周家店中学就读。六中成为县办普通高中学校。

1962 年,由马来西亚华侨雷雄与周家店人黄逸云、袁国志等人开办公社农业技术中学,1964 年由公社接管,1969 年并入天门岗完小,曾更名为“五七中学”,70 年代中期更名为周家店中学。

1962 年,白鹤寺村办起一个农中班,到 1964 年,由于招不到学生而停办。

1965 年余家庵小学开设初中班,更名为瓦屋垱中学。

受“人多力量大”口号影响,出现生育高峰,1968 年秋,学校激增,各村(含墟场)均办起村立小学。

1971 年,周家店中学开办高中班,1973 年停办,1975 年,复办高中班。1981 年,再停办,未毕业高中生转入县六中就读。

1972 年,周家店公社开办村级初中点校,天门岗小学、濠口小学、白鹤寺小学、天井小学、荷花(今九岭)小学、柳溪湾小学开办初中班。1978 年濠口中学、白鹤寺中学成立,各村小初中班分别并入周家店中学、濠口中学、白鹤寺中学。

1974 年,瓦屋垱公社开办村级初中点校,李家桥小学、新时堰小学、熊家桥小学开办初中班。1978 年取消各村小初中班,未毕业初中生全部进入瓦屋垱中学就读。

1976 年周家店中学办起一个农机班,培养出第一批拖拉机手。

1985 年,恒丰小学、周家店墟场小学并入天门岗完小,改名周家店中心小学。瓦屋垱小学改名为瓦屋垱中心小学,各村小学五、六年级学生陆续并入中心小学就读,只开办一——四年级。

1990 年,鹤子山、岩桥坪、向家垱、泉水、太平寺村小取消,并入瓦屋垱中心小学

1993 年 9 月,金家垱、竹山咀、黄公咀三所村小并入濠口中学,更名为濠口小学,濠口中学初中部并入周家店中学。

2000 年 9 月,白鹤寺中学并入周家店中学。

2003 年 9 月,镇联校与中学本部合并,管理全镇教育。

1998—2005 年,出现小学撤并潮,各村小陆续撤销,到 2005 年,全镇只剩下周家店中心校、瓦屋垱中心校、濠口小学、闵家桥小学和白鹤寺小学 5 所小学。

2010 年,撤销闵家桥小学,2011 年,撤销濠口小学。

周家店镇学校最多的时候出现在 1985 年, 有 1 所高中、4 所中学、26 所小学,学生最多的时候出现在 2001 年,有 5000 多名学生,教职工 300 多人。之后,由于出生率降低、学生进城读书等原因,在境内学校就读的学生逐年大幅度减少。

2011 年,周家店中心小学六年级学生进入周家店中学学习。

2014 年 9 月, 瓦屋垱中学的中学部并入周家店中学。周家店境内有 1 所高中学校、1 所中学、3 所小学,分别为常德县第六中学、周家店中学、周家店中心小学、瓦屋垱小学、白鹤寺小学。其中白鹤寺小学只有 7 名学生。是年,全镇教师总数(含六中)253 人,在校高中生 480 人,初中学生 451 人,小学生 936 人。

周家店中学 2004 年被授牌区级"示范性初级中学",2005 年被评为市级"示范性学校",2006 年被市教育局授予"农村中小学现代远程教育示范学校",2009 年被评为湖南省合格学校。2000—2010 年,连续 10 年被评为区"学校目标管理先进单位"。教师论文在省级、国家级刊物发表的有 25 篇,获得市级奖励的 27 篇。2014 年,周家店中学本部有教学班 12 个,学生 521 人(含六年级),教职工 65 人(其中高级教师职称 18 人,中级职称 32 人)。学校占地面积 19866.67 平方米,建筑面积 8798 平方米,有高标准的物理实验室、化学实验室、图书室、阅览室、活动室和青少年宫,以及全区农村中学第一个塑胶跑道运动场。

文化

境内民间传统文艺形式丰富多彩,最流行的为吹唢呐、打锣鼓家什(地方打击乐的一种)。春节、元宵、重阳等节日,艺人串乡走村以渔鼓道情、竹马、车儿灯、狮子、龙灯、地方花鼓等形式卖艺表演。1957 年组建过剧团,表演常德汉剧、荆河戏,1959 年后因无收入维持而解散。"文化大革命"期间,传统文艺被作为"四旧"破除,公社、大队建有毛泽东思想文艺宣传队,表演革命样板戏,广大群众中盛行跳"忠"字舞、唱革命歌曲。改革开放后,周家店传统文化艺术得到长足发展。20 世纪 80 年代,成立 20 多支锣鼓队,挖掘整理打击乐牌和吹奏乐曲目 130 多首。吟诗作对、绘画摄影、雕刻书法、剪纸篆刻等艺术活动也逐步开展。1986 年成立皇家民间艺术团,1992 年参加鼎城区"昌明杯"管弦乐大奖赛获金奖。2006 年成立周家店镇诗词学会,有会员 300 余人。2013 年,成立周家店镇文学艺术界联合会,统筹管理镇吹打乐协会、农民诗社、农民书协、民间艺术团体协会、广场舞协会、农民摄影家协会等民间组织。2014年,全镇有7家集歌舞、戏曲、舞蹈、乐队为一身的演艺团体,43家传统吹打乐与铜管乐队,民间艺人2000余人,为本土及周边乡镇、邻近县群众红白喜事演出4000多场,年收入2060万元。

九岭锣鼓队魏家班 已经有六代相传的历史,人称"魏响手"。寨子里130多个男女老少,人人都会使锣鼓家什。经他们传授的锣鼓队以百计,徒弟逾千人,在附近的石公桥、镇德桥、中河口、双桥坪、大龙站等乡镇中,有徒弟300多人。已故老乐手魏德枝,技艺超群,唢呐、笛子吹得好,锣鼓、钹、大筒打(拉)得精,曾被常德汉剧团聘为特邀鼓手。

皇家民间艺术团 1986年,由镇政府扶持组建,经过20多年的发展,2014年演职员26人,音响设备二套,一台演出车和易安装、拆卸的流动舞台,有固定的办公场所,并设有资料展示室。1992年,参加鼎城区"昌明杯"管弦乐大奖赛,获金奖。在省八运会和亚划赛开幕式上,该团3名演员被评为优秀演员。2003年,参加鼎城区"迅达怀"职业艺术团表演赛,获"十佳艺术团队"奖。2007年3月,被区委宣传部授予"优秀民间艺术团体"光荣称号。2012年,参加鼎城区群众文艺演出百团大赛获金奖,参加常德市群众文艺演出百团大赛获三等奖,自编自导的渔鼓表演唱《选乡长》获优秀节目奖,吹打乐《四季农耕乐》获精品节目奖,参加市"百团大赛"颁奖晚会演出,其优秀事迹上了中央电视台《新闻联播》和《湖南新闻联播》。2013年,参加鼎城区群众文艺演出百团大赛获金奖,参加市群众文艺演出百团大赛暨省"欢乐潇湘"比赛,获三等奖,女歌手蔡磊获新人奖。2014年,参加鼎城区群众文艺演出百团大赛获金奖,成功晋级市决赛。

周家店诗词协会(樊溪诗社) 2006年6月,在常德市纪委退休老干部周则强牵头和发动下,由镇退休干部、退休教师、农民等组成的樊溪诗社成立。2013年1月,以樊溪诗社为班底的周家店诗词协会成立,在诗词、散文等文学创作的基础上,添加了剪纸、篆刻、民俗和文史研究等文化活动。樊溪诗社有会员350余人,社、编两委12人,理事69人,顾问78人,28个村(居)都有诗教小组和联络员。樊溪诗社已发行社刊《樊溪》11辑,13名会员出版个人诗词散文等文学创作专辑。

文化活动 2011—2014年周家店镇开展活动20多场次,其中主要文化活动有:

2010年12月,举办"樊溪之声"——周家店镇2011年迎新年诗词朗诵文艺会演;2011年6月,组织"庆祝中国共产党成立90周年民间艺术轻骑小分队",下到全镇12个农村党支部专场文艺演出;2011年9月,参加沅水流域第三届鼓王擂台赛;2012年3月,和武警常德市支队联合主办"军民一家亲"大型主题文艺演出;2012年5—8月,参加常德市群众文艺演出"百团大赛";2012年12月,承办常德市首届廉洁文化周鼎城承办日“廉洁文化进农村”周家店镇演出分场文艺演出；2013 年 5 月，协办鼎城区第二届群众文艺演出百团大赛复赛；2013 年，参加“欢乐潇湘”暨常德市群众演艺百团大赛；2013 年 6 月，参加第四届沅水流域鼓王擂台赛；2013 年 10 月，成立鼎城区周家店镇文学艺术界联合会；2013 年 11 月，举办周家店镇第三届“樊溪”文化艺术节。

1995 年，湖南省人民政府授予周家店镇“湖南省文化艺术之乡”称号。2008 年，文化部授予周家店镇“中国民间文化艺术（吹打乐）之乡”称号。2012 年，中华诗词学会授予周家店镇“中华诗词之乡”称号。

医疗卫生

清末至民国年间，境内有药铺数家，走方郎中 10 余名。民国 31 年(1942)，县立中心卫生院在周家店设立卫生所，有医务人员 2 人，民国 35 年(1946)裁撤。中华人民共和国成立后，1953 年建立周家店区卫生所。1956 年，组建乡联合诊所。1958 年，设公社卫生院，下置村卫生所 12 处，有医务人员 50 多人、病床 20 多张。1963 年，扩改建周家店公社卫生院。1964 年，设立瓦屋垱公社卫生院。1969 年开始实行合作医疗，各大队相继建立合作医疗站，有“赤脚医生”负责诊断治疗。1984 年，公社卫生院改名为乡(镇)卫生院。瓦屋垱乡卫生院建于 1955 年，到 20 世纪 90 年代，医务人员由建院时的几人逐渐发展壮大到 28 人，拥有 200 毫安的 X 光机、心电图及一套三大常规检验设备，基本能承担瓦屋垱乡人民的常规医疗。1995 年合并于周家店镇卫生院。应当地群众的医疗需求，周家店镇卫生院于 2009 年重新申报设周家店镇瓦屋垱分院，租用瓦屋垱墟场民房 450 平方米，设立病床 20 张，配有心电图机、300 毫安的 X 光机、黑白 B 超及生化检验设备，配备医务人员 6 名。到 2014 年，周家店镇卫生院有医务人员 33 人，建筑面积 3500 平方米，建有门诊楼、住院楼、公卫楼、职工宿舍楼。开设有内科、儿科、外科、中医、妇产、检验、B 超、放射等科室和 45 张病床，拥有进口彩色 B 超、全自

▲ 周家店镇——中国民间文化艺术之乡

动生化仪、全自动血球分析仪、300毫安的X光机等先进医疗设备。下辖28个村级卫生室，有村医30名。年接纳门诊7580人次，收治住院对象2843人。

血吸虫病防治 清光绪三十一年（1905），广德医院美籍医生罗感恩在境内一陈姓渔民的粪便中，发现血吸虫卵。周家店成为中国第一例血吸虫病的发现地，是血吸虫病防治的重灾区。中华人民共和国建立后，1953年6月，县政府组建周家店血吸虫病防治组。1957年，建立周家店血吸虫病防治医院，共三幢平房，能同时接收30人治疗，采用21日疗法即住21日，打21针，情况严重的住院一个月，出院后长期服药。所有治疗均为免费。同时，大规模开展灭钉螺运动，由专业人员带领广大群众，采取阻断钉螺活动水源、撒药粉、挑堤除草、积肥、填埋等多种手段灭螺。到1985年，境内钉螺基本消灭，血吸虫感染基本控制住，周家店血防医院被撤销。

社会保障

农村五保 1963年，境内开展"五保"评议工作，对农村特困人群、无劳动能力人群和鳏寡孤独进行"五保"救助。以初级农业合作社为单位提取公益金，用于保障五保对象生活。建立公社后，有些生产队因集体资金紧张改为按人口分指标凑钱、凑物供养"五保"老人。1977年，团垱坪大队办起一所村级养老院，由大队集体资金集中供养12名"五保"对象，2000年关停。2003年起，五保供养经费，改为由政府财政支付。2007年，建起镇敬老院，可集中供养"五保"对象42人。2014年，全镇供养"五保"对象330人，其中集中供养32人，分散供养298人，年发放"五保"供养资金140.32万元。镇竹山咀村境内有能同时容纳42人的敬老院一所，由区财政投资修建于2007年，156名老人先后入住敬老院，2014年年末住有32名老人。

城乡低保 1999年实施。2014年，全镇有城市低保177户267人，农村低保1433户1535人。低保资金实行一卡式发放，全年发放城市低保金241.9万元、农村低保金193.9万元。

新型农村合作医疗 2005年开始实施，至2014年，参加合作医疗30934人，占总人口的85%，占农业人口的93%，年收缴合作医疗费175.5万元。2014城镇居民参加医疗保险1173人。

新型农村养老保险 2009年开始实施。2014年城乡居民养老保险参保人员13782人，其中城镇养老保险参保283人，参加新型农村养老保险的有13499人，参保率85%。60岁以上城乡居民领取养老金待遇人员6463人，其中农村6389人，城镇74人。

危房改造 2013年、2014年全镇改造危房130户，投入资金50万元，改善了困难群众居住条件。

人民生活

吃 1950年，人均口粮225千克。1978年后，粮食连年增产，除自给外，每年出售商品粮1000万千克以上。家庭养殖迅速发展，鸡、鸭、鱼、肉市场繁荣。人们从谋求吃饱到讲究吃好、讲究营养。

穿 20世纪50年代前，群众穿着主要靠自己种棉，手工纺棉织布，请乡村裁缝用土布做衣蔽体遮风御寒。1958年后依靠配发给的有限布票，凭证买布做衣，一年难做一套新衣。1978年后，生产发展，经济宽裕，各式品牌时装进入寻常百姓家，穿着打扮成为一种时尚。

住 1950年，以土坯茅草房为主。1978年，约75%的农户住房为三两间结构简易的木板房，25%的为土坯茅草房。20世纪80年代农民开始全面修建新居，并不断进行换代升级，从土坯茅草房改为红砖瓦房，从“居民点”式红砖平房改为独立庭院小楼房。2000年后，瓷砖地板等精细装修走进农村，整体厨房和抽水厕所成为新农村建房标配。

用 2014年，全镇拥有家用小车1750辆，35%的农户拥有电脑和开通宽带网。电视机、空调、洗衣机、热水器等家用电器基本普及。

五、特色地情

文物古迹

新石器文化遗址 有2处，均未挖掘。一处位于娥公桥村9组的一片棉田里，可见表层陶器碎片，有学者鉴定为大溪文化遗址，属区文物保护单位。一处在省道306线恒丰村段临道路西侧的一个水塘里。属区文物保护单位。

春秋战国古墓群 位于天门岗村3组和5组，天门岗至阳陂庵公路两侧。核心保护区范围约1平方千米，延伸保护区范围覆盖到娥公桥里堤堰水库。立有保护石碑。有5座大型墓葬，因开采砂卵石和取土，已抢救性发掘2座，发掘文物存于区文物管理处。从发掘的情况看，古墓多次被盗，文物盗失严重。从墓葬形制分析，属大夫、王侯级墓葬。

樊陂 据传王莽篡位后，为巩固新朝势力，对西汉皇室宗亲赶尽杀绝，光武帝刘秀的外祖父樊重为避战乱来到洞庭湖西岸的一个小村庄安家，即今周家店。樊重在周家店大兴水利以灌溉农田，先后建起48座陂塘，其中第一个也是最大的一个，就是樊陂。樊陂坐落在团坪村境内，利用观山岭山咀连接黄石港堤坝，修成拦水大坝，堤长1里，高15米，底宽160米，面宽20米，放水的硚管用价值仅次于黄金的“九火铜”铸成。陂塘完工后，蓄水量相当于现在的小(I)型水库。水面虽然不宽，但经过黄石湾、团垱坪、三度湾、柳溪湾、螃蟹坪、竹枝湾6个大弯道，总长度达5千米以上，陂塘水源充足，总揽上游20个积雨区的雨水，灌溉周边2万多亩农田。因陂塘为樊重修建，故称“樊陂”。

紫荆寺 位于武岗寨村白云山南麓的山脚，海拔177米。相传是唐太宗为纪念关云长建造的一座神庙，主供关公圣像。因周围遍生紫荆花，取名紫荆寺。宋朝名相、莱国公寇准被贬道州途中曾在寺中住过，并题写“紫荆古刹”匾额。后人为纪念他，称寺后九眼泉为莱公泉，今泉水已枯，泉水流经的小溪尚存。古寺占地40亩，香火常盛，清光绪二年（1876）大修，毁于20世纪50年代。今遗址尚存。

风景名胜

白云山 属武陵山余脉，位于武岗寨村鼎城、津市分界处，山脚下存有一块清嘉庆二年（1797）所立的鼎澧界碑。山中层峦叠嶂，古木参天，顶峰海拔373米，有道观名白云观，始建于唐贞观年间，后几经重建。

挂蟒山 位于新时堰村，顶峰海拔367米，为周家店镇油茶核心产区。秋末冬初茶花怒放，绿树白花漫山遍野，独具特色。

八宝湖 位于大砖桥、天井、竹山嘴村，水域面积达2400亩。湖心有若干小岛，岛上林木葱茏，水涨时，树林仿佛长在水里，别有风韵。岸南有30多个品种的园林基地3000亩。

人物

刘凤苞 （1826—1905）派名毓秀，号采九，清道光六年（1826）六月十七日生于武陵县（今常德市）周家店天井村义备湾（11组）一个书香世家。祖父刘高翔，父刘探骊，均为前清邑庠生。凤苞有三兄弟，其一凤锦号瑞堂，“列庠序而滞于科名”“四赴秋闱不中，含恨而终”。凤苞妻高氏，育有四子。刘凤苞幼时，在新坡堰当地塾学就读。入学补廪后，曾任国子监学正、学录，咸丰七年（1857）考中举人，同治四年（1865）获赐进士出身，钦点翰林院，充任国史馆誊录。同治七年（1868），国史馆散馆，刘凤苞被分配到云南省任禄丰知县。同治十年（1871），调任榆城知县。同治十三年（1874），改任蒲门知县。光绪三年（1877）调元江知州。随后，升任云南道台多年。光绪二十年（1894）左右，年届七旬高龄的刘凤苞致仕回湖南任长沙城南书院山长。

光绪二十三年（1897）十月，以熊希龄、梁启超为首的维新派在长沙筹办时务学堂和南学会，提倡资产阶级民权平等学说，阐述改良主义理论，遭到岳麓书院山长王先谦、城南书院山长刘凤苞等人的强烈反对。光绪二十九年（1903），清政府对教育颁行《葵卯改制》，刘凤苞被推任为湖南师范馆监督。光绪三十一年（1905）病逝，享年79岁。

刘凤苞在庄子研究方面颇有造诣，著有《南华雪心编》一书。还著有《晚香堂诗抄》

五卷、《晚香堂分颜标新》八卷、《晚香堂骈文抄》《晚香堂杂文抄》《鹿鸣雁咏》等多种著作行世。

陈凤灵 (1886—1949) 派名志忠,又名鸿盛,生于清光绪十二年(1886)农历十月十五日,卒于1949年6月,今周家店镇天门岗村人,为民国时期“常德三公”之一。国民党党务元老张炯生活俭朴,常以芒鞋徒步代替车马,人称跑公;教育界知名学者李子新疾世傲物,性格倔强,人称纠公;而凤灵先生身材不高,态度和蔼,言谈举止彬彬有礼,世人誉之为蔼公。陈凤灵幼年启蒙于塾学,继入“湖南西路师范”就读,后在“武昌高师”深造。因天资聪颖,博学多才,曾有“武陵才子”之美誉。陈凤灵一生都奉献给了动荡时期的常德教育事业,他坚守讲台,坚持白话文教学,创办多所新式中小学校,曾任常德县劝学所所长,教育局课长、教育局局长等职,是“常德民报”的主笔。抗日时期,陈凤灵用自己的全部家产在家乡团坪桥王家的山窝里搭盖茅屋办起私立植才中学,一年中曾三次被人放火毁校,逐将学校迁至太阳山下面的白鹿寺,校改名为“明义中学”,抗日战争胜利后学校迁至常德市东门,是常德市第六中学的前身。

高冬九 (1931—2014)女,周家店镇闵泉居委会人,周家店镇两杆救民会的负责人,是共产党周家店地区的地下工作者。1949年7月29日常德解放,8月1日高冬九到常德地委汇报情况,介绍到常德县委。两杆救民会15人集体参加革命工作,改名为常德县第三青年工作队。1950年高冬九任常德县妇联副主任,最后调至广西钦州市任文联主席,享受正厅级待遇。

陈星焱 (1928—1984)竹山咀村13组人。黄埔7期毕业,国民党总统府侍从官,武官接待室上校主任,1979年被特赦后任常德县政协委员。

沈维栋 (1916—2005),今建设居委会人,国民革命军抗战老兵,参加过宜昌战役和襄阳战役两次抗日战争,新中国成立后在周家店供销社工作。

沈维章 (1921—1998),今建设居委会人,系抗战老兵沈维栋胞弟,1950年毕业于西南军事政治大学,1951年2月入伍参加朝鲜战争。1951年5月28日所在180师全师被美军俘虏,送往台湾,官至台湾陆军上校。

梁郎川、周植山、罗仙舫 分别为白鹤寺、阳陂庵、武岗村人。三人同为周家店镇晚清最后的秀才,均属庠生,曾在本地开设塾堂,是为当地“三才子”。

革命烈士

周国栋 (1906—1927) 男,阳陂庵村12组人。1926年入党,支部组织委员,区农会副委员长。1927年5月25日被当地土豪捆绑抛至樊溪湖淹死,年仅21岁,1994年被追认为烈士。

袁四海 (1907—1926)男,大砖桥村16组人。1926年入党,任支部宣传委员,周士地区地下党交通员，在临澧柏子台开展农民运动时被叛徒出卖，当众被杀，年仅20岁。1994年被追认为烈士。

童冠群 （1910—1940）男，樊溪居委会人。1927年入团，任常德翰文中学团支部书记，1937年由周立功介绍入党，任周家店党支部书记。1940年12月2日，被叛徒出卖被捕，坚贞不屈，被反动派用麻袋沉入沅江，年仅39岁。1984年9月1日被追认为烈士。

彭祥麟 （1917—1941）男，闵家桥村人，1936年入党，在湖北沙市一带长期开展抗日救亡工作，任江陵县委书记兼襄南独立营政委，被叛徒出卖，1941年8月1日，在石首新场的尖角咀被秘密杀害，年仅24岁。

石历文 （1956—1988）男，金家垱村9组人，1975年入伍，1977年入党，解放军五一〇四八部队，任教导队队员、军械股股长。1988年11月16日，为抢救三名战士牺牲，时年32岁。

麻祖家 （1957—1979）男，天门岗村一组人，1977年入伍，1979年入党，解放军53046部队，63分队班长，1979年2月20日中越边境自卫还击作战牺牲，时年22岁。

吴　磷 （1957—1979）男，天井村11组人，1977年入伍，解放军53047部队副班长。1979年3月17日中越边境自卫还击作战牺牲，时年23岁。

鲁义坤 （1957—1979）男，周家店镇黄公咀村人，1977年1月入伍，1979年入党，解放军53048部队班长，1979年2月19日中越边境自卫还击作战牺牲，时年22岁。

李菊初 （1956—1979）男，瓦屋垱村人，1979年中越边境自卫还击作战牺牲，时年23岁。

彭永亮 （1963—1991）男，1988年入伍，1991年执行公务牺牲，1992年被追认为烈士。

重大事件

1926年6月，中共地下党员许和钧在周士镇（今周家店镇）和澧县渡口开展革命活动，发展党员7名，建立周渡支部。

1942年秋冬，日本侵略者在常德实施细菌战，周家店为重灾区，有32个村庄遭受鼠疫，死亡3780人。10月底至11月初十余天里，九岭村向家榨坊的向氏家族80余人中，身染鼠疫死亡43人。

1954年，从十美堂移民500多户2000多人到境内定居，形成竹山嘴、黄公嘴2个村。

1979年4月17日，冰雹成灾，最大冰雹有1.5千克重，新时堰、瓦屋垱等5个村房屋打得片瓦不存，田地作物及林木全毁。

2005年7月，镇农技站被农业部评为全国“五星级农技站”。

六、各村(居)简介

周家店居委会

位于恒丰垸村、天门岗村、九岭村结合部，东起周西街至加油站，与恒丰垸村相邻；南起樊溪街至派出所与九岭村接壤；西起教育街至周家店中学，与天门岗村相邻；北起卫生院与娥公桥村交界处。辖区面积2.1平方千米，人口1.1万人，其中户籍人口4590人。3个居民委员会，其中闵泉居委会1890人、建设居委会1250人、樊溪居委会1450人。常住单位11个：镇党委政府机关、鼎城区六中、交警四中队、信用社、派出所、供电所、邮政所、卫生院、中石化加油站、国土所、广电局等。

黄公嘴村

位于镇东，与国营西洞庭农场隔河相望，岳长高速、周西公路贯穿全村，辖13个村民小组，1531人。其中“五保”10户、低保75户。耕地面积3100亩，以种植水稻棉花为主，有200亩特种养殖基地和近百亩特种种植基地。硬化村公路10千米，有线电视户户通，中心水厂提供本村和竹山咀村、壕口墟场及金家垱7组等地用水，受益人口3000多人。2016年5月，黄公咀、竹山咀村合并为濠口村。

恒丰垸村

位于镇治所东北部，省道1804线、S306线贯穿村境，辖9个村民小组，348户1215人。其中“五保”户11户、低保户55户。有水田1835亩，农业生产以种植水稻为主，有优质稻种植面积700多亩，其他为常规稻面积；有水面370亩，以养殖水产为主。村主道公路实现硬化，自来水覆盖全村，有线电视、光纤网络通达各组，有图书室、医务室、桌球室、乒乓球室等设施。

白鹤寺村

位于镇北，下辖18个村民小组，448户1700人。有“五保”户16户、低保户70户。有水田3000亩，优质柑橘600亩，优质油菜800亩，农业生产以种植优质水稻、棉花、花生、大豆为主。金丹桃花山庄坐落境内。有图书室、医疗室、健身广场，99%的农户用上自来水。2016年5月，白鹤寺、闵家桥村合并，命名为白鹤寺村。

天井村

位于镇北，与津市市渡口镇一桥相连，省道306横贯全村，辖16个村民小组，408户1610人。其中“五保”户10户，低保户67户。耕地面积3130亩，其中水田2480亩；水面280亩；山林2500亩。天合水稻专业合作社落户村内。2014年土地流转1000亩种植优质双季水稻。村道全部实现水泥硬化；通组公路硬化90%；安全饮水全覆盖；部分农户已开通有线电视和光纤网络。村部有办公室、图书室、卫生室、健身广场等设施。2016 年 5 月,天井、大砖桥村合并,命名为大砖桥村。

岩桥村

位于镇西北,属丘陵地貌,村域 6.06 平方千米,辖 13 个村民小组,340 户 1120 人。其中"五保"户 5 户、低保户 53 户。水田 1555 亩,山林 3800 亩。农业生产以水稻、棉花、油菜为主。农田由英雄、竹枝湾两座水库自流灌溉。新植高标准油茶树 1510 亩。村主道全部硬化,组道硬化 90%,自来水、有线电视实现全覆盖。2016 年 5 月,岩桥、柳溪湾、武岗寨村合并,命名为武岗寨村。

连丰垸村

位于镇东南,与石公桥镇、冲天湖隔河相望,辖 12 个村民小组,481 户 1653 人。其中"五保"户 8 户,低保户 56 户。水田 3850 亩(镇内水田面积最大的村),旱地 370 余亩,农业生产以种植水稻为主,有优质水稻 1500 余亩,其他为常规稻。村、组道路硬化 12 千米。沟渠浆砌 11000 米,光纤网络覆盖半数农户,自来水通全村,有村图书室。2016 年 5 月,年丰、九岭村合并,命名为荷花村。

武岗寨村

位于镇西北,与双桥坪镇相连接,辖 6 个村民小组,154 户 575 人。其中低保户 26 户,35 人。有水田 820 亩,山林 2700 亩,农业生产以种植水稻、棉花为主。2010 年后兴起以桃花观赏为主的乡村生态旅游。11 千米村公路全部硬化。自来水通全部农户。农村环境整治已全面启动。村部有图书室。2016 年 5 月,武岗寨、柳溪湾、岩桥村合并,命名为武岗寨村。

向家垱村

位于镇西北,辖 11 个村民小组,235 户 875 人。其中"五保"户 10 户、低保户 46 户。水田 1327 亩,山林 2850 亩。农业生产以种植水稻为主,棉花、油菜、柑橘、油茶、湘莲为特色产业。在外务工或经商为农民经济收入主要来源之一。2003 年建立起松林基地800 余亩。2008—2015 年招商引资 200 万元,建起 400 余亩药材基地。村道硬化 4.4 千米,另有 3.1 千米铺碎石。自来水、移动信号全覆盖。有图书室、农家书屋和健身广场。2016 年 5 月,向家垱、泉水、团垱坪村合并,命名为团垱坪村。

娥公桥村

位于镇北,湘北干线横跨本村,辖 14 个村民小组,489 户 1658 人。其中五保户 10 户,低保户 77 户。水田 3367 亩,旱地 210 亩,水面 280 亩,农业以种植水稻为主。农户全部实现安全饮用自来水。水泥公路修通 12 个小组。有线电视、光纤网络实现全覆盖。建有图书室、医务室、健身体育广场等设施。2016 年 5 月,娥公桥、金家垱村合并,命名为娥公桥村。

熊家桥村

位于镇西南，临近省道306线，岳常高速穿境而过，丘陵地貌，山水相间。辖18个村民小组，438户1648人。其中“五保”户16人，低保户82人。有水田1943亩，旱地845亩，山林1800亩，水面400亩。农业生产以种植优质水稻、棉花、油菜为主，兼种花生、芝麻、油茶等其他经济作物。常德市敬佩粮油有限公司和西儿堰牧业公司两家企业落户境内。村道铺装碎石路面。村部有图书室、医务室。自来水覆盖全村。2016年5月，能家桥、太坪寺村合并，命名为太坪寺村。

泉水村

位于镇西北角，辖11个村民小组，220户797人。其中“五保户”4户，低保户31户。有水田1375亩，山林面积1.6公顷，农业生产以水稻种植为主，棉花种植为辅，兼种花生、黄豆、玉米、高粱等农作物。油茶是主要经济产业，有老油茶面积1100亩，新增油茶面积约300亩。硬化公路4.6千米。自来水通到各农户，有线电视覆盖全村，互联网通村组，村部有图书室。2016年5月，泉水、团垱坪、向家垱村合并，命名为团垱坪村。

鹤子山村

位于镇西北角，辖11个村民小组，252户890人。其中“五保户”10户、低保户41户。有水田1396亩，旱地420亩，主产粮食、棉花、柑橘。有山林4100亩，以油茶为主。湖南佳润生态农业发展有限公司在村内新造油茶2000亩。有梁家冲小型水库一座，大小山塘28座。村主道硬化，自来水，光纤网络通达村组，村部有图书室、医务室。2016年5月，鹤子山、新时堰村合并，命名为新时堰村。

闵家桥村

位于镇北，省道306横贯8个村民小组，辖16个村民小组，446户1765人。有“五保户”16户，低保户81户。有水田3450亩，山林3200亩，农业生产以种植优质水稻、棉花为主。村道水泥公路贯通9个组，有线电视、光纤网络全覆盖。村部设有农家书屋、卫生室。2016年5月，闵家桥、白鹤寺村合并，命名为白鹤寺村。

蜘蛛山村

位于镇西，辖17个村民小组，338户1138人。其中“五保户”7户，低保户48户。有水田2014亩，山林面积3000余亩，其中油茶面积1500亩。农业生产以种植水稻、棉花为主。村主道已硬化，自来水、有线电视全覆盖，光纤网络通达村组，有图书室。2016年5月，蜘蛛山、瓦屋垱村合并，命名为瓦屋垱村。

金家垱村

位于镇东北，辖10个村民小组，275户950人。其中“五保户”6户，低保户45户。

有水田1670亩，旱地300亩，水面80余亩，农业生产以种水稻为主，有近百亩棉花和其他作物，有一个龙虾养殖户。水泥硬化村主干道和2个小组的组道，自来水、有线电视全覆盖，光纤网络通达各组，有图书室。2016年5月，金家垱、娥公桥村合并，命名为娥公桥村。

瓦屋垱村

位于镇西，是原瓦屋垱乡政府所在地，有集镇墟场，辖23个村民小组，570户，2083人，“五保户”28户，低保户94户。有水田2830亩，山林近6000亩，其中油茶林1500亩，农业生产以种植优质水稻为主，有一个水稻专业合作社、一个农机专业合作社。村主道已硬化、组道硬化3条1.8千米，自来水、有线电视覆盖全村，光纤网络通达各组，村有图书阅览室。2016年5月，瓦屋垱、蜘蛛山村合并，命名为瓦屋垱村。

阳陂庵村

位于镇西北部，辖10个村民小组，356户1060人。其中低保户48户54人，“五保户”15户。有水田1559亩，山地2480亩，农业生产以种植水稻、棉花、油茶为主。村公路主道2200米全部硬化，组道已硬化6900米。农户饮用自来水。广播村村通覆盖各组。电信网络通达各组。村部有卫生室、文化活动中心、农家书屋。2016年5月，阳陂庵、天门岗村合并，命名为阳陂庵村。

九岭村

位于镇南，与镇街道相连接，兼具平原丘陵，省道306线以及白沙线贯穿全村，地处高速公路出口。辖18个村民小组，540户1810人。其中“五保户”35户，低保户90户。总面积5587亩，其中水田2473亩，旱地1100余亩，山地1694亩，大小山塘约240亩。有中果园约500亩，灌林750亩，优质油茶400亩。农业生产以种植水稻为主。村主道已硬化，自来水，有线电视全覆盖，光纤网络通达各组，有图书室、阅览室、医务室、健身广场。2016年5月，九岭、年丰村合并，命名为荷花村。

柳溪湾村

位于镇西北，属丘陵地貌，辖10个村民小组，308户1020人。其中“五保户”8户，低保户58户。有水田1600亩，山林5000亩，农业生产以种植水稻为主。有油茶近1500亩，是市、区两级优质油茶示范基地。有桃林500亩，是远近闻名的“桃乡”。村道已全部水泥硬化。自来水接通90%以上农户。主道全部安装路灯。有图书室、医疗卫生室。2016年5月，柳溪湾、武岗寨、岩桥村合并，命名为武岗寨村。

竹山嘴村

位于镇东侧，辖15个村民小组，414户1628人。其中“五保户”7户，低保户84户。耕地面积3460亩，其中有水田1825亩，旱地1635亩。农业以种植水稻、棉花为主，有水产养殖面积325亩，种植中草药穿心莲250亩，晚秋黄梨320亩。村主干道11.5千米已全部硬化，自来水、有线电视已全覆盖。有专业经济合作社2家，家庭农场2家。2016年5月，竹山咀、黄公咀村合并，命名为濠口村。

团垱坪村

位于镇西，辖20个村民小组，425户1664人。其中"五保户"16户，低保户77人。有水田2019亩，以种植水稻为主。湖南天明公司在村内开发有油茶基地。村道路已水泥硬化，有线电视已全覆盖。村民用电和安全饮水工程已完成，98%以上农户用上自来水。2016年5月，团垱坪、泉水、向家垱村合并，命名为团垱坪村。

天门岗村

位于镇北，辖7个村民小组，农户195户。有人口650人，其中"五保户"9户，低保户28户。有水稻780亩，农业生产以种植水稻为主，有优质水稻种植面积近百亩，其他为常规稻。村主道已硬化，自来水覆盖全村。2016年5月，天门岗、阳陂庵村合并，命名为阳陂庵村。

新时堰村

位于镇西北，辖10个村民小组，275户975人。其中"五保户"15户，低保户46户。有水田1338亩，山林4500亩，农业生产以种植水稻、棉花、油茶等为主。在外务工或经商为村民主要收入来源之一。2010年引进常德润农生态农业发展有限公司，栽种油茶，已初具规模。村主道实现水泥硬化，并安装有路灯，自来水、光纤网络已全覆盖，村部设有图书室、体育设施。2016年5月，新时堰、合子山村合并，命名为新时堰村。

大砖桥村

位于镇北，地处周家店镇与津市渡口镇交界处，属丘陵地貌，辖16个村民小组，315户1375人。其中低保户54户，"五保户"15户。有耕地2400多亩，山林6000亩，其中松林900亩、苗圃基地500亩、油茶2000亩、柑橘1000亩。水泥路、自来水、光纤网络已全覆盖，村部设有图书室、体育设施，休闲广场。2016年5月，大砖桥、天井村合并，命名为大砖桥村。

太平寺村

位于镇西，与区园艺场接壤，辖13个村民小组，305户985人。其中"五保户"11户，低保户47户。有水田1486亩，油茶林400亩。农业以种植优质水稻为主，棉花、油菜、水果为特色经济。外出务工或经商为村民主要收入来源之一。村道碎石铺路，98%以上农户用上自来水，有图书室、医务室、健身广场等设施。2016年5月，太坪寺、能家桥村合并，命名为太坪寺村。

（执笔：刘银艳　编辑：娄福友）

镇德桥镇

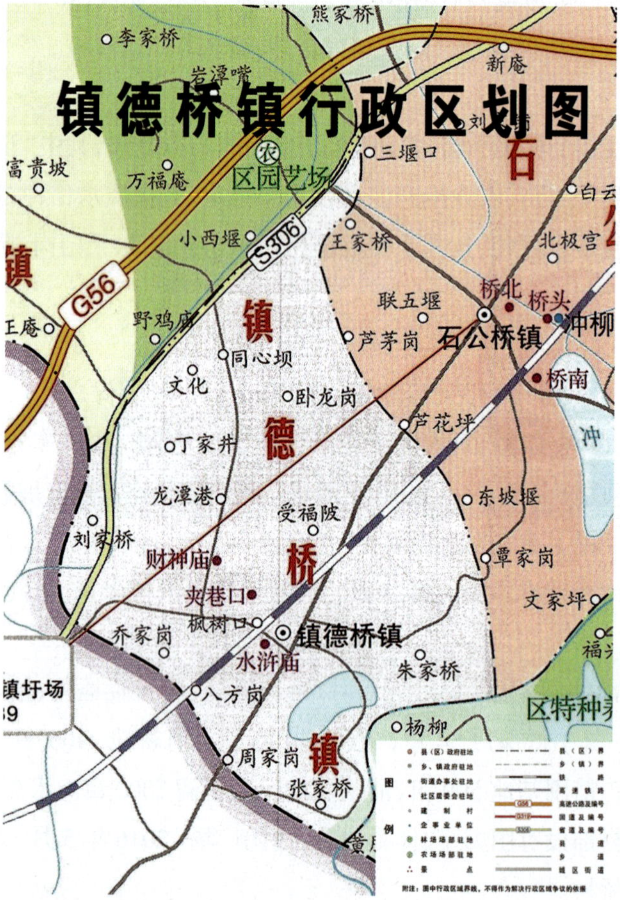

地图审图号:湘 S(2008)052 号

一、区域概况

地理位置

镇德桥镇位于区境中北部,东连石公桥镇,西接柳叶湖旅游度假区白鹤镇,南邻韩公渡镇,北抵大龙站镇和区园艺场。境内有座石拱桥称镇德桥,故镇以桥名。镇人民政府驻夹巷口居委会,距区人民政府驻地 20 千米。

建置沿革

民国早期，属常德县广德乡。抗日战争时期，国民政府为表彰辛亥革命中光复常德有功的梅景鸿（字子逵，镇德桥人），曾在短期内将广德乡称为子逵乡。1949 年 7 月县境解放后仍称子逵乡。1950 年 2 月属新德乡。1951 年 11 月，设镇德桥镇和堆子岗、野鸡庙、朱家桥、龙潭庵、枫树口、周家岗等乡。1956 年 6 月，上述乡镇合并为镇德桥乡。1957 年 7 月，析置镇德桥镇。1958 年 10 月，实行人民公社体制，镇德桥乡、镇被撤销，并入冲天人民公社。1959 年 5 月，由冲天公社析置太阳公社，镇域改属太阳公社。1961 年 3 月，调整人民公社规模，建立镇德桥公社。1984 年 2 月，撤销人民公社，改为镇德桥乡。8 月，改为镇德桥镇。至 2014 年无变化。

区划面积

1984 年前，下辖先锋（1981 年，先锋村改名枫树口大队）、张家桥、周家岗、八方岗、乔家岗、刘家桥、丁家井、文化（1980 年，1、2、3、4、5、6 组划入常德县园艺场）、同心坝、卧龙岗、龙潭港、受福、朱家桥、“五七”（1968 年，为响应毛主席“知识青年下乡”的号召，镇德桥自然镇改为“五七”大队，后改为镇德桥墟场）14 个大队和太山坡林场（1980 年划入常德县园艺场）、良种场、枣园场 3 个场。

1984 年镇德桥由乡改镇。1987 年，镇德桥镇下辖枫树口、张家桥、周家岗、八方岗、乔家岗、刘家桥、丁家井、文化、同心坝、卧龙岗、龙潭庵、寿福陂、朱家桥、镇德桥墟场 14 个行政村。总面积 43.56 平方千米，其中耕地面积 2.55 万亩，水域面积 1.41 万亩。因 1956 年 6 月撤区并乡后，龙潭庵曾名为龙潭港，1987 年后复称龙潭庵村为龙潭港村。

1993 年 10 月，丁家井村 11 组划归区园艺场管辖。1984 年建镇时，将原镇德桥自然集镇内（原五七大队）人口析置 3 个居委会，3 个居委会联合办公，合起来称为镇德桥墟场，21 世纪初改称街道办事组。

2014 年，镇德桥镇下辖夹巷口、财神庙、水浒庙 3 个居委会和枫树口、张家桥、周家岗、八方岗、乔家岗、刘家桥、丁家井、文化、同心坝、卧龙岗、龙潭港、寿福陂、朱家桥 13 个行政村。总面积 43.3 平方千米，其中耕地面积 2.48 万亩，山林面积 1297.4 亩，水域面积 1.63 万亩。

人口民族

1982 年，镇德桥公社有 4926 户 20184 人，其中男性 10202 人、女性 9982 人。有汉族 20142 人，占 99.79%，3 个少数民族 42 人，其中回族 40 人、维吾尔族 1 人、苗族 1 人。1992 年，镇德桥镇有 5959 户 21303 人，其中男性 10836 人、女性 10467 人。有农业人口 19532 人，非农业人口 1771 人，劳动人口 12358 人。2010 年全国第六次人口普查，全镇有 5130 户 19346 人，其中男性 9859 人、女性 9487 人。2014 年，全镇有 5210

户 21037 人，其中男性 10857 人、女性 10180 人。

自然环境

镇域地势西高东低，地貌有平原和丘陵两大类，同心河以西属丘陵地带，最高点刘家桥村风暴顶海拔 180 米，以东为湖平区，最低点流溪湖海拔 5 米，平均海拔约 20 米。镇域处于中亚热带向北亚热带过渡的季风湿润气候区内，以大陆性气候为主，兼有湿润的滨湖气候，热量充足，雨水集中，严寒期短，暑热期长，春温多变，夏秋多旱，冬冷夏热。年均气温 18℃，年均降水量 1500 毫米，年均日照 2000 小时，无霜期约 270 天。冬季和夏季主要风向分别为偏北风和偏南风。土壤土层深厚，多为黏壤与沙壤，通透性强，土质肥沃。

二、经济发展

经济综述

民国年间，境内经济凋零。中华人民共和国建立后，实行土地改革，经济很快恢复。20 世纪 50 年代后期，建立人民公社，实行计划经济，生产力受体制制约，经济发展缓慢，到 1979 年，境内农民人均年收入 150 元。1982 年，境内实行改革开放，推行家庭联产承包责任制，经济发展走入快车道。1988 年，全镇农业总产值 1113 万元。1991 年，全镇工业产值 2801 万元，农业总产值 796 万元，农民人均实际收入 735 元。自改革开放后，境内个体私营经济迅速发展。乔家岗、同心坝、丁家井、文化等村利用区位优势，先后办起木材加工、竹器加工、鞋底加工、废旧收购等私营企业。1994 年，镇德桥镇被评为鼎城区个体私营经济工作先进单位。2000 年后，进行产业结构调整，扩大经济作物种植和特种水产养殖面积，形成以朱家桥村、张家桥村为中心的甘蔗种植业，以同兴坝村、文化村为中心的甲鱼养殖业，以刘家桥村为主的鳝鱼养殖业，以乔家岗村为主的金佛手种植业。2014 年，全镇实现地区生产总值 3.5 亿元，农民人均纯收入 6318 元。

农业

种植业　境内种植业历来以水稻为主，辅以甘蔗、湘莲、油菜、黄豆、棉花等。20 世纪 40 年代，水稻种植品种主要有“胜利籼”“万利籼”“抗战籼”“帽子头”等，亩产在 150 千克左右。1961 年，种植早稻 9382 亩，亩产 121.5 千克，中、一季稻 25261 亩，亩产 110.5 千克，晚稻 3413 亩，亩产 165.5 千克。70 年代中期，在中晚稻种植中开始推广杂交水稻，粮食产量快速增长，到 1979 年，镇德桥公社粮食总产量达 1.5 万吨，人均610 千克。1982 年实行家庭联产承包责任制后，耕作制度和农业科技不断创新，粮食单产进一步提高。为适应市场经济的发展，80 年代后期，镇德桥开始大面积种植甘蔗。1988

▲ 镇德桥镇人民政府

年，全镇种植甘蔗4715亩，1993年达8410亩，总产量42050吨。此后，随着国家对粮食生产的重视和稻谷收购价格的不断上涨，水稻种植面积增多，甘蔗种植面积减少，到2004年，全镇甘蔗种植面积1541亩。因在优质稻产业开发工作中表现突出，镇德桥镇2009年被区委、区政府评为“全区优质稻产业开发先进单位”。2010年，农业部以刘家桥村为中心设立“晚稻万亩高产创建示范片”。2014年，全镇双季稻种植率达到95%，农作物专业化统防统治率超过85%，水稻总产量达3万吨。甘蔗种植1100余亩，每亩收入6000元。

养殖业 民国时期，境内养殖银鱼，畅销全国。1974年治理冲天湖、柳叶湖后，银鱼绝迹。1979年，公社建肉兔场，年产肉兔过万只。实行农村家庭联产承包责任制后，境内养殖业得到快速发展。1991年，全镇养耕牛903头；养生猪29150头，出栏15500头；出笼家禽180400只，出产禽蛋1263吨；水面养殖800亩，产鲜鱼43吨。1995年，同心坝村开始引进甲鱼养殖，从2000年起，镇政府鼓励发展规模养殖，2009年成立同心甲鱼养殖协会，有会员103人。2011年成立迎丰青鱼养殖专业合作社，有社员52人。2014年，出栏生猪18010头，出笼家禽12万羽，出水鲜鱼1050吨、甲鱼25吨，有百头生猪养殖户9家，千羽蛋鸡养殖户3家。

林业

民国30年（1941），县国民政府向境内丘陵区农户发油桐种，播种油桐林。20世纪50年代末，开展“大跃进”运动，山林被毁损。1972年，建公社枣园场。1975年，建公社林场。2000年代末，枣园场、林场相继并入刘家桥村。1987年，全镇造林650亩，“四旁”植树10万株。2014年，全镇有林地3953亩，其中防护林530亩，用材林1800亩，经济林1000亩。经济林中油茶420亩，柑橘503亩。

工业

民国年间，镇德桥集镇开办有镬头（犁头）厂，所产镬头销往全县各个乡镇。1954年，常德县二轻局建镇德桥服装厂，后改名常德县皮件一厂，1979年，更名为常德县镇德桥皮件厂，生产劳保猪皮手套，产品曾出口国外。1955年，建镇办集体企业染织厂。

1977年，建公社集体企业常德县织布厂，年产蚊帐布、打包布、色格布120万米，1999年由镇政府租赁给洋洋毛巾厂，2001年改为常欣毛巾厂。1984年9月，建镇德桥镇藕煤厂。至1990年，全镇有乡镇企业1152家，总产值2588万元，其中乡办企业8家，产值239万元。2006年，常德市精为天粮油有限公司在镇德桥镇开业，2011年迁往石公桥镇。至2014年，全镇有工业企业2家，从业人员200余人，总产值8000万元。

商贸服务业

清代，镇德桥开始形成集市，有商人开铺，经营百货布匹、杂货肉食、粮油食品、手工业品、家具等。境内及周边大龙站、肖伍铺、瓦屋垱等地的农民带着桐油、茶油、板栗、桃李、重阳菌、烧柴等土特产品到镇德桥交易，购回生活用品。民国34年(1945)，全县农村集市34个，镇德桥为11个日常集市之一。中华人民共和国成立初期，镇德桥渔具市场湘西北闻名。20世纪50年代，国家对主要农副产品实行统派购政策，允许上集市贸易交易的商品有限，集市贸易受到影响。1958年，建立供销社、肉食站、粮油店，实行单一的流通渠道，集市贸易被关闭。1962年恢复集市，“文化大革命”期间再度关闭。中共十一届三中全会后，个体商贸服务业发展，农村集贸市场日益活跃。1987年，全县共有集市57个，镇德桥为28个日常集市之一。2014年，全镇有各类商铺206家，从业人员1000余人。

劳务输出

1978年改革开放后，随着经济的发展，境内外出打工农民越来越多。2005年，全镇外出务工人员2190人。2014年，外出务工人员达4000多人。以八方岗、乔家岗、刘家桥、周家岗等村村民为主的农民工，利用离常德市城区较近的优势进城务工，早出晚归，形成1000人群体。

金融

抗日战争时期，镇德桥丁阳记布店兼营钱庄，曾发行市票在小范围流通，由于质量低劣，出现仿制，失去信誉，很快被废。中华人民共和国成立后，1951年，中国人民银行常德第四支行在镇德桥建立营业所。1954年，建桥镇德农村信用合作社。1991年，信用社年末存款余额343.2万元，集体存款24.6万元，个人存款285.7万元。2014年，镇农村信用社年末存款余额1.73亿元，各项贷款3098万元。

三、基础设施

交通运输

陆路 清代，武陵县至安乡县羌口大道途径境内塔水桥(今镇德桥)，道路平坦，轿马可行。1966年，建成刘(家桥)镇(德桥)公路，全长3.5千米，境内始有公路。1967

年，常(德)岳(阳)公路常德至蒿子港段建成通车，全长51千米，境内长9千米。1977年，常德运输公司客运北站始发通镇德桥班车。从20世纪90年代起，加快通村通组公路建设。至2014年，全镇有通村组公路主干道14条，78千米，其中硬化53.6千米。

水路 1953年前，县内通航干线——马林航线经过镇德桥。1954年治理西洞庭湖，航道封闭。1959年1月，县木帆船运输合作社转为海鹰人民运输公社，办公地点设境内张家桥，对来往船只进行统一管理。1963年，建三港子轮船码头，航线南经断港头、白鹤山、芦荻山到马家吉通沅江，北经石公桥至冲天湖，往西至镇德桥码头。后因围湖造田，修建堤坝，湖面缩小，改为镇德桥渔场，境内水路交通运输消失。

邮政通信

民国时期，常德县邮电局在境内设邮政代办所。中华人民共和国建立后，1951年，县人民政府在驻境的第五区区公所，安装境内第一部手摇式电话。到20世纪60年代，电话通至各大队部，公社设人工交换总机转接。1995年10月1日，电信综合大楼竣工，4000门自动(程控)电话开通，结束摇把子电话的历史。1998年邮政、电信分营。2001年，鼎城移动通信分公司在镇德桥镇修建移动基站。2008年，鼎城电信分公司在枫树口村修建电信基站，无线通信信号覆盖全境。2014年，全镇有移动服务网点2个，电信服务网点2个，联通服务网点1个，广电宽带网用户300多户，电信宽带用户395户，固定电话用户185户，移动电话用户9200户。邮政代办所年办理报刊订阅50多种20多万份，日汇兑汇票50余笔，日收发快递包裹300多份。申通、顺丰、中通、圆通、韵达等快递公司均在境内设有代办点。

供电供水

供电 20世纪70年代末，境内开始用电照明。到90年代，电力设施基本完善，实现村村通电，户户用电。2014年，全镇有高压输电线路120千米，变压器58台，全年用电量300万千瓦时。

供水 境内传统饮用水模式为从堰塘、河港直接挑、提饮用。70年代，开始打真空泵压水井，取用浅层地下水。1989年，建镇德桥镇水厂，日供水1000立方米，供应集镇及周边居民饮用水。2011年，区政府在区园艺场太山坡建西洋陂自来水厂，日供水3600立方米，基本解决全镇居民饮用水问题。2014年，夹巷口居委会近300人的饮用水纳入西洋陂水厂供应，全镇农村安全饮水率达100%。

水利建设

1957年，修建四陂堰水库，属小(Ⅰ)型水库，集雨面积7.18平方千米，库容186万立方米，灌田6500亩，惠及周边刘家桥、丁家井、文化、龙潭港、同心坝5个村。1974年，修建三港子电力排灌站，装机容量240千瓦。1975年开挖同心河，作为冲天湖、柳叶湖、肖家湖治理工程的组成部分，从白鹤山起，经刘家桥、西洋陂至丁家坝与石公桥镇南河相接，长16.3千米，河底宽16米，移动土方400多万立方米。境内有刘家河源自太阳山，经大龙站、马陇桥、刘家桥、镇德桥、冲口子注入马家吉河，河长7.2千米。开挖同心河后，被分为两段，上半段截入同心河，镇德桥以下1.7千米河段，裁湾改直，命名为迎丰河。1984年修建张家桥电力排灌站，装机容量260千瓦。至2014年，全镇有机埠26处，装机31台/套2240千瓦；水库1座，堰塘620口，总蓄水量1100万立方米；防洪大堤21.8千米。

集镇建设

镇德桥集镇雏形始于清代，有小店10余家。民国25年(1936)，由地方捐资，修建镇德桥连通刘家河南北两岸后，市场日渐繁荣。有街道2条，总长1800米，宽6米，片石铺街面。有旅馆、鱼行、米行、酒店等数十家。中华人民共和国建立后，因治理西洞庭湖和围湖造田，水运逐渐中断，集镇日趋冷落。后随着公路建设加强，集镇复趋活跃。至1987年，集镇占地面积1.5平方千米，建成区面积0.32平方千米，常住人口2392人。2003年，集镇建成区达0.9平方千米，形成南北街、商业街、新街3条主街道和2条巷道，总长近5000米，常住人口3200人。至2014年，集镇设有夹巷口、财神庙、水浒庙3个居委会，总面积1.15平方千米，房屋建筑总面积23.2万平方米，其中居民住宅18.5万平方米，公共建筑3.9万平方米，生产建筑0.8万平方米，常住人口4380人。

四、社会事业

教育

清代和民国初期，境内有多处私塾。民国16年(1927)，创办广嗣庵高小，时设两个教学班，学生30余人。因校舍倒塌，1931年7月，学校从广嗣庵迁至枫树口，改名为常德县立第七高级小学，设4个教学班，学生100余人，教师7人。1936年更名为“四贤高小”，6个教学班，学生200余人，教师13人。1938年11月，为躲避日机轰炸，常德隽新中学从常德城区迁至镇德桥周家岗村周家大屋，并在朱家桥村查陂庵设分校，在附近一所祠堂内设隽新附小，后疏散至钱家坪。1941年，“四贤高小”改为“常德县广德乡中心国民学校”，1946年，更名为“子逵乡中心国民学校”，1949年改名为“枫树口完全小学”，其时有学生300余人，教师19人。中华人民共和国成立后，人民政府重视教育，办有各类“扫盲班”，开始实行义务教育。1969年，实行公社办中学，小学全部下放到各大队办。枫树口完全小学更名为“抗大中学”，开办3个初中班，学生167人，1个高中班，学生47人。1975年起，公社办初中逐步下放到大队学校办初中班，“抗大中学”以办高中班为主，附设两个初中尖子班，到1978年“抗大中学”有高中8个班(高

一、高二),初中 4 个班(初中只有初三,初一、初二在大队学校),在校学生近 700 人。1979 年“抗大中学”更名为“镇德桥中学”。1982 年,公社办中学取消高中班,专办初中。1984 年,成立枫树口小学,后成为镇德桥镇中心小学。1986 年“六一”儿童节,枫树口幼儿园受到省地县表彰,被评为“优秀园所”,全镇13 个村办起 12 所幼儿园,335 名适龄儿童入园学习。20 世纪 90 年代,随着人口流动性加大,生源减少,1997 年以后,各村属小学陆续撤销。2014 年,全镇有初级中学(镇德桥中学)1 所,完全小学(镇德桥镇中心小学)1 所,幼儿园 2 所,教师 75 人,在校中小学生 655 人,在园幼儿 200 人。适龄儿童入学率 100%,初中生毕业率 100%。

文化

民国年间,镇德桥集镇常驻有两个戏班,经常有县城名角加入演出。1943 年常德会战前夕,为躲避战乱,常德城许多戏班迁到镇德桥,戏曲演出场次增加。1951 年,省电影教育总队第一队在镇德桥集镇设有放映点。1953 年,常德县政府在镇德桥镇设文化站,1956 年撤销。1961 年,成立民间职业汉剧团,经常有市内著名的汉剧艺术家到团登台表演。1984 年,建成镇德桥公社影剧院。从 2007 年开始,镇里设数字电影放映员一名,每年下村组放映电影。2010 年后,各村、居自发成立广场舞蹈队,学跳广场舞,镇文化站为舞蹈队提供技术指导。 至 2014 年,全镇有广场舞蹈队 14 支,花鼓戏表演队 1 支。村村设图书室,共计藏书 5 万余册。枫树口村左宜宁自发整理表演常德渔鼓曲目,成为常德渔鼓民间传承人。

广播电视

广播 1958 年,境内始建公社广播站。1962 年公社广播站停办,1970 年恢复,后因线路老化,基本处于停播状态。1980 年,新架通线路 1200 米,接通有线喇叭 140 多个。2015 年 5 月,镇德桥镇作为全区第一批乡镇实施“广播村村响”工程,9 月完工使用。全镇建镇级广播室 1 个,村级广播室 14 个,高喇叭 162 只,音柱 2 套。

电视 2007 年,镇德桥镇开通模拟电视信号,开始使用有线电视。2010 年,模拟电视信号改为数字电视信号。2014 年,全镇有电视用户 5000 余户,其中有线电视用户 1400 多户。

医疗卫生

民国时期,境内医疗水平有限,主要用传统中草药、民间偏方治疗疾病。1941 年 11 月 4 日,日本侵略军对常德实施细菌战,镇德桥受害惨重,最严重的寿福陂村,全村 300 多人,死亡 60 人。1942 年 11 月 14 日,湘西防疫处在镇德桥设防疫临时办事处。中华人民共和国成立后,政府重视卫生事业。1952 年,成立镇德桥镇联合诊所。1953 年,成立镇德桥区联合诊所和镇德桥血吸虫病防治组。1956 年,镇、区联合诊所合并组建为镇德桥联合医院。1961 年,改为镇德桥公社卫生院,1984 年,更名为镇德桥镇卫生院。1986 年,卫生院下放给镇政府主管。1999 年,镇卫生院转为全民所有制,2005 年,上划到区人民政府管理。到 2014 年,有镇卫生院 1 家医院,14 个村卫生室,3 个居委会卫生室,私营药房和诊所各 2 家。镇卫生院有建筑面积 3000 平方米,医务人员 19 人,病床 35 张,设内科、外科、儿科、中医科、妇产科等科室,配置 200 毫安 X 光机、心电监护仪、B 超、半自动生化仪、脑血流图等仪器,全年接诊门诊 3585 人次,住院病人 1520 人次。

社会保障

农村五保 20 世纪 60 年代,开始实行“五保”政策,到 1973 年全镇有“五保”98 人,1978 年,“五保”72 人,2014 年,镇德桥镇有“五保”209 人,其中敬老院集中供养 45 人,月发放“五保”生活费 15750 元。

城乡低保 1996 年开始实行城镇最低生活保障政策,1998 年实行农村最低生活保障政策。2008 年,全镇农村低保 428 人,发放低保金 15430 元。2014 年,全镇城镇低保户150 户,205 人,农村低保 720 户,810 人,发放城镇低保金 51250 元,农村低保金 85050 元。

新型农村合作医疗 2006 年, 推行新型农村合作医疗制度, 收费标准为 10 元 / 人年, 当年参合 4306 户,13816 人, 缴费 136950 元, 住院补偿 404 人次 272611 元;2009 年开始门诊补偿,当年门诊补偿 4007 人次 66455 元;2010 年,收费标准为 20 元/人年,全镇参合 5524 户,16833 人,缴费 336660 元,当年门诊补偿 3462 人次,196064 元,住院补偿人 907 次 616126 元;2014 年,收费标准为 60 元 / 人年,参合 5714 户,16620 人,缴费 997200 元,当年门诊补偿 9778 人次 253724 元,住院补偿 1483 人次 1061475.9 元。

新型农村社会养老保险 2010 年始执行新农保政策, 当年参保 8450 人,3440 人领取养老金待遇,247.68 万元。2014 年,新农保参保 8305 人,领取养老金 3935 人,发放 306.93 万元,新农保覆盖率达 98%以上。

残疾人救助 2014 年开始对重度残疾人(一、二级伤残)护理补贴,全镇申报 167 人,发放重度残疾人护理补贴 66800 元。

镇德桥镇敬老院 2005 年 7 月, 将镇德桥镇中心小学旧址改建为镇德桥镇敬老院,有 2 栋平房,面积 1200 平方米,2012 年投资 54 万元扩建整修,新增修 2 栋平房,面积增至 2450 平方米,有单间 24 间,套间 4 套。2014 年,集中供养五保户 45 人,生活标准每人 350 元 / 月,2015 年增加到每人 475 元 / 月。

人民生活

中华人民共和国成立前,境内百姓生活贫困,年人均口粮不足 100 千克。主粮不足以红薯、蔬菜等充饥。农村住宅大多数为茅草房,少数为木瓦房。中华人民共和国成立后,实行土地改革,开展互助组、合作化运动,推广良种良法,粮食产量不断提高,人民生活逐步改善。1957 年,人均占有口粮 260 千克。1959—1961 年,受经济困难和“大跃进”影响,国民经济倒退,人民生活水平下降。后经调整,经济有所发展,但农民温饱仍未解决。1982 年实行农村家庭联产承包责任制后,人民群众劳动积极性高涨,粮食产量大幅提高,温饱问题得到解决。1985 年,人均占有粮食 1000 千克以上。1988 年,境内农民人均纯收入 607 元。随着家庭逐渐富裕,人们开始兴建楼房,购置大型家用电器。2003 年,农民人均纯收入 2566 元。彩电、冰箱得到普及,洗衣机、空调、电脑、热水器开始进入农家。至 2014 年,农民人均纯收入 6400 元,30%的农户建有楼房, 80%的农户拥有摩托车或电动车, 1%的农户拥有汽车。

五、特色地情

人物

梅景鸿 (1887—1914) 字子逵,男,汉族,今常德市鼎城区镇德桥镇刘家桥村人。自幼启蒙于村塾,继之就读于常德官办中学堂。1904 年 9 月,长沙起义事泄失败,他设法筹集盘费,并秘密租借小船一只,将在常举事的宋教仁救离常德。事后,被开除学籍,失学在家。

1911 年 10 月 10 日武昌首义后,他与舅舅陈孝骞在常德组织起义。成功后成立常德军政分府,以陈孝骞和他为首脑,选定考棚为军政分府驻地,并电告湖南都督焦达峰,请求派员来常指导工作。1911 年 10 月 27 日,西路招讨使杨任、副使凌汉秋、参谋总长余昭常及随员 140 多人,奉命分乘两只火轮来常履任。接着,仇视革命的西路巡防统领陈斌升亦到考棚晋见杨任。11 月 3 日清晨,陈斌升认为时机已到,公开叛乱,率军冲入考棚。梅景鸿等毫无防备,被砍倒在地,身负重伤,被人救出抬回家,旋即送往广德医院,半年后伤愈出院,即往长沙。经宋教仁推荐于国民党湖南支部任职。“二次革命”后,袁世凯的爪牙汤芗铭主湘,大肆屠杀革命党人。1914 年,梅景鸿在长沙市被汤芗铭抓住残酷杀害,其遗体由革命党人设法运回常德县刘家桥梅氏老屋,安葬于落陂堰梅氏祖山。鉴于梅景鸿光复常德有功,后又为汤逆所害,国民政府决定重修其墓地,供灵位于常德县城烈士祠,改广德乡(今镇德桥、石公桥一带)为“子逵乡”,并将其兄之子少逵过继为嗣。

杨湘曙 名轼棻,常德县同心坝人(今同心坝村)。曾祖曾因家贫,迁往汉寿、南县一带垦荒。清光绪十八年(1892),杨湘曙出生在南县浪拨湖。幼时随父下地劳动,后家境渐好,乃入学读书,16 岁考入南县县立高等小学堂。同年 8 月,被选赴省城投考陆军小学。因水灾受阻，到长沙试期已过，乃改入官立实业学堂就读。辛亥革命爆发后，长沙光复，他参加学生军，第二年，又入长郡中学学习。民国2年(1913)，被选赴日本留学，入东京高等工业学校电气科。毕业后，在横滨电气株式会社神奈川发电所、东京芝浦电气制作所实习年余。

民国9年(1920)归国，任常德朗朗电灯公司工程师，兼任湖南第二甲等工业学校数理教员。民国11(1922)年，转入鼎新电灯公司任工程师，前后任职13年。

民国25年(1936)，辞去鼎新公司职务，集合同志10余人，创办厚生农场于镇德桥沈家坪(今丁家井村)，购买荒山400余亩，种植油桐十万株。同时，个人又仿苏联园艺学家米丘林办一园艺场，面积10余亩，栽培桃、橘、梨、太平果等30多种果树，开常德私人经营新式农场先声。抗日战争后期，因农场年轻工人多被征入伍，加上民国32年(1943)日军入侵，常德一度沦陷，股东星散，农场被迫停办，他个人经营的园艺场，则继续维持。新中国建立后，园艺场为人民政府接收，改为常德县园艺场。新中国成立后应人民政府聘请，参加常德电厂筹建工作，后任副厂长。1954年，当选常德市人民代表大会代表。1962年病逝。

革命烈士

龚　鹏　(1925—1951)　原镇德桥公社受福陂大队大同垸村人，1947年参军，1950年10月加入中国共产党，1951年在辽宁省安东(今丹东)市执行任务时牺牲，时任空军104部队见习参谋。曾立大功一次、四等功一次。安葬于辽宁省安东(丹东)市浪头镇。

周德维　(1925—1953)　刘家桥村人，1951年6月参军，1953年5月在朝鲜作战牺牲，时为志愿军67军201师602团7连战士。安葬于朝鲜。

龚太成　(1958—1979)　龙潭港村杉木桥人，1977年1月参军，1978年8月加入中国共产党，1979年2月在中越边境自卫还击作战中牺牲，时为53048部队78分队班长，后被追记三等功。安葬于广西壮族自治区靖西县烈士陵园。

文物古迹

朱家桥窑址　在镇德桥朱家桥村，现存窑堆数座，采集有细绳纹大筒瓦，经鉴定，系汉代窑址。

朱家桥战国墓　2015年，朱家桥村村民在村内一处宅基地施工时发现一座古墓，经鼎城区文化局文物专家鉴定，为战国墓。

跑马岗古墓葬群　位于镇德桥镇与柳叶湖旅游度假区白鹤镇交界处的跑马岗村一处丘陵低岗地，1999年，常德市文物处在该地发掘墓葬38座，其中两座空墓，36座实墓，墓葬均为普通长方形墓，部分墓坑较宽，其中有两座棺椁保存较好，出土器物较丰。经鉴定为楚墓。

仙井庙　仙井庙位于镇德桥镇刘家桥村境内一座山岗上，原本叫仙姑庙，传说七仙女下凡，经过此地，看到此处山清水秀，人杰地灵，便停下休息，当地百姓便建庙以供奉，祈求保佑。在仙姑庙坐落的山冈下有一泉眼，泉水清澈甘甜，冬暖夏凉，邻近百姓皆携器皿盛水以供日常饮用。当地百姓为方便取水，用青石对泉眼周边进行修整成形，使泉水从一石龙嘴里吐出，石龙惟妙惟肖。据传百年来泉水从未干涸，颇具神秘色彩，人称“仙井”。久而久之仙井之上的仙姑庙也就慢慢被百姓说成“仙井庙”。庙中香火也如仙井之泉水一般长年不断，许许多多的善男信女均来上香求拜。仙井旁有一古樟，被列为鼎城区古树保护树，编号0098，树龄1400多年，像一个老人静静的守护着仙井庙和仙井。

水浒庙　镇德桥属湖区，传说古代水患肆虐，百姓苦不堪言。清咸丰年间，为镇水患，在塔水桥桥边修建起一座庙，名水浒庙，百姓在此烧香祈祷，保佑免受水患之苦。在水浒庙前有一座宝塔，旧时民众相信兆头，将“宝塔”说成“锥子”，故称“锥子塔”，塔水桥也称“锥子桥”“文化大革命”期间庙和塔均被拆毁。

奇闻逸事

丁家井　明末清初，有一丁姓人家居住在回龙嘴山下，一日清晨起来，发现自家门前竟然无故出现一股泉水，泉水清甜可口，冬暖夏凉，丁家人便用青石头修筑水池，供周边人饮用。在一次瘟疫中，河水不能饮用，附近村民均靠此泉水才得以生存，不幸

▲ 发展城郊农业，对接城市经济——镇德桥镇入口

的是丁家人却在此次瘟疫中全部遇难，其他生还者，为了纪念丁家，就将此井命名为丁家井。1963 年撤乡并村时，把丁家井附近的地域命名为丁家井村，该井现位于丁家井村 10 村民小组。

卧龙庵千年古钟 卧龙岗村的地域狭长，形似一条卧龙，在龙头上有一尼姑庵，名卧龙庵，庵内有一镇庵之宝——千年古钟。抗日战争时期，日本侵略者走水路进攻常德城，路经此村，听闻有此宝贝，想进庵抢夺，庵主因怕千年古钟落入侵略者之手，提前将千年铜钟藏于庵内几十米深的水井中，得以保留，庵主因此遭到侵略者杀害，后因连连战火，卧龙庵渐渐破败，古钟也不知所踪。

朱家桥 传说古时镇德桥人口是由江西大樟树迁徙过来，驻此地有四大姓氏：枫树口朱家、札栗树刘家（明永乐二年（1648）由于洞庭湖地震造成札栗山整体下沉为堰，后更名为札栗堰刘家）、杉树严家和洪门口李家。因到镇德桥（塔水桥）要靠渡船，摆渡的船家姓李最多，其次是姓朱的。过渡的人催船夫开船，船夫便问路上还有人没有，过渡的人便会说“杉树严家都没人了”（意思是说在路上没有看到杉树严家的人，也就是后面没人要过渡了，可以开船了）。令人奇怪的是，杉树严家的年轻壮丁陆续得病死去，就连山上的杉树也逐渐死亡，仅存的两颗也遭雷击死亡。严家人见此情形，便聚拢商议，要修路修桥，以杜绝过渡人说“杉树严家都没人了”。严家有钱而没劳力，朱家人丁兴旺，有的是劳力，便同意由严家出资，朱家出人，修筑一段大堤和一座石桥，初始桥没命名，过路人见是朱家人修的桥，便叫“朱家桥”。

名优特产

镇德桥甲鱼 1995 年同心坝村引进甲鱼养殖，采用纯天然外塘放养方式，为绿色有机甲鱼。出售的甲鱼一般喂养 4 年以上，体重达 1000 克，体肥肉嫩，裙边厚，质鲜美。其产地和产品两项通过农业部质量认证，年产量 20 吨以上，远销湖北、四川、贵州等地。

镇德桥甘蔗 以朱家桥、张家桥村为主种植甘蔗，有溆浦甘蔗和青皮甘蔗两种。每到甘蔗成熟季节，众多批发商到此收购后销往各地。因地域气候土壤适宜，镇德桥甘蔗茎粗长、水分足、含糖高、口感好。

六、各村（居）简介

枫树口村

位于镇中心位置，据枫树口村吴氏族谱记载，明永乐九年（1655），吴氏由江西迁入湖南至现镇德桥中学北边，发现有一片枫树林，人称枫树堆，遂环绕枫树堆而居，改称枫树口，村名从之。辖 11 个村民小组，629 户 2263 人（有少部分为桑植、石门移民）。

总面积3.8平方千米，耕地2978亩，水面494亩，农业以水稻种植为主。2016年5月，枫林口村、夹港口居委会合并，命名为夹港口居委会。

张家桥村

与韩公渡镇杨柳村、黄腊溪村交界，交界处为一条河，河中原有一座桥，为一张姓人家所修建，地从桥名。辖13个村民小组，458户1438人，总面积4.5平方千米，水田3083亩，旱地526亩，水面306亩。以水稻种植为主，甘蔗、西瓜种植为辅。村公路硬化7700米，沟渠硬化6800米。2015年5月，张家桥、周家岗村合并，沿用张家桥村名。

周家岗村

位于镇最南端3千米处，东邻张家桥村，南与常德市柳叶湖旅游度假区白鹤山乡新港村、流溪湖村一水（流溪湖）相隔，西邻八方岗村，北邻枫树口村，白沙公路贯穿全村，常德市59路和13路公交车经村境。辖10个村民小组，298户1107人。总面积3.2平方千米，耕地2500亩，旱地350亩，屋场、道路、沟渠500亩，堰塘面积200亩，水面800亩（流溪湖）。2016年5月，周家岗、张家桥村合并，命名为张家桥村。

八方岗村

地处镇公路大桥（古称塔水桥）西南端，东与枫树口、南与周家岗、西与乔家岗、北与龙坛岗接壤，为镇地势最高处。因常居人口历史上来自四面八方，姓氏较杂，取地名为八方岗。辖7个村民小组，348户1058人。总面积2.3平方千米，耕地1890亩，旱地320亩，屋场、道路、沟渠580亩，堰塘130亩，水面260亩。2016年5月，八方岗、乔家岗村合并，命名为乔家岗村。

乔家岗村

位于镇西南端，S306公路跑马岗地段。东与枫树口交界，南与柳叶湖旅游度假区白鹤山赵公桥村交界，北与刘家桥村交界，西与大牛村交界，因地势高，种植条件不好，解放前村民以种“苦荞”为食，人称此“荞家岗”，后改为“乔家岗”。辖11个村民组小，365户1170人。总面积2.8平方千米，耕地2100亩，林地150亩，水面40亩。以种植水稻为主，西部山地主要种植红薯、油菜、柑橘等经济作物。2016年5月，乔家岗、八方岗村合并，沿用乔家岗村名。

刘家桥村

因史上有刘姓石匠为方便当地百姓出行，倾毕生精力化缘，在内河上修桥而得名（此桥已有200余年）。同心河将村划为两半，河西山林叠嶂，橘树成林，河东地势平坦，土地肥沃。常岳高速，省道306穿村而过。辖22个村民组，465户1595人。总面积5.2平方千米，耕地2262亩，林地2800亩，水面800亩。以水稻种植为主。2016年5月，刘家桥、丁家井村合并，沿用刘家桥村名。

丁家井村

位于省道306线旁，南抵刘家桥村，东到龙潭港村，北至文化村，西北与柳叶湖旅游度假区白鹤山镇马垅村、大龙站镇翠正庵村，区园艺场野鸡庙村接壤，同心河穿村而过，辖16个村民组，386户1308人。总面积3.2平方千米，耕地3141亩，山地600亩，水面234亩。有小（Ⅱ）型四陂堰水库直灌，以种植水稻为主，兼有家畜、家禽养殖。2016年5月，丁家井、刘家桥村合并，命名为刘家桥村。

文化村

位于省道306线旁，东临同心坝村，北边和西边与区园艺场野鸡庙村相邻，南抵丁家井村和龙潭港村。辖7个村民组，142户428人。总面积0.95平方千米，耕地900余亩，林地150余亩，水面110余亩。以种植水稻为主，特色产业有柑橘、桃子、葡萄、甲鱼养殖。2016年5月，文化、同心坝村合并，命名为同心坝村。

同心坝村

20世纪50年代，附近几个村在寒陂堰至朱家坝间合修一拦水坝，蓄水灌田，取名同心坝。辖11个村民小组，380户1380人。总面积2.5平方千米，水田2430亩，旱地38亩，林地180亩，屋基地及自留地378亩。以水稻种植为主，甲鱼养殖为辅，农产品加工业为补。2016年5月，同心坝、文化村合并，沿用同心坝村名。

卧龙岗村

因村内地形似一条龙横卧山冈而得名。辖13个村民小组，385户1245人。总面积3平方千米，耕地2430亩，旱地200多亩，以种植水稻为主，种植美国红提近百亩。村组公路、农田主灌溉渠基本实现硬化。2016年5月，卧龙岗、龙潭桥村合并，沿用卧龙岗村名。

龙潭港村

地处镇西北，省道306公路20千米处。东与受福村接壤，西抵丁家井村、刘家桥村，南北分别与枫树口村、同心坝村隔河相望。村内两条小河交汇成潭，传说中是龙游经之地，得名龙潭港。辖14个村民小组，527户2001人。总面积3.6平方千米，耕地2780亩，水面500余亩。以传统水稻种植为主，甘蔗、湘莲、绿色蔬菜等经济作物种植面积逐年增加，特色养殖业近年兴起，有生猪、鸡禽、水产养殖户12家，年产值上千万元私营企业13个。2016年5月，龙潭桥、卧龙岗村合并，命名为卧龙岗村。

受福陂村

传说中武陵48陂，桃源48溪，汉寿48港中就有受福陂，因境内有受福陂堰而得名。辖15个村民小组，427户1586人。总面积3.8平方千米，耕地2746亩，水面180亩，其他417亩。农业以传统水稻种植为主，养殖为辅。通村组公路、灌溉渠道部分实现硬化。2014 年引入农开项目、国土项目后农田得到平整、改造，实现旱涝保收。2016 年 5 月与财神庙居委会合并，命名为财神庙居委会。

朱家桥村

位于镇东，东、北与石公桥镇接壤，西临受福陂村、镇渔场，南抵张家桥村、韩公渡镇。辖 12 个村民小组，345 户 1088 人。总面积 3.5 平方千米，耕地 1998 亩，林地（零散）200 亩，水面 500 亩。以水稻种植为主，辅以甘蔗、湘莲。近年引进晚秋黄梨、草莓种植，建有晚秋黄梨、草莓示范基地。机耕道、灌溉渠基本实现硬化，部分土地实现平整。

街道办事组

原为镇德桥集镇，1957 年后更名"五七"大队，后更名为镇德桥墟场。总面积 1.15 平方千米，下辖三个居委会（夹巷口、财神庙、水浒庙），848 户 2442 人 。新中国前为常德县十大集镇之一，商铺林立，有"小常德"之称。

（执笔：冯丕岗　徐厚望　编辑：娄福友）

大龙站镇

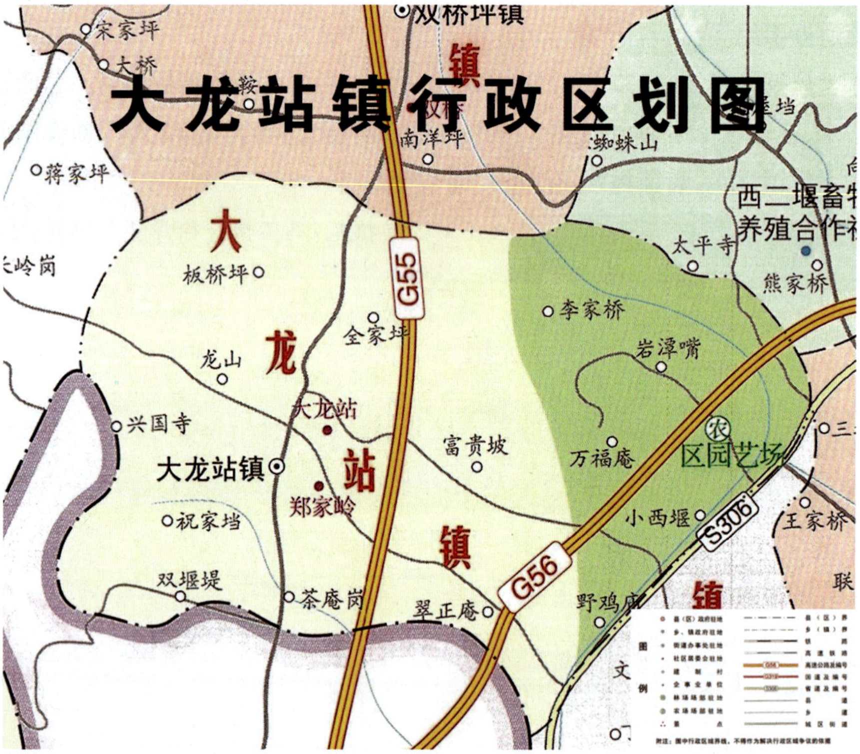

地图审图号：湘 S(2008)052 号

一、区域概况

地理位置

大龙站镇位于区境北部，东邻周家店镇和区园艺场，南界镇德桥镇和柳叶湖旅游度假区白鹤镇，西抵常德林场和长岭岗乡，北连双桥坪镇。镇人民政府驻郑家岭居委会，距区人民政府驻地 27 千米。

建置沿革

明洪武十五年(1382)于境内大龙山置大龙马驿，地名从驿站名。清时设大龙村，隶属陀潜乡。民国 19 年(1930)，隶属常德县 13 区(同德区)，为区公所驻地；民国 24

年(1835),划归第9区;民国27年(1938)7月,废区,隶属同德乡,为乡公所驻地;1949年8月,县设7区,大龙站隶属第二区同德乡;1953年7月,县下设17区,以地名命名,设大龙站区;1956年6月,撤区并乡,设大龙站乡;1957年2月,县下设办事处,大龙站乡隶属镇德桥办事处;1961年8月,恢复大龙站区,大龙站乡恢复属之;1962年10月,撤大龙站区,划归石公桥区;1965年,恢复大龙站区,大龙站乡恢复属之;1988年,常德县改为鼎城区,大龙站区改为办事处,所辖乡镇沿袭;1995年11月,撤办事处并乡,撤大龙站办事处,保留大龙站乡,为鼎城区直管;1996年5月,撤乡建大龙站镇;2015年12月,撤乡并镇,大龙站镇、双桥坪镇合并,命名为双桥坪镇。

区划面积

1987年,大龙站乡辖大龙站、板桥坪、祝家垱、翠镇庵、茶庵岗、龙山、郑家岭、全家坪、双堰堤、富贵坡、兴国寺11个行政村。总面积43.5平方千米;耕地面积16246亩,其中水田14098亩,旱地2148亩;林地面积26246亩;水域面积2723亩。

1996年,大龙站、郑家岭2个村改居委会。至2014年,大龙站镇辖祝家垱、双堰堤、茶庵岗、翠镇庵、富贵坡、全家坪、板桥坪、兴国寺、龙山9个行政村和大龙站、郑家岭2个居委会。

1987年至2014年总面积无变化,耕地面积1.5万亩,其中水田1.37万亩,旱地1213亩;林地面积3.28万亩;水域面积5171亩。

人口民族

2002年大龙站镇总人口10926人,其中男性5719人,女性5207人。

2010年大龙站镇总人口11784人,其中男性6019人,女性5765人;农业人口10406人,非农业人口1378人。总人口中,汉族11755人,占99.75%;4个少数民族共28人,其中回族15人,蒙古族5人,苗族2人,壮族6人。

2014年,大龙站镇总人口12926人,其中男性6683人,女性6243人;农村人口10818人,非农业人口2107人。总人口中汉族12842人,占99.35%;3个少数民族共83人,其中回族70人,苗族8人,土家族5人。境内少数民族,主要为明初到常德落籍的屯戍人员后裔,祝家垱村12组为回族聚居小组。

自然环境

镇域地处太阳山东麓丘陵地带,郑家岭、太山坡、凤凰山、龙山、丁家岭诸山纵横其间,山峦起伏,溪豁环绕,林木葱郁。最高点泰山坡海拔126.33米,最低点红阳桥海拔53.63米,全境平均海拔90.2米。地层属冷家溪群,以泥质板岩为主,土壤以第四纪红土为主。

属中亚热带向北亚热带过渡的湿润季风气候区,兼有湿润滨湖气候和潮湿山地森林气候特征，热量丰富，光照充足，降水丰沛，四季分明。年平均降雨量999.8毫米，主要集中在4—8月。年平均气温17.4℃。1月最冷，平均5.1℃。7月最热，平均28.9℃。极端最低气温零下13.2℃，出现在1977年1月。极端最高气温为40.1℃，出现在1971年7月。年日照1723小时，无霜期263天。

境内动植物资源丰富。主要植物：马尾松、杉树、白栎、山合欢、映山红、胡枝子、油桐、杜英、黄栀子、野花椒等。主要野生动物：野猪、野鸡、野兔、野鸭、刺猬、獐子、田鼠、黄鼠狼、蛇、八哥、麻雀、喜鹊、斑鸠、布谷鸟、猫头鹰、蝙蝠等。

二、经济发展

经济综述

清代，境内经济发展缓慢。进入民国后，境内山地开垦加快，耕地面积扩大，稻谷、棉花、油菜、水果等农产品产量增多。手工业行业门类增多。抗日战争时期，局势动荡，农业生产不稳定，经济萧条。中华人民共和国成立之后，经土地改革，农业合作化运动，新式农具和双季稻的推广，经济得到恢复和发展。1958年，境内经济收入78万元，工农业产值59万元。1978年，境内工农业产值138万元，经济收入150万元。1982年后，实行家庭联产承包责任制，调整产业结构，农产品产量提高，第二、三产业开始发展。1987年，境内内工农业产值1113万元，经济收入1372万元。至2014年，基本实现种植机械化，但以农业为主业的经济格局未变。全镇实现地区生产总值1.91亿元，其中农业增加值7875万元。农民人均纯收入6263元。

农业

种植业 以种植水稻、油菜、蔬菜为主。1987年，生产稻谷0.973万吨，皮棉13吨，食用植物油219吨。2014年，种植双季稻10000亩，油菜15000亩，蔬菜2000亩，花木1000亩。生产稻谷2.16万吨，食用植物油1505吨。

养殖业 境内有养殖猪、牛、鸡、鹅、鸭等家畜家禽的传统，历史上以家庭散养为主，作为家庭副业。1986年，出栏瘦肉型猪2380头。20世纪90年代开始规模养殖，形成一批鸡鸭、生猪、渔业养殖大户。2014年，全镇出栏生猪7000头，存栏量9950头；出笼肉鸡31万羽；存笼蛋鸡41.5万羽，产鲜蛋1103吨；产水产品420吨。

林业

民国时期，境内始有果木和稀有珍贵风景树苗交易。民国6年(1917)，开始林木采种，向农民收购马尾松果等，有部分农民采果自种。中华人民共和国成立后，1953年，被县政府确定为杉木、马尾松、落叶栎类和油茶种子的主产基地。1982年，被确定为薪炭林和经济林区。1983—1985年，飞机播种造林10架次。1988—1990年间开展千亩集中连片植树造林，造林 7200 亩，其中翠镇庵村连片造杉木林 603 亩。1989 年开始重点扶植兴国寺村花木产业。至 2014 年，全镇有用材林 15000 亩，经济林 10000 亩，灌木林 2000 亩，活立木蓄积量 7.8 万立方米，森林覆盖率 49.3%。

工业

境内工业基础薄弱，以传统手工业为主，均为小作坊式生产，销售方式为个人逢场赶集兜售。1988 年，域内首家工业企业——集体制的大龙站砖厂建成，1993 年改制承包给私人，是为雅霖砖厂；1989 年，创办私营水泥预制板厂，后因经营不善于 1993 年倒闭；2014 年，全镇有工业企业 4 家，分别为常德市振鹏新型建材厂、常德市五福建材有限公司、雅霖砖厂、鼎城区大龙站华新广厦环保砖厂，有员工 159 人，年创产值 7050 万元。

商贸服务业

民国年间，境内设有墟场，有商铺数家。中华人民共和国建立后，1956 年整合商业店铺，成立大龙站供销合作社，1963 年，在各大队设立代购代销店。生资、肉食、餐饮归口供销社统管，化肥、农药、肉食、油、糖、布等计划物资凭票供应。1985 年后，供销社等集体商业逐渐转体，个体私营商业迅速发展。集镇贸易以传统赶场为主，逢阳历 3、6、9 日为场期，赶场农民来自乡内和周边长岭岗、镇德桥、双桥坪、肖伍铺等地。主要交易柑橘、桃、梨、板栗、柿子、杨梅、甘蔗等农副产品、手工艺品和工具用具。2014 年，扩建农贸市场，占地面积 3200 平方米，逢场聚集小商贩最高达 300 户。全镇有商铺 150 家，其中餐饮 27 家，肉食 13 家，南货百货 58 家，理发、照相、打字、音像、木器家具、家电、建材等服务业 52 家。社会商品零售额 3487 万元。

其他产业

旅游 2014 年引进湖南省森鼎农业科技发展公司，流转土地 180 亩建起薰衣草园区。双堰堤村村民王书华兄弟回乡创业，流转土地 50 亩建起大型休闲农庄，初步形成休闲生态游景点景区。

建筑 2014 年，全镇有建筑从业人员 1132 人，完成产值 8956 万元。

劳务输出 自 2000 年起，境内每年剩余劳力输出达 5000 余人。其中常年外出打工劳动力 3000 余人。2014 年，全镇劳务输出收入 6825 万元。

三、基础设施

交通运输

境内有湖广古驿道经过，为转输军用粮草物资、传递军令军情的重要通道。明洪武十五年(1382)置大龙驿站，为传书者及过往官员提供食宿及交通工具。

1966年建成长(岭岗)战(斗桥)公路,连接省道306线,境内始有公路,长11.6千米。1970年建成长(岭岗)津(市)公路,全程26.4千米,其中境内长15千米,经集镇至省道306线,为境内连接外界的主要交通道路。1973年12月,常德市厂矿事业单位修建专用公路,建有红阳桥至太阳山转播台的红太公路,境内长5千米。1979年1月,建刘溪(刘家铺至黄野岗)公路,长36.75千米,境内长13.25千米。1979年3月,建板桥坪至板桥村的板板公路,长1.5千米。2013年,东常、常岳高速公路建成通车,境内长10千米。至2014年,境内有县、乡、村、组道38.9千米,其中硬化33.8千米。

邮政通信

境内明代设有大龙驿,清代设有大龙铺,主事邮传。1949年设大龙站邮政代办所,1950年设邮电所。1974年,大龙站开通磁石电话。1994年邮政、电信分营,改设大龙站邮政支局。1996年兴建电信大楼,开通程控电话400多门。2002年5月,大龙站邮政支局改建为所。2013年移动通信信号和电信宽带网络实现全覆盖。2014年,有座机电话18部,手机6623部,互联网用户2403户。邮政业务涵盖包裹邮寄、报刊发行、邮政缴费一站通、火车飞机票代售、快递业务等。申通、圆通、顺丰、韵达等快递公司在境内设有快递点。

供电供水

供电　20世纪70年代以前,境内照明大多使用煤油灯盏、火把等。1975年,境内首次开通照明用电,仅限于集镇,后延伸至大龙站、郑家岭、祝家垱等周边地带。由于电压低,供电不足,线路损耗大,难以保证群众正常生活用电。1988年4月,大龙站变电站建成投运,主变容量为2000千伏安。后两次进行电网升级改造,扩大变电容量。至2014年,全镇有输电线路80千米,主变压器1台容量4000千伏安,供电量357万千瓦时。

供水　1987年10月,修建集镇水厂,境内始有自来水,日供水能力300立方米,供应集镇和周边郑家岭、大龙站、全家坪3个村5000人的饮用水。2009年10月,修建祝丰水厂,日供水能力200立方米,供应祝家垱、茶庵岗、双堰堤3个村3200人的饮用水。2014年11月,修建龙丰水厂,日供水能力300立方米,供应龙山、兴国寺、板桥坪、富贵坡、翠镇庵5个村4800人的饮用水。至此,全镇有自来水厂3座,设置3处集中饮用水源保护区,日供水能力800立方米,供水普及率100%,饮用水水质达标率100%,实现全面安全饮水。

水利建设

1958年9月兴建国丰水库,集雨面积7.9平方千米,库容408万立方米,灌区受益面积7500亩。1960年7月兴建龟山水库,集雨面积2.11平方千米,库容25万立方

▲ 大龙站乡乡村生态游景区

米，灌区受益面积1900亩。1961年9月兴建平安水库，集雨面积2.08平方千米，库容76万立方米，灌区受益面积2300亩。1971年8月兴建竹子湾水库，正常库容达11万立方米，坝长78米，坝高8米，集雨面积0.24平方千米，灌区受益面积450亩。1977年兴建祝丰水库，集雨面积2.38平方千米，库容113万立方米，灌区受益面积2800亩。至2014年，境内有国丰、祝丰2座小(Ⅰ)型水库，龟山、平安、竹子湾3座小(Ⅱ)型水库，7座准小（Ⅱ）型水库，306口堰塘，总蓄水量1000万立方米，总灌溉面积14000亩，其中自流灌溉面积9800亩。

集镇建设

大龙站集镇 20世纪50年代为大龙站区、乡机关驻地，供销社、粮店、学校、卫生院等围绕驻地而设，渐成集镇。1987年，集镇有街道2条，总长450米，生产用房20110平方米，生活用房23800平方米，常住人口2854人。2003年，集镇建成区面积0.71平方千米，常住人口3200人，有驿站路、遇仙路、大龙街、怡心巷、阳林路、兴国路6条主街道，总长3580米，全部水泥硬化。2009年，完成小城镇规划修编评审工作。2010年实现集镇街道路灯亮化。2013年兴建农贸市场。2014年，集镇房屋建筑总面积11.7万平方米，其中居民住宅85300平方米，公共建筑17900平方米，生产建筑13800平方米。常住人口3037人。

四、社会事业

教育

小学教育 清末和民国初期，境内设私塾数家。1905年，始设初级小学茶安岗小学，校址位于茶安岗村；1915年，创办祝家垱小学，校址位于祝家垱村；1924年3月，创办翠正安小学,校址位于翠正安村;1924年,创办板桥坪小学,校址位于板桥坪村;(1930)设同德乡中心国民学校,1949年7月,同德乡中心国民学校改名为大龙站完小,校址位于大龙站乡圩场;1940年,创办双堰堤小学,校址位于双堰堤村;1949年2月,创办全家坪小学,校址位于全家坪村;1949年9月,创办龙山小学,校址位于龙山村;1950年9月,创办富贵坡小学,校址位于富贵坡村;1968年,创办大龙站中心校,校址位于大龙站村。1978年,镇内有9所小学,分别是大龙站中心小学,有8个教学班,338名学生,教职工19人;祝家垱完小,有8个教学班,197名学生,教职工11人;全家坪完小,有6个教学班,190名学生,教职工10人;龙山小学,有3个教学班,40名学生,教职工3人;板桥坪小学,有4个教学班,56名学生,教职工4人;富贵坡小学,有3个教学班,34名学生,教职工3人;翠正安小学,有3个教学班,47名学生,教职工3人;茶安岗小学,有4个教学班,56名学生,教职工4人;双堰堤小学,有4个教学班,59名学生,教职工4人。1997年,因学生数量锐减,调整学校布局,村小开始自然消亡,至2007年,村小全部停办,仅仅留存大龙站中心校。2015年,因学生数量减少,小学教育并入大龙站中学,镇内无独立小学。

中学教育 1969年建大龙站公社中学,设有10个教学班,36名教职工(其中29名教师),学生216人。1980年,大龙站公社中学设立高中部,招收大龙站、双桥坪、瓦屋垱、长岭岗、肖伍铺5个公社学生就读。1983年高中部撤销。1987年,大龙站中学设12个教学班,有631名学生,教职工36人。20世纪90年代为大龙站镇学生生源高峰期,最高时达3000人,其中中学生550人。大龙站中学先后为区一中等重点学校输送学生百余人。2010年11月,用中央湖南省中小学校舍安全工程专项拨款兴建的大龙站中学教学楼,建筑面积1205.1平方米,被作为全区乡镇中学样板。2011年,大龙站中学改为九年制学校。2014年,全校有教职工46人,学生320人,其中小学生220人,初中生100人。

幼儿教育 1958年,境内开办幼儿园,设备简陋,教养员大多为农村老年妇女,只能看管幼儿。1961年,幼儿园解散。20世纪70年代,季节性开班"红孩子班",农忙办,农闲停,无教学活动。80年代,幼儿教育开始正常发展。1987年小学开办学前班,境内有学前班48个。至20世纪90年代末,镇内幼儿上学均在各小学学前班。2007年,镇里创办小精灵私立幼儿园,就学幼儿100人,2010年停办。2010年9月,张定伟、许兰创办私立幼儿园,2011年停办,被公办幼儿园兼并。2011年,成立大龙站中心幼儿园,属公办幼儿园。2015年,大龙站公办中心幼儿园新教学园区建成,占地面积5000平方米,建筑面积1200平方米,拥有高标准教学楼、学生宿舍、图书室、阅览室、标准体育场等。有幼儿教师6名,大中小5个教学班,入园幼儿171名。

科技

中华人民共和国成立之后，农业科学技术推广迅速。20世纪50年代，主要推广水稻双季栽培技术，施用化肥、农药。60年代，主要推广水稻矮籼和晚粳种植，推广新式农机具和畜禽常见传染病免疫注射技术。70年代，推广稻田三熟和棉地套种两熟丰产栽培技术，油茶低改技术，1973年，为解决境内松毛虫常有发生，松树林常被毁问题，使用白僵菌治松毛虫，收到良好效果，翠镇庵大队施用后，松毛虫感染白僵菌死亡率达90%以上。1993年，推广水稻控叶增粒高产栽培技术，早稻亩产增加642.5千克，杂交晚稻亩产增加750千克。1997年，开始水稻高产配套施肥，办示范点1个，示范户5个。2014年，推广测土配方施肥2万亩，绿色防控、专业化统防统治2万亩，培育科技示范户10个。

文化

20世纪60年代，有民间职业汉剧团、业余皮影戏班在农村流动表演。1977年，成立大龙站公社电影队，配备3名电影放映员。1982年，成立大龙站公社文化站，配备1名文化专干。1988年，成立大龙站管乐队。1989年，制定境内文物保护方案，对明荣庄王家族墓立石碑标记，划定范围，明确专人负责保护。1989—1992年，配合区文物局对明荣庄王家族墓进行踏勘考察，落实保护方案。1997年，开始建设有线电视网络，1999年实现全覆盖。2014年，实现广播“村村响”。

医疗卫生

民国年间至中华人民共和国成立初期，境内有数名个体中医行医，有中药铺4家，中医6名，其中痘科医生1名。1952年，在大龙站建立大龙站区卫生所，配备中西医2名，助产士1名，护理员1名；1953年，大龙站区卫生所有医护人员14名，设立5个分所，大龙站卫生所、肖伍铺卫生所、双桥坪卫生所、瓦屋垱卫生所、长岭岗卫生所。1958年，建立大龙站公社卫生院，配备医务人员10人。20世纪60年代末至70年代，建立大队合作医疗站，配备不脱产的“赤脚医生”。1974年，常德县卫校选址落户大龙站，1980年迁至牛鼻滩镇。2014年，大龙站卫生院拥有建筑面积2400平方米，有X光机、B超、心电图、专业化验室等医疗设备，有病床20个，医务人员17人，下辖10个村卫生室，有村医10人，年接诊门诊和住院病人12000人。

计划生育

1990年，一孩出生率95.8%；2000年，一孩出生率93.7%；2010年，一孩出生率92.3%，人口出生率7.58‰。2014年已婚育龄妇2280人，生育符合政策率达92.7%，优生检查达85%，实行农村计划生育奖励扶助申报，年审率100%、优质服务到位率100%，“三查”率90%，征收社会抚养费11万元。

社会保障

农村五保　1956 年，境内开始实行“五保”制度；1958 年，生活无法自理的五保户开始在大队养老院集中供养；1990 年，“五保户”供养由村集体承担；2009 年，在原大龙站乡政府院内改造建立大龙站养老院，同年有 31 名“五保”老人入住。2014 年，敬老院扩容改造，占地面积达到 10 亩，建筑面积近 1000 平方米，有床位 60 个，其中 30 个房间配备洗衣机、洗手间，拥有现代化的厨房、正规化的锅炉暖房、太阳能热水器浴室以及生猪养殖、蔬菜种植基地，配备有专人护理照看五保老人。2014 年，全镇有“五保”老人 113 人，其中集中供养 42 人，分散供养 71 人，全年发放“五保户”生活资金 3.48 万元。

城乡低保　于 2006 年启动农村低保政策。2014 年，农村低保标准为 120 元 / 月，镇内有农村低保户 313 户，405 人，发放低保资金 5.832 万元；1999 年启动城镇低保政策，2014 年，有城镇低保户 37 户，57 人，发放低保资金 1.881 万元。

新型农村合作医疗　2006 年启动，年内 8647 人参保。2014 年，全镇参加农村合作医疗 9086 人，参合率达到 95%，认定大病救助对象 40 人，发放救助金 7.4 万元。

新型农村社会养老保险　2010 年开始实施，2014 年，全镇参保人数 5400 人，上缴保险基金 68 万元；享受养老保险 2816 人，领取养老金 185.856 万元。

其他社会保障　2014 年，全镇大病救助 32 人，发救助资金 6.7 万元；临时救助 8 人，发救助资金 0.7 万元；医疗救助 108 人，发救助资金 22 万元；优抚对象 204 人，发放资金 101 万元；孤儿保障对象 1 人，发放救助金 0.72 万元；社会救助 40 人，发放金额 7.7 万元；残疾人 218 人，全部免交农村养老保险保费；重度残疾人（1 级、2 级），每人每月发放生活补助 50 元，共计 4.68 万元。

人民生活

1978 年，境内人均纯收入 97 元，群众温饱没有完全解决，属贫困山乡。中共十一届三中全会后，实行改革开放，农民收入逐年增加，生活不断改善。

吃　1978 年后，粮食连年增产，除自给外，每年卖出商品粮 1000 余万千克。有了粮食，家庭养殖迅速发展，鸡、鸭、鱼、肉市场供应充足，人们的生活从吃饱肚子到讲究吃好、吃营养。

穿　清代和民国时期，境内乡民穿着主要靠自己种棉，手工纺棉织布，请乡村裁缝用土布做衣蔽体御寒。1958 年后靠每年配发给的有限布票，凭证买布做衣，一年难做一套新衣。1978 年后，生产发展，经济宽裕，各式品牌时装进入寻常百姓家，穿着体面成为一种文化和潮流。

住　20 世纪 50—70 年代，境内 62%的农户住房为三两间结构的简易木板房，

38%农户的为土坯茅草房。1980年代起，农民开始全面修建新居，并不断进行换代升级，从土坯茅草房到砖瓦房—楼房—庭院式别墅房。至2014年，全镇80%以上的农户修建起楼房。

用 2014年，全镇2981农户中，23%拥有家用小车，10%的农户开通互联网。电视机、空调、洗衣机等家用电器和手机基本普及。

生活能源 20世纪70年代以前，境内农户做饭、取暖以柴草、秸秆为主。20世纪80年代起部分农户使用藕煤和烟煤。1990年代国家电网覆盖农村后，部分农户开始用电煮饭烧水。2000年后试行农村沼气工程，少数农户建有沼气池，大部分农户使用石油液化气。至2014年，全镇大多农户实行液化气、电能、煤炭、柴草混用。

五、特色地情

百岁老人

李幺姑　女，大龙站镇翠正安村人，生于1904年，卒于2006年，寿102岁。

革命英烈

姓　名	出生年份	牺牲时间及地点	牺牲时所在单位、职务
汪长生	1890	1930年在周家店被国民党杀害	同德乡农协副委员长
田胖子	1922	1951年在朝鲜作战牺牲	中国人民志愿军战士
刘正君	1926	1952年在朝鲜作战牺牲	中国人民志愿军战士
周子清	1920	1952年在朝鲜作战牺牲	中国人民志愿军战士
刘代华	1920	1952年在朝鲜作战牺牲	中国人民志愿军战士
李本立	1931	1953年在朝鲜作战牺牲	中国人民志愿军战士
黄富阶	1926	1953年在朝鲜作战牺牲	中国人民志愿军战士班长
陈元清	1938	1967年在中越边境因公牺牲	昆字902部队副连长
梅兴初	1960	1979年中越边境自卫还击作战	53048部队战士

文物古迹

明荣庄王墓 位于兴国寺村太阳山北麓，1982年、1985年、1989年三度公布为县级文物保护单位。荣庄王，名祐枢，明宪宗第十三子。生于明宪宗成化二十一年(1485)，孝宗弘治四年(1491)封王，武宗正德四年(1509)始就藩常德，世宗嘉靖十八年(1539)正月卒，谥曰庄。墓葬有两座封土堆，二者相距约15米，封土高大，气势雄伟。墓前有石人、石马和石龟驮的“荣庄王墓”碑。系嗣荣王戴瑾立。该墓在“文化大革命”期间被毁，今尚存石龟二个、残碑一块，墓前百余步有龟亭残迹。

大龙驿 明洪武十五年(1382),于五十里铺(今红阳桥、双堰堤村一带)置大龙驿,设驿丞一员,大龙站由此得名。大龙驿是湖广驿道荆州至常德的重要驿站。嘉靖八年(1529),知府方仕重修馆舍。清乾隆四十一年(1776),改驿丞为巡检,添设弓兵10名,往来巡缉,其公署头门、仪门、大堂、书房、班房具备,还有公馆、驿大门、差厅、厨房、马房共25间,有马43匹、驴10头、馆夫3名,岁支银1815两。同治元年(1862),有马45匹、马夫22名、排夫75名、驿书2名、兽医1名、巡检弓兵10名、雇健夫5名、岁支银1921.59两。

莱公泉 位于大龙站镇甘泉寺,寺前是古驿道。宋寇准贬雷州,在寺东边柱上留题"平仲(寇准字)酌泉经此,回望北阙,黯然而去"。后丁谓贬崖州,在寺西边柱上留题"谓之酌泉,礼佛而去"。寇为贤相,丁为佞臣,先后遭贬题字并列,引人注目。宋刑部郎中崔绎有诗云:"二相南行至道初,记名留咏在精庐,甘泉不洗天涯恨,留与行人鉴覆车。"后寇准被封为莱国公,时人便以"莱公"为泉名。匾额上"莱公泉"三字,为宋代大理学家张栻所书。

民俗

饮食 域内民众大多早晚为中式餐饮,中午吃零食或简单饭菜,主食为稻米,兼食红薯、玉米、荞麦、豆等。旧时,龟、鳖、鳝一般不上宴席,20世纪80年代中期后才为席上珍馐。人民喜食辣椒,春节爱腌制腊肉、腊鱼等作为待客佳肴,有"杀年猪"的习惯。农历"三月三"吃蒿子粑粑,也吃荠菜(地米菜)煮鸡蛋,过年打糍粑。

婚嫁 旧时,男女婚嫁皆以"父母之命,媒妁之言",礼俗繁多,大多沿袭古时"三书六礼",却也不全然照本宣科。基本按"发八字""合八字""下定""过门""求亲""报日""过礼"等步骤,然后女方办"女儿宴"、男方办"婚礼"。新中国建立后,男女婚嫁多是自由恋爱缔结婚姻,婚礼仪式有传统、有创新,有简朴、有奢华。迎亲方式从步行到拖拉机到小轿车,聘礼嫁妆从糖果饼干到"三转一响(指自行车、手表、缝纫机和收音机)"到高档豪华,也出现了相互攀比、铺张浪费的不良风气。

宗教信仰 1949年以前,境内佛教、道教、基督教在民间流传共存,信者听便。中华人民共和国成立后,部分信徒还俗。"文化大革命"期间,宗教信仰被禁止。1978年之后,宗教活动开始恢复,域内建起基督教堂,信徒时有聚集开展教义活动。

域内土地庙较多,有农历二月初二祭拜"土地神"的习惯,以祈求风调雨顺,家宅平安。

重大事件

民国3年(1914),大龙站乡民胡光汉等10人集股,在太子塔垦植松树1亩。民国6年(1917),大龙站开始林木采种,并向乡民收买马尾松果。1953年,大龙站被县人民政府确定为杉木、马尾松、落叶栎类和油茶种子的主产地。

1954 年 12 月下旬起，连日大雪，气温降至零下 12℃，冰冻达 40 余天。

1995 年，兴国寺村被国家绿化委授予“全国造林绿化千佳村”称号。

2014 年，大龙站镇被湖南省环境保护厅授予“省级生态乡镇”称号。

六、各村(居)简介

大龙站居委会

镇政治、商业中心，太阳山旅游集散地。辖 15 个居民小组，366 户 1412 人。水田 1821 亩，以种植优质水稻为主。油茶林近 200 亩，为市、区两级优质油茶示范基地。村主干道硬化，自来水、有线电视覆盖全村，光纤网络通达村组，建有村图书室。2016 年 5 月与富贵坡村合并，命名为大龙站居委会。

郑家岭居委会

位于镇中部，下辖 8 个居民小组，262 户 853 人。水田 885 亩，山林 2300 亩。农业生产以种植水稻为主，有优质水稻种植面积近百亩。村主道硬化，自来水、有线电视覆盖全村，光纤网络通达村组，建有村图书室。2016 年 5 月与翠镇庵村合并，命名为郑家岭居委会。

龙山村

位于镇境西，辖 8 个村民小组，230 户 755 人。水田 865 亩，山林 2000 亩。主要种植水稻，富城花木合作社以苗圃、乌梅为特色经济。村主道硬化，自来水、有线电视、光纤网络覆盖全村，建有村图书室、医务室。2016 年 5 月与兴国寺村合并，命名为兴国寺村。

板桥坪村

位于镇西北，辖 14 个村民小组，378 户 1341 人，水田面积 1786 亩。98%以上农户用上自来水，建有村图书室、健身休闲广场。2016 年 5 月与全家坪村合并，命名为全家坪村。

全家坪村

位于镇北，辖 9 个村民小组，387 户 1422 人。建有村办企业常德市五富建材厂、养老中心。水田 1853.79 亩，农业生产以种植水稻为主，为区农业局优质水稻示范基地。水泥公路通 8 个组，有线电视、光纤网络全覆盖，建有村图书室和 1000 平方米健身休闲广场。2016 年 5 月与板桥坪村合并，沿用全家坪村名。

富贵坡村

位于镇东，属镇边远村，与区园艺场接壤。辖 8 个村民小组，161 户 605 人。水田

679 亩，农业生产以种植优质水稻、棉花为主。村道水泥硬化，有线电视、光纤网络全覆盖，建有图书室、医务室。2016 年 5 月与大龙站居委会合并，命名为大龙站居委会。

翠镇庵村

位于镇东南，下辖 9 个村民小组，213 户 765 人。水田 844 亩，以水稻种植为主。是远近闻名的桃子之乡，年水果收入 10 万元以上。水产品养殖亦为村特色经济。"二广""常岳"两条高速公路过境。有线电视、光纤网络全覆盖，建有村图书室。2016 年 5 月与郑家岭居委会合并，命名为郑家岭居委会。

茶安岗村

位于镇南，辖 10 个村民小组，279 户 965 人。水田 1640 亩，以种植优质水稻为主，大棚西瓜、大棚蔬菜、无公害蔬菜等为新兴特色产业。常津公路穿境而过，村道水泥硬化，有线电视、光纤网络全覆盖，建有村图书室、医务室。2016 年 5 月与双堰堤村合并，命名为双堰堤村。

双堰堤村

位于镇西南，太阳山东。辖 12 个村民小组，292 户 985 人。耕地 1581 亩，水面 280 亩，山林 2750 亩。以种植水稻、棉花、油菜为主，水果、油茶、花木等为特色产业，务工、经商为村民重要收入来源之一。2014 年引进湖南森鼎现代农业科技公司，种植薰衣草，初步形成生态旅游项目，2015 年在村境举办首届大龙站镇薰衣草、稻草人艺术节。村道实现水泥硬化，有线电视、光纤网络全覆盖，建有村图书室、医务室、健身广场等设施。2016 年 5 月与茶安岗村合并，沿用双堰堤村名。

祝家垱村

位于镇西，太阳山下，辖 12 个村民小组，495 户 1493 人。水田 1886 亩，以种植水稻、棉花、油茶、柑橘等为主。村道实现水泥硬化，有线电视、光纤网络全覆盖，建有村图书室、医务室等设施。

兴国寺村

位于太阳山北麓，三面环山，一面环水，为太阳山北大门。辖 3 个村民小组，85 户 306 人。水田 85.5 亩，山林 1976 亩。人多田少，以花木、苗圃、水果、油茶等种植为主，有少量用材林。村道水泥硬化，有线电视、光纤网络全覆盖，建有村图书室。2016 年 5 月与龙山村合并，沿用兴国寺村名。

（执笔：高梁盼盼　编辑：娄福友）

双桥坪镇

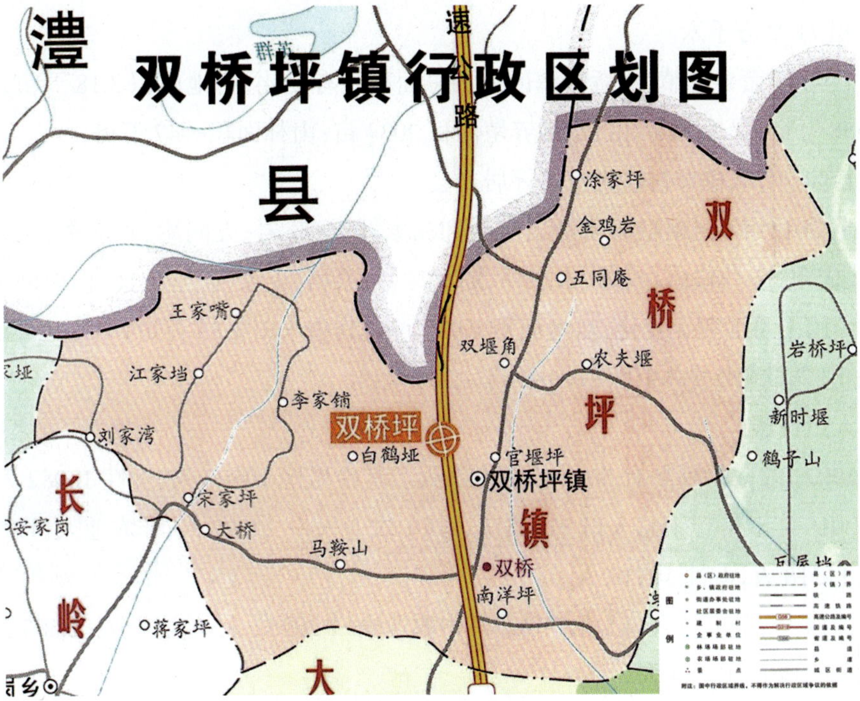

地图审图号：湘 S(2008)052 号

一、区域概况

地理位置

双桥坪镇位于区境北部，东与周家店镇相邻，南与大龙站镇毗连，西与长岭岗乡、雷公庙镇接壤，北与临澧县柏枝乡、津市棠华乡交界。因境内七姑山下大坪内建有两座石拱桥而得名。镇人民政府驻双桥坪居委会，距区人民政府驻地 34 千米。

建置沿革

民国年间，属同德乡。1949 年 8 月常德县境解放后，仍属同德乡。1950 年 2 月，废除旧的乡、保、甲，属常德县第二区直辖。9 月设双桥坪、金鸡岩、五同庵、农夫堰、官堰坪、南阳坪、李家铺、大桥 8 个小乡。1956 年 6 月，小乡合并为双桥坪乡，属镇德桥办事处。1958年10月,实行人民公社体制,属冲天公社。1961年3月,调整公社规模,析置双桥坪公社,属石公桥区。1984年2月,撤销人民公社,改为双桥坪乡,属大龙站区。1996年9月,撤销双桥坪乡,建立双桥坪镇。2015年12月,大龙站镇与双桥坪镇合并为双桥坪镇。

区划面积

1987年,双桥坪乡下辖双桥坪、涂家坪、金鸡岩、五同庵、双堰角、农夫堰、官堰坪、南阳坪、马鞍山、大桥、宋家坪、刘家湾、江家垱、王家嘴、李家铺、白鹤垭16个行政村。总面积71平方千米。

1996年撤乡建镇,双桥坪镇区划和总面积没有变化,耕地面积3.18万亩,其中水田2.58万亩,旱地5384亩;水域养殖面积2034亩;山林面积3.47万亩。

1996年,双桥坪村改为双桥坪居委会。

至2014年,全镇辖双桥坪居委会和涂家坪、金鸡岩、五同庵、双堰角、农夫堰、官堰坪、南阳坪、马鞍山、大桥、宋家坪、刘家湾、江家垱、王家嘴、李家铺、白鹤垭15个行政村。国土总面积无变化,耕地面积2.93万亩,其中水田2.85万亩,旱地795亩;山林面积4.1万亩;水域养殖面积8190亩。

人口民族

1987年,双桥坪乡有5044户20582人。其中男性10500人,女性10082人。

2010年双桥坪镇总人口21935人。其中农业人口20597人,非农业人口1338人;男性11218人,女性10717人。

2014年,全镇总人口20857人。其中农业人口20252人,非农业人口605人;男性10623人,女性10234人。

自然环境

境内属中亚热带向北亚热带过渡的季风湿润性气候区,四季分明,日照充足,雨量丰沛。年平均降雨量在1100毫米左右,主要集中在3月至8月。年平均气温16.7℃,1月最冷,平均为4.4℃,7月最热,平均为28.8℃。年日照时数1801小时。无霜期286天。镇域处于鼎城区西北丘岗区,七姑山纵贯南北,将镇域分为沅水、澧水两个水系。镇域东部南洋河自北向南流入沅水,西部沙溪河自南向北流入澧水。最高处在七姑山,海拔354.3米,最低处在南阳坪村磙水坝,海拔44.7米,平均海拔179.5米。地层构造以花岗岩、板岩为主,马鞍山、七姑山、大桥等地分布着变质岩低丘,农夫堰、官堰坪一带多为红砂岩低丘。土层厚度在1米左右,土壤的腐殖质层比较厚,通气性能好,酸碱度适宜,pH值在5.5~8.0之间。境内资源丰富。主要林木有松树、杉树、楠树、樟树、油茶、冬青、柑橘、杨梅、板栗、桃树等,主要野生动物有野鸡、野猪、刺猬、獾子。

二、经济发展

经济综述

1995年，双桥坪乡实现工农业总产值1.0018亿元，农民人均纯收入1568元。2003年,双桥坪镇实现工农业总产值1.2578亿元,农民人均纯收入3890元。2014年,全镇实现地区生产总值2.8817亿元,农民人均纯收入6456元。

农业

种植业 镇域以水稻种植为主,辅以棉花、油菜、花生、黄豆、芝麻、红薯等其他农作物。20世纪50年代以前,全部种植单季稻,亩产150千克。1956年试种双季稻。1958年双季稻种植达1.3万亩,亩产250千克。1973年成立公社农科站,全面推广杂交水稻种植,亩产提高到425千克。1982年实行家庭联产承包责任制,双季稻种植达2.4万亩。20世纪85年推广杂交水稻"双两大"种植技术。20世纪90年以后,全面推广软盘抛种、测土配方施肥等新技术,粮食产量进一步提高,2000年亩产达到700千克。20世纪90年代末,大量农村劳动力外出务工,农田抛荒严重。2001年开始,将10500亩耕地转租给洞庭纸业种植杨树,2012年合同到期收回复耕。2005年国家取消农业税,发放种粮补贴,农民积极性提高,出现一批水稻规模种植主体。2008年成立双桥坪镇优质稻农民专业合作社,流转水稻面积3150亩,辐射带动全镇4400农户种植优质稻13500亩,总产量达到7000吨。2013年,以庆丰水库周边休闲山庄和农夫堰桃花基地为主的休闲观光农业项目建设实施。2014年,全镇粮食总产量19600吨,油菜籽总产量1600吨,皮棉总产量1000吨。

养殖业 20世纪50年代前,境内养殖业为农户家庭养殖。1958年建立人民公社后,耕牛全由生产队集体饲养,生猪主要由生产队集体养殖。1961年,双桥坪公社发展生猪5600头,年出栏3800头;饲养役用牛2300头、家禽55500羽,出水鲜鱼210吨。1982年,实行农村家庭联产承包责任制,促进了养殖业发展。1985年,双桥坪乡饲养耕牛3400头,生猪出栏21000头,家禽存笼12万羽,蜜蜂270箱,出水鲜鱼320吨。20世纪90年代起,养殖业向规模养殖发展。2000年,全镇有生猪养殖大户13户,蛋鸡养殖大户11户,肉牛养殖大户3户,山羊养殖大户5户。2014年,全镇存栏生猪48000头,蛋鸡65万羽,肉牛1200头,山羊8000只,蜜蜂580箱,鸭2.1万羽,鹅5900羽。

林业 20世纪50年代前,境内植被和林业生态良好。1958—1960年"大跃进",毁林开荒,烧炭炼铁,森林破坏严重。1965年后,国家重视林业发展,鼓励封山育林、植树造林。20世纪70年代,双桥坪相继建立七姑山林场和皮匠铺油桐场2个公社林场,分别种植500亩杉木林和500亩油桐林。80年代,建立杨陂冲和鸡公岭2个国外松林场，种植国外松600亩。90年代，通过世行贷款造林，建立金鸡岩长冲林场和白鹤垭星星林场2个镇属林场，种植1300亩杉木林。由于气候、土壤等条件与油桐品种不适应，油桐产量不高，出油率低，皮匠铺油桐场1985年改植为杉木林。国外松林场经营到90年代末，退还给农户经营。到2000年，所有集体林场林权均承包到户，林场解体。集体林场的建立，使双桥坪林业得到恢复和发展，20世纪70—90年代，陆续植树造林2.8万亩。2002年起全镇退耕还林4800亩。2003年洞庭白杨林纸公司落户双桥坪，营造杨树林10500亩。2010年后，镇政府大力发展油茶产业，相继新造油茶林3000亩，改造刘家湾村油茶低产林1000亩。到2014年，双桥坪镇有林地45000亩，其中油茶林21000亩，用材林18000亩，经济林3000亩，灌木林3000亩。活立木蓄积量51000立方米，森林覆盖率43%。

工业

20世纪60年代前，境内只有小农具修理、小型木器加工等手工作业。1970年开始发展社队工业。

1979年，在兴旺坡建起双桥坪瓷厂，招收青年农民128人，烧制茶杯、碗碟等瓷器，工人工资28元/月，后因资金短缺，于1982年倒闭。1983年，在双桥坪粮店旁创办双桥坪乡大米厂，年产值1000万元。1990年，在瓷厂旧址新办涂料厂，3年后倒闭。1993年，乡政府利用原厂房成立常德市九鼎公司，生产食品添加剂，其产品主要销往广东沿海等地。至1995年，境内有乡村企业292个，总产值8210万元，其中工业企业113个，产值5887万元。

20世纪90年代末期，乡镇集体企业开始改制退出，个体私营企业快速发展。1998年村民胡春喜买下双桥坪大米厂，更名为常德市年丰粮油饲料有限公司，2013年买下双桥坪粮店，修建国家粮食储备库，新建一条大米加工生产线，成为鼎城区粮油加工企业龙头。2008年建成双桥坪双龙缸瓦厂，主要生产红砖、红瓦，年产值600万元，就业人员50人。1994年，九鼎公司停办。2012年镇政府引进河南老板，利用九鼎公司厂址炼铁，2年后因环境污染被关停。2014年，又引进步步高木业的楼梯生产线在该处落户，年产值800万元，就业人员60人。2013年双桥坪镇政府引进民营企业常德天厦建材有限公司，落户南洋坪村，主要生产机制环保砖，年产值4000万元，就业人员100人。

至2014年，全镇有工业企业6个，实现工业产值9698万元，从业人员321人。

商贸服务业

民国年间，双桥坪已形成街道集市，街道两旁大都是木板房，有杂货、肉食、百货、布匹、染行等商铺。中华人民共和国成立后，定集镇为乡、公社机关驻地，建立供销社、肉食站、粮店、卫生院、学校等，集镇成为境内中心贸易市场。境内还设有大桥、五同庵、王家嘴3个墟场，生意兴隆，购销两旺。在大桥、金鸡岩建立两个供销分社，在大队(村)设立代销点。20世纪80年代实行改革开放，个体私营商贸兴起，市场繁荣，每逢公历1、4、7日为双桥坪集镇赶场日，境内及周边鳌山、大龙站、瓦屋垱、长岭岗等地居民均到集镇赶场。2014年，双桥坪镇有百货、家电、建材、饭店、打字复印、照相摄影、影视制作等商铺120家，营业额1530万元。

三、基础设施

交通运输

明清时期，有临澧鳌山至大龙站驿道贯穿境内9千米，为乡民出行的主要道路。民国年间，政府无力进行道路建设，乡村道路多为自然踩踏形成的泥土路。中华人民共和国建立后，政府重视道路交通建设。1970年3月，县道常(德)津(市)公路东山至药山寺段建成通车，全长28.4千米，境内始有公路。1979年1月，县道刘(家铺)钟(家铺)公路刘家铺至黄野岗段建成通车，全长36.75千米，境内长11.5千米，与常津公路在今双桥坪加油站附近交汇。2014年12月31日，二广高速(G55)澧县东岳庙至常德段建成通车，南北贯穿境内11.5千米，在官堰坪村建有进出口和收费站，境内群众出行及货物流通很便捷。

从2000年起，镇政府加速通村通组公路建设，至2014年，建成乡、村、组公路57.3千米，全部实现硬化。

邮政通信

明清时期，境内有驿道经过，专事邮传。民国至新中国成立初期农村邮政以步行投送为主。1958年县邮电局成立，乡镇始建代办所，到1962年乡、大队均已通邮，步行投送改为自行车投送。1961年，在公社机关开通1部手摇电话机，境内始有电话。20世纪70年代，各大队开通电话，在公社机关设有总机室人工接转。1985年，双桥坪乡拥有手摇电话机19部。1997年开通程控电话，民用电话开始普及。2000年，双桥坪镇有程控电话用户5000户。2002年移动电话兴起，有线固定电话用户开始减少。2006年电信宽带进入境内，2008年互联网用户达300户。2014年，全镇拥有固定电话用户9860户，移动电话用户18960户，互联网用户1250户。

水利建设

20世纪50年代前，境内水利设施基础薄弱，大旱大涝现象普遍。1958年大规模兴修水利工程，建成群力、庆丰、星星3座小(Ⅰ)型水库和上堰、金鸡岩、年丰、王家堰、月半庵、新堰、朱家冲、小里堰、龙丰9座小(Ⅱ)型水库。群力水库集雨面积7.63平方千米，库容440万立方米，灌田5398亩。庆丰水库集雨面积3.17平方千米，库容257

万立方米，灌田1976亩。星星水库集雨面积3.1平方千米，库容197万立方米，灌田2580亩。1970年后又修建3座小(Ⅰ)型水库。1971年建成犀牛山水库，集雨面积1.94平方千米，库容103万立方米，受益农田1000亩。1977年建成横冲水库，集雨面积0.76平方千米，库容122万立方米，受益农田578亩。1980年建成胜利水库，集雨面积1.94平方千米，库容120万立方米，受益农田1330亩。1978—1979年，修建马鞍山、王家嘴、白鹤垭、双堰角、南洋坪、枫树垭6座抗旱机埠，增加提水灌溉面积3800多亩。50—80年代，还修建骨干堰塘800多口。至1985年，境内水库、堰塘、河坝总蓄水量达1800万立方米，灌溉面积近3万亩。2011—2014年，国家投入资金3000万元对境内15座水库进行除险加固，对部分渠道疏通硬化，确保安全度汛，旱涝保收。

供电供水

供电 1976年，架设蔡家岗公社舒公店至双桥坪集镇15.5千米10千伏输电线路，连接国家电网，供应双桥坪公社机关及双桥坪大队、大桥大队部分农户用电。1979年，供电范围覆盖全公社16个大队2万余人的生产生活用电。1982年成立双桥坪电管站，负责用电安全管理、电网建设等工作。1989年，双桥坪乡集资架设大龙站变电站至马鞍山村10千伏输电线路4.5千米，全乡用电改由大龙站变电站供应。2000年5月成立双桥坪供电所，管辖双桥坪镇、大龙站镇的供用电，实行农村电网改造后，实现城乡用电同网同价。2008年双桥坪供电所并入蔡家岗供电所。至2014年，双桥坪镇由大龙站变电站龙双线、龙南线、龙大线、龙林线四条线路供电，有10千伏输电线路65.89千米，配电变压器120台14030千伏安，年供电量195.57万千瓦时。

供水 20世纪60年代前，境内居民饮用水直接取自溪河沟港或堰塘水井。70年代流行打手压真空泵井，抽取浅层地下水。1991年，以庆丰水库为水源，建成双桥坪镇第一个水厂——庆丰水厂，日供水50立方米，供应镇政府、学校、医院等单位及集镇部分居民共1300多人饮用水。2003年建成以群力水库为水源的大型水厂——双桥坪镇水厂，日供水250立方米，供水范围为农夫堰、五同庵、官堰坪、双堰角、双桥坪5个村居，受益人口7500人。2006年建成王家嘴水厂，日供水50立方米，供应王家嘴村1100人饮用水。2011年春，建成涂家坪水厂，日供水50立方米，供应涂家坪村1200人饮用水。2011年冬建成官堰坪水厂，日供水100立方米，供应官堰坪村、南洋坪村村民用水，受益人口3560人。2013年建成金鸡岩水厂，日供水50立方米，供应金鸡岩村1050人饮用水。2014年，长岭岗水厂延伸至境内大桥、宋家坪、刘家湾3个村，受益人口5500人。全镇实现全面安全饮水。

集镇建设

2014年，双桥坪集镇建成区为0.9平方千米，常住人口3500人。街道总长7200

米，全部硬化。集镇房屋建筑总面积 13.05 万平方米，其中居民住宅 94500 平方米，公共建筑 21800 平方米，生产建筑 14200 平方米。

四、社会事业

教育

清朝末年，双桥坪境内教育以私塾为主，主要有李家祠堂、田家井角私塾学堂。民国时期大龙站设有同德乡国民学校，供境内富家子弟就读，1949 年改为大龙站完小。1960 年后，双桥坪村排路山建成 1 所学校，1965 年迁至李家祠堂，1974 年迁至现在的官堰坪村八角湾。1975 年，双桥坪境内设有 3 所中学（双桥坪中学、大桥中学、群力中学）和 16 所村小，1976—1977 三所中学都办有高中部，1978 年大桥中学、群力中学高中部撤并到双桥坪中学。1978—1980 年全乡所有村小附设有初中班。1992 年，撤群力中学并入双桥坪中学，双桥坪中学建成一栋教学楼，1993 年，建成教工宿舍楼。1995 年，全镇 13 所小学建起教学楼，双桥坪镇中学修建围墙。1997 年，双桥坪镇中心校教学楼建成。2000 年，大桥中学教学楼建成，2004 年双桥坪镇中学女生楼建成。2000—2004 年，全镇进行教育资源整合，撤并 16 所小学，整合成双桥坪镇中心小学、五同庵完小、大桥完小以及双堰角、宋家坪、刘家塆、江家垱四所村小。2005 年，大桥完小合并到大桥中学，组成九年一贯制学校——大桥学校。2006 年，撤双堰角村小并入五同庵完小，撤宋家坪、刘家塆、江家垱 3 所村小并入大桥完小。2007 年，双桥坪镇中心校“三用堂”建成。2008 年，大桥学校初中部撤并到镇中学本部。镇中学获得国家拨款以及香港轩辕教育基金会荣誉会长钟春荣先生资助，建成新教学楼，旧教学楼改为科教楼。2009 年，镇中学获得国家拨款以及香港轩辕教育基金会荣誉会长钟春荣先生资助，建成“三用堂”。2010 年，镇中学建成男生宿舍楼和新办公楼，成功创建省级“合格化学校”。2012 年，双桥坪镇中心幼儿园在双桥坪中心校院内改造提质并投入使用。2013 年、2014 年，大桥完小、五同庵村小改造提质，创建“合格学校“取得成功，建成双桥坪镇大桥少年宫。

2014 年有双桥坪中学（含小学五、六年级）、五同庵小学、中心小学（一—四年级）、大桥完小 4 所中小学校。有教职员工 99 人，其中本科学历 38 人，高级教师 14 人、一级教师 70 人，在校学生 689 人。中、小学教学用房，学生宿舍，及其他办学资源均有富余。中学占地面积 80 余亩，建筑面积 5000 多平方米。

文化体育

1977 年 11 月，成立双桥坪公社电影队，配备 4 名放映员，常年在生产大队巡回放映。1982 年，成立双桥坪公社文化站，负责组织开展文化体育活动。1988 年起，相继成立双桥坪、官堰坪、五同庵、王家嘴、大桥、马鞍山6支管乐队和2支腰鼓队、军鼓队。2008年，投入资金28万元，将原镇计划生育服务所房屋改建成400多平方米文化站院落，有办公室、多功能活动室、图书阅览室、文化管理室、文化服务室、信息资源共享室，各功能室设置齐备。在集镇建起1000多平方米的文化体育广场。2014年，16个行政村设有农家书屋，每个书屋藏书2000册以上。

1996年，全镇发展多路微波电视用户200户。1997年建成有线电视网络，2014年开通数字电视，拥有用户3300户。2015年实施电视户户通工程，全镇偏远地方650户村民和弱势群体看上电视。

医疗卫生

民国年间，境内有10余名中医郎中行医，4家药铺供药。1950年组建双桥坪联合诊所，有医务人员7人。1956年，联合诊所改为双桥坪乡卫生院。1961年组建双桥坪公社卫生院，有医务人员24人，病床30张。20世纪60年代末各生产大队配备不脱产的“赤脚医生”，做到小病小伤不出村。1996年改为双桥坪镇卫生院，2012年新建门诊住院综合楼、职工宿舍楼，建筑面积2577平方米。2014年，双桥坪镇卫生院有医务人员28人，病床45张，开设内科、外科、儿科、中医、妇产、检验等科室，门诊接诊14609人次，收治住院病人1712人次。卫生院下辖16个村级卫生室，有村医16人。

社会保障

农村“五保” 1956年按照常德县全面开展五保评议工作指示精神，对农村特困人群、无劳动能力人群和鳏寡孤独者进行救助。以初级农村合作社为单位提取公益金，用于保障五保对象生活。人民公社时期，由生产队出钱出物，大队统筹供养五保对象。1984年改乡后，五保供养费用从村提留中列支，2003年后，改为政府财政列支。2009年，将原刘家湾小学校舍改建成镇敬老院，可集中供养五保对象50人，同年有45名五保老人入住。2014年，全镇供养五保对象235人，其中敬老院集中供养45人，按240元/人/月发放供养金；分散供养190人，按120元/人/月发放供养金。2014年，双桥坪镇养老院占地面积达到15亩，建筑面积1500平方

▲ 双桥坪镇东常高速收费站

米，拥有床位50张，各项生活设施齐全，拥有现代化的厨房、正规化的锅炉暖房、太阳能热水器淋浴室以及牲猪养殖、蔬菜种植基地，配备有专门护理人员服务五保老人日常生活。

城乡居民最低生活保障 2006年启动农村低保。2014年，全镇享受农村低保有716户1025人，补助标准120元/人/月，发放低保资金14.76万元。1999年启动城镇低保，2014年，有城镇低保户26户50人，年发放低保资金1.65万元。

新型农村合作医疗 农村合作医疗从2006年开始实施，年内共有20762人参合。2014年，全镇参加合作医疗21082人，占总人口的95%。

新型农村社会养老保险 2010年开始实施。2014年，全镇参保人数7600人，上缴保险基金91.81万元，享受养老保险3852人，年领取养老金369.795万元。

其他社会保障 2014年，全镇大病救助60人，救助资金12.5万元；临时救助25人，救助资金1.25万元；优抚对象450人，发放优抚资金222.79万元；社会救助45人，发放救助金8万元；残疾人380人，全部免交农村养老保险；重度残疾人（1级，2级）每人每月发放生活补助50元，共计9万元。

五、特色地情

人物

陈　辉 （1920—1945） 原名吴盛辉，1920年生于大桥村黑山尾一个商人家庭，1934年考入常德湖南省立三中求学。1937年2月，加入该校组建的中华民族解放先锋队，同年5月加入中国共产党。抗日战争爆发后，经中共地下组织介绍，奔赴延安，入延安“抗大”学习。1938年到华北联合大学学习，毕业后到晋察冀边区通讯社当记者。1940年先后调平西、涞涿县，任县青救会宣传委员、县青救会主任、县武工队政委、区委书记等职。1945年2月8日，在拒马河畔韩村，因叛徒告密遭敌包围，苦战数时，壮烈牺牲，年仅25岁。

陈辉还是热情的诗人，曾在《晋察冀日报》《群众文化》《诗建设》《鼓》《子弟兵》等抗日根据地报刊上发表过很多诗作。1958年作家出版社出版他的诗集《十月的歌》，田汉在其《引言》中写道：“陈辉是十月革命的孩子”“他的手上，拿的是枪、手榴弹和诗歌。他年轻的一生，完全投入了战斗，为人民、为祖国、为世界，写下了一首崇高的赞美词。”

未　央 （1930—）本名章开明，1930年2月出生于双桥坪乡五同庵村一个贫苦农家。曾任湖南省文联副主席、作家协会主席。1949年夏，肄业于省立第四师范学校（今桃源师范）三年级，1950年10月，参加中国人民志愿军赴朝从事文艺工作，在部队荣立三等功一次，获朝鲜军功章两枚。他的诗集《祖国，我回来了》问世后，赢得了广大读者的喜爱。“文化大革命”中，他受到错误批判。1962年，未央任湖南省文联委员、中国作家协会湖南分会常务理事；1978年发表中篇小说《云淡风轻》；1979年9月加入中国共产党；1980年4月任湖南省文化艺术界联合会副主席、中国作家协会湖南分会主席；1984年出版诗集《假如我重活一次》，获1979—1980年全国中青年诗人诗歌奖；次年发表小说集《巨鸟》。

王凤鸣 （1953— ） 常用笔名农鸣，1953年3月出生于常德县双桥坪乡双桥坪村8组。曾任湖南文艺生活杂志社副主编。1972年开始发表文学作品，曾在《湖南文学》《人民文学》《中国》《诗刊》《文学报》、香港《文学世界》等多家报刊发表诗文、中长篇小说。2015年出版以故乡（湖南常德鼎城区双桥坪）农村为背景的长篇小说《危机深处》，2016年1月10日《人民日报》及人民新闻网刊发著名作家未央就《危机深处》小说写的评论文章——《耐人寻味的乡村风景画》，湖南多家报刊转发，引起众多读者关注和图书馆收藏。

风景名胜

七姑山 相传很久以前，此地还是八百里洞庭湖的边缘，当地乡民亦农亦渔，日出而作，日落而息，团结互助，和睦相处，虽不免辛劳，倒也安居乐业。有一年，湖中孽龙作怪，卷起湖水千丈，经常掀翻渔船，淹死渔民无数，淹没农田千顷，使当地人既不敢下湖，也无法耕种，变得民不聊生。一日，居住天宫的仙女不甘寂寞，结伴下凡，游五岳、逛武陵，来到洞庭湖，发现这里昔日的人间仙境变成了人间地狱，便按落云头，仔细察看，所到之处乡民们衣不遮体，食不果腹，纷纷哭诉孽龙的劣行。这人间惨状激起了仙女们的极大义愤，她们顾不得天庭中不准插手人间事务的禁令，与孽龙展开激烈的搏斗，战胜了孽龙，打死龙子，并帮助乡民围湖造田，使他们能够重新安居乐业。龙王为报杀子之仇，上天告状。玉皇闻讯派天兵天将下界，把七仙女打落凡间，化作七座山峰。后人为纪念七仙女，称其为七姑山，在山上修仙姑庙，常奉香火。近年新杰农业开发有限公司全力打造七姑山旅游开发项目，以七姑山顶原天池庵为中心，新建庙宇，建成2座水库，改造700多亩低产油茶，将其建成旅客休闲、观光、垂钓的风景区。

六、各村（居）简介

双桥坪居委会

位于太阳山旅游区通道上，为镇域政治、商业中心。下辖14个居民小组，378户1341人。水田面积1587亩，以生产优质水稻为主。2016年5月，与白鹤垭村合并，沿用双桥坪居委会名。

涂家坪村

位于镇北大门，抵临澧县柏枝乡、津市岳山镇。辖11个村民小组，农户308户1122人。耕地1992亩，以种植水稻为主。有园地200亩。2016年5月与金鸡岩村合并，命名为涂家坪村。

金鸡岩村

抵临澧县鳌山村，人口936人。水田1444亩，以水稻、棉花生产为主。2016年5月与涂家坪村合并为涂家坪村。

五同庵村

与临澧县岳山、鳌山村交界，为边贸村。辖农户310户889人。耕地面积1523亩，村内设有墟场，逢1、6为赶集日。农业以水稻、棉花、油茶生产为主。2016年5月与双堰角村合并，沿用五同庵村名。

双堰角村

辖农户420户1482人。以种植水稻、棉花、油菜为主。2016年5月与五同庵村合并，命名为五同庵村。

农夫堰村

辖农户328户1027人。以水稻、棉花、油菜生产为主。村道路实现硬化，群利水库为境内自来水厂水源地。2016年5月与官堰坪村合并，命名为官堰坪村。

官堰坪村

辖18个村民小组(其中6、7组位于双桥坪街道)，农户580户2105人。双桥坪中学位于村境。耕地面积2518亩，以水稻、棉花、油茶、林木生产为主。2016年5月与农夫堰村合并，沿用官堰坪村名。

南阳坪村

位于与瓦屋垱、大龙站、双桥坪三乡镇交界处，有部分农户住在双桥坪街道上，常—津公路横贯其境。辖16个村民小组，1956人。耕地面积2905亩，以水稻、棉花种植为主。“天厦建材”落户该村。

马安山村

辖18个村民小组，538户1688人。耕地面积1955亩，以水稻、棉花生产为主。2016年5月与大桥村合并，命名为大桥村。

大桥村

为镇东西交通枢纽地，设有墟场，每逢2、4、6为赶集日。是著名抗日烈士、诗人陈辉的故乡。辖12个村民小组，382户1389人。设有中心幼儿园。农业以水稻、棉花生产为主。2016年5月与马安山村合并，沿用大桥村名。

刘家湾村

位于与长岭岗、雷公庙乡交界处，辖 14 个村民小组，419 户 1360 人。耕地 2070 亩，主要生产水稻、棉花、油茶。2016 年 5 月与宋家坪村合并，命名为宋家坪村。

宋家坪村

辖 13 个村民小组，450 户 1670 人。耕地 2572 亩，以水稻、棉花、油茶生产为主。2016 年 5 月与刘家湾村合并，沿用宋家坪村名。

江家垱村

辖 11 个村民小组，355 户人口 1145 人。耕地 1920 亩，以水稻、棉花、油茶种植为主。2016 年 5 月与王家嘴、李家铺村合并，命名为王家嘴村。

王家嘴村

位于与临澧县邹家坪村交界处，辖 10 个村民小组，278 户 919 人。耕地 1373 亩，以水稻、棉花、油茶种植为主。建有自来水厂。村街道设有墟场。2016 年 5 月与江家垱、李家铺村合并，沿用王家嘴村名。

李家铺村

辖 10 个村民小组，309 户 1036 人。耕地 1545 亩，以生产水稻、棉花、油茶、林木为主。2016 年 5 月与王家嘴、江家垱村合并，命名为王家嘴村。

白鹤垭村

辖 6 个村民小组，152 户，人口 560 人。耕地 263 亩，林地 240 亩，园地 100 亩。山丘区地貌，以林、果业为主。2016 年 5 月与双桥坪居委会合并，命名为双桥坪居委会。

（执笔：王月明　编辑：娄福友）

灌 溪 镇

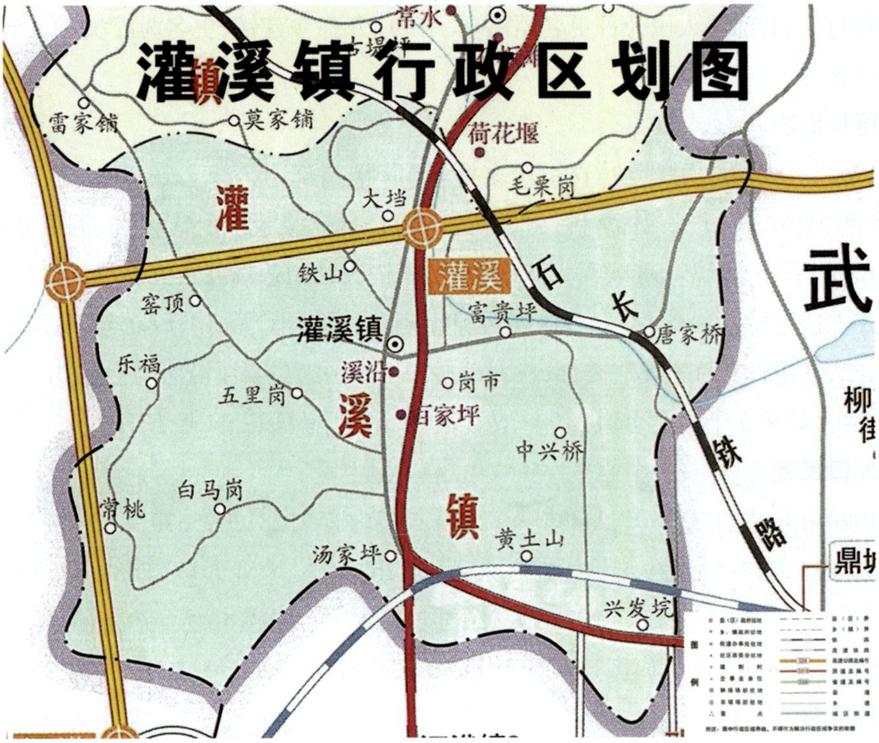

地图审图号：湘 S(2008)052 号

地域名片

全国乡镇企业东西合作示范区

全国百强乡镇之星

湖南省百强镇

一、区域概况

地理位置

灌溪镇位于区境中北部，太阳山西麓。因太阳山有一罐形古泉沿途成溪流经境内而得名。西邻桃源县陬市镇，东接武陵区南坪街道，南连武陵区河洑镇，北抵石板滩镇。东西、南北直线距离分别为11千米、10千米。镇人民政府驻灌溪寺，距常德市城区5千米，距区人民政府驻地8千米。

建置沿革

民国年间，镇域分属常德县浙安、天平2乡。1950年属浙安乡。1951年11月设灌溪、窑顶、岗市、兴发4乡。1957年7月，4乡合并为灌溪乡。1958年10月，常德县成立10个人民公社，灌溪乡划入红旗人民公社。1961年3月，析置灌溪人民公社。1984年恢复乡村建制，灌溪人民公社更名灌溪乡。1991年撤乡建镇，更名为灌溪镇。至2014年无变化。

区划面积

1961年，灌溪公社辖白石桥、唐家桥、富贵坪、中心桥、黄土山、兴发垸、跃丰、岗市、大垱、铁山、窑顶、乐福、常桃、白马岗、五里15个大队和公社园艺场、洞天灌药场，总面积67平方千米。1984年，大队改为村，撤销公社园艺场并入五里村，撤销洞天灌药场并入白石村。2008年，白石村划入柳叶湖旅游度假区管辖。1991年，从岗市村析出一、二、三组设立百家坪居委会，从大垱村析出十一组设立溪沿居委会。2014年灌溪镇辖14个村和2个居委会，共199个村(居)民小组，总面积64平方千米。

人口民族

1990年境内有7304户25435人。2010年境内有7528户25670人。2014年，全镇有7662户29817人，其中男性14533人，女性15284人，农业人口28688人，非农业人口1129人。总人口中，汉族29736人，维吾尔族17人，回族46人，苗族13人，土家族5人。少数民族中51人属搬迁安置入境，30人系婚嫁迁移入境。

自然环境

镇域地处武陵山余脉与滨湖平原的结合部，西有太阳山、花山，东有株木山，中为平原和岗地。全境地势东西高，南北低。境内有新浙河、反帝河、富贵河三条水系。新浙河境内长7千米，流经河洑注入沅水。反帝河、富贵河境内长分别为6千米、4.5千米，流经花山，注入柳叶湖。镇域属亚热带湿润性季风气候，四季分明，气候温和，年平均气温摄氏15.5度，年平均降雨量910.6毫米。境内东部唐桥村地下有石煤、石灰石资源，西部铁山村地下有铁矿石资源。

二、经济发展

经济综述

民国时期，境内居民主要从事农业生产，只有少数人从事手工业劳动，农民人均收入只有几十元。20 世纪 50 年代初，农村经历由土地改革、初级农业合作社到高级农业合作社的演变，境内经济逐步发展。1958 年，开始推广双季稻和多种经营，农民生活水平逐步提高，人均收入上升到 150 元。到 70 年代末，农民温饱问题得以解决。从 80 年代开始，兴办乡镇企业，门类涵盖机械制造、建筑材料、冶炼化工、轻纺印刷、食品加工等。1985 年被湖南省授予“湖南省乡镇之星”和“湖南省百强镇”称号。1998 年，被农业部评定为“全国乡镇企业东西合作示范区”。2000 年，全镇完成工业产值 72479 万元，实现利税 3779 万元。2000 年以后，境内大量招商引资，发展民营经济，扩大特色产业生产。2007 年，全镇工农业总产值增至 24.6 亿元，农民人均纯收入 3837 元。至 2012 年，全镇工农业总产值增至 121 亿元，农民人均收入增长到 8313 元。2014 年全镇工农业总产值 92.9 亿元，农民人均收入 9508 元。

农业

种植业 境内主产水稻、棉花、油茶，兼种红薯、玉米、花生、油菜及豆类。总耕地面积 26910 亩。1949 年前，全部种植一季稻，年总产未超过 400 万千克。1958 年，改种双季稻，年总产 672.5 万千克。1974 年，建立农科站。1975 年，开始引种杂交水稻，年总产 1076 万千克。1982 年，实行家庭联产承包责任制，年总产 1480 万千克。1990 年 10 月，建成农科教中心，健全农村社会化服务体系。1991 年，粮食总产达到 1733 万千克。1995 年，成立“优质稻农民协会”。2000 年，改称“穗丰优质稻农民合作社”，普及推广农业实用技术。2012 年，该社发展优质稻订单 2.1 万亩，收购优质稻原粮 2000 多吨。2014 年，被农业部授予“国家级示范社”称号。境内水稻种植大户谭国顺从 2013 年起，种植水稻 600 亩，每年向国家提供商品粮 45 万千克。葡萄种植大户蔡礼军从 2008 年起种植葡萄 200 亩，每年产值 400 万元左右。

养殖业 中华人民共和国建立后，人民政府重视畜牧养殖业发展，境内各类养殖逐年加强。1958 年，办起公社“万头猪场”，各大队建立“千头猪场”“百头猪场”。1964 年，建立公社渔场，开始集体养鱼，每年产鱼 3 万千克以上。1975 年，境内养鸡 37000 羽、鸭 16800 羽、生猪 12000 头、耕牛 1680 头，出水鲜鱼 15 万千克。中共十一届三中全会后，各类家禽家畜向商业化、规模化发展。1982 年，出现第一个养殖大户—黄土山村唐小弟养殖场。该养殖场占地 15000 平方米，每年向社会提供商品猪 13000 头，存栏 1200 头；承包 100 亩养殖水面，每年上市鲜鱼 25000 千克。20 世纪 90 年代以后，牲猪散养户减少，专业养殖户增加，原有耕牛因役用价值减少而逐步宰食，改为饲养肉牛。2008 年，境内肉食黄牛专业养殖户唐水浩出栏肉牛 80 头。2014 年，全镇养猪专业户发展至 5 个，养殖生猪 4.5 万头；养鸡专业户 7 个，养鸡 10.8 万羽；养鸭专业户 5 个，养鸭 2.3 万羽；养肉食黄牛户 1 个，养牛 180 头；养鱼专业户 5 个，养殖水面 8628 亩，出水鲜鱼 9.5 万千克。

林业

20 世纪 60 年代，镇域除了油茶，只有少量的松树和各种杂木，森林覆盖率 21.4%。从 70 年代开始，境内大量垦荒造林，进行林业改造。1973 年，建立公社林场，以唐桥大队为基地，开垦荒山 1 万多亩，种植杉树 8000 亩，樟树 500 亩，外国松 200 亩。1976 年，林场更名为林业管理站，在经营林场生产的同时，统筹管理全公社山林。1982 年，按国家政策确定林木权属，给农户发放山林权证，由农户自主经营。2014 年，给农户换发统一的林权证，承包期延至 2025 年。到 2014 年，全镇共植树造林 13000 亩，有山林面积 19336 亩，油茶面积 17500 亩。森林覆盖率上升至 51.9%。

工业

1949—1975 年，境内只有少数手工业加工企业。工业的起步始于 20 世纪 80 年代。1985 年，乡党委、政府确定以工兴镇的经济发展思路，与境内大型国营企业浦沅工程机械总厂联合，兴办第一家合资企业常德武陵结构厂。至 1990 年，先后办起 三三白酒厂、三三罐头厂、武陵织布厂、武陵水泥厂、油缸厂等乡办企业。1990—1995 年，投资 3200 万元，兴建 22 万伏变电站 1 座，架设 4 条专用高压输电线路。兴建自来水厂、开通程控电话、浇筑 7.5 千米水泥路面，铺设 5000 米地下排水管道。投资 4050 万元，兴建湖南特力液压有限公司、武陵结构二厂、浦沅铸锻厂、常德祥盛轧钢有限公司等 5 家上规模企业。2000 年，完成工业总产值 72479 万元，实现利税 3779 万元。2014 年，全镇实现工业总产值 90.5 亿元，上缴国家税金 3.11 亿元。

▲ 高速公路灌溪入口

灌溪工业小区 1994 年，经省人民政府批准设立。小区占地面积 2000 亩。小区内有机械制造、食品加工、建筑材料、纺织印

▲ 工业园

刷、冶炼化工5个工业门类30家企业，其中投资规模在1000万元以上的企业14家。生产包括获国家银奖的武陵汽车吊在内的59个系列100个品牌产品。固定资产总值72137万元，从业人员4421人，其中具有中级以上职称的技术人员549人。1998年的亚洲金融风暴，境内乡办企业受到一定冲击，产值出现负增长。1999—2000年，小区的集体企业逐步实施产权制度改革，有10家企业公开拍卖，3家企业进行股份制改造，4家企业实施租赁经营。2000年开始，小区大量招商引资，发展民营经济。2001—2003年，相继有湖南省湘陵糖业有限公司、浦沅第三制造公司、浦沅特种车辆厂、浦沅底盘厂、常德天立车桥厂、常德市鑫美源新型建筑材料有限公司、武陵机械厂、常德市三聚塑印有限公司8家民营企业在小区内建成投产。总投资规模达3660万元。2012年，园区工业企业97家，其中规模企业19家。工业产值由2007的24.6亿元增长至121亿元。2013年，灌溪工业小区升格为鼎城区高新技术开发区。

商贸服务业

清末至民国时期，在渐河古渡口有临河集市墟场，贸易商品主要为农副产品和手工艺制品。中华人民共和国成立后，于20世纪50年代中期设置肉食水产站、供销合作社、饮食店、粮店等，供应群众生产、生活资料和收购农副产品。每月有逢5、10六个赶集日（阳历2月除外）。至1957年，境内有各类店铺78家，从业人员118人。1963年，粮店迁至岗市，供销社增设岗市分社，各大队开办代购代销点。1974年，修通从老街至207国道1.2千米公路，供销社迁至两条公路的连接处。1980年代，国家逐步开放市场，境内个体商贸开始发展，老街的商贸服务整体布局到新修公路两侧，与供销社连接，形成马路市场。1991年投资48万元，建成功能设施齐全的乡镇农贸市场——灌溪市场，占地5500平方米，建设面积3300平方米，摊位500个，门面50个。2006年投资800万元，兴建占地7000平方米的工贸市场——和谐市场。两个市场建成后，集市定期场改为日日场，日人流量数千人次，日交易额达10万余元。2014年，全镇有各类商贸门店、服务网点1879家，从业人员6854人。

其他产业

建筑业 2014年，境内从事建筑业人员1799人，创产值1.9345亿元。

运输业 2014年，境内有运输车辆1658台，其中大型运输车380台，全年运输总收入1.0310亿元。

劳务输出 2014年，全镇常年外出务工4826人，收入1.0496亿元。

演艺业 2014年，境内有歌舞演艺团队人员150人，收入400万元。

人民生活

中共十一届三中全会以后，境内经济发展迅速，人民生活水平逐年提高。1991年，全镇人均收入851元。1992年开始，全镇工农业产值逐年增长，人民收入不断增加。到2014年，全镇人均收入达到13800元，人均住房面积40.6平方米。修建楼房家庭占总户数88.6%，建小别墅庭院家庭占5%。使用液晶电视家庭占80%、空调家庭占78%、电脑家庭占47%、洗衣机家庭占100%。移动电话人均0.7部，摩托车户均1.8辆，小车每百户20辆，银行存款人均10000元。

三、基础设施

交通运输

民国23年(1934)，常(德)澧(县)公路(后称国道207)建成通车，境内始有公路运输。1964年为开发白石、唐桥等地煤矿，兴修白石至灌溪连接207国道的灌白公路，全长8千米。1969年成立灌溪公社农技站，修筑岗市、五里、大垱、富贵、黄土山、兴发6条简易机耕道。1976年，岗市、五里、大垱、富贵4条机耕道扩展为简易公路。1980年，黄土山、兴发2条机耕道扩展为简易公路。1985—1990年，修建乡政府所在地岗市至窑顶3千米，岗市至铁山5千米，岗市至常桃5千米，岗市至中心3千米，岗市至乐福5千米，岗市至富贵村3千米等6条乡道。境内村、组均有公路相通。1992年，将207国道岗市至大垱村1组3千米路段拓宽5米，取名浦岗大道。2006年，灌白公路实现水泥硬化，为境内第一条硬化乡道。到2014年，全镇通村公路全部完成硬化，总长18000米，并安装路灯400余盏。国道207沅澧快速干线、长张高速、东常高速、石长铁路和在建的黔张常高速铁路贯穿境内。常德大道西延4.5千米连通境内。全镇有运输车辆1658台，家用小车2800多辆。

邮政通信

20世纪50年代，境内配有一名邮递员，负责信件、电报传送和报刊发行。机关部门有手摇电话机数部。1961年在公社驻地设立邮政代办所，各大队部开始使用手摇电话机。1967年浦沅工程机械总厂落户境内，设立浦沅邮电所，1980年更名鼎城浦沅邮电分局。1992年,邮政与电信分家,境内兴建装有500门全电子自动交换机的电信大楼,架设互联网线路5400千米,全镇拥有固定电话用户3000户。2012年,架设有线电视宽带网5万米,建成电讯信号塔30座。2014年,全镇拥有固定电话用户800户,移动电话用户达到7000户,互联网用户5000户。

供电供水

供电 1967年,浦沅工程机械总厂在铁山村修建3.5万千伏变电站,境内逐步开始用电。1985年、1986年、1995年,国家在境内建成55万千伏、11万千伏和22万千伏3座大型变电站。2003年,进行农电网改造,更新和增加变压器110台。至2014年,境内增容变电站2个,变压器增至346台,其中多变197台,专变149台,输电线路216.82千米。全镇年用电总量4250万千瓦,其中工业用电1222万千瓦,农业用电257万千瓦,生活及其他用电2771万千瓦。

供水 1986年,兴建第一座自来水厂,受益人群5880人。1998年兴建第二座自来水厂。两个水厂日供水能力2800立方米。2007年,境内开展农村安全饮水工程建设,到2014年共投资7000多万元,铺设供水管道480.5千米,全镇人口均用上安全饮用自来水。

水利建设 1958年,大兴水利建设,出动劳动力7000余人配合常德县渐水西撇工程,开挖新渐河,修通经境内大垱、铁山、岗市、五里、汤家坪、株木6个大队7.5千米的河段。1966年,境内第一座抗旱机埠——铁山机埠建成。1970—1973年,修建幸福、徐家大堰、青年、七一4座小(Ⅱ)型水库,蓄水量83.95万立方米,灌溉面积8100亩。1974年,开挖反帝河,修通境内经大垱、富贵、唐桥3个大队5千米河段。修通经境内中心、兴发2个大队的反修河河段5千米。修建狗头岗、草坪、城堰3座排灌机埠。1976年,建大型抗旱机埠——五里机埠。全公社5处机埠共有变压器6台460千瓦,8台机组110千瓦,排渍面积1.35万亩,抗旱面积1.65万亩。1990年投入资金100万元维修、加固防洪渍堤19.99千米。2014年,境内有山塘6380口,其中硬化、整修、扩容185口。是年,全镇硬化沟渠28.33千米,硬化U型渠道45.8千米,整修碚闸5处,电力铺点增容1100多千瓦,更换电力导线15.5千米,新架线路12千米,疏通主渠道9000米。

镇村建设

小城镇建设 1974年公社机构迁址岗市大队1、2队境内,始着手镇区建设。至1984年,建成浦岗、政府、灌中、新一区、黑桥小区5条街道,总长6000米,镇区面积2平方千米。1987年,政府街完成硬化。至1992年,5条街道全部硬化。至2006年,镇区主干道完成路灯安装250盏。建有自来水厂2个,修通排水管道7500米。建有公厕

3个,建筑面积150平方米。建有集贸市场2个,占地11000平方米。至2014年,镇区有房屋建筑47万平方米,其中居民住房17.58万平方米,公共建筑18.25万平方米,其他建筑11.17万平方米。常住人口6000人。

新农村建设 2006年下半年开始,境内开展社会主义新农村建设。至2008年全镇修通村组公路132千米,绿化、硬化同步进行,并安装路灯412盏近40千米。富贵、中心、黄土山、岗市、汤家坪、兴发、大垱、白马岗、常桃等9个村建成高标准新农村片区。各村建有文化广场、老年服务活动中心、卫生保健室、远程教育操作室、警务室等。2008—2010年,配合中联重科扩建和常德卷烟厂新区建设,兴建富贵、溪沿和兴发三个安置小区。

四、社会事业

教育

民国年间,境内设有天平乡十二保小学,又名寥阳灌小学。中华人民共和国成立后,于1951年改称灌溪寺完小,为境内第一所完全小学。1952年,增设兴发小学。1958年增设钢铁小学,1960年更名株木小学。1962年,各大队开始办小学,境内有初级小学15所,完全小学3所。1965年下半年,兴办灌溪公社农业中学,校址在五里岗村,为境内第一所中学,1969年改称灌溪五七中学,1972年改称灌溪中学。1976年,境内各大队小学办起戴帽初中班,灌溪中学办起高中班。两年后,戴帽中学取消,保留株木中学和黄土中学两所分校。1984和1994年,两所分校先后并入灌溪中学。2000年开始,学生适龄儿童逐年减少,各村小学有的合并,有的停办。至2014年,全镇有1所灌溪中学,1所中心校(小学),2所村小学。有中小学教师210人,在校学生1514人。

灌溪中学 校址位于岗市村12组境内,占地50亩,建筑面积12300平方米。2004年,适龄儿童高峰期时,设教学班28个,有学生2356人。2014年,有教学班级15个,学生734人。教职员工126人,其中高级职称30人,中级职称67人。

幼儿教育 1984年,境内有乡办幼儿园1所。2000年起,先后创办明星、百花、小红帽、浦沅等5所民办幼儿园。有接送校车30台。至2014年,全镇幼儿入园率达100%。

文化体育

民国时期,境内办有1个业余汉剧团,在灌溪墟场北端建有一间简易演出场地。1964年,建立公社广播站,有专业播音员1名,维修专业技术人员1名。1968年,各大队普及高音喇叭,建立广播放大站,覆盖率95%。1972年成立公社文化站,各大队建有业余文艺宣传队,以跳“忠”字舞为主。1980年,在太阳山建成电视差转台,电视在境内

▲ 群众文化生活

逐步普及。1991年，镇文化站被评为全省百强文化站。2010年广播站升级为湖南有线电视鼎城灌溪分公司，有线电视入户率达100%。同年，黄土山二组村民周合林成立三毛文艺演艺公司，每年演出180余场，2012年参加鼎城区群众文艺演出百团大赛并获奖。2014年，全镇有歌舞团4个、管乐队8个、腰鼓队8个、广场健身舞队18个。各村设有农家书屋，藏书3万多册。建有体育锻炼场地18个，群众性的体育活动常年开展。是年，灌溪镇体育代表队参加鼎城区首届运动会，获乡镇第一名。

医疗卫生

民国年间，境内只有游方医生为乡民看病。中华人民共和国建立后，1949年在灌溪墟场老街始设卫生所，医务人员5人。1955年，增设白石、冯家桥、株木、黄土山4个分所。1969年，卫生所更名为灌溪公社卫生院，迁址岗市大队3队，有医务人员14人，病床4张。1982年，迁址扩建，兴修占地2000平方米的门诊大楼和住院部，开设内科、外科、妇科、中医科、理疗科等医疗科室，有病床15张。2004年起，卫生院陆续添置全自动生化仪、尿液分析仪、心电图心电监护仪、B超、彩超、电子阴道镜、200毫安数字X光机等医疗设备，增设病床38张。至2014年，全镇有镇卫生院1所，村级卫生室15个，病床53张，专业医护人员46名，私营药店7家。

社会保障

1991年，镇政府选址在白马岗村，兴建全区第一个乡镇敬老院，有床位48张，集中供养五保对象48人。1994年，镇民政所首次落实全镇帮扶对象508人。1998年，首批居民711人纳入低保。2004年，全镇131个“五保”对象全部享受五保待遇。是年，开始实行新型农村合作医疗制度，农民参合率达89.5%，到2010年提升至100%。2012年，实行新农村养老保险，参保人数首批10370人，占应参保人数的87%。对全镇530名残疾人实行优抚，发放资金5.5万元。2011—2014年，投资金150万元，对全镇128户特困户和五保户进行危房改造，对174名高龄老人发放老龄补贴。2013年，为374名60岁以上失地农民办理社会养老保险。到2014年，境内城镇居民医保、农村五保、农村低保、城镇低保实现应保尽保，参保率、巩固率均达到100%。

五、特色地情

文物古迹

黄土山古墓群 位于黄土山村的黄土山和地墓山两座山头上，根据出土的钵、罐等器物纹饰确定，系春秋战国时期墓葬群，有墓葬200座。1985年配合砖厂取土，进行抢救性清理。1987年出土的战国时期的铜矛和1991年出土的战国时期双箍铜剑，经省文物馆鉴定为国家三级文物。

富贵坪古墓群 位于富贵坪村狗头岗丘陵地带，有墓葬247座，系战国至汉初时墓葬。1984—1987年配合基本建设进行抢救性清理，出土文物2000多件，多系陶器，另有滑石方壶、铜镜、铜剑等。

板栗山古墓群 位于五里村板栗山，有墓葬146座，系战国至汉初墓葬。1985—1987年，配合砖厂取土，地区文物队进行抢救性清理与发掘，出土有鼎、敦、壶、盘、勺、罐、金、钫、滑石璧等文物1540件。

铁戈古墓 位于岗市村。铁戈，回族，系明代山东布政使、兵部尚书铁铉之子（生卒年不详），与其父在山东德州抗击燕军兵变有功，封武略太保将军。后燕王朱棣获胜登基，铁戈被流放于广西河池，后定居于灌溪岗市境内，死后葬于该地。其墓被定为鼎城区文物保护单位。

古树名木

白马岗古樟 位于白马岗境内，树高10米，树冠荫地一亩有余，树干5人合抱，

▲ 中国吊车第一镇

树龄500余年。2010年被常德市园林局挂牌为二级保护古树。

常桃古槠 位于常桃村境内，树高近10米，树干4人合抱，树龄400余年历史。2010年被常德市园林局授牌为一级保护古树。

名优特产

湘莲爽 系灌溪镇申华饮料厂生产的莲籽饮料，1991年获省优质产品奖。

蜜橘原汁 系三三罐头厂生产的高橙饮料，1989年获省乡镇企业局优等产品奖。

革命英烈

陈　敏 女，1907年生，灌溪镇大垱村人。中共党员。1926年任中共常德袜业工会支部书记，中共湘西特委交通员。1927年12月11日因叛徒出卖，被害于常德小西门。

廖顺之 1906年生，灌溪镇百家坪居委会人。1927年至1928年5月任中共常德县四贤区和浙安乡支部书记。1928年5月下旬因叛徒出卖被捕杀害。

周锡龄 1905年，灌溪镇铁山村人。1927年3月加入中国共产党。1928年被中共湖南省委任命为南华安共青团特委书记。1928年8月因叛徒出卖被捕遭杀害。

重要事件

1995年，灌溪镇被中共湖南省委、湖南省人民政府授予“湖南省百强乡镇”称号。

1998年，灌溪镇被农业部确定为“全国乡镇企业东西合作示范区”。

2007年5月17日，中共中央政治局常委李长春到灌溪镇调研考察新农村建设情况。

2009年1月，灌溪镇被中央文明委评为“第四届全国创建文明村镇工作先进村镇”。

六、各村（居）简介

唐桥村

位于镇东太阳山余脉，东连柳叶湖旅游度假区花山，西连本镇富贵坪村，北接石板滩镇毛栗岗村和柳叶湖旅游度假区白石村。辖9个村民小组，301户1018人。总面积2.5平方千米，耕地1273亩，园地400亩，山林893亩，水面314亩，其他面积2200亩。地下有页岩煤矿。主产粮食和油茶。2014年，全村工农业总产值5257万元，人均纯收入9649元。2016年5月与富贵坪村合并，命名为富贵坪村。

富贵坪村

位于镇东北，东连唐桥村，南与本镇中心桥村、岗市村隔河相接，西连百家坪居委会，北与石板滩镇毛栗岗村、本镇大垱村相连。辖15个村民小组，789户2634人。总面积4平方千米，耕地2424亩，园地950亩，山林面积1969亩，水面1800亩，其他2700

亩。2014年工农业总产值1.0084亿元,人均纯收入9913元。2006年,被中共常德市委确定为新农村建设示范点,建起休闲广场、体育文娱设施、学习会议室、医疗卫生室、远程教育室等。镇高标准居民安置小区坐落村内。2007年5月12日,时任中共中央政治局常委李长春到村视察新农村建设。2016年5月,与唐家桥村合并,沿用富贵坪村名。

中心桥村

位于镇东,东与武陵区南坪乡金家坪村隔河相望,南与兴发垸村、黄土山村相连,西与岗市村相通,北与富贵坪村相接。辖17个村民小组,533户1881人。总面积2.8平方千米,其中耕地2471亩,园地364亩,山林175亩,水面682亩,其他1100亩。2008年,被中共常德市委确定为社会主义新农村建设示范点,建有村部、休闲广场、文体活动设施等,村组道安装路灯11.5千米。2014年工农业产值9522万元,人均纯收入9970元。

兴发垸村

位于镇东,东与武陵区南坪乡的竹根潭村、金家坪村接壤,南与武陵区河洑镇白马湖村相连、与武陵区河洑乡杨桥村隔河相望,西与本镇黄土山村相通,北与本镇中心桥村相连。辖24个村民小组,915户3050人。总面积3.8平方千米,耕地2804亩,园地210亩,山林50亩,水面600亩,其他2400亩。2010年开展新农村建设,建有社区文化,体育中心和娱乐休闲广场,修建居民安置小区1处,安置458户。常德市大型建设项目芙蓉王烟厂、东兴家具城、兴隆国际物流园坐落在村境内。2014年人均纯收入10817元。

黄土山村

位于镇东南,东连兴发垸村,西与汤家坪村相连,南与武陵区河洑镇的三星、杨桥一水之隔,北与中心桥村、岗市村连接。辖20个村民小组,703户2512人。总面积3.5平方千米,耕地2603亩,园地410亩,林地340亩,水面460亩,其他1900亩。2007年建起300亩葡萄园基地。市建设项目兴隆国际物流部分坐落村内。2010年中共常德市委在村办建设新农村示范点,建起社区活动中心、村办公室和娱乐体育卫生设施。主产粮食,为镇内产粮大村。2014年总产值9367万元,人均纯收入9854元。

汤家坪村

位于镇南,南连武陵区河洑镇三星村和白合村,西靠渐河大堤,东接黄土山村,北连岗市村。辖15个村民小组,561户1820人。总面积2.3平方千米,耕地1688亩,园地394亩,山林400亩,水面500亩,其他1600亩。境内有农庄餐饮、工业物流、机械修理企业100余家,常德钢材大市场坐落村境。建有文化中心活动室、体育、娱乐文化广场等。2015年总产值1.1095亿元,人均纯收入9887元。

岗市村

位于镇境中部，东连黄土山村和中心村，西抵渐河堤与五里村隔河相望，南接汤家坪村，北连富贵坪村。辖13个村民小组，526户1829人。总面积2平方千米，耕地1646亩，园地240亩，山林200亩，水面207亩，其他1541亩。鼎城区高新技术开发区坐落于村境。2008年中共鼎城区委在村建立新农村建设示范点，建有高标准文化、体育、娱乐休闲活动广场。2015年总产值9138万元，人均纯收入10213元。

大垱村

位于镇北，北与石板滩镇荷花堰村接壤，东与富贵坪村相连，南与百家坪、溪沿两个居委会相通，西与本镇铁山村相接。总面积2平方千米，耕地1041亩，园地600亩，山林60亩，水面330亩，其他1200亩。辖11个村民小组，531户1902人。1968年浦沅重型机械总厂落户村境，21世纪初期鼎城区高新技术开发区部分延伸至境内。2006年中共鼎城区委在村建立新农村建设示范点，建有高标准文化、体育、娱乐休闲中心广场，大部分村民居住花园式别墅房，2014年总产值1.0646亿元，人均纯收入10391元。2016年5月与溪沿居委会合并，命名为溪沿居委会。

铁山村

位于镇渐河以西，西连本镇窑顶村，北与石板滩镇莫家铺、荷花堰村相连，南与五里村相通。辖13个村民小组，532户1801人。总面积4.2平方千米，耕地2039亩，园地379亩，山林3183亩，水面88亩，其他1800亩。主产稻谷、油茶。地下铁矿石资源丰富。浦沅机械总厂（中联重科）、鼎城高新技术开发区延伸至境内，民荣织布厂坐落在境内原常德县砖厂旧址上。2015年总产值8246万元，人均纯收入10391元。

窑顶村

位于镇西，西与桃源县畲田乡神仙桥村和本镇乐福村接壤，东连铁山村，南接五里村，北与莫家铺村相连。辖11个村民小组，332户1097人。总面积3平方千米，耕地1765亩、园地250亩、山林2011亩、水面16亩、其他1800亩。主产粮食、油茶。2014年，总产值7164万元，人均纯收入9936元。

乐福村

位于镇西，西与桃源县畲田乡神仙桥村接壤，东北与窑顶村相连，南与五里村相通。辖11个村民小组，332户1097人。总面积3.2平方千米，耕地1765亩、园地350亩、山林2395亩、水面290亩、其他1600亩。主产粮食和油茶。2015年总产值6090万元，人均纯收入9732元。

常桃村

位于镇西，西与桃源县陬市镇中兴村接壤，东南与白马岗村相连。辖10个村民小组，334户1142人。总面积3.9平方千米，耕地1579亩、园地426亩、山林2279亩、水面350亩、其他2500亩。主产粮食和油茶。2014年，兴建起占地200亩的"归田休闲山庄"，村道安装路灯12.5千米，建起高标准文化、体育、娱乐广场，被评为常德市"美丽乡村"示范村。2015年总产值5192万元，人均纯收入9403元。2016年5月与白马岗村合并，命名为白马岗村。

白马岗村

位于镇西，西抵常桃村，北接乐福村，南达澌河与河洑镇百合村隔河相望，东与五里村相通。辖16个村民小组，588户2008人。总面积5.3平方千米，耕地2566亩、园地596亩、山林4149亩、水面114亩、其他2800亩。主产粮食和油茶。1965年4月村内建成大型军工企业"六五四"工厂，50万千伏国家级变电站坐落村境。2012年开展新农村建设，安装路灯13.2公里，修建起高标准学习中心、体育文化休闲广场，为区级"美丽乡村"示范村。2014年总产值7552万元，人均纯收入9795元。2016年5月与常桃村合并，沿用白马岗村名。

五里岗村

位于镇西，西接白马岗村，北通乐福村和铁山村，东南临澌河与岗市村、汤家坪村隔河相望。辖8个村民小组，300户1111人。总面积2平方千米，耕地1076亩、园地310亩、山林264亩、水面280亩、其他1800亩。鼎城区高新技术开发区部分延伸至境内。建有社区文化、体育、娱乐活动中心。2014年总产值5116万元，人均纯收入10484元。2016年5月与百家坪居委会合并，命名为百家坪居委会。

百家坪居委会

位于岗市村境内，镇政府南。1991年由岗市村析出1～3组组成。辖5个居民小组，233户724人。总面积0.9平方千米。鼎城高新技术开发区、灌溪中学、灌溪中心校、灌溪镇卫生院坐落在境内。建有社区文化、体育、娱乐活动中心。大部分居民从事第三产业。2015年总产值4852万元，人均纯收入10344元。2016年5月与五里岗村合并，命名为百家坪居委会。

溪沿居委会

位于镇政府北，大垱村境内。1991年由大垱村原11组村民组成，辖2个居民小组，126户394人。总面积0.3平方千米。中联重科(浦沅工程机械总厂)、鼎城区高新技术开发区延伸至境内。大部分居民从事第三产业。建有社区文化、体育、娱乐活动中心。2014年总产值3468万元，人均纯收入10288元。2016年5月与大垱村合并，命名为溪沿社区居委会。

(执笔：罗冬清　喻菊桥　编辑：娄福友)

蔡家岗镇

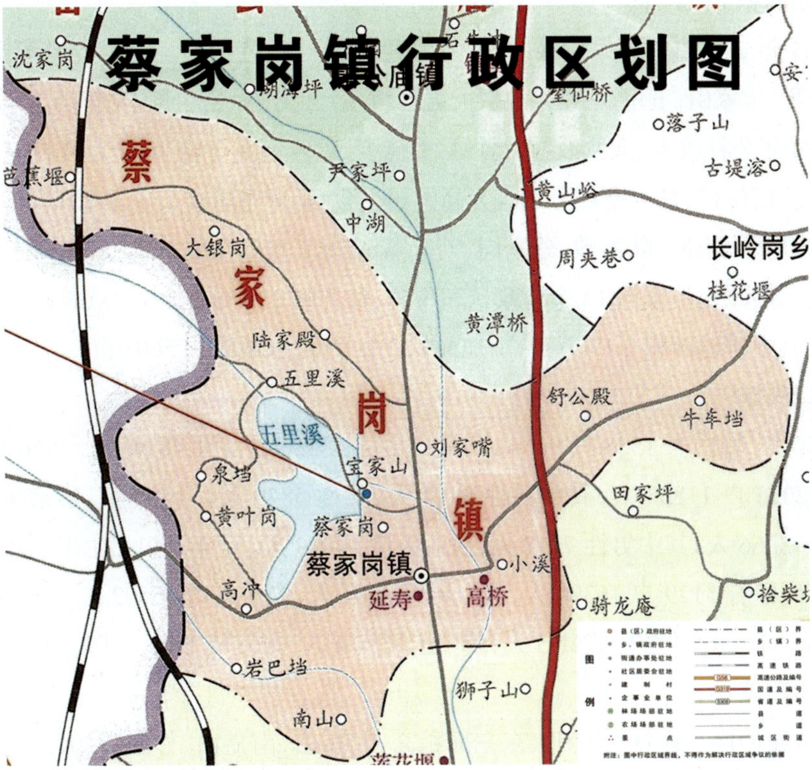

地图审图号:湘 S(2008)052 号

一、区域概况

地理位置

蔡家岗镇位于区境西北端,东与长岭岗乡毗连,南与石板滩镇相邻,西与桃源县盘塘镇接壤,北与雷公庙镇交界。镇人民政府驻延寿居委会,距区人民政府驻地 17 千米。

建置沿革

民国年间,分属渐安、龙门两乡。1949 年 8 月,常德县境解放后,属渐安乡。1950 年 2 月,废除乡、保、甲制后,属常德县第三区直辖,分设舒公殿、五里溪、延寿庵、南嘉山等 6 个乡。1956 年 6 月,合并为蔡家岗乡。1958 年 10 月,实行人民公社体制,属上游（红旗）公社，公社机关设延寿庵墟场。1961年3月，调整公社规模，上游（红旗）公社析为龙门、长岭岗、石板滩3个公社。1964年2月，从石板滩公社析出牛车垱、舒公殿、小溪、高桥、延寿、南山、岩巴垱、高冲8大队，从龙门公社析出芭蕉堰、大银岗、陆家殿、蔡家岗、刘家嘴、五里溪、宝家山、泉垱8个大队，组成蔡家岗公社。1984年，撤销人民公社，改为蔡家岗乡。1992年，撤乡建蔡家岗镇。2015年12月，与长岭岗乡、雷公庙镇合并，命名蔡家岗镇。

区划面积

1964年2月建立蔡家岗公社，下辖高桥、延寿庵、芭蕉堰、大银岗、陆家殿、蔡家岗、刘家嘴、宝家山、五里溪、泉垱、高冲、岩巴垱、南山、小溪、舒公殿、牛车垱16个大队。

1984年公社改乡，大队改村，行政区划未变，蔡家岗乡下辖16个行政村。1992年撤乡建镇，高桥村、延寿庵村分别改为高桥居委会、延寿庵居委会。至2014年，蔡家岗镇辖芭蕉堰、大银岗、陆家殿、蔡家岗、刘家嘴、宝家山、五里溪、泉垱、高冲、岩巴垱、南山、小溪、舒公殿、牛车垱14个行政村和高桥、延寿庵2个居委会。镇域总面积55.7平方千米，其中耕地面积2.17万亩，山地面积2.1万亩，水域面积5603亩。

人口民族

1950年，境内有1538户9654人，其中男性4838人，女性4816人。1956年，蔡家岗乡有2023户11853人，其中男性5974人，女性5879人。1980年，蔡家岗公社有3503户15366人，其中男性7717人，农业人口14949人。全年人口出生率9.3‰。2014年，蔡家岗镇有5129户16390人，其中男性8601人，农业人口15602人。全年人口出生率9‰。有2个少数民族共5人，其中土家族4人，布依族1人。其余均为汉族。

自然环境

镇域属低岗丘陵区，西、北、东三面稍高，北嘉山、南嘉山、杉木岗、大银岗环绕分布，中部和南部较为平坦。最高处北嘉山海拔142.7米，最低处高桥村徐桥组海拔32.8米，全境平均海拔78.3米。渐水及其支流五里溪、小溪迂回其间。镇域属中亚热带向北亚热带过渡的季风湿润性气候，四季分明，气候温暖，日照充足，雨量丰沛。年平均气温16.1℃。年平均降雨量1756毫米，相对湿度为75%。年日照时数4015小时，无霜期220天。境内土壤多为黏壤与沙壤，土层厚，有机质含量为2.1%～2.4%。镇域动植物资源丰富。主要林木有油茶、松、杉、粟、株、苦、樟、榆、槐、竹等，主要野生动物有野山羊、野兔、猪獾、蛇、刺猬和斑鸠、鹰、喜鹊、黄鹂等飞禽走兽。矿藏资源主要有陶土、石灰岩。

二、经济发展

经济综述

民国时期，境内以农业生产为主，有一少部分人从事手工业劳动。中华人民共和国成立后，经济逐步发展。20 世纪 60 年代，开始发展社队企业。华国锋担任湖南省委书记期间，曾在蔡家岗办点。80 年代，乡镇企业及个体手工业迅速发展。1993 年，全市乡镇企业现场会在蔡家岗召开，常德市委、市政府授予蔡家岗镇“工业产值过亿元”金奖。1995 年，全省乡镇企业现场会在蔡家岗召开，常德市委、市政府授予蔡家岗镇“常德市十佳科技乡镇”称号。2014 年，全镇实现地区生产总值 2.1 亿元，规模工业增加值 2700 万元，财政总收入 940 万元，农民人均可支配收入 6883 元。

农业

种植业 境内以种植水稻为主，兼种豆类、花生、油菜、芝麻、红薯、茶叶等作物。20 世纪 50 年代以前，全面种植一季稻，总耕地面积 2.29 万亩，每亩产粮 152 千克。1958 年因修水库减少种植面积 4100 亩，种植双季稻 1.38 万亩，年总产 360.5 万千克，平均亩产 261 千克；种小麦 1213 亩，总产 171033 千克；红薯 867 亩，总产 520200 千克；玉米 405 亩，总产 29970 千克；蚕豆、豌豆 736 亩，总产 35328 千克。1970 年，1.96 万亩水田全部种植双季稻，早稻亩产 256 千克，晚稻亩产 211 千克；旱地 2135 亩，其中棉花 1532 亩，亩产 97.5 千克，小麦 287 亩，亩产 131 千克，玉米 716 亩，亩产 254 千克。1980 年种植双季水稻 1.94 万亩，早稻亩产 291.5 千克，晚稻亩产 394 千克，水稻总产 1341.64 万千克；种棉花新品种“岱红岱”836 亩，籽棉总产量 122892 千克；种油菜 707 亩，亩产油菜籽 112 千克。2014 年，全镇压单扩双 5000 多亩，推广优质稻 8000 多亩，粮食生产面积 1.95 万亩，年产稻谷 1200 万千克；棉花 207 亩，籽棉总产 36018 千克；茶油年产量 24.3 万千克，菜油产量 38.6 万千克。

养殖业 境内农民历来有养殖猪、牛、羊和鸡鸭鹅等家畜家禽的习惯。1956 年，全乡养牛 2052 头，主要用于耕田，养猪 8038 头，鸡 12300 羽，鸭 1800 羽，鹅 156 羽。1968 年，全公社出栏生猪 1.2 万头，养牛 2050 头、出笼鸡鸭 8.3 万羽，产禽蛋 32 吨，产鱼 17.5 吨。1976 年，生产队集体养鱼 2416 亩，总产 67648 千克。20 世纪 80 年代实行农村家庭联产承包责任制，养殖业快速发展。1984 年，全乡有养猪大户 8 户，养鸡大户 6 户。1998 年出现养牛、养羊专业户，养肉食黄牛 326 头，羊 836 头。2014 年，全镇出栏生猪 1.6 万头，出笼家禽 33 万羽，年产蛋 62.5 万千克，出产鲜鱼 11.3 万千克。

林业

20 世纪 50 年代前，境内植被良好，林木茂密。1958 年“大跃进”，大炼钢铁，森林遭受严重破坏。1970年，各大队开始兴办林场，封山育林，开荒造林，栽树种竹。1972年部分山地开成梯田，全公社开山800多亩。80年代，山林承包到户，人们逐步解放思想，大种柑橘。至2001年，全镇优质水果面积达1.5万亩。2005年起，大量种植花木。2014年，全镇拥有优质水果1.5万亩，花木1038亩，杉树等用材林385亩，杂灌林1834亩，木材积蓄量4500立方米。

工业

民国末期，境内有铁匠铺3家；木器、竹器加工作坊2家，酿酒作坊2家。1954年，在舒公殿办有1家竹木器厂，有6名工人，主要制作农具、藤筐等。1958年，公社办起农具厂，有20多个工人，主要制作犁耙、水车等农具。

1966年，刘春樵出任蔡家岗公社党委书记，带领广大干部群众办起石灰厂、农机修配厂、水泥厂、预制件厂、农药厂等14家社队企业，成为全国兴办社队企业的一面红旗。到1968年，为公社积累50多万元存款。

1969年，公社开始兴建水泥一厂。1970年，公社有社队企业34家。其中社办企业6家，就业195人；队办企业28家，就业95人，年工业总产值45.68万元。1978年，泉垱大队开办陶器厂，产品畅销省内外。1979年，兴建水泥二厂、白水泥厂、红砖厂、石膏板厂、轧钢厂、针织厂等多家乡镇企业，蔡家岗镇有了“建材之乡”的称号。1980年，有水泥厂、煤厂、红砖厂、修配厂、石灰厂等社队企业114家，就业总人数1143人。全年企业经营总收入383.3万元。

1993年，是乡镇企业发展的鼎盛时期，全镇拥有296家企业，年总产值近3亿元，在企业务工人数达到5157人，其中骨干企业14家。湘北水泥厂、太阳山水泥厂、湘北水泥公司、白水泥厂、湘旺建材厂、五星石膏板厂、泰仙石膏板厂、湘北轧钢厂8家企业，年产值过1000万元。形成建筑建材、冶金、制陶、食品、包装、加工等7个门类。“太阳山牌”和“湘北牌”425#普通硅酸盐水泥产品获省优、部优称号，产品畅销省内外。

2000年起，乡镇企业改制，进入产权变更、企业转型期，骨干企业实行租赁制，水泥一厂和二厂，太阳山水泥厂，轧钢厂等租赁到人。塑编厂、塑料厂、五金制品厂、红砖厂等给私营企业主买断经营。同时引进外资，新建石膏板厂、扣板厂、李氏家具厂、隆程建材厂、石膏粉厂、免烧砖厂等。至2014年，全镇完成工业总产值4.1亿元，实现税收962万元。

商贸服务业

清代，境内商业繁荣的集市有假假岗、蔡家岗、兴隆桥3处，经营商品有肉食、布匹、粮油、手工业品等。民国时期增加舒公殿、黄叶岗2处集市。中华人民共和国成立初期，上述5处集市生意兴隆。1956年剩蔡家岗、舒公殿2处集市。1964年，成立蔡家岗公社，在公社驻地延寿庵建供销社、经理部、肉食水产站、粮店等，成为境内中心市场。后又在大银岗、陆家殿、舒公殿、高桥建立供销分社，在各大队开设代销店。中共十一届三中全会后，个体商贸发展迅速，农村市场日趋活跃。1989 年，境内各类商铺发展到 65 家，社会商品年零售额达 583 万元。为适应商业流通的加速和城镇发展的需要，2010 年起，镇党委、政府引进外资建商品房，扩门面。2014 年，全镇有延寿庵、蔡家岗 2 个墟场，有各类商铺 193 家，从业人员 521 人，年社会商品零售总额 5600 万元，其中集市商品成交额达 4200 万元。

其他产业

运输业 1998 年，全镇运输业收入 1245 万元。2014 年，全镇运输业从业人员 312 人，大型运输车 208 台，营运收入 2436 万元。

劳务输出 2000 年起，每年有数千劳力外出务工。2013 年，全镇劳务输出 9986 人，其中长三角 1380 人，珠三角 1830 人，劳务收入 1.83 亿元。

三、基础设施

交通运输

民国 23 年（1934），建成常德至澧县公路（今国道 207），途经延寿庵、高桥、刘家嘴、蔡家岗等村，境内 7 千米，境内始有公路。抗日战争时期，为阻止日寇进犯常德，将该路挖毁。1948 年修复。

1964 年，修建延寿庵至高冲的延高路，蔡家岗至五里溪的蔡五路，蔡家岗至芭蕉堰的蔡芭路，影剧院至水泥厂的企业路，总计长 22 千米。1977 年，修建延寿庵至牛车垱的延牛公路，长 6 千米。2009 年，修建蔡家岗镇农村客运站。至 2014 年，全镇有国、省、县、乡、村公路 60 条，总里程 118.7 千米，全部硬化。国道 207 及临岗一级公路纵穿南北，省级防汛公路刘家桥至漆河路段横贯东西，与国道 207 交汇于集镇中心。镇政府距石长铁路盘塘站仅 5 千米，距常德桃花源机场 30 千米，交通十分便利。

邮政通信

邮政 中华人民共和国建立初期，境内设有 1 名邮递员，步行投送邮件。1958 年上游公社邮电局成立，有工作人员 3 名。20 世纪 60 年代，邮局配置自行车投送。1975 年 3 月，蔡家岗、长岭岗、雷公庙、石板滩合为石板滩区，建立覆盖 4 个乡镇的蔡家岗邮电支局，有工作人员 4 名。1979 年和浦沅邮电支局合并，直到 1988 年邮政电信分家，改蔡家岗邮电支局为蔡家岗邮电所，隶属浦沅邮电支局，半年后，蔡家岗邮电所从浦沅支局析出，恢复为邮政支局。2001 年 7 月蔡家岗邮政支局改为邮政代办所。2002 年 5 月，区邮政局推行农村支局邮政经营和城区投递体制两项改革，保留蔡家岗邮政代办所。2014年,邮路遍及各村,全镇发行报刊63145份,收缴报刊费10多万元,邮政储蓄银行存款1.3亿元,电商业务兴起,快递日达数百件。

通信 1956年,蔡家岗乡政府机构置摇电话机1部,境内始有电话。1985年,全乡有一台人工电话交换总机和20部手摇电话机,各村村部通电话。1990年,境内开通程控电话600门,实现县、乡联网。2000年以后,境内建有移动、电信、联通信息塔,信号无缝覆盖全境。2014年,全镇有家庭固定电话1082部,移动电话13160部,互联网用户2974户。

水利建设

20世纪50年代前,境内缺乏水利设施,下雨溪水暴涨,天旱溪水断流,堰塘蓄水量小,天旱易干涸。1958—1960年,大兴水利建设,建成1座五里溪中型水库,群英、建新2座小一型水库,岩巴垱、芭蕉堰、龙潭3座小(Ⅱ)型水库。

五里溪水库位于宝家山村,系渐水流域最大的一座蓄洪灌溉工程。水库集雨面积50.25平方千米,有五里溪、高冲、泉垱三水注入。正常库容1380万立方米,蓄水面积4138亩。水库利用新渐河作总干渠,长20.58千米,建有干渠7条,总长25.5千米,提灌站9处,总灌溉面积5.29万亩,境内受益7630亩。建新水库位于大银岗村,库容160万立方米,灌溉面积4800亩,芭蕉堰、大银岗、陆家殿、蔡家岗四村受益。群英水库位于牛车垱村,库容169万立方米,灌溉面积3400亩。岩巴垱水库位于岩巴垱村,库容56万立方米,灌溉面积1800亩,岩巴垱、南山两村受益。芭蕉堰水库位于芭蕉堰村,库容34万立方米,灌溉面积1000亩。龙潭水库位于高冲村,库容14万立方米,灌溉面积550亩。

1998—2004年进行农业综合开发,水利建设以硬化渠道、山塘,更新改造机埠为主。共硬化渠道42.89千米,整修山塘105口,修沟渠桥梁37座、涵闸138处,更新改造机埠3座装机47千瓦。

2008—2013年,国家投资3000万元,对五里溪、建新、群英、岩巴垱、芭蕉堰5座水库进行除险加固。全镇基本实现旱涝保收。

供电供水

供电 1969年,从常德县水泥厂拉线接电,全长18千米,公社驻地24户和延寿大队的4个生产队68户居民用上电。1975年,全公社16个大队120个生产队3015户居民用上电,占公社总户数的92%。1976年境内居民全部用上电。1991年,新建蔡家岗35千伏变电站,电力供应条件改善,实现国家电网全覆盖。1997年以后,电力发展加快,电力供应充足,用电控制计划逐步取消,工业用电和城乡居民用电不受限制。2014年,全镇拥有输电线路69.43千米,配电变压器65台7135千伏安,总用电量

7980 万千瓦时。

供水 20 世纪 80 年代前，境内居民生活用水直接取自溪流、堰塘等地表水以及掘井采取浅层地下水。1984 年，广州军区支援地方，在高桥村桥垱组打深井 1 口，建立境内第一个供水站，解决 378 户居民饮水问题。1986 年，在延寿村罗湾建成延寿水厂，供应 282 户居民以及附近水泥厂、编织袋厂等单位饮用水。2013 年，以建新水库为水源，建立建新水厂，供应芭蕉堰、大银岗两个村 431 户居民饮用水。2014 年，以五里溪水库为水源，兴建北山水厂，日供水能力 2925 立方米，铺设主、支管道 1800 多千米，实现北山水厂、建新水厂、高桥、延寿水厂联网供水，蔡家岗镇全体村（居）民都用上干净卫生的自来水。

集镇建设

1964 年，成立蔡家岗公社，治所设在延寿庵，蔡家岗集镇由此逐步形成。1980 年，集镇有建筑面积 9 万多平方米，常住人口 1800 多人。1984 年，征收高桥村四堰组 207 国道以西 36 亩地修建农贸市场，建门面 2400 平方米。1992 年再次征收高桥村四堰组 207 国道以东 50 多亩土地，由商户集资修建门面及住房，建门面 2560 平方米。20 世纪 90 年代，集镇街道经过多次拓展延伸，到 2003 年，集镇占地面积 2265 亩，常住人口 4800 人，有延寿、高桥、湘北、宏厦 4 条主要街道，总长 7500 米。2014 年，集镇建成区面积达 0.4023 平方千米，房屋建筑总面积 51.54 万平方米，其中居民住宅 33.25 万平方米，公共建筑面积 8.23 万平方米，生产建筑面积 15.24 万平方米。常住人口 2300 人。

四、社会事业

教育

民国年间，境内有私塾 4 所，完小 2 所，每保有小学 1 所。抗战时期，上海杨半农在境内办同治中学，后迁至河洑。中华人民共和国成立后，人民政府重视教育。20 世纪 50 年代初，境内办有上游、舒公殿 2 所完小和 6 所初小。1957 年办石板滩附中，始建在石板滩青场庵，1960 年迁址蔡家岗。1965 年春，创办蔡家岗公社农业中学，附中与农中合并。1968 年 9 月，全公社 16 个大队各办小学一所，舒公殿、蔡家岗、高冲、大银岗 4 个大队办起初中。全公社有 142 名教职工，4003 名学生。

1969 年 5 月，蔡家岗公社农业中学更名为常德县蔡家岗公社中学，教学任务调整为社会培养合格的初中毕业生。

1977 年 9 月，校址设在舒公殿大队的湖南省农学院常德分院正式开学，学生两个班 96 人，教职工 35 人。1989 年并入常德高等专科学校。

1978 年，蔡家岗公社创办供销学校，招一个班 40 名学生，后扩至两个班招 80 名学生，主要培养供销人才。1986年3月交县教委管理，并迁往武陵镇。是年全公社除5个大队没办初中外，舒公殿、小溪、高桥、延寿、南山、蔡家岗、陆家殿、泉垱、大云岗、岩巴垱、高冲11个大队办起初中。教职工人数147人，中小学生4102人。

1979年，蔡家岗公社中学升格为常德县第八中学，招收高中生。另以延寿中学为基础，吸纳部分大队学校初中班，成立新的蔡家岗公社中学，有教职工23人，学生283名。其余800多名初中学生仍分布在大队学校初中教学点。全社小学生人数2781人，教职工124人。

1991年，蔡家岗镇成为鼎城区首批普及九年义务教育的六个乡镇之一。1992年常德县第八中学更名为鼎城区第八中学。

2000年后生源减少，开始调整学校布局。2004年，保留镇中学、镇中心校、蔡家岗完小3所学校，其余小学全部撤并。2010年，鼎城区第八中学停办。2011年蔡家岗完小停办。到2014年，全镇存中学1所，中心小学1所，幼儿园3所，中小学教师94人，学生899人。幼儿教师35人，入园幼儿369人。

科技

1958年，公社成立农机水站，推广农业生产科学技术，实施对小型水库和水利工程的管理以及农业机械化的管理。1963年成立农业技术站，推广水稻、棉花、小麦、油菜等生产新技术，强化作物生长管理，加强病虫防治。1969年建水泥一厂，技术人员在中国建材研究院水泥专家庞其湘等人的指导下，研究出立窑用石煤烧水泥的新技术。该技术项目填补国内空白。1978年，试产成功，"立窑石煤烧水泥"获国家科技大会奖。1987年获常德市"立窑石煤烧水泥"科技示范企业一等奖。1988年"太阳山牌"水泥获国家部优产品称号。1990年，蔡家岗乡农机站获农业部授予的全国乡镇农机管理服务站先进单位称号。

文化

境内民间传统文艺形式丰富多彩，主要有三棒鼓、渔鼓、三弦、莲花闹、舞狮、舞龙等，山歌、民歌、小调也较为普及。解放初期，群众文艺主要用以宣传新社会、宣传土改、宣传婚姻自由、宣传兵役法等。1967年，"文化大革命"期间，90%以上的农民会跳"忠"字舞。1969年建立蔡家岗公社广播站，有1名播音员，广播覆盖公社16个大队。1973年，公社和各大队均建有毛泽东思想文艺宣传队。1974年，蔡家岗公社宣传队参加全县文艺会演获得优秀奖。1979年，中宣部、团中央、文化部联合调查组到蔡家岗公社考察。随后，建立蔡家岗集镇文化中心。1988年，建立蔡家岗万册图书馆。1991年，蔡家岗镇小溪村农民李海华创办海燕歌舞团，演出业务覆盖全国20多个省、市，被中央电视台、省经视台、《常德日报》等媒体多次报道。1996年，省文化厅授予海燕歌舞团"全省百佳民间剧团"称号。2013 年,海燕歌舞团代表蔡家岗镇参加常德市"百团大赛",获一等奖。2014 年,全镇有文化站 1 个,有线电视管理站 1 个,专业商业艺术团 2 个,中西乐队 6 支,狮龙队 1 支,有文学、音乐、诗词、音乐、美术、书画、唢呐等文学艺术爱好者 200 多人。文学艺术创作、演出活动经常,群众文化生活丰富多彩。电视入户 14730 户,其中有线电视入户 4100 户。农家书屋 16 个,书刊 2 万多册。

体育

20 世纪 60 年代,境内办初中、高中,学校开始有体育设施,体育活动逐步兴起。公社组织运动会,各大队组成篮球队、排球队参赛。2002 年后,广场舞普及乡村,境内每村都有 1 至 2 个广场舞队。2014 年,镇政府投资建设 2 个体育健身场所和宝家山农民文化广场。

医疗卫生

民国年间,境内有中药铺 6 家,中医 9 名,西药铺 4 家,西医 4 名,分布在延寿庵、舒公殿和蔡家岗墟场。

中华人民共和国成立后,1950 年,由高茂良、向艾初、杨禹范 3 人组建医药合作社,1952 年更名为联合诊所,有医务人员 5 名,1954 年加入石板滩区联合诊所。

1964 年 10 月,成立蔡家岗公社卫生院,新建医院用房 440 平方米。1966 年,地区卫生局资助卫生院新建住院部 380 平方米房屋。1968 年,实行农村合作医疗制度,各大队建立合作医疗站,配备"赤脚医生"负责诊疗。基本上做到小伤小病、一般常见病不出大队。1970 年 3 月,湖南省革命委员会在常德县召开全省合作医疗现场会,推广蔡家岗公社的经验。

1988 年,卫生院占地 6.2 亩,建筑面积 2830 平方米,其中医疗用房 1900 平方米。1995 年,蔡家岗镇卫生院被省卫生厅定为"中心卫生院",1996 年,被卫生部授予"一级甲等卫生院"。2005 年,卫生院新建 1000 平方米的住院楼。2014 年,镇卫生院有医务人员 24 人,病床 48 张,专业医护人员 24 名,接纳门诊病人 1.5 万人次,接收住院病人 1700 人次。下辖 16 家村级卫生室,有村医 32 人。

社会保障

中华人民共和国成立后,人民政府对孤寡、老弱病残等困难群众给予救助安置。1963 年起,由生产队对孤寡老人和无劳动能力的残疾人实行五保供养。1967 年全公社各生产队供养五保对象 287 人。1994 年,建立镇民政所,负责帮扶和社会求助工作。1998 年首批居(村)民 73 人纳入城乡居民最低生活保障。2006 年建立刘家嘴村敬老院,集中供养五保对象。2009 年在大银岗村建立镇敬老院,集中供养五保对象 40 名人。2012 年,全镇五保对象月生活费提高到 256 元。2014 年,全镇供养五保对象 738

人，其中集中供养43人。享受城镇低保38户47人。新农保参保12875人，城镇养老保险续保186人。发放新农保11356人次151万元。15361人参加农村合作医疗，参合率达89.2%，有3.7万人次门诊、住院，报销医疗费用1511.1万元。

人民生活

民国末期，境内人民生活贫困。据1947年的调查统计，年人均消费粮食61.5千克，不少人家收割后就开始吃野菜度日。大多住土墙屋、木板房，有41户住草棚。

中华人民共和国成立后，粮食产量逐年增加，人们生活水平有所提高。1956年，人均消费粮食119千克。穿衣大多为家织土布，少量用洋布。照明用煤油，少量用桐油。人们用茶枯、草灰水洗头、洗衣服。1965年，年人均口粮标准253千克，搭配瓜菜可基本吃饱。中共十一届三中全会以后，农村经济发展迅速。1982年，每亩粮食产量357千克，温饱问题解决。人们开始购买收、录音机、自行车、缝纫机，木板房、土墙屋开始转换为砖瓦平房。20世纪90年代，大多居民兴建楼房，住房条件不断改善。2014年，全镇每百户农民有楼房77栋，汽车24辆，摩托车41辆，液晶电视71台，空调78台，洗衣机91台。

五、特色地情

历史人物

胡　高　字濙由，生于明永乐八年(1410)，万历探花，历任礼部尚书、文渊阁大学士加太子少傅，谥忠安、诰封荣禄大夫元，卒崇祯五年(1632)。

胡应昌　字赵龙选，生万历年，进士，诰封中宪大夫，洁身避乱赈危招亡，因寇侵扰，偕弟率子孙同隐城北三十里，渠峰深处，渐水源头，建陵乡一里四陵走马岗前居住，没于顺治庚寅年(1650)，寿63岁，安厝于湖南冲。

胡献征　字仔齐，生于顺治年间，历任都察院经历户部主事，外陞保定府巡道，管驿盐及臬司，陞邢部郎中兼任江苏布政司，没于康熙庚辰年(1700)，寿五十四，诰封通奉大夫。

刘春樵　(1923—2006)　蔡家岗镇舒公殿村人，中国共产党第九次代表大会中央候补委员，中国共产党第十次代表大会、第十一次代表大会中央委员，湖南省委常委、省人大常委会副主任。1951年参加荆江分洪工程，为两个劳模之一。1966年，出任蔡家岗党委书记，带领全公社人民大办工业企业、大兴农业，“文化大革命”中坚持生产，不参加武斗，蔡家岗成为全国“学大寨”的一面红旗，誉为湖南的大寨，刘春樵被誉为为湖南的陈永贵，受到毛泽东接见。于2006年4月因病去世，终年81岁。

李贡轩　生于1901年，又名李建，蔡家岗小溪人。黄埔军校毕业，汤恩伯部下，追随军长豹钢抗日，曾任师参谋部主任。1944 年 3 月率部与日本侵略者作战阵亡，后追认为少将。

沈天喜 1957 年 9 月生，舒公殿村人，1976 年 12 月入伍，在广州军区 41 军 122 师 364 团服役，1979 年 2 月 23 中越边境自卫还击作战中牺牲。

风景名胜

灵泉寺天然温泉 位于太阳山以西高桥居委会徐桥组内，占地面积约 100 亩，出水量每小时 200 立方米左右，流量稳定，水温在 18℃～20.8℃之间，水质清澈、口感甘甜。由于南方水泥公司矿区采矿，截断泉脉，从 2011 年开始，地下温泉水不断减少，到 2012 年年底，泉水断流枯竭。

北山古寺 位于延寿村北山海拔 142.7 米处，始建于唐朝贞观年间，1967 年“文化大革命”中被红卫兵捣毁，80 年代末重建。楼台亭阁，绿树掩映，与碧波荡漾的五里溪水库相映成趣，为旅游休闲好去处。

重大事件

1968 年 8 月，时任湖南省委书记华国锋到蔡家岗公社考察，住高桥大队农户文有功家。10 月、12 月，华国锋带领省委成员在蔡家岗召开活学活用毛主席著作现场会。

1969 年 7 月，湖南省农业学大寨现场会在蔡家岗召开。

1969 年，蔡家岗公社党委书记刘春樵当选为中共中央候补委员。

1971 年 5 月，农垦部部长王震到蔡家岗考察农业。

1973 年，蔡家岗公社社队企业受到中央和省委的表彰，部分产品送北京参加全国社队企业产品展览。

1976 年，国务院副总理陈永贵陪同柬埔寨副总理英萨利到蔡家岗公社参观社队企业。

1978 年，蔡家岗公社水泥一厂的立窑石煤烧制水泥技术获全国科技大会奖。该厂被农牧渔业部授予“全国社队企业水泥质量好企业”称号。全国石煤烧制水泥经验交流会在蔡家岗召开。

1990 年，蔡家岗乡乡长

▲ 蔡家岗镇油菜示范基地

熊以富参加全国乡镇企业思想工作先进代表大会并作大会发言，受到李瑞环等中央首长接见。

1992年，蔡家岗镇被国家计划生育委员会定为“联合国人口基金CPR/90/P17项目”计划生育宣传示范点。

1994年2月，蔡家岗镇获常德市“工业产值过亿元”金奖。同年，被能源部授予全国先进单位称号。

1995年4月，蔡家岗镇计划生育工作获联合国人口基金CPR项目嘉奖。

1999年3月，全国政协副主席毛致用到蔡家岗镇考察工作。

六、各村(居)简介

芭蕉堰村

位于蔡家岗镇西北，属丘陵地带，辖11个村民小组，260户927人。土地总面积6520亩，其中耕地1420亩，果园300亩，水稻1280亩，养殖水面2206亩，山林2650亩。农业生产以种植水稻和油茶为主。2014年农民人均纯收入5000多元。2016年5月于大银岗村合并，命名为大银岗村。

大银岗村

位于镇西北角，西与桃源县相临，北接雷公庙镇。辖11个村民小组，405户1335人。水田2150亩，旱地394亩，山林3600余亩。农业生产以水稻、油茶种植为主。2016年5月与芭蕉堰村合并，沿用大银岗村名。

陆家殿村

位于镇西北，北临雷公庙镇，乡道231公路穿境而过。辖村民小组7个，243户864人。土地总面积3500亩，其中耕地面积1200亩，橘园1000亩，林地1300亩。农业生产以水稻、柑橘、油茶种植为主。2014年农民人均纯收入4780元。2016年5月与蔡家岗村合并，命名为蔡家岗村。

蔡家岗村

位于镇北，省道240线南北穿村而过。辖8个村民小组，238户780人。耕地面积1280亩，山林茶山面积800亩。2014年农民人均纯收入近8000元。2016年5月与陆家殿村合并，沿用蔡家岗村名。

刘家嘴村

位于镇西北，国道207贯通全村，属山地丘陵地区，辖6个村民小组，234户759人，其中男437人，女322人，常年外出务工劳动力110人。土地总面积2200亩，其中水田1030亩，旱地200亩，林地930亩。2014年农民人均纯收入5600多元。2016年5

月与宝家山、五里溪村合并,命名为五里溪村。

宝家山村

位于镇西北，国道207穿过境内。辖7个村民小组,246户788人，土地总面积2040亩,其中耕地1063亩,林地814亩,养殖水面163亩。2016年5月与五里溪、刘家嘴村合并,命名为五里溪村。

五里溪村

位于镇西北,属山地丘陵区。辖7个村民小组,172户647人,其中男357人,女290人,常年外出务工劳动力135人。土地总面积3278亩,其中林地面积1958亩,旱地169.78亩,水田650亩,水面500亩。2014年农民人均纯收入8300多元。2016年5月与宝家山、刘家嘴村合并,沿用五里溪村名。

泉垱村

位于镇西北,属山地丘陵区。辖13个村民小组,354户1185人,其中男603人,女582人,常年外出务工劳动力135人。土地总面积5800亩,其中耕地1850亩,林地3000亩,其他面积950亩。2014年农民人均纯收入6100多元。2016年5月与高冲、岩巴垱村合并,沿用泉垱村名。

高冲村

位于镇西,距镇治所5千米,属山地丘陵区。辖5个村民小组,177户609人,其中男318人,女291人,常年外出务工劳动力80人。土地总面积3242亩,其中水田1165亩,旱地580亩,林地1517亩。2014年农民人均纯收入6800多元。2016年5月与泉垱、岩巴垱村合并,命名为泉垱村。

岩巴垱村

位于镇西南,距镇治所5千米,毗邻桃源县盘塘镇。辖8个村民小组,243户986人。耕地面积1531亩,其中水田1148亩,农业生产以水稻种植为主。2016年5月与泉垱、高冲村合并,命名为泉垱村。

南山村

位于镇西南,南与石板滩镇交界。辖10个村民小组,280户818人,其中男413人,女405人。总面积5095亩,其中耕地面积1744.5亩,橘园200亩,水田1543亩。经济结构以农业为主,主要种植水稻、柑橘、油茶。2014年,农民人均纯收入8900元。2016年5月与延寿庵居委会合并,命名为延寿庵居委会。

延寿庵居委会

位于镇中心，为镇政府所在地，距常德市区20千米。辖8个居民小组,356户1185人。总面积2225.6亩,其中耕地1204亩,水田1025亩,养殖水面189.2亩,林地

832.4 亩。2016 年 5 月与南山村合并,命名为延寿庵居委会。

高桥居委会

位于镇集镇中心,东临临岗公路,国道 207、刘溪公路交叉于境内,西靠石长铁路,渐河贯穿南北。辖 13 个居民小组,531 户 1835 人。有水田 1753 亩,旱地 186 亩,山林 1726 亩。是 20 世纪 70 年代南方大寨的典型大队。2016 年 5 月与小溪村合并,命名为高桥居委会。

小溪村

位于镇东,距镇治所 1 千米,沅澧快速干线、省道 313 穿境而过。辖 7 个村民小组,298 户 1150 人。土地总面积 2780 亩,其中水田 1080 亩,林地 1200 亩,旱地 500 亩。先后引进家具厂、石材厂、混凝土搅拌站等多家企业。2014 年农民人均纯收入 6130 元。2016 年 5 月与高桥居委会合并,命名为高桥居委会。

舒公殿村

位于镇东,国道 207(沅澧快速干线一号大道)纵贯南北,省道 313 横穿东西,是原中央委员刘春樵同志诞生地。辖 15 个村民小组,466 户 1496 人, 其中男 756 人,女 740 人。耕地面积 2367 亩,山林 3000 亩,水面 795 亩。片石、碎石、花卉、绿化苗木为村特色产业。2016 年 5 月与牛车垱村合并,沿用舒公殿村名。

牛车垱村

位于镇东,辖 6 个村民小组,228 户 750 人,其中男 420 人,女 330 人,常年外出务工劳动力 110 人。土地总面积 2430 亩,水面 325 亩。主要种植水稻、花木,有 2 个花木种植基地,面积 132 亩。有养殖鸡、鸭、鱼、生猪专业户多家。2016 年 5 月与舒公殿村合并,命名为舒公殿村。

(执笔:田冬初　编辑:娄福友)

石板滩镇

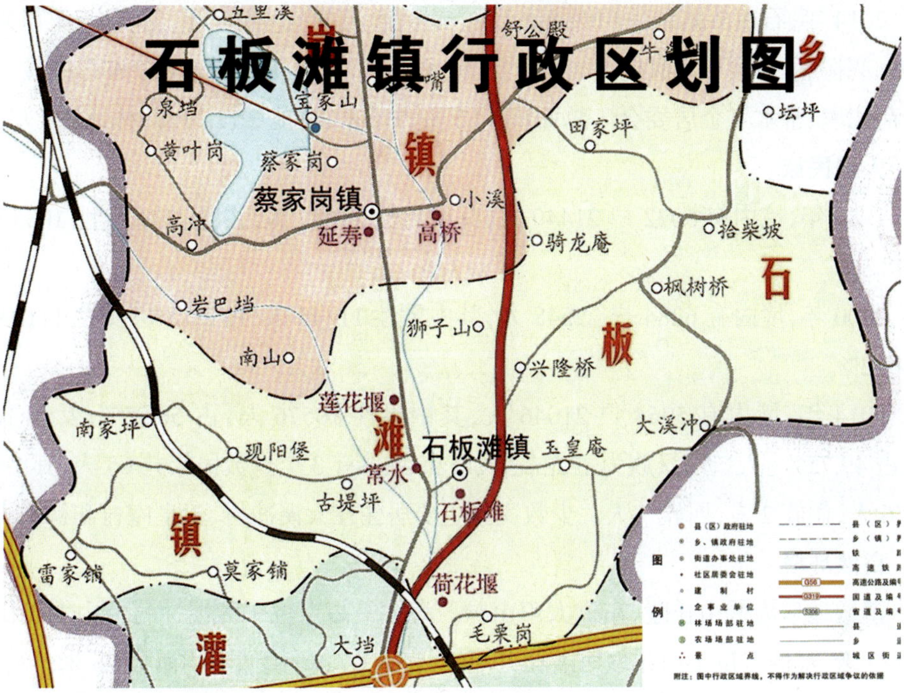

地图审图号:湘 S(2008)052 号

一、区域概况

地理位置

石板滩镇位于区境中北部,东靠太阳山常德林场,西抵桃源县架桥镇,南接灌溪镇,北连蔡家岗镇、长岭岗乡。因境内渐水河中有一长约 900 米的石板河滩而得名。镇人民政府驻石板滩居委会,距常德市城区 12 千米,距区人民政府驻地 19 千米。

建置沿革

民国 24 年(1935),镇域属渐安乡,为常德县第十区区公所驻地。1949 年 8 月,常德县境解放后,仍属渐安乡,归第三区管辖。1956 年 6 月撤区并乡,建石板滩乡。1958 年 10 月实行人民公社体制,属红旗公社。1961 年 3 月调整公社规模,设石板滩公社。

1984 年撤销人民公社体制，改为石板滩乡。1998 年撤石板滩乡，设石板滩镇。至 2014 年无变化。

区划面积

1984 年，石板滩乡辖现阳堡、南家坪、雷家铺、莫家铺、古堤坪、荷花堰、石板滩、莲花堰、玉皇庵、兴隆桥、狮子山、枫树桥、拾柴坡、田家坪、毛粟岗、大溪冲、骑龙庵 17 个行政村。

2003 年，常德县水泥厂改制，成立常水居委会组织管理厂区居民，属石板滩镇管辖。

2014 年，石板滩镇辖现阳堡、南家坪、雷家铺、莫家铺、古堤坪、毛粟岗、玉皇庵、大溪冲、兴隆桥、狮子山、枫树桥、拾柴坡、骑龙庵、田家坪 14 个行政村和石板滩、莲花堰、荷花堰、常水 4 个居委会。总面积 64.5 平方千米，耕地 2.11 万亩，林地 3.8 万亩。

人口民族

1984 年，境内有 5072 户 21440 人，其中男性 11087 人，占 51.7%；女性 10353 人，占 48.3%。

2000 年，境内有 6284 户 22548 人，其中男性 11445 人，占 50.8%；女性 11103 人，占 49.2%。

2014 年，境内有 5964 户 21046 人，其中男性 10576 人，占 50.25%；女性 10470 人，占 49.75% 。人口以汉族为主，占总人口 99.7%；有 3 个少数民族共 65 人，其中土家族 56 人，侗族 2 人，回族 7 人。少数民族主要居住在大溪冲村、玉皇庵村和狮子山村。

自然环境

镇域地形为低山丘陵，东靠太阳山脉。海拔最高点位于大溪冲村境内太阳山，海拔 449 米；最低点位于荷花堰居委会井堰组，海拔 37 米；镇域平均海拔 76 米。渐水自北部向南流经境内。镇域属中亚热带向北亚热带过渡的季风湿润气候区，具有冬冷夏热，四季分明，热量充足，雨水集中的特征。年平均气温 17.38℃，年平均降雨 1394.6 毫米。降雨集中于春夏两季。4 月至 9 月为汛期，雨量占 70%以上，其中 4 月至 6 月为雨季，占全年雨量的 45%。主要林木有马尾松、杉、油茶、油桐、樟、枫、栗、槐、冬青和楠竹等。镇域多属红土高岗地或石灰岩低岗地，土壤呈酸性或中性。境内煤、石灰岩、陶土储量丰富。

二、经济发展

经济综述

明、清时期，小规模集市贸易在境内逐渐形成传统。农业以种植水稻、蔬果及经济作物为主。中华人民共和国成立后，境内经济逐渐发展。1982 年，实行农村家庭联产承包责任制，农民温饱问题得以解决，乡镇企业及个体手工业逐步发展。1988年，境内工商企业实行以承包经营为主的企业改革，实现工业总产值1500万元。2014年，镇域农业呈现粮油、林果、花木业产供销一体化的格局，工业初步形成以机械加工、建材、仓储为主导的产业结构。全镇第一产业总收入9095万元，从业人员6381人；第二产业总收入7.8亿元，从业人员3470人；第三产业总收入3363万元，从业人员1351人。农民人均纯收入6708元。

▲ 赵必振塑像

农业

种植业 境内传统耕作，稻谷以一年一季为主。1955年起改为一年双季。1961年，石板滩公社粮食总产量4150吨，黄豆总产量69.5吨，油菜籽总产量4.59吨。2011年至2012年，引进乡俚人无公害蔬菜示范基地、乌梅园标准化水果种植示范基地和薰衣草、樱桃科研生产基地，带动周边农户种植和产业壮大。2014年，全镇种植粮食作物3.68万亩，总产量13506吨；油菜1.81万亩，油菜籽总产量1990吨。金邦优质稻专业合作社种植星二号、黄华占2个优质稻种1.2万余亩，亩平均收入1500元。

镇域为湘西北影响最大的花卉苗木产销基地。20世纪80年代初，境内开始种植花木。1982年，荷花堰大队农民徐国权，在太阳山采集50千克小叶女贞种和15千克湘杉种子，种植到责任田和责任山，出苗达12万余株，单位面积产出利润是粮食作物的20倍。次年有10多家农户相继效仿种植女贞，面积达50余亩，第三年扩大到300余亩，总产6000万余株。至80年代末，境内先后引进桂花、玉兰、雪松、罗汉松、黄金竹、碧玉竹、茶梅、红继木，草皮等100多个乔、灌、花、草品种。1992年从广州引进台湾青、马尼松等草皮种，开创常德市草皮种植之先河。1997年8月组建第一家园林公司，招聘和培训一批园林绿化工程师、技术员、绿化工、花卉工。2003年，毛栗岗、荷花堰、玉皇庵、大溪冲、石板滩、雷家铺等村（居）发展为花（苗）木集中种植区，其他各村（居）亦有种植，拥有苗木基地15000余亩，品种300余种，石板滩镇花木协会成立，至2013年，协会有会员212人，中级园林绿化工程师14名，初级园林工程师53名，绿化工、花卉工、水景工、雕刻工等100余名，建立起信息网站，花木苗圃基地形成规模。2014年，全镇有花木销售市场1处，花木合作社2家，专业公司8家，花木品种471个，花木种植户达1153户，从业人员5000多人，种植面积20000余亩。花木总产值1.6亿元，占全镇农业总产值60%以上。

养殖业 境内农民历来有饲养家畜家禽习惯。1961年饲养生猪2324头，牛6336头。1978年饲养生猪17200头，牛2340头。1985年，饲养生猪19400头，牛1万头，家禽84000羽。2014年，全镇出栏生猪24900头，存栏13000头；出栏肉用羊5000只；养殖肉牛700头，役用牛800头；养家禽30万羽；禽蛋产量1162吨；水产品养殖面积1411亩，出水鲜鱼750吨。养殖业年产值8537万元。

林业

1980年，全镇山林总面积1.6万亩，林地1.49万亩，其中用材林1790亩。2009年完成油茶低改400亩，新造油茶林200亩，退耕还林2065亩。2014年年末，全镇林地面积3.8万亩，其中油茶面积2.5万亩，零星植树42.3万株。用材林、绿化林、经济林并举。用材林以杉树、松树为主。绿化林以樟树、桂花树、梧桐、紫薇、红继木为主。经济林以油茶、油桐、梨、桃、乌梅、柑、板栗等为主。

农业机械

1978年，境内农用机械总动力6614千瓦，有大中型拖拉机16台，电动机412台，内燃机119台，农用大拖车17辆，小拖车52辆。1989年，境内农用机械总动力16052千瓦，农用汽车97辆，农用电力机械1047台。2014年，境内农用机械总动力74.52万千瓦，有大中型拖拉机920台，电动机2125台，内燃机9935台，农用汽车2708辆。

工业

民国时期和中华人民共和国成立初期，境内有酿酒小糟坊、粮油加工坊、副食品加工坊、鞭炮厂、梯级窑、小农具修理厂等手工业作坊。1955年成立手工业联社，为社（镇）办企业雏形。

1956年，荷花堰农业生产合作社建土窑生产石灰。同年，六轴湾、现阳堡等高级农业生产合作社吸收个体制陶户入股，兴办陶器厂，1961年后，陶瓷业衰落。

1966年，在枫树桥大队罗湾生产队开采石煤，试烧红砖成功。后兴办露天煤矿，因环境保护和生产安全等方面原因，于2014年关停。

1969年，长沙市西区湘中水泥厂迁石板滩筹建，取名常德县长沙水泥厂，次年7月投产，年生产能力64000吨。1977年，采用石煤烧制水泥取得成功，填补国内空白。1978年该项成果分获全国和省科技大会奖。

1975年，成立石板滩公社企业办，管理全社社队企业。1978年社队企业从业人员

300人,固定资产150万元,年总产值300万元,上缴利润50万元。

1984年社队企业更名为乡镇企业。石板滩乡有乡、村办企业145个,职工1842人,总收入826万元。2000年起,采用租赁承包、资产重组、股份合作等形式将乡镇企业转为民营、私营企业。

2001年后,石板滩镇加大招商引资力度,先后引进常德卷烟厂石板滩烟叶仓库、天泽建材、金煜机械等企业。

2014年,全镇有工业32家,其中规模以上企业6家,分别为华利烟机配件有限公司、永欣机械制造有限公司、荣泰机械制造有限公司、南方水泥有限公司、金煜机械有限公司、天泽建材有限公司,从业人员4500人,总产值10.71亿元,纳税3500万元。

商贸服务业

民国年间,境内有私营商铺10余家,主要交易商品有肉食、水产、禽蛋、蔬菜、茶油、花生、芝麻等农副产品和竹器、木器、薪炭等林副产品。中华人民共和国建立后,1951—1980年,境内商贸,以供销社经营为主。1981年后,供销社经营逐渐萎缩,至20世纪90年代末解体,个体私营商贸成为商贸服务业主流。90年代开设石板滩、雷家铺2个墟场,公历日期逢5和10为石板滩墟场赶集日,逢4和9为雷家铺墟场赶集日。集日墟场摆摊商贩达四五百余家,人流量达数千人。2013年,投资55万元建成3000平方米农贸市场,有摊位100个,内设肉食水产、瓜果蔬菜、布匹服装鞋袜、小百货、五金等交易区。2014年,全镇有个体工商户280多户,从业人员376人,社会商品零售总额923万元。

三、基础设施

交通运输

清代,武陵县至安福县(今临澧县)黄花桥,有官道经石板滩,轿马可行。民国7年(1918),冯玉祥率部驻常德,主持修建常津大路,路宽4米,自小西门经石板滩至津市。民国23年(1934),常(德)澧(县)公路(后称207国道)建成,途经境内9千米。中华人民共和国建立后,1963年12月,建成乡道电(光)林(园)路,全长6千米,宽3.5米。1965年2月,建成乡道石(板滩)罗(湾)公路,全长7千米,路宽3.5米。1960年代初,建成渐水河桥。1969年12月,石板滩桥建成,全长47米,宽6.9米。1970年12月,毛栗岗桥建成,全长35米,宽6米。1971年2月,工农桥建成,全长37米,宽7.5米。20世纪90年代,陆续建成途径境内的临(澧)岗(市)高等级公路、常(德)张(家界)高速公路和石(门)长(沙)铁路。至2014年,全镇有国、省、乡道和通村通组公路总长101千米,其中硬化81.5千米。实现水泥公路村村通,公路延伸至部分村民小组或农户家。

开通客运班车的行政村(居)有 14 个,占全镇行政村(居)总数的 77.8%。

邮政通信

清乾隆十八年(1753),常德县设递铺,专事邮传,县城北至澧州界 90 里设有 8 铺,铺路途径境内。民国至 1978 年,镇域邮政通信主要依托邻近镇灌溪。1978 年,在 207 国道附近设邮政代办所,聘投递员 3 名,1990 年迁至华利烟机有限公司附近。2014 年,镇内设有烟机邮政代办所和古堤坪、兴隆桥、荷花堰 3 个邮政站。在石板滩、毛栗岗、大溪冲、现阳堡 4 地建有移动通信基站。2014 年全镇拥有固定电话 780 部,移动电话 18760 部,互联网用户 1537 户。

供电供水

1973 年,境内始有电力照明。1980 年,用电农户达 4079 户,有变压器 30 台 2865 千伏安,输电高压线路 24 千米,低压线路 49 千米。21 世纪初期进行农村电网改造,提高供电质量,实现电网全覆盖。 2014 年,全镇用电总量达 1935.3 万千瓦时。

20 世纪 60 年代前,境内居民饮用山塘水、河沟水,健康、卫生没有保障。70 年代中后期起,开始使用压把机提取地下浅层井水。2007 年始建自来水厂,供应安全卫生饮用水。至 2014 年,全镇建有拾柴坡、枫树桥、大溪冲、玉皇庵、兴隆桥、毛栗岗、常水、雷家铺 8 个自来水厂,日供水量 3000 立方米,全部村(居)民用上安全卫生饮用水。

水利建设

水库 境内有小(Ⅰ)型水库 4 座:鸽子湾水库,1957 年修建,占地 2400 亩,库容 94 万立方米,灌溉面积 1648 亩。大溪水库,1959 年修建,占地 6400 亩,库容 165 万立方米,灌溉面积 1000 亩。白龙潭水库,1974 年修建,占地 2800 亩,库容 212 万立方米,灌溉面积 1000 亩。茶叶岗水库,1978 年修建,占地 2400 亩,库容 230 万立方米,灌溉面积 2500 亩。1958 年至 1970 年,修建新堰、铁堰、岩垱、金鸡、泉堰、罗湾、西山寺、老鼠垭、胡家堰、红旗 10 座小(Ⅱ)型水库,总库容 198 万立方米,灌溉面积 3000 余亩。至 1980 年年末,全镇共有山塘 1016 处,河坝

▲ 石板滩镇农庄

159处。

渐水治理 渐水为境内最大河流，源于太浮山，河长37.5千米，汇流面积284平方千米，治理前从镇域北部入境向南流入柳叶湖。1958年在上游蔡家岗镇宝林寺建五里溪水库，在境内灵泉寺筑坝截断老河，再沿老河西岸山麓开新河17.3千米，导渐水至河洑汇入沅水。新老渐水流经境内全长11千米。治理后，改变了境内生产条件，使200多亩农田解除洪旱灾害。

1990—2000年，先后对境内14座水库进行除险加固、对堤坝、山塘进行整修，对渠道进行硬化。至2014年，全镇水库、山塘总库容达930万立方米，堤坝4.6千米，渠道67千米，总灌溉面积15000亩。

集镇建设

清代和民国时期，渐水河边老街形成集镇，街道不足500米，人口不足1000人。中华人民共和国成立后，集镇以党政机关所在地为中心规划发展。2007年启动镇村同治建设，对镇区街道、房屋及周边环境进行综合整治，向社会凑集资金2200多万元，镇政府投入600多万元用于城镇建设。至2014年，集镇形成一纵（政和路）两横（渐安路/玉皇路、狮子口路）路网框架，街道总长3千米，建成区面积达1.21平方千米。全镇农村道路硬化率100%，电网改造率83.3%，农户安全饮水率100%，环境卫生清洁。行政村、社区都有办公用房。

四、社会事业

教育

清末和民国早期，境内有私塾多家。民国24年（1935），设水口庵完小。民国34年（1945），设渐安乡国民小学。中华人民共和国成立后，人民政府积极发展教育，1965年，境内有小学17所，学生1630人。1966年，成立石板滩公社中学。1968年，小学下放到大队管理，各大队均设立小学。1974年在完全小学戴帽办初中班，1979年停办戴帽办初中班。1986年，设立石板滩乡中心小学。1993年，境内实行九年制义务教育，教育事业迅速发展。1996年，全镇有中学1所、小学18所。2000年起，优化教育资源配置，调整学校布局。2014年，全镇有中学1所、小学1所、幼儿园2所，中小学教师73人，幼儿教师25人，中小学生927人，入园幼儿223人。

石板滩镇中学 前身是水口庵完小，1966年改为石板滩公社中学，设初中班3个。1969年创办高中，设高中班1个，至1981年撤销。1984年改为石板滩乡中学。1987年有教学班12个，学生543名，教职工44名。1998年改为石板滩镇中学。至2014年，有教职工37人，学生480人。学校占地59800平方米、建筑面积6000平方米。共培养初中毕业生13000余人,高中毕业生1200余人。

文化体育

文化 中华人民共和国成立后,境内农村报刊图书开始增多,有线广播网开播、电影下乡放映开始普及。1979年7月24日,中宣部、团中央、文化部联合调查组到石板滩公社考察,随后石板滩公社建立文化中心,设有图书室、阅览室、棋牌室等。2011年,建立石板滩镇少年宫,设有阅览、棋艺、音乐、舞蹈、劳技、电脑、美术、心理咨询等活动室,组建有课外体育活动小组。2005年,由业余爱好者组建渐安艺术团,多次代表石板滩镇参加区、市文艺演出比赛。2010年,该团在善德鼎城文艺演出中获金奖。到2014年,石板滩镇有1个60多人的民间艺术团,1支民间腰鼓队和6支管弦乐队,23支广场舞队。每个村建有文化活动室、资源共享室和农家书屋,配有专用电脑。

广播电视 1970年,石板滩公社建立广播站,配备一名广播员。1985年,镇广播站办有《本乡新闻》《农业科技》《计划生育》《法制园地》《为听众服务》5个节目,广播时间每天两次30分钟。2002年,镇至村广播信号传送开始采用无线设备。同年,建立有线电视站。2003年,石板滩镇实现光纤联网。至2014年,全镇每个村普及广播,农村广播网络基本形成,有线电视入户率100%。

体育 境内农民传统体育活动有习武、舞狮、划龙舟等,每到节日或农闲,青年农民相邀开展活动。20世纪50年代初,农民舞狮、舞龙,欢庆解放,欢庆丰收。1979年起,随着回乡知识青年与复员退伍军人增多,农村篮球、排球、乒乓球、羽毛球、拔河等活动逐步开展起来。20世纪83年,石板滩乡被评为常德地区农村体育先进单位。1986年,建立区武术协会石板滩分会。2014年起,石板滩镇每年举办气排球比赛。2014年,全镇有体育文化场地6万多平方米,其中高标准健身广场3处。

医疗卫生

民国年间,境内有中药店8家,中医14名,西医诊所1家,名老中医刘剑清,善治内、儿、妇科杂病。中华人民共和国建立后,1950年,成立医药合作社,后更名为联合诊所。1951年县人民政府在石板滩设立区卫生所,有医务人员4名。1954年区卫生所更名区联合诊所。60年代末各生产大队设置合作医疗站,配备不脱产的"赤脚医生",做到防病治病、小病小伤不出村。1961年成立石板滩公社卫生院,有医务人员20名,下设5个卫生所,院本部有房屋110平方米。至2014年,卫生院有医务人员27人,设门诊部、住院部、公卫办,下辖16个村卫生室。门诊部开设内科、外科、儿科、妇产科、五官科、中医科,附设药房、检验室、X光室、B超、心电图室。住院部设综合病房,开设病床40张。

社会保障

20世纪50—80年代,境内五保对象由村(大队)筹发钱米。90年代起,五保户供养资金改由政府财政预算安排。2004 年,全镇五保对象全部落实五保待遇。2009 年 10 月,镇敬老院建成使用,共有 40 个床位。2014 年,全镇 125 名五保对象月供养金提高到 200 元,其中 30 名五保对象入住敬老院集中供养。

2006 年实行新型农村合作医疗制度。2014 年,全镇参保人数 19868 人,参保覆盖率 96%。

2007 年,实行贫困村(居)民最低生活保障制度。2014 年,全镇有 880 户 991 人享受农村低保,81 户 150 人享受城镇低保。有残疾 383 人,其中重度残疾 192 人,年内累计发放重残补助 64800 元。

2010 年开始实施农村居民养老保险。到 2014 年,全镇参保人数 9028 人,已享受养老保险的有 4054 人。

人民生活

改革开放后,境内实行家庭联产承包责任制,农作物产量大幅提升,收入年年攀高,人民生活质量不断提高。2006 年免征农业税费,农民享受各种惠农补贴。2009 年,全镇农民人均纯收入 4660 元。2014 年,全镇农民人均纯收入 7713 元,70%的农户住进新楼房,95%的家庭拥有大型家用电器。

五、特色地情

历史人物

赵慎畛 (1761—1826) 字遵路,号笛楼,又号蓼生,石板滩镇狮子山村雷坪组人。为诸生时,学正钱澧非常器重,称之为“人英”。嘉庆元年(1796)中进士,选庶吉士,授编修。后转御史,迁刑部给事中。嘉庆十七年(1812),出为广东潮惠嘉道。当地风俗犷悍好斗,动辄持械相向,慎畛履任后,制订“十戒”,广泛宣传,严加禁止,有不改者,则逮捕法办,不到一年,好斗之风逐渐平息。嘉庆十八年(1813),升广西按察使,历 2 年,迁广东布政使。南海、高要等地濒河,堤防多年失修,百姓常遭水患,慎畛筹款生息,每年用息钱筑堤,屯田 5000 余公顷。广东风气崇尚奢靡,他刊发陈洪谟《行政训俗遗规》,并躬行节俭,以示劝勉。嘉庆二十三年(1818),升广西巡抚,每日晨起理事,至深夜不寐。见广西地势不耐干旱,便鼓励百姓修堤塘,造龙骨车,设井架筒,并颁发式样,教百姓仿造。广西与贵州、湖南接壤,历来多匪患,他饬令各属推行保甲,设置望楼,训练民壮,互相守望。盗贼无处藏身,多数就擒。按其时成例,梧州、浔州两处关税盈余,巡抚可以动用,慎畛分文不取,表示:“我家衣食充足,身为大臣,要这钱干什么?”用来建预备仓,增设书院,修缮城墙,疏通河道,广置栖留所。道光二年(1822),赵慎畛升闽浙总督。福建濒临大海,境内多山,盗贼群聚为患,督府军又骄悍不可用。他到任后，即拣选将才，规划营制，在海岛扼要处设偏师，按时训练，保境安民，巨盗数十人次第伏法。任职4年，境内清平，百姓得以安居乐业。道光五年(1825)，调云贵总督。铜矿、盐井为云南大政，但弊窦丛生，百姓深受其害，他列举上奏，准备大力整顿，又亲自勘察所属城池，计划屯田建堡，巩固边防。良策未及施行，便身染重病，次年(1826)卒于任所。谥文恪。著有《从政录》8卷，《惜日笔记》20卷行世。

陈启迈 (1797—1863) 字子皋，号竹伯，石板滩镇毛栗岗村黄婆湾组人。道光二十一年(1841)会试中进士，选翰林院庶吉士，授编修。时值《大清一统志》初稿告成，他奉命参与其事，初任校对，后由协修而总纂，直至提调，迨志书告成，已越9年。道光二十九年(1849)，典试广东，政绩显著，回京述职，蒙恩褒奖。旋任广西右道。不久，擢升江西按察使。数月后，调直隶布政使。咸丰三年(1853)，太平军向长江下游进军，接连攻克南京、镇江、扬州等地。清廷为堵截其北伐，复调陈启迈任江苏布政使，驻节徐州，负责江南清军粮饷供应事务，特许"专摺奏事"。咸丰四年(1854)，升任江西巡抚。时太平军攻克江西许多州县，曾国藩率湘勇入江西，与陈启迈会同镇压。两人意见不合，经常发生抵牾。同年四月，太平军攻陷万载，乡民彭才三献牛酒相迎。太平军撤走后，举人彭寿颐敛资倡办团练，才三旨起反对，既拒不入团，也不捐资。寿颐便以"馈贼阻团"罪告发才三，并牵连到万载知县李皓。案件闹到省城，陈启迈袒护才三，曾国藩则支持寿颐，互不相让。曾国藩便参劾陈启迈"虚报战功""袒庇下属""留难军饷""凌虐缙绅"。咸丰五年(1855)启迈被革职。革职归里后，陈启迈主讲朗江书院6年，又主持编纂《武陵县志》52卷，"事征其实，文去其浮"，颇受方志学家赞许。同治二年(1863)病卒。著有《霜筠阁诗文钞》《归后斋日记》行世。

赵必振 (1873—1956) 字曰生，号星庵，石板滩镇狮子山村人，先后就读于常德德山书院、长沙湘水校经书院。戊戌变法前夕，参加院试，补博士弟子员。光绪二十六年(1900)，与邑人何来保组织常德自立军，谋应唐才常起义，事泄，逃往桂林，经姐丈介绍，加入广西圣学会。不久，清廷通缉令至广西，乃由圣学会友人龙赞侯帮助，经澳门亡命日本。到日本后，任《清议报》《新民丛报》校对、编辑，常以赵振、民史氏笔名撰文，追念自立会死难诸同志，揭露清廷腐败政治。光绪二十八年(1902)，潜回上海，积极从事译述。是年8月，他翻译出版《二十世纪之怪物—帝国主义》。第二年又翻译出版日本福井准造的《近世社会主义》。这两本书，前者为中国第一部分析批判帝国主义的译著，后者为中国第一部系统介绍马克思主义的译著，对于戊戌变法失败后，探求救国救民道路，曾产生一定影响。宣统元年(1909)，至奉天佐盐运使熊希龄幕。民国成立，熊希龄出任北京政府财政总长，他随入财政部。不久，熊改任热河都统，他又随往热河，任都统署财政厅长兼国税厅长。任职期间，廉政无私，时人誉为"身为五长，不名一钱”。民国2年(1913),熊希龄去北京组阁,他复入财政部,此后陆续在财政部任职十余年。民国17年(1928),北京政府解散后,赵必振无意从政,乃应约去民国大学、华北大学任教。“九一八”事变后,赵必振回湖南,在长沙从事教育工作。抗日战争爆发后,返回常德,在常德县中任教。中华人民共和国成立后,赵必振被聘为湖南省文物管理委员会委员、湖南文史研究馆馆员,撰写《自立会纪事史料》《(自立会人物考)增补》等书。1956年病逝于长沙,享年84岁。

陈昌厚 (1905—1932) 石板滩镇莫家铺村人。1926年4月,当选为中共常德地方执行委员会委员、农运部部长。1927年2月,主持召开常德县第一次农民代表大会,当选为常德县农民协会委员长,领导全县开展农民运动,同土豪劣绅、贪官污吏和各种宗法思想开展斗争。11月,他任中共湘西特委委员,负责组建一支游击队开展武装斗争,先后袭击桃源盘塘、架桥以及安乡白蚌口等地团防局,缴获部分枪支和弹药,有力打击了反动势力。1928年春,他被组织派往石门兼任南乡区委书记。1929年5月,他任桑植县苏维埃政府主席。9月,红四军退出桑植,他随军征战,初任营长,后在洪湖根据地从事地方工作。1932年4月,在瓦庙集反围剿战斗中牺牲,年27岁。

名胜古迹

清云贵总督赵慎畛墓 位于石板滩镇狮子山村。墓前有石坊、石碑、石人、石马,“文化大革命”中被掘。今存石坊遗迹和石人、石马残骸。

赵必振广场 位于石板滩镇狮子山村安置小区内,为纪念中国系统传播马克思主义第一人赵必振所建。占地8.03亩,耗资270余万元,被列为常德市重点文物保护单位。

毛栗岗村 位于石板滩镇东南,面积6300亩,2014年有花木面积4750亩,品种200余个,是湘西北最大的花卉苗木基地,被誉为花木之乡。该村森林覆盖率97%,350户农家庭院被鲜花绿树环绕。每年1—3月,迎春盛开,茶花遍野;6—8月,紫薇满园,黄槐怒放;金秋10月,丹桂飘香。该村依托花木产业和城郊优势,发展乡村休闲旅游。2007年被评为湖南省新农村建设“十佳明星村”和常德市新农村建设市级示范村。2011年、2013被省旅游局评为特色旅游村。2014年被评为全国文明村、省级美丽乡村建设示范村、常德市城郊宜游美丽乡村。2014年接待游客5万人次,实现乡村旅游收入1000万元。

六、各村(居)简介

现阳堡村

位于镇西,相传在唐朝某年间,现阳山上有座庙,祖师菩萨在此居住,香火旺盛,民间流传为现阳堡,村名从之。辖10个村民小组(干劲、上游、廖湾、新堰、中垱、长湾、双堰、金鸡、华榜、黄湾），338 户 1100 人。总面积约 4000 余亩，水田 1500 余亩，林地 1600 余亩，河道及水面 600 余亩。主产水稻，盛产茶油。有硬化村级公路 4 公里，通组道约 6 公里。2016 年 5 月，现阳堡村、古堤溶村、常水社区居委会合并，命名为常水社区居委会。

南家坪村

位于石镇西走廊，东抵现阳堡村，南抵雷家铺村，西抵桃源县蔡家堰村，北抵蔡家岗镇的盐巴垱村。相传以前一位兰姓人家在此修建一座祠堂，名为“兰家祠堂”，地名随之为兰家坪。辖 11 个组（李湾、三堰、光明、三湾、合兴、刘湾、茶叶、桂花、荷花），301 户 980 人。总面积 5.4 平方千米，水田 1210 亩，油茶林 2133 亩，水面 800 亩。通村公路 5.4 公里，建有村卫生室、活动室、图书室。2016 年 5 月，南家坪、莫家铺、雷家铺村合并，命名为雷家铺村。

雷家铺村

村域 4.6 平方千米，水田 1700 亩，旱地 800 亩，水面 400 亩，油茶 3400 亩。辖 13 个组（五龙、马湾、奔堰、荷花、五圣、中心、铁堰、常桃、庙堰、田堰、陆湾、陈湾、樟堰），人口 1230 人。以生产油茶和花木为主，硬化通村组公路约 8 公里，建有卫生室、图书室、健身娱乐场所，2011 年建成自来水厂。2016 年 5 月，雷家铺、南家坪、莫家铺村合并，命名为雷家铺村。

莫家铺村

辖 14 个村民小组（兴胜、东风、跃进、建兴、大云、永胜、新堰、庙垱、泉堰、田堰、陆湾、陈湾、樟堰），1258 人。耕地 1800 亩，山林 3300 亩。2016 年 5 月与雷家铺、南家坪村合并，沿用雷家铺村名。

古堤坪村

位于镇渐河西，南抵荷花堰村，西与莫家铺村、现阳堡村相邻，北与蔡家岗镇南山村接壤。辖 17 个组（青山庵、余家岗、铁家岗、雷家岗、岳铺、泉堰、古堤桥、白湖堰、刘家嘴、东升、雷堰、金鸡、荷花、土地垱、姚湾、金家坪、新建），450 户 1560 人。农用地 3500 亩，其中种植用地 1900 亩，林业用地 1350 亩，主产优质大米、茶油。通村组公路硬化里程 7.8 公里，基本实行集中安全供水。2016 年 5 月，古堤溶村、现阳堡村、常水居委会合并，命名为常水居委会。

荷花堰居委会

位于镇南 207 国道旁，辖 16 个组（杨家湾、宁家湾、全堰、杨家咀、洪堰、周家咀、陈家坪、祠堂榜、双堰、苏家堰、荷花堰、沈家岗、井堰、小堰、兴堰、大堰），550 户 1830 人（其中劳动力 1100 人）。耕地面积 1546 亩（水田 1440 亩，旱地 106 亩），属典型丘陵地貌。2014 年村民人均收入 8380 元。花木种植面积达 800 亩,从事花木生产与经营农户 150 户,有 7 个小组为花木专业组。

毛栗岗村

辖 13 个组(聂家冲、丁家堰、黄婆湾、刘家湾、毛家湾、辖神庵、华家湾、陈家湾、李家坊、吉家湾),350 户 1305 人。总面积 6300 亩,其中耕地 1250 亩,山林 4400 亩,水面 115 亩。森林覆盖率达 97%,为湘西北最大的花卉苗木基地。硬化村道 12.5 千米。2013 年人均纯收入 15000 元。2013 年被省旅游局评定为"特色旅游名村"。

石板滩居委会

位于镇中心,为镇治所地。东抵玉皇庵村,南与荷花堰村交界,西接古堤坪村,北与荷花堰村交界,丘陵区地貌,。辖 8 个组(永兴、戈泉堰、高屋、狮子口、石板滩、大桥、前进、桥头),285 户 1037 人。区域面积 1.82 平方千米,其中水田 565 亩,山林 534 亩,塘堰、河道水面合计 358 亩。传统种植稻谷、油菜、油茶,花木苗圃为现代新型产业。村组道全部硬化,村民楼房(别墅)250 多幢。先后获区"乡镇第一村""百强村""小康村"等称号。

莲花堰居委会

位于镇域中心片区,207 国道旁,前身为村。辖 10 个组(滚水坝、张家坪、莲花堰、湖田洲、周家湾、赵家湾、华家榜、陈家湾、李家坊、吉家湾),340 户 1086 人。耕地面积 4144 亩,传统主种水稻,花木苗圃经营为现代新型生态农业。

玉皇庵村

位于太阳山麓西 2 千米。辖 15 个组(杨家溶、冯家坪、胡家坪、左湾、刘湾、停止岗、曹家岔、观狮堰、张家冲、胜利堰、兴堰、徐家溶、洞湾、草堰、沙岭岗),460 户 1725 人,其中农业人口 1690 人。总面积 6 平方千米,山林 3500 亩,水田 2200 亩,水面 500 亩,旱地 500 亩。生产花木、优质稻。2013 年为全市百个美丽乡村建设之一。2016 年 5 月,玉皇庵、大溪冲村合并,沿用玉皇庵村名。

大溪冲村

位丁镇东太阳山脚下,东抵白石村,南抵玉皇庵村,西抵兴隆桥村,北抵枫树桥村、国有林场,有太阳山下最大的冲口,故名大溪冲。辖太阳、岩石、应山、张家溶、连台、龙山 6 个村民小组,272 户 986 人。少数民族有回族 5 人,侗族 2 人,土家族 7 人。农田 594 亩,旱地 32 亩,山林 5626 亩,小型水库 4 座,山塘 20 口。主产稻谷、油茶、花生、黄豆,棉花、花木等。2016 年 5 月与玉皇庵村合并,命名为玉皇庵村。

兴隆桥村

位于临岗公路东,境内三条水系向西汇入龙门荡,流入渐水,为渐水的一大支流。

辖皮家坊、胡家湾、滕堰、兴隆桥、老屋、龙门、龙凤、荷花、黄家坪、金家湾、岩桥、龚家台、将军、竹叶 14 个组，478 户 1473 人。总面积 6 平方千米，耕地 2250 亩（其中水田 1950 亩，旱地 300 亩），山林 2300 亩，水域 260 亩。主产水稻，出产油茶、油菜籽。2016 年 5 月与枫树桥村合并，沿用兴隆桥村名。

狮子山村

位于太阳山西，距镇治所地 2 千米处。明末清初，湖广总督赵大人回乡祭祖，见山峦簇拥，中有一石头山像一雄狮停立在其中，取名狮子山，村从山名。沅澧快速干线贯穿全村。辖于湾、陈堰、邓湾、同心、田湾、雷坪、李湾、方垱、方坪、谢湾 10 个村民小组，1128 人，土家族 38 人。村域面积 4450 亩，其中耕地 1200 亩，山林、水面 3250 亩。村境规划为区工业园区，驻境单位有武陵监狱及铭诚钢构、欣欣外墙、烟叶仓库、天泽建材等企业。建有中国系统传播马克思主义第一人——赵必振广场。2016 年 5 月与骑龙庵村合并，沿用狮子山村名。

枫树桥村

东与拾柴坡村交界，南抵大溪冲村，西抵兴隆桥村，北抵骑龙庵村。辖罗湾、蔡冲、丰桥、凤凰、双堰、孟坪、么垱、金盆、古堤、跑马、建兴、枫树桥 12 个村民小组，320 户 1056 人。总面积 1.9 平方千米，耕地 1230 多亩（其中水田 1028 亩），山林 534 亩，水库、山塘水面 448 亩。境内属丘陵地貌，主种粮食，兼种花木。2016 年 5 月与兴隆桥村合并，命名为兴隆桥村。

拾柴坡村

位于太阳山西山脚，南邻枫树桥，西接田家坪，北托长岭岗乡坦坪村。辖斗笠、青山、泉水、余坪、交堰、中堰、高堰、伍房、立房、拾柴、大堰、上房、岩口 13 个村民小组，385 户 1418 人。总面积 7949 亩，其中山林 6600 亩，山塘水库约 300 亩，耕地面积 1280 亩，主要种植稻谷。2016 年 5 月与田家坪村合并，沿用拾柴坡村名。

骑龙庵村

相传明朝万历年间，八省总督刘景绿回乡祭祖，见丛山簇拥，风景优美，遂下令修建骑龙庵，村从庵名。沅澧快速干线贯穿全境。辖骑龙、荷花、新屋、周冲、男堰、刘坪 6 个村民小组，712 人，土家族 17 人。耕地面积 962 亩，山林 2100 亩。主产稻谷、油茶。村内有金煜机械厂、常德市新合作有限公司、华龙烟花鞭炮厂等企业多家。2016 年 5 月与狮子山村合并，命名为狮子山村。

田家坪村

地处太阳山脚，四面环山，中间平坦，因田姓居多，得名田家坪。辖长堰、团垱、新堰、荷花、五房、团结、新湾、文龙、栗山 9 个村民小组，240 户 1008 人。村域面积2500

亩,主产水稻、油茶。建有卫生室、活动中心、农家书屋等。2016 年 5 月与拾柴坡村合并,命名为拾柴坡村。

常水居委会

位于古堤坪村境,紧靠 207 国道,原为常德县水泥厂区,2001 年企业宣告破产,职工身份置换后组建,划归石板滩镇人民政府管辖。辖居民 300 户 594 人。

（执笔:张文婷　廖莉嘉　编辑:娄福友）

雷公庙镇

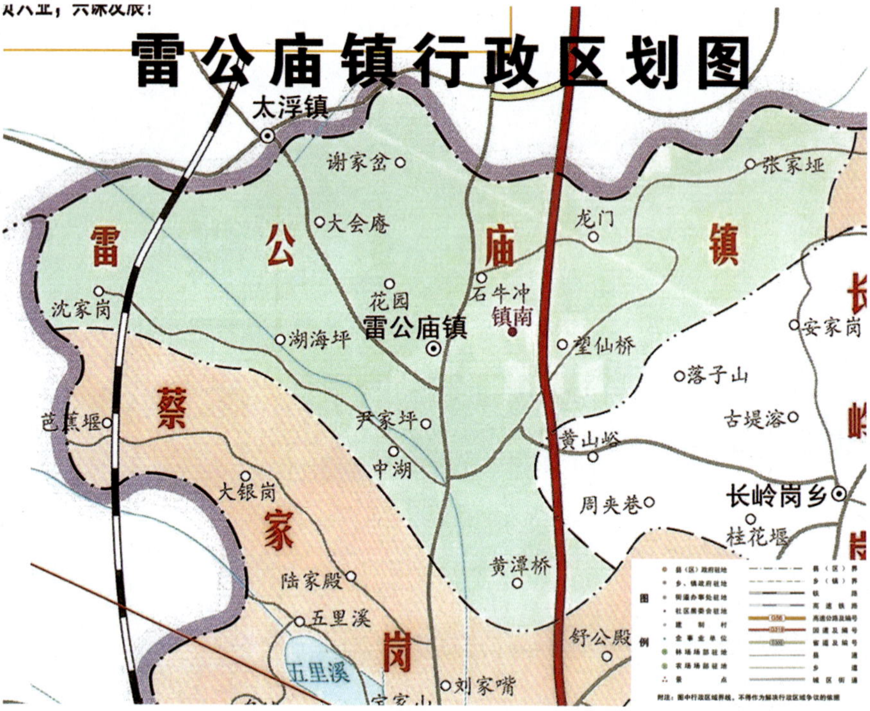

地图审图号:湘 S(2008)052 号

一、区域概况

地理位置

雷公庙镇位于区境北部,地处鼎城、临澧、桃源三县区交界处。东邻双桥坪镇、长岭岗乡,南接蔡家岗镇,西抵桃源县盘塘镇,北靠临澧县太浮镇。因历史上修有一座供奉雷神的庙宇而得名。镇人民政府驻镇南居委会集镇,距区人民政府驻地 32 千米。

建置沿革

民国年间至中华人民共和国成立初期,属常德县龙门乡。1951 年设雷公庙、龙雨庵、湖海坪等 5 个小乡,1956 年 6 月并入蔡家岗乡。1958 年 10 月属红旗公社。1961

年3月红旗公社被撤销，镇域分属新设立的蔡家岗公社、长岭岗公社。1964年3月，由蔡家岗公社析出尹家坪、湖海坪、中湖、黄潭桥、沈家岗、石牛冲、花园、大会庵、谢家岔等9个大队、长岭岗公社析出望仙、龙门、张家垭等3个大队，设立龙门公社。1975年更名为立新公社。1981年更名为雷公庙公社。1984年撤销公社，建雷公庙乡。1997年撤乡，建雷公庙镇。2015年11月，与蔡家岗镇、长岭岗乡合并为蔡家岗镇。

区划面积

1964年成立龙门公社，下辖张家垭、龙门、望仙桥、尹家坪、黄潭桥、中湖、湖海坪、沈家岗、大会庵、谢家岔、石牛冲、花园12个大队，总面积58平方千米。后公社更名、乡改镇，大队改村，行政区划和总面积无变化。1995年，雷公庙乡有耕地面积2.56万亩，其中水田1.89万亩，有山林面积4.6万亩，有水域养殖面积4909亩。1997年改镇后，从花园村析出潭家湾组、董家嘴组，从石牛冲村析出李家湾组，从尹家坪村析出何家台组，置镇南居委会。

2014年，雷公庙镇辖张家垭、龙门、望仙桥、尹家坪、黄潭桥、中湖、湖海坪、沈家岗、大会庵、谢家岔、石牛冲、花园12个行政村和镇南居委会，有耕地面积2.57万亩，其中水田1.88万亩，旱地6874亩。

人口民族

1964年，龙门公社有2543户9846人，其中男5241人、女4605人。

1987年，雷公庙乡有3585户14320人，其中男性7447人、女性6873人。

2003年，雷公庙镇有4100户14379人，其中男性7478人、女性6901人。

2014年，雷公庙镇有4319户13499人，其中男性6947人、女性6552人。总人口中，汉族12900人，占95.56%；9个少数民族599人，其中回族9人、维吾尔族1人、苗族10人、彝族1人、壮族6人、侗族3人、瑶族1人、白族1人、土家族567人。

自然环境

镇域为侵蚀堆积地貌，丘陵、岗地缓和交错，溪流、水库分布其间。最高点沈家岗村青山岭海拔139米，最低点黄潭桥村鹰岩嘴海拔39米，平均海拔80米。全境森林覆盖率达46%，动植物资源丰富。主要林木有松树、杉树、樟树、油茶树、茶树、柑橘树、桃树、李树、枇杷树、杨树、楠竹等。主要野生动物有斑鸠、雀、野鸡、黄鼠狼、兔、鼠、蛇、鹭、猪獾、野山羊。矿藏资源中，石灰石储量丰富，达2.14亿吨，其中甲级5820万吨，乙级5075万吨。境内四季分明，气候湿润，冬无严寒，夏无酷暑。年平均气温18℃，年平均降水量1250毫米，平均相对湿度85%。年日照时数2200小时，年无霜期270天。境内土壤属红壤性土亚类，多为第四纪红土、石灰岩红壤，通透性差，土壤贫瘠，有机质含量低于2%，呈酸性或中性。地质结构为石灰岩结构。

二、经济发展

经济综述

境内经济历来以农业经济为主，明清时期，交通闭塞，工商凋零。民国时期，战乱频繁，百业凋敝。中华人民共和国成立后，社会稳定，境内经济逐步发展。1956 年兴建全县第一家国营石灰厂。1964 年龙门公社成立，全公社工农业生产总值 214 万元，其中农业产值 190 万元，工业产值 24 万元，人均 217 元。1966—1976 年，工农业生产虽受“左”的路线干扰，但由于广大干部群众努力，经济仍有所发展。1975 年，全公社工农业生产总值 584 万元，其中农业生产总值 490 万元，工业生产总值 94 万元，人均 400 元。中共十一届三中全会后，干部群众生产积极性高涨，各类企业蓬勃发展，活跃了地方经济。到 1987 年，全乡工农业总产值 1299 万元，其中农业生产总值 749 万元，工业产值 550 万元，人均 907 元。1988 年，工业产值首次超过农业产值，水泥、精石灰、生石灰等工业产品畅销省内外。2003 年，全镇工农业生产总值 24128 万元，农业生产总值 4238 万元，工业生产总值 19890 万元，人均 13000 元。2004—2014 年，乡镇企业改制，非环保企业、能源消耗型企业陆续关闭，虽遇经济发展转型阵痛期，但镇党委、镇政府积极招商引资，鼓励劳务输出，经济保持较快增长。2014 年，全镇工农业生产总值 2.9 亿元，其中农业生产总值 5150 万元，工业生产总值 2.4 亿元，人均 21000 元，农民人均纯收入 12680 元。

农业

种植业 境内历来以种植水稻为主，兼种油菜、棉花、花生、芝麻、红薯等。民国时期，生产条件差，水稻产量低，亩产 100 千克。多系一年一熟制。以风车、清水选种，箩筐、拌桶催芽，移栽方式多为插甩手禾。1950 年，土地改革后，农民获得土地等生产资料，虽沿用历史耕作制度和方式，但生产积极性提高，亩产提高到 150 千克。1958 年，政府推广双季稻，比单季稻增产 50%，全年亩产 300 千克。1964 年，龙门公社成立，集中人力、物力兴修水利，推广“农垦五八”粳稻种，高秆换矮秆，耕作制度为旱粮—稻—稻一年三熟制，蒸汽地窖催芽，薄膜育秧稀播壮秧。1975 年，在推广杂交水稻“两段育秧法”，注重科学施肥，提高两熟制单产的同时，因地制宜发展以麦—稻—稻、油—稻—稻为主的三熟制。到 1981 年，全公社粮食总产 850 万千克，水稻单季亩产 350 千克。1982 年，实行家庭联产承包责任制，释放农业生产力，多数农民采取分厢插秧，普遍使用化肥，每亩用量 86.9 千克。到 1987 年，粮食总产达 11800 吨，亩产超过 450 千克。1990 年后，推广软盘抛秧，测土配方施肥，开始使用化肥除草剂，变播种为直播。到 2003 年，亩产突破 500 千克，总产达 11000 吨。2000 年后，劳务输出增多，农村劳力减少，部分双季稻改为一季稻，田地向种植大户集中。石牛冲村农民王金华租种两个组

300多亩水田种植水稻，耕、种、收均为机械化，亩产达700千克。至2014年，全镇种植1.9万亩水稻，亩产600千克，总产11400吨。有36户种田大户，80余台各类农业生产机械。

养殖业 境内农民有养殖生猪、家禽及水产习惯。民国时期，80%的农户喂养生猪家禽，户均饲养生猪1头、鸡鸭鹅6只左右，用于自食及出售换购其他产品。1949年中华人民共和国成立后，政府鼓励农民饲养家畜家禽，户均养生猪2头、鸡鸭鹅10多只，多为家庭副业，以满足自己生活需要为主，商品率不高。1961年后，公共食堂解散，家禽得到迅速恢复和发展，农户养殖增多，到1968年户均饲养家禽15只。1970年起，一度限制社员饲养家禽，但集体养鸭大发展，到1978年全公社养殖家禽12000羽，其中养鸭4000羽。1982年后，推行家庭联产承包责任制，粮食产量稳步提升，农户有余粮饲养家畜家禽。到1987年，全乡养殖家禽20000只，生猪11000头。鲜鱼亩产45千克。1990年后以市场需求为导向，农民养殖热情高昂，商品率达85%以上。到1995年全乡养殖生猪21350头，出栏16500头，家禽286500羽，产鱼93200千克，羊1060只。2014年，全镇养猪22000头，养猪存笼1000头和500头以上的大户各有3户，100头以上的有12户。养殖鸡、鸭72160只，养鸡6000只以上的大户1户，3000只以上的大户2户。出水鲜鱼122.5吨。

林业

民国时期，境内山林大部分为地主所拥有，农户户均仅有几分林地。解放初期，境内有40000亩林地，以原始自然林居多，主要为油茶林、松树。1951—1952年土地改革，农户平均分到3亩林地。1958—1960年大炼钢铁，境内6000亩成材林被砍伐，烧制炼铁用的木炭。1962年确定山林为公社、大队、生产队三级管理，房前屋后零星树木归农户所有，乱砍滥伐现象得以制止。1982年，境内林地划分到户管理使用，山林得到开发、利用、保护。1988年起，境内年均造林300余亩。2002年实施退耕还林政策，至2014年全镇退耕还林4365亩。20世纪80年代尹家坪村开始种植柑橘，至2014年，全镇种植柑橘6000亩，年产1500万千克。2010年起，农民开始转包山地，至2014年，全镇有林地35000亩，转包1100亩。

工业

清末和民国年间，境内采用以木柴为燃料的堆窑煅烧石灰，还有一些纺纱、织布、打铁、榨油的小作坊。1956年，县生产资料公司在境内兴办第一家国营石灰厂。1958年，全县9个公社在雷公庙兴建石灰厂14家，建窑22座，从业人员3348人，燃料以劣质烟煤为主，年产量2万吨。1962年停办。1968年，北京建工学院在境内兴办一座年产7000吨的小型水泥厂用于教学生产。至1978年，境内有石灰厂、水泥厂等3家工业企业，年总产10000吨，产值400万元，从业人员120人。

改革开放后，水泥厂、石灰厂等企业进行技术升级改造，开发新产品，个体、联合石灰厂相继兴起。至1987年，境内水泥厂、石灰厂从业人员300余人，年总产量达3.3万吨，总产值600万元。

1988年，区委、区政府将雷(公庙)—灌(溪)工业走廊作为重点发展区域，境内相继兴办或扩建水泥厂、石灰厂、采石场、综合涂料厂、印刷厂等工业企业，至2000年有工业从业人员900人，工业产值7500万元。

2000年后，因国家产业结构调整、经营亏损等原因，乡镇企业陆续关闭或转卖给私营业主。2012年最后一家乡镇企业湘陵水泥厂关闭。其间，雷公庙镇党委、镇政府积极招商引资，私营企业逐渐兴起。2010年引进南方水泥集团矿石供应项目，年供应矿石200万吨。至2014年，全镇有工业企业5家，从业人员500余人，实现工业产值9000万元。

商贸服务业

民国年间，境内无贸易市场，有商贩走村串户，贩卖日常生活用品，百姓赶集需到周边的蔡家岗、太浮墟场。

中华人民共和国成立初期，在黄山屿村、龙门村建有墟场，交易布匹、农副产品、衣物等商品。1954年，在雷公庙乡政府驻地组建供销社、生资站、肉食站、粮店、饮食店，供给群众生活日用品。1979政府建起集贸市场，个体商贩和私营店铺逐渐增多，至1990年，境内有小商店、批发部、专卖店、餐饮店51家。1981年，境内开始兴赶场，逢1、6日期为场期，集市繁荣、贸易活跃。1990年，大型农用机械、种子、化肥、农药等各类产品在集贸市场出现，场期赶集2000人次，年零售总额500万元。至2014年，全镇有2家大型超市、5家批发部、22家专卖店、15家餐饮店、80家商店、8处肉摊、12家农贸供应站及58个其他摊位。场期之日，赶集人员3000～5000人次，年商品零售总额6000万元。

其他产业

建筑业　1978年组建公社集体建筑队，1994年改制。2014年，全镇有施工队伍12支，从业人员580人，年完成建筑面积8万平方米，创产值2650万元。

运输业　2010年，南方水泥集团落户境内，全镇新增80辆后八轮翻斗车、3台铲车、7台大型挖机，运输发展成产业，日货运量2000吨，年运输产值5000万元以上。

劳务输出　2000年起，每年向广东、长沙等地劳务输出6800多人，占总人口45%，年创收入2亿元左右。

三、基础设施

交通运输

境内交通干线有常(德)澧(县)公路(国道207)、临(澧)岗(市)公路、石(门)长

(沙)铁路,村组公路遍布镇域。

常澧公路 国道207常德至澧县段,民国23年(1934)建成通车,全长82.5千米,境内长6千米。1943年,为阻止日本侵略者进犯,国民政府及民众主动毁路。日本投降后,1945年再次修成通车,为砂石路面。1953年成立养路工班,常年养护。1976年改建为柏油路面。2003年新建的临岗公路通车后,该路降为县道,2013年升格为省道,并改建为水泥路面。

临岗公路 临澧县城至鼎城区岗市公路,两端接国道207。2000年动工修建,2003年10月1日通车,系高等级公路,全长50千米,境内长5.23千米。2015年开始进行提升、拓宽路面工程,工期大约两年。

石长铁路 1996年,石门至长沙铁路建成通车,境内长2.54千米。2009年夏进行电气化复线升级改造,2016年通车。

村组公路 民国时期,乡村道路多为群众自然踩踏出来的泥土路。中华人民共和国建立初期,政府开始修建通村公路,路况得到好转,但是长度较短且为煤渣路。改革开放后,境内石灰石得到开发,废弃石渣用于铺路,开始陆续铺就村组公路,至2006年,全镇铺建60千米村组公路。2006年,在望仙村建成全镇第一条水泥公路,长3.8千米,投入60万元,地方自筹45%,国家支持55%。到2014年年底,镇内先后建成纵横交错的望仙桥、石牛冲、沈家岗、花园、大会庵、谢家岔、黄潭桥、东背峪、喻家溶等9条通村通组公路,总长120千米,其中硬化70千米。

邮政通信

中华人民共和国成立初期,境内无专职邮递员,县邮递员十天半月走一趟,仅送少量信件。1959年,县邮政局在境内设立邮政代办所,办理信件收发、包裹邮寄等业务。1970年起,代办所可送报纸、书信到大队(村),各大队和部分生产队(组)可订购报纸。2004年起,用摩托车替代自行车送报纸、书信。2014年,全镇订阅报刊60余种,30000余份。2014年年末设置圆通、申通等快递代办机构。

1956年,境内每个农业合作社购有一部手摇式人工电话机,电话费5元/月,用于与上级联系及汇报工作。至1968年,全公社有26部手摇式人工电话,用于党政机关办公及境内群众与外界联系。20世纪80年代后,逐渐摒弃手摇式人工电话。1995年改为40门程控电话交换机,乡政府机关、学校、部分企业及少数个人安装程控电话,结束人工交换电话历史。2000年后,移动、联通、电信纷纷在境内设立通信基站,境内固定电话、移动电话放号逐年增加,群众与外界联系更加便捷。至2014年年底,全镇有1处邮政代办所、12处移动通信基站,有300户固定电话用户、4600户移动电话用户、800户宽带用户、400户数字电视用户。

供电供水

供电 1974年，北京建工学院设在境内的“五七”干校水泥厂和沅水石灰矿山基地，从蔡家岗架通1万伏高压输电线，安装一台变压器，机关、学校、卫生院等单位开始使用电灯照明。改革开放后，经济得到发展，全面通电提上政府工作日程。到1983年，架设55千伏输电线路84千米，0.25千伏输电线路60千米，境内实现家家通电。2014年，全镇有62台公用变压器，容量74050千伏安；专用变压器7台，1125千伏安。年总用电量588万千瓦时。

供水 境内群众生活用水，历来是肩挑手提，直接取于池塘、水库，农户均有水缸储存饮用水。1990年，政府号召使用安全饮用水，80%农户开始开挖水井，安装电动水泵或手动压水泵抽水饮用。1992年10月，境内打出第一口400米深井，日产水200立方米，供应集镇1200人饮用水。2008年，镇政府投资120万元兴建湖海坪水厂，从丰盈水库取水，日供水180立方米，供沈家岗村、大会庵村2500人用水。2013年，镇政府投入670万元修建龙门水厂，从龙门水库取水，日供水2000立方米，保障12000人生活用水。至2014年，镇域内有2个水厂，铺设320千米输水管道，实现全镇居民安全生活饮用水全覆盖。

水利建设

境内水利建设以丰盈、龙门、胜利、花园4座水库为中心，向周边村组辐射，服务农业生产。2014年，全镇有小(Ⅰ)型水库2座，小(Ⅱ)型水库2座，山塘957处，总蓄水能力1350万立方米，灌溉农田21000亩，其中自流灌溉18000亩。

丰盈水库 1959年12月，动员2000名劳动力建成，集雨面积12.74平方千米，总库容量545万立方米，正常容量398万立方米，灌溉面积9000亩，为小(Ⅰ)型水库。1963年完成大坝迎水坡块石护砌，将洪道由大坝南端改移至北端。洪道改移后因地质原因，发生大面积山体滑坡，后陆续加强治理。1999年，政府投资20万元建成坝基倒沥棱体用于防止滑坡。2000年政府投入440万元用于水库除险加固。

花园水库 1959年动员组织300劳力建成，总库容28.5万立方米，正常库容21万立方米，灌溉面积1200亩，为小(Ⅱ)型水库。1965年进行大范围块石护坡。2010年政府投入50万元进行除险加固。

胜利水库 1965年修建，库容13万立方米，灌溉面积400亩，为小(Ⅱ)型水库。

龙门水库 1972年动员组织1000名劳力修建，集雨面积4.8平方千米，最大库容654万立方米，正常库容432万立方米，灌溉面积7000亩，为小(Ⅰ)型水库，因周边植被良好水质好，确定为全镇饮用水水源。2012年实施除险保安加固工程，完成坝体高喷浇浆防渗、迎水坡护砌、洪道改建等项目。2013年实施小农水建设项目，该库区

▲ 地质灾害应急演练

所属村组实现管道浇灌，俗称稻田自来水。

集镇建设

1964年龙门公社成立，集镇逐渐以党政机关所在地为中心规划发展，学校、医院、供销社、信用社、各类工厂等相继建立。1997年成立镇南居委会，集镇建设加快，先后在207国道两旁建起水泥厂、南方集团、商贸区，各类商店相继落户于此。2006年，鼎城区启动社会主义新农村建设，重点改造农村水利、电力、道路等基础设施，大力整治村容环境。2014年，集镇建成区域达1.1平方千米，主次街道14条，总长4000米，硬化率100%；排水管道长3000米；公厕7座，建筑面积300平方米；集镇房屋建筑总面积18.03万平方米，其中居民住宅12.1万平方米，公共建筑面积44200平方米，生产建筑15100平方米。供水、供电、通信、绿化、排污等基础设施基本完善。常住人口3900人。

四、社会事业

教育

民国16年(1927)，郝宗德在龙门村建立境内第一所全日制五年制小学，称郝氏族校。民国25年(1936)3月，建立公立龙门完小。

中华人民共和国成立初期，兴办扫盲班、农民夜校等成人教育，帮助群众摆脱文盲。1950年起，境内教育事业进入加速发展期，到1961年，境内设置9所学校，共计31个教学班，学生1500人，35名教师。1962年开始，各大队相继开办12所半耕半读学校。1965年，龙门完小改为龙门公社农中，设3个教学班，有教师4人，学生150人。1970年，境内有中小学校13所，教师120人，中小学生2100人。1975年，龙门公社农中改为立新中学。是年，县政府在境内兴办常德县农民中专，学制两年，设水稻、菌类、果蔬类、会计类等专业，每年毕业学生200人。

1978年中共十一届三中全会后，教育开始拨乱反正，教育教学水平不断提高。境内12所小学中有张家垭、望仙桥、黄潭桥、中湖、湖海坪、沈家岗、大会庵、花园、石牛冲9所学校附设全日制初中班。到1980年，境内中小学生人数达2100人。后因生员减少，小学初中班陆续停办。1984 年，立新中学更名为雷公庙中学。

1995 年，常德县农民中专停办。1996 年，镇政府买下其校舍及部分教学设施作为雷公庙中学校址。2001 年 7 月，广州镇泰公司捐资 100 万元助学，雷公庙中学更名为镇泰中学。2004 年全镇有在校中小学生 1800 人，在园幼儿 300 人。2012 年，创办雷公庙镇公立幼儿园。

2014 年，全镇有九年义务制镇泰中学、湖海坪小学 2 所学校和 2 所幼儿园，有教师 79 人，在校中学生 64 人，在校小学生 342 人，在园幼儿 200 人。学前儿童入园率 100%，适龄儿童入学率 100%，初中生毕业率 99.8%。

科技

1987 年，雷公庙乡水利站工作人员贺全初的论文《挡墙后背多层防折断倒沥系统治理方案》获常德市科学进步二等奖。2013 年，龙门村覃建忠研究发明的“含稀土和海泡石的农用肥料添加剂及其制作方法”获国家发明专利，论文《稀土海泡石复混肥研究及产业化》获常德市科技进步奖。

文化体育

民国时期，境内群众在正月间舞龙、舞狮敬菩萨，祈求风调雨顺、五谷丰登。

中华人民共和国成立初期，民间文艺节目多为歌颂新社会、宣传土改政策、兵役法等。

“文化大革命”期间，各大队建立毛泽东思想文艺宣传队，群众盛行跳“忠”字舞。学校学生也常到各个大队搞宣传文娱演出。

1997 年，镇政府设置有线电视接收站、广播站。2000 年起，全镇先后成立 1 个业余剧团，3 支腰鼓队，15 支广场舞蹈队。2008 年，镇成立移动数字电视管理站，发展 1680 户移动数字电视用户。2009 年起，积极推广广场舞等群众性活动。2015 年，镇广场舞队的《七月火把节》先后获得鼎城区广场舞大赛一等奖、常德市广场舞大赛二等奖。

2013 年，镇综合文化服务站成立，为有意愿的村民免费进行舞蹈、球类等知识培训。各村建有农家书屋，共计藏书 6 万多册。全镇设有 6 个篮球场、4 个排球场、15 个羽毛球场、35 张乒乓球桌。

医疗卫生

民国时期，境内有王直矗、陈明舫、张瑛、魏炳成、祝台阶等中医，走村入户行医。

1956 年成立联合诊所。1969 年，各大队兴办农村合作医疗，有赤脚医生为群众提供简单的医疗服务。1975 年，成立公社卫生院，取代联合诊所，驻地在今雷公庙中心幼儿园内，有 6 间医疗用平房，共 152 平方米。1982 年，卫生院搬到镇南居委会，拥有一栋两层楼 600 平方米医疗用房。1991 年，卫生院筹资购买一台 X 光机(50 毫安)、一台 B 超机。2000 年后，政府投入 600 万元完善卫生院软硬件设施，兴建卫生院门诊大楼、住院大楼、公共卫生楼。购买 X 光机(500 毫安)、B 超、心电图、化验机等设备。至 2013 年,卫生院有医务人员 18 人,30 张病床。开设儿科、妇科、内科、外科、骨科及中医等门诊科室。年接纳门诊 14000 人次、住院病人 1200 人次。

2014 年,全镇 13 个村级卫生室,有 13 名执业助理医师,24 张医疗床位,年门诊 2500 人次。实行主干道卫生清扫承包制度,在国道、省道、县道、村道和集镇建有 80 余个垃圾池、箱、桶,垃圾统一装运,集中处理。

社会保障

农村“五保” 中华人民共和国成立后,国家开始对孤寡老人实行救济。境内 1968 年开始对孤寡老人实行保吃、保穿、保住、保医、保葬(简称“五保”)供养制度,全公社有五保供养对象 80 余人,由所在生产队提供住房,发放口粮衣物等生活用品,死后由集体安葬。2009 年建立乡敬老院,有 36 名五保对象入住实行集中供养。2014 年,全乡供养五保对象 91 人,其中分散供养 55 人,集中供养 36 人。

城乡低保 2000 年启动城镇贫困居民生活保障制度,2005 年实施农村居民最低生活保障制度,2014 年落实 539 户 738 人农村最低生活保障,40 户 40 人城镇最低生活保障,月下发农村低保金总额 7.8 万元,月下发城镇低保金总额 1.3 万元,保障了困难对象生活。

新型农村合作医疗 2009 年实施,次年参加新型农村合作医疗达 8000 余人,参合率 53.33%。2014 年,全镇 14358 人参加新型农村合作医疗,参合率 95.72%,上缴 129.2 万元农合经费,发放住院补贴 430.6 万元。

新型农村养老保险 2010 年开始实施个人缴费、集体补助和政府补贴相结合模式的新型农村社会养老保险。到 2014 年,全镇参保人数 6109 人,2300 人享受养老保险金,月发放 23 万元养老金。

大病救助 2009 年开始实施,每年全镇 50 人申请大病救助,截至 2014 年共有 210 人得到了救助,获得医疗救助资金 120 万元,减轻了困难群体经济负担。

危房改造 2008 年开始实施,至 2014 年共有 240 余户进行了危房改造,发放改造资金 300 万元。

人民生活

民国年间,战乱与自然灾害频繁,百姓生活贫困。无地或少地农民耕种租田,每亩交租谷 80 千克。主粮不足,多以红薯、蔬菜、蚕豆等充饥。中华人民共和国成立后,实行土地改革、建立农业生产合作社,粮食产量提高,人民生活开始改善。1955 年,人均口粮 200 千克。1959—1961 年经济困难时期,农业收成急剧减少,群众生活水平下降到难以饱腹。1982 年,实行农村家庭联产承包责任制,粮食产量稳步上升,水稻亩产达

350千克，基本解决温饱问题。部分家庭逐渐富裕起来，开始兴建楼房，购置电扇、电视等家用电器，1995年境内人均纯收入1300元，35%的农户建起楼房。2005年人均纯收入4300元。2014年农民人均纯收入12680元，81%的农户入住楼房，每百户农户有45辆摩托车，30辆汽车。

五、特色地情

风景名胜

龙门洞位于龙门村水桶湾组、南球组，为喀斯特地质结构溶洞。清嘉庆《常德府志》载："府西北六十里有石洞，空旷如屋。中有石柱，八棱如玉。"北邻千亩水域的龙门水库，山清水秀，风景优美。洞旁有从未干涸过的大天坑，洞内有一条流水潺潺的阴河，与天坑相连。有一年大旱，村民同时用八台抽水机从大天坑抽水抗旱，抽了一个月，坑内水位没有降低。

仙龙庵 位于龙门洞东侧，由覃氏、张氏、郝氏三族各修一进，其建造时间无从考据。20世纪50年代改为学校，70年代被毁，1998年重修。

雷公庙 位于花园村小花园组，由四周九姓村民出资修建。50年代被拆，2004年4月重建。每逢月中，多有人祭祀。

龙门水库 位于龙门村，水库呈皇冠形，一水串五岔，水域面积1100亩，水质优良，已纳入常德市居民生活饮用水水源地保护工程。水库四周林木茂盛，风景优美。水库里的鱼为天然放养，味道鲜美。

重大事件

1943年，一连四川籍官兵在常德保卫战中，于境内快活岭至奔头港阻击日军，全部阵亡，连长遗体葬奔头港。湖海坪村的湖海坪组、伍家坪组和李家塝组，尚存有阻击日军的战壕、掩体、地堡。

1978年，龙门水库发生地质塌陷，200万立方米蓄水流失，无人员伤亡。

1987年，雷公庙电管站被水利电力部授予全国优秀乡镇电管站。9月，站长杨绍堂出席全国百强电管站授奖大会，受到水利电力部部长钱正英接见。

2000年8月，雷公庙镇43岁农民谭国光被重庆师范大学录取为研究生。在此之前，他坚持自学十多年，12次报考研究生。

六、各村(居)简介

张家垭村

地处镇东北，东抵双桥坪村，南抵龙门水库，西、北抵临澧县，辖张家垭、张家湾、吴家湾、祖石、黎家湾、周家湾、毛家湾、谢家冲、新湾、梅家湾、荷花堰、伞匠湾、龙泉堰、杨家湾、永丰、香匠湾 16 个村民小组，328 户 1204 人。张氏、廖氏、杨氏三大姓氏占全村人口 66%以上。有 1119 亩水田，650 亩旱地，3451 亩山林，大小山塘 93 口。基础设施比较完备，有一座小（Ⅱ）水库（胜利水库），水面 70 多亩，库容 150 多万立方米，灌溉全村田地。环境优美，是无公害的粮、油、蔬菜生产村。山上林木主要以松树、油茶为主。2016 年 5 月与龙门村合并，命名为龙门村。

龙门村

地处镇东北部，东抵双桥坪乡刘家湾组，南抵长岭岗乡安家岗村，西抵临澧县四新岗镇，张家垭村。辖水桶湾、灰匠湾、南球、栗树坪、大堰、六房湾、建新、连山湾、杨梅垱、大石堰、杨家堰、清水堰等 12 个村民小组，225 户 672 人。有移民户 3 户 12 人。有劳动力 352 人、具有大专以上学历 41 人。郝氏、覃氏、杨氏，占全村农户 90%以上。总面积约 3 平方公里，耕地面积 1540 亩，其中水田 555 亩、985 亩旱地，山林 1900 亩，森林覆盖率达 70%以上。有 52 处骨干山塘，1300 亩水面。主要特产是茶油，年产纯天然、油质茶油 14 吨，畅销省内外。龙门水库出产的鲜鱼，人放天养，水美鱼肥，味道鲜美，深受消费者喜爱。2016 年 5 月，龙门，张家垭村合并，命名为龙门村。

望仙桥村

地处雷公庙镇东部，东抵长岭岗乡落子山村、安家岗村，南抵长岭岗乡黄山峪村，西抵尹家坪村，北抵石牛村、龙门村，辖钟家湾、魏家湾、新堰、喻家溶、蒋家、土桥、岩朝湾、新湾、新屋、先桥、楼屋、岩桥、永红、施家湾、周家冲、谭家、陈家、鄢家等 18 个村民小组，1228 人。张氏、黄氏、陈氏三大姓氏占全村人口 50%以上。73 人具有大专及以上文化程度，占总人口的 6%。总面积约 5 平方千米，耕地 2012 亩，其中 1814 亩水田、198 亩旱地，山林 2980 亩，森林覆盖率达 70%。2016 年 5 月，望仙桥、尹家坪村合并，命名尹家坪。

尹家坪村

位于镇南大门，辖方堰、高堰、虎堰、前坪、长堰、松木、新屋、前进、土朝门、羊湖岗、七星堰、何家台、覃家湾、谭家岗 16 个村民小组，450 户 1580 人。全村 90%以上人口为尹氏、覃氏、何氏、杨氏、周氏。在外务工人员 225 人，经商人员 150 人左右。207 国道与临岗公路穿境而过，具有较好的区位与交通条件。有丰盈、龙门两座小（Ⅱ）型水库水系在村内交会，水利条件较好。村域面积 6 平方千米，耕地面积 3200 亩，其中水田 2454 亩、旱地 746 亩，山林 1200 亩，水面 405 亩。2016 年 5 月，尹家坪、望仙桥村合并，命名尹家坪。

黄潭桥村

东抵长岭岗，北抵尹家坪、中湖及雷公庙镇墟场，南抵蔡家岗镇，国道 207 和临澧快速干线穿境而过，距常德市城区10千米，辖周谷堰、杉木、新垱、刘家坪、方堰、刘士堰、桂花堰、白果树、张家台、刘家湾、荷花堰、钟家湾、杜家溶13个村小组，387户，1326人（其中皂市水库移民安置33户，161人，土家族80人）。有水田2120亩，油茶林207公顷。有83处堰塘、3公里防洪河堤，2.5千米河道。已硬化7.2千米村道，群众的出行条件得到改善。2016年5月，黄潭桥、中湖村合并，命名为中湖村。

中湖村

位于雷公庙镇南端，国道207穿境而过，具有良好的交通条件及区位优势，辖泉垱、新堰、董家溶、下坪、上坪、周家湾、草堰、陈背堰、张家堰、杨家堰、祝家咀、郭家咀、沈家咀、邓家岗14个村民小组，413户1517人。8户35人是移民，为土家族。村域面积3.4平方千米，水田2267亩，旱地434亩，水面344亩，林木2685亩，主要是松树茶树林。主要物产有柑橘、花生、大豆、油菜、茶油等。是周边乡镇柑橘销售中心，柑橘营销网遍及全国10多个省市区。2016年5月，中湖、黄潭桥村合并，命名为中湖村。

湖海坪村

地处镇西北部，东抵中湖村，南抵蔡家岗镇大云岗村，西抵丰盈水库，北抵临澧县太浮镇，辖徐家咀、竹元、湖海坪、家坪、李家榜、李家桥、雷家湾、张家湾、花红、双堰、罗家冲、丁家堰、张家咀13个村民小组，462户1523人（土家族3人，苗族1人）。张氏、胡氏、李氏、陈氏、杨氏几大姓氏占全村人口80%以上。境域面积5.7平方千米，水田2293亩，旱地503亩，水面325亩，山林3526亩。2016年5月，湖海坪、沈家岗村合并，命名为湖海坪村。

沈家岗村

位于雷公庙镇北部，海拔最高点676米，东抵湖海坪村，南抵蔡家岗镇芭蕉堰村，西抵桃源县盘塘镇王家垱村，北抵临澧县太浮镇龙谭村，石长铁路横跨村境，辖邢家湾、喻家溶、茶垱、南竹、于家、白竹、沈家岗、梅家垭、王毛坪、张家湾、艾家溶、蒋家湾、付家、李家咀、葡萄岗、老堰湾、莫家坪17个村民小组，400户1504人。沈、杨、张三个姓氏占全村农户50%以上。村域面积5.2平方千米，耕地面积1793亩，其中1435亩水田、358亩旱地，山林面积3000亩，水面261亩。有50处骨干山塘，硬化5口。有村文体活动室、图书室、电脑室、计划生育服务室。2016年5月，沈家岗、湖海坪村合并，命名为湖海坪村。

大会庵村

村名源自皇明丁巳仲冬，长矛造反，此地人烟绝迹，从江西迁移八大姓人口（陆、郭、王、谢、罗、杨、龚、周）至此，共同修建庵堂，取名大会庵。现存长2.3米，宽1.8米古碑为证。位于雷公庙镇西北方，东抵花园村，南抵湖海坪村，西抵临澧县太浮镇居委会，北抵谢家岔村，辖董家冲、胜利、卸马峪、樟树湾、孙家堰、荷堰、王家湾、朱家嘴8个村民小组，220户687人。50%以上农户为李、王、杨三姓氏。有水田1138亩，旱地800亩，山林2328亩，25口堰塘(硬化2口)。2016年5月，大会庵、谢家岔、花园村合并，命名为花园村。

谢家岔村

地处雷公庙镇北部，北与临澧县和本镇石牛冲村接壤，南抵花园村，西接大会庵村。辖林士湾、禾场岗、上屋榜、谢家湾、张家湾、谢家岔、周家湾、龚家垭8个村民小组，137户530人。60%以上农户为谢氏、王氏、龚氏。有劳动力280人。耕地面积1380亩，其中907亩水田、473亩旱地，水面500亩，山林1000亩，森林覆盖率达70%以上。2016年5月，谢家岔、大会庵、花园村合并，命名为花园村。

花园村

位于雷公庙镇西北侧，东连石牛和谢家岔村，西与中湖村、湖海坪村接壤，南与尹家坪村为界，北与大会庵村相邻，辖谭家湾、董家咀、丁家冲、双堰、烽火湾、王庭峪、魏家湾、花园、谢花垱、五房冲、葛家湾、周家冲、杉木湾、廖家垱14个村民小组，437户1560人。耕地2221亩，山林3100亩。2016年5月，花园、大会庵、谢家岔村合并，命名为花园村。

石牛冲村

位于雷公庙镇最北端，与临澧县四新岗交界，辖凡家湾、李家湾、东背峪、鲍家庄、唐家湾、夏家湾、八房冲、五房冲、孟家山、亚南屿、毛湾、庄屋垱12个村民小组，343户1228人，其中汉族1180人、移民户52户、193人(其中土家族98人)。外出务工人员282人。陈、李、谭三个姓氏占全村农户60%以上。村域总面积6400亩，其中水田面积1790亩、旱地948亩、山林3200亩、水域面积680亩。有山塘83口(水泥浆砌21口)。主要物产有茶油、油菜、稻谷等。2016年5月，石牛冲村、镇南社区居委会合并，命名为镇南社区居委会。

镇南居委会

位于雷公庙镇集市中心，1997年撤乡建镇时成立，辖集镇街道和一个林园组(农业组)，513户1172人。有常住人口1222人，面积1平方千米，耕地面积173亩。国道207穿过辖区。境内有丰富的石灰石资源。集镇路灯、地下管道铺设比较完善。2016年5月，镇南社区居委会、石牛冲村合并，命名为镇南社区居委会。

(执笔:郭立明　编辑:娄福友)

斗姆湖镇

斗姆湖镇行政区划图

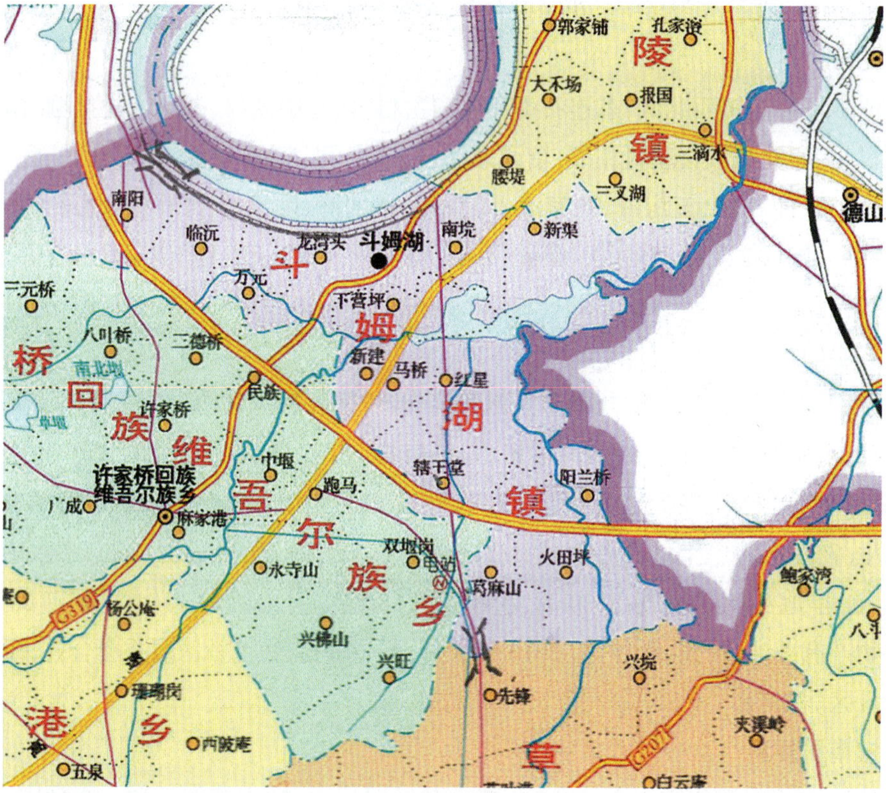

地图审图号:湘 S(2008)052 号

一、区域概况

地理位置

斗姆湖镇位于区境中部,江南城郊。东与常德经济技术开发区接壤,南与许家桥回维乡、草坪镇毗连,西与桃源县木塘垸乡交界,北与武陵镇和武陵区丹洲乡(隔沅水河)为邻。镇人民政府驻斗姆湖社区,距区人民政府驻地 10 千米。

建置沿革

民国 9 年(1920),属斗姥镇。19 年,属斗姥区。24 年,属斗姥湖区。27 年,属善卷乡。中华人民共和国成立后,先后属善卷乡、常德县第六区、第九区管辖。1951 年,常德县设 359 个乡 10 个镇,镇域内设斗姆湖镇和南阳、南垸、花园坑等数乡,属第十一区管辖。1956 年撤区并乡,南阳、南垸、花园坑数乡和斗姆湖乡合并为斗姆湖乡。1958 年 10 月实行人民公社体制,斗姆湖乡划入金刚公社,1961 年 3 月析置斗姆湖公社,属斗姆湖区。1984 年 1 月撤销人民公社,改为斗姆湖乡,7 月改为斗姆湖镇,先后属斗姆湖区、片、办事处。2014 年 4 月,撤销斗姆湖镇,设立斗姆湖街道办事处。

区划面积

1984 年,斗姆湖镇辖南阳、临沅、万元、新龙、新建、南垸、新渠、花园坑、马桥、红星、葛麻山、火田坪、阳南桥、二里岗、墟场 15 个行政村,总面积 46 平方千米。

1997 年二里岗村划入德山开发区(今常德经开区)。后陆续有行政村改为社区。2014 年,全镇辖南阳、新渠、临沅、马桥、万元、葛麻山、火田坪、阳南桥 8 个行政村和斗姆湖、机场、南垸、花园、新建、新龙、红星 7 个社区,总面积 41.6 平方千米,耕地 2.62 万亩,养殖水面 1252 亩。

人口民族

1984 年,镇域人口 6180 户,23538 人,其中男性 12240 人,女性 11298 人。

1984 年至 2014 年间,因城镇化建设和江南城区扩容融城,斗姆湖先后撤乡建镇、设立街道办事处,其间迁居到镇域的创业、经商人口激增。2014 年,镇域人口 12153 户,41321 人,其中男性 21280 人,占 51.5%;女性 20041 人,占 49.5%。总人口中,汉族人口 40681 人,占 98.5%;2 个少数民族共 640 人,其中回族 512 人、维吾尔族 128 人。少数民族集中居住在红星社区的 1、2、3 组,其他村和社区有零散少量分布。

自然环境

镇域地貌以丘陵为主,平原、水域次之,面积比分别为 54%、40%、6%。地势西南高,东北低。南阳村盘古山海拔高度 64.2 米,茅湾低排河海拔高度 24.5 米,平均海拔 34.6 米。属亚热带季风湿润性气候,年平均气温 16.5℃,年平均降雨量 1200 毫米,日照总时数 800 小时左右,无霜期 300 天以上,气候温和,雨量充沛。野生动物有斑鸠、麻雀、喜鹊、乌鸦、黄鼠狼、翠鸟、猫头鹰、鹭鸟等。境内土壤土质主要为近代河湖冲积地,分布在枉水及高排河两边的 9 个村(社区)。其次为第四世纪砾石红壤土质,分布在丘陵间的 4 个村(社区)。

二、经济发展

1978年实行改革开放后，经过30多年的努力，境内经济飞跃发展。2014年镇国民生产总值11983万元，城镇居民人均可支配收入2.83万元，农民人均纯收入1.22万元。

农业

种植业 境内历史上以种植水稻为主，兼种红薯、棉花、花生、油菜、豆类及茶叶等。民国和中华人民共和国建立初期，全部种植一季稻。1958年开始种植双季稻。1975年引进杂交水稻种植。1978年斗姆湖公社粮食总产1260万千克。20世纪80年代年实行家庭联产承包责任制。90年代推广软盘抛秧、测土配方施肥等新技术，粮食产量逐步上升，2014年粮食总产2535万千克。

养殖业 境内素有养殖生猪、鸡鸭等家畜家禽习惯，主要为农户散养，自用或出售进行简单生活物资交换。中华人民共和国成立后，政府鼓励发展集体养殖业，家庭养殖只能作为"派购"任务，进入市场自由交换有所限制。1982年养殖业开始向商品化、规模化方向发展，普遍使用配方饲料。境内养鸡达34800羽，鸭13568羽，生猪8832头，鲜鱼亩产105千克。2003年，有马桥、新渠等村建成原种猪场。2014年年底，全镇有生猪养殖大户32户，其中年出栏生猪500头以上大户5户。养鸡专业户15户，其中年存笼蛋鸡5000羽以上大户10户。

工业

清代和民国时期，境内无工业，只有铁匠、石匠、木匠、泥水匠、漆匠、篾匠、裁缝等原始简单手工业者。20世纪50年代开始将工匠组织起来，成立手工业社。1955年斗姆湖墟场建有铁业社、木业社、篾业社、缝纫社和修配社等，后转为二轻工业，由常德县二轻工业局管理。60年代末，开始兴办社队企业，撤社改乡后称乡镇企业。境内先后办起农副产品加工、茶场、农机修配、印染、农药、化肥、纺织等企业。至1995年，斗姆湖镇有工业企业268个，工业产值5000万元。2001年起，对国有集体企业进行改制，鼓励私营企业发展。2014年，全镇有工业企业114家，其中规模工业14家，工业总产值7500万元。常德穗香米厂、斗姆湖万利米厂、斗姆湖中心米厂等6家稻米加工企业，年生产优质稻米5万吨，国泰香米、江南丝苗、中健香米、中健丝苗、桃花香米等品牌产品畅销全国各地。

商贸服务业

民国时期，斗姆湖集镇有店铺门面和定期集市，经营商品有南杂、百货、五金、肉食、疋头、木材、印刷、熟食、蔬菜、水果等。中华人民共和国成立后，1956年建立斗姆湖供销合作社，经营境内商品销售和农副产品收购。1963 年，各大队开设代购代销店，在南阳、葛麻山大队建立 2 个供销分社，生资、肉食、餐饮均由供销社统一经营，化肥、农药、肉食、油、糖、布等计划物资凭票供应。1979 年后，国家鼓励个体经济发展，个体商业迅速兴起。2014 年，全镇有大小个体经商户 511 户，从业人员 1012 人，实现商贸服务额 1.65 亿元。

其他产业

建筑业 2014 年从业人员 2230 人，完成产值 1.12 亿元，纯收入 3352 万元。

运输业 2014 年有农用运输车辆 720 台，从业人员 510 人，营运收入 1810 万元。

劳务输出 全镇每年输出剩余劳力 3500 人以上，其中常年外出务工劳力 2700 人以上。2014 年劳务输出收入 7040 万元。

三、基础设施

交通运输

水路 镇域东临枉水，北濒沅水，两水过境航道共 10.46 千米。枉水航道可通行 8 吨左右的木帆船。境内有沅水裴家码头港。民国时期有横渡码头 4 处。1960 年起，随着常德通用机械厂、农药厂、氮肥厂的建立，码头逐渐扩大，建成氮肥厂码头、客运趸船码头共 7 座。港区岸线长 1000 米，泊位 7 个，靠泊能力 500 吨级。有堆场 5000 平方米，装卸机械 4 台。2014 年港口货物吞吐量 15 万吨。

陆路 1958 年至 1962 年，枉水跃进干渠从港二口至斗姆湖开通后，以渠堤代为路，定名为县道 08 线(今为区道 052 线)，过境 5.2 千米。陬鄂线从桃源县木塘垸乡入境至草坪镇，过境 7.31 千米。国道 319 从郭家铺街道入境至许家桥乡，过境 2.35 千米。桃花源路从郭家铺街道腰堤村入境至桃花源机场，境内长 5.9 千米。常张高速公路从常德经开区入境至桃源县木塘垸乡，过境 5 千米。常吉高速公路从斗姆湖高速公路收费站进入至许家桥乡，过境 1.1 千米。两条高速公路在境内设有出入口和立交互通，构成交通枢纽。2009 年，镇域开始硬化通村公路和通组公路，至 2014 年，硬化通村公路 15 条、通组公路 29 条，总长 87.4 千米。

机场 桃花源机场坐落于境内，距常德市城区 13 千米。1959 年 12 月动工，至 1965 年 1 月建成，同年 4 月 15 日，开通至长沙航线。1972 年扩建，占地面积 42.62 万平方米。1987 年 4 月，经省民航局批准，新征土地 17 万平方米，按中国民航总局规定的三级机场规模进行扩建。2009 年，桃花源机场按国家 4D 级机场再次扩建，新候机楼占地 33 万平方米，可供波音 737 型飞机起降。2014 年，已开通常德至深圳、广州、海口、北京、上海、昆明多条航线。

邮政通信

20世纪50至60年代,境内设有1个邮政中转收寄点。1970年年初,成立斗姆湖邮电支局。1998年9月,析为斗姆湖邮政支局和斗姆湖电信分局。2008年,斗姆湖邮政支局改名为斗姆湖邮政所,开办有特快专递、邮政快件、邮政储蓄,报刊发行等业务。2009年10月成立斗姆湖移动营业部。后陆续建立7个营业厅,20多个村(社区)服务站。2013年建立4G基站。2014年,全镇有固定电话用户2310户,移动电话用户30000多户,互联网用户2656户。

金融

1952年,成立斗姆湖信用社,办理境内金融业务。1970年,设立斗姆湖邮政储蓄所。2000年,单机版投入使用,斗姆湖信用社业务办理从手工时代进入电脑时代。2006年,新综合业务系统升级上线运行,农信系统各网点实现联网,斗姆湖信用社储蓄业务迅速发展。2013年,斗姆湖信用社开通“福祥支付通”“电话银行”“手机银行”等电子业务。2014年,全镇各项存款额2000万元,各项贷款额1000万元。

供电供水

供电 1965年,境内始有生产生活用电。1978年,斗姆湖公社50%的大队通电。1983年,建立斗姆湖供电站,境内实现家家户户通电。2003年,成立斗姆湖供电所,供应和管理斗姆湖、草坪2镇的用电。2012年,斗姆湖供电所负责斗姆湖镇、许家桥回维乡、丁家港乡、草坪镇共55个行政村、4个墟场、670个村民小组、58家企业、2.6万户居民的供电服务工作。供电区域面积218平方千米,总人口7.6万人。有10千伏线路191.64千米,低压线路1017.83千米,配电变压器378台。2014年售电量3800万千瓦时。

供水 1992年,镇域建成第一座自来水厂,日供水能力2000立方米,有用户2350户8225人。2014年,自来水厂日供水能力扩至3000立方米,有用户3150户,受益人口11575人。

粮食储备

1982年征地兴建常德县粮食局斗姆湖中心粮管站直属库。1992年改为湖南常德国家粮食储备库。1997年,粮库院内的斗姆湖大米厂由粮库接管。2001年,国家投资新建4栋标准平房仓。2013年,斗姆湖粮店整体划入粮库。2014年,粮库全面实施危仓老库维修,新建1栋标准平房仓。到2014年,粮库占地面积达160亩,仓房31栋,仓容7万吨,收购、仓储商品粮10万余吨。

水利建设

1958年12月,建成太平水库。水库坐落于南阳村,总库容量71.05万立方米。周边南阳、临沅等村5000亩耕地受益。

1968年开挖南阳河，自许家桥起至临沅注入沅水，全长6.6千米，上接许家桥水，流域间有许家冲、太平等水库。

1977年开挖人工排渍河—红星河。1978年修建红星河水利配套工程。1980年建成茅坪电排站、茅湾泵站、张家堆机埠。红星河位于镇域中部，发源于许家桥，上有3条支流至黑桥处汇合后形成高低水，高水经高排至茅湾金刚闸汇入柱水，低水经低排由茅坪电排排入柱水，全长13.6千米，流域面积71.4平方千米。高排年最高水位37.5米，最低水位31.5米。低排最高水位34.3米，最低水位32.1米。低排建有茅坪，茅湾两座排渍机埠，装机11台机组，容量1755千瓦，排入柱水，可排渍2万余亩。张家堆机埠，装机容量80千瓦，排入高排。红星河渠系配套建筑物有5座水闸以及3处涵管。

2013年，启动血吸虫防疫工程，对高排金刚河进行治理，总投资280多万元对茅坪电排更新改造，总投资800多万元。

2014年，对境内5.41千米沅水大堤迎水坡面，由国家投资进行治理。

集镇建设

20世纪80年代，斗姆湖建成350米长集镇街道。1992年，建成270米长邮政街，安置常德机场扩建拆迁户23户。1997年，新建教育街，长约300米，吸纳120户农民落户经商。1998年起，投资3000多万元，实施水库移民安置工程，用地2797亩，建成移民安置点3个，至2014年年底，共安置皂市等水库移民422户1554人。2006年开始上级财政实施转移支付，新修万元村、南垸社区、花园社区、新渠村、红星社区、新建社区、火田村、阳南桥村村部。2009年，相继启动桃花源路及桃花源机场扩建，建成桃花源机场安置小区，总面积33300平方米，总投资2000多万元，安置拆迁户102户。2013年，投入200多万元完成319国道斗姆湖墟场段500米更新改造。

2013年至2014年，投入200多万完成对斗姆湖镇机关院落改造，修建起居民健身活动场所。2014年，投入170万元，完成机场社区、斗姆湖社区建设。

四、社会事业

教育

清末至民国年间，境内有白果寺、苏家祠堂、黄氏港、陈家港等数处私塾学校。收费没有固定标准，一般启蒙生每年3～4斗谷，2～3年学生每年7～8斗谷，4～5年学生每年1石谷左右。

约在民国25年(1936)，创办尚武小学，为斗姆湖中学前身。新中国成立后，境内办扫盲夜校15所，入读学员800～900人。

1951 年后办有斗姆湖完小和白果寺、新渠、火田坪、阳南桥、南垸、新农、红星小学 8 所学校。

1965 年创办农业中学，20 世纪 70 年代改名斗姆湖（五七）中学。“文化大革命”期间，境内 16 个大队均设小学。

▲ 桃花源机场

1975 年，斗姆湖中学设高中部 2 个班，初中部 9 个班。临沅、新农、南垸、新渠、火田坪 5 所小学设初中班。

1980 年，新农、南垸、新渠小学初中班停办，学生转入斗姆湖中学和就近的火田坪、临沅学校就读。

1985 年，火田坪、临沅学校初中班停办，学生全部转入斗姆湖中学就读。

1996 年，全镇 15 所小学，学生 2615 人；1 所中学 25 个班，学生 1585 人，为生源最高峰。

2005 年后，进行学校布局调整，逐步撤并村小，至 2010 年，全镇设中学 1 所，中心小学 1 所。

2012 年创办斗姆湖公办幼儿园 1 所。

2014 年，斗姆湖中学设 10 个教学班，学生 450 人，教职工 68 人；斗姆湖中心小学有学生 780 人，教师 63 人；斗姆湖公办幼儿园有幼儿 160 名，幼师、保育员 13 人；斗姆湖中心幼儿园（民办）有幼儿 210 名，幼师、保育员 15 人。

文化

境内民间传统文艺形式有地花鼓、渔鼓、三棒鼓、常德丝弦、舞龙舞狮、民歌等，民间文化活动多集中见于春节、清明、端午等传统节日。中华人民共和国成立后，群众文化活动丰富多彩。20 世纪 50 年代，民间文艺以歌颂新社会、新风尚为主。“文化大革命”期间，盛行跳“忠”字舞。1976—1979 年，公社、大队组建文艺宣传队，经常到生产队演出，参加县文艺会演。2007 年，建立镇文化站，有活动场所 200 平方米，有图书 11600 多册，建有文化信息网络共享服务平台，1999 年获“湖南省百强集镇文化站”称号，2007 年被中共常德市委宣传部评为“市级示范乡镇文化站”。2014 年，全镇有舞厅 2 个，职业剧团 1 个，业余艺术团 2 个，锣鼓唢呐队 14 个，腰鼓队 3 个，管乐队 2 个，演职人员 190 余人。有广场舞队 18 个,人数上千。

医疗卫生

民国年间,境内有 2 家私立诊所、2 家中药铺。中华人民共和国建立后,1952 年,在县卫生协会组织下,4 家诊所、药铺组建成联合诊所。1958 年,组建公社卫生院,设中医、西医 2 个科室,医务人员 8 人。是年,在血吸虫重灾区茅坪、二里岗、火田坪、葛麻山、阳南桥等大队开展血吸虫病调查及灭螺活动,收治患者,一年后血吸虫病得到有效控制。60 年代末各生产大队设合作医疗站,配备不脱产的"赤脚医生"。

1984 年,斗姆湖公社卫生院更名为斗姆湖镇卫生院。1986 年,经省、市主管部门考核合格定为一等甲级医院。2007 年,镇卫生院完成扩建改建,占地面积 6247.5 平方米,建筑面积 4580 平方米。有医务人员 32 人,设有西医、中医、内科、外科、儿科、骨科、妇产科、疼痛科、国医馆 8 个临床医疗科室,放射科、检验科、心电图室、B 超(彩)室 4 个临床辅助科室,增添医疗设备 45 台,开设病床 50 张。

村(社区)卫生组织不断健全,2014 年,全镇有村社卫生室 16 个,医务人员 22 人,实现一村一室全覆盖。是年,镇卫生院和村卫生室共接纳门诊病人 3919 人次,住院病人 1819 人次。

社会保障

境域社会保障工作自 1986 年启动,至 2010 年代,社会保险全面扩展,基本做到应保尽保。2007 年 5 月,成立斗姆湖镇劳动社会保障站,负责镇域社会保障工作。

农村五保 2009 年,建立镇敬老院,有床位 40 张。2014 年,全镇 195 名五保对象实现应保尽保,其中集中供养 36 人。

新型农村合作医疗 2000 年开始实施,至 2014 年,全镇参加新型农村合作医疗 18410 人,收缴"农合"资金 163.85 万元,收治享受农合医疗患者 1819 人次,报销"农合"医疗费用 178.8547 万元。

贫困居民最低生活保障 2005 年开始实施,至 2014 年,全镇享受贫困居民最低生活保障人口 810 人。其中享受农村低保 810 人,每人每月领取保障金 130 元。享受城镇低保 1302 人,每人每月领取保障金 290 元。

农村居民养老保险 2010 年开始实施,至 2015 年,全镇参保人数 6966 人,上缴城乡居民养老基金 85.7 万元,享受养老保险 3840 人,共领取养老金 345.6 万元。

人民生活

1978 年,境内农民人均纯收入 130 元。1979 年实行改革开放,人民生活逐年提高。2014 年人均纯收入 1.22 万元,开始步入小康生活。

吃 1979 年后,粮食连年增产,有了粮食,家庭养殖迅速发展,鸡、鸭、鱼、肉市场繁荣，人们的生活从吃饱肚子到讲究吃好、营养。

穿 民国和中华人民共和国成立初期，境内农民主要靠自己种棉，用土纺土织的“家机布”，请裁缝做衣遮风御寒。1958年后布匹实行计划供应，每人每年发布票8市尺，一年难做一套新衣。1979年后，各种品牌成衣逐渐进入普通百姓家，穿着成为一种体面和身份符号。

住 1978年，境内75%的农户住三两间砖瓦简易结构平房，25%住茅草土砖房。1981年，境内住房开始换代升级，从土砖茅屋到红砖瓦房—到楼房—到庭院小别墅。至2014年，全镇59%的农户入住造价10万～20万元“小洋楼”，3%的农户拥有造价数十万的庭院小别墅。

五、特色地情

文物古迹

临沅城 位于斗姆湖镇临沅村，秦昭王三十年（前277），遣蜀守张若伐取巫都及江南为黔中郡时筑成，今常德有城自此而始。秦至隋开皇三年（583）为临沅县治。20世纪50年代末，在临沅村破土建厂，挖出一块石碑，上面书有“秦临沅城碑”字样。

临沅古窑址 位于斗姆湖镇临沅村裴家码头，窑口按南北向排列，保存较好的有4处。其中一窑仍有器坯。窑址所在地有壶、罐、钵等残缺陶片，造型优美，着浅黄、酱色釉，饰竹叶纹、堆塑纹或红蓝彩绘等。经鉴定，属宋、元时期窑址。

历史人物

钟　相 （？—1130），宋武陵唐封乡水莲寺（今鼎城区斗姆湖镇葛麻山村、许家桥回维乡双堰岗一带）人。青少年时期，家庭富裕，从师就读，爱阅读历史书，景仰《史记》中的游侠人物。后来弃学进行游侠实践，四处游荡不羁。他不满朝廷腐败，参照摩尼教改造巫术，以此秘密宣传组织群众，人称“钟老爷”，又号“天大圣”。声言有神灵能与天通，若投拜“法下”，能使田蚕兴旺，有病不药自安。暗中对其徒众则说：“法分贵贱贫富，非善法；我行法，当等贵贱，均贫富。”他还创设一种称为“社会”的组织，周围数百里以内的贫苦农民，无以为生，纷纷前来“入法”。宣和末年，皈依者已遍及洞庭湖沿岸各县。于是就所居天子岗筑垒浚壕，置立栅寨，聚众习武。靖康元年（1126），金兵陷汴京。次年，钟相长子钟昂奉命招募民兵300人，随统制郑修武北上勤王。至邓州，金兵北还。高宗即位后，被遣回原籍，令各着生业。昂率部回到武陵，仍将部众团聚在一起，以“忠义民兵”名义，进行操练。是时，有荆湖南路人王靖之出入钟相之门，见其父子所为，便以图谋不轨向鼎澧路兵马都钤辖唐悫告发。钟相买通有司，设法为之保全，只以私置军器断罪，编管衡州，不久放还。建炎四年（1130）春，金兵进犯潭州，由官军变为劫匪的孔彦舟由荆襄窜入澧州，有犯鼎州之势，一时人心惶惶。钟相以拒彦舟为号召，聚众于二月十七日起义，称楚王，改元“天载”，提出“等贵贱、均贫富”的口号，在白沙渡拦截提刑单世卿辎重，夺其所乘白马。接着攻陷桃源、澧州，杀死桃源知县钱景持、澧州守臣王宗权。义军所至，焚烧官府、寺观、神庙、豪右之家，杀官吏、儒生、僧道及有仇隙之人。称起义军为“爷儿”，宋朝国法为“邪法”。称杀人为“行法”，没收地主财产为“均平”。声势大振，远近响应，众至数十万。鼎州的武陵、桃源、龙阳、沅江，澧州的澧阳、安乡、石门、慈利，荆南的枝江、松滋、公安，石首，潭州的益阳、宁乡、湘阴、安化，峡州的宜都，岳州的华容，辰州的沅陵，共19县，都在义军控制之下。所占之地，“无税赋差科，无官司法令”。南宋王朝得报，便以孔彦舟为荆湖南北捉杀使，令其率军镇压。三月，彦舟入鼎州，后军自澧州开拔，至药山坪，遭到钟相部袭击，被打得大败。彦舟迁怒于鼎州百姓，派军在州城周围10千米间将百姓屠戮殆尽。同时又派奸细佯装“入法”，混入义军中，然后里应外合，向起义军发起进攻。钟相、钟昂猝不及防，兵败被俘。不久，在解赴南宋朝廷的途中，被杀害于湖南攸县。

蔡仁杰　(1903—1947)又名主阶，别号常武，花园村人。清光绪二十九年(1903)生，中学毕业后，1926年考入黄埔军校第五期，历任国民革命军连长、营长、团长、陆军第七十四军五十八师副师长、第五十八师长、第七十四军副军长、整编第七十四师副师长。抗日战争时期参加长沙会战、常德会战、雪峰山会战。1947年率部进攻华东野战军，在山东孟良崮战役中，于5月16日与师长张灵甫一起自杀身亡。同年7月，国民政府追赠陆军中将。

任职期间，为发展家乡教育事业，曾捐资创办斗姆湖尚武小学。

六、各村(居)简介

南阳村

东与临沅村接壤，南与许家桥回维乡八叶桥村比邻，西与桃源县三叉港乡交界。辖15个村民小组，498户1780人。水田2580亩，旱地270亩，水域780亩，山林750亩。村境主要姓氏有邓、裴、罗、陈等。境内盘古寺遗存建于明朝末年。2014年人均收入10500元。

临沅村

北抵沅江，由此得村名。辖20个村民小组，547户1851人。耕地面积1843.2亩，其中水田1657亩，旱地186.2亩，山林26.53亩，鱼池212.5亩。村境主要姓氏有陈、裴、向、娄等。种粮为传统农业，近年红提、蔬菜等种植成为近郊现代农业。2014年人均收入5504元。

马桥村

东与红星社区相连，西与许家桥乡相接，常吉高速与桃花源机场快速路途经村境。辖22个村民小组，人口1300人，姚姓为主要姓氏。水田1800亩，旱地200亩，鱼塘约300亩。历史上主种植水稻，因桃花源机场数次扩建和机修建场快速路，土地被征收，村民主以种养殖、外出务工为业。2014年人均收入为5153元。

葛麻山村

位于镇最南端，与草坪、许家桥两乡镇交界。辖10个小组，732户2564人。水田5017亩，旱地712亩，鱼塘535亩。村境主有朱、刘、卢、戴、倪氏姓氏。种植水稻为主，有当地"粮仓"之称，2014年人均纯收入6150元。2016年5月，与火田坪村合并，沿用葛麻山村名。

新农村

南与许家桥回族乡交界，西抵沅水河、东抵花园社区。水田2890亩，旱地930亩，鱼塘150亩。人口4456人，主有丁、姚、李氏等姓氏。经济来源主以种植水稻和劳务输出，2014年人均收入5966元。2016年5月与万元村合并，新命名为新农社区。

斗姆湖居委会

位于319国道旁，北枕沅水，东抵南垸社区。总面积2.5平方千米，水田40亩、旱地60亩。辖9个居民小组，人口7214人。姓氏主有袁、陈、邓、李、刘、谭、丁氏等。居民主以从事个体经营为主要收入来源，2014年人均收入9850元。

花园村

20世纪70年代名下营坪大队，1985年更名花园村。东抵桃花源机场公路，南抵常张、常吉高速互通中心，北接319国道。区域面积2.5平方千米，辖11个社区小组，人口2980人。主有蔡、郭氏两大姓氏。历史上以种植业为主，城镇化后以种养殖和外出务工为主。2014年人均收入为5788元。

新建村

位于镇东南4公里桃花源机场旁。区域面积1.5平方千米，耕地1500亩，水域近60余亩。辖12个居民小组，3591人。2014年被省、市规划为空港新城、临空产业园重点开发区。由于机场扩建，大部分农田被征收，群众收入主要通过劳务输出。2014年人均收入5907元。

机场居委会

成立于2014年6月，与常德桃花源机场相邻，区域面积1.68平方千米。辖14个居民小组，4063户11228人。水田495亩，林旱地32亩，鱼塘5口。陈氏为主要姓氏。因修建机场，社区大部分居民居住在镇墟场，群众主要通过经商、劳务输出获得收入。

2014年人均收入6229元。

南垸村

位于镇最北段，与武陵镇腰堤村接壤。总面积6162亩，其中水田2590亩、旱地946亩、林地15亩、鱼塘433亩。人口4245人，主要姓氏有石氏、张氏、蔡氏、陈氏等。主以种植业和在外从事建筑务工为收入来源。2014年人均收入5765元。2016年3月与新渠村合并，新命名南垸社区。

红星村

北枕高低排河，东北与常德经济开发区德山比邻，南接草坪镇，西连桃花源机场。总面积11574亩，其中水田5560亩、旱地283亩、林地536亩、水域876亩。辖20村（居）民小组，560户4876人，少数民族有回族426人、土家族95人。群众以外出务工为主要收入来源，2014年人均收入为5448元。2016年3月与阳南桥村合并，新命名红星社区。

（执笔：赵国清　编辑：刘忠祥）

草坪镇

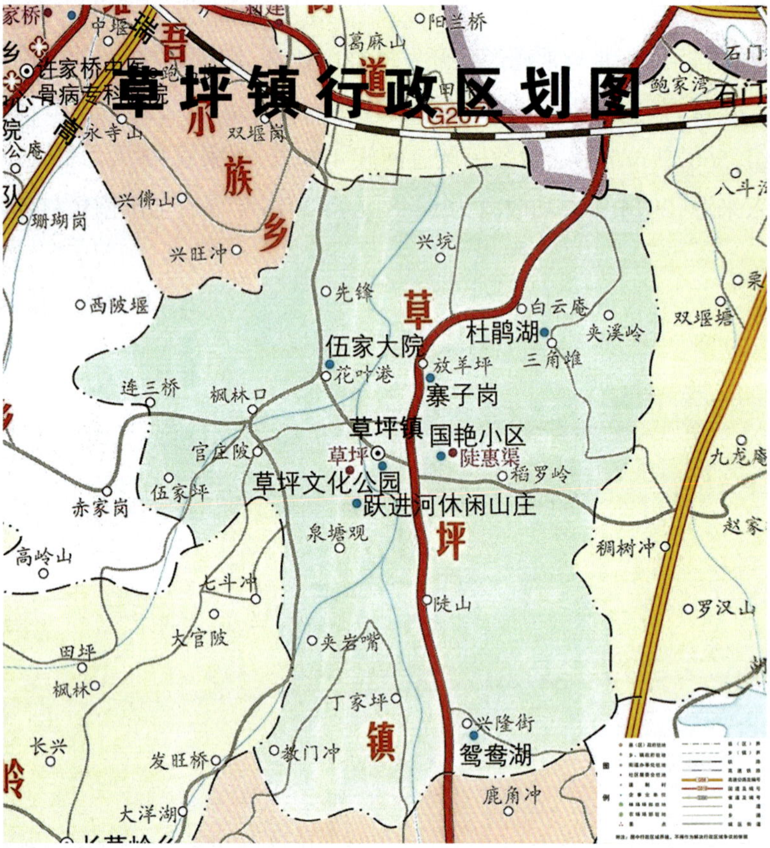

地图审图号：湘 S(2008)052 号

地域名片

中国民间文化艺术之乡

中华诗词之乡

一、区域概况

地理位置

草坪镇位于鼎城区西南部，东与石门桥镇、唐家铺乡接壤，南与黄土店镇、长茅岭乡为邻，西与丁家港乡、许家桥回维乡交界，北与斗姆湖镇、常德经济开发区毗连。古称草茶坪，宋代钟相在此练兵起义，后练兵场荒废杂草丛生，讹呼为草坪，镇名缘此。镇人民政府驻草坪居委会，距区人民政府驻地 20 千米。

建置沿革

民国年间和中华人民共和国成立初期，镇域分属文甲、上德、五泉 3 乡。1951 年 11 月，境内设立草坪、放羊坪、夹岩嘴、伍家坪 4 个乡。1956 年 6 月，4 乡合并为草坪乡。1958 年实行人民公社体制，草坪乡与现斗姆湖镇、许家桥回维乡、丁家港乡合并为金刚人民公社。1961 年缩小公社规模，撤销金刚公社，析出原草坪乡区域设立草坪公社，属黄土店区。1984 年撤销人民公社体制，改为草坪乡。1995 年撤乡建镇，先后属黄土店区、片、办事处。

区划面积

2015 年，草坪镇辖草坪、陡惠渠 2 个居民委员会和花叶港、先锋、枫林口、连三桥、伍家坪、官庄陂、泉塘观、教门冲、夹岩嘴、兴隆街、陡山、稻罗岭、三角堆、夹溪岭、白云、兴垸、放羊坪、丁家坪 18 个行政村，251 个村民小组。总面积 76.2 平方千米，水田 3.71 万亩，林地 3.63 万亩，旱地 2451 亩，水面 8255 亩，宅基地 6967 亩。

人口民族

境域为鼎城区少数民族人口集居区。少数民族中以回族、维吾尔族居多，主要为明初征讨南方"苗蛮"军队驻留人员后裔，集中居住在教门冲、夹溪岭两个村。丁家坪村、白云庵村、草坪居委会有集居的少数民族组，其他各村有零散居住。2015 年，全镇总人口 24063 人，其中男性 13031 人，女性 11032 人。总人口中，汉族 21416 人，占 89%；少数民族 2647 人，占 11%，其中回族 2458 人、维吾尔族 108 人、土家族 75 人、苗族 3 人、满族 3 人。

自然环境

镇域为丘陵山区，地势呈东、南、西高，北部低。最高点位于兴隆街村，海拔 108 米。最低点位于放羊坪兴垸机埠，海拔 42.3 米，平均海拔 75.15 米。枉水河自南向北流经境内 10 千米，经二里岗、德山流入沅水。枉水两岸地势平旷，土质肥沃，适宜于农作物特别是稻谷的生长。东西两边丘陵山冈适宜油茶生长。地下、河床有沙金。境内属亚热带季风气候，四季分明，阳光充足，雨水充沛。常年降雨量 1200 ~ 1300 毫米，年均气温 17℃，年均日照 110 天。有记录的极端天气：1954 年 12 月至 1955 年 1 月近 2 个月冰冻，最低温度零下 18℃。2008 年 1 月冰冻 2 个月，最低气温零下 10℃。均造成冰冻灾害。

二、经济发展

经济综述

清代和民国时期，境内农业基础设施薄弱，水旱灾害频发，经济发展缓慢。种田插一季稻，亩产100～150千克。油茶为重要经济收入。1949年全域粮食总产600万千克，茶油35万千克。中华人民共和国建立后，实行土地改革和社会主义改造，推广双季稻实行科学种田，粮食产量有所提高，亩产达到250～300千克。1966年，草坪公社粮食总产1050万千克。1966年至1978年，坚持集体经济，创办社队企业，经济发展不快，但农业科技水平有所提高，粮食产量大幅度增长，1978年全公社粮食总产1675.5万千克，第一次突破亩产400千克“纲要”指标，工农业产值768万元，人均320元。1978年后实行改革开放，以发展经济为中心，以市场经济为主体，经济快速发展。2014年，全镇地区生产总值7.22亿元，农民人均纯收入7870元。

农业

境内传统种植业以粮食作物为主，养殖业为农户散养，多为换取必需的生活资料。20世纪90年代调整农业结构，发展优质蔬菜、水果，推动种养产业化、规模化。2013年有100多个农户形成庭院经济模式。2014年，全镇种植水稻3.2万亩，总产3400万千克；油菜3200亩，产菜油35万千克；棉花240亩，皮棉总产10万千克；水果70亩，总产150万千克；蔬菜450亩，总产1000万千克。养殖生猪51210头，出栏32100头；养殖家禽21万羽，出笼18万羽；出水鲜鱼26万千克。

林业

境内75%为四级红土山地，适宜各种树木生长，其中50%山林为油茶林，其他主要树种为杉、松。1958—1975年境内森林遭受大炼钢铁、公共食堂、山林改制三次严重破坏。1980年，80%的山林分给农户管理，鼓励支持农户造林植树。20%为村级集体林场管理，以杉林、茶叶、橘园为主。2002年争取国家退耕还林项目1389亩，按国家规定每退耕还林一亩补助粮食150千克和现金20元，213个农户共获补助粮食20.83万千克，现金29万元。2014年，镇域林地33000亩，森林覆盖率80%，活木积蓄量43500立方米，生产楠竹65000根、茶油13.25万千克。

工业

民国时期和中华人民共和国成立初期，境内只有手工业。20世纪50年代开始组织手工业社，1955年境内有1个铁木业社、1个罐头厂、1个缝纫社，后转为二轻工业，由常德县二轻工业局管理。60年代末，开始兴办社队工业，先后办起农副产品加工、造船、酿酒、农机修配、印刷、土农药、土化肥等企业。2001年起，镇办企业进行改制，鼓励私营企业发展。2014年,全镇工业总产值达2.8828亿元,有七一水泵厂、印刷厂、先锋花炮厂、建筑材料厂、金属制品厂等8家骨干企业。

七一水泵厂 1972年至1977年,先后为镇农机厂、汽配厂、玛钢厂,1998年转民营。至2014年,形成1000万元固定资产的大型水泵制造企业,产品远销全国20多个省市,年产值1200万元。

草坪镇印刷厂 1973年创办,是湖南省民政厅认定的社会福利企业,为30多位残疾人提供就业。2002年8月,厂长罗政国被国务院残疾人工作协调委员会和卫生部、财政部、教育部、民政部、公安部、中国残疾人联合会授予全国残疾人康复工作先进个人称号。

先锋花炮有限公司 2005年12月建成投产,占地280亩,有厂房108栋,设备62套,固定资产500万元,生产人员300余人,2014年产值980万元。

商贸服务业

民国年间,境内已形成墟场集市,有一定规模的店铺门面、餐饮、茶楼10余家。中华人民共和国建立后,1956年整合商业店铺,成立草坪供销合作社。1963年设立放羊坪、兴隆街供销分社,在其他大队设立代购代销店。生资、肉食、餐饮归口供销社统管,化肥、农药、肉食、油、糖、布等计划物资凭票供应。1985年后,供销社等集体商业逐渐转体,个体私营商业迅速发展。至2014年,草坪镇有个体私营经商户158家,其中餐饮23家,肉食18家,理发、照相、打字、音像、木器家具、家电、建材等其他服务业28家。每月逢2、5、8为集镇墟场日,有上百的个体商贩赶场,经营各类商品。全镇商业、餐饮业收入770.87万元,其他服务业收入1278.79万元。

其他产业

建筑业 2014年,全镇有建筑从业人员1890人,完成产值1.956亿元,纯收入3740万元。

运输业 2014年,全镇有运输从业人员830人,各种运输车辆753台,营运收入1329.9万元。

劳务输出 实行农村家庭联产承包责任制后,境内始有剩余劳力外出打工。1990年后,常年外出打工劳动力在5000人以上,2012年,达11857人,劳务收入成为农民主要收入来源。2014年,全镇输出劳力5400人,劳务收入1.52亿元。

三、基础设施

交通运输

清代和民国时期,境内无公路,枉水可行小船通常德城区,枯水季节停运。1958年常(德)安(化)公路(后称 207 国道)修通,成为第一条通境公路。1962 年,枉水跃进干渠从港二口至斗姆湖全线开通后,以渠堤为路,定名为县道 08 线(今区道 052 线),境内交通初步改善。至 2010 年,镇域内有国道 1 条,区道 1 条,乡道 2 条。

▲ 草坪镇文化广场

207 国道 从常德经济开发区(德山)进入草坪镇,途径夹溪岭、放羊坪、陡惠渠,在兴隆街村出境入黄土店镇,境内长 17 千米,2007 年扩宽改造为沥青路面高等级公路。

区道 052 线 从国道 319 斗姆湖路段经常德机场进入草坪镇,途径先锋村、花叶港村、枫林口村,在夹岩嘴出境入长茅岭乡,境内里程 14 千米,2013 年全线改造为水泥路。

草赵公路 建于 1988 年,从陡惠渠居委会经稻罗岭村、三角堆村通往赵家桥,全长 4.5 千米,2013 年全线改造为水泥路。

草丁公路 建于 2010 年,从枫林口村起,经连三桥村通丁家港乡政府前 319 国道,境内长 3.5 千米,全线为水泥路。

2006 年投资 15 万元,建成草坪汽车客运站,有客运车辆 20 余台,年客运量 50 万人次。2009 年起,硬化通村、通组公路。至 2014 年,全镇建成通村水泥路公路 17 条,通组水泥公路 33 条,总长度 59 千米,有家用小车 1300 辆,大小农用车 753 台。

邮政通信

1964 年设立草坪邮电所,主要收发信函邮件,投递报纸书刊,首次开通手摇式总机转接电话。1980 年模拟数字拨号电话开始延伸政府机关,1988 年设立无线移动通讯基站,90 年代程控住宅电话开始普及,随之移动通讯网覆盖农村,传呼机、手机相继成为乡民随身携带的装备。1996 年邮电分家,草坪邮政所挂牌独立经营。2008 年后无线通信及宽带网得到快速发展,2010 年代移动、电信、联通三家均在境内建有信息塔,移动通信信号实现无缝全覆盖。2014 年,全镇共有座机 1200 部,手机 15600 部,互联网用户 560 户。邮政业务涵盖包裹邮寄、报刊发行、邮政缴费一站通、火车飞机票代售、快递业务,设有申通、圆通、顺丰、韵达等快递点。

供电供水

供电 1956 年常德县政府在境内放羊坪村新口,利用陡惠渠渠水修建全县第一座小型水力发电站,木制螺旋桨式水轮机驱动,装机容量 12 千瓦,因正常发电率低,1962 年冬拆除。1965 年,建成陡惠渠、官庄陂两处(水轮泵站)发电站,供草坪集镇照明,但供电不正常。1971 年,草坪公社农机厂用柴油发电机组发电为厂内机械设备提供动力,兼供街道、居民、学校、医院照明。1974 年冬为兴建兴垸排渍机埠,开始引进国家电网。1975 年正式列入国家大网供电。1978 年,修建陡山第一抗旱机埠,10 千伏线路供电范围逐步扩大。1981 年,草坪被列入国家商品粮基地之一,争取到国家投资实行农村电网改造。1984 年实现村村通电,全境由国家电网供电。2014 年,境内有输电线路 10 千伏 16 条 63 千米;配电变压器 140 台,21000 千伏安;年用电量 1350 万千瓦时。

供水 境内居民历来饮用沟港、山塘、井水。2005 年在草坪集镇建立自来水厂,日供水能力 5000 立方米,用户 730 户共 6000 人。2015 年接通沧山、英雄水库自来水厂供水,镇域 50%以上人口用上自来水。

水利建设

位于先锋村的泥塘陂,为境内最早的蓄水灌溉水利工程,建于明嘉靖(1522—1566)年间。民国时期和中华人民共和国成立以后,境内修建了一系列水利工程和设施。

陡山河坝 系陡惠渠的枢纽工程,坝倚陡山修建,拦截枉水东西二源,控制集雨面积 150 平方千米,设计灌溉 15000 亩。民国 38 年(1949)3 月,湖南省国民政府社会处拨稻谷 800 石,与建设厅合组工务所施工,建成倒虹吸管及分水闸各 1 座,整修旧节制闸 2 座及旧渠一段,因经费不敷,未能完成全部工程。1950 年春,湖南省人民政府水利局组建常德陡山灌溉工程处,主持河坝施工。是年 5 月动工,次年 5 月建成受益。坝体长 42.9 米,坝顶高程 44.29 米,为钢筋混凝土结构的卧基式滚水坝。后新开、续开、整修渠道 7122 米,整个工程共开支大米 94.84 万千克,全部由国家拨付。1961 年冬,对河坝进行改建,坝孔增加 8 个各长 4 米、高 1.4 米的木制倾倒闸门,闸上修建长 50 米,宽 1.5 米的钢筋混凝土结构的人行桥,并改换灌溉冲刷闸门。1994 年改为自动水压倾倒闸和电动启闭设备。

水库 境内于 1955 年修建海家冲水库,库容 15 万立方米,灌溉面积 750 亩。

1959 年修建古陂垱水库，库容 30 万立方米，灌溉面积 1600 亩。1958 年至 1959 年，常德县人民政府先后在草坪东南面的枉水、沧水上游修建 4 座中型水库，开挖跃进、沧山干渠，境内渠长共 23 千米，受益农田 2.9 万亩。1973 年至 1976 年，境内修建起易家冲小（Ⅰ）型水库 1 座和六家窝、鄢家窝、张家冲、贺家冲、罗家窝、阎王庙、仙宫殿、杉木窝小（Ⅱ）型水库 8 座，总库容 180 万立方米，灌溉面积 6400 亩，开通渠道 47 千米。

机埠 20 世纪 70 年代，境内开始修建排、提灌机埠。1975 年建兴垸机埠，装机 2 台 ×55 千瓦，受益 1300 亩；1984 年建先锋机埠，装机 1 台 ×55 千瓦，受益 1700 亩；1998 年建放羊坪机埠，装机 1 台 ×55 千瓦，受益 2500 亩。以上为排渍机埠。提灌机埠从 1978 年始建，至 1999 年，修建有陡山一、二机埠，官庄陂、夹岩嘴、丁家坪、枫林口、兴垸机埠共 7 处，灌溉面积 6700 亩。

至 2014 年，全镇有小（Ⅰ）型水库 1 座，小（Ⅱ）型水库 10 座，山塘 786 口，总库容 730 万立方米。主干渠 7 条，总长度 45.5 千米，其中硬化 4 条，26 千米。全镇 3.8 万亩农田中，旱涝保收面积达 85%。

集镇建设

镇治所驻地草坪居委会。民国时期和中华人民共和国成立初期为小墟场，街道不足 300 米。20 世纪 50 年代建起草坪供销社。集镇设施简陋，不成规模。1978 年以后，以桥为中心，向两头延伸建房修楼，直通 207 国道，形成工字型街道。其中惠阳大道文化大街长 2800 米，宽 20 米；草坪居委会通陡惠渠居委会主商业大街长 1100 米，宽 12 米；草坪居委会贸易大街长 900 米，宽 12 米。2012 年草坪枉水二大桥建成通车，集镇街道由工字型扩展为井字形，集镇总面积 8 平方千米，其中建成区面积 9 平方千米，常住人口达 5000 余人。2013 年，三条主街道全部按城市街道规模改造扩建提质，总投资 7800 万元，水电、通信、绿化、亮化工程等全面配套。形成以七一水泵厂、印刷厂等骨干企业为主的工业园区；以中学、中心小学、阳光幼儿园为主体的教育基地；以医院、通讯、餐饮、镇政府政务中心为主体的服务区域。2014 年投资 530 万元，在集镇中心建成一处集演艺、休闲、娱乐、健身于一体的文化公园。

四、社会事业

教育

民国年间，境内有私塾数家。中华人民共和国成立后，教育事业逐步发展。

1950 年有小学 4 所；1960 年有小学 8 所；1970 年有小学 18 所，首办中学，称草坪公社五七中学，有中小学教师 87 人，中小学生 1120 人。

20 世纪 80 年代初由三位女高中毕业生自发创办初中，作为“新生事物”被称“三女办学”，后因办学条件简陋和规范办学要求停办，为县境首办公助私立学校。

1978 年至 2008 年，共投入资金 600 余万元，用于学校扩建及教学楼改造。其中扩改后的草坪中学占地 60 余亩，建筑面积 8500 平方米，可容纳 800 余名学生就读；镇中心小学占地 24.5 亩，建筑面积 3600 平方米，可容纳千名学生在校就读。

2014 年，全镇有中学 1 所，小学 1 所，幼儿园 2 所，中小学教师 210 人，学生 790 人；幼儿教师 38 人，入园儿童 600 人。具有本科学历的中学教师 25 人，中学高级教师 4 人，一级教师 45 人，市级骨干教师 4 人，小学高级教师 25 人。

草坪中学先后被评为常德市“合格初级中学”、湖南省“铜牌学样”、常德市“示范性初级中学”“鼎城区十佳”学校，省、市、区“教书育人”红旗单位和教研工作先进单位。草坪镇中心小学 1992 年被评为“合格中心小学”，1997 年被评为“规范化中心小学”，2005 年被常德市教委评为“示范化小学”，历年被评为“教书育人先进单位”“教研工作先进单位”“学校目标管理红旗单位”等。在全国数奥、英奥及全国小学作文大赛中有 200 多人次获国家、省、市、区奖励。

文化

中国民间文化艺术之乡　境域历史文化底蕴深厚，善卷曾在此隐居布德行善。屈原行吟枉水，留下“朝发枉渚兮，夜宿辰阳”的诗文。受其熏陶，乡民历来重视民间文化艺术，薪火相传，形成乡风。2011 年和 2014 年，草坪镇两次被文化部授予“中国民间文化艺术之乡”称号。

草坪歌舞　20 世纪 80 年代初，境内青年农民自发组织起宏达、霞飞、金鹰等歌舞演出队。2005 年起，镇党委、镇政府发力推介草坪歌舞，开发文化旅游产业，谋求民间文化与乡村旅游融合发展。2010 年，为整合演艺队伍、人才资源和演出市场，成立草坪镇民间艺术联合会。

2011 年 10 月 22 日，时任中共中央政治局委员、中央书记处书记、中宣部部长刘云山视察草坪镇，观看草坪的文艺节目后高兴地说：“先进文化必须大众化，不能小众化，更不能贵族化，要时刻牢记文化发展的根在基层、在群众……你们就是农村文化的主力军。”新华社、《人民日报》、中央电视台、《湖南日报》《常德日报》、湖南卫视、湖南经视、常德电视台等多家媒体先后对“草坪文化现象”进行专题报道。市、区湖湘文化交流协会举办“草坪文化现象”论坛研讨会。2012 年中宣部、文化部、国家广电总局、新闻出版总署授予草坪镇为全国文化体制改革工作先进单位。

2011 年 11 月 19 日，草坪镇民间艺术联合会自编节目参加湖南省第十次党代会专题文艺晚会，获得优秀奖。2012 年草坪镇举办首届民间文化艺术节，在中央电视台新闻联播节目中头条播出。2013 年常德市群众文艺演出百团大赛中，草坪歌舞团均获得团体一等奖、最佳创作奖等多项大奖。

至2014年,草坪镇民间演艺团体达35个,从业人员600多人,每个团体年均演出300余场,观众达400万人次,演出收入3400万元。演艺活动覆盖常德各区县市,辐射至湘西、湖北、江西等地。

草坪诗词 境内民众酷爱传统诗词创作吟诵,并形成乡风传承弘扬。2001年成立草坪诗社,发展会员300多人,其中中华诗词学会会员2人,世界汉诗协会会员3人,湖南省诗词协会会员3人,常德市诗词学会会员20人。镇政府为其设立办公室、创作室和作品展览室。至2014年,诗社结集印刷诗词专辑9期、个人诗词集4册。发表诗词作品5000余首,其中近百首在国家级诗词刊物上发表并获奖。组织诗词"进机关、进校园、进村组、进农户、进企业"。2014年草坪镇被评为"湖南省诗词之乡"。2015年11月9日,被中华诗词学会授予"中华诗词之乡"。

国艳农家山庄诗墙 2014年,原陡惠渠村党支部书记张国兴将家居庭院围墙建成诗墙,长约150米,分为"家族同声、草根吟咏、书画集锦、名贤雅韵、古诗欣赏"五个部分,镌刻诗词画作品120余件。

耕读人家农家小院 兴隆街村党支部书记易馥湘家居,因藏书颇多,湖南省文化厅原厅长朱建刚踏访后挥毫题赠"耕读人家"门匾;湖南省诗词协会会长赵焱森参观调研后为其题书"晴耕雨读,泥土诗人"。

香兰雅室农家小院 草坪诗社副社长鄢国英家居,小院建筑古色古香,书画藏品较多。湖南省诗词协会会长赵焱森参观后为其题书"香兰雅室"匾额。国务院参事、中华诗词研究院副院长蔡士平题赠"飞莺山远近,明月夜东西"条幅。

医疗卫生

民国年间,境域有4家简易中草药铺,5名中医郎中。中华人民共和国建立后,常德县人民政府于1952年开设伍家坪卫生院,1955年成立草坪联合诊所(后为草坪卫生院)。1967年实行农村合作医疗,每个大队设1名不脱产的赤脚医生,为群众防疫治病。改革开放后医疗卫生事业逐步发展,2000年开始实施新型农村合作医疗。2014年,全镇实现一村一个卫生室全覆盖,参加新农合21441人,占总人口91.6%,年收缴合作医疗费128.6万元,年接收合作医疗的患者19342人次,报销医疗费用177.9万元。

草坪镇卫生院 1956年由伍家坪卫生院与草坪卫生院合并,选址草坪墟场,始名草坪乡卫生院,1961年更名为草坪公社卫生院,1984年复称草坪乡卫生院。因规模小,设施简陋,难以满足适群众求医治病需求。1995年改为草坪镇卫生院后,实施提质升级改造,总投资300余万元,占地面积6660平方米,建筑面积5627平方米,建成门诊、住院大楼,设有西医、中医、内科、外科、儿科、妇产科等临床科室8个。2014年,卫生院拥有X光机、B超仪、分析仪、半自动化生化仪、半自动血球仪、制氧机、呼吸机、心电监护仪等先进医疗设备35台件(套),开设病床50余张。有专职医务人员31名,年接纳门诊病人16300人次,住院病人1853人。

社会保障

农村五保 60年代始对孤寡老人及无劳动能力残疾人实行保吃、保穿、保住、保医、保葬(孤儿为保教)简称五保的社会保障。2000年建起专门集中供养的敬老院。其中先锋敬老院占地1750平方米,房屋面积420平方米,床位80张,服务人员4人,集中供养45人。2014年,全镇供养五保人员347人。

机关事业单位保险 境内机关事业单位养老保险由区人社局和区机关事业单位保险站管理。2014年,全镇镇站所人员31人,参保31人,参保率100%。

农村居民养老保险 2010年实施,至2014年,全镇参保人数9229人,年上缴城市居民基金95.29万元。已享受养老保险5335人,年支付养老金480.15万元。

农村最低生活保障 2005年开始实施农村最低生活保障制度,由民政办负责管理。2014年,全镇保障人口1150人,发放保障资金115万元,人均100元/月。

残疾人救助 2014年境内有残疾人465人,均享受50元/月生活救助,免交农村合作医疗费。

人民生活

1978年,境内人均纯收入124元,群众温饱没有完全解决,属贫困山乡。中共十一届三中全会后,实行改革开放,农民收入逐年增加,生活不断改善。

吃 1978年后,粮食连年增产,除自给外,每年出售商品粮1500万余千克。有了粮食,家庭养殖迅速发展,鸡、鸭、鱼、肉市场繁荣,人们的生活从吃饱肚子到讲究吃好、吃营养。

穿 清代和民国时期,境内乡民穿着主要靠自种棉花,手工纺纱织布,请乡村裁缝用土布做衣蔽体御寒。1958年后靠每年配发给的有限布票,凭证买布做衣,一年难做一套新衣,过年穿上新衣是一种愿景。1978年后,生产发展,经济宽裕,各种面料、质地、款式、品牌服装成为一种日常消费,穿着体面成为一种文化和潮流。

住 20世纪50—70年代,境内75%的农户住房为三两间结构的简易木板房,25%的为土坯茅草房。80年代起,农民开始全面修建新居,并不断进行换代升级,从土坯茅草房改为红砖瓦房,从居民点式红砖平房改为独立庭院小楼房,从"小洋楼"升级为乡村别墅房。至2014年,全镇70%以上的农户修建起了楼房。

用 2014年,全镇7257农户中,18%拥有家用小车,8%的农户开通互联网。电视机、空调、洗衣机等家用电器和手机得到普及。

生活能源　20 世纪 70 年代以前，境内农户做饭、取暖以秸秆、柴草为主。80 年代起部分农户使用藕煤和烟煤。90 年代国家电网覆盖农村后，部分农户开始用电煮饭烧水。21 世纪初期后农村推广沼气工程，部分农户建有沼气池用沼气（后因技术、环境、原料等原因难以维持而放弃），部分农户使用石油液化气。至 2014 年，全镇大多农户实行柴草、煤炭、电能、石油液化气混用。

五、特色地情

文物古迹

翠微寺　位于陡惠渠居委会，建于约公元 700 年。寺前有古树 3 株，一株罗汉松树龄 1230 年，一株金桂和一株银桂树龄 570 年，均有碑文记述。

中寨　1130 年，南宋农民起义军领袖钟相、杨幺在境内建有东、中、西三处山寨。中寨位于放羊坪村第五组，保存较完整，寨台高 14 米，面积 25 亩，人工夯土而成。

马井　位于西寨后山的官庄陂村第 5 组，长 220 米，深 3.9 米，宽 80 余米，呈月弯形，据传为人工挖掘，专供钟相起义军战马饮水井。

放马园　位于草坪居委会、泉塘观村、官庄陂村接壤地，约千余亩，据传为钟相起义军放马吃草之地，内有人工挖掘的 6 口小山塘供马饮水。从西寨至放马园有一条 1500 米长、宽 4 米的长廊至今隐约可见。

人物

伍鼎臣　（1837—1899）字汝梅，1837 年生，伍家坪村，清乾隆三十三年（1862）进

▲ 中国民间文化艺术之乡——草坪 2014 年民间文化艺术节

士。曾任广东知县，广东乡试同考敕官，授文林郎，著有《敦伦堂文集》，殁于清道光六年(1899)，寿62岁。

伍士林 (1835—1871)字翰臣，1835年生，伍家坪村，己酉科陪拔，科正选第一名，优进士。甲寅恩科顺天举，钦取景山，官学教习候补知县，殁于清嘉庆六年(1871)，钦赐文魁匾及半副銮驾。

刘元利 (1886—1944) 官名毅夫，官庄陂村人，两湖高等矿业学校毕业，中优等举人。后留学日本早稻田大学，成为东京留学社成员，并与黄兴、蔡锷结为好友，常在日本士官学校聆听孙中山先生传播革命思想。1912年回国后，经孙中山举荐，任湖北都督府参谋官。两年后，调任湖南总司令部参谋长官。1920年调到南京为孙中山的文秘。

余明曦 (1884—1944) 兴隆街村人，1864年清末最后科举考中举人，后读北京大学堂。毕业后，留学日本早稻田大学，回国后在熊希龄家任家庭教师，熊任中华民国第一任总理后，将余明曦安排在中央财政部任财务管理处长。至1941年年迈回乡，1944年去世。

余钦翼 (1872—1950) 夹岩嘴村人，曾留学日本士官学校，光绪三十四年(1908年)学成回国，分配到湖北新军当教官。宣统元年，驻防常德，后被任命为湖南新军第一师师长。为策应武昌起义，他率部北伐，增援武汉。辛亥革命成功后，被授予总统府中将参军职，民国2年申请解甲归田，以中将衔领得退伍费黄金五千两、白银两百两。退伍后创办朗朗电灯有限公司，合伙投资开垦荒洲。1950年，余钦翼在常德龙井巷家中逝世。

伍陵 (1918—2014) 又名余肃成，草坪镇白云庵村人。1938年奔赴延安，曾先后任新华日报主编、四川省文联副主席。

伍杰 (1930—) 伍家坪村人，1949年7月加入中共地下组织。中华人民共和国成立后，任团中央办公厅巡视员，1978年2月调中共中央宣传部，先后任处长、出版局局长、干部局局长。后任中国书评学会会长、中宣部研究员。著有长篇小说《山路崎岖》、中篇小说《金色的种子》、散文集《溪流》《花为媒》《追求》等。

重大事件

陡山抗战 1943年11月，日本侵略者侵犯常德，境内易家冲、陡山一带为常德会战御敌战场。从衡阳赶来增援的国军第10军第10师师长孙明瑾部在此遇敌，11月26日至29日与日本侵略者激战4天4夜，给日本侵略者以沉重打击，师长孙明瑾在此战死殉国。

刘云山视察草坪 2011年10月22日，时任中共中央政治局委员、中央书记处书记、中宣部部长刘云山视察草坪文化，观看草坪地方文艺表演。新华社、《人民日报》、中央电视台、《湖南日报》《常德日报》、湖南卫视、湖南经视、常德电视台等多家媒体先后对“草坪文化现象”进行了专题报道。

六、各村(居)简介

草坪居民委员会

1949年前属文甲乡第十保,1950年后属草坪农会（雷公窝乡）,1958年属金刚公社半年大队,1961年属草坪公社草坪大队,1984年改公社为乡后为草坪乡草坪村,1995年建镇后称草坪居民委员会。辖20个居民小组,497户1738人，其中男性858人,女性880人,回族280人。耕地1911亩,山林1751亩,园地105亩,水面357亩。50%农户经商。2016年与泉塘观村合并,沿用草坪居民委员会名。

陡惠渠居民委员会

史称下陡山、淤泥陂。1951年陡山河坝建成后赞为惠民工程,村名由此得来。1949前属文甲乡第九保,1958年属金刚公社新口大队,1984为草坪乡陡惠渠村,1995年建镇后称陡惠渠居民委员会。辖9个居民小组,320户1114人,其中男性650人,女性460人。回族13人。水田1751亩,山林2130亩,园地223亩,水面78亩。50%农户居住在集镇街道两侧经商。

花叶港村

为南宋钟相起义安营扎寨地。1949年前属上德乡十一保,1958年属金刚公社草坪大队,1961年属草坪公社花叶港大队,1984年称花叶港村。辖13个村民小组,310户1009人,其中男性516人,女性493人,回族25人。耕地1673亩,山林350亩,园地204亩,水面721亩。2016年与先锋村合并,新命名为先锋村。

先锋村

1949年前属上德乡第七保,1958年属金刚公社火星大队,1961年属草坪公社泥塘陂大队、官陂堰大队,1969年泥塘陂、官陂堰、花叶港合并为先锋大队,1984年后称先锋村。辖15个村民小组,656户2180人,其中男性1140人,女性1040人,回族15人。水田3761亩,园地75亩,山林1060亩,水面730亩。2016年与花叶港村合并,沿用先锋村名。

泉塘观村

1949年前属文甲乡10、11保,1958年属金刚公社称荷花大队,1961年属草坪公社泉塘观大队,1984年后称泉塘观村。辖13个村民小组,385户1240人，其中男性616人,女性624人。回族25人。水田1906亩,园地125亩,山林1000亩,水面349亩。2016年与草坪居委会合并。

枫林口村

1949年前属五泉乡第九保，1958年属金刚公社丰年大队，1961年属草坪公社枫林口大队，1984年称枫林口村。辖9个村民小组，254户911人，其中男性450人，女性467人。回族32人。水田1449亩，园地92亩，山林1150亩，水面403亩。2016年与连三桥、伍家坪、官庄陂村合并，沿用枫林口村名。

连三桥村

1949年前属五泉乡第十保，1952年后曾属丁家港乡管辖，1958年属金刚公社八一大队，1961年属草坪公社连三桥大队，1984年称连三桥村。辖9个村民小组，234户780人，其中男性430人，女性350人。回族9人。水田1953亩，园地78亩，山林1500亩，水面430亩。2016年与伍家坪、官庄陂、枫林口村合并，新命名为枫林口村名。

伍家坪村

曾称水陆坪，后因本地伍姓人居多改名。1949年前属文甲乡第五保，1958年属金刚公社丰年大队，1961年属草坪公社伍家坪大队，1984年称伍家坪村。辖10个村民小组，310户1034人，其中男性520人，女性514人。回族30人。水田1847亩，园地166亩，山林1640亩，水面324亩。2016年与官庄陂、连三桥、枫林口村合并，新命名为枫林口村。

官庄陂村

1949年前属文甲乡第十保，1958年属金刚公社丰年大队，1961年属草坪公社官庄陂大队，1984年称官庄陂村。辖7个村民小组（其中第7组为石门皂市移民组，41人），197户697人，其中男性351人，女性346人。回族62人、满族3人。水田1082亩，园地20亩，山林1700亩，水面120亩。2016年与伍家坪、连三桥、枫林口村合并，新命名为枫林口村。

教门冲村

境内回民居多，以黄、李、马、张4个姓氏为主。明洪武五年和永乐年间，回族、维吾尔族奉旨南征，其中回民从原籍北直顺天府安县迁来落籍此地，故称教门冲。1949年前属文甲乡第六保二甲，1958年属金刚公社教门冲大队，1961年属草坪公社教门冲大队，1980年改王家冲大队，1984年称王家冲村，2015年复名教门冲村。辖7个村民小组，195户568人，其中男性341人，女性227人。回族398人。水田942亩，园地56亩，山林885亩，草地112亩，水面185亩。2015年被区政府列为重点扶贫村。

夹岩嘴村

1949年前属文甲乡第11保，1958年属金刚公社荷花大队，1961年属草坪公社夹岩咀大队，1984年称夹岩咀村。辖12个村民小组，310户1050人，其中男性600人，女性450人。回族23人。水田1799亩，园地108亩，山林1255亩，草地216亩，水面364亩。2016年与丁家坪村合并，沿用夹岩咀村名。

丁家坪村

1969年由竹林头、丁家坪两生产大队合并而成。1949年前属文甲乡第六保，1958年属金刚公社荷花大队，1961年分属草坪公社竹林头、丁家坪大队，1969年两队并为新胜大队，1984年改称丁家坪村。辖12个村民小组，443户1503人，其中男性773人，女性730人。回族300人，土家族70人，维吾尔族50人。水田2568亩，园地148亩，山林222亩，草地296亩，水面146亩。2016年与夹岩嘴村合并，新命名为夹岩咀村。

兴隆街村

1949年前属文甲乡第七保，解放初属太平庵家传，1952年后曾属伍家坪乡管辖，1958年属金刚公社陡山大队，1961年属草坪公社左家冲、易家冲、兰溶陂三个生产大队，1969年三队并称兴隆街大队，1984年称兴隆街村。辖22个村民小组，682户2063人，其中男性1064人，女性999人。回族201人。水田3340亩，园地234亩，山林4400亩，水面917亩。2016年与陡山村合并，沿用兴隆街村名。

陡山村

1949年前属文甲乡第八保，1958年属金刚公社陡山大队，1961年属草坪公社陡山大队，1984年称陡山村。辖18个村民小组，558户1935人，其中男性981人，女性954人。回族21人。水田2864亩，园地160亩，山林3760亩，草地388亩，水面645亩。曾为抗日战争“常德会战”主战场，“陡山之战”载入抗战史册。2016年与兴隆街村合并，新命名为兴隆街村。

稻箩岭村

1949年前属文甲乡第九保，1958年属金刚公社太坪桥大队，1961年属草坪公社稻箩岭大队，1984年称稻箩岭村。辖7个村民小组，230户703人，其中男性373人，女性330人。回族10人。水田1109亩，园地70亩，山林1130亩，草地140亩，水面150亩。2016年与三角堆村合并，沿用稻箩岭村。

三角堆村

1949年前属上德乡第十保，1952年后曾先后属石门桥、伍家坪、草坪乡管辖，1958年属金刚公社太坪大队，1961年属草坪公社三角堆大队，1984年称三角堆村。辖14个村民小组，330户1260人，其中男性620人，女性640人，回族47人。水田1883亩，园地132亩，山林3110亩，草坪264亩，水面605亩。2016年与稻箩岭村合并，新命名为稻箩岭村。

夹溪岭村

1949年前属上德乡第10保，解放初为太坪桥农会。1952年后曾属石门桥乡管辖,1958年属金刚公社太坪大队,1961年属草坪公社夹溪岭大队,1984年称夹溪岭村。辖10个村民小组,243户781人。其中男性390人,女性391人。回族382人、维吾尔族40、土家族5人、苗族3人。水田881亩,园地80亩,山林2680亩,草地160亩,水面349亩。2016年与白云庵村合并,沿用夹溪岭村名。

白云庵村

1949年前属上德乡第八保,1952年后曾属伍家坪乡管辖,1958年属金刚公社新口大队,1961年属草坪公社白云庵大队,1984年称白云庵村。辖16个村民小组,425户1381人,其中男性700人,女性681人。回族325人。水田1945亩,园地200亩,山林3129亩,水面369亩。2016年与夹溪岭村合并,新命名为夹溪岭村。

兴垸村

1949年前属上德乡第八保,1958年属金刚公社新口大队,1961年属草坪公社响水垱大队,1963年改为兴垸大队,1984年称兴垸村。辖8个村民小组,303户1072人,其中男性531人,女性541人。回族45人。水田1392亩,园地150亩,山林320亩。2016年与放羊坪村合并,新命名为放羊坪村。

放羊坪村

南宋高宗时农民钟相率众起义,在境内立寨。1949年前属上德乡第九保,1958年属金刚公社新口大队,1961年属草坪公社放羊坪大队,1984年称放羊坪村。辖16个村民小组,435户1380人,男性682人,女性698人。回族73人。水田1902亩,园地139亩,山林73亩,草地278亩,水面366亩。2016年与兴垸村合并,沿用放羊坪村名。

（执笔:鄢国英　编辑:刘忠祥）

港二口镇

地图审图号：湘 S(2008)052 号

地域名片

国家级生态乡镇

全国群众体育先进单位

一、区域概况

地理位置

港二口镇位于区境南端，东邻黄土店镇，南连沧山乡和花岩溪国家森林公园，西接逆江坪乡和尧天坪镇，北靠长茅岭乡。源自九龙山北麓的花岩溪、楠木溪在境内汇合，故名港二口。镇人民政府驻金家坊居委会，距区人民政府驻地 43 千米。

建置沿革

民国年间属常德县仙池乡。中华人民共和国建立后，废除乡、保、甲制。1951 年，境内设高桥坪、新开山、黄壁坪、铁山坪、苏家桥 5 个乡。1956 年，5 乡合并成立港二口乡。1958 年 10 月，与逆江坪乡合并成立跃进公社。1961 年，跃进公社析为港二口公社和逆江坪公社，属港二口区。1984 年，恢复乡建制，改名港二口乡。1988 年，常德县改为常德市鼎城区，港二口乡更名为鼎城区港二口乡。1995 年，撤乡建镇，改名鼎城区港二口镇，先后属港二口区、片、办事处。2015 年 11 月与逆江坪乡合并成立花岩溪镇。

区划面积

2014 年，港二口镇辖鹤子湾、栀子岗、新开山、荆树湾、苏家桥、打鼓洲、黄壁坪、马家堰、茄子冲、新屋嘴、铁山坪、兰宫坪、广嗣阁、黄鹤桥、芭蕉冲、党家庵等 16 个行政村和吴家坝、青龙嘴、金家坊 3 个居委会。总面积 62.8 平方千米，林地 4.85 万亩，耕地 2.44 万亩。

人口民族

1964 年，境内总人口 13810 人。1980 年 15733 人。1990 年 16417 人。2010 年全国第六次人口普查统计，全镇有 4289 户 13960 人，其中男性 7098 人，女性 6862 人。2014 年底，全镇有 4950 户 16737 人。其中农业人口 13937 人，非农业人口 2800 人；男性 8710 人，女性 8027 人。总人口中，汉族 16619 人，占 99.29%；7 个少数民族 118 人，其中土家族 44 人，回族 24 人，苗族 18 人，侗族 15 人，壮族 8 人，水族 7 人，傣族 2人。

自然环境

镇域地处雪峰山余脉，地势南高北低，属丘陵地带。最高点杨公寨海拔 217.3 米，最低点党家庵村罗家坪海拔 58.7 米，全境平均海拔 115 米。镇域森林茂密，森林覆盖率为 55%。枉水河水系覆盖全境，形成山环水绕的生态景观，水质常年保持在 2 类，丰水期达到 1 类。气候四季分明，空气新鲜，阳光充足，雨水集中，年均降雨量 1300 毫米，4 ~ 7 月多雨季节。平均气温 17.97 度，日照时数 1710 小时，土壤土层平均厚度为 120 厘米，多为粘壤，土壤肥沃，有机质含量 2% ~ 3%，土壤酸碱度 pH 值为 5 ~ 7，适宜农作物和其他植物生长。境内植物有马尾松、杉木、楠竹、樟树、桂花树、油茶、栎树、檫木、梓木、苦槠、山苍子、杨梅树等 10 多种。野生动物有喜鹊、野猪、野山羊、野生娃娃鱼、野兔、狸猫、白鹭、猫头鹰、乌鸦、喜鹊、青蛙、甲鱼等。

二、经济发展

经济综述

民国末期，境内交通闭塞、工商凋零、经济落后。1949 年中华人民共和国建立后，经济得以发展。1958 年修建跃进水库、五溪水库、超美水库、沧山水库后，境内 85%以上的农田得到自流灌溉，粮食总产增加。1975 年兴办社队企业，大米厂、制茶厂、砖厂成为境内骨干企业。1981 年，实行家庭联产承包责任制，农民生产积极性高涨，生产力得到发展。20 世纪 90 年代集镇墟场商贸经济繁荣，个体私营经济活跃，地方特色经济兴盛。2014 年，全镇社会生产总值 1.2693 亿元，农民人均纯收入 7580 元，境内农民存款余额 1.3 亿元。

农业

种植业 境内以种植水稻为主，兼种红薯、玉米、花生、油茶、茶叶等。民国时期，水田均种一季稻，亩产 150 千克。50 年代开始种双季稻，亩产 300 千克。1975 年开始推广杂交稻，亩产 350 千克。1981 年家庭联产承包责任制后，亩产过 500 千克。1990 年后，推广地膜育秧，杂交稻、“双两大”，测土配方施肥等新技术和新品种，亩产达到 650 千克。2000 年后因外出务工人员增加，劳动力减少，部分双季稻改种一季稻。2004 年，国家免除农业税，给耕地进行补贴，全镇补贴面积 1.77 万亩。2014 年，全镇水稻总产量 1750 万千克，亩产 700 千克；油茶面积 8600 亩，产茶油 43000 千克。

养殖业 境内素有养殖生猪、鸡、鸭、鱼的习惯，主要自养自食，鲜有外销。1959 年，公社在金家坊建起万头猪场，为解决饲料，引进外来物种革命草，后成为水田、山塘、菜地公害。1966-1976 年，家庭养殖视为资本主义尾巴被“割”，生产队集体相继建猪场、挖鱼塘，派专人搞养殖，但生猪出栏率不高，鲜鱼亩产在 50 千克以下。改革开放后，家庭养殖得到快速发展。1982 年，境内养殖家禽 4.18 万羽、生猪 7125 头、羊 2018 只、耕牛 352 头。1985 年代后期农业机械逐步普及，耕牛不断减少，肉牛养殖逐渐增多。1990 年，境内养殖肉牛 315 头、山羊 3200 只。20 世纪 90 年代初兴起特色养殖，荆树湾六组、十组村民圈养豪猪 300 头，黄壁坪村饲养孔雀 40 只。2014 年年底，全镇有生猪养殖专业户 13 户、蛋鸡养殖专业户 5 户、羊养殖专业户 12 户。存栏生猪 1.9 万头、牛 462 头、羊 3525 只、家禽 9.87 万羽，养殖水面 1830 亩。

林业

境内有山林面积近 5 万亩。东部和南部为低山区，以杉木、楠竹为主，有少量阔叶林和油茶林。西部和北部为丘陵区，以油茶林为主。1949 年前尚存原始次森林，树种 80 余科 350 多种，大树古木较多。由于交通闭塞，木材、楠竹少有销售，竹木销售借道枉水河竹排火排运输，林业收入甚微。1958 年全民伐木烧炭炼钢，森林遭到毁灭性破坏。1968 年公社组织劳力开辟茶园 1500 亩，组建公社茶场。1970 年学习湖北朱亭经验，人工营造杉木林，在跃进水库移民遗留山地，相继组建公社林场、洞冲林场、攀云山林场、朱溪坡林场、马家堰林场，建立杉树栽培实验基地，总面积达 6500 亩，成为县先进典型。1981 年实行林业经营权承包到户，初定 50 年不变，激发群众植树造林积极性，1986 年境内荒山基本被消灭。2000 年国家对森林进行分类经营，全镇界定生态公益林 1.29 万亩，商品林 3.9 万亩。2002—2005 年实施退耕还林 2700 亩，荒山造林 7500 亩，新修林间简易公路 350 千米。2008—2009 年换发林权证，林权延至 70 年不变，全镇发放林权证 5600 本 4.85 万亩，确权面积 100%。2014 年，全镇拥有杉木用材林面积 2.46 万亩，楠竹面积 1.73 万亩，木材蓄积 37 万立方米，楠竹蓄积 180 万根。

工业

民国年间至中华人民共和国建立初期，境内有谭氏和白氏染坊、肖氏制袜、余氏铜制品加工、小农具修理、铁匠铺、榨油加工等家庭手工作坊。1955 年后相继成立初级社、高级社，手工作坊公私合营。1958 年公社兴办农具厂、伞厂。1975 年成立社队企业办公室，公社和大队相继兴办有农机站、建筑队、竹器厂、手工砖场、制茶厂、精干麻场、大米厂等集体企业。

▲ 黑山羊养殖场

▲ 港二口镇跃进水库风光

1977 年，公社通过贷款和自筹资金 3.8 万元修建制茶厂，面积 3300 平方米、机器 38 台、职工 48 人，总场下设 4 个分场，茶园基地 1500 亩，年产茶叶 25000 千克。1980 年所产红碎茶参加广交会，产品供不应求。1984 年茶叶基地改制，1988 年制茶厂停办。

1984 年，公社通过借用生产队储备粮款和贷款共 27 万元兴建大米厂，厂房面积 3200 平方米，职工 103 人，年产值 350 万，年纯利润 30 万元。大米厂在广州开办米粉厂，在武陵镇和鼎城区一中联办粉厂和大米加工厂，在鹤子湾大队部联办单车翻新厂、汽车修理厂等。1993 年停办。

1986 年 11 月，乡政府贷款 78 万元兴建精干麻厂，厂房面积 9.5 亩、职工 55 人。投产即遇产品价格大跌，1989 年 6 月倒闭。

2000 年以后一批私营企业相继开办，先后兴办轮窑砖厂、竹器厂、周记木器厂、纸厂、凉席厂等。

2014 年，全镇拥有民营企业 108 家，年产值逾亿元，从业人员 3560 人。

商贸服务业

民国年间，在花岩溪、楠木溪汇合处，商户倚溪为市，黄氏陈醋、白氏染坊、余氏制铜等小有名气。1951 年后，在溪边山坡上，先后建立港二口供销合作社、肉食水产站、粮食管理站等，变倚溪为市为以路为市。20 世纪 80 年代个体商贸和集市兴起，每月逢二逢七日为赶集日。90 年代后期，供销合作社、肉食水产站、粮食管理站相继停业。2000 年在原肉食水产站旧址兴建农贸市场。2014 年，全镇有各类商铺 120 家，个体工商从业者 419 人，社会商品零售额 5107 万元。

金融

1953年3月,成立港二口信用社,始为农民自愿入股,实行自主经营,独立核算,自负盈亏。后由政府管理。1984年8月由农业银行管理。1996年由人民银行管理。2014年,居民存款1.3亿元,发放支农贷款5000万元。

三、基础设施

交通运输

清嘉庆年间(1796—1820)建有栗子坳古栈道,为青石板路,宽1.1～1.24米,与安化、桃源相连。大宗货物运输主要借助杠水河。1958年修建与黄土店国道207相连的简易公路,结束境内没有公路历史。1959年修建县道049。1961年修建港二口至逆江坪公路。1968年开通至常德汽车南站班车,每天一趟。1971年成立农机站,员工5人,购置东方红28拖拉机2台,从事货物运输。1995年硬化墟场街道500米。1996年拓宽和硬化花岩溪—港二口—黄土店公路,全长17千米,境内11千米,连接国道207。2000—2005年,镇至各村、组公路陆续建成通车。2014年境内有县道2条、乡道3条、村道67千米、组道37千米、户道108.5千米。县、乡道均实现硬化,80%的组道、50%的户道实现硬化。

邮政通信

1960年成立港二口区邮电支局,租用供销社一间两层楼房营业,设逆江坪、尧天坪、长茅岭邮电所,有乡邮员5人,3部磁式电话总机。1990年,有35部手摇电话机。1991年,开通程控电话600门,直通国内外,同时取消电报业务。1996年,增扩邮政储蓄业务。1998年,邮电分营,分为邮政、电信,相继成立中国移动、联通营业部。2013年,境内设有物流、快递站4家。2014年年底,移动、电信、联通3家运营商在境内均建立无线通信信号基站,全镇有电话座机835户,手机用户12180户,宽带用户627户,业务收入518万元。

供电供水

供电 1970年,由公社农机水利管理站出资修建党家庵水轮机电站,供港二口区社机关、杠水管理处照明。1973年杠水管理处建五溪水电站,与党家庵水电站并联,初步形成杠水小电网,随后修建多处水电站,形成杠水小水电网,供港二口、逆江坪、尧天坪、长茅岭、花岩溪林场居民使用。由于发电功率小,传输线路损耗大,受季节影响等原因,电压小,经常停电,电价高到每千瓦时2元。2007年国家实行农网改造,由于四乡一场属杠水电网,享受不到国家同网同价政策,四乡一场人大代表、政协委员向区政府提出议案、提案。区政府与市电力局达成协议,将杠水电网无偿上划给国家电网。4月枉水电网由国网兼并,启动境内农网改造,实行同网同价。2014年境内有变压器52台,3715千伏安,10千伏线路41.83千米,总供电量467万千瓦时。

供水 历史上群众饮用地表水,2008年,在跃进水库旁投资100万元建成自来水厂,日供水700立方米,解决集镇3500人的安全饮水。2014年各级政府投入资金320万元,全面启动农村分散供水工程,解决13000多人安全饮水。

水利建设

1958年县组织民工5000人,用肩挑手推方式完成跃进水库(后更名港二口水库)的修建,库容1700万立方米,蓄水面积4590亩,建库淹没耕地3660亩,迁房686间,配套修建枉水干渠34千米,灌溉农田8万亩,港二口、长茅岭、丁家港、草坪、尧天坪、许家桥、斗姆湖等7个乡镇受益。60年代先后修建兰宫坪、党家庵、栀子岗水轮泵站,红日、东升干渠和党家庵、桅子岗支渠。70年代先后修建岗背冲、青山沟2座小(Ⅱ)型水库和山塘700口。80年代先后修建殷家冲机埠、李家坳机埠、兰宫坪机埠。2000年以后政府先后投入500多万元,修建王耳冲电灌机埠,除险加固2座小Ⅱ型水库,对河道进行疏浚整治,硬化山塘200口,全镇农田灌溉和水利设施安全问题得到基本解决。

集镇建设

2006年起实施社会主义新农村建设,先后实施硬化鹤子湾至桃花源机场县道049、农电网改造实现同网同价、修建自来水厂、引资60万修建设大港桥和小港桥、实行生活垃圾集中处理、投资200万元修建镇政务中心、创建国家生态乡镇、修建公租房、制定集镇建设发展规划、实施镇村环境整治、美化亮化兰宫坪、荆树湾、打鼓洲、青龙嘴等中心村居环境、硬化村主干道、对吴家坝湖进行石块水泥护砌等工程,村镇建设十年,变化翻天覆地。

四、社会事业

教育

清末民初,有7所私塾,3所宗氏初小。1938年,原址在县城城隍庙的县模范小学,因避日机轰炸,迁至里七桥,后迁入栀子岗,初小、高小各4个班,学生410人。县女子学校先迁至沧山乡唐翰林家老屋,后亦迁入桅子岗。民国后期,每保有一所国民小学。

1949年中华人民共和国成立后,政府号召扫除文盲,建立起16所农民夜校。全日制学校有港二口中心校和铁山坪、苏家桥、新开山完小,另有10所初小。1965年在枉水电站旁建起港二口公社农业中学,1968年农中并入1967年成立的港二口公社五七中学。“文化大革命”期间，全公社有16所小学，其中10所附设初中班，分别为苏家桥、打鼓洲、黄壁坪、兰宫坪、铁山坪、芭蕉冲、党家庵、新开山、荆树湾、马家堰。1971年，成立于1961年的港二口公社中学增设高中班，1983年停办，共办24个班，招生1200余人。1975年在茄子冲毛家桥建办茅草毛竹搭成校舍的港二口公社五七大学，1976年停办。1979年小学戴帽初中班全部停办。1980年，境内有村级小学18所，各校均有幼儿班；完全中学1所，初中2所，教职员工173人，学生3700人。1996年港二口乡中学更名为港二口镇中学。2002年8月花岩溪林场中学撤销，花岩溪4所小学由港二口镇联校管理。2003年8月撤销联校，实行中学管小学的体制。2014年，境内有港二口镇中学1所，设中学部、小学部、幼儿园；花岩溪小学1所。在职教职工73人，中小学教学班18个，在校中小学生780人，在园幼儿230人。

文化体育

文化 境内民间文艺较为活跃，地花鼓、三棒鼓，锣鼓家什、渔鼓、倮泥歌盛行，多表现村野男女爱情。中华人民共和国建立初期，群众文艺活动主要是宣传土改政策、乡规民约等。“文化大革命”期间，绝大多数村民会跳“忠”字舞，唱样板戏选段。改革开放以后，境内民间文化更趋活跃。2014年有以黄壁坪村为主的3个歌舞乐团，12支管乐队，1支军鼓腰鼓队，15支广场舞队。农家书屋18个，藏书20万册。有线电视用户1800户，村村响喇叭170只。

体育 2009年，港二口镇获国家体育总局颁发的“全国群众体育先进单位”奖。2012年镇男子拔河组获区第一名。2014年在鼎城区第一届运动会上，镇代表队参加气排球、象棋、男子篮球、男女混合拔河、健身操、门球、乒乓球、羽毛球、齐步奔小康等9项比赛，获乒乓球男单第一名、女单获第二名，门球第一名。2014年，全镇有标准篮球场8个，乒乓球桌18台，健身器材场地6处。镇级健身运动场2个，村级健身广场16个，社区、企业健身点4个，羽毛球场7个，气排球场3个，棋牌室20个，各种体育运动队16支。

医疗卫生

民国年间，境内有谭氏、肖氏、沈氏3家药铺，中医冯良云经常骑马巡回看病，深受乡民欢迎。1954年建港二口卫生所，有医务人员3名。1961年以卫生所为基础组建港二口公社卫生院。1969年各大队建立合作医疗站，公社卫生院负责对大队赤脚医生、接生员的管理和培训。20世纪80年代实行计划生育、优生优育政策。对育龄妇女、产妇、婴幼儿、儿童实施卫生、保健、防疫工作。妇保专干下乡对孕、产妇进行检查。对0~6岁儿童实施卡片记录跟踪管理，免疫预防接种。2005年实行新型农村合作医疗制度后，建立起常住居民健康档案，每年对60岁以上老人进行一次免费体检。对糖尿病、高血压病人进行特殊管理，对新生儿、0～6岁儿童进行系统管理，建卡建档，建立孕妇保健手册，实行优生优育。2014年建立村级卫生室17个，乡村医生18名，建立居民健康档案13576份，其中高血压818份，糖尿病92份。参加新型农村合作医疗13681人，参合率99%，参加城镇居民医保1100人。

港二口镇卫生院 1961年以港二口卫生所为基础组建港二口公社卫生院，有木楼房400平方米，旧木瓦房100平方米，药柜四套和少量医疗器械。1970年建宿舍楼730平方米。1971年装备显微镜、30毫米X光机、腹部手术刀包。1974年由汪术华做第一例胃切除手术。1986年更名为港二口中心卫生院。1996年更名为港二口镇中心卫生院。2010年起先后添置200毫安X光机、进口B超、全自动生化分析仪等大型医疗设备。2012年改建住院楼。2014年改建门诊楼，建筑面积3700平方米。设有门诊部，住院部，公共卫生服务中心。开设病床36张，医护人员38人。

社会保障

农村五保 1963年，对农村孤寡老人及无劳动能力的人实行保吃、保穿、保医、保住、保葬(孤儿为保教)简称五保的社会保障。2014年，全镇供养五保对象256人，其中在镇敬老院集中供养40人，分散供养216人，全年发放五保金额81.6万元。

城镇居民最低生活保障 1999年实施。2014年，全镇有城市低保对象162人，发放保障金49.57万元。

农村居民最低生活保障 2006年实施。2014年，全镇有农村低保对象660户741人，发放保障金106.7万元。

机关事业单位养老保险 机关事业单位养老保险由区人社局机关事业单位保险站管理。全镇国家干部、教师、医生、站所职工全部参加事业保险，2014年有退休干部职工、教师320人享受退休养老待遇。

新型农村社会养老保险 2009年开始实施。2014年有6892人参保，参保率96.8%，上缴新农保基金129.8万元。已享受养老保险的4082人，按月标准75元/月，每年支付养老金367万元。

新型农村合作医疗 2005年实施。2014年，全镇参加新型农村合作医疗农民13042人，参合率92%。

人民生活

民国年间，由于战乱与自然灾害频繁，人民生活困难。50～70年代，科技水平低，生产关系受制约，群众温饱没有完全解决。1981年改革开放后，境内群众生活水平逐年提高,2014 年人均纯收入 7580 元,开始进入小康生活。

吃 1981 年后,粮食逐年增产,除自给外,每年出售商品粮千万千克以上。有了粮食,家庭养殖迅速发展,鸡、鸭、鱼、肉丰富,市场繁荣,人们的生活从吃饱肚子到讲究吃好、吃营养。

穿 1949 年前,农民穿着主要是手工纺织的土棉布,请乡村裁缝做衣遮风御寒,谈不上漂亮美观。1958 年后,靠配发有限的布票,凭票买布做衣,一年难做一套新衣。1978 年后,生产发展,经济宽裕,由计划经济转为市场经济,各式名牌服装进入寻常百姓家,穿着打扮成为一种体面、时尚的文化潮流。

住 1949 年前,多数农户住茅草房,木结构的瓦房少见。中华人民共和国成立到 1978 年,70%的农户住房为简易木结构平房,30%的为茅草土砖房。1980 年,农民开始全面修建新居,并不断进行升级,从土坯茅草房改为红砖瓦房,从居民点式的红砖平房改为独立的庭院小楼房。至 2014 年, 85%以上农户修建楼房。

用 2014 年, 全镇 18%的农家拥有家用小车或者农用车,27%的农户拥有电脑,彩电、空调、太阳能、热水器、洗衣机、电冰箱等家用电器和智能手机基本普及。

五、特色地情

人物

吴允治 (1853—1911) 字晋丞,号明善,吴家桥村人,自幼勤耕苦读,同治十年,县试居案首,来年补县学子员,光绪已丑年中湖南乡试第六十三名举人。针对英国人在中国贩卖鸦片毒害中国人民,他慨然以鸦片烟枪为题,题联以警世人:“灯内有光,照破祖宗基业;枪中无弹,打尽天下英雄。”一生广教学生,本地饱学之士蔡云章等人均为其弟子。清宣统三年(1911 年)因病去世,时年 57 岁。

蔡云章 (1872—?) 号黄鹤轩人,黄鹤桥村人。家贫,从小勤工俭学,成绩优良,年冠,从师吴举人允治。作文赋诗敏捷成章,常获吴举人赞赏。举人有一次出题《咏枯树》,他稍加思考笔书云:枯树非枯树,彩笔可生花,春到苔为叶,冬来雪作花。云章成年后,自学深研,精通六经,立志从教,曾于常德城内故王宫,港二口,花岩溪,黄土店,龚家冲,草坪等地设帐施教。遵孔圣有教无类,因材施教,教态从严,学生受益殊深,身居社会要职者不胜枚举。抗日时期,民国政府购飞机大炮抗日时,公将细攒之银洋十多元捐献,且奋笔“倭寇横戈略祖国,老儒奋笔刺邪蛟”。

谭肖崖 (1868—?) 字赉生,苏家桥村人。少时入武陵县立小学堂,常德府官立中学堂,湖南官办岳麓高等学堂文科学习,常与宋教仁,林伯渠,杨少炯交往,谈论国事,民国元年加入同盟会。“二次革命”失败后,潜回常德创办烈士祠小学和中山中学,自任校长。民国9年(1920)春,任大元帅府军务处第二课课长。6月,陈炯明叛变后,回常德复主持烈士祠小学,中山中学校务。民国14年(1925)3月,国民党常德市党部成立,不久任主任委员。民国16年(1927)先后任国民党中央特别委员会交际股长、清东陵勘陵委员、直隶马兰峪林垦局局长,奉命彻查孙殿英盗陵案。民国18年(1929),任浙江省民政厅督查。抗日战争爆发后,任常德县救济院院长。民国36年(1947)当选为国大代表。1948年解放前夕参加迎接解放工作,1952年以反革命案判处有期徒刑15年,1956年保外就医,不久病故,1984年复查恢复名誉。

莫早清 (生卒年不详) 茄子冲人,清末秀才,颇有文采,跃进水库大堤建成后有感而发,题写“穿石移山　截断洪流　跃进库成　幸福永久”的诗句,赞颂人们挑战自然的力量和修建水库的意义,诗句用草坯炭贴在水库堤坝上。

文物古迹

打鼓岭古墓 位于芭蕉冲村王耳冲组,其岭形如小丘,约高80米、长30米、宽20米。经考古专家实地考证为汉朝诸侯古墓。文物部门委托地方政府加以保护,签立保护合同。1991年6月15日,港二口乡人民政府在墓前立禁碑。

党家庵 位于党家庵村均田坪组,庵前一马平川,枉水河绕庵而过。相传元朝英宗三年(1323),一党姓进士任常德县令,连年五谷丰登,百姓安居乐业,本人两袖清风,深受百姓爱戴。为谢党知县恩德,百姓在均田坪边缘小山冲修建堤坝一座,汇两溪之水形成两里平湖,请党知县观看龙舟盛典。党知县感百姓盛情,携家眷赴会。被奸佞之徒莫知府视为大逆不道,向皇帝启奏党知县违背民意,强迫百姓修筑堤坝水淹唐、罗两溪,淹没良田数百顷,百姓无家可归。皇上大怒,下旨将党知县全家抄斩。百姓失声痛哭,传遍千里,一巡抚查明真相,便奏朝廷,将莫知府满门抄斩。百姓难忘怀党知县美德,自发地筹款献料,义务帮工,修建党家庵善堂。将龙舟湖命名均田坪,送给党知县眷属,供养后裔。

风景名胜

跃进水库 与超美、五溪水库梯级排列分布,同为枉水源头,集雨面积12.5平方千米,库容1700万立方米,蓄水面积4590亩。库区山环水绕、小岛如青螺浮沉,青龙山、白鹭山、黄鹤桥、鹤子湾、石磐庵、胜公寨依山傍水,山青水碧,鸟翔鱼跃,为花岩溪国家森林公园中心景区之一。

杨公寨 位于金霞山南麓的铁山坪村岗背冲垴。山峰突兀,竹木繁茂,风景优美。早年建有寺庙,毁于兵燹。

胜公寨 位于兰宫坪村青山沟组与新屋嘴村洞冲组交界处的胜公山,海拔208.1米,山北有跃进水库,两岸环绕,山上竹木茂密,浓荫掩映,风光秀丽。登山远眺,山水尽收眼底，可见常德古城。胜公寨山顶有两块平地，清代曾三次在此建寺。道光年间(1821—1850)建寺，清兵恐为太平军所住，1854年将寺毁灭。1867年乡民柳杨宽领头，动员湘潭富翁郑三周捐资重建。寺宇宏伟，分正殿、天虎堂和观音殿三进，寺前有戏台。1918年寺为惯匪沈长久所占，冯玉祥率部剿匪时又将寺庙焚毁。此后第三次建寺，主持杨吉吾年迈管理不善，年久失修，部分房楼倒塌。1958年，剩下房屋被拆。今存寺庙和戏台遗址。

攀云山 位于新屋嘴村陈家湾组，坐落在跃进水库尾部，两面环水，山清水秀。山下有一口水井，泉水清澈明亮。

牯牛岩 位于新屋嘴村洞冲组，胜公寨西北面限龙山。一道岩墙，坐立山腰，形状如牛，岩墙下有两块岩石，形如牯牛睾丸，因此得名牯牛岩。牯牛岩地处跃进水库库尾，港湾交错，竹木参天，风景甚佳。

重大事件

1958年冬，全县8万劳力在枉水上游修建五溪、跃进、沧山水库，同时在莫家溪修超美水库。

1985年6月26日，港二口乡组织农民上山育林，收工回家，渡跃进水库时，因超载沉船，亡33人，全系黄鹤桥村人。

六、各村(居)简介

黄鹤桥村

位于镇东，东邻黄土店镇金霞村，南接沧山乡霞峰村和铁山坪村，西和北交芭蕉冲村。总面积2.79平方千米，其中山林1900亩、水田1120亩、水面150亩。辖10个村民小组(蝴蝶嘴、蔡家湾、江家冲、赵家嘴、文家湾、洞冲、六角冲、肖角冲、桂花、罗家冲)，202户800人。2014年人均收入7580元。2016年5月与芭蕉冲、党家庵村合并，命名为党家庵村。

芭蕉冲村

位于镇东北，东邻黄鹤桥村，南接广嗣阁村，西交鹤了湾村与吴家坝居委会，北靠党家庵村和黄土店镇金霞村。总面积3.09平方千米，其中山林1885亩、水田1372亩、水面70亩。辖10个村民小组(殷家冲、胡家坪、罗家坪、唐家溶、王耳冲、九斗坪、月形山、岩子口、芭蕉冲、高家坪)，305户1005人。2014年在外务工人员280人，年人均收入7900元。2016年5月与黄鹤桥、党家庵村合并，命名为党家庵村。

党家庵村

位于镇东北，东邻芭蕉冲村，南接鹤子湾村，西交荆树湾村，北靠长茅岭乡袁家桥村。总面积 2.94 平方千米,其中山林 1586 亩、水田 1600 亩、水面 100 亩,为镇域重要粮食产区。枉水河、枉水干渠和区道 052 线公路贯穿全境。辖 12 个村民小组(天花园、青龙岗、甑背岭、许家湾、八斗嘴、均田坪、官田冲、首家湾、唐家嘴、荷花堰、上罗、下罗),215 户 1102 人。2014 年人均纯收入 7700 元。2016 年 5 月与芭蕉冲村、黄鹤桥村合并,沿用党家庵村名。

鹤子湾村

位于镇东北,东邻芭蕉冲村,南接广嗣阁村,西交桅子岗村,北靠党家庵村。1958 年为新村大队,1961 年改鹤子湾大队,1995 年建镇后境内杜家湾、吴家桥、沈家冲三个居民小组划归吴家坝居委会。总面积 1.55 平方千米,其中山林 1157 亩、水田 1150 亩、水面 280 亩。辖 11 个村民小组(九家湾、童家冲、黄金坪、莫家湾、朱家湾、铁炉冲、张家坝、长茅岗、高家坳、沈家台、杨家冲),334 户 1042 人。2014 年人均收入 8440 元。2016 年 5 月与金家坊居委会合并,命名为金家坊居委会。

荆树湾村

位于镇北,东邻党家庵村,南接新开山村,西交苏家桥村,北靠长茅岭乡官房湾村。总面积 3.41 平方千米,其中山林 2203 亩、水田 1508 亩、水面 170 亩。辖 10 个村民小组(螃蟹坪、白岩冲、葫芦潭、白家坪、转角楼、沈家垱、桃林池、马家坝、铁井坝、宿鸦庙),285 户 1015 人。特种养殖豪猪、种植茭果。年在外务工人员 260 人左右。2014 年人均收入 7550 元。2016 年 5 月与新开山村合并,沿用荆树湾村名。

新开山村

位于镇西北,东邻党家庵村,南接梔子岗村,西交苏家桥村、打鼓洲村,北靠荆树湾村。1949 年前称新开山庵,1958 年称青年大队,1961 年改名新开山大队,1984 年称新开山村。总面积 4.42 平方千米,其中山林 3445 亩、水田 2076 亩、水面 80 亩,山塘 53 口。辖 10 个村民小组(陈家冲、罗家冲、三合桥、五斗坪、畔田冲、桃冲、花园、朱家冲、伍家坝、新建),339 户 1151 人。年在外务工员近 400 人。2014 年人均收入过万元。2016 年 5 月与荆树湾村合并,命名为荆树湾村。

梔子岗村

位于镇西南,东临鹤子湾村、青龙嘴居委会,南交茄子冲村,西北靠新开山村。总面积 1.49 平方千米,山林 1005 亩、水田 383 亩、水面 100 亩。辖梔子岗、莫家溶、苦竹坳、八斗溶 4 个村民小组,121 户 440 人。1976 年后境内先后建起制茶厂、扇子厂、筷子厂、果园场、渔场。2014 年人均收入 8600 元。2016 年 5 月与金家坊居委会合并,命名为金家坊居委会。

广嗣阁村

位于镇东南，东北邻黄鹤桥村，北接芭蕉冲村、鹤子湾村，南接铁山坪村，西交兰宫坪村。因清代在境内发现铁矿而得名。总面积 2.26 平方千米，山林 1670 亩，农田 720 亩，水面 75 亩。辖 7 个村民小组（马坪、川天坳、查家冲、龙家冲、岩桥、生根冲、梁家湾），145 户 425 人。产楠竹和杉木，森林覆盖率达 70%。2014 年人均收入 7100 元。2016 年 5 月与兰宫坪、铁山坪村合并，命名为铁山坪村。

铁山坪村

位于镇东南部，东邻沧山乡，南接花岩溪森林公园，西交兰宫坪村，北靠黄鹤桥、广嗣阁村。总面积 9.21 平方千米，山林 9364 亩、水田 1959 亩、水面 190 亩。辖 20 个村民小组（赵家坳、响岩嘴、九斗坪、赵家湾、大禾场、李家坳、周家塥、楼房冲、伍房冲、护国、马家冲、六斗坪、余家冲、蓼叶冲、千斤元、白土地、大洞、株溪坡、月形山、岗背冲），485 户 1615 人。1970 年建岗背冲小（Ⅱ）型水库，库容 19.7 万立方米，灌溉面积 66.67 公顷。2014 年人均收入 7680 元。2016 年 5 月与兰宫坪、广嗣阁村合并，沿用铁山坪村名。

兰宫坪村

位于镇南，东接铁山坪村，北临鹤子湾村，南接花岩溪栖凤山村，西交新屋嘴村。总面积 4.89 平方千米，山林 4689 亩、水田 1100 亩、水面 120 亩。辖 13 个村民小组（青山沟、兰宫坪、书房坝、七斗冲、边家坳、雷家冲、泥鳅湖、贺家坝、官坝、田家溶、卢家湾、方田冲、兰木溪），325 户 1130 人。20 世纪 70 年代建青山沟水库和牛角冲水库。2014 年农业产值 98 万元，林业产值 230 万元，劳务输出 300 余人，年人均收入 8600 元。2016 年 5 月与广嗣阁、铁山坪村合并，命名为铁山坪村。

新屋嘴村

位于镇西南，东邻兰宫坪村，南接花岩溪森林公园，西接马家堰村，北靠茄子冲村。环跃进水库周边，有牯牛岩、胜公寨、龚家洞等自然景观。总面积 3.06 平方千米，山林 2035 亩，水田 896 亩，水面 1000 亩。辖二木方、陈家湾、余家湾、蒿子坪、谭家庄、新屋嘴、洞冲 7 个村民小组，205 户 680 人。榨笋为特色食材，年产上万斤。2014 年人均收入 8360 元。2016 年 5 月与茄子冲村合并，命名为茄子冲村。

茄子冲村

位于镇西南部，北邻栀子岗村，东环跃进水库，南交新屋嘴村，西抵黄壁坪村、马家堰村。总面积 2.55 平方千米，山林 1308 亩、水田 396 亩，跃进水库内湖 500 亩。辖贺喜冲、汤家湾、油榨坳、杨桥坳、李家冲、茄子冲、竹园 7 个村民小组，164 户 515 人。境内兔子湾山林地为数万鹭鸟栖息地。2014 年人均收入 7890 元。2016 年 5 月与马家堰村、新屋嘴村合并，沿用茄子冲村名。

打鼓洲村

位于镇西，东邻新开山村，南接西黄壁坪村，西交尧天坪镇，北靠苏家桥村。总面积2.86平方千米，林地1600亩，耕地1300亩，水面130亩。辖10个村民小组(北斗、肖家冲、郭家冲、谭家湾、黄家湾、樟树桥、莫家冲、李家冲、肖家溶、枫树湾)，220户810人。以种植优质水稻、栽种楠竹为主。2014年人均收入8300元。2016年与苏家桥村、黄壁坪村合并，命名为黄壁坪村。

苏家桥村

位于镇西部，东邻新开山村、荆树湾村，南接打鼓洲村，西交尧镇天坪双合桥村，北靠长茅岭乡万寿村、万新村。1958年称红日大队，1961年称梅花大队(后分解为苏家桥、打鼓洲大队)，1984年改苏家桥村。总面积3.9平方千米，山林2653亩，水田1896亩，水面150亩。辖10个村民小组(朱家坪、高湖、大陂、九房冲、赵家垱、马家坳、沈家坳、丁家坳、龚家冲、八角楼)，325户1148人。2014年人均收入8900元。2016年5月与打鼓洲村、黄壁坪村合并，命名为黄壁坪村。

黄壁坪村

位于镇西，东邻茄子冲村，南接马家堰村，西交尧天坪镇双合桥村，北靠打鼓洲村。1958年称“红日大队”。总面积2.76平方千米，山林1980亩，水田1450亩，水面287亩。辖9个村民小组(文家冲、檀木岗、雷家湾、高家庵、高家冲、黄壁坪、八斗冲、梅家冲、余家冲)，245户915人。境内梅家冲、高家庵、高家冲以苗木栽培为主。2014年人均收入8930元。2016年5月与打鼓洲村、苏家桥村合并，沿用黄壁坪村名。

马家堰村

位于镇西南，北邻黄壁坪村，东接茄子冲村和新屋嘴村，西靠尧天坪镇桂花村，南接逆江坪乡土桥冲村。总面积3.25平方千米，山林3133亩，水田1559亩，水面117亩。辖10个村民小组(戏台坳、杜家湾、毛家塝、马家堰、英家坳、朱家冲、曹家坳、五斗桥、游家湾、冲天坳)，238户880人。2014年农业产值170万元，林业产值25万元，外出务工收入700万元，人均收入8900元。2016年5月与茄子冲村合并，命名为茄子冲村。

青龙嘴居委会

位于镇中心，总面积0.53平方千米，水田100亩，旱地29亩，山林509亩。辖农业、茶场、枉水3个居民小组，119户519人。1970年境内成立港二口公社茶场，2006年成立青龙嘴居委会。以务工、经商为主，2014年总收入700万元，人均收入过万元。

吴家坝居委会

位于镇中心，东邻鹤子湾村，南接青龙嘴居委会，西交桅子岗村，背靠新开山村。康熙年间建吴家桥，1958年因跃进水库筑吴家坝。面积3.37平方千米，其中城建区0.8平方千米。1995年成立居委会，下辖上街、下街、杜家湾组、吴家桥组、沈家冲7个居民小组，928户2388人。为镇域政治、经济、文化中心，各类物资集散地。2014年人均纯收入13500元。

（执笔：伍育均　莫弟华　编辑：刘忠祥）

尧天坪镇

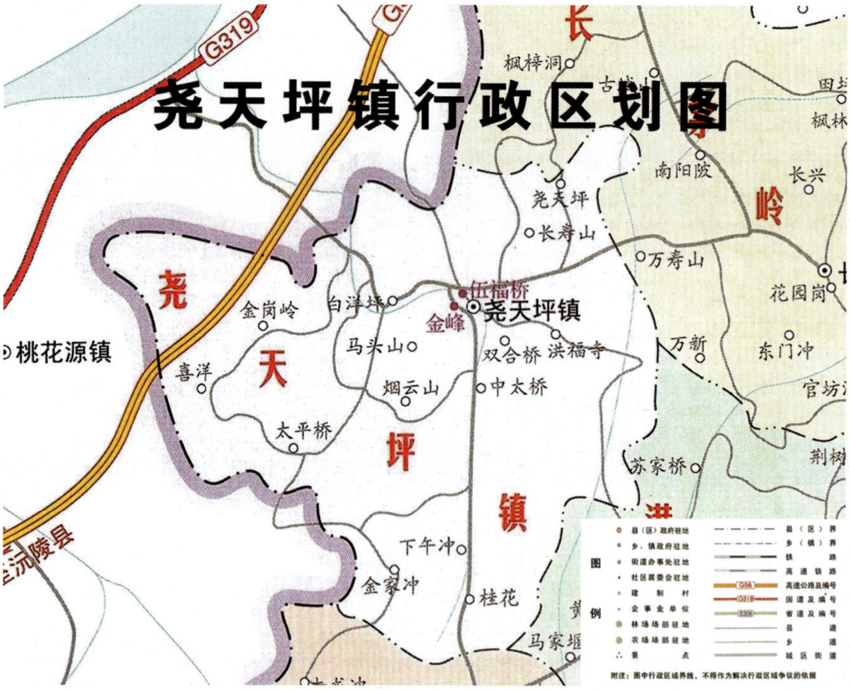

地图审图号:湘 S(2008)052 号

区域名片

中国民间文化艺术之乡

湖南省龙狮之乡

一、区域概况

地理位置

尧天坪镇位于区境西南端,东与港二口镇相连,南与逆江坪乡毗邻,西与桃源县漳江镇接壤,北与长茅岭乡交界。相传尧帝拜访善卷时,路过境内设坛开讲,故名尧天坪。镇人民政府驻金峰居委会,距区人民政府驻地 45 千米。

建置沿革

民国年间，为常德县尧天乡。县境解放后，仍称尧天乡。1950 年 2 月废除乡、保、甲制，以农会代行乡政府职能。1951 年 11 月，设尧天坪、洪福寺、下午冲、烟云山等 5 乡。1956 年 6 月，5 个乡合并为尧天坪乡。1958 年 10 月实行人民公社体制，属金星公社。1961 年 3 月，析置尧天坪公社，属港二口区。1984 年 2 月，改公社为乡。1996 年 5 月撤乡建尧天坪镇，先后属港二口区、片、办事处。2015 年 12 月，与长茅岭乡合并，沿称尧天坪镇。

区划面积

1961 年，尧天坪公社成立，下辖尧天坪、桃花洞、长寿山、伍福桥、屋宇桥、白洋坪、新华山、马头山、曹家坪、烟云山、白鸽庙、金岗岭、牛栏冲、喜洋、陈阳、太平桥、茶盘垢、金家冲、业儿岗、桂花、竹园、下午冲、赵家坪、中太桥、双合桥、皮桶坳、洪福寺、曹家坳 28 个生产大队。总面积 54.7 平方千米，耕地面积 2.81 万亩。后桃花洞并入尧天坪，屋宇桥并入伍福桥，新华山并入白洋坪，曹家坪并入马头山，白鸽庙并入烟云山，牛栏冲并入金岗岭，陈阳并入喜洋，茶盘垢并入太平桥，业儿岗并入金家冲，竹园并入桂花，赵家坪并入下午冲，皮桶坳并入双合桥，曹家坳并入洪福寺，全公社辖 15 个大队。

1984 年，公社改为乡，大队改为行政村，行政区划和总面积未变，尧天坪乡下辖尧天坪、长寿山、伍福桥、白洋坪、马头山、烟云山、金岗岭、喜洋、太平桥、金家冲、桂花、下午冲、中太桥、双合桥、洪福寺 15 个行政村。耕地面积 2.88 万亩。1996 年，撤乡建镇。伍福桥村改为伍福桥居委会。从伍福桥村、马头山村析出 4 个村民小组，设立金峰居委会。

2014 年，尧天坪镇下辖金峰、伍福桥 2 个居委会和尧天坪、长寿山、白洋坪、马头山、烟云山、金岗岭、喜洋、太平桥、金家冲、桂花、下午冲、中太桥、双合桥、洪福寺 14 个行政村，154 个村(居)民小组。总面积 54.7 平方千米。耕地面积 2.52 万亩，其中水田 2.27 万亩，旱地 2485 亩。山林 3.2 万亩。

人口民族

1950 年第一次人口普查统计，境内人口 6369 人，其中男性为 3279 人，女性 3090 人。 1980 年第三次人口普查统计，境内人口 12590 人，其中男性 6421 人，女性 6169 人。2005 年年底至 2006 年，石门县皂市水库移民迁入 212 人。2010 年第六次人口普查统计，总人口 15312 人，其中男性 7867 人，女性 7445 人。总人口中，汉族 15286 人，少数民族 26 人(蒙古族 2 人，回族 6 人，苗族 7 人，壮族 1 人，布依族 1 人，满族 1 人，土家族 5 人，哈萨克族 1 人，土族 2 人)。2014 年，全镇有 4874 户 15557 人，其中男性

7993 人，女性 7564 人。

自然环境

镇域地形以丘陵岗地为主，最高点喜洋村海拔 150 米，最低点白洋坪村海拔 43 米，平均海拔 50 米。主要构成为土母岩、板页岩、砾岩，土壤有红壤、黄壤、黄色石灰土、旱耕土、水稻土等。属中亚热带向北亚热带过度的湿润性季风气候区，四季分明，气候温和，日照充足，雨量丰沛。年均降雨量 1250 毫米，5—9 月为多雨季节。年平均气温 16.5℃，极端最高气温 40.1℃（2005 年 7 月），极端最低气温 -18℃（1955 年元月）。年日照时数 1709 小时，无霜期 265 天。野生动物有野鸡、野兔、蛇、黄鼠狼、穿山甲、白鸽、青蛙、甲鱼等。主要植物有松、杉、楠竹、樟树、桂花树、油茶等。水资源丰富，分布均匀，尧天河为沅水一级支流，发源于桂花村，经下午冲、中太桥、烟云山、马头山、伍福桥、白洋坪等村流向桃源县，注入沅江，境内长 8.7 千米，流域面积 31.3 平方千米。喜洋溪源出喜洋村羊耳冲，流入沅江，境内长 3.2 千米，流域面积 12.7 平方千米。双鹤溪发源于三斗冲，境内长 3.5 千米，流域面积 9 平方千米。

二、经济发展

经济综述

1949 年前，境内交通闭塞，生产落后，经济凋零。新中国成立后，经济逐步发展。1981 年实行家庭联产承包责任制后，农民种田积极性得到提高，温饱问题得以解决。1987 年，全乡实现工农业总产值 1371 万元，农民人均纯收入 195 元。20 世纪 90 年代起，镇村企业和个体经济快速发展。1995 年实现工农业总产值 8500 万元，农民人均纯收入 1519 元。2003 年，实现工农业总产值 1.234 亿元，农民人均纯收入 1763 元。2014 年，实现工农业总产值 2.4112 亿元，农民人均纯收入 8457 元。

农业

种植业 以种植水稻为主，兼种油菜、玉米、花生、大豆、芝麻及茶叶、柑橘等。1958 年推广双季稻种植，亩产由 150 千克提高到 300 千克左右。20 世纪 70 年代初，晚稻品种主推“农垦 58”，单季亩产 200 千克。1975 年引进杂交晚稻种植，早稻品种主推“二九青”“浙辐 802”，晚稻主推“余赤 231-8”“南优 2 号”“南优 3 号”，双季亩产达 400 千克。1981 年实行家庭联产承包责任制，调动了农民种田积极性。1987 年开始推广杂交稻“双两大”高产模式技术，主要品种以“威优 6 号”“威优 64”“汕优桂 99”“威优 77”为主。20 世纪 90 年代推广软盘抛秧，测土配方施肥，病虫综防等技术。2012 年开始，大量富余劳动力外出务工，双季稻种植面积减少，改种一季稻和中稻加再生稻。水田逐步向种田能手、种田大户流转，人工耕作逐渐被农业机械化取代。2014 年基本实现全程机械化作业，水稻产量稳定在每亩600千克左右。

养殖业 境内素有养殖生猪、家禽、水产传统习惯，以户散养，自养自食。中华人民共和国成立后，政府鼓励农民发展养殖业，各类产量有所提高，但限制自由买卖，由国家派购。1970年，由生产队集体经营池塘，派专人喂养，鲜鱼亩产40千克。1976年，全公社养鸡4675羽、鸭3137羽。20世纪80年代起，养殖业向商品化、规模化发展，普遍使用配方饲料。1982年，境内养鸡17354羽，鸭4976羽，生猪6843头，羊2015只，鲜鱼亩产95千克。1989年，乡内出现牛、羊养殖专业户。1994年至1995年间，兴起"哈白兔热"，有2152户养兔，数量达11021只。后因市场滞销，造成农户损失。2014年，全镇养殖生猪3.8万头、牛1454头、羊2559只、鸡5.68万羽、鸭1.63万羽。养殖水面1316亩，出水鲜鱼52.6吨。

林业

20世纪50年代初期，境内尚存原始次森林，参天大树随处可见，以栎树、松树为主。1958年全民大炼钢铁，伐木烧炭，森林被毁严重，造成水土流失。1976年成立尧天坪公社林场，下设3个分场，共有护林员130余人。各生产大队成立林业专业队，设专职护林员。是年，开始实施造林工程，整体连片开荒造林，历时两年造林2500多亩。20世纪80年代实行林业生产责任制，山林承包到户。1984年，乡人民政府颁发《林业承包合同书》，山林确权到农户。1990—1994年，连续4年组织全乡劳力，集中在喜洋村陈阳水库造林2400多亩。2002—2003年，完成退耕还林项目工程2151亩。2008年，开展集体林权制度改革，乡、村两级林场3.01万亩山林全部下放到农户。2009年，镇林业站被常德市委、市政府评为全市十佳林业工作站。2012年，尧天坪镇被常德市政府授予"集体林权制度改革先进单位"称号。至2014年，全镇有山林面积3.2万亩，其中杉木林1.2万亩，油茶林1.1万亩，楠竹林4500亩，杨树林2000亩，松树及杂木林2500亩。活立木蓄积量20.5万立方米，森林覆盖率41.8%。

金融

农村信用社 1953年3月成立尧天坪农村信用社，由农民自愿入股，入股社员民主管理。后由政府管理，1984年8月由农业银行管理，1996年由人民银行管理。2014年，尧天坪农村信用社存款额2.0657亿元。

农村合作基金会 1992年为聚集境域闲散资金，缓解农村资金供求矛盾，促进农村经济发展，创办尧天坪农村合作基金会。后由于体制和运行机制缺陷，造成经营严重亏损、失控，给农民造成损失，于1999年由国家贷款垫付兜底，清盘关闭。

商贸服务业

1961年成立尧天坪公社后，在公社机关驻地设立供销社、肉食站、粮油店等，各生产大队亦设有集体商业零售店或代销店。1978 年改革开放后个体商贸服务得到发展，农村市场日益活跃。2010 年，全镇商品交易量逾亿元。2014 年，全镇有各类商铺 138 家，大型综合超市 1 家，农贸市场 1 个，个体工商从业者 416 人，墟场 5 日一集，赶集日人流过 1000 人。

三、基础设施

交通运输

20 世纪 50 年代前，境内交通闭塞，出行靠步行，商运靠挑夫或木制独轮车（俗称鸡公车）推运，竹木扎排走水运。1955 年 4 月，修通长茅岭至桃源县龙坪公路，后命名为县道 093，经境 13 千米，境内始有公路。1960 年 5 月，修通长茅岭至逆江坪公路县道 095，经境 12.3 千米。20 世纪 70 年代，先后修建 4 条乡道，分别为白洋坪至太坪桥公路，长 3.1 千米；尧天坪至双堰塘公路，长 7.5 千米；尧天坪至洪福寺公路，长 2 千米；伍福桥至长寿山公路，长 1.2 千米。2000 年后各村实施通达工程，简易公路延伸到田间地头山林。至 2014 年，全镇拥有县、乡、村道 16 条共 54.6 千米，其中硬化 38.7 千米。

邮政通信

20 世纪 50 年代，境内由一名代邮员徒步收递书信，半月走一次，无报刊发行。1961 年，设立邮政代办所，办理书信收递和报刊发行，公社机关首通手摇式电话连接域外，后设总机转接至部门、站所、学校、大队等，配备专职电话员和外线维护员。1980 年开通数字拨号电话。20 世纪 90 年代程控电话普及到农户住宅，移动通信网覆盖境内。1998 年邮政、电信分设。2010 年移动、电信、联通三家均在境内建有信息塔，移动通讯信号实现无缝全覆盖。2014 年，全镇拥有移动电话用户 12670 户，固定电话用户 1136 户，互联网用户约 500 户。邮政所业务涵盖包裹邮寄、EMS、报刊发行、邮政缴费一站通、火车飞机票代售、快递业务等。申通、圆通、顺丰、韵达在境内设有快递点。

供电供水

供电 1958 年，公社从马头山大队一生产队千工坝处拦截沅水一级支流，建尧天河道引水渠 1.5 千米，用于水轮机发电，1960 年建成发电供公社机关、农机站、乡广播站用电，枯水季用柴油机发电。1971 年由公社农机站牵头接通枉水小水电网，供政府机关、学校等单位生活和生产、工作用电。1974 年，尧天坪、桂花、下午冲、金家村等大队相继接通枉水电网。1984 年白洋坪村就近接桃源国电网。1985 年 15 个行政村全部通电，其中白洋坪村、太平桥村接国电网，其余村接枉水小电网。由于枉水水力发电功率不足、供电线路老化，难以满足生产生活用电需求，1986 年镇域全部改接桃源国电网,并成立乡电管站。后改为鼎城国电网供电,增加、更新变压器30多台。2001年撤销镇电力管理站,供电业务由许家桥供电所管辖,2009年划归花岩溪供电所管辖。2014年,全镇有10千伏输电线路60.99千米,变压器65台6745千伏安,用电量2000万千瓦时。

供水 历史上境内群众生活用水直接取自山塘、溪沟地表水。20世纪70年代后因农药化肥污染,实行打井取水。1989年12月修建集镇供水厂,三斗冲水库为水源,设计规模为日供3000人生活用水,供水范围为集镇单位和居住二楼以下的商贸经营户。2013年选址尧天坪村三组,兴建尧天坪水厂,取金耳冲水库水源,设计供水人口11000人,2015年4月建成供水,境内群众安全饮水基本实现全覆盖。

水利建设

1957年修建金耳冲、陈阳、荒田冲、三斗冲4座小(Ⅱ)型水库。1965年修建西干渠,总长13.65千米,后续完成团坪、烟马、双堰、猫儿湖支渠等工程。1970年修建金耳冲高渠,长度8400米。1974—1976年改造尧天河长8700米。并沿河修建1条公路、5处石拱桥、8处跌水等工程。1982年改造尧天河白洋坪村地段550米,并修建1座跨度为12米的白洋坪石拱桥。是年,修建长3000米的长寿山村太机头低渠,长3400米的千工坝低渠。1982—1984年修建金岗岭、喜洋、九斗溶、千工坝机埠。2014年,尧天河纳入国家生态治理项目,进行生态护坡、河坝加固、山塘清淤。西干渠纳入枉水灌区治理项目,进行防渗硬化、加固6000米。

至2015年,全镇有水库4座,总库容202.2万立方米,受益面积7742亩。山塘913口,蓄水总量221.43万立方米,受益面积12150亩。渠道22条,总长度75462米,受益面积12075亩。机埠4座,装机容量147千瓦,受益面积1050亩。拦水河坝28处,涵洞37处总长972米,渡槽2座长240米,节支闸41处。

集镇建设

1961年尧天坪公社成立,在治所地伍福桥一带搭建零星商铺,开始形成一条东西走向的土质简易街道。后学校、医院、供销社、粮店、信用社等相继建立在街道北侧。1984年个体经济崛起,政府鼓励个体工商户在街道南侧修建商铺。1996年建镇后,陆续建起3条街道,兴建起农贸市场,完善供电供水、通讯等基础设施,形成以伍福路、尧天路、金峰路、甘长路为主街的边贸集镇,形成面积0.65平方千米、常住人口1500多人的规模集镇。2006年国家启动新农村建设,先后硬化所有通村公路,对土坯房、简易砖木房进行危房改造,改水改厕,试行沼气能源建设,整治村容村貌,实行庭院经济建设。2012年,尧天坪镇被湖南省环保厅授予省级生态乡镇称号。2013年,尧天坪村、双合桥村被授予省级生态村称号。

四、社会事业

教育

清末境内有庙坪、徐家店两处私塾。民国初期金家冲、烟云山、白洋坪、长寿山、洪福寺先后办起5所初小。民国11年(1922)至民国22年(1933)双合桥、中太桥、尧天坪陆续办起初小,太平桥办起完小。民国36年(1947)下午冲办起完小,名为尧天乡中心国民学校。

中华人民共和国成立后,尧天乡中心国民学校更名为下午冲完小,创办起徐家殿小学(今喜祥村境)、上桥小学(今太平桥村境)、庙坪小学(今金岗岭村境)、新华山小学(今白洋坪村境)。1963年增设桂花初小。1964年,国家提出“两条腿走路办教育”方针,尧天坪职业技术教育起步,1965年创办徐家店、桃花洞、洪福寺3所耕读学校。1966年,在伍福桥办起尧天坪中心校。同年在下午冲办起尧天坪公社农业中学,经两次迁址后,落址于伍福桥村樟树嘴,1968年更名为尧天坪公社五七中学,1976年更名为尧天坪中学。1966—1976年期间,境内有15所小学、3所初中。1975年起,尧天坪中学设高中班(1980年停办),各小学设初中班(1982年停办)。1979年,各学校有中小学生1800人。1984年,初中集中到乡中学,中小学生达2200人,为史上生源高峰期。后因计划生育效应,生源减少,学校布局实行调整,村办小学陆续撤销。至2007年,全镇共有1所中学、1所完小、5所私立幼儿园,公办教师19人,在校中小学生1380人,在园幼儿650人。2013年,镇首所公立幼儿园“培星幼儿园”开园,私立幼儿园相继撤销。

2014年,全镇有尧天坪镇中学、尧天坪镇中心校2所学校和培星幼儿园。尧天坪镇中学占地面积22678平方米,其中校舍面积5816平方米,5个教学班,教师21人,在校学生188人。尧天坪镇中心校占地面积12466平方米,12个教学班,教师34人,在校学生520人。培星幼儿园占地面积3000平方米,8个教学班,教师15名,在园幼儿296人。

文化

群众文化 镇域民间传统文艺有舞龙、舞狮、巫舞、地花鼓等,针绣、剪纸等亦普及盛行。中华人民共和国成立后,特别是改革开放以后,境内民间文化艺术得到传承发扬。至2013年,全镇有38支舞龙舞狮队,6支地花鼓队,3支民间剪纸、绘画、刺绣队,10支三棒鼓队,15支女子管乐及军鼓队、腰鼓队,以及唢呐锣鼓队、丧礼围鼓队、民间艺术演唱队等。从艺人员2000余人,占总人口13%。2000年开始,演艺团体从自娱自乐逐渐发展成为文化产业,活跃在境内及周边乡镇婚丧喜庆演艺市场,辐射桃源、汉寿、临澧、石门、武陵等周边区县农村，年演出场次达1000多场次。2011年实现演艺收入200多万元，2014年达500多万元。境内剪纸、刺绣、龙狮制作等民间工艺也得到激活和传承。2008年、2011年、2014年，尧天坪镇连续三届被文化部评为"全国民间文化艺术之乡"。

农村电影放映 70年代初，境内建有流动电影放映队。1990年中国电影局局长季浩，1991年中国电影公司经理王霞，到尧天坪考察农村电影市场需求和管理模式，对尧天坪农村电影放映予以肯定。后由于电视、网络普及和影院的出现，农村电影放映呈滑坡趋势。2014年，全镇有电影放映员1人，农村电影纳入国家文化下乡工程。

医疗卫生

民国年间，境内有双合桥沈开校、下午冲杨文清、杨正清、尧天坪罗佑斌、长寿山罗忠南、烟云山代少仕、杨宏业、桂花金一清、金月标、洪福寺曹天得、马头山代月照、代炼清等12名个体中医，有双合桥沈宏发、洪福寺曹文国、尧天坪聂炳森3家中药铺。中华人民共和国建立后，1952年，在政府卫生部门主导下，组建起下午冲、黄家洲、桂花、太平桥4家联合诊所，从医人员14人。1955年合并成太桥联合诊所。1958年，改为尧天坪卫生院，院址设中太桥。1961年，尧天坪公社卫生院迁址烟云山一队，有从医人员18名。1963年，卫生院再迁至伍福桥一队，新修房屋600平方米，占地面积1400平方米。2005年卫生院改扩建，新修门诊大楼建筑面积910平方米，有医务人员21人。2015年，新建住院楼和医院职工宿舍楼，建筑面积2400平方米，添置大型医疗设备6件，设有中医、西医、内外、五官、妇产儿科等8个科室和住院部，有病床60张，医护人员20名，年接纳门诊、住院病人1900人。

1961年，公社卫生院为每个生产大队培训1名助产接生员。1969年实行农村合作医疗制度，各大队设1～3名赤脚医生。1971年起，各大队合作医疗站建立中草药园，解决用药来源。1986年，村级卫生组织进行整顿，建

▲ 尧天坪镇——中国民间文化艺术之乡、省级非物质文化遗产"民间龙狮文化"之乡

立村卫生室。2014 年,全镇有村级卫生室 15 个,病床 40 张,医护人员 18 人。

社会保障

农村五保 1963 年,境内对孤寡老人及无劳动能力的残疾人实行保吃、保穿、保住、保医、保葬供养制度,由生产队向五保对象提供柴米油衣物等生活用品。1994 年起,五保对象所需经费和实物,从乡统筹费中列支。2000 年起,农村五保供养资金由各级政府财政列支。2004 年,全镇 68 名五保对象一律按政策享受五保待遇。2010 年,尧天坪镇敬老院建成使用,可集中供养五保对象 50 人。2012 年,将全镇 158 名五保对象每月生活费提高到 243 元,帮助 51 户重建住房。2014 年,全镇供养五保对象 182 人,其中集中供养 47 人,分散供养 135 人。

城乡低保 1999 年实施。2014 年,全镇有城镇低保对象 33 人,发放保障金 9.6 万元;有农村低保对象 522 户 693 人,发放保障金 89.65 万元

新型农村合作医疗 2009 年开始实施。2016 年有 5463 人参保,参保率 85.53%,上缴新农保基金 63.6 万元。已享受养老保险 3348 人,按月标准 75 元 / 月,每年支付养老金 251.1 万元。

农村社会养老保险 2005 年实施。2016 年, 全镇参加新型农村合作医疗 13247 人,参合率达 93.1%。

危房改造 2011 年实施。2016 年全镇实行危房改造 87 户,危改资金 60.5 万元。

人民生活

1949 年前由于生产力水平低下,自然灾害频繁,群众衣食住行条件差,温饱没有保证,衣为手工土布,住多为土坯房茅草屋,出行徒步。中华人民共和国成立后,社会稳定,生产发展,生活水平有所提高。住:开始修建起木质住房、简易砖房。食:粮食产量有所提高,温饱逐步得到解决。1959—1961 年经济困难时期,农业生产收成锐减,再度影响群众温饱。行:农村开始修建起简易公路。

1981 年实行农村家庭联产承包责任制后,农民种田养殖积极性激发,粮食产量增加,温饱得到根本解决,生活条件得到根本改善。衣着从成衣到时装,从遮体避寒到讲究体面品质。饮食从充饥果腹到健康营养。居住逐渐被楼房、庭院房取代,出行由自行车—摩托车—汽车代步。生活能源从烧柴草、秸秆,向煤、电、气转变。电视机、电冰箱、洗衣机、空调、电脑等现代电器进入农村普通百姓家。

五、特色地情

名胜古迹

新华山庙遗址 原名仙鹤山,中华人民共和国成立后更名为新华山,位于白洋坪

村。山下有回水潭名仙鹤潭，南侧建有戏台，顺台前曲径九十九等石阶而上，经方竹亭，绕过仙鹤嘴，到达寺庙。东北面与狮子山相连，连接处有一水池终年不涸，外侧崖上溢出形成小瀑。寺庙于1957年被毁，今存遗迹。

洪福寺 位于洪福寺村。相传清乾隆年间有洪苓寺、福苓寺两座寺庙，咸丰年间合并为一处，名洪福寺。为瓦木结构四合院，前建戏台，120级石台阶而上。寺庙毁于“文化大革命”期间，改革开放后在原处重建。

民俗风情

龙狮灯 尧天坪龙狮表演始于明末清初，至今有300多年历史。

舞龙的道具为龙头、龙身、龙珠。龙头用竹篾扎成，用皮纸糊贴；龙身用九个篾托、短把撑起、相连，附上麻布，颜料画就鳞片。10人一组，其中一人持龙珠者为领舞。加之锣鼓响器班15人左右，走村串户表演送热闹、送吉祥、送太平。百姓认为龙是吉祥物，舞龙能健身、消灾灭病、赐福安康，深受境内群众喜爱。

舞狮的狮头用篾条皮纸捆扎，贴纸面上颜料而就，狮身用麻布或兽皮制作而成，二人一对。有文狮、武狮之分，文狮以各种造型表现狮的灵动可爱。武狮辅以刀、棍、剑、叉与狮对舞，或在桌子板上扑腾跳跃，表现狮的勇猛、刚烈。龙狮活动在民国时期及解放前后期间盛行，以宋子明、罗云新、罗太安等为代表的舞龙队和以文云阶、肖亮阶、王为成等代表的舞狮队，各自就地组班，子孙相传，自成体系，各有门派，有分有合。民国32年（1943），常德县尧天乡狮子班应桃源县佘家坪乡邀请前往比武，比武内容为攀上九张重叠的八仙桌。结果，桃源县新溪乡、常德县尧天乡两班狮子荣登榜首。解放后在互助组，初级社、高级社、人民公社等成立和各种庆典之际，舞龙舞狮活动首当其先。2015年，喜洋村文麦秋被常德市文广新局认定为非物质文化遗产项目龙灯传承人。2016年，尧天坪龙灯被认定为湖南省非物质文化遗产。

重大事件

1998年2月，尧天坪镇被湖南省文化厅授予“龙狮艺术之乡”称号。

1999年2月，中央电视台和香港凤凰卫视台拍摄康乐年华“九龙闹新春”，尧天坪舞龙队为其中一支，获优胜奖。

1999年10月，亚洲皮划艇竞赛在常德市举行，尧天坪镇五龙五狮参加开幕式表演，获表演一等奖。

2000年，下午冲村村民莫益胜发明的“遥控耕蒲船”获国家专利局颁发的实用新型技术专利证书。

2006年3月，尧天坪镇被国家体育总局授予“全国群众体育先进单位”称号。

2010年6月，尧天坪镇六龙六狮120余人参加首届全国农民艺术节开幕式和专场演出，获“金粹奖”。

2016年，尧天坪龙灯被认定为湖南省非物质文化遗产。

六、各村(居)简介

尧天坪村

地处镇东北端，距镇治所3.5千米。东接长茅岭乡万寿山村，南依 洪福寺村，西临长寿山村，北靠长茅岭乡枫梓洞村。下辖9个村民小组，284户862人。总面积2.9平方公里，其中耕地1930亩，林地1165亩。以种植水稻、有机蔬菜为主，村内有“小蜜蜂有机蔬菜生产基地”。2014年农村经济总收入1598万元，农民人均纯收入8226元。境内有小(I)型水库(金耳冲水库)1座，镇供水厂和敬老院位于村境，为鼎城区“美丽乡村”建设点村。境内盛行锣鼓、唢呐等民间表演活动。2016年3月与长寿山、洪福寺村合并，沿用尧天坪村名。

长寿山村

境内山上曾有一座庵堂曰长寿庵，村名由此得名。地处镇北，距镇治所2千米。东接尧天坪村，南依伍福桥村，西临伍福桥居委会，北靠长茅岭乡枫梓洞村。辖7个村民小组，176户565人。总面积2平方公里，其中耕地1253亩，山林943亩，以种植水稻为主。2014年农村经济总收入1162万元，农民人均纯收入9197元。境内盛行舞龙灯民间艺术表演。2016年3月与尧天坪、洪福寺村合并，命名为尧天坪村。

伍福桥居委会

因史上有一座石板桥名伍福桥，由此得村名。1966年屋宇桥大队与伍福桥大队合并为伍福桥大队，1981年改为伍福桥村，1996年撤乡建镇改建伍福桥居委会。地处镇北，东接洪福寺村，南依中太桥村、马头山村，西临白洋坪村，北靠长寿山村。辖9个居民小组，306户1080人。总面积2.6平方千米，耕地1535亩，山林819亩，盛产水稻、油茶等作物。2014年农村经济总收入1798.58万元，农民人均纯收入7771元。村内舞狮、龙灯、腰鼓、三棒鼓等民间文化活动盛行。

白洋坪村

因三只白羊的传说原取名白羊坪，后经演变取名白洋坪。地处镇西北，距镇治所3公里，东接伍福桥居委会，南依马头山村，西临金岗岭村，北靠桃源县漳江镇高桥村。辖9个村民小组，275户914人。总面积2.3平方千米，耕地1622亩，山林582亩。主产稻谷，兼产油菜、棉花、油菜等作物。庭院经济、花卉苗木产业为特色，有金银花基地120亩，特种树木红豆杉基地100亩，花木基地50亩。2014年农村经济总收入1579.24万元，农民人均纯收入8213元。村内盛行舞狮、龙灯、快板等民间文化活动。

2016 年 3 月与马头山、烟云山村合并，命名为烟云山村。

马头山村

因境内有一山势形似马头，由此得村名。1966 年马头山大队与曹家坪大队合并为马头山大队，1981 年撤销大队建立行政村，更名为马头山村。位于镇中，距镇治所 4 千米，东接伍福桥居委会，南依烟云山村，西临金岗岭村，北靠白洋坪村。辖 8 个村民小组，236 户 776 人。总面积 2.97 平方千米，耕地 1744 亩，山林 1050 亩。以种植水稻为主，养殖业以羊为主，外出务工人员多。2014 年农村经济总收入 1416.42 万元，农民人均纯收入 8576 元。民间文化艺术活动盛行三棒鼓、唢呐等。2016 年 3 月与白洋坪、烟云山村合并，命名为烟云山村。

烟云山村

地处镇中部，距镇治所 4.5 千米，东接中太桥村，南依下午冲村，西临太平桥村，北靠马头山村。1966 年与白鸽庙大队合并为烟云山大队，1981 年改为烟云山村。下辖 11 个村民小组，286 户 954 人，总面积 3.3 平方千米，耕地 1957 亩，山林 1355 亩，以种植水稻为主。2014 年农村经济总收入 1682.02 万元，农民人均纯收入 8765 元。境内有小（Ⅱ）型水库（荒田冲水库）1 座。村内龙灯、地花鼓、三棒鼓、渔鼓等民间文化活动流传较广。2016 年 3 月与白洋坪、马头山村合并，沿用烟云山村名。

金岗岭村

地处镇西，距镇治所 6 千米。东接白洋坪村，南依太平桥村，西临喜洋村，北靠桃源县漳江镇高桥村。1966 年与庙坪大队合并，1981 年改为金岗岭村。辖 12 个村民小组，325 户 1033 人。总面积 3.5 平方千米，耕地 2405 亩，山林 13687 亩，以种植水稻为主。2014 年农村经济总收入 1714.98 万元，农民人均纯收入 8343 元。村内民间技艺主要有龙灯、舞狮、三棒鼓、渔鼓和剪纸、刺绣。2016 年 3 月与喜洋、太平桥村合并，命名为喜洋村。

喜洋村

位于镇西，距镇治所 8 千米。东接金岗岭村，南依太平桥村，西临桃源县郑家冲村，北靠桃花源景区茶庄村。辖 11 个村民小组，320 户 1006 人。总面积 5.8 平方千米，耕地 1670 亩，山林 5340 亩，盛产楠竹。2014 年农村经济总收入 1682.31 万元，农民人均纯收入 8511 元。境内有小（Ⅱ）型水库（陈阳水库）1 座，常吉高速、国道 319 改线穿境。民间盛行舞龙舞狮、三棒鼓、渔鼓表演活动。2016 年 3 月与金岗岭、太平桥村合并，沿用喜洋村名。

太平桥村

地处镇中部，距镇治所 8 千米。东接马头山村，南依烟云山村，西临桃源县郑家冲村，北靠金岗岭村。辖11个村民小组，398户1321人。总面积4.4平方千米，耕地2721亩，山林2065亩，以种植水稻为主。2014年农村经济总收入2050.92万元，农民人均纯收入8532元。村境舞龙舞狮活动盛行，有多支舞龙舞狮、三棒鼓、渔鼓、器乐表演队伍。2016年3月与金岗岭、太平桥村合并，命名为喜洋村。

金家冲村

因多户金姓人集聚一条山冲内，由此得村名。地处镇南，距镇治所9千米。东接桂花村，南依逆江坪乡长龙冲村，西临桃源县龙虎郑家冲村，北靠下午冲村。辖11个村民小组，283户960人。总面积4.1平方千米，耕地1867亩，山林3189亩，枉水灌区西干渠横贯境内，以种植水稻为主。2014年农村经济总收入1983.83万元，农民人均纯收入8583元。民间文化活动盛行龙灯、大鼓、唢呐等。2016年3月与桂花、下午冲村合并，命名为下午冲村。

桂花村

地处镇东南，距镇治所8千米，东接港二口镇马家扎村，南依逆江坪乡土桥冲村，西临金家冲村，北靠下午冲村。辖14个村民小组，325户1100人。总面积5.5平方千米，耕地2290亩，山林4014亩。2014年农村经济总收入1737.45万元，农民人均纯收入8013元。旅游干线桃花公路贯穿村境，民间盛行舞龙舞狮活动。2016年3月与金家冲、下午冲村合并，命名为下午冲村。

下午冲村

村名源于当地“有事莫走下午冲，来回要用一个工”谚语。地处镇东，距镇治所6千米。289户920人。总面积4.2平方千米，耕地1897亩，山林3330亩，以种植水稻为主。旅游干线桃花公路贯穿村境。2014年农村经济总收入1590.21万元，农民人均纯收入8217元。村境盛行龙灯、地花鼓表演。2016年3月与金家冲、桂花村合并，沿用下午冲村名。

中太桥村

地处镇中部，距镇治所2.5千米，东接双合桥村，南依下午冲村，西临烟云山村，北靠伍福桥居委会。辖8个村民小组，265户860人。总面积2.3平方千米，耕地1572亩，山林756亩，以种植水稻为主，养殖业以养猪为主。2014年农村经济总收入1513.47万元，农民人均纯收入8651元。境内有小(Ⅱ)型水库(三斗冲水库)1座，旅游干线桃花公路贯穿村境。境内民间盛行龙灯、管乐表演。2016年3月与双合桥村合并，命名为双合桥村。

双合桥村

民国时期，先辈们用两方块石搭建一座桥取名双合桥，因此得村名。地处镇东端，距镇治所 5 千米，东接港二口镇苏家桥村，南依港二口镇打鼓洲村，西临中太桥村，北靠洪福寺村。辖 13 个村民小组，338 户 942 人。总面积 4.6 平方千米，耕地面积 1760 亩，山林 3575 亩，盛产水稻、油茶、杉木。2014 年农村经济总收入 1619.73 万元，农民人均纯收入 8847 元。境内民间盛行龙灯、三棒鼓、管乐表演活动。2016 年 3 月与中太桥村合并，沿用双合桥村名。

洪福寺村

地处镇东北端，距镇治所 5 千米。东接长矛岭乡万寿山村，南依双合桥村，西临伍福桥居委会，北靠尧天坪村 。辖 9 个村民小组，248 户 749 人。总面积 3.1 平方千米，耕地面积 1765 亩，山林 1507 亩，主产稻谷、油菜，生猪、家禽养殖为传统养殖业。2014 年农村经济总收入 1393.72 万元，农民人均纯收入 8977 元。境内群众文化活动盛行三棒鼓、地花鼓、渔鼓等表演。2016 年 3 月与长寿山、尧天坪村合并，命名为尧天坪村。

金峰居委会

据传窑田河（现尧天河）深藏黄金，有富商雇人在河道开采，挖出的沙石堆积在河的两边，形如一座座小山峰，人称“金峰”，遂得此地名。1996 年撤乡建镇时设立金峰居委会。位于镇集镇墟场，为镇政府治所地。面积 0.65 平方千米，人口 1516 人，其中农业人口 822 人，非农业人口 694 人。政府机关、学校、医院、信用社、农贸市场等均坐落于此。

（执笔：蔡　彪　编辑：刘忠祥）

黄土店镇

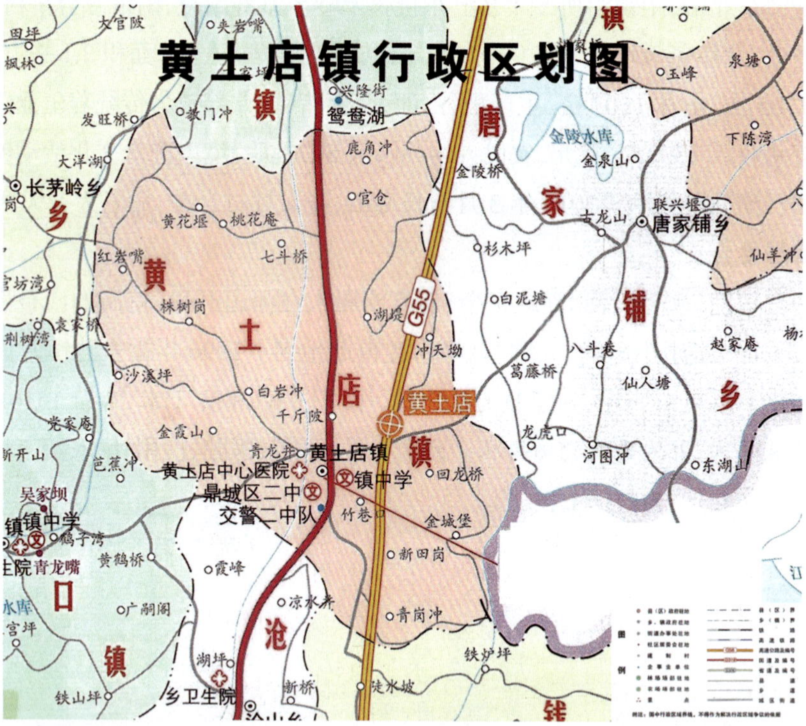

地图审图号：湘 S(2008)052 号

一、区域概况

地理位置

黄土店镇位于区境南端，东接唐家铺乡，南抵沧山乡、钱家坪乡，西邻港二口镇、长茅岭乡，北连草坪镇。镇人民政府驻中街社区，距区人民政府驻地 35 千米。

建置沿革

清道光、同治年间（1821—1875）属武陵县南乡。民国 9 年（1920），属常德县黄洲镇。民国 27 年，属金霞乡。1949 年 7 月常德县境解放后，仍属金霞乡。1950 年，废除乡、保、甲制。1951 年 11 月，分设黄土店镇和回龙桥、湖堤、桃花庵、白岩冲、红岩嘴、竹巷口、官仓、金霞山等 13 个乡，属第十七区（黄土店）管辖。1953 年，属黄土店区管辖。

1956年6月，撤区并乡，合并为黄土店乡，黄土店镇为乡属镇。1958年，实行人民公社体制，黄土店乡和镇属金霞人民公社。1961年，析置黄土店公社，属黄土店区。1984年2月，撤销人民公社改为黄土店乡。8月，改为黄土店镇，先后属黄土店区、片、办事处。2015年11月，与沧山、钱家坪2个乡合并，成立新的黄土店镇。

区划面积

1983年，黄土店公社辖青龙井、金霞山、白岩冲、株树岗、沙溪坪、红岩嘴、黄花堰、新港、岩桥、官仓、荷花、湖堤、冲天坳、回龙桥、金城堡、青岗冲、新田岗、竹巷口、千斤陂19个生产大队，和上街、中街、下街、友谊4个居民委员会。

1984年，撤销公社，先改为乡，后改为镇，大队改为行政村。除新港大队更名为七斗桥村、岩桥大队更名为桃花庵村、荷花大队更名为鹿角冲村外，其余村村名沿用，区划不变。镇域总面积72.23平方千米，其中耕地面积3.36万亩，水田3.1万亩，旱地2862亩，山林3.95万亩。

1949年中华人民共和国成立后，始设集镇居委会。20世纪60年代先后分设上街、中街、下街、友谊居委会。1987年竹巷口村三组、千斤陂村一组、青龙村三组、镇农业队析出，增设金沙居委会。2016年5月撤乡并村后，竹巷口村并入上街居委会，千斤陂村并入下街居委会。

2014年，全镇辖青龙井、金霞山、白岩冲、株树岗、沙溪坪、红岩嘴、黄花堰、七斗桥、桃花庵、官仓、鹿角冲、湖堤、冲天坳、回龙桥、金城堡、青岗冲、新田岗、竹巷口、千斤陂19个行政村和上街、中街、下街、友谊、金沙5个居委会。总面积无变化，耕地面积3.53万亩，其中水田3.21万亩、旱地3122亩，山林面积4.56万亩，水域面积4880亩，荒坡地2999亩。

人口民族

1950年，境内有4157户12076人，其中男性6875人，占56.9%。2010年第六次人口普查统计，全镇总人口22788人，其中男性11689人，女性11099人。汉族22551人，回族237人。2014年，全镇有7228户26580人，其中男性15160人，女性11420人。汉族26293人，回族287人。

自然环境

镇域兼具岗地和小平原，地势自南向北倾斜，西有金霞山，东有仙峰山，中部为平地，沧水、枉水贯流其间。最高处金霞山海拔244.2米，最低处黄花堰村4组，海拔61米，全境平均海拔70.8米。属亚热带季风气候，年平均日照1678小时，年平均气温16.7℃，年均降水量1657毫米，无霜期270天。4—7月为多雨季节，春季气温多变，夏热冬寒。1954年冰冻时间达2个月，最低气温零下18℃，池塘结冰20厘米厚。2008年

1月冰冻一个月，最低气温零下11℃。柸水两岸土壤有机质含量2%～2.7%，呈酸性或中性（pH值为6～7.1）。丘陵山冈红壤土层深厚。野生植物有斑鸠、山鸡、野兔、竹鼠、长尾山喳、香獐、野猪、果子狸、竹鸡、黄鼠狼等。植物有杉树、楠竹、樟树、桂花树、泡桐树、松树等树种。野生药用植物有黄栀子、乌药、金银花、板蓝根、土茯苓、淡竹叶、紫苏、威灵仙、香藿草、鱼腥草等。丘陵山冈出产黄金，自明代开采。

二、经济发展

经济综述

1949年前，境内生产力水平低下，经济萧条凋敝，百姓温饱难以为继。1949年中华人民共和国成立后，经济稳步发展，百姓生活逐步改善。1958年推广双季稻，每亩产量大幅度提高。1982年，实行家庭联产承包责任制，农民种田积极性提高，温饱得以解决。同时乡镇企业、个体私营经济逐步发展。2000年，全镇乡镇企业总产值3876.7万元，个体经济总收入4.9685亿元。2014年，全镇实现地区生产总值6.3554亿元，农民人均纯收入8072元。

农业

种植业 境内主要种植稻谷，兼种油菜、花生、红薯、豆类、茶叶等。民国时期种植一季稻，亩产100千克左右。中华人民共和国成立后，土地得到开发利用。1958年，开始由一季改种双季，亩产提高到350千克。1965年，境内双季稻面积达水稻总面积的85%。20世纪70年代，为提高产量，个别区块试种"麦—稻—稻""油（菜）—稻—稻"三熟制，但产量不理想。1980年以后，实行家庭联产承包责任制，依靠科学发展农业，大力推广杂交水稻。1990年，全镇水稻亩产达400千克以上。2000年以后，全镇有农业专业大户160户，租赁、承包水田1.61万亩，购置收割机等农机具60台件。2014年，全镇水稻种植面积3.23万亩，总产2990万千克；油菜种植面积4012亩，产量40万千克；红薯栽种面积2100亩，产量52.5万千克。

养殖业 境内传统养殖业以农户家庭散养为主，饲养耕牛作为役牛，饲养生猪、羊、鸡、鸭等家禽作为补偿收入，换取基本生活资料和生活用品。中华人民共和国成立后，政府鼓励农民发展养殖，实行国家派购，限制进入自由市场买卖。20世纪60年代生产队集体经营池塘养鱼。1970年后，生产队集体建猪场，由于经营体制、机制、技术等原因，未能有大发展。1982年实行农村家庭联产承包责任制后，市场放开，粮食增产，养殖专业大户开始涌现，各类家禽饲养向规模化、商品化方向发展。2014年年底，全镇有养猪大户149户，饲养生猪52310头，出栏33200头。养鱼大户48户，鱼塘面积3807亩，出产鲜鱼24.2万千克。养鸡大户52户，出产鲜蛋2.9万千克。养羊大户28

户,出栏肉羊13000只。

林业

▲ 境域竹海

1971年,黄土店公社在回龙桥大队兴办杉木林场,面积800亩。20世纪80年代改革开放后实行林业责任制,山林承包到户,农民注重在房前屋后植树造林,即美化庭院又增加收入。20世纪90年代起,政府提供山林防火、防护、油茶垦复等公共服务和指导。2014年年底,全镇有山林面积4.56万亩,其中油茶林40362亩,年产茶油20万千克;杉树林4943亩,木林蓄积12394立方米。其他树种如红豆杉、桂花树等遍植农户宅基周围。

工业

境内铁工、金工、木工、篾工、泥水工、锯木、剃头、弹花、裁缝等为传统手工业。中华人民共和国成立后,先后成立铁业社、木业社、搬运社。20世纪70年代,乡镇企业逐步发展,境内建起农具厂、建筑队、农机站、米粉厂、竹地板厂、水泥预制件厂。金霞山、半仙山、金沙洲出产黄金,自明代零散开采。1975年公社在半仙山兴办金矿,1977年建成机械化选场,日处理矿石50多吨,年产值320万元,解决120多人就业。后因资源枯竭,于1994年停办。1989年在白岩枞树岭岗兴建镇砖厂,2000年改由个人承包,年产值298万元。2013年在竹巷口跑马坪合资兴建私营环保砖厂,年产值110万元。2013年招商引资在青龙井村8组建立起福立鞋厂,占地20亩,厂房2幢,实现150人就业。至2014年,全镇有工业企业81家,从业人员1018人,实现工业总产值5000万元。

商贸服务业

境内有茶马古道通安化等地,自清代即为边贸重镇,为周边地区竹木、山货、木炭、茶叶集散地和丝绸、布匹、盐巴交易地,墟场集市贸易兴盛。民国年间,黄土店集镇有米行、山货行、布庄、金号、银楼、客栈、饭铺等十余家。20世纪50年代末成立黄土店供销合作社,独家经营各种南货、百货、生产资料。60年代,供销社在各大队设立代销点,在官仓、红岩、马家巷设立3个分社。供销社统管肉食、餐饮、生资,绝大多数物资凭票供应。80年代,个体商贸业开始发展。1980年,竹巷口村民刘德成率先在黄土店汽车站处兴办餐饮店、旅社,从业人员12人。1988年,青龙井村村民梁旦清开办境内第一个个体经营批发部。2000 年，黄土店供销社下岗职工王敬华创办境内第一家生活超市。2011 年，居民何健创办境内规模最大的购物广场，解决附近村民 60 人就业。2014 年，黄土店镇有餐饮、肉食、擂茶馆、美容美发、影楼、打印、家具、家电、建材、超市等商家 200 多家，年商贸服务经营收入 2100 万元。

其他产业

运输业 2014 年有从业人员 2400 人，大小客货车辆 980 台，营运收入 1489 万元。

建筑业 2014 年有从业人员 1490 人，纯收入 7886 万元。

劳务输出 2014 年在外打工 9880 人，在外创业 240 人，劳务输出收入 1.68 亿元。

经营性演艺团队 2014 年有号鼓队 15 支、军鼓队 5 支、舞龙腰鼓队 3 支，商业演出 4100 多场，收入 1500 万元。

三、基础设施

交通

1957 年 8 月，207 国道樟木桥至沧浪坪段建成通车，境内始有公路，过境 7.3 千米。12 月，黄土店至钱家坪的县道鲤群公路（鲤鱼嘴—群力）建成，全长 13.72 千米，境内长 4.5 千米。1958 年，黄唐公路（黄土店—唐家铺）通车，境内长 3.5 千米。1965 年 8 月，黄港公路（黄土店—港二口）建成通车，境内长 4.5 千米。1969 年 3 月，建成乡道青红公路（青龙井—红岩嘴），长 6.7 千米。1970—2000 年，境内陆续建成通村通组公路 180 条 436 千米。2000 年后，开始公路硬化，至 2014 年，全镇拥有公路总长 462.5 千米，其中硬化 450 千米。

邮政通信

民国 38 年（1949），境内首设邮电代办所，有一台手摇电话机。中华人民共和国成立后，设立黄土店邮电支局。1990 年移动、无线通信开始覆盖境域。1994 年邮政、电信分设。邮政支局编制 5 人，合同工 2 人，年进出邮件 3 万件，发行报刊 50 余种，投递线路 9 条，总长 160 千米。电信支局编制 5 人，合同工 2 人。2014 年，全镇拥有固定电话用户 1665 户，移动电话用户 18977 户，互联网用户 1015 户。

供电供水

供电 1965 年，在青龙井大队烟包山建起一座小型水轮机电站，供常德县第二中学、公社机关等单位照明。1979 年 3 月，在竹巷口大队鲤鱼嘴建起 2 台 110 千瓦机组的小水电站。4 月，建成国家电网 35 千伏变电站，集镇居民、医院、中小学等单位及 9 个大队用上电。1982 年全境实现通电，成立公社电力管理站。2003 年实施农电网改造，增加和更新变压器28台1650千伏安。2013年投资7000万元，新建11万伏变电站，更新变压器25台。2014年，全镇有输电线路52.1千米，变压器65台7575千伏安，总供电量733万千瓦时。

供水 1990年，镇政府投入80万元在镇渔场首建自来水厂，日供水量1200立方米，对集镇居民、企事业单位及周边9800人实现集中供水。2014年，国家投入3000万元在沧山水库大坝西侧新建沧山自来水厂，日供水6000立方米，全镇村（居）民实现安全饮水。

水利建设

1958年，境域数千群众参加修建沧山水库，建成后境内3万多亩农田受益。20世纪60—70年代，境内建起金霞山、尤家冲、白岩冲、蚂蝗冲、荷花堰、泮丘溶、姜家冲、鹿角冲、千斤陂、泮田冲10座小（Ⅱ）型水库，总库容139.7万立方米，灌溉面积5880亩。70年代，在枉水上游建起枫树坝、龙潭坝2座拦水坝，控制集雨面积108平方千米，有效库容21万立方米，灌溉面积1.59万亩。2014年，投资70万元对枫树坝改建，设立自动泄洪闸门，建钢板人行桥。投资2000万元对上高桥至龙潭坝的河道进行整治改造，浆砌护坡。

20世纪60—70年代修建起10座小（Ⅱ）型水库

库名	总库容（立方米）	有效灌溉面积（亩）	受益人口	投资（万元）	投工（万个）
金霞山	12.5	550	310	152	3.2
尤家冲	21.6	800	502	195	2.8
白岩冲	14.5	750	357	92	2.7
蚂蝗冲	13.1	550	435	89	1.8
荷花堰	16.5	650	426	156	2.1
泮丘溶	12	500	319	137	2.0
姜家冲	11.3	480	306	86	1.8
鹿角冲	13	550	312	136	2.3
千斤陂	13	500	296	93	1.9
泮田冲	12.2	550	285	88	2.5

集镇建设

黄土店集镇为鼎城区东南门户镇，清代和民国时期，有茶马古道穿过集镇街道，街道长800余米、宽6米许，卵石铺面。有商铺10多家。中华人民共和国建立后，集镇建设发展较快。至1987年，建成常安、中心、金霞、长堤、黄龙5条街道和友谊巷、水井巷、木瓜园巷等4条巷道，总长5200米，街道路面全部水泥、沥青硬化。有路灯、公厕等设施。集镇占地面积1.96平方千米，常住人口3489人。1990年起，修建农贸市场、竹木市场等专业市场，加大集镇扩容和基础设施建设。2014年，集镇设5个居委会，总面积3.9平方千米，其中集镇建成区面积3平方千米，建筑总面积12.8万平方米。街道总长9085米，拥有商店、超市200多家。供水、供电、通信、绿化、亮化、美化、排污等基础设施基本完善，常住人口7680人。

四、社会事业

教育

民国38年(1949)，境内有桃花庵、白岩庵、玉印、红岩、黄土店5所小学，学生300多人。中华人民共和国成立后，境内教育快速发展。1950年，设仙峰山、陶金坳、虎形山、鹿角冲、红星、玉荫山、红岩、官仓等14所初级小学和黄土店完全小学。1956年，黄土店完小附设初中。1958年，黄土店完小附中改为常德县第二初级中学；1960年改为常德县第二中学，开始招收高中生。1961年，官仓、红岩两所初小升级为完全小学。1963年，黄土店完小被省教育厅列为省重点完小。“文化大革命”时更名为“五七小学”。1984年改名为“黄土店镇中心小学”。1964年2月，创办黄土店公社农业中学，有教师2名，学生不足50人，校址设在废弃的农机站。1969年迁到竹巷口谢家湾，更名为黄土店公社五七中学，增设高中班。1984年改名为“黄土店镇中学”。70年代初、中期，全公社19个大队小学设初中班。1979年9月，撤销公社中学高中班和各小学初中班，在七斗桥与桃花庵交界的庙子头新设官仓中学。1987年，台胞朱训捐赠300万元，在七斗桥村址创办朱训实验完小、朱训文化馆、朱训中学。1988年，常德县第二中学更名为鼎城区第二中学，1995年，停办初中部。1995年镇域有区属高中1所，初中2所，小学20所，其中完全小学8所，有教师386人，在校初中学生1600余人，小学生3370余人。2000年以后村办小学陆续撤销。至2014年，镇域有镇中学1所、中心小学1所、幼儿园4所和驻境区第二中学，教师212人，在校高中生700人，初中生281人，小学生824人，在园幼儿510人。

医疗卫生

民国年间，境内有一家私人诊所，医务人员4人，个体郎中数名。中华人民共和国成立后，1953年组建黄土店联合诊所，医务人员13人，设中西两科，1958年改建为公社卫生院，医务人员38人，地址迁到中街，设有门诊部、住院部、宿舍区和中、西、内、妇产、检验、放射等科。1969年，各大队建立合作医疗站，公社卫生院负责对大队赤脚医生、接生员的管理和分期分批培训。

80年代实行计划生育、优生优育政策。对育龄妇女、产妇、婴幼儿、儿童实行卫生、保健、防疫工作制度。妇保专干定期下乡对孕、产妇进行产前、产后访视和孕、产前检查。对 0～6 岁儿童实施卡片记录跟踪管理，免疫预防接种。

2001 年建立起 19 个村卫生室，聘任乡村医生 19 名，主要负责村民疾病预防、妇幼保健、公共卫生管理等。

2009 年实行新型农村合作医疗制度后，建立常住居民健康档案，每年对 60 岁以上老人进行一次免费体检。对糖尿病、高血压病人进行特殊管理，对新生儿、0～6 岁儿童进行系统管理，建卡建档，建立孕妇保健手册，实行优生优育。

黄土店镇中心卫生院 1958 年建立，名金霞公社卫生院。1961 年更名为黄土店公社卫生院。1984 年改为黄土店镇卫生院。1992 年，改为黄土店镇中心卫生院。2014 年，该院用地面积 1 万平方米，建筑面积 5000 平方米，医务人员 38 人，住院床位 40 张，设立有外科、五官科、肛肠科、儿童保健、心电图等科室，装备有 200 毫安 X 光机、全自动生机检测仪、B 超机、心电监护仪等多台(套)设备，下辖 19 个村卫生室，2014 年接纳门诊、住院病人 24200 人次。

文化广电

文化 境内口口相传、师徒相传、家族相传的表演形式有渔鼓、三棒鼓、腰鼓、采莲船、戏蚌、舞龙舞狮和金霞山歌小调、儿童民谣，许多资料版本被收入《常德县民间文化集成》。20 世纪 60—70 年代，盛行“破四旧立四新”，跳“忠”字舞、唱领袖语录歌、演“样板戏”、为群众主要文化娱乐方式。改革开放后历史传统地域文化复兴，群众文化重新活跃，自发成立演艺团体，或自娱自乐，或为农村婚丧嫁娶助兴。2003 年，镇民间文化艺人刘昌会创作的《三老倌进京》，在湖南省沅水流域鼓文化表演中获金奖。2006 年起，境内先后成立 15 支号鼓队、2 支军鼓队、1 支舞龙队、2 支腰鼓队、6 支广场舞表演队。2010 年办起老年学校，开设保健养生、书画、器乐、太极、声乐、舞蹈等课程。

广电 1974 年，境内拉通有线广播。2014 年，实现广播“村村通”。电视收视覆盖率达 100%，其中有线电视占 70%，卫星天线接收电视占 30%。广电宽带网入户 2310户。

社会保障

农村五保 20 世纪 60 年代起，由生产队对孤寡老人及无劳动能力的人实行保吃、保穿、保医、保住、保葬的“五保”社会保障。2010 年镇建立起敬老院，部分五保人员入院集中供养，资金由区、乡统筹负责，未入院者供养关系不变。2014 年，全镇供养五保人员 330 人，其中集中供养 51 人，全年发放五保金额 106 万元。

城乡贫困居民最低生活保障 2005 年开始实施，由民政部门负责管理。2014 年对城镇低保 245 户 315 人、农村低保户 850 户 920 人发放保障金 234 万元。

农村居民养老保险 2009 年开始实施，2014 年有 8925 人参保，参保率 95%，上缴新农保基金 98 万元，已享受养老保险 4052 人，按月标准 75 元 / 月，每年支付养老金243万元。

新型农村合作医疗 2005年实施，全镇参加“新农合”农村居民18520人，参合率100%；城镇居民1690人，参合率100%。2014年农村合作医疗收费171.25万元。

机关事业单位养老保险 境内机关事业单位保险由区人社局和区机关事业单位保险站管理。全镇国家干部、教师、医生、站所职工全部参加事业单位养老保险。2014年，1021名退休人员由区社保站直接打卡发放养老金。

人民生活

1949年前，农业生产水平低下，温饱没有保障，居住为木板房、茅草房，穿着为土织布，照明点桐油灯或烧篾片。

1949年中华人民共和国成立后，特别是改革开放后，农村经济发展，群众收入逐步增加，生活由温饱向小康迈进。1986年人均有粮400千克，人均收入3100元。2013年人均有粮1200千克，人均收入7370元。2014年农村居民人均收入8019元，人均储蓄3570元。

20世纪90年代起，农村住房开始由木板房向砖瓦房—楼房—院落房升级，至2014年，90%的农户建起钢筋水泥结构的新式楼房。出行由自行车向摩托车—家庭小汽车升级。彩电、冰箱、洗衣机、空调、电脑、热水器等家用电器在农家逐渐普及。

境内传统生活能源以秸秆、柴草为主，80年代起部分农户用上生活用煤，20世纪90年代部分农户开始用电煮饭烧水。21世纪后试行农村沼气工程，部分农户建起沼气池，因耗料耗工实效不显等原因被放弃。2010年后，部分农户使用石油液化气，许多农户实行柴、煤、电、气混用。农家山庄为迎合乡村旅游需要，又回归柴火灶。

五、特色地情

人物

杨彝珍 （1806—1898） 字性农，回龙桥村人。生于嘉庆十一年(1806)，童年好学，终日刻苦攻读。道光四年(1850)19岁时入邑庠(县级学校)。道光十二年(1832)参加湖南乡试，考中举人。道光三十年(1850)考中进士，选翰林院庶吉士。同治九年(1870年)，滨湖地区发生大水灾，饿殍载道，人心浮动，彝珍拿出积蓄的“善谷”近千石赈济饥民。晚年热爱教育事业，曾捐田400亩，在德山孤峰岭创办移芝讲社。光绪十七年(1891)，重宴鹿鸣。晚年将所著诗文编为《移芝室诗文全集》16卷刊行于世。光绪二十四年(1898)去世，享年93岁。

杨筠如 （1901—1946）名德昭，白岩冲村人。自幼酷爱史书，1918年考入湖南省立第二中学，后去上海，入东南大学。未毕业考入清华大学研究院，专攻史学。毕业后，由业师梁启超介绍，在福建集美中学任教，不久赴日本留学，回国后，历任厦门、中山、暨南、青岛、河南、四川、湖南各大学讲师、教授，其间，又东渡日本考察教育一年。民国26年(1937)，抗日战争爆发，回到常德，先后担任过常德县立中学校长，移芝中学校长，常德县参议会议员。毕生精力尽瘁于教育事业，与吴晗、廖沫沙、翦伯赞等著名历史学家同好相契，有论学之雅。著有《荀子研究》《九品中正与六朝门阀》《尚书敫诂》《中国通史》等著作，民国35年(1946)病逝。

革命烈士

李甫堂　县农协会执行委员，1927年因“农运”被国民党杀害。

杨克笃　中国人民志愿军文化教员，1951年在朝鲜作战牺牲。

唐谷秋　中国人民志愿军战士，1953年在朝鲜作战牺牲。

何吉仲　中国人民志愿军战士，1953年在朝鲜作战牺牲。

曾宪斌　中国人民志愿军副班长，1953年在朝鲜作战牺牲。

唐炳为　8502部队战士，1959年在新化因公牺牲。

王国新　8361部队战士，1960年在溆浦因公牺牲。

甘文华　8376部分战士，1966年在涟源因公牺牲。

徐自行　53046部队战士，1979年中越边境自卫还击作战中牺牲。

邓贵保　53046部队战士，1979年中越边境自卫还击作战中牺牲。

风景名胜

金霞山　位于金霞山村、沧山乡、青龙井村、霞峰村、港二口镇黄鹤桥村交界处，海拔244.2米。山峦耸翠，枉水迂回，霞光时映，绚丽多姿。主峰如啸天狮子，呈五龙抚霞和虎踞龙盘之势。明代苏州文人岳岱游后赋诗：“鸟归山日落，石壁开返照。金霞赤城行，复归临海峤。披襟坐春台，幽怀发孤啸。”“金霞夕照”由此得名，成为武陵八景之一。山上有金霞古寺，始建于明代，系木结构瓦房。1998年重建。2001年，在古寺山梁建有祈佛堂和直通祈佛堂，长600米、宽3米的水泥公路。

青龙井　位于金霞山东麓青龙村。相传东海龙王曾把幼子青龙放在枉水河的龙潭坝中修炼，用口中吐出的清泉润泽周围的土地。青龙井由此得名。

晒谷岩　位于金霞山西北麓，顶部为天然生成的10平方米石坪，相传古时候有神工在坪上晒谷。

仙娘洞　位于青龙井村8组半仙山下，洞高近2米，宽1.5米，深30多米，洞内有泉水流出，水质清冽醇香，四季不涸。

老虎岩　位于金霞山主峰北面约400米处的山脊上，为花岗石天然形成，酷似卧虎。

金牛洞　位于金霞山主峰东北1200米处的金霞渠道边，相传洞内曾有金牛。金牛洞坐西朝东，高3米、宽2米，洞口外形像金牛，洞内有通道，系洪武年间采金形成。洞外曾古树参天，1958年“大跃进”时被砍伐，现仅存灌木和经济林。

地方特产

黄土店擂茶 相传东汉初年时，伏波将军马援带领军队，经黄土店征伐五溪蛮时，士卒被瘴气感染，有鹤发老者授以擂茶解之。擂茶有生津解渴、温和中胃、提神健脑、祛风除湿之功效。后流传下来成为乡民日常饮品和待客之物。制作擂茶，需先将擂钵、擂棒洗刷干净，把炒熟的芝麻、花生、茶叶、生姜、大米按一定比例装入擂钵，加入少许清水，然后坐好将擂钵放入两腿内侧夹紧，单手或双手紧握擂棒下部30～40厘米处，从擂钵底部沿钵壁旋转擂捣，直到将原料擂烂如泥，用器具盛好待用。用降温至80℃的开水冲沏即成。喝擂茶时佐以锅巴、馓子、坛子菜等，称为搭茶。

2000年，黄土店擂茶逐渐成为常德市区餐饮品牌、乡村旅游品牌和镇域产业。2014年，市、区、镇有号称“黄土店擂茶馆”者逾100家，从业人员数百人，其中集镇有擂茶馆10余家，从业人员近100人，年产值约500万元。

锅粑 为煮饭时锅底被烧黄的一层饭粒，将饭盛走后，剩锅巴在锅内，均匀撒少许盐，盖上锅盖，微火慢烧，锅巴与锅自然脱离，经晒干后备用。油炸食用，脆香可口，是喝擂茶的主要搭茶之一。

馓子 将糯米浸泡1～2天，淘洗晾干，上蒸笼蒸熟，装入一个个用窄篾做成的直径约10厘米的馓模内，一个馓模装米饭一两许，抹平脱模，晒干备用。油炸食用，其味松脆。

米皮 将籼米浸泡1～2天，淘洗磨浆，可根据需要在米浆里放少量食盐或白糖。再将适量米浆倒入平底浅木盆荡平摊薄，放入开水锅内蒸熟。熟后小心将米皮剥下晾挂于竹竿上晒干，或在半干时切小片晒干。食用时用油炸，掌握火候适时捞起，成风味小吃。也可在半干时切成条状，称为米面，食用时用开水煮热，加上佐料，可为主食。

糍粑 一般在腊月制作，以糯米为原料，清水浸泡后用甑蒸熟，再迅速放在石臼里，用木杵、木槌捶捣至绵软柔韧、看不见饭粒的泥状。趁热放在一张大门板上，平整成约5厘米厚，等变冷变硬后，用刀切成块，或用印模压成各种形状和花纹，再装入瓦缸或木桶，盛上新鲜的冷水浸泡保存，煎炸烤煮均可。春节期间亲朋好友造访，糍粑为必备的待客食品，也是新女婿给岳父母拜年的礼品之一。

六、各村(居)简介

新田岗村

位于镇南，距镇治所3千米，东接金城堡村，南抵陡水坡、青岗冲村，西邻凉水井村，北靠竹巷口村。区域面积3.43平方千米，耕地1269亩，林地2797亩。辖12个村民小组,297户898人,以孙姓居多,杨姓次之。森林覆盖率85%,出产茶油。水稻种植为主,兼种红薯、黄豆等。2014年自筹资金20多万元重建“仙峰山庵”。2016年与青岗冲村、金城堡村合并,新命名为金城堡村。

青岗冲村

位于镇东南,距镇治所8千米。东接铁炉坪,南抵栗岗岭、陡水坡,西接新田岗,北连金城堡。区域面积4.56平方千米,耕地1317亩,山林320亩。辖13个村民小组,321户1045人,以林姓为多,唐姓、孙姓次之。木材资源丰富,年林木出售收入10多万元。种植水稻为主,辅以劳务输出(服务业、建筑业)为特色。2016年与新田岗村、金城堡村合并,新命名为金城堡村。

金城堡村

位于镇东南,距镇治所3.5千米。东接汉寿县赤金村,南抵青岗冲村,西邻竹巷口村,北靠回龙桥村。区域面积2.99平方千米,耕地1213亩,林地1699亩。辖7个村民小组,216户747人。以孙姓居多,李姓次之。森林覆盖率80%,主种水稻。村民杨再军等在广东创办起塑料厂,年产值1.8亿元。村民蔡海清经营建材、水泥,创办纸厂,产值过2000万元。2016年与青岗冲村、新田岗村合并,沿用金城堡村名。

回龙桥村

位于镇东,距镇治所3千米。东接汉寿县朱家铺镇赤金村,南抵金城堡村,西邻竹巷口村,北与冲天坳村、曙光村接壤。区域面积3.7平方千米,耕地1516亩,林地2275亩。辖9个村民小组,261户820人。以杨姓、高姓居多,周姓次之。森林植被覆盖率80%,20世纪70年代公社在村内兴办杉木林场。主种水稻,出产茶油,年劳务输出务工收入约300万元。

竹巷口村

位于镇南,距镇治所1千米。东接新田岗村,南抵凉水井村,西、北与集镇街道相连。区域面积3.77平方千米,耕地1512亩,山林1905亩。辖10个村民小组,335户1206人。以周姓为多,康姓、刘姓次之。地势东高西低,主种水稻。20世纪末在鲤鱼嘴修建起0.4千伏小水电站。2002年村民刘红安创办起“金沙洲休闲山庄”;2009年9组建起面积50亩葡萄园;2013年跑马坪组创办环保砖厂;2014年永乐科技园蔬菜基地落户9组。2016年与上街居委会合并,新命名为上街居委会。

千斤陂村

位于镇北,距镇治所1千米,东接冲天坳村,南抵集镇街道,西邻白岩冲村,北与湖堤接壤。区域面积2.2平方千米,耕地1079亩,山林1137亩。黄土店变电站、小Ⅱ型千斤陂水库坐落其境。辖8个村民小组,233户785人。以周姓居多,杨姓次之。东部为丘陵油茶山,西部主种水稻。养殖业以养鸭为特色。2016年与下街居委会合并,新命名为下街居委会。

冲天坳村

位于镇东北，距镇治所3千米。东接唐家铺乡曙光村，南抵回龙桥村，西邻千斤陂村，北与湖堤村接壤。为丘陵山岗地，主种水稻。区域面积5.1平方千米，耕地3256亩。辖13个村民小组，383户1268人。以尹姓居多，杨姓次之。外出务工人员以到外地集镇开设商品批发经营为特色。民营企业家居多，涉及糕点、建筑、纸业、车辆修配等行业，产值均过千万元。2016年与湖堤村合并，新命名为湖堤村。

湖堤村

位于镇北，距镇治所3千米。东接冲天坳村，南抵千斤陂村，西邻七斗桥，北与官仓接壤。区域面积4.27平方千米，耕地2423亩，林地994亩。辖14个村民小组，492户1605人。以李姓居多，聂姓、梁姓次之。207国道以东为丘岗，以西为平地。主产稻谷，20世纪60年代建有小(Ⅱ)型水库——姜家冲水库。以种粮、养猪、养鱼、养鸭、山林承包专业户为生态农业特色。2016年与冲天村合并，沿用湖堤村名。

官仓村

位于镇北，距镇治所4千米。东接杉木村，南抵湖堤村，西邻七斗桥村，北与鹿角冲接壤。区域面积3.08平方千米，耕地1703亩，林地914亩，辖10个村民小组，323户1022人。以李姓居多，黄姓、梁姓次之。地势东高西低，东部丘陵，森林植被覆盖率85%，西部为平地，主种水稻。以种粮大户和养鸭专业户带动村经济发展。2016年与鹿角冲村合并，沿用官仓村名。

鹿角冲村

位于镇北，距镇治所8千米。东接杉木村，南抵官仓村，西邻桃花庵，北与草坪镇兴隆街村相连。为丘陵山岗地，区域面积4.41平方千米，耕地2223亩，林地2357亩。辖15个村民小组，368户1338人。以钱姓为多，陈姓、邹姓、饶姓次之。种植水稻、茶油为主，辅以黑山羊、生猪养殖为经济特色。2016年与官仓村合并，新命名为官仓村。

桃花庵村

位于镇北，距镇治所5千米。东接官仓村，南抵七斗桥村，西邻黄花堰村，北与草坪镇兴盛村相连。区域面积3.97平方千米，耕地1798亩，林地2603亩。辖13个村民小组，334户1086人。以朱姓、曾姓居多，伍姓、陈姓次之。地处丘陵山冈，森林植被覆盖率80%。种植水稻为主，辅以药材收购销售、外出务工为特色。2016年与七斗桥村合并，沿用桃花庵村名。

七斗桥村

位于镇西北，距镇治所5千米。东接官仓村，南抵白岩冲村，西邻株树岗村，北与桃花庵相连。区域面积3.01平方千米，耕地1474亩，林地1627亩。辖9个村民小组，234户768人。以邓姓为多，陈姓次之。60年代建有小(Ⅱ)型蚂蝗冲水库。地处丘陵，主种水稻，辅以养猪、大米加工、外出务工为特色。2016年与桃花庵村合并，新命名为桃花庵村。

青龙井村

位于镇西，距镇治所1千米。东接镇街道，南抵霞峰村，西邻港二口镇黄鹤桥村，北与金霞山村接壤。区域面积3.64平方千米，耕地1657亩，林地1939亩。辖12个村民小组，360户1228人。以胡姓为多，杨姓次之。建有库容12.5万立方米的小(Ⅱ)型金霞水库。出产黄金，1975年公社在半仙山兴办金矿，开采脉金。90年代兴办起青龙井、金沙矿泉水厂。辅以养猪、养鱼为特色。2016年与金霞山村合并，新命名为金霞山村。

金霞山村

位于镇西，距镇治所4千米。东、南接青龙井村，西邻黄鹤桥村，北与白岩冲、沙溪坪村相连。区域面积5.14平方千米，耕地1983亩，林地3104亩。辖14个村民小组，422户1325人。以杨姓为多，胡姓次之。地处丘陵，境内金霞山建有“金霞古寺”。产黄金，20世纪70年代开采极盛，年黄金销售过100万元。以种植大户、养鸡专业户带动村经济发展。2016年与青龙井村合并，沿用金霞山村名。

白岩冲村

位于镇西北，距镇治所3千米，东接千斤陂村、湖堤村，南抵金霞山村、青龙井村，西邻株树岗村，北与七斗桥村接壤，因白岩冲有白岩问世而得名。区域面积5.99平方千米，耕地2468亩，林地3481亩。辖13个村民小组，441户1484人。以杨姓为多，向姓次之。地处丘陵，主种水稻，出产茶油，林地森林覆盖率80%，有白岩、尤家冲两座小(Ⅱ)型水库。辅以制砖、养鱼、外出务工为经济特色。

株树岗村

位于镇西北，距镇治所5千米。东接七斗桥村，南抵白岩冲村，西邻沙溪坪村，北与红岩嘴村相连。区域面积3.74平方千米，耕地1457亩，林地2307亩。辖10个村民小组，236户745人。以杨姓居多，周姓次之。地处丘陵山冈，木材、花木资源丰富，年出售树木收入20多万元。外出务工人员目的地以深圳、广州、新疆、国外为多。2016年与沙溪坪、红岩嘴、黄花堰村合并，新命名为红岩嘴村。

沙溪坪村

位于镇西北，距镇治所7千米。东接株树岗村，南抵金霞山村，西邻袁家湖，北与红岩嘴相连。区域面积2.73平方千米，耕地1520亩，山林面积1138亩。辖8个村民小组，279 户 945 人。以袁、肖两姓居多，张姓、喻姓次之。林地森林覆盖率 75%。主产水稻，种粮大户承包水田过 1000 亩。辅以养猪、外出务工为经济特色。2016 年与株树岗、红岩嘴、黄花堰村合并，新命名为红岩嘴村。

红岩嘴村

位于镇西北，距镇治所 9 千米。东北接黄花堰，南抵沙溪坪，西邻长茅岭。区域面积 2.74 平方千米，耕地 1593 亩，林地 1064 亩。辖 11 个村民小组，249 户 830 人，少数民族占 1.7%。以肖姓居多，刘姓次之。地处丘陵，林地森林覆盖率 80%。种植水稻为主，出产茶油。2000 年后新修村组水泥路 7.5 千米。2016 年与株树岗村、黄花堰村、沙溪坪村合并，沿用红岩嘴村名。

黄花堰村

位于镇北，距镇治所 10 千米。东连桃花庵村，西接红岩嘴村，南抵七斗桥村，北与草坪镇兴盛村接壤。区域面积 2.97 平方千米，耕地 1531 亩，林地 1575 亩。辖 10 个村民小组，230 户 750 人。林地森林覆盖率 80%，种植水稻为主，兼种花生、黄豆等。何家嘴山中出产沙金。以种植大户、外出务工为经济特色，年务工收入约 800 万元。2016 年与株树岗村、沙溪坪村、红岩嘴村合并，新命名为红岩嘴村。

上街、中街、下街、友谊、金沙居民委员会

位于镇政府治所地，东、南连接竹巷口村，西邻青龙井村，北与千斤陂村接壤。1949 年中华人民共和国成立后始设集镇居委会。60 年代先后分设上街、中街、下街、友谊居委会。1987 年竹巷村三组、千斤陂村一组、青龙村三组析出，增设金沙居委会。集镇区域面积 0.79 平方千米，耕地 300 亩，林地 145 亩。辖 3100 户 10350 人。1980 年老街区改建，1984 年扩建金霞街、常安街，1986 年主街道路实现硬化。2014 年集镇拥有商铺、超市、宾馆、酒店等 200 多家，建有农贸、木材等专业市场。2016 年竹巷口村并入上街居委会，千斤陂村并入下街居委会。

（执笔：胡永涵 黄兆宪 编辑：刘忠祥）

谢家铺镇

地图审图号：湘 S(2008)052 号

一、区域概况

地理位置

谢家铺镇位于区境东南大门，东与汉寿县聂家桥乡、毛家滩回维乡相邻，南与汉寿县朱家铺镇隔河相望，西与唐家铺乡接壤，北与石门桥镇毗连。因明代有谢姓人家开商铺而得名。镇人民政府驻桥头居委会，距区人民政府驻地 22 千米。

建置沿革

民国年间，属维新、保卫、金霞 3 乡。中华人民共和国成立后，1949 年属维新乡。1950 年废除乡、保、甲制，1951 年设鹿角坪、云车山、金泉山、雷轰山、官桥坪、边山铺等小乡，1956 年 6 月合并为谢家铺乡。1958 年，实行人民公社体制，属东风人民公社。1961 年 3 月，缩小公社规模，析置谢家铺人民公社，属石门桥区。1966 年 6 月，从谢家铺公社析出部分大队，置官桥坪公社。1984 年撤销人民公社，分别更名为谢家铺乡、官桥坪乡。1989 年，谢家铺乡改为谢家铺镇。1995 年，官桥坪乡、赵家桥乡并入谢家铺镇，先后属石门桥区、片、办事处。1996 年，析出原赵家桥乡区域划归石门桥镇。2015 年 11 月，全省实行乡镇区划调整，唐家铺乡并入谢家铺镇。

区划面积

1987 年，谢家铺乡辖玉峰山、下陈湾、泉塘、鹿角坪、匡家桥、向家巷、公王庙、栗山湾、港中坪、雨堂庵、丁家桥、桂花树、谢家铺 13 个行政村。原官桥坪乡辖唐家坝、边山铺、黄马井、仙羊、八方巷、高湖庙、栗家庵、蓝竹、雷轰山、施家陂、王家湾、官桥坪 12 个行政村。

1996 年，谢家铺镇辖丁家桥、桂花树、栗山、港中坪、公王庙、匡家桥、向家巷、泉塘、鹿角坪、下陈湾、玉峰山、雨堂庵、官桥坪、高湖庙、黄马井、仙羊冲、施家陂、八方巷、粟家庵、王家湾、楠竹山、雷轰山、唐家坝、边山铺 24 个行政村和桥头居委会，总面积 62.1 平方千米，耕地面积 2.87 万亩，水域养殖面积 480 亩。至 2014 年，全镇行政区划和总面积无变化，耕地面积 2.37 万亩，其中水田 2.27 万亩，旱地 1072 亩。

人口民族

1996 年，全镇有 5688 户 23182 人，其中少数民族 1400 余人。2003 年，全镇有 25361 人，其中非农业人口 1205 人。2014 年，全镇有 6700 户，27880 人，其中男性 14498 人，女性 13382 人，农业人口 25800 人。总人口中，汉族 24886 人，回族 415 人。

自然环境

镇域属低丘岗地，地势西北高，东南低，最高点玉峰村 2 组刘家庵海拔 113 米，最低点政府机关院内海拔 38.8 米，全境平均海拔 46 米。属亚热带湿润气候，春多阴雨日照少，夏先涝后旱，初秋燥热晚秋凉，严冬短有雪霜。年均降雨量 1500 毫米，集中在 4—7 月。年最高气温为 41℃，年最低气温为 -3.8℃，年平均气温 18℃。年日照时数 2880 小时。无霜期 280 天。主要野生动有野兔、野鸡、竹鸡、黄鼠狼、斑鸠、喜鹊等，植物有油茶、杉、松、竹、丹桂、红枫、香樟等。矿产资源主要为砂石，地下水资源丰富，水质达饮用矿泉水标准。

二、经济发展

经济综述

20世纪90年代起，加大对关门洲水库、庙潭河坝等水利设施的整修力度，治理水土流失，引进优质水稻品种和先进生产技术，农业生产逐年上台阶。2000年镇村集体企业改制后，民营经济发展迅速，2003年，全镇实现工农业总产值2.6112亿元，其中工业产值2.1534亿元，农业产值4578万元。2014年，全镇实现社会生产总值2.07亿元，农民人均纯收入7448元。

农业

种植业 境内种植以水稻、棉花、油菜、油茶为主，花生、玉米、红薯、黄豆、高粱为辅。水稻种植为第一主业，按品种分为籼稻、粳稻。按栽培时间分早稻、中稻、晚稻。20世纪50年代前，由于耕种方式低下，品种落后，单产极低。20世纪50—60年代初解决水稻易倒伏问题后，产量相对提高20%～30%。70年代成功推广两系杂交水稻后，每亩单产逐年从250～300千克提高到2000年后的500～900千克。油菜为境内冬季农业生产龙头作物，种植历史悠久，种植面积仅次于水稻。实行田地套种，山坡空地、公路两侧集中栽种。种植方式分为直播和育苗移栽。2003—2004年推广油菜杂交良种，亩产油菜籽稳定在90千克。国家“十二五”计划期间，境内农业机械化得到推广、普及，耕田耕地、栽插收割、除虫施肥、兴修水利等传统劳作方式逐渐被机械化、半机械化代替。2014年，全镇有各类农业机械1000台(件)。

养殖业 民国时期，农户饲养生猪、鸡鸭等家畜家禽，用于自给或换取生产生活资料。养鱼靠自然生长，1949年鲜鱼亩产不足10千克。50年代，政府鼓励养殖，但不得自由买卖。1978年在政府部门支持下建起阴家冲渔场。20世纪80年代末90年代，家庭养殖得到大力发展，农户改传统散养为圈养、群养，使用配制饲料，生猪鸡鸭饲养向商品化规模化发展，形成一批养鸡、养鸭、养鱼、养猪、养牛专业村和专业户。2014年全镇出栏生猪3.2万头、羊4000只，饲养肉牛700头、鸡32万羽、鸭15万羽，养殖水面1800亩，鲜鱼产量981吨。

林业

油茶林占山林面积95%。1949年前，林地属私人所有，自育自管。1958年，林地归公社所有。1963年，执行中央政策规定，山林由生产队管理，实行封山育林，禁止乱砍滥伐。2007年起，实行油茶林垦覆和改良，先后垦覆油茶山1.2万亩、新改良油茶山0.4万亩。2014年，换发全国统一林权证，承包期延长至2052年，镇内出现数十个造林大户。2015年，全镇有林地26105亩，其中油茶林占95%，零散杉木、楠竹林穿插其间。

工业

民国时期，境内手工业繁荣，各行业工匠颇多。木机纺纱织布、手工印染、手工裁缝、木器制作、烧砖制瓦，酿酒熬糖、铁器打制等小作坊若干，应有尽有。20 世纪 50 年代后，个体手工业或被改造，或被限制，逐渐退出。1969 年开始兴办社队企业（1984 年后称乡镇企业），相继组建公社农机站、制茶厂、农具厂、建筑队、搬运队。20 世纪 80 年代后，相继建起纺织厂、轮窑砖厂、预制板厂、鞭炮厂、酒厂等。1996 年，有乡镇企业 95 个，产值 6900 万元，其中工业企业 11 个，产值 4100 万元。2014 年，境内有规模工业企业 3 个，工业产值 5400 万元。

谢家铺镇第一砖厂 镇办企业，位于桂花村，国道 319 旁。建于 1980 年，后几次扩建，占地 200 亩，2015 年产值 940 万元。

谢家铺镇第二砖厂 镇办企业，位于施家陂村，国道 319 旁。建于 1984 年，有固定资产 300 万元，占地 280 亩，2015 年产值 780 万元。

宏广砖厂 民营企业，位于桥头居委会，建于 1994 年，固定资产 300 万元，占地 150 亩，日产红砖 8 万块，2014 年产值 980 万元。

常德市凯利酒厂 民营企业，位于向家巷村，建于 2013 年，厂房占地面积 23 亩，总投资 5000 万元，2014 年投产，年产值 1800 万元。

众鑫棉业 民营企业，位于公王庙村，2010 年投产，有固定资产 300 万元，占地 30 亩，2014 年产值 1100 万元。

嘉鑫纺织 民营企业，位于公王庙村，1998 年投产，有固定资产 500 万元，占地 50 亩，2014 年产值 3000 万元。

谢家铺镇预制件厂 镇办企业，位于桥头居委会，建于 1987 年，有固定资产 50 万元，占地 5 亩，2014 年产值 200 万元。

华富田烟花鞭炮 民营企业，位于王家湾村，建于 2009 年，有固定资产 300 万元，占地 180 亩，2014 年产值 640 万元。

商贸服务业

镇域与汉寿县交界，为县际边贸重镇，常德至长沙公路穿境而过。民国年间即已形成集镇，街道长 200 余米，有商铺、客栈数十家。1958 年起，集市贸易受限制，个人贸易视为投机倒把被打击，所有产品由供销社、粮店、肉食水产站等实行统购统销。1969 年后，每逢农历三、六、九日设立赶场日，有限放开一些生活用品、生产资料的交易活动。改革开放后，产品丰富，贸易繁荣，市场条件逐步改善，集镇建设迅速发展，常德汉寿两县分别设立供销合作社。1982 年，建起中南五省最大的竹木交易市场，交易活动辐射湖南、湖北等地，日最大成交量达 1000 立方米。2005 年后，市场逐渐萎缩。1985

年，建起湘鄂川最大的生猪交易市场，远销广东、广西、海南等地，日最大生猪成交量达2000头。2010年后，市场逐渐萎缩，因污染环境，于2012年停办。2010年，建成鼎城区第一条乡镇商贸步行街，长330米，宽14米，大理石路面，占地6180平方米，有固定门面140个、摊位118个、临时摊点若干。2014年，集镇有超市、百货、家电、家具店、建材店、药店等各类商业店铺300多家，饭店酒店30家。每逢场日和节假日，赶集人员达万人之多，年商贸成交额2.6亿元。

▲ 谢家铺镇集镇

其他产业

常德卷烟厂谢家铺搬运队 20世纪60年代中期因常德卷烟厂厂长为谢家铺镇向家巷村人，即以向家巷、边山铺大队为基础组建起常德卷烟厂搬运队，由几十人逐步发展到几百人，成为一支早期的农民集体进城务工队伍。由人力肩挑、板车、手推车运输装卸逐步发展到半机械、机械装卸，由松散型管理到公司化运作管理。21世纪初，以此为基础组建起常德卷烟厂鼎城区兴隆劳务公司，成为鼎城区人民政府控股，谢家铺、石板滩两镇参股的大型专业劳务服务公司。

建筑、家装队伍 20世纪90年代，由境内包工头带出一批建筑装修人员，并不断向深圳、广东输送，延伸辐射全国各地。后专注于家装，形成地域专业队伍和品牌。

劳务输出 20世纪90年代后期起，全镇每年向广州、深圳、北京、上海、东莞、新疆、青海等地输出劳务工8000人以上，包括木工、泥工、水电工、油漆工、司机等各类技术型从业人员。至2014年，拥有能提供挖掘机、碾压机、推土机、起吊机、运输等100多台机械车辆服务的专业队伍。

三、基础设施

交通运输

公路、铁路 民国19年(1930)，长沙至常德公路(今国道319)建成通车，过境12.2千米，从丁家桥村四组天平丘进入镇境内至高湖庙村五组出境，共12.2千米。其他大部分地方货物进出靠肩挑背扛，70～80千克以上重物靠木制独轮车(俗称鸡公车

)运送。20 世纪 50 年代农民交公粮，仍用鸡公车运到德山老码头。1960 年建成县道谢家铺至逆江坪公路，全长 41.3 千米，过境 6 千米。1962 年，建成乡道黄土店至赵家桥公路，全长 25 千米，过境 13 千米。镇域交通逐步改善。改革开放后，加快交通基础设施建设。20 世纪 90 年代末大力修建村组公路。2014 年，全镇建成村组公路 150 千米，全部实现路面硬化，形成村村相接、组组相连、户户相通的乡村公路网络体系。

石长铁路穿境而过，从丁家桥四组天平丘进入至高湖庙五组出境，全长 12.32 千米。

交通运输管理 1960 年，湘运公司常德至长沙客运线在谢家铺集镇设立客运车站，开启境内客运历史。20 世纪 70 年代初成立谢家铺搬运队和交通运输管理站，负责境内车站码头的货物搬运装卸和客货运输管理。至 2014 年，镇内有短途中巴车 23 辆开往市区等地。作为国道 319 主要过境地和停靠点，每天过境客货车辆上千，旅客日流动 5000 人次。

邮电通信

20 世纪 60 年代初，在集镇设立邮政代办所，收发投递报刊书信、包裹邮件、小款汇兑等。普通信件由乡邮员投送到大队部或指定的代办农户。电话通信实行手摇式电话总机转接，配备专职接线员和外线员各一名，生产大队配 1 部磁石手摇电话机。80 年代中期开通拨号程控电话。90 年代末期，住宅电话开始进入农户家庭。1994 年，移动电话信号开始覆盖，实行邮政、电信分设。2000 年后，网络购物、邮件寄发投递逐步形成现代快递服务系统，移动通信信号实现全覆盖。至 2014 年，全镇有家庭固定电话 1500 部，手机 20000 部，互联网用户 1226 户。

供电供水

供电 民国至中华人民共和国成立之初，境内无电，百姓以桐油、煤油灯照明，夜行点火把辨路。1968 年，公社自建一座小型水轮机发电站，供机关及供销社、学校照明。1980 年建起 3.5 万伏变电站(后升级到 30 万伏)，连通国家电网，1982 年各村实现通电。2015 年，全镇拥有输电线路 137.68 千米，变压器 145 台 1826 千伏安，总供电量 1439 万千瓦时。

供水 历史上饮用山塘沟港地表水，80 年代通电后，村民为用水方便，打机井抽取地下水。1995 年建成阮家冲自来水厂，供集镇墟场部分居民和机关、企事业单位使用，由于水源少，水质含铁量超高，后停用。20 世纪 90 年代后，山塘沟港水逐渐污染，不能直接饮用。2013 年建成关门洲水厂，经专业部门检验各项指标符合饮用水标准，日供水能力 1650 立方米，镇域居民实现安全饮水。

水利建设

1949年前，境内农业生产依靠山塘水灌溉和自然降雨，若干旱30天左右，水稻减产六、七成，甚至可粒无收。中华人民共和国成立后，大兴农田水利基本建设。20世纪50年代建成金陵中型水库和玉峰小（Ⅱ）型水库。金陵水库位于赵家桥乡境，库容1765万立方米，谢家铺境受益农田2940亩。60年代相继建成周谷冲、阮家冲、白羊、阴家冲、平湖、塘家坝、鲜阳冲等小（Ⅱ）型水库及庙潭河坝大型水利枢纽工程。庙潭河坝水利枢纽位于唐家铺乡杨旗嘴村，在沧水河上筑坝，坝高20米，坝长50米，渠道长15千米，其中谢家铺境内10千米，受益6个村，灌溉面积4000亩。70年代，建成关门洲小一型水库和李家冲、天水等小（Ⅱ）型水库。关门洲水库位于下陈湾村，库容418万立方米，灌溉面积8000亩。80年代后，建成电力提灌溉抗旱机埠8处(40千瓦)，安装水管800米，开挖排灌溉渠道2000米。至2014年，境内共有小（Ⅰ）型水库1座，小（Ⅱ）型水库13座，骨干山塘531口，总蓄水量1340万立方米，镇域2万多亩农田基本实现自流灌溉。

集镇建设

谢家铺集镇初形成于民国16年(1927)，有街道1条，长80余米，宽4米，条石铺面。民国19年(1930)，集市迁至常德至长沙公路旁，建成新街1条，长150余米，有商铺、客栈数家。至民国27年(1938)，街道扩至200余米，商铺、客栈增至多家。中华人民共和国成立后，集镇逐步繁荣。至1987年，建成十字形街道2条，东西长1000米，水泥铺面；南北长1800米，沥青铺面。有路灯、公厕等设施。建有农、工贸易市场，建筑面积6400平方米，经营摊位200余个；竹木交易市场4家，木材年销售量达10立方米。集镇建成区1.2平方千米，常住人口3040人。20世纪90年代后，建起商业步行街，水电、通信、医院、学校、住宿、餐饮等服务体系逐步配套。至2014年，集镇建成区面积达2平方千米，建筑总面积13000平方米，街道总长1200米，常住人口6000余人，流动人口1.2万人。

四、社会事业

教育

民国期间私塾（家馆、祠堂馆）遍及境内，以教三字经、百家姓、四书五经、习毛笔字、打算盘、对对联为主要教学内容。

1935年创办狮子山、官桥坪、谢家铺、粟家庵等公立小学，学校与祠堂同时并存。

1937—1945年抗日战争期间，时局不稳，学校东迁西搬，时办时停。

中华人民共和国成立后，开展了扫盲运动和文化补习，以生产大队为基础办起14

所文化补习夜校班，校舍多为族氏公房、祠堂、旧寺庙等，教师为地方聘请和国家公派。

1957年拆狮子山、官桥坪小学，改建为鹿角坪、雷轰山完全小学校。

20世纪60年代末期各大队办全日制小学(26所)，一至四年级为复式班，实行五年制教育。共有2380名学生，民办老师46名，公派老师21名。小学入学率100%。

1969年，创办向家巷农业中学(简称农中)，招学生80人，配备教师4名，1971年与鹿角坪完小合并。境内同时设立谢家铺、官桥坪、鹿角坪3所初级中学，时有学生1800名，教职员工42名，学制两年。至1974年，初中入学率70%，高中入学率25%，期间虽然教育得到普及，但因教学设施简陋，师资力量薄弱，加之受"文化大革命"影响，普遍教学质量不高，名不副实。

1980年，实行小学"戴帽"办初中班，陈湾、向家巷、仙羊冲、雷轰山村小学办起"戴帽"初中班，至1992年全部撤销，合并至谢家铺、官桥坪两首中学，学生870名，教职员工57名。

20世纪90年代中期，为响应国家大兴教育事业号召，各村集资办校，新修小学教学楼23所。1998年，因计划生育，人口得到控制，入学儿童数量减少，各村小学撤销，合并为官桥坪、谢家铺、鹿角坪3所小学。2012年，撤销官桥坪、鹿角坪小学，并入谢家铺中心小学，谢家铺联校更名为谢家铺镇中学。

1985年，实行九年制义务教育。2005年，开始免除义务教育阶段学杂费。

2014年，镇域有公办幼儿园4所，私办幼儿园3所，在职幼儿专业教师25人，民办幼师23人。

谢家铺镇中学 位于桥头居委会，校园占地面积18730平方米，建筑面积10363平方米，有教学楼3栋，科教楼1栋，学生宿舍楼2栋，教师宿舍楼3栋，可容2000师生教学。2014年有19个教学班，学生863人，教职员工108人，高级职称15人，中级职称66人，教师学历合格率100%。"十二五"期间，学校进行课堂教学改革，初中教学质量大幅度提高，连续五年在鼎城区名列前茅。

文化

民间文艺 境内传统民间文艺表演形式有渔鼓、三棒鼓、舞狮、舞龙、地花鼓等。每逢传统节假日特别是春节期间，民间演出活跃。20世纪50年代初期，境内盛行从解放区移植来的扭秧歌。1958年流行顺口溜、打油诗、快板等为时事政治服务的表演形式。"文化大革命"时期盛行"忠"字舞，公社和生产大队成立毛泽东思想文艺宣传队，配合政治运动演出"样板戏"等节目。下陈湾大队文艺宣传队演出的样板戏《奇袭白虎团》、谢家铺大队文艺宣传队演出的样板戏《红灯记》得到县文化部门的表彰。改革开放后，号鼓队、腰鼓队、歌舞团等各类业余文艺团体及演出活动蓬勃兴起，服务于农村的婚丧嫁娶、开业喜庆。较有影响的有成立于2010年的桥头居委会歌舞团,年出演100余场。2000年后广场舞在民间流行,成为中老年农民喜爱的娱乐健身运动。

广播电视 境内有线广播始于20世纪60年代中期,常出现在群众集会场所、水利建设工地,扩音机以干电池作为电源带动高声喇叭播放。1979年后公社设立广播站,配备专职广播员,各村架通广播专线,安装低音广播。广播站播报内容包括本土通讯、农业科技、转播上级电台节目等。80年代后,电视机逐渐普及。2010年,实现广播电视村村通,农户覆盖率达97%。

医疗卫生

民国年间,境内有八方巷粟氏中草药铺一家,中医郎中3名;简易药铺4家,西医郎中6名。1957年组建起谢家铺、周家桥、官桥坪3个联合诊所(中心诊所),有医药人员12名。1960年建立谢家铺公社卫生院,1966年官桥坪公社后自谢家铺公社析出设立后,设立官桥坪卫生院。1969年实行农村合作医疗,以生产大队为单位设立25个合作医疗点,各自配备1至2名不脱产"赤脚医生",为群众防疫、治病、接生,基本做到了小病不出村。20世纪80代改革开放后,医疗卫生事业逐步规范发展。1995年因官桥坪乡撤销,官桥坪乡卫生院并入谢家铺镇卫生院。2004年实行新型农村合作医疗。2012年镇境内实现一村一个卫生室,有村级医生25名,参加"新农合"24500多人,参合人员达95%。2014年全镇上缴合作医疗费600多万元,年接收合作医疗患者1900余人次,报销合作医疗费用达28万元,

谢家铺乡卫生院 2014年拥有建筑面积7600平方米,其中业务用房4100平方米。有医务人员32名,病床30张。设有住院部和内科、外科、妇科、儿科、疼痛理疗科等门诊科,以及中药房、西药房、医技室、全自动化检验室等。下辖周家桥、八方巷、官桥坪三个医疗点,有医生3名。

社会保障

中华人民共和国成立后,政府对老弱病残等困难弱势群体给予救助。人民公社时期,五保对象由生产队集体供给粮油等基本生活物资。改革开放后,五保对象供养逐步纳入政府统筹。2009年投资100万元,将原官桥坪乡政府大院改建成谢家铺镇敬老院,占地9800平方米,集中供养80名五保老人。2014年,全镇供养五保对象248人,其中集中供养40人,分散供养208人。

2004年,实行新型农村合作医疗,至2014年全镇有24000人参加,参合率95%。

2005年开始实行农村低保和城镇低保。2014年,全镇享受农村低保108户412人,发放保障金116万元。享受城市低保19户48人,发放保障金12万元。

2010年开始实行新型农村社会养老保险。2014年,全镇有11000人参加"新农

保”,6300人领取养老金。

人民生活

1949年前,境域自然条件差,生产力低下,群众生活困难,背井离乡乞讨者甚多。中华人民共和国成立后,生活水平相应得到改善。1979年改革开放后,国民经济快速发展,人民生活水平不断提高。2004年起,减免征农业税费,种田种地植树养殖等享有各种补助。2013年后农村危房改造实行政府补贴。2014年,全镇农民人均年纯收入7448元,85%的农户建有楼房,80%农户有摩托车,14%农户有家用汽车或运输车辆,大型家用电器基本普及。

五、特色地情

文物古迹

青静庵 据陈氏族谱记录,明朝万历年间出生于桂花村三组的陈心曜,官拜山海关总兵之职,辞官归乡后,组织六庄百姓,在桥头村五组山上兴建青静庵。1949年因无人住持,屋宇被毁,今尚存庙基。

金泉山庙 位于下陈湾村一组,有金泉山,山形呈葫芦状,两姓财主因争风水地脉,将葫芦底凿破,遂多处涌泉。泉水清澈甘甜,终年不绝,人们建庙供奉祭拜。

高湖庙 为清嘉庆年间四姓族人所建。庙宇随山势错落五层,雕梁画栋,雄伟壮观。1958年被毁,今尚存四眼天井、古钟等。高湖庙村名由此得来。

黄马井 位于黄马井村,井水常年清澈,井边有一棵樟树,2米围径,因遭暴雨狂风往水田一侧倾倒,之后抽枝发芽,长成战马奔腾形状,被人称奇,名曰黄马井。

历史人物

陈心曜 (生卒年不详)号心曜公,桂花村三组人。明朝万历年间官拜山海关总兵之职,因看破红尘辞官归故里。回家乡后组织六姓乡民在邻村颠山之处兴建青静庵古寺一座,后终老于乡间。

梁树告 生于清道光年间,谢家铺老屋湾人。名魁虎榜,官拜三省钱粮官,主管皇宫粮银,为官清正体恤民情,受民众敬佩。道光二十一年(1841)告老还乡,在家乡兴建住房一栋,落成之际有各州府官员、同僚前来祝贺,赠匾“绪赞夏明”4个大字,落款者有长沙梅介兰、安化陶涛、常德陈启迈等。现有曾孙梁来祥健在,岁逾古稀。

余如愚 (1894—?) 公王庙村擂鼓洲人。留学法、日,1927年回国,曾任职于叙甫县(县长)、安徽省(副省长)、国民政府交通部。

陈国禄 出生于清嘉庆年间,下陈湾村柏树枝树人,官拜翰林院大学士,道光年间告老还乡,故于乡间。

革命英烈

余柏余　公王庙村人，出生贫苦家庭，1921年加入地下党组织，曾委任县农协会执行委。1929年因大革命失败，被国民党当局杀害于常德城区畔池街，时年26岁。

陈会华　下陈湾村人，1979年中越边境自卫还击作战中牺牲。

周德安　王峰山村人，1979年中越边境自卫还击作战中牺牲。

六、各村（居）简介

公王庙村

位于镇西南部，距镇治所3千米，东接栗山村，南依楠竹山村，西临匡家桥村，北靠向家巷村。属丘陵地貌，耕地面积1152亩，油茶林地420亩。辖6个村民小组，229户818人，其中男性402人，女性416人。2015年人均纯收入6000元。2016年5月与雷轰山村合并，命名为雷轰山村。

桥头居委会

位于镇国道319南侧，为镇政府所在地。东接汉寿县聂家桥乡堤北村，南依栗山村，西临港中坪村，北靠桂花村。辖9个居民小组，337户农业人口1368人，非农人口2093人。耕地面积1290亩，油茶林地830亩，小（Ⅰ）型水库1座，山塘8口。集市商贸活跃，村办企业有农贸大市场、木材交易市场、金辉米业、青山名优苗木基地、东风驾校训练基地、裕丰农牧业有限公司等。2014年人均纯收入8500元。

王家湾村

位于镇南，距镇治所3千米，东接国道319，南依高湖庙村，西临雷轰山村，北靠施家陂村。辖10个村民小组，258户970人，其中男性487人，女性483人。耕地面积1600亩（其中水田999亩），林地375亩，大小山塘13口，功率11千瓦以上的抗旱机井6口。2014年村集体收入15万元。2016年5月与栗山、施家陂村合并，命名为施家陂村。

丁家桥村

位于镇北，距镇治所4千米。东南临桂花树村，西接石门桥镇高家港、卜家岭村，北抵汉寿县聂家桥乡白马村、三元村。属丘陵地貌，区域面积2.2平方千米，耕地面积720亩（其中水田600亩），油茶林2295亩。辖8个村民小组，268户1004人，其中男性504人，女性500人。2014年人均纯收入7600元。2016年5月与桂花村合并，沿用丁家桥村名。

下陈湾村

位于镇南，距镇治所7千米。东抵鹿角坪村，西靠双堰村（唐家铺乡）、玉峰村，北接泉塘村。区域面积2平方千米，耕地面积1038亩(其中水田969亩)，油茶林150亩。辖9个村民小组，272户967人，其中男性521人，女性446人。2014年人均纯收入7800元。2016年5月与泉塘、玉峰村合并，沿用下陈湾村名。

仙羊冲村

位于镇南边，距镇治所7千米。东接粟家庵村，南依黄马井村，西临唐家铺乡杨旗嘴村，北靠粟家庵村。区域面积2.32平方千米，耕地面积932亩(其中水田810亩，旱地45亩)，油茶林1631亩。辖8个村民小组，172户638人，其中男性341人，女性297人。2014年人均纯收入7600元。2016年5月与黄马井、粟家庵村合并，命名为粟家庵村。

八方巷村

位于镇南，距镇治所地7千米。东接楠竹山村，南依粟家庵村，西临联新堰村，北靠雨堂庵村。属丘陵山区，水田面积990亩，油茶林1300亩。辖12个村民小组，205户824人，其中男性436人，女性388人。2014年人均纯收入7800元。2016年5月与雨堂庵、鹿角坪村合并，命名为鹿角坪村。

匡家桥村

位于镇南，距镇治所4千米。东接公王庙村，南依楠竹山村，西临鹿角坪村，北靠向家巷村。耕地面积1023亩(其中水田975亩)，油茶林750亩。辖8个村民小组，201户748人，其中男性449人，女性299人。2015年人均纯收入6000元。2016年5月与楠竹山村合并，沿用匡家桥村名。

楠竹山村

位于镇西南，距镇治所约6千米。东抵匡家桥村，南抵边山铺村，西抵唐家坝村，北抵匡家桥村。辖7个村民小组，175户555人。水田718亩，山林2417亩，油茶为境域主要传统经济作物。2016年5月与匡家桥村合并，命名为匡家桥村。

塘家坝村

位于镇南边，距镇治所6千米。东接高湖庙村，南依官桥坪村，西临楠竹山村，北接雷轰山村。区域面积4平方千米，耕地面积1560亩(其中水田1395亩)，油茶林520亩。辖10个村民小组，336户1237人，其中男性570人，女性667人。2014年人均纯收入7300元。2016年5月与高湖庙、官桥坪村合并，命名为官桥坪村。

官桥坪村

位于镇南，距镇治所7千米，临沧水河畔。东接高湖庙村，南依汉寿县朱家铺乡三合村，西临边山铺村，北靠唐家坝村。属丘陵地貌，耕地面积1323亩，水面202亩，山林128亩。辖村民小组14个，365户1368人。2015年人均纯收入8600元。2016年5

月与高湖庙、塘家坝村合并,沿用官桥坪村名。

施家陂村

位于镇南,距镇治所3千米。东接国道319,南依王家湾村,西临雷轰山村,北接栗山村,属丘陵地貌。辖12个村民小组,362户1392人,其中男性732,女性660人。耕地面积1230亩(其中水田1185亩),油茶林60亩。2014年人均纯收入8100元。2016年5月与栗山、王家湾村合并,沿用施家陂村名。

栗山村

位于镇东,距镇治所2千米。东接国道319,南依施家陂村,西接公王庙村,北临桥头居委会。辖9个村民小组,282户1038人,其中男性503人,女性525人。耕地面积1083亩(其中水田1016亩),油茶林300亩。2014年人均纯收入8200元。2016年5月与王家湾、施家陂村合并,命名为施家陂村。

桂花村

位于镇西北部,距镇治所3千米。东接桥头居委会,南抵港中坪村,西临德山开发区石门桥镇卜家岭村,北靠汉寿县聂家桥乡三元村,属丘陵地貌。辖6个村民小组,279户1027人,其中男性539人 。耕地面积1073亩,油茶林1137亩。2014年人均纯收入7900元。2016年5月与丁家桥村合并,命名为丁家桥村。

泉塘村

位于镇西,距镇治所5千米。东接向家巷村,南依鹿角坪村,西临玉峰山村,北连石门桥镇邬家铺村。属丘陵地貌,区域面积1.8平方千米,耕地面积932亩(其中水田872亩),油茶林967亩。辖8个村民小组,190户710人,其中男性358人,女性352人。2014年人均纯收入7400元。2016年5月与下陈湾、玉峰村合并,命名为下陈湾村。

港中坪村

位于镇西,距镇治所1.5千米。东接桥头居委会,南依鹿角坪村,西临向家巷村,北靠石门桥镇邬家铺村。属丘陵地貌,耕地面积880亩。辖6个村民小组,201户801人,其中男性394人,女性407人。2012年人均纯收入8400元。

玉峰村

位于镇西,距镇7.5千米。属丘陵地貌,耕地面积540亩(其中水田484亩),油茶林地1500亩。辖5个村民小组,141户520人,其中男性276人,女性244人。2013年人均纯收入7200元。2016年5月与下陈湾、泉塘村合并,命名为下陈湾村。

粟家庵村

位于镇南,距镇治所8千米,东接唐家坝村,南依黄马井村,西临仙羊冲村,北靠八方巷村。属丘陵地貌，区域面积2.2平方千米，耕地面积1200亩（其中水田1116亩），油茶林2700亩。辖9个村民小组，216户823人，其中男性476人，女性347人。2014年村人均可支配收入7600元。2016年5月与仙羊冲、黄马井村合并，沿用粟家庵村名。

边山铺村

位于沧水河畔，距镇治所8千米。东接官桥坪村，南依汉寿县朱家铺乡同兴村，西临黄马井村，北靠唐家铺乡。耕地面积1590亩（其中水田1485亩），油茶林3000亩。辖14个村民小组，363户1449人，其中男性737人，女性712人。汉族1034人，回族415人，2008年被市、区确定为散居少数民族村。20世纪60年代以该村人员为主组建常德卷烟厂搬运队。2014年工农业总产值960万元，人均纯收入7625元，村级年固定收入6.2万元。

雨堂庵村

位于镇西南，距镇治所7千米。东接六角坪村，南依八方巷村，西临唐家铺乡联新村，北靠下陈湾村。属丘陵地貌，耕地面积765亩（其中水田752亩），油茶林地610亩。辖6个村民小组，163户678人，其中男性386人，女性292人。2014年人均纯收入7500元，2016年5月与仙羊冲、鹿角坪村合并，命名为鹿角坪村。

雷轰山村

位于镇南，距镇治所4千米。东接施家陂村，南依塘家坝村，西临公王庙村，北靠楠竹山村。属丘陵地貌，区域面积2.3平方千米，耕地面积837亩，（其中水田789亩），油茶林973亩。辖8个村民小组，183户715人，其中男性373人，女性342人。2014年人均纯收入7200元。2016年5月与公王庙村合并，沿用雷轰山村名。

高湖庙村

位于镇南，距镇治所5千米。东接国道319，南依汉寿县毛家滩乡牛路滩村，西临官桥坪村，北接王家湾村。属丘陵地貌，区域面积2.1平方千米，耕地面积987亩，其中水田925亩。辖9个村民小组，328户1115人，其中男性528人，女性587人。2014年人均纯收入7200元。2016年5月与塘家坝、官桥坪村合并，命名为官桥坪村。

鹿角坪村

位于镇南，距镇治所5.5千米。东接匡家桥村，南依楠竹山村，西临下陈湾村，北靠泉塘村。属丘陵地貌，区域面积2.5平方千米，耕地面积1400亩（其中水田1310亩），油茶林650亩。辖10个村民小组，290户1080人，其中男性570人，女性510人。2014年人均纯收入7200元。2016年5月与仙羊冲、雨堂庵村合并，命名为鹿角坪村。

黄马井村

位于镇西南,距镇治所 9 千米。东接边山铺村,南依汉寿县朱家铺乡,西临杨旗村,北靠粟家庵村。属丘陵地貌,区域面积 2.1 平方千米,耕地面积 1030 亩(其中水田 1030 亩),油茶林 1684 亩。辖 10 个村民小组,198 户 801 人,其中男性 412 人,女性 389 人。2014 年人均纯收入 7000 元。2016 年 5 月与仙羊冲、粟家庵村合并,命名为粟家庵村。

向家巷村

位于镇西南,距镇治所 3 千米。东接港中坪村,南依公王庙村,西临泉塘村,北靠桂花树村。属丘陵地貌,耕地面积 1740 亩,油茶林 4000 亩。有小型水库 2 座,山塘 16 口,抗旱机埠 2 座。辖 13 个村民小组,425 户 1675 人,其中男性 868 人,女性 807 人。20 世纪 60 年代以该村为主组建常德烟厂搬运队,即鼎城区兴隆劳务公司前身。2014 年村级人均纯收入 8400 元。

(执笔:陈贻荣　编辑:刘忠祥)

黄珠洲乡

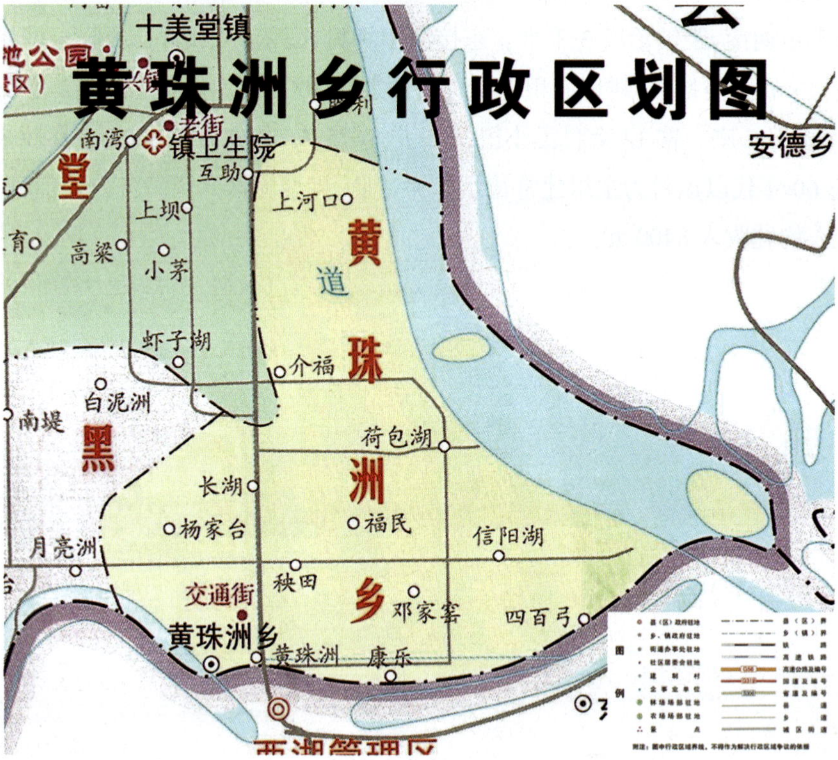

地图审图号：湘 S(2008)052 号

一、区域概况

地理位置

黄珠洲乡位于区境东北端，东濒澧水、与安乡县安德乡、益阳市南县厂窖镇隔河相望，南与西湖管理区接壤，西与黑山嘴乡毗连，北与十美堂镇交界，是三县二区的结合部。乡人民政府驻黄珠洲村四组，距区人民政府驻地 44 千米。

建置沿革

清代为洞庭湖西滨荒洲，因长江黄鱼每年游经洞庭湖到该地过冬产卵，取名黄鱼洲，后因洞庭湖围垦后黄鱼不再洄游，改称黄珠洲。民国年间，有大户曾伟九、高跃林

▲ 黄珠洲乡湿地风光

等,插竹竿为界,霸占湖洲,招募穷苦农民开荒插佃田,逐渐形成天福、民康两垸,境域始有区划,分属阳城、维新两乡。1949年8月县境解放后属阳城乡。1950年2月,废除旧的乡、保、甲,属常德县第一区直辖。9月,设黄珠洲、邓家窖、介福、福民等乡。1956年6月,并入十美堂乡。1957年7月,从十美堂乡析出,设立五丰乡。1958年10月,实行人民公社体制,属洞庭人民公社。1961年3月,洞庭公社析为黄珠洲等4个公社。1984年撤销人民公社,黄珠洲公社改为黄珠洲乡。2015年11月,黄珠洲乡、黑山嘴乡、十美堂镇合并,命名为十美堂镇。

区划面积

民国时期,境内民康垸(以界伏的界沟为界)属汉寿县管辖。1950年冬以间堤为界,民康垸划归常德县管辖。

1963年,黄珠洲公社辖黄珠洲、杨家台、秧田、福民、长湖、界福、上河口、荷包湖、信阳湖、邓家窖、四百弓、康乐、新南、界中、月亮洲、打鼓台、菱角、庆复、移堤、黑山嘴、七港21个生产大队。1964年3月,析出月亮洲、打鼓台、菱角、庆复、移堤、黑山嘴、七港7个大队划入新设立的黑山嘴公社。1968年,新南大队和黄珠洲大队合并为黄珠洲大队,界中大队和福民大队合并为福民大队,全公社辖12个生产大队。

1984年公社改乡,大队改村后,黄珠洲乡辖交通街居委会和黄珠洲、杨家台、秧田、福民、长湖、界福、上河口、荷包湖、信阳湖、邓家窖、四百弓、康乐12个行政村。全乡总面积45.3平方千米,耕地面积3.2万亩,其中水田2.72万亩,旱地4870亩,水域养殖面积3500亩。至2014年,全乡总面积和行政区划无变化,耕地面积2.63万亩,其中水田2.37万亩,旱地2575亩,水域养殖面积4326亩。

自然环境

境内属亚热带季风气候区。四季分明,日照充足,雨水丰沛。年日照时数1713.1小时,无霜期280天。年平均降雨量1280毫米,4—7月为多雨季节。严寒期短,暑热期长。年平均气温 16.7℃,极端高温 42℃(2005 年 7 月),极端低温零下 18℃(1955 年 1 月)。

乡域为湖区平原地貌,地势平坦,平均海拔高度 28.5 米。东临澧水,水资源充足。排灌渠道纵横交错,形成长宽 500 米的园田化格局。周正的丘块,有利机械化作业。境内土壤为淤积土层,属黏性和沙性土壤,呈中性(pH 值为 7.8 ~ 8),土质肥沃,有机质含量为 20 ~ 40 毫升 / 千克,适宜农作物,特别是水稻、棉花的生长。

人口民族

1950 年,境内有 1059 户 5043 人,全部以农为业。1961 年清理阶级队伍,查明黄珠洲的人口,来自湖南、湖北、四川、贵州 4 省的汉寿、宁乡、湘乡、湘潭、新化、安化、益阳、长沙、望城等 48 个县。2010 年全乡总人口 17151 人。2014 年,全乡有 4395 户 17532 人,其中城镇人口 123 人,农业人口 17409 人;男性 9028 人,女性8504 人。总人口中,汉族 17433 人,占 99.4%,2 个少数民族 99 人,其中土家族 4 人,回族 95 人。

二、经济发展

经济综述

1950 年实行土地改革,农民分到田地,境内经济逐步发展。1955 年起成立初级社、高级社。1957 年粮食总产 750 万千克。1959 ~ 1961 年,经济发展停滞。1962 年,实行"以粮为纲"农业方针,大办农业,大搞水利建设,粮食产量逐年提高。1976 年粮食总产 1582 万千克,亩产 425 千克。1977 年开始,创办社队企业,经济发展加快。中共十一届三中全会后,加强对农业科技的投入,培育特色产业,经济增长动力强劲。2014 年,全乡地区生产总值 4.16 亿元,人均纯收入 7903 元。

农业

种植业 境内种植业以水稻为主,棉花为辅,兼种芝麻、黄豆、油菜。1956 年始种双季稻,亩产 300 千克。1961 年后,农田全部种上绿肥,冬季田不荒,提高了地力,采取深耕、插架子禾,改良晚稻品种,由粳稻农垦五八取代冬粘稻等措施,粮食产量有一定提升。1967 年双季稻亩产 350 千克。20 世纪 70 年代进行园田化建设,开通

▲ 黄珠洲乡邓家村葡萄园

渠道，湖泊变良田，扩大农田面积1.28万亩。1977年，全公社水稻总产1675万千克，亩产450千克；种植棉花1000亩，产皮棉3.35万千克。80年代起，实行家庭联产承包责任制，农民生产积极性提高，推广杂交稻等优良品种，采用软盘育秧抛秧、撒播、测土配方施肥新技术，农业生产发展提速。2010年后，普及收割机、旋耕机、电动施肥打药，减轻劳动强度，农业生产水平大幅度提高。2014年，粮食总产量达到2642万千克，被评为全市粮食生产先进单位。油菜种植面积3275亩，油菜籽产量49.125万千克。棉花种植面积6350亩，皮棉总产762吨。

养殖业 民国年间至中华人民共和国成立初期，境内农户圈养生猪，散养鸡鸭，除自食外，主要补贴家用。1958—1961年，兴居民点，办公共食堂，家畜家禽养殖由生产队经营。饲养的生猪，完成派购任务后，留一头猪，年终分给全队农户食用。农村公共食堂解散后，允许农户饲养少量家禽，生猪仍由生产队集体饲养。从1965年开始，农户分有生猪派购任务，允许农户自养生猪。1980年生猪派购任务取消。20世纪90年代，甲鱼、黄鳝、珍珠等特色水产品养殖在境内逐步兴起，康乐、四百弓、信阳湖、秧田、黄珠洲等村形成特色养殖区域带。到2014年，全乡有甲鱼养殖户1200户，甲鱼养殖基地4500亩，年产量106万千克，总产值6360万元。澧水大堤沿线的上河口、荷包湖、信阳湖、四百弓等村形成牛羊养殖区域带和以黄泥湖、乡渔场、界福基地为主的鲜鱼养殖区域带。全乡养牛1280头，养羊1385只，养生猪3670头，养鸡6.7万羽，养鸭5.145万羽，产鲜鱼85吨。

林业

境内没有成片的林业面积。解放前后，只有农家屋前屋后，栽种一些桃树、柳树、椿树、杨树。1958年，建居民点，兴公共食堂，树木砍伐严重。1961年下半年，公共食堂解散，群众又在原有的房屋基地上建房栽树。1977年冬季，公社成立林业站，建立林场，林场面积120亩，并在120千米排灌渠道两旁栽上欧美杨、水杉树和风景林。至2014年，绿化面积达1800亩，林木蓄积量10400立方米。

工业

境内没有规模工业，但各类工匠俱全，有金匠、铁匠、木匠、泥匠、漆匠、裁缝等传统手工业，有的延续至今。20世纪50年代开始组织手工业社，把铁匠、木匠、裁缝等组织起来建立铁业社、木业社、缝纫社。创办农具厂、机械修理厂、锯木厂、翻砂厂。1961年后，这些企业转入二轻工业，由常德县二轻工业局管理。20世纪70年代末，开始兴办社队企业（1984年后称乡镇企业），先后办起农副产品加工、农机修配、木材加工、苎麻加工、建筑施工、纸箱生产、制刷、酿酒等企业。90年代开始，乡镇企业逐步改制，鼓励私营企业发展。到2014年，集体企业已绝迹，有少量不成规模的私营企业，全乡实现工业产值 515 万元,工业从业人员 286 人。

商贸服务业

民国时期,境内有墟场集市和十余家店铺门面。1956 年,整合商业店铺,成立黄珠洲供销社。1963 年在牛望嘴设立供销分社,在各大队设立代购代销店。生资、肉食、餐饮归口供销社统管,化肥、农药、肉食、油、糖、布等计划物资凭票供应。1985 年后,供销社体制逐步退出,个体私营商业迅速发展。1992 年,适应发展经济要求,在蒿西公路两旁邻近西湖管理区的地段建成交通街,聚集 321 家个体经营户,尤其以农资种子及甲鱼饲料供应和技术服务项目影响力大,辐射到西湖、汉寿、安乡及周边乡镇。2014 年,境内有大小经营户 385 家,大型超市 3 家,商贸收入 6500 万元。

其他产业

运输业 2014 年,有从业人员 650 人,各种大小农用运输及客运车辆 532 台,其中长途客运车辆 35 台,营运收入 3271 万元。

建筑业 2014 年有从业人员 1654 人,完成产值 17630.3 万元。

劳务输出 2014 年,常年外出务工劳动力 4870 人,劳务输出收入 14280 万元。

三、基础设施

交通运输

20 世纪 50 年代前,境内没有公路,仅有牛望嘴水运码头。去常德城靠徒步经码头乘船到常德南硚上岸,运送物资靠人挑、马驮、鸡公车推。1967 年,开挖一条蒿子港至黄珠洲的人工渠道,以渠堤为路基建一条简易公路,全长 20 千米,境内长 7 千米。1969 年建成洞(今十美堂)黑(山嘴)公路,全程 24 千米,境内长 12 千米。是年,西湖农场至常德市城区公路建成,过境 7 千米。1997 年,该公路改为柏油路。2014 年,改扩为水泥路。

2009 年起,开始硬化通村通组公路。至 2014 年,建成通村水泥公路 8 条,通组水泥公路 65 条,总长度 135 千米。

牛望嘴码头 位于荷包湖村澧水河边,有通航线路四条。第一条通澧县、津市;第二条通安乡;第三条通南县、沅江、华容、长沙;第四条通岳阳、武汉、沙市。20 世纪 80 年代以前,航运船舶为木质风帆船,载重 20~30 吨。1980 年后,航船为柴油机动力的水泥船和铁质船,载重 100~300 吨。2000 年后,河床抬高,入口航道浅,船难靠岸,水路航运被公路运输取代,牛望嘴码头失去功能。

邮政通信

1964 年设立黄珠洲邮电所,从业人员 3 人,收发信函邮件,投递报纸书刊,并开通手摇式总机转接电话。1995 年开通程控电话，全乡安装程控电话 585 部。移动通信网开始覆盖境内，传呼机、手机相继成为乡民随身携带的通信工具。1996 年，邮政、电信分设，各自独立经营。2008 年后，无线通信及宽带网得到快速发展。2010 年，移动、电信、联通三家均在境内建有信息塔，移动通信信号实现无缝全覆盖。2014 年，全乡有移动电话用户 12450 户，固定电话用户 135 户，互联网用户 1420 户。

供电供水

供电 1964 年修建牛望嘴电排，从汉寿西湖老变电站架设一条 10 千伏高压线，过境线路长 15 千米。1975 年冬，建成秧田变电站，修建信阳湖、黄珠洲两处电排，架设秧黄线、秧信线 2 条万伏线路。集镇墟场和公社机关、学校和三处电排通电。1976 年后电力线路逐步接通各个村组，1980 年和 1982 年两次对高压线、低压线进行电改。电改后，村村安装照明电，组组都有电动机埠。2014 年，全乡有万伏线路 3 条 40 千米，低压线路 110 千米，变压器 63 台 4400 千伏安，年用电量 850 万千瓦时。

供水 1980 年前，乡内居民饮用沟港、河塘水。1980 年后农户开始打手压井，用手压泵抽井水饮用。2011 年投资 410 万元在福民村修建乡自来水厂，由区水利局项目资金投资修建，日供水量 2000 立方米。2013 年农村改水全部完成，对全乡 4300 户居民，实行全天候 24 小时供水，是鼎城区首个农村居民全部饮用自来水的乡镇。

水利建设

黄珠洲乡地处民主阳城垸内，东邻澧水洪道，水系相对独立。乡境内沟港湖泊众多，有长湖、荷包湖、信阳湖，秧田夹，俗称“一夹三湖”。50 年代开始围湖造田，境内的大多数湖泊改造成良田。70 年代实施园田化改造，形成纵 17 条，横 14 条排灌渠道，总长度达 120 千米。境内三大机埠是全乡抗旱排渍的总制闸。牛望嘴机埠，装有 7 台机组，容量 1260 千瓦。信阳湖机埠，装有 3 台机组，容量 465 千瓦。黄珠洲机埠，装有 2 台机组，容量 110 千瓦。2011 年 8 月，环洞庭湖基本农田整治项目落户乡内，投资 7100 万元，对全乡 12 个村 131 个组的基础水利设施，包括田间百米毛渠和机耕道进行改造硬化，全乡旱涝保收面积达到 90%以上。

集镇建设

乡政府所在地有沅水分支连通黄泥湖，建乡前设有船运码头和小墟场，集镇街道长不足 500 米。1961 年成立黄珠洲公社后，在集镇建立起供销社、二轻机械厂、血防院、卫生院、农机站、肉食水产站等企事业单位。1980 年后上述单位相继建起商居楼，基本形成集镇商业市场。1992 年，乡政府在周西公路与西湖农场交界处 1000 米范围内建设新街，命名交通街，经过 20 多年的建设发展，形成新的商业街区。1997 年，在乡中学所在地向阳桥建立秧田中心村，将其纳入全乡集镇发展规划。2013 年完成全乡规划修编工作，将秧田中心村到交通街2平方千米面积纳入小城镇整体规划范围。2014年，黄珠洲集镇建成区达0.12平方千米，建筑总面积143750平方米，常住人口1650人。

四、社会事业

教育

清末、民初时期，境内有私塾数家。民国9年(1920)，在邓家村建起第一所小学：公立南剅口小学。至1949年，境内有6所公立小学，2所私立小学。

清末、民国时期黄珠洲乡学校情况统计

校名	性质	校址	开办时间	创办人
东南小学	私立	康乐村	1937—1949年	邱月英
南剅口小学	公立	邓家村	1920—1949年	黎润南
牛望小学	公立	牛望嘴	1926—1949年	曾瑞强
介福小学	公立	介福村	1928—1949年	卿开武
杨家台小学	公立	杨家村	1936—1949年	陈伯强
阳城十二保小学	公立	长湖村	1938—1949年	张宏发
上河小学	公立	上河村	1943—1939年	李祖贤
东岳小学	私立	黄珠村	1932—1949年	潘东岳

中华人民共和国成立后，学校几经调整。至1976年，全乡有学校13所，其中乡办中学1所，黄珠洲、介福、信阳湖、杨家台、长湖、福民、四百弓、上河口、康乐、邓家窖等小学12所，在校中小学生2750人，教师125人。

1978年后，由于计划生育效果显现和部分学龄儿童随父母到打工地学校就读，生源减少，学校布局进行调整。2004年，撤销杨家台、长湖、福民、四百弓、上河口、康乐、邓家窖7所小学，保留乡中学、乡中心小学、黄珠洲小学、介福小学、信阳湖小学5所学校。2010年，黄珠洲、介福、信阳湖3所小学被撤销。至2014年，境内有1所乡中学，占地60亩，建筑面积12318平方米；1所乡中心小学，占地15亩，建筑面积2794平方米；1所幼儿园，占地1670平方米，建筑面积640平方米。全乡在校学生695人，其中初中生355人，小学生255人，入园幼儿85人。教职工66人，其中中学高级教师12人，一级教师38人，初级教师13人，工友1人。

文化体育

文化 境内传统民间文艺形式有地花鼓、渔鼓、三棒鼓、舞龙舞狮、乡村小调等。解放初期，民间文艺活动主要是歌颂新社会，歌颂人民当家做主的新生活。“文化大革命”期间，盛行唱语录歌，跳“忠”字舞。1967年冬，公社成立毛泽东思想文艺宣传队，经常在各大队演出。改革开放后，群众文化生活活跃。2007年起，全乡先后成立2个管乐队、2个腰鼓队，广场舞普及到各村。2010年各村建起农家书屋，电视普及农户，村村通广播。

体育 境内传统体育活动有抵劲和摔跤。2001年开始，乡政府每年组织一次篮球和拔河比赛。

医疗卫生

民国年间和中华人民共和国成立初期，境内有2家药铺和数名中医郎中。1961年成立黄珠洲卫生院，有3间小平房，6个医务人员。1970年开始，各生产大队配备"赤脚医生"1~2名为群众防疫、治病、接生等，做到小病不出村。1978年，卫生院扩建，占地1020平方米，建成集门诊、住院为一体的综合楼，开设起西医、中医、内科、外科、儿科、妇产科等科室，有病床20张，12名医务人员。1990年起，农村小诊所发展快，老百姓小病选择小诊所就医，大病选择区以上大中型医院，乡卫生院接诊量下降，到1996年处于关闭歇业状况。2003年，康乐村王先立、铁小菊夫妇回乡创业，在交通街投资320万元新建乡卫生院，占地面积4500平方米，建筑面积3427平方米，建成门诊、住院大楼，设中医、西医、内科、外科、儿科、妇产科、疾病防疫化验室等科室，配有B超、X光机、分析机、半自动生化仪、血球仪、心电监护仪、制氧呼吸机等先进医疗设备30台件，开设病床45张，有26名医务人员。2010年卫生医疗系统改革，黄珠洲卫生院重新收归政府卫生部门主办。境内医疗卫生事业发展更趋稳定，村级卫生组织健全，村卫生室全覆盖。2014年，全乡有乡卫生院1所，村卫生室12所，有医务人员38人，病床69张，年诊治病人123324人次。

社会保障

农村五保 从1958年起，境内对孤寡老人及无劳动能力的残疾人实行保吃、保穿、保住、保医、保葬(简称五保)供养制度，由生产队向五保对象提供柴米油衣物等生活用品，保障他们达到生产队平均生活水平。1994年起，五保对象所需经费和实物，从乡统筹费中列支。2006年起，五保供养费由政府财政列支。2008年，将四百弓村原小学改建为乡敬老院，占地面积2600平方米，可入住五保对象50人。2014年，全乡供养五保对象297人，其中在乡敬老院集中供养41人。

城乡低保 2008年开始对特殊贫困人员实行低保，全乡低保人口411人，其中城镇低保51人共发放金额24万元。2010年全乡低保人员254人，其中城镇低保65人共发放金额44.47万元。2014年农村居民月纯收入低于168元的贫困人口和城镇低于288元的贫困人口，纳入低保。农村低保的月标准是：A类135元，B类120元、C类110元，城镇低保的月标准是：A类300元，B类280元、C类250元，农村低保人员

862 人，发放金额 103.78 万元。城镇低保 79 人共发放金额 24.48 万元。

新型农村合作医疗 从 2006 年开始实施，是年参加人数 12900 人，占总人口的 75%，参合标准 10 元 / 人，完成新农合筹资 12.9 万元，报销比例 47%。2009 年参加新农合人数 14352 人，占总人口的 85%，参合标准 20 元 / 人，完成新农合筹资 28.7 万元，报销比例 65%。2011 年参加新农合人数 15308 人，占总人口的 87%，参合标准 30 元 / 人年，完成新农合筹资 45.9 万元，报销比例 75%。2014 年全乡参加新农合 16016 人，占总人口的 92%，参合标准 60 元 / 人年，完成新农合筹资 96 万元，年接收合作医疗患者 11324 人次，报销比例 90%，报销医疗费用 110.92 万元。

新型农村社会养老保险 2009 年开始实施农村居民养老保险。当年参保人数 6845 人，上缴居民养老保险基金 70.45 万元，享受养老保险人数 2865 人，月标准 55 元，支付居民养老保险金 189 万元。到 2014 年参保人数 6958 人，参保率 87%，年上缴养老保险基金 92.2 万元，发放社保卡 6420 张，已享受养老保险人员 2975 人，月标准 75 元，年支付农村居民养老金 267.75 万元。

危房改造 2009—2012 年，在农村实施安居工程，每个村解决一户居住有困难的农户，补助资金 7000 元，三年共解决 36 户，补助资金 25.2 万元。2013 年实施农村危房改造，每个残疾家庭补助 5000 元，低保户补助 6000 元。2013 年全乡危房改造 12 户，补助资金 6.6 万元。2014 年全乡危房改造 14 户，补足标准是五保户 2 万，低保户 1 万，一般困难户家庭 3000 元，共补助改造资金 12 万元。

机关事业单位保险 由区人社局、机关事业单位保险站管理。国家干部、职工、教师、医生、站所职工全部参加事业保险，2014 年全乡退休干部职工、教师 65 人享受退休养老保险待遇。

残疾人救助 2014 年，全乡残疾人 723 人，享受政策性补助 546 人，1～2 级 50 元 / 月，免交农村合作医疗筹资款。

人民生活

1978 年以前，境内群众温饱没有完全解决，属贫困湖乡。改革开放后，群众生活水平逐年提高。2014 年人均纯收入达 7903 元，开始步入小康生活。

吃 1978 年前，粮食产量低、群众吃不饱饭。1978 年后，粮食逐年增产，除自给外，每年可出售商品粮 1 万吨以上。

穿 计划经济时期，靠配发的布票、凭证买布做衣，新衣只逢年过节穿。改革开放后，生产发展，经济宽裕，穿着打扮成为一种时尚潮流，品牌时装进入寻常百姓家。

住 1978 年以前，茅草房、土坯房占农户住房的 80%以上，20%左右条件稍好的住木板房或砖瓦房。80 年代中期开始，农村住房条件不断改善，从土坯茅草房改为红砖瓦房，到建独立庭院小楼房。2014 年，60%的农民住进楼房。

用 改革开放前，自行车、录音机、缝纫机三大件要富裕人家才有。2014 年，10%的农户拥有电脑，8%农户拥有家用小车，电视机、空调、洗衣机等家用电器基本普及，手机使用率占人口总数的 85%。

生活能源 1970 年以前，境内农户做饭，取暖以棉梗、稻草、柴草为主。80 年代起部分农户用藕煤和无烟煤。90 年代国家电网覆盖农村后，部分农户开始用电煮饭烧水。2000 年后，大部分农户使用石油液化气。至 2014 年，全乡农户实行煤炭、电能、液化气混用。

五、特色地情

革命英烈

张英华 黄珠洲乡康乐村五组人，1933 年 7 月出生，1951 年 11 月参军，任 63 军卫生员。1952 年 6 月赴朝参战，1954 年 11 月牺牲于朝鲜战场，时年 24 岁。安葬于辽宁省本溪市连三关抗美援朝烈士陵园。

李茂芝 黄珠洲乡长湖村五组人，1925 年 8 月出生，1951 年 4 月参加中国人民志愿军赴朝参战，任 67 军 201 师 63 团 7 连副班长，1953 年 6 月 30 日牺牲，时年 25 岁。安葬于朝鲜中国人民志愿军陵园。

人民功臣

谌立清 1925 年 3 月出生，原籍安化，1946 年 5 月随母逃荒到黄珠洲杨家台 9 组落户。1949 年 8 月参加中国人民解放军，1952 年随 38 军赴朝作战，任侦察排长，参加上甘岭等战役，多次荣立战功。1955 年回国转业到十美堂区任武装部长，1958 年，伤病复发，申请回乡务农，1998 年病逝，享年 73 岁。

地名传说

杨家台 南宋末年，农民起义领袖杨幺活跃在洞庭湖区，在境内杨家台村建有水兵操练点将台，后人据此取地名为杨家台。

邓家窖 据民间传说，为洞庭湖珍宝藏储十二窖之一，与安乡的四分窖，南县的八分窖遥相呼应。现为邓家窖村村名。

四百弓 相传南宋末年，朝廷派岳飞率官兵镇压杨幺起义，杨幺经澧水古洪道退守洞庭湖君山一带，为掩护大部队转移，派战舰 20 条及 400 名弓箭手断后，弓箭手全部战死，连同 400 张弓沉入湖底，后人称该地为四百弓。现为四百弓村村名。

牛望嘴 位于荷包湖村。传说很早以前有一头金牛在洞庭湖游弋，来到境内一处湖洲上昂头东望，身上抖落许多金子，后人称该地为牛望嘴。

民俗

信仰 境内民众信奉“司命”菩萨，在中堂设有“九天司命神位”，据传“司命”菩萨监督全家人行为举止，尤以主妇为重，冬至过后宰杀的各类家禽，煮熟后，放在灶上敬奉“司命”，腊月三十的晚上主妇必须装“锅灯”。

庆吊 结婚：女儿有“女儿宴”，男方有“贺郎酒”。丧事：老人死后，农村做道场进行超度，死者死的日子不撞七，则后代无饭吃，孝子要讨百家米。庆生 婴儿出生赈出生酒，一周岁赈周岁酒，赈周岁酒时，让小孩抓周(指食品、笔、书)，用以预测小孩的兴趣和天赋。小孩3、6、9、15均过生日，以15岁的生日最隆重，叫做出童关，立父志。

禁忌 正月初一忌讳挑水、扫地、动土。家有孕妇不能随便动土，怕犯“土刹”，不能门槛上剁东西，否则“犯占”，生怪胎。

重大事件

1922年6月，大水，境内已开垦的湖洲全被淹没，死70多人。

1954年7月，溃垸，房屋冲毁，庄稼淹没，政府用轮船转移群众到周家店避灾。

1954年冬，常德地区调用4县民工治理西洞庭湖。境内澧水大堤7.5千米，由桃源、石门两县15000多名民工修建。由于基础软，塌陷严重，采取松木打桩，松板固基，耗时2个多月，完成该段治湖工程。

六、各村(居)简介

黄珠洲村

位于集镇墟场，乡政府所在地。辖11个村民小组，366户1625人。面积3997亩，其中耕地3103亩，水面360亩，宅基地320亩。主产稻谷、棉花、油菜、甲鱼。有饲养百头以上养猪大户2户，饲养1000羽以上养鸭大户3户。2014年，农业总收入1594万元，人平纯收入7901元。2016年5月与交通街居委会合并，命名为交通街居委会。

杨家台村

位于乡治西北2千米，是原五丰乡驻地。辖10个村民小组，265户1175人。面积3630亩，其中耕地3025亩，水面125亩，宅基地面积235亩。主产稻谷、棉花、油菜、鲜鱼。有多家规模养鸭、养猪专业户。水泥路通到农户，群众饮用自来水。2014年，农业总收入1284万元，人均纯收入7702元。2016年5月与长湖村合并，沿用杨家台村名。

秧田村

辖10个村民小组，338户1524人。面积3746亩，其中耕地面积3130亩，水面156亩。主产稻谷、棉花、油菜，甲鱼等，其中甲鱼养殖形成规模，有养殖户220户，面积1200亩，年产甲鱼28万千克，产值1680万元。2014年农业总收入1695万元，人平纯收入9156元。水泥路通到农户，群众饮用自来水。建有村集市墟场，有畜禽饲料、农资批发、餐饮、超市等经营户64家。

福民村

位于乡治东北4千米，辖10个村民小组，270户1350人。面积3668亩，其中耕地3122亩，水面135亩。主产稻谷、棉花、油菜、鲜鱼。有规模养殖蛋鸡、谷鸭、牲猪专业户多家。水泥路通到农户，群众饮用自来水。2014年农业总收入1351万元，人均纯收入7725元。2016年5月与荷包湖村合并，命名为荷包湖村。

长湖村

位于乡治北4千米，辖11个村民小组，291户1457人。面积3574亩，其中耕地2955亩，水面145亩。主产稻谷、棉花、油菜、鲜鱼。有规模养殖谷鸭、牲猪、甲鱼专业户多家。水泥路通到农户，群众饮用自来水。2014年农业总收入1448万元，人均纯收入7815元。2016年5月与杨家台村合并，命名为杨家台村。

界福村

位于乡治8千米，辖13个村民小组，267户1335人。面积3949亩，其中耕地3336亩，旱地235亩，水面165亩。主产稻谷、油菜、棉花。有甲鱼养殖专业户2家。2014年总收入1303万元，人均纯收入7615元。有通组到户水泥公路6.5公里，群众饮用自来水。2016年5月与上河口村合并，命名为上河口村。

上河口村

距乡治8千米，处于澧水大堤沿线，辖12个村民小组，319户1436人，面积3823亩，其中耕地面积3166亩，水面105亩，宅基地面积287亩，是稻谷的主产区。有养牛大户7户，养牛315头；养羊大户5户，养羊400只。2014年农业总收入1379万元，人平纯收入7515元。80%以上的农户住进“小洋楼”，全村饮用自来水，硬化公路到农户，共计11.5公里，有规范的村级活动中心。2016年5月，上河口、界福村合并，命名为上河口村。

荷包湖村

位于乡治东北7千米，紧临澧水大堤。辖11个村民小组，272户1225人。面积3937亩，基本农田保护耕地3372亩，旱地214亩，水面40亩，其他53亩。主产稻谷、棉花。有规模养牛、养羊专业户多家。2014年农业总收入1268.3万元，人平纯收入7905元。通户水泥公路12.5千米，农户饮用自来水。2016年5月与福民村合并，沿用荷包湖村名。

信阳湖村

距乡治8千米，临澧水大堤。辖13个村民小组，322户1450人。面积3928亩，其中耕地3352亩,旱地213亩,水面45亩。主产稻谷、棉花、油菜。甲鱼养殖户98户,面积900亩,年产39.7万斤,产值1191万元。有规模养牛、养羊专业户多家。2014年农业总收入1617万元,人均纯收入9015元。水泥路通到农户,群众饮用自来水。2016年5月与四百弓村合并,沿用信阳湖村名。

邓家窖村

位于乡治以东7千米。辖10个村民小组,275户1235人。耕地面积3794.5亩,其中农田3259亩,水面73亩,旱地215亩。主产稻谷、棉花、油菜。有规模养殖肉鸡、蛋鸡、生猪专业户多家。2014年农业总收入1194万元,人均纯收入7891元。硬化水泥路11公里,全村实现饮用自来水。2016年5月与康乐村合并,沿用邓家窖村名。

四百弓村

位于乡治以东9千米,临澧水大堤。辖12个村民小组,301户1350人。耕地面积3714亩,其中水田3143亩,旱地208亩,水面92亩。主产稻谷、棉花。有规模养鸭、养牛、养羊专业户多家。甲鱼养殖户82户,面积820亩,年产甲鱼18.05万千克,年产值1084万元。2014年农业总收入1347万元,人平纯收入7915元。水泥路通各农户,群众饮用自来水。2016年5月与信阳湖村合并,命名为信阳湖村。

康乐村

距乡治2千米,与西湖镇相邻。辖8个村民小组,220户990人。耕地面积2688亩,其中水田2250亩,旱地165亩,水面40亩。有甲鱼养殖户105户,面积896亩,年产甲鱼19.75万千克,年产值1285万元。2014年农业总收入1327万元,人均纯收入9215元。水泥公路通农户,群众饮用自来水。2016年5月与邓家窖村合并,命名为邓家窖村。

交通街居委会

位于乡政府所在地,由新街和老街组成,常住人口486户1650人。其中新街(交通街)有超市、农资、甲鱼饲料等经营户321家,服务辐射西湖、汉寿、安乡部分乡镇。2016年5月与黄珠洲村合并,命名为交通街居委会。

(执笔:陈振亚　编辑:娄福友)

黑山嘴乡

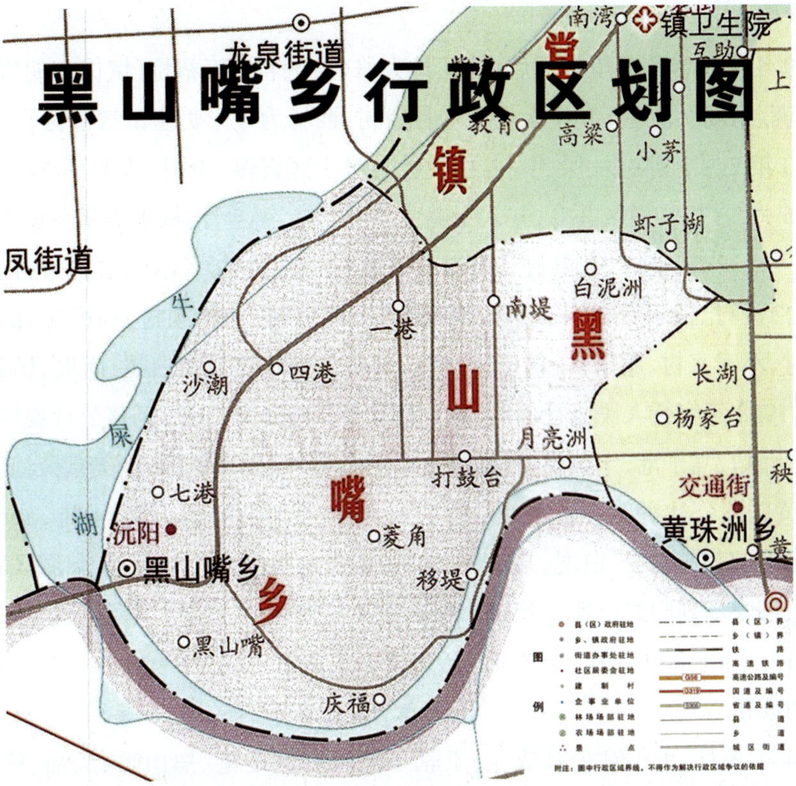

地图审图号：湘 S(2008)052 号

一、区域概况

地理位置

黑山嘴乡位于区境东北部民主阳城垸内，东与黄珠洲乡和西湖管理区接壤，南与汉寿县罐头嘴镇交界，西与韩公渡镇相邻，北与西洞庭管理区、十美堂镇毗连。因境内有遍布黑土的芦苇山嘴而得名。另一说是因当地居民站在牛屎湖西边向东看，长在丁家洲、胡家洲的杨树和芦苇像山嘴一样，而牛屎湖东边一大片土地都是黑沙土壤，人们称之为黑沙嘴，后演变为黑山嘴。乡人民政府驻七港村四组，距区人民政府驻地 48

千米。集镇中心街处在县道上，与省道205连通，相距4千米，距离常（德）岳（阳）高速17千米，常（德）—益（阳）—长（沙）高速40千米，距离常岳（常德—岳阳）高速西洞庭管理区进出口收费站16千米。

建置沿革

民国年间属阳城乡。1943年前名叫胡家洲，人无路走，船无水行，住在洲上的人捕鱼、砍柴为生。据传有个叫胡敏枝的教书先生写了一首诗："洲上茅棚几百家，家家住的是芦花，钢材板壁杨枝柱，东倒西歪古怪斜。"1945年修湖区堤垸，取名为五复垸，即溃了五次修复五次。

1949年8月常德县境解放后，垸区扩大修建，更名为五福垸（垸内有胡家洲、月亮洲、丁家洲、南场及西场。其中南场为今打古村，西场为今十美堂镇教育村）。仍属阳城乡。1950年2月，废除乡、保、甲制，由常德县第一区直辖。9月，设五福、连城数个乡。1956年6月，常德县撤区并乡，并入十美堂乡。1957年7月，从十美堂乡析出，设立五丰乡，辖一港村、四港村、七港村、黑山村、庆复村、移堤村、月亮村、打古台村、菱角村、南堤村、白泥村、杨家台村、长湖村、界福村、上河口村、荷包湖村、福民村、信阳湖村、四百弓村、邓家窖村、康乐村、秧田村、黄珠洲村。乡政府设在白泥、南堤、杨家台三村交界处。1958年实行人民公社体制，属洞庭公社。1961年3月，调整公社规模，洞庭公社析为中河口、蒿子港、十美堂、黄珠洲4个公社，乡域属黄珠洲、十美堂公社。1964年3月，从黄珠洲公社析出月亮洲、移堤、庆福、打鼓台、菱角、黑山嘴、七港，从十美堂公社析出一港、四港、南堤、白泥，共11个大队，置黑山嘴公社。1998年，鼎城区农业局管理的黑山嘴农场划归黑山嘴乡管辖。1984年2月，废除人民公社体制，建立黑山嘴乡。2015年12月，与十美堂镇、黄珠洲乡合并为十美堂镇。

区划面积

1964年3月，黑山嘴公社成立，下辖一港、四港、七港、黑山嘴、庆福、移堤、月亮洲、菱角、打鼓台、南堤、白泥洲、11个大队。1976年，从各大队抽调农户搬迁至沙潮湖组成沙潮大队。

1984年，公社改为乡，大队改为行政村，行政区划未变，下辖112个村(居)民小组。

1990年，由黑山嘴乡所属部门单位及纬线27号商业街两边的四属（军烈属、干部、职工家属）户和零星搬迁入组成沅阳居委会。1998年，黑山嘴农场划归黑山嘴乡管辖。至2014年，全乡辖一港、四港、七港、黑山嘴、庆福、移堤、月亮洲、菱角、打鼓台、南堤、白泥洲、沙潮12个村和沅阳居委会、黑山嘴农场，共14个村级行政单位。总面积42平方千米。耕地面积3.49万亩，其中水田面积2.3万亩，旱地面积1.19万亩。

人口民族

1968 年，境域有 2363 户 12288 人，其中男性 6352 人，女性 5936 人，14 岁以下 1894 人，60 岁以上 2041 人。人口密度 293 人每平方公里，少数民族 32 人，占 2.6‰。

1978 年，全乡 2514 户，13824 人，全部为农业人口，其中男性 7178 人，女性 6646 人，14 岁以下儿童 2129 人，60 岁以上老人 2309 人。人口密度 329 人每平方公里。少数民族 39 人，占 2.8‰。

1980 年有 3239 户，其中农业户 3219 户，非农业户 20 户，总人口 15566 人，其中农业人口 15344 人，非农业人口 222 人，男性 7981 人，女性 7585 人，60 岁以上老人 2420 人，少数民族 45 人。

1990 年，共有 4230 户 17163 人，其中非农业人口 221 人，农业人口 16942 人，60 岁以上 2505 人，少数民族 48 人。

2003 年共有 4449 户，总人口 17230 人，其中非农业人口 305 人，农业人口 16925 人，男性 8603 人，女性 8627 人，60 岁以上老年人 2920 人，少数民族 58 人。

2014 年，全乡共有 4612 户 18393 人，其中非农业人口 850 人，农业人口 17546 人，男性 9632 人，女性 8761 人，60 岁以上老年人 3206 人，90 岁以上老年人 41 人，汉族 18326 人，占 99.6%。有回族、苗族、土家族 3 个少数民族共 67 人，其中回族 42 人、苗族 8 人、土家族 17 人。

自然环境

乡域地处西洞庭湖滨，为湖区平原地貌，地势平坦。最高处牛屎湖海拔 33 米，最低处沙潮湖海拔 27.5 米，全境平均海拔 30.2 米。属澧水流域，主要水系有牛屎湖与南干渠。属亚热带季风湿润性气候，四季分明，日照充足，雨量丰沛。年平均降雨量 1117 毫米，年平均气温达 18.6℃。有效积温 3472.2℃，日照时数 1713.1 小时，无霜期 280 天。20 世纪 50 年代至 60 年代，春季雨水多，每年出现倒春寒，烂种烂秧情况严重；夏季气温高；秋季干风时间长；冬季多霜雪、结冰，极值低温－12℃，1964 年冬下大雪，积雪一米多深，澧水河结冰 15 厘米厚。至 20 世纪 70 年代后，冬季少雪，气温逐步趋暖，2005 年 7 月最高气温达 41℃。境内动植物资源丰富。草本植物有芭茅、马留根、马鞭、艾蒿、菖蒲、油草等，木本类有椿树、柳树、杨树、水杉、欧美杨，野生动物有黄鼠狼、野兔子、野鸡、野猫等。

二、经济发展

经济综述

民国年间，境内生产水平低下，经济落后。中华人民共和国成立后，实行土地改革、农业合作化，经济得到发展。20世纪50年代末至60年代初，搞大集体，办公共食堂，挫伤农民积极性，经济倒退。从1962年起调整、整顿国民经济，人民公社实行三级所有、队为基础，农民分得自留地，农村经济有所恢复和发展。1965年，黑山嘴公社总收入162万元，人均120元。1978年中共十一届三中全会后，推进改革开放，实行家庭联产承包责任制，经济快速发展。1990年，全乡工农业总产值1229万元，农民人均纯收入678元。2014年，全乡实现地区生产总值3.486亿元，农民人均纯收入6600元。

农业

种植业 境内农作物以种植水稻、棉花、油菜为主，辅以苎麻、黄麻、蚕豆、黄豆等。20世纪50年代前只种一季稻，1958年开始种植双季稻。20世纪70年代，全部栽种双季稻。1980年，种粮食植面积1.7万亩，总产11525吨。种棉花7321亩，皮棉总产290吨。种油菜3436亩，油菜籽总产101吨。1995年，粮食作物复种面积3.67万亩，总产14332吨。豆类播种面积360亩，总产810吨。种油菜13100亩，油菜籽总产1146吨。种棉花6850亩，皮棉总产924吨。麻类461亩，总产69吨。2014年，全乡种植粮食面积6.19万亩，总产23396吨；棉花18000亩，皮棉总产1982吨；油菜25029亩，油菜籽总产3003吨。

养殖业 1964年，黑山嘴公社养牛1250头，其中能役用牛1100头，属于生产队集体养殖。1968年，全公社养猪10000头，其中生产队集体养殖4000头，农户家养6000头。改革开放后，田土承包到户，耕牛由集体养殖变为农户散养，生猪全为农户家养。1980年，全公社养猪11702头，家禽3.28万只，其中鸡2.5万羽、鸭0.64万羽，产鲜蛋163吨，养鱼744亩，产量46吨。20世纪90年代起，养殖业开始向专业户规模养殖发展。1995年，打鼓台村八组梅大富养猪80头，七组郑子华养猪120头，徐为成养猪80头，菱角村五组代庆元修两层楼养猪场60间，养猪800头。2003年，全乡养猪31000头；家禽19万羽，产鲜蛋1000吨；养鱼1178吨；养牛230头。一港村十二组刘德强养蛋鸡1200只，年产蛋14.4吨。黑山嘴集镇邓飞租用沙河口老供销社仓库养蛋鸡13000羽，年产蛋180吨。

▲ 黑山嘴乡湖乡风光

2006年,白泥村三组杨厚喜买下原村小学,建起养猪场,年养猪1500头。2014年,境内有生猪养殖大户15个,养殖专业合作社3家。全乡养猪32220头;家禽2.8万羽,产鲜蛋421吨;养鱼4700亩,出水鲜鱼量1766吨。

林业

乡域为平湖区,无成片林木,主要为沟港渠堤和农宅四旁植树。1969年3月成立公社林场,在牛屎湖堤边建起五间砖瓦平房,抽调13名退职大队干部,从事林业生产。沿渠堤植椿树、柳树、杨树50千米,兼种高粱、黄豆、蚕豆等经济作物,所得用生活开支。1972年沿渠堤路旁栽水杉、赤杉树,总长度60千米。1984年成立乡林管站,划地30亩作为林管站育苗基地。1985年将渠堤椿树、杨树、柳树更新为速生欧美杨。1987年发展庭园经济,到长沙购优质柑橘树苗、桃子树苗、奈李树苗,全乡共栽柑橘、桃、奈李等果木林1800亩。1992年鼎城区在黑山嘴乡召开林业现场会,推广黑山嘴乡"经济林、速生丰产林、农田防护林、商品用材林""四林"经验。1998年境内办起2个林木加工厂,生产纸夹板和煤矿用坑木。2005年改变经营方式,将主要沟港渠道出让承包,其余的交由村级管理,乡林业站提供服务和指导。

工业

1968年黑山嘴公社成立企业办,先后办起木业农具厂、铁业修理厂、油脂加工厂、砖瓦厂等社办企业。各大队也开始创办队办企业。七港大队办有砖瓦厂、菜籽油加工厂,黑山大队有油脂厂,庆福大队砖瓦厂、油榨房,四港大队有砖瓦厂、油脂厂。1995年,全乡有乡镇企业808个,其中乡办3个,村办52个,乡镇企业总产值4316万元。1998年后,集体企业逐步改制为私营企业或停办。到2014年,黑山嘴乡有大米厂3家,小型打米厂5家,预制件厂1家,油脂加工厂4家,环保砖厂1家,工业总产值1220万元。

商贸服务业

民国年间至中华人民共和国成立初期,境内有数家店铺。1964年整合商业店铺,成立黑山嘴供销社,凭票、凭指标供应农民的生活用品和生产资料。20世纪70年代初,在各大队相继建立代销店。中共十一届三中全会后,各种手工业作坊和小商铺逐步增多,村代销店逐步被个体经商户取代。1984年,全公社有豆腐加工店30家,缝纫店18家,粑粑、油炸货店10家,农户小商店50家,肉店20家。1990年,沅阳居委会集镇有南货批发部3家,饮食店2家,百货、日杂店5家,收购水产品商户3家。2014年,乡内有大小经营户280家,涉及餐饮、肉食、理发、摄像、农资、五金、家电、建材、南货、百货、渔药、畜禽饲料等经营门类,其中大型超市有2家。全乡第三产业收入3500万元。

三、基础设施

交通运输

境内历史上交通闭塞,农民运送物资靠人挑、马驮、鸡公车推运,出行常德城需徒步至泥港口乘船。1969 年修筑黑山至洞庭公路,以渠道堤为路基,途径东风桥、黑山嘴、崇河、韩公渡大桥、境内长 13 千米,全程 24 千米,境内始通公路。1971 年建成乡道七港至秧田公路,全长 8.1 千米。1984 年后的 5 年间,共建成黑山嘴至庆福公路,黑山嘴农场至菱角到移堤村公路,一港至南堤到白泥洲公路,打鼓台至南堤公路,月亮洲至白泥洲公路,总长 80 千米。2004 年,黑山嘴至东风桥县道改建为水泥路。黑山至洞庭县道 12 千米公路升级为水泥路。2005 年,24 号线乡道公路 6 公里升级为水泥路面。2006 年菱角村、黑山村村级主干道硬化成水泥路面。2007 年庆复村、南堤村、月亮村、一港村主干道和部分组道硬化成水泥路。2008 年,全乡公路水泥硬化全部完成,实现村村通。2014 年全乡共有水泥公路 96 千米,其中县道 28 千米,通村公路 68 千米。

供电供水

供电 20 世纪 70 年代前,境内无电,照明点煤油灯。1976 年,从韩公渡崇河接通国家电网,供应集镇和黑山嘴、七港、沙潮 3 个大队用电。1979 年,县电力局在黄珠洲秧田村修变电站。1980 年,自秧田变电站架 15 千米高压输电线到黑山嘴电管站。1981 年,全境通电。2008 年,国家实行农网改造,提高供电质量。至 2014 年,全乡有 10 千伏输电线路 2 条 60 千米,400 伏输电线路 320 千米, 配电变压器 69 台 3100 千伏安,用电客户 4215 户,年供电量 780 万千瓦时。

供水 20 世纪 50 年代前,境内农民饮用河港沟渠天然地表水。后由于农药化肥等污染增多,从 60 年代起,农民开始打手压真空泵井取用地下水,多数地方的浅层地下水有铁锈斑,需放明矾沉淀才能饮用。1991 年,建黑山嘴自来水厂,日供水能力 600 立方米,供应七港村、黑山嘴村、庆福村、农场、四港村、沙潮村、沅阳居委会的安全饮水。2006 年,建打鼓台水厂,日供水能力 800 立方米,供应打鼓台村、月亮洲村、白泥村、南堤村、一港村、菱角村、移堤村的安全饮水。至 2014 年,全乡安全饮水普及率 100%。

水利建设

1965 年,境内实施园田化和水利基础设施建设,开挖沟港排灌渠道 41 条,总长度 159.5 千米,修机埠 8 座,装机 850 千瓦,其中一港机埠 465 千瓦,一港双庆垸机埠 55 千瓦,四港双庆垸机埠 55 千瓦,三分场机埠 55 千瓦,沙潮机埠 55 千瓦,黑山机埠 55

千瓦,庆福机埠55千瓦,移堤机埠55千瓦。1975—1976年,开挖5.8千米南干渠。1998年,争取国家防洪资金,用水泥块石护坡,加固牛屎湖堤防5千米。2013年,用洞庭湖退田还湖资金进行农田水利工程建设,用水泥块石护坡灌渠10千米,硬化毛渠110千米。2014年,清淤渠道15条,总长度14000米。

邮政通信

1964年,境内始有电话,为摇把式电话机,公社设立电话总面室,有一名话务员负责电话接转,一名外线员负责线路检修。1967年设乡村邮递员1名,负责境内信件、包裹、报纸投递。1995年,乡政府向农民每亩收取10元提留款用于架线,开通程控电话,年内安装电话350部。到2000年,有线电话普及率达到60%,部分有条件的村民开始使用移动电话。2011年开通有线电视。2012年开通互联网。2014年,全乡有固定电话用户800户,移动电话用户3700户,互联网用户600户,有线电视用户3726户。

四、社会事业

教育

1949年以前,原黑山嘴区域是一片湖地,常住人口极其稀少,没有成建制的公立或私立学校。1952年建黑山嘴完小,(学生最多时开设6个班,有9个教师,学生320人,1968年下放七港大队管理,1985年改为黑山嘴中心小学,留存至今)。1953年建东洲小学(学校处在菱角村二组,学生最多时设6个班,9个教师,学生400人,1968年下放菱角大队管理,搬迁到菱角村五组,1985年脱离村管,划归联校直管)。1955年建兰田小学(校址在今一港村六组,1976年,并入一港大队小学,校址在一港村七组,学生最多时300人,设8个班,有教师10人,由于生源逐年减少,2008年撤销)、三港小学(校址在今四港村二组,高峰时有学生300人,设5个班,5个教师,1966年并入四港小学校,学校地址在四港三组。设6个班,学生240人,8个教师,由于源生逐年减少,2011年撤销)、双河小学(校址在现今庆复五组,1968年改为庆复学校。高峰时有学生220人,设6个班,8个教师。由于生源减少,2003年撤销),1964年成立黑山嘴公社时,境内有小学5所,其中完小1所,教师29人,在校学生1340人。

1966年,创办黑山嘴公社农中,设2个班,教师3人,学生120人。1968年,创办东洲中学,黑山嘴公社农中更名黑山嘴中学。此后两年内各大队均创办小学。其中黑山大队小学,生源高峰时有230人,设6个班,8个教师,1984年冬撤销;打鼓台大队小学,生源高峰时有230人,设6个班,8个教师,2003年撤销;月亮洲大队小学,生源高峰时有180人,设4个班,6个教师,2003年撤销;南堤大队小学,生源高峰时有300人,设6个班,8个教师,2014年撤销;白泥大队小学,生源高峰时有270人,设6

个班，8个教师，2003年撤销；移堤大队小学，生源高峰时有190人，设4个班，6个教师，1999年撤销。1971年东洲中学和黑山嘴中学合并为东洲中学，黑山嘴公社农中更名黑山嘴中学，并设立高中班。1973年1月，高中班停办。

1984年公社改乡，两所中学合并，乡内有初中1所，完小2所，初小10所，教师80人，在校初中生420人，小学生2100人。

20世纪90年代后，计划生育效果显现，生源逐年减少，学校陆续撤并。至2014年，全乡存东洲中学，有4个小学班，小学生232人，6个初中班，初中学生260人；黑山嘴中心小学，有学生200人，教师8人；菱角小学，学生150人，教师6人。3所学校有在职教师62人，（其中高级教师12人，一级教师28人，初级教师22人），退休教师49人。在校初中生260人，小学生582人。中学占地面积43300平方米，建筑面积8100平方米，绿化面积23717平方米，被授予市级园林式绿色学校。寄宿生宿舍楼能容纳300名学生，三用堂能容纳1000人就餐，一个图书室和一个阅览室，有教师公寓楼、电脑室、多媒体电教室、理化生仪器室、音乐馆、体育室、美术室、心理健康咨询室。

文化体育

文化 境内民间传统文艺形式有舞龙、舞狮、渔鼓、围鼓、三棒鼓、地花鼓、说书、民间小调等。1958年后流行顺口溜、打油诗、三句半、小品等。1978年，公社成立文化站，组织各大队搞文艺会演。2008年乡政府建起图书馆，有各种书籍800册。2012年，沅阳居委会组织中老年妇女跳起广场舞。2014年，全乡有民间乐队3支，广场舞队14支。

体育 2007年，乡政府在公租户操场、汽车停车场、打鼓台村勇福米厂和一港村村委会操场建起4个篮球场，全乡有健身场地20处。

医疗卫生

1964年，建立黑山嘴公社卫生院，有医务人员8人。1968年起实行农村合作医疗制度，各大队设立合作医疗站，配备1名至2名不脱产的赤脚医生，就近为农民看病。1985年停办。2003年非典疫情暴发后，各村建立卫生室。2014年，乡卫生院占地面积1980平方米，建筑面积300平方米，拥有门诊楼、住院楼，医务人员22人，病床30张，装备有全自动血球仪、X光机、台式B超、全自动生化分析仪、心电图机、彩色经颅多普勒、制氧机、心电监护仪等医疗设备，下辖14个村卫生室有村医12人，为境内居民提供健康档案管理、疾病控制、妇幼保健、老年病管理、健康教育、预防接种、卫生监督等11项公共卫生服务。

社会保障

农村五保 1964年开始，对孤寡老人实行保吃、保穿、保住、保医、保葬（简称五保)供养制度,由生产队集体向每个五保对象每月提供 25 千克稻谷和 0.25 千克食油。有亲戚的,委托亲戚照管;没有亲戚的,生产队安排人照管。1984 年改乡后,五保供养由村负责,费用从村提留列支。2003 年后,改为政府财政列支。2009 年兴办乡敬老院,对部分五保对象实行集中供养。2014 年,全乡供养五保对象 199 人,其中集中供养 40 人,分散供养 159 人。

城乡居民最低生活保障 2008 年开始对特殊贫困人员实行低保,全乡低保户 28 户,112 人,其中城镇低保 16 人,年发放低保金 13440 元。

2011 年低保 480 人,其中城镇人口 50 人,共发放低金 508800 元。

2014 年低保增加到 793 人,其中城镇户口低保 70 人,共发放低保金 866940 元。

新型农村合作医疗 2006 年实施农民参加新型农村合作医疗,是年参合 13600 人,每人交 10 元,收缴新农合资金 136000 元。2009 年参合农民 14800 人,每人交 20 元,收缴新农合资金 296000 元。2011 年参合农民 15600 人,每人交 30 元,收缴新农合资金 468000 元。2014 年参合农民 16000 人,每人交 60 元,收缴新农合资金 96 万元,参合率达到了 95%以上。

新型农村社会养老保险 2009 年开始实施农村养老保险,是年全乡 8130 人参保,参保率 80%。2012 年 8310 人参保,参保率 82%。

2014 年 8657 人参保,参保率 85%。上缴新农保基金 98.3 万元,发放社保卡 7425 张,3186 人已享受养老保险,按月标准 75 元领取养老金。每月支付养老金 238950 元。

20 世纪 90 年代初,成立社会保险管理机构,专门负责各项保险工作。

机关事业单位养老保险由区人社局机关事业单位保险站管理。国家干部、教师、医生、站所职工全部参加事业保险。现有退休干部职工 67 人,教师 49 人享受退休养老保险待遇。1825 人参加城镇居民企业养老保险。

人民生活

20 世纪 50 年代至 60 年代,境内粮食产量不高,人均每月口粮 20 千克稻谷,食油人均不到 0.5 千克。大部分农户住茅草房。农民一年四季很少做新衣服。

70 年代推广良种良法,大面积使用农药化肥,粮食产量有所提高。社员月分配口粮人均达到 25 千克稻谷。农户完成派购任务后,可宰杀年猪。大部分农民一年可穿上一套新衣服。住房也得到改善,农民做泥土砖,大队办砖瓦厂,农民用泥土砖做墙,屋面上盖红瓦。有的买红砖红瓦建房屋。

80 年代实行家庭联产承包制,田土承包到户,粮食增多,养殖业发展加快,农民吃穿得到进一步改善,住茅草房的农户均建了砖瓦房,50%的农户家里有电视机、电冰箱,70%的农户年年宰年猪、做粑粑。

90 年代，农民外出打工，做生意，田土向种田大户转移，农村经济不断增强，60%的农民住房由砖瓦平房变成楼房，60%的农户有电冰箱。

20 世纪初期，国家取消农业税、特产税，给农民生产补贴，区乡村三级取消向农民的提留摊派，农民收入全归自己。群众步入加速富裕阶段，生活开始向追求高标准。2014 年，全乡有 1085 户建别墅式楼房，90%的农户使用淋浴设施和水冲式厕所，部分农户开始购置小汽车。

五、特色地情

名优特产

铬硒大米 境内生产的铬硒米含铬和硒两种微量元素，选用湖南省水稻研究所最新育成的一等一级“超泰米”水稻品种，生产过程中运用生物工程技术，实行育苗、统防统治、喷施“粮油型铬硒葆”，施用有机肥料等科学化管理，通过水稻自身的生物转化。铬硒米米质细长，米饭油亮，蓬松柔软不黏结，感口好，具有浓郁香味，冷饭不反生。境内出产的铬硒大米达到“五零”标准，即稻谷加工原米“零抛光”，营养成分“零损失”，深水灌溉“零污染”，色泽醇和“零蜡质”，香料色素“零添加”。2014 年，全乡种植铬硒稻谷 5000 亩，加工铬硒大米 4000 吨，产品远销湖北、上海、广州、深圳等地。

风景名胜

牛屎湖 地处黑山嘴乡政府西边，面积 21000 亩，水深 3 米多，块石护堤坡。湖内养殖各种鱼类，种植莲藕，春夏微风吹拂，碧波荡漾，莲花摇曳，荷香扑面，沁人心脾。岸边桂花树、樟树成林，是为境内名胜风景之地。

观音寺 地处乡境内七港村一组，始建于 2003 年，2005 年竣工。寺庙占地 10 亩，殿宇庄严，佛像 40 多座，常住居士 12 人，闻名于长沙、广州、深圳等地，每日朝拜客人百余人，是为境内一大景观。

民俗风情

种植习俗 境内有“正月初一打霜，斗谷一个秧”之说，提醒农民适当推迟浸种育秧，防止“倒春寒”烂秧。

禁忌习俗 早晨禁忌说“鬼”“死”。正月初一忌讳挑水、扫地、动土、服药。有“七不出，八不归，九日出门空手回”习俗。家有孕妇禁忌随便动土，砌新灶，在门槛上剁砍，否则“犯占”、生怪胎。红白喜事写人情禁忌第三十六名。

六、各村(居、场)简介

一港村

位于乡北端,辖 14 个村民小组,总人口 2225 人。耕地面积 5800 亩,主产稻谷、棉花、油菜。2016 年 5 月与三分场合并,沿用一港村名。

四港村

位于乡西北端。辖 10 个村民小组,总人口数 1728 人。耕地面积 4210 亩,水田 3600 亩,旱地 500 亩,鱼池 165 亩。主产稻谷、棉花、油菜,出产鲜鱼。2016 年 5 月与沙潮、七港村合并,命名为观音寺村。

七港村

位于乡西端,辖 6 个村民小组,总人数 1750 人。耕地 4200 亩,其中水田 2600 亩、旱地 1200 亩、淡水养殖面积 400 亩。主产稻谷、棉花、油菜,出产鲜鱼。2016 年 5 月与四港、沙潮村合并,命名为观音寺村。

打鼓台村

位于乡东部,辖 10 个村民小组,总人口 1235 人。耕地面积 2872 亩,主产稻谷、棉花、油菜。2016 年 5 月与月亮洲村合并,命名为月亮洲村。

庆福村

位于乡南端,辖 9 个村民小组,363 户 1356 人。耕地 3390 亩,其中水田 1800 亩、旱地 1200 亩、渔湖 390 亩。主产稻谷、棉花、油菜,出产鲜鱼。2016 年 5 月与移堤村合并,沿用庆福村名。

黑山嘴村

位于乡西南端,辖 7 个村民小组,1280 人。耕地面积 3075 亩,主产稻谷、棉花、油菜。2016 年 5 月与沅阳居委会合并,命名为沅阳社区居委会。

移堤村

位于乡东南端, 辖 8 个村民小组, 265 户 895 人。耕地面积 1800 亩, 其中水田 1460 亩、旱地 340 亩、鱼池 185 亩。主产稻谷、棉花、油菜,出产鲜鱼。2016 年 5 月与庆福村合并,命名为庆福村。

月亮洲村

位于乡东端,辖 8 个村民小组,258 户 950 人。耕地面积 1940 亩。主产稻谷、棉花、油菜。通组公路水泥硬化 9 千米,置有大型粮食烘干设备。2016 年 5 月与打鼓台村合并,沿用月亮洲村名。

菱角村

位于乡中心，辖8个村民小组，398户1518人。耕地面积3380亩。主产稻谷、棉花、油菜。水泥硬化通组公路7.5千米。

白泥湖村

位于乡东北端，辖11个村民小组，总人口数1280人。耕地面积2806亩，其中旱地700亩。主产稻谷、棉花、油菜。水泥硬化通组公路8千米。为镇计划生育示范村。2016年5月与南堤村合并，沿用白泥湖村名。

南堤村

位于乡东北部，辖10个村民小组，1420人。耕地面积3500亩，主产稻谷、棉花、油菜。2016年5月与白泥洲村合并，命名为白泥湖村。

沙潮村

位于乡西北端，1977年由各村搬迁户组成。辖8个村民小组，220户750人。耕地面积1600亩，水面400亩。1992年分村，1、2、3、4组为沙潮村，5、6、7、8为渔场三分场。主产稻谷、棉花、油茶、出产鲜鱼。水泥硬化通组公路2千米。2016年5月与四港、七港村合并，命名为观音寺村。

沅阳居委会

位于乡集镇区，人口1638人。2016年5月与黑山嘴村合并，命名为沅阳居委会。

黑山嘴农场

辖7个组，280户1250人。土地面积1864亩，其中耕地1634亩，果园30亩。主产稻谷、棉花、油菜，通组道路硬化连通。1950年司法部设置黑山嘴农场，用于安置改造国民党军高级将领，改造对象靠耕种田地生活。1973年改造对象获释，回各自家乡。1974年黑山嘴农场移交常德县管理，政府动员一批农民迁移至此定居生产，隶属县农业局。1993年区政府将农场交由农民自治自管，隶属农业局分管。1998年8月黑山嘴农场移交给黑山嘴乡政府管理。

（执笔：曾国华　编辑：娄福友）

长岭岗乡

地图审图号：湘 S(2008)052 号

区域名片

国家级生态乡镇

一、区域概况

地理位置

长岭岗乡位于区境西北部，东与大龙站镇、常德林场相连，南与石板滩镇接壤，西与蔡家岗镇、雷公庙镇交界，北与双桥坪镇毗邻。因境内有十里长岗而得名。乡人民政府驻长岭岗村合一组，距区人民政府驻地 23 千米。

建置沿革

民国年间，分属常德县龙门乡、渐安乡、同德乡。常德县境解放后，1949 年 8 月属龙门乡。1950 年 2 月，废除旧的乡、保、甲，属常德县第三区直辖。9 月，设长岭岗、坛坪、黄山峪等数个小乡。1956 年 6 月，境内小乡合并为长岭岗乡。1958 年 10 月，实行人民公社体制，属上游公社。1961 年 3 月，缩小公社规模，上游公社析为长岭岗等 4 个公社，长岭岗公社辖 9 个大队。1984 年废除人民公社体制，恢复乡镇建制，长岭岗公社更名为长岭岗乡。2015 年 12 月，与蔡家岗镇、雷公庙镇合并为蔡家岗镇。

区划面积

1961 年长岭岗公社辖坛坪、周家坪、长岭岗、红光（1984 年改为蒋家坪）、安家岗、新华（1984 年改为古堤溶）、黄山峪、五四（1984 年改为周夹巷）、桂花堰 9 个大队。

1963 年落子山水库建成后，将黄山峪大队被库区隔断的 4 个生产队析出，设立落子山大队。1984 年，公社改为乡，大队改为村，行政区划未变，长岭岗乡辖坛坪、周家坪、长岭岗、蒋家坪、安家岗、古堤溶、黄山峪、落子山、周夹巷、桂花堰 10 个行政村。总面积 42.7 平方千米。耕地面积 1.74 万亩，其中水田 1.38 万亩，旱地 3645 亩。山林面积 3.8 万亩。水域面积 5405 亩。

至 2014 年，全乡行政区划和总面积没有变化。耕地面积 1.74 万亩，其中水田 1.38 万亩，旱地 3645 亩。山林面积 37951 亩。水域面积 5405 亩。

人口民族

1956 年，乡域总人口 10173 人，其中男性 5487 人、女性 4686 人，60 岁以上 315 人，独生子女 158 人。1982 年，总人口 11847 人，其中男性 6087 人、女性 5760 人，60 岁以上 183 人，独生子女 182 人。2010 年，总人口 11350 人，其中男性 5764 人、女性 5586 人，60 岁以上 1646 人，独生子女 1432 人。2014 年，总人口 11573 人。其中男性 6030

▲ 乡机关工作人员 2015 年在长岭岗乡撤销前留影

人、女性 5543 人，60 岁以上 2230 人，独生子女 1424 人。总人口中，汉族 11530 人，占 99.63%，2 个少数民族共 43 人，其中回族 35 人、土家族 8 人。

自然环境

乡域属典型丘陵地貌，最高处梁山大宝岭海拔 402 米，最低处荷堰湾海拔 50 米，平均海拔约 200 米。境内丘岗相连，狮子山、落子山、梁山分布其间，呈“凸”字形，一条南北走向的 6 千米长岗纵贯境内，把乡域分隔为东西两部分。岗东地势较为平坦，北部较高，属澧水水系；岗西地势呈阶梯形向西延伸，属沅水水系。

乡域处于中亚热带向北亚热带过渡的季风湿润性气候区，四季分明、阳光充足、雨水丰沛，年平均降雨量 1300 毫米，5—7 月为多雨季节；年平均气温 16.6 摄氏度，无霜期 285 天左右。

境内地质结构多样，东侧为沙砾岩，西侧为石灰岩。土壤母质母岩为沙砾岩、石灰岩分化而成的红壤和红黄壤，一般在 60 ~ 150 厘米之间，通气性能好，酸碱度适宜，pH 值在 5 ~ 6.5 之间。

境内植被良好，生物资源丰富。主要植物有油茶、松、杉、香樟、杨梅、板栗、枫香、合欢、野葡萄、栀子、金银花、狗骨、冬青、椰树、木子树、油桐，主要野生动物有野猪、野兔、野鸡、竹鸡、斑鸠、麂子、白鹤、刺猬、猴面鹰、猫头鹰、喜鹊、乌鸦、眼镜蛇。2013 年，长岭岗乡被环保部授予“国家级生态乡镇”称号。

二、经济发展

经济综述

民国时期，经济以农业生产为主体，水利条件差，靠山塘水灌溉维持单季稻种植，产量低，农民辅以杂粮野菜度日。中华人民共和国成立后，经过互助组、初级社、人民公社化阶段，境内经济逐步得到发展。自 1958 年起，水利建设不断得到重视，农业生产条件步步改善，改单季种植水稻为双季种植水稻，粮食产量有所提高。农产品加工业开始起步。到 1982 年实施家庭联产承包责任制，农民生产积极性进一步提高。通过招商引资、扶持民营经济，二、三产业得到发展。2014 年，全乡实现地区生产总值 3.5 亿元，农民人均纯收入 6408 元。

农业

种植业 境内主产稻谷，一季稻为历史传统种植。1958 年开始推广双季稻种植。20 世纪 70 年代中期，推广种植杂交稻，亩产增加到 450 千克。1982 年，全公社粮食总产量达 5280 吨。90 年代，推行科学种田，人工插秧改为撒播、抛秧，采用药物除草和收割机收割，生产效率大为提高。2014 年全乡粮食总产达 9678 吨。

其他农作物种植。20 世纪 50 年代主要种植大豆、红薯、小麦。60 年代，开始大面积种植棉花、油菜，小麦种植逐渐减少。70 年代，棉花成为主要经济作物。1975 年，全公社种植棉花 2800 亩，皮棉总产 150 吨；种植油菜 2500 亩，油菜籽总产 177.5 吨。1982 年，种植油菜面积增至 4300 亩，棉花增加到 5600 亩。1995 年后，棉花价格下降，农民把重心转向种植油菜。2014 年，全乡油菜种植面积达 1 万亩，油菜籽总产达 750 吨。

养殖业　20 世纪 50 年代，农民户户养殖家禽家畜，但规模不大，主要用于自宰自食。1959—1961 年开办公共食堂期间，取消家庭养殖，实行集体养殖，全公社 30 个集体养猪场，年交售生猪 1200 多头。1962 年，撤销公共食堂，家庭养殖与集体养殖并存，年交售生猪1400 多头。1969 年，全公社养鸭 3858 羽，养鸡 5635 羽，养猪 2601 头，养牛(耕牛)832 头。1982 年实行农村家庭联产承包责任制，养殖业得到发展。1988 年，全乡养猪 5449 头、羊 282 只、牛 1801 头、鸡 8010 羽、鸭 8230 羽，水面养殖 250 亩，出水鲜鱼 14 吨。1990 年，全乡培植养羊专业户 2 家，养山羊 450 只。养猪专业户 4 家，养猪 1000 头，加上农户散养，全乡养猪 8103 头。水面养殖专业户 4 家，出水鲜鱼 16 吨。2014 年，境内有生猪养殖专业户 8 家，山羊养殖专业户 4 家，水面养殖专业户 6 家。养生猪 9540 头，出栏 6360 头；养山羊 1500 只，出栏 700 只；养鸡 38321 羽；养鸭 13210 羽；出水鲜鱼 20 吨。

林业

境内 60%为四级红土山地，适应各种树木生长。油茶、松、杉、香樟为主要林种，其中 80%为油茶林。1958—1961 年，因大炼钢铁、办公共食堂，境内山林遭毁灭性破坏，以致群众烧柴都成困难。1971 年公社办起七星庵林场、白庵林场，开荒造杉木林 4000 余亩。安家岗大队植美国松 500 亩。1972 年公社发动群众，在落子山植香樟 500 余亩，栽植香樟 20000 株。1982 年，实施山林承包制，提高了农民植树造林的积极性，林木得到管护，境内 60%的油茶林得到垦复，老化的油茶林得到更新。1993 年，部分农民开垦荒山，引进培植观赏花木，花木产业开始兴起。桂花堰村村民杨廷元，建起境内第一个花木基地，先后培植出银杏、红枫、茶花、杜樱、竹柏、茶梅、紫薇、桂花、玉兰、花桃、红檵木等多种名贵观赏花木，畅销全国各地。2002 年，全乡退耕还林 600 亩。2008 年，成立长岭岗油茶专业合作社，有社员 200 余人，油茶基地 800 亩，与湖南农业大学、湖南林科院、山东省林科院联合，产、学、研一体化，实行对油茶良种繁育推广。2014 年，全乡新增油茶林 1200 亩，茶油总产量 103 吨；活立木积蓄量达 7875 立方米；果园林产各种水果 750 吨。

工业

20 世纪 50 年代前，因乡境地处偏远，交通闭塞，只有零星的小作坊和零散的手工匠人。1955 年创办"长岭岗木业社""长岭岗缝纫社"2 家企业,后转为二轻工业,由县二轻工业局管理。60 年代末开始发展社队工业,先后办起农副产品加工厂、石灰厂、精灰厂、预制件厂、砖厂。石灰厂年产石灰 4000 吨,1978 年转让给雷公庙公社。1985 年,乡政府投资 40 万元,创办长岭岗灯头厂,生产烟机配件,厂区面积 8000 平方米,职工 43 人。2001 年,乡镇企业改制,鼓励发展民营经济,私营工业步入快车道。袁富华等合资买下长岭岗灯头厂,更名为长岭岗烟机配件厂,2010 年,成长为规模型的"长岭岗烟机配件厂"迁址灌溪镇工业园。2002—2005 年,相继建起佳鑫、洞湾、郑湾、郑湾一分场、邓湾、建忠 6 个碎石厂,共有工人 300 余人。2013 年,义祥仿古实木家具有限公司成立,有名工巧匠 50 人,生产古典实木家具和现代实木家具。2014 年,全乡实现工业总产值 8000 多万元,解决就业人口 410 人,为国家缴纳税费 100 多万元。

商贸服务业

清代和民国时期,设有长岭岗墟场,成为周边物资交易场所。中华人民共和国建立后,20 世纪 50 年代,在集镇建起粮店、饮食店、供销社、经销店、食品站。中共十一届三中全会后,个体商贸兴起。1982 年,集镇有个体商铺 20 家。1995 年,增加现代家具店 1 家、装饰材料店 1 家、家电 2 家、服装店 3 家、移动电信 2 家、音箱照明 1 家、理发店 2 家、餐饮 3 家、酒店 2 家、摩托代理 1 家、机车修理 3 家、建材 2 家。墟场逢 1、4、7 为赶集日,日赶集人数千人。2014 年,全乡有各类商铺 72 家,长岭岗农贸市场建成开业,社会商品零售总额达到 1138 万元,服务业收入 341 万元。

劳务输出

1978 年,境内有 372 人去广东、广西、福建、上海、北京务工。2003 年,外出务工人数增加到 850 人。2013 年,全乡有 3076 人外出务工。2014 年,全乡劳务收入 4140 万元。

建筑业:2014 年全乡从业人数 1137 人,完成产值 7152 万元,纯收入 1192 万元。

运输业:2014 年从业人员 415 人,有各种机动车辆 273 台,营运收入 1706 万元。

三、基础设施

交通运输

明清时期,有常德至临澧的驿道途经境内七里桥、竹根坡、石柴等地。1958 年,长岭岗至蔡家岗公路建成,连通国道 207,全长 19.5 千米,境内始有公路。1962 年,建成长岭岗至石柴公路,全长 10 千米。1974 年,建成长岭岗至天窝坑石灰厂公路,全长 4 千米。1974 年,建成长岭岗至安家岗公路,全长 5 千米。20 世纪 80—90 年代实施通村通组公路建设,1998 年开始公路硬化。到 2014 年,全乡共有各级公路 118 条计 48 千米,其中已水泥硬化 39 千米。

供电供水

供电 20 世纪 70 年代前,境内无电。1976 年,安家岗、长岭岗、坛坪 3 个大队接通国家电网供电。1980 年,全境通电,成立公社电管站。2003 年启动农网改造,全乡新增变压器 12 台。2014 年,全乡有高压输电路线 2 条 70 千米,低压输电线路 162 条 50 千米,变压器 52 台 9050 千伏安,年用电总量 990 万千瓦时。

供水 境内居民传统饮用水方式为取用堰塘、沟港水。1983 年,农户开始建手压水泵井抽取地下水饮用。2007 年,乡政府以卫星水库为水源地,建长岭岗乡卫星自来水厂,日供水能力 800 立方米,铺设输水管道 18000 米,供应集镇及周边村组 5000 人的安全饮水。2013 年,争取国家投入 400 多万元进行扩改,日供水增至 2000 立方米,增加输水管道 2 万余米,在坛坪村新垱组、安家岗村荷花堰组建起两处加压泵站,供应全乡 11000 多人和双桥坪镇宋家坪、刘家湾、大桥 3 个村 3000 多人的安全饮水,安全饮用直来水率达到 100%。

水利建设

1958 年,建卫星和红光水库。卫星水库为小(Ⅰ)型水库,有集雨面积 6.83 平方千米,库容 779 万立方米,干渠 63.4 千米,灌溉农田 8000 亩。红光水库为小(Ⅱ)型水库,有集雨面积 0.5 平方千米,库容 18 万立方米,干渠 1.5 千米,灌溉面积 600 亩。

1963 年,建古堤溶小(Ⅰ)型水库和落子山、郝家、西草堰 3 座小(Ⅱ)型水库。古堤溶水库集雨面积 2.6 平方千米,库容 150 万立方米,干渠 38.5 千米,灌溉面积 3000 亩。落子山、郝家、西草堰水库集雨面积分别为 1.38 平方千米、0.7 平方千米、0.85 平方千米,库容分别为 78 万立方米、15.8 万立方米、25 万立方米,各有干渠 3.2 千米、0.53 千米、1.5 千米,灌溉面积分别为 2500 亩、510 亩、700 亩。

1972 年,建三合和荷花堰 2 座小(Ⅱ)型水库,集雨面积分别为 1.34 平方千米、0.85 平方千米,库容分别为 56 万立方米、15.3 万立方米,各有干渠 1.2 千米、0.3 千米,灌溉面积分别为 1520 亩、400 亩。

1979 年,建吴湾小(Ⅱ)型水库,集雨面积 0.7 平方千米,库容 20 万立方米,干渠 1.1 千米,灌溉面积 530 亩。

1991 年,建铁匠湾小(Ⅱ)型水库,集雨面积 0.9 平方千米,库容 15 万立方米,干渠 1.2 千米,灌溉面积 700 亩。

至 2014 年,全乡有水库 10 座,堰塘 145 口,总蓄水量 380 万立方米,机埠 7 个,干渠 81.7 千米,万余亩水田实现自流灌溉。

邮政通信

邮政 中华人民共和国成立初期，乡境内没有邮政机构，邮寄和领取信件包裹要到蔡家岗邮政所，发电报要到县邮局。1965年，长岭岗公社所辖10个大队开通邮路。群众可在大队领取邮件。1998年，长岭岗乡设邮政代办所，专事邮件发送、报刊订阅。2012年，圆通、韵达、邮政快递公司在长岭岗设代办点。2014年，全乡共订阅报刊58种，达2万多份。

通信 1961年长岭岗公社成立时，公社机关首次安装手摇电话机。1985年，公社所属各大队先后安装手摇电话机，公社机关设有人工转接的总机，同时有了有线广播。1990年后，程控电话开通，全乡30%的农户家里安装程控电话。2001年，境内建移动、电信、联通信号塔，移动电话信号覆盖各个村组，215户农户使用上宽带网，成年人移动电话(手机)持有率达到99%。2014年，境内建移动服务网点2个，电信服务网点1个，联通服务网点2个，拥有固定电话用户810户，移动电话用户6079户，电信宽带用户230户。

集镇建设

1961年，长岭岗公社成立，公社机关建在长岭岗墟场东端。1965—1968年，先后在东端建粮店、卫生院、兽医站、食品站、供销社。为便于集镇长远发展，1975年，公社机关迁至墟场北端，规划集镇街道向东发展。2011年乡政府扩建街道，有23户按照规划要求，在集镇中段建房。2012年开始，政府对集镇街道进行改造，对损坏的路面重新硬化，完善排污、排水、供电、供水、路灯等基础设施。2014年政府筹措资金，建起长岭岗农贸市场。至2015年，集镇建成区达0.75平方千米，建筑总面积14.8万平方米，其中居民住房面积13.4万平方米，公共建筑面积1.4万平方米，街道总长1500米，常住人口3561人。

四、社会事业

教育

民国年间，境内有蒋家坪村蒋伯量、安家岗村郝廉创办的2所私立小学，各有学生十来个。中华人民共和国成立后，人民政府重视教育事业。1954年，境内办有陆家堰、蒋家坪、安家岗、落子山4所小学，有教师18人，学生167人。1963年，创办长岭岗公社农业中学。1967年改为长岭岗中学，1969年开设高中班。1970年，各大队均办起小学。坛坪、新华、安家岗3所小学，附设有初中班。全公社有民办教师87人，公办教师53人，在校学生达1320人，其中初中生547人、高中生83人。1973年，长岭岗中学从长岭岗集镇搬迁到长岭岗村新屋坪生产队，建教学平房两栋。1975年，改建成楼房，建筑面积1152平方米。是年,全公社有中小学生1720人,为历史峰值。1987年,长岭岗小学更名为长岭岗中心小学。1988年,出现第二个生源高峰期,中小学生达1611人,是年通过省"两基"(基本普及九年义务教育、基本扫除青少年文盲)验收。进入20世纪初期,学生生源逐年减少,各小学相继撤并,至2003年,仅存长岭岗中心小学。2011年,长岭岗中心小学并入长岭岗中学,成为九年一贯制学校。2013年,创办长岭岗中心幼儿园。至2014年,全乡有九年一贯制学校1所,幼儿园1所,有教师37人,在校中小学生367人,在园幼儿132人。

长岭岗中学 占地面积21890平方米,建筑面积5400平方米。教学楼2栋,教职工宿舍4栋,配备有多媒体教学室、图书室、档案室、仪器室、电脑室、理化生实验室、医药室。2014年有教学班10个,初中生毕业率达100%。

科技

1959年,公社组织一支专业队伍,前往海南岛学习繁育杂交稻种,培养出一批种田技术人才,是年组建长岭岗农科队。农科队于1989年撤销。2008年,政府引进湖南大学、湖南农科院、山东省农科院油茶生产技术,建立油茶基地,引导群众进行油茶品种改良改植,油茶产业发展走向科学化。

文化体育

文化 民国时期,境内民间文化活动主要有舞狮、舞龙,锣鼓响器演奏。中华人民共和国建立初期,过年有车儿灯、打花棍、三棒鼓、渔鼓走村串户表演。"文化大革命"期间,各大队组织文艺宣传队,人人跳"忠"字舞。1979年,公社建电影院,可容纳观众800人。有电影队经常下村放映。1985年,电影院关闭,电影队解散。2007年,乡里组建数字电影放影映队,定期为各村放映。2008年,组建境内历史上第一支管弦乐队。2010年,建立乡有线电视站,全乡3205户开通有线电视。2013年各村妇女自发组成广场舞队跳广场舞,全乡涌现10个跳舞点。

体育 1995年举行长岭岗乡农民拔河赛,各村均派代表队参赛。1998年,举办长岭岗乡农民篮球赛。2007年,举行全乡农民乒乓球选拔赛。至2014年,全乡共建有健身场地10个,村级篮球场1个,购置大型健身器材230件。

医疗卫生

民国年间,境内有数名流动行医的中医郎中和3家小中药铺。中华人民共和国成立后,1950年组建长岭岗联合诊所,1957年改为长岭岗乡卫生院,1958年改名为上游公社医院。1961年定名为长岭岗公社卫生院。为了方便群众看病,1968年,各大队建立合作医疗站,配有2~3名赤脚医生,各生产队配有1名卫生员。1997年,乡卫生院实施改扩建,新建门诊楼、住院楼,占地面积4150平方米,建筑面积4517平方米。

2014年，乡卫生院有医务人员17名，病床25张，设西医、内科、外科、儿科、妇产科等临床科室8个，配备X光机、B超仪、分析仪、全自动生化仪、全自动血球仪、制氧机、呼吸机、心电监护仪等先进医疗设备35台（件），下辖9个村卫生室，年接诊患者15146人次。

社会保障

农村五保 中华人民共和国成立后，国家开始对孤寡老人实行救济。境内1968年开始对孤寡老人实行保吃、保穿、保住、保医、保葬（简称五保）供养制度，全公社有五保供养对象68人，由所在生产队提供住房，发放口粮衣物等生活用品，死后由集体安葬。1984年改乡后，五保供养由村负责，费用从村提留列支。2003年后，改为政府财政列支。2004年建立乡敬老院，有40名五保对象入住实行集中供养。2014年，全乡供养五保对象77人，其中分散供养43人，集中供养34人。

新型农村合作医疗 2000年实施，次年有8530人参加新型农村合作医疗，参合率82.1%。2014年，全乡参合人数9950人，参合率95.6%，共缴纳合作医疗费89.55万元，报销医疗费用137.4692万元。

新型农村养老保险 2010年开始实施个人缴费、集体补助和政府补贴相结合模式的新型农村社会养老保险。到2014年，全乡参保人数5358人，有2085人享受养老保险金，每月领取养老金共计187.65万元。

城乡居民最低生活保障 2000年开始实施城镇居民最低生活保障制度，2005年实施农村居民最低生活保障制度。2014年，全乡享受农村低保人口493人，领取保障金59.16万元；享受城镇低保人口247人，领取保障金14.3484万元。

人民生活

中华人民共和国建立后，境内人民生活日益得到改善。1959～1961年经济困难时期，群众生活陷入困难时期。吃饭定量，购物凭票。1978年中共十一届三中全会以后，国家对经济进行调整，乡内经济得到发展，一部分农户家庭开始富裕起来。20世纪80年代，全乡90%的农户家庭告别土砖房、木架房、茅草房，建起红砖房。电视机，电风扇、洗衣机、手表、自行车成为农家时尚用品。1995年，全乡农民人均纯收入达到613元，70%的农户建起楼房，80%的家庭用上彩电，1031户农户安装程控电话，部分年轻人骑上摩托，部分农家妇女戴上金银首饰，猪肉日销售量达到1000千克以上。2002年，农民进城务工成为潮流，全乡农民人均纯收入1063元。2014年，全乡农民人均纯收入6408元，95%的农户住进楼房，60%家庭购置有摩托车、三轮车，16%的家庭拥有小汽车，10%的家庭用上宽带网，手机在成年人中基本普及，户户用上自来水，30%农户家庭安装太阳能热水器，40%的家庭安装空调，5%的农户在城市购买住房，有407人出外旅游。

五、特色地情

历史人物

蒋佰良 （1918—1992）蒋家坪村人，毕业于湖南大学。留学日本东京大学，是东京社会会员，与黄兴、蔡锷结为好友。回国后任教于常德市五中，任校长达10年。

蒋永军 （1882—1952）蒋家坪村人，毕业于湖师一中，留学日本，为东京社会会员，一生从教。与黄兴、蔡锷结为好友，曾与贺龙有过交往。

杨明章 （1886—1959）桂花堰村人，毕业于湖南医学院。与贺龙有密切交往，后成为一方中医名师。

杨昌海 （1891—1960）古堤溶村人，毕业于湖南政法学院。年轻时跟随贺龙从事革命活动，后一生从教。其后人保存有贺龙所赠印章。

阿部高子 （1924—1984）生于日本秋田县汤沃市，7岁时随姐到中国沈阳，于奉天小学及朝日女校读书。毕业后在南满铁路医院任会计兼助产师。日本投降后滞留中国，后与长岭岗乡周夹巷村周希良（原国民党沈阳中央警官学校第五分校第三中队少校中队长）结婚，婚后取中国名安玉洁，1948年随夫到周夹巷村定居，与乡邻和睦相处，用助产技能为周边群众服务，深受人们尊重。中日建交后回日本探亲，在日本宣传中国人民友好，谢绝亲友挽留，仍然回到家乡。后在县一中任教日语。1984年病故。

革命烈士

黄文章 （1944—1979）古堤溶村人，1964年参军，1979年参加中越边境自卫还击作战，任尖刀连连长，作战时所乘坦克被敌击中光荣牺牲。

曾春杰 （1954—1979）周家坪村人，1976年参军，1979年参加中越边境自卫还击作战，不幸中弹牺牲。

颜福章 （1955—1979）长岭岗村人，1976年参军，1979年参加中越边境自卫还击作战，不幸牺牲。

风景名胜

狮子山 坐落在安家岗村西北角，从远处眺望宛如一只雄狮，昂首俯卧，前爪伸出，注视前方，威武而安逸。山顶有一棵五角枫，无论东、西、南、北方向，远隔数里均能望见，村民当作地标。

落子山 位于境西安家岗村，北与龙门洞相连。山体呈马蹄形，香樟满山。山中有三大奇观：天窝坑，坑大百亩，常年积水，清澈碧绿，大旱不干。棺材岩，山中巨石，从山腰平伸而出，远望酷似寿棺。蜘蛛牵罗网，在山中部，有一深凹处，中间有一地穴，深不见底，与地下河相通，四面坡缓，形如蜘蛛牵网。

梁　山　位于长岭岗村，与太阳山一脉相承，东接太阳山，北连黑山尾，峰高海拔402米。中间有岭如城楼，称大宝岭。大宝岭北面有庵名七星庵。山中一片平地，四面山丘环绕，有山口供出入，茂林修竹、水田池塘、农家小屋、石径古道，尽显世外桃源之风。

卫星水库　位于太阳山下，库容723万立方米，蓄水面积1200亩，三面环山。库区林木茂密，山峦叠翠，水光山色，景况优美。

回龙庵　位于坛坪村。相传始建于宋代，1993年，乡民自筹资金重修。

古树名木

古香椰树　位于安家岗村安家岗组，树龄230年，树干围2.5米，树高18.5米，树冠荫地37.6平方米。1998年，由鼎城区林业局挂牌保护。

古枫树　位于安家岗村巴耳堰组，树龄150年，树干围3.1米，树高21米，树冠荫地42.3平方米。1998年，由鼎城区林业局挂牌保护。

民风民俗

宗教信仰　境内有少数人(多为中老年人，又以妇女为多)信奉耶稣教。教徒们经常聚会，他们彼此互称姐妹，主张人人关爱，告诫做人为善，死后不作法事，由教徒们为死者梳洗穿戴、入棺下葬。

婚姻习俗　男女达到适婚年龄，找到恋人待到结婚前期，男方就要找算命先生“合八字”，按“八字”选定黄道吉日，日期选定，男方带着彩礼和“报日书”上女方家门，叫“报日”；男子结婚前一天，杀猪宰羊，为女方送酒送肉，叫“送酒”，宴请亲朋，称为“花日酒”；婚礼当天，男方组织迎亲人员到女家迎娶新娘，叫“接亲”；女方组成队伍护送叫“送亲客”，送亲人员称“上亲客”；婚后第二天，新郎陪伴新娘回到娘家，叫“回门”(忌在女方家住宿，必须当日赶回)。女子在出嫁前一个星期，由女方母亲哭诉，俗称哭嫁。出嫁前一天晚上，选几位有威信的长辈至亲围坐一起举行茶宴，教女儿为人妻、为人母的道理，俗称“座女儿宴”。

丧葬习俗　人死后，请道士做法事超度亡灵，俗称“做道场”。道场时间一般三天。出殡前一天，全族人会前往吊唁，叫“上祭”；凡前来吊唁者，都得向死者跪拜，死者孝子以跪拜答礼。死者下葬时间也有忌讳，有“七不葬父、八不葬母”的习俗。下葬后要为死者坟前送饭三天。大年三十、初一，人们要带着香蜡钱纸上亲人坟前焚香叩首，表达对已故亲人的怀念。腊月三十日，到已故亲人坟头烧香点蜡烛称为“送亮”(二支蜡烛三根香)，正月初一日称为“拜年”。

传说故事

打山岔、落子山的传说　相传秦始皇灭六国、建秦朝，为了抵御外敌，征用百万劳工，修筑万里长城。劳工冒着严寒酷暑，在崇山峻岭中采石垒壁，饥寒交迫、苦不堪言，累死、饿死不计其数。玉皇大帝得知后，派王母娘娘下凡察看，王母娘娘见劳工们如此艰辛。于是就变成一老太婆，给每个劳工发了一根青丝系于扁担上，劳工门运土抬石顿觉轻松。监工们探知此事后向朝廷禀报，秦始皇得知后，离宫出巡，一看果然如此。逐下令将青丝收回并编成一条鞭子，赐名赶山鞭，鞭子一挥，大山移动。秦始皇于是执鞭移山填海。此事惊动东海龙王，他大为震惊，急召群臣商议，个个束手无策。龙王小女献上一计，如此如此、这般这般，龙王依允。小龙女精心准备后变作一美女来到皇城，被臣工们带到皇宫，秦始皇大悦，当晚赐宴。宴后小龙女含羞侍寝，悄悄用假鞭换走神鞭。翌日，秦始皇巡视至太阳山，见其挡住去路，于是挥鞭横扫过去，因是假鞭，只抽飞一块石子，掠过长岭岗，直奔安家岗，轰的一声，凌空落下 ，遂成一山，后人称为“落子山”。秦始皇非常生气，用力一顿，梁山立现一口，人马簇拥而过，自此梁山留下一岔，后人取名为“打山垭”。故事流传至今。

大宝岭 民间传说很早以前，有一天大宝岭山下一个后生到山中打柴，忽听嘎的一声，前面一块巨石移动，现出石门，从门中走出一老人，来到打柴人身边，二人相见如故，对话甚是投机。老人临走时，给了打柴人一把瓜子，打柴人不经意将瓜子装入口袋，回到家里，拿出一看，啊！哪里是瓜子，全是金子。砍柴人暗暗高兴，心想：要是知道他住在哪里就好了。于是第二天砍柴人又来到山里，他根本没有心思砍柴，心里总是掂量昨天给金之人。快到中午时分，老人又来了，两人依然谈笑如故。到了分手的时候，砍柴人假装往回走，等那老人离开十来步，他便放下柴担，偷偷地跟了上去。只见那人来到一块巨石前，拿起一块小石头敲了一下巨石，巨石很快移开了，只见石洞里面金灿灿一片，人、畜、瓜果、万物都是金的，砍柴人惊叫一声，喊道“：好多的金子！”老人回头，见砍柴人站在哪里，反身将石门关上，又恢复了原来的样子。砍柴人回到家里，把所经历的事告诉了乡邻们，大家跟着砍柴人上山去找那块巨石，可是怎么也找不到。从此再也没有见到那个给金老人，只知道山里有一条金街。从此以后人们就称此山峰为“大宝岭”。

贺龙在长岭岗的故事 《义结金兰闹革命》中记载，1927 年，南昌起义失败后，贺龙、周逸群按照中共中央指示，前往湘西北地区组织工农武装，开展游击战。1929 年 9 月，贺龙来长岭岗活动，时间长达半年之久。在这期间，贺龙先后结识了长岭岗乡内三个有影响的人物：杨昌海、杨明璋、蒋永军。贺龙和这三个人一见如故，经常在一起探讨时局，探讨人生理想，讨论中国的未来，很投缘，于是结为兄弟，贺龙与杨昌海尤为密切。在贺龙的影响下，杨昌海等三人发动组织了 200 多人的队伍闹革命。 1930 年 6 月，因革命需要，贺龙转战他乡，离开长岭岗时，曾邀请杨昌海为他当秘书，被杨昌海婉言谢绝。贺龙临走时，还赠送杨昌海一枚印章。据说“文化大革命”期间，杨将印章沉入“桂花井”，以免被毁。

重大事件

1958 年，修建卫星水库。

1961 年 3 月，公社体制调整，上游人民公社分为石板滩、蔡家岗公社、立新公社、长岭岗公社，长岭岗公社始成立。

2001 年，长岭岗烟机配件厂改制为私企。2010 年长岭岗烟机配件厂迁址灌溪镇工业园。

2013 年，环保部授予长岭岗乡“国家级生态乡镇”称号。

2015 年，长岭岗举办“太阳花文化旅游节”。

六、各村简介

长岭岗村

位于梁山脚下，乡政府驻地与长岭岗墟场所在地，总面积 5.7 平方千米。下辖 14 个村民小组，357 户 1201 人，劳动力 587 人。耕地面积 2257 亩，其中水田 1700 亩，旱地 557 亩；山林面积 4700 亩，其中 90%为油茶林；骨干山塘 63 口。主干村道 8.4 公里，县道过境 4.5 公里。2013 年，国家在境内建测风塔两座。2014 年人均收入 4800 元。2016 年 5 月与蒋家坪村合并，沿用长岭岗村名。

安家岗村

位于乡境西，主为安姓，地名由此得来。辖 348 户 1200 人，劳动力 780 人。面积 6.5 平方千米，耕地面积 2260 亩，其中水田 1780 亩，旱地 480 亩，山林面积 3250 亩，油茶（占林地面积 90%），森林覆盖率 75%。有小（Ⅱ）型水库（三合水库、郝家水库）2 座。主产水稻，香樟为主要林种，经济林杨梅、枇杷正向产业化发展。有挂牌保护百年香樟和百年枫树各一棵。地下石灰石藏量丰富。2016 年 5 月与古堤溶、落子山村合并，命名为落子山村。

落子山村

位于乡境西北，原属黄山峪村，因 1963 年修建落子山水库，由 4 个生产队组新建成落子山大队。相传玉皇大帝和王母娘娘下棋，不慎掉下一棋子，化成一山，名落子山，村名由此而来。辖 4 个村民小组，90 户 332 人。总面积 1.26 平方千米，耕地 472 亩，其中水田 322 亩；山林 888 亩，油茶林占 65%，山林覆盖率 90%。有小（Ⅱ）型水库（落子山水库）一座。2016 年 5 月与古堤溶、安家岗村合并，沿用落子山村名。

周家坪村

位于乡境东，东靠常德林场，南连坛坪村，西抵桂花堰村，北与长岭岗村接壤。辖13个村民小组，295户1024人，其中移民2户7人。汉族为主体，有土家族10人。总面积3.2平方千米，耕地1248亩，其中水田1050亩、旱地198亩；山林2800亩；水塘452亩。卫星水库为常德市最大的小(Ⅱ)型水库，蓄水量760万立方米，水质为一类，以此为水源建有自来水厂，供14000人饮用水。曾文章、曾德章、刘志祥、曾银秋4位高级工程师从该村走出。2016年5月与坛坪村合并，命名为坛坪村。

坛坪村

地处乡境东，太阳山脚下，东抵拾柴坡，北抵周家坪村，古有“常德出北门，坛坪大米出名”之说，曾为常德市经济百强村之一。辖18个村民小组，495户1680人。总面积5.5平方千米，耕地1740亩，水面105亩，骨干山塘11口，山林4600亩，森林覆盖率90%。主产稻谷，有“油茶之村”美称。2016年5月与周家坪村合并，沿用坛坪村名。

古堤溶村

位于乡境中西部，落子山村东侧，东接长岭岗村，西连落子山村，南毗邻桂花堰村，北抵安家岗村。“文化大革命”时期称新华大队，1984年更名为古堤溶村。辖8个村民小组，918人。总面积5.2平方千米。水田1296亩，旱地450亩，山林3128亩(其中油茶林面积占95%)，水面200亩，骨干山塘10口。主产稻谷，兼种油菜。地下石灰石资源丰富，2003年常德市佳鑫碎石场落户村内。2016年5月与安家岗、落子山村合并，命名为落子山村。

蒋家坪村

位于乡境北，东抵太阳山，南连长岭岗村，西接安家岗村与古堤溶村，北与双桥坪镇接壤。1968年由红光、蒋家坪大队合并为红光大队，1984年更名为蒋家坪村。辖15个村民小组，1458人。总面积4.6平方千米，耕地2640亩：其中水田2200亩，主要分布于梁山一线。劳务输出与水稻种植是全村经济收入主要来源。2016年5月，与长岭岗村合并，命名为长岭岗村。

黄山峪村

1951年曾设为黄山峪乡。辖12个村民小组，927人。总面积5100亩，水田1210亩，旱地372亩，水面300亩，山林3200亩，大小水塘42口。国道207穿村而过。长黄公路与国道207于临岗公路27号桩交汇。2016年5月与周夹巷、桂花堰村合并，沿用黄山峪村名。

桂花堰村

因境内有一大堰，堰旁有一口井，井水甘甜清凉，井旁曾有一棵古桂花树，人称桂花堰，村名从之。辖10个村民小组，265户865人。总面积3.53平方千米，耕地1557

亩，山林 3513 亩，水面 230 亩。丘岗占总面积 66%。1993 年建起 1200 亩花木基地，培植四季茶花、三学士茶花、银杏、红豆杉、美国红火箭、红火球、紫薇、花桃、丹桂等名贵花木，畅销全国各地。2014 年人均收入 15000 元，荣获“美丽乡村”称号。2016 年 5 月与黄山峪、周夹巷村合并，命名为黄山峪村。

周夹巷村

位于乡境西，西与蔡家岗镇接壤，西北与雷公庙乡毗邻，其地形有如一长巷。辖 9 个村民小组，820 人。曾名为“五四”大队，1984 年更名为周夹巷村。总面积 11.2 平方千米，耕地 1475 亩，山塘水面 280 亩，林地 2110 亩。以种植水稻为主，辅以油菜、棉花，山林以油茶为主要林种。地下有丰富的石灰石，建有玉皇、张冲、洞湾、郑湾碎石场，年产值均超过百万元，200 人实现就近就业。2016 年 5 月与黄山峪、桂花堰村合并，命名为黄山峪村。

（执笔：杨学帮　编辑：娄福友）

丁家港乡

地图审图号：湘 S(2008)052 号

一、区域概况

地理位置

丁家港乡位于区境中西部，东与草坪镇相邻，南与长茅岭乡毗连，西与桃源县漳江镇交界，北与许家桥回族维吾尔族乡接壤。乡人民政府驻清凉山村丁家港墟场，距区人民政府驻地 20 千米。

建置沿革

民国年间，乡域分属常德县文甲乡、五泉乡。中华人民共和国成立后，废除原乡、保、甲制，1951 年为常德县第十六区，区公所即现乡政府驻地，1951 年调整更名丁家港区。1956年6月撤区并乡设丁家港乡辖高级社。1957年2月设丁家港办事处，驻清凉山高级社龙家坪，辖斗姆湖、许家桥、丁家港、草坪、长茅岭、尧天坪6个乡。1958年下半年实行人民公社化，斗姆湖、许家桥、丁家港、草坪4乡划归金刚公社，公社驻斗姆湖。长茅岭、尧天坪为金星公社，公社驻长茅岭。1958年实行人民公社体制，乡域属金刚人民公社。1961年缩小公社规模，析置丁家港公社，属斗姆湖区。1984年撤销公社改为丁家港乡。2015年11月，与许家桥回族维吾尔族乡合并，命名许家桥回族维吾尔族乡，先后属斗姆湖区、片、办事处。

区划面积

1956年并乡后，高级农业生产合作社取代原村级组织，丁家港乡辖双冲、仙宇庙、掉儿湾、杜家冲、清凉山、丁家湾、五里冲、顾家岗、夏家铺、魏家湾、王家坪、明月湾、珊瑚岗、武隆庵、西陂堰、五泉山、阳陵陂、西窝里、夏岭、株树坪、赤家岗、高岭山、八一23个高级农业合作社。

1958年实行人民公社体制后，乡域设超英、超美、明月、八一4个生产大队。1959年调整为双冲、仙宇、清凉、沅水、明月、五泉、谷王、八一8个生产大队。1961年设立丁家港公社后，缩小生产大队规模，8个生产大队析为双冲、仙宇庙、掉儿湾、杜家冲、清凉山、丁家湾、五里冲、莲花庵、顾家岗、夏家铺、魏家湾、王家坪、明月湾、珊瑚岗、武隆庵、西陂堰、五泉山、阳陵陂、西窝里、夏岭、株树坪、赤家岗、高岭山23个大队。1962年撤销夏家铺大队，所辖生产队分别划归莲花庵、魏家湾大队，全公社辖22个生产大队。

1965年再次调整大队规模，丁家港公社辖双冲、牌楼、杜家冲、清凉山、五里冲、莲花庵、杨公庵、珊瑚岗、西陂堰、五泉山、西窝里、赤家岗、高岭山13个大队。1974年桃源县八字路公社修建王家冲水库，造成牌楼大队王家冲生产队生产生活不便，遂将该队划归桃源县八字路公社管辖。全公社总面积59平方千米。

1984年3月公社改为乡，大队改为村，至2014年区划和总面积无变化。1995年，全乡有耕地面积2.81万亩，其中水田2.51万亩；山林3.89万亩，其中油茶林3.12万亩。2014年，全乡有耕地面积2.71万亩，其中水田2.45万亩；山林4万亩，其中油茶林3.78万亩。

人口民族

1950年，乡域人口9275人。1981年年底，全国第三次人口普查为17116人。其中男性8796人，女性8320人；汉族16821人，回族292人，壮族3人。2014年年底，全乡总人口17447人，其中男性8621人，女性8826人。总人口中，汉族16732人，占96.49%；13个少数民族共715人，其中回族341人、蒙古族2人、维吾尔族6人、苗族89人、彝族3人、壮族11人、布依族7人、满族1人、侗族7人、瑶族4人、白族1人、土家族241人、畲族2人。除回族有祖居者外，其余少数民族为通婚、移民迁入。

▲ 油茶树果

自然环境

境域为低山丘陵区，地势南高北低。最高处西窝里村黄家湾海拔143.3米，最低处杨公庵村王家坪海拔46.7米，全境平均海拔85米。境内分别有发源在朱家冲和七里茅岗的丁家港、珊瑚岗两条河港流经，于许家桥回族维吾尔族乡永寺山村合井坝汇合，经金刚河、枉水在德山注入沅江。

乡域属中亚热带向北亚热带过渡的季风湿润性气候区，气候温暖，四季分明，日照充足，雨量丰沛。年平均降雨量为1250毫米，4—7月为多雨季节。年平均气温16.7℃。年平均日照时数1713.1小时。日照百分率为38%，年总辐射量为107.87千卡/平方厘米，≥15℃的活动积温为4455.4℃，无霜期272天。乡境地貌为红土高岗地和砂砾高岗地。pH值>6.6的地区为牌楼村海家溶，双冲水库以下河谷为5.6～6.5，其余地区在4.6～5.5之间，除五里冲村筲箕窝及周边地区有机质含量>4、牌楼和杜家冲村交界处低于2外，其余地区均为2～4。

境内有刺猬、猪獾、黄鼠狼、斑鸠、喜鹊、竹鸡、乌鸦等野生动物。有以油茶为主、杉树、松树、丹桂、香樟、银杏等植物20余种。地下有金刚石矿，河床砂砾中含有沙金。

有记录的气候异常年份：民国15年（1926），天大旱，大部分水稻歉收。1954年冬连续2个月冰冻，最低温度-18℃。1959年、1960年、1961年连续3年大旱，农作物严重受灾，粮食减产。2008年1月冰冻1个月，最低温度-10℃。2013年7、8、9三个月连续40多天高温无雨，山上油茶树被烤焦。

二、经济发展

经济综述

中华人民共和国成立前，由于生产条件低下，温饱难以解决。中华人民共和国成立后，推广科学种田，生产水平逐渐提高，粮食产量逐年上升。1961年，全乡粮食总产为302.5万千克，亩平80.5千克。1978年，粮食总产1017万千克，亩平提高到363千克。1982年，农村实行联产承包责任制以后，农业机械化和科学种田水平得到提高。2014年尽管耕地面积减少3500亩，粮食产量仍然增加到1928万千克，平均亩产776.5千克。农村产业结构由过去的单一农业经济向一、二、三产业兼备的方向发展，收入不断提高。1970年，集体分配人均67元。2014年人均收入8834元。

农业

种植业 1950年土地改革后，农民分得田地，由于基础条件差，科学种田水平低，难以抵御自然灾害，产量低，温饱问题未能解决。1954年后，组织农业互助组、初级农业生产合作社，1956年全面实行高级农业生产合作社，逐渐加强对农业的引导，建水库、扩山塘，积土渣肥，推广双季稻，使得粮食产量逐年上升。1958年后水稻种植"高秆改矮秆"，单季改双季、三季，推广"麦稻稻""油稻稻""肥稻稻"等耕作模式，开始用化学农药防治病虫害，学大寨建梯田，实行园田化，农业基本生产条件得到改善。1982年开始实行家庭联产承包，调动了农民种田积极性，粮食产量年年上升。1995年，全乡生产粮食13000吨。2010年后实行承包土地有偿转让、耕地向种田能手流转。一批种粮大户出现。2014年，全乡有种田规模大户17个，承包流转土地4800亩，形成6个规模家庭农场。全乡粮食总产量19280吨，茶油总产量440吨。

养殖业 历史上境内农户养鸡、猪、鸭只是当作家庭副业。20世纪70年代，政府实行计划指导，给每个农户下达鸡、鸭、猪的养殖指标和上交任务。1985年，乡政府开始推广科学养猪、养鱼，引进推广广州军区翠竹牌饲料添加剂，提高了生猪产量。90年代，配合饲料全面推广，猪、鸡、鸭、鱼产量大幅提升，形成以大型养殖专业户为主的规模养殖，农户个体散养相对减少。2014年境内有千羽以上鸡鸭或百头以上生猪的养殖场27个。全乡出栏生猪5750头，出笼家禽9.4万羽，产鲜蛋1500吨，出水鲜鱼118吨。

农业机械化 原始提水排灌方式为人工水车车水。1960年，清凉大队使用抽水机抽水抗旱，境内始有抽水机械。原始耕作使用耕牛。70年代开始使用拖拉机、蒲滚船、旋耕机等。20世纪50—90年代，使用人工收割，脱粒由板桶、刹子桶、人工打谷机发展到动力打谷机。2000年后开始使用联合收割机和插秧机，人工收割、插秧逐年减少。2014年，全乡有收割机16台，大型耕整机13台，农用车67台，货运汽车32台，插秧机9台，抽水机泵2200台，挖掘机3台。

林业

20世纪50年代境内山林茂盛，1958年上半年提倡"砍荫亮田"，大部分山冲的山脚两丈范围内树木全部砍光。下半年大炼钢铁兴土炉，山上大批林木遭毁。70—80年代实施大规模植树造林，社、队共办林场15个，面积8000多亩，以用材林、松杉树为主。90年代开始试行林业定权发证，农户承包山林权利实行20年不变。2010年正式确权发证固定到户。2014年，全乡有林地4万亩，活立木蓄积量13540立方米。

工业

传统手工业 笔墨业：清道光年间，五泉山村胡鸿钧到安徽徽州学得毛笔香墨制作技术,在境内办起笔墨制作作坊,在常德城设立铺面售卖,并将产品返销徽州再销全国,开启境内工商业先河。此业经营百年,至20世纪50年代停业关闭。染整业:清末,丁家港、五泉山办有棉布、丝制品染整厂3个,经营至20世纪50年代。竹制品:境内多竹,家庭手工业者将麻竹加工成竹落、斗笠及竹垫。抗日战争时期,制簸箩60万个送给前线部队。皮革加工业:清末,有牛皮加工作坊4家,制作雨鞋、木屐,产品销往常德、桃源两县。

乡镇企业 1974年,公社先后办起橡胶制品厂、茶林场、渔场、砖厂、建材厂、建筑公司、家具厂,各大队办起园艺场。1990年全公社企业产值过千万元,税利数十万元。20世纪90年代后期乡办企业开始萎缩、解体,民营企业逐步兴起、繁荣。

民营企业 从20世纪80年代起步,至2014年境内有大小民营企业250家,其中工业企业98家。金刚石开采、加工、购销为境内特色产业。20世纪80年代,境内民众盛行开采金刚石,金刚石收购也随之发展,收购人员上百。后来停止采矿,一部分人把收购销售业务网点扩大到南非、俄罗斯等国家。另有人员在境内及常德市、广州、深圳办起金刚石加工厂,年产值数亿元。

商贸服务业

民国年间,境内有数家商业店铺。1953年公私合营组成联群商店,设丁家港墟场。后农民入股组建供销合作社,大队设代销店,成为商品流通主渠道。20世纪80年代,商贸不再由供销社独家经营,个体商业起步发展。90年代后供销社解体,新生私营商品批发部20多家,个体商店100多家。2014年,全乡社会商品零售总额达6700万元。

"赶场"为境内物资交流形式,亦为民众生活习俗。乡民定期在丁家港墟场赶场进行物品交易。1958年禁止自由市场交易,集市停开。1967年集市有限制重开。80年代集贸市场活跃,摊贩在马路经营影响交通。90年代,乡政府在国道319两旁建设农贸市场3个,木材交易所1个,停车场1个。2014年商品成交额1560万元。

三、基础设施

交通运输

乡域自古为中原通往湘西及云贵川的必经之道,官府设有牌楼坡驿站。民国24年(1935),长(沙)怀(化)公路(今国道319)建成通车,贯穿乡境南北约10千米。20世纪50年代,湖南省413地质队因勘探开采运输需要在境内修建简易公路。70年代,国家高压电网经过境内,因施工需要,修建起丁家港通往赤家岗和长茅岭的县、乡公路。至此,乡域公路骨架基本形成。1990年以后村组公路快速发展。2014年,全乡建成村际公路18千米,组际公路85千米,全部实现水泥硬化,90%以上农户可运输直达。2008年12月建成通车的常(德)吉(首)高速公路贯穿南北7千米,桃源出口收费站设本乡牌楼村境内。

1949年，境内设丁家港汽车客运站，为常德县第一个农村汽车客运站。2014年，全乡每天直达常德市区和过往客运班车达500多趟。

邮政通信

1935年，境内始设邮政所，信件、报刊投递业务覆盖至周边长茅岭、尧天坪、许家桥。1962年邮政所搬迁到许家桥麻家巷，2012年境内又恢复邮政所。1956年，乡政府机关开通“摇把子”有线电话。1958年公社机关设置人工总机上接下转。80年代开通程控电话，电话进入农户家庭。1990年移动电话信号开始覆盖，手机逐步普及。2005年开通宽带网络。2014年，全乡拥有固定电话用户1205户，移动电话用户17980户，互联网用户1793户。

供电供水

供电 1958年，乡政府门口大港上建起一个小水电站，拉开境内用电序幕。20世纪70年代末，境内拉通国家电网，农户开始用电照明。80年代，加工、灌溉等用电得到普及。90年代，农村电网全面改造升级。2014年，全乡有变压器98台，高压供电线路55千米，入户低压线路190千米。农村户户通电，城乡同网同价。

供水 境内农民历来饮水直接取自山塘沟港。80年代开始使用真空压把井取水。2009年兴建双冲供水站，日供水量5000立方米。2014年兴建英雄供水站，日供水量5000立方米。两个供水站除满足境内用水外，还供应许家桥乡、草坪镇、长茅岭乡和桃源县漳江镇的部分村组居民，共计用户2万户。

水利建设

中华人民共和国成立前，境内农业生产用水主要靠自然降水和山塘、沟港补充。中华人民共和国成立初期，境内大量扩建山塘。1955年在朱家冲和莲花冲汇合处修建起全县第一座小（Ⅰ）型水库，名双冲水库，集雨面积7.75平方千米，库容495万立方米，灌田面积1.2万亩。1959年修建英雄水库，今名五泉水库，集雨面积3.06平方千米，库容117万立方米，灌田面积1.3万亩。20世纪60—70代，先后修建起新堰岗、马洪溶、陈家冲、阳陵陂、张家冲、黄伞冲、五里冲、罗家冲8座小（Ⅱ）型水库和80多口骨干山塘，修建双冲、枉水骨干灌渠30000米，小（Ⅱ）型水库灌溉渠道及双冲、枉水灌溉支渠10.5千米。2014年全乡库塘总蓄水量1020万立方米，灌田面积2.48万亩。1974年，将丁家港大港裁弯取直，五里冲、杜家冲两条小港改直，减轻水患，增加耕地面积百余亩。20世纪90年代，农民集资将枉水、双冲灌渠硬化。2006年起，利用国家农业项目扶持，实施农田水利设施改造升级、水库山塘除险加固、农田机耕道建设等工程，农业机械可直达80%以上的田间。

集镇建设

1935年长(沙)怀(化)公路通车后，丁家港开始有10来户人家沿公路居住，并设有邮政所。中华人民共和国成立后，随着区、乡治所的设立，逐步增加到30～40户。20世纪70年代实行"搬屋造田"，形成"半边街"。80年代墟场商贸开始繁荣，以国道319为轴线，逐步形成"一纵三横"集镇街道。至2014年，丁家港集镇建成区面积达1.3平方千米，建筑面积8.9万平方米，有常住居民1000人。杜家冲、清凉山、牌楼、西窝里村先后安装太阳能路灯，设置垃圾处理站。

四、社会事业

教育

民国年间，乡境教育有私塾、祠校、私立小学三类形式。私塾：分别为赵角冲书房、教门湾肖氏私塾、五里冲张子云私小、清凉山杨用舫私塾、莲花庵杨正春私塾、五泉山胡许初私塾、高岭山娄佑成私塾、赤家岗私塾、杨公庵私塾、西窝里萧南庭私塾、武隆庵私塾，共11所。祠校：分别为双冲刘氏、牌楼萧氏、清凉胡氏、牌楼杨氏、吴氏，赤家岗徐氏，共6所。私立小学：分别为县国大代表张岚捐办夏家铺小学、牌楼萧氏义门小学、清凉胡氏常德私立安国小学、五里冲皇帝庙小学、杜家冲武王庙小学，共5所。

中华人民共和国成立后，清凉山胡氏常德私立安国小学改名为丁家港完全小学，办班10多个，学生近600人。1956年附设初中班，每年招生2个班。1960年以丁家港完小附中为基础，合并放羊坪完小附中和民族完小附中，组建常德县三中，设址斗姆湖境。因校舍有限，丁家港初中班仍在原处，成为三中分校。1964年改为丁家港公社农业中学，后改名丁家港公社五七中学，丁家港乡中学。小学部一直延续，称丁家港乡中心小学。

20世纪50年代，境内还有仙宇庙、掉儿湾、武王庙、皇帝庙、夏家铺、魏家湾、珊瑚岗、武隆庵、阳陵陂、五泉山、高岭山、回龙庵等12所小学。60年代后期，各生产大队均办小学，除五七中学外，还在赤家岗办红专中学。70年代，红专中学与五七中学合并为丁家港公社中学，并设有高中班，1980年高中班停招。1984年，更名为丁家港乡中学。90年代，由于实行计划生育，生源逐渐减少，全乡小学合并为中心校、牌楼、武隆庵、赤家岗小学4所。2000年后，再行合并为中心小学。管理体制由乡联校改为乡中学统管。至2014年，全乡有中学1所，中心小学1所，教师81人，在校中学生248人，小学生370人。

科技

50年代实行人工捕捉蝗虫，点诱蛾灯灭蛾治螟虫。60年代农田开始使用"666"粉剂和剧毒农药杀虫。1970年公社开始有一名专职农技干部，1974年公社成立农科站，大队建立农科队，20世纪80年代后推行地膜育秧、软盘育秧、抛秧、直播技术。新农机具开始推广普及。

文化

曲艺歌舞 境内历史上山歌、秧歌、舞龙灯、耍狮子、打三棒鼓、打竹板、采莲船等民间艺术活动活跃。20世纪50年代，清凉山村民间演出队为常德县花鼓剧团输送了万芝松、万新云等演艺人才。60年代初各生产大队均办有文艺宣传队，"文化大革命"期间达到鼎盛，称"毛泽东思想文艺宣传队"，唱语录歌、跳"忠"字舞、演样板戏。90年代传统民间文化活动重新活跃，自发组建起歌舞演出队、鼓乐队、响器队等团体，承接民间婚丧嫁娶有偿服务演出。2000年原籍清凉山村的杜美霜成为国家非物质文化遗产常德花鼓戏传承人。其女胡龄萌(艺名胡桑)2008年中央戏剧学院表演系毕业后成为新生代有影响的影视艺员，先后出演电影《女儿船》《敌营十八年》女主角，是电视剧《万水千山风雨情》《聊斋之狐仙》《青春集结号》等剧目主要演员。

农村电影 20世纪50年代，县电影队开始下乡巡回放映电影。60年代，大队利用煤气灯照亮播放幻灯片。1976年，公社成立电影队，到各大队巡回放映，群众每月可看到两场电影。随着电视的发展普及，电影的热度消退。1992年，乡电影队停办。21世纪初，珊瑚岗村刘广、双冲村刘地元自办营业性质的电影队，因市场原因两年后停办。2006年，政府送文化下乡，有电影队在乡境内免费巡回放映。

谱牒 清代和民国时期，境域各大小姓氏都有自己的谱牒，记载本姓氏的历史人文。1966年实行破除旧思想、旧文化、旧风俗、旧习惯，简称"破四旧"，谱牒被清缴烧毁。20世纪80年代，张家冲张氏率先重开修谱，被当作宗族迷信活动劝止。90年代起，各姓氏开始公开编修家谱，全乡20个较大姓氏均有各自族谱。

广播电视 20世纪60年代初，每天早晚利用电话线传送、转播县广播站的广播节目。1967年，公社置办广播站，各大队安装高音喇叭，通过收音机转播上级电台节目，自办节目传达有关政策，介绍农业科技等。1975年，推广有线低音喇叭入户。1986年乡政府创办无线广播电台。

1967年境内开始有小型收音机，20世纪80年代起，收录机、功放机、VCD、DVD等一系列电器产品先后出现。

1976年公社机关购置一台韶峰牌黑白电视机，是为境内首台电视机。1982年境内始有彩色电视机，随后电视机开始进入农家，用室外天线接受7个电视节目频道。

从2000年开始，有线电视、有线数字电视入户。到2014年年底，全乡有线数字电视入户2121家。

医疗卫生

1954年，中医医师杨敬成牵头成立丁家港联合诊所，从医人员20多人，先后举办中医培训班,后学员大多成为县乡有名中医骨干。1957年以联合诊所为基础组建丁家港乡卫生院,在丁家湾兴建一栋木结构的400平方米门诊住院房,开展中西医结合接诊,医疗器械为简单的听诊器、血压器、口、肛温表等。除医疗外还负责保健、妇育、卫生防疫工作。1958年后改为公社卫生院。1961年卫生院为每个生产大队培训1名助产接生员。1969年起实行农村大队合作医疗,由公社卫生院为各生产大队培训1~3名赤脚医生,由赤脚医生负责大队范围内的卫生医疗妇幼保健工作。1973年,各大队合作医疗站建立中药园,解决用药来源。1980年公社卫生院从丁家湾迁到丁家港墟场,先后修建起门诊楼、住院部、办公室、食堂及职工宿舍。1984年改为乡卫生院。1990年开始加大对医疗技术人员进修、培训力度,实施科学管理,1992年被评定为全县第一批"乡镇一等甲级医院"。2014年,丁家港乡卫生院占地10亩,建筑面积5000平方米,设有中医、西医、内外、五官、妇产、儿科等8个科室和住院部,拥有各类医疗设备16台(件)。开设病床50张,有医护人员38人。

社会保障

1950年,境内对重大天灾人祸始兴政府救助。1955年高级农业合作社建立后开始实行"五保"对象供养制度。1958年人民公社化后开始设立敬老院,对五保对象实行集中供养。20世纪60—90年代,政府每年对受灾社(乡)队(村)实行部分农业税减免,2006年实行农业税全免。2005年实行新型农村合作医疗制度。2006年实行贫困居民最低生活保障制度。2007年实行新型农村社会养老保险制度。2014年全乡参加"新农保"人员1587人,按月领取养老金的有507人。参加新型农村合作医疗15812人,参合率94.98%,全年住院3272人,报销医疗费5076104.34元。有572户776人领取最低生活保障补助,补助金达80万元。

丁家港乡敬老院 1989年乡政府利用原乡林场房屋办起乡敬老院,集中供养五保对象20多人。2000年,敬老院迁址413队办公楼。2011年,再次迁址原牌楼小学校址,有蔬菜基地、娱乐设施及活动场地,集中供养五保对象30人。

人民生活

1981年实行农村家庭联产承包责任制后,境内群众生活水平逐年提高,2014年全乡农民人均纯收入8834元,开始进入小康生活。

吃 1978年后,粮食逐年增产,除自给外,全乡每年出售商品粮1000多万千克。有了粮食,家庭养殖迅速发展,鸡、鸭、鱼、肉丰富,市场繁荣,人们的生活从吃饱肚子到讲究吃好、吃营养。

穿 1949年前,农民穿着主要是手工纺织土棉布,请乡村裁缝做衣遮风御寒,谈不上漂亮美观。1958年后,靠每年配发有限的布票,凭证买布做衣,一年难做一套新衣。1980年后,生产发展,经济宽裕,各式品牌、名牌服装进入寻常百姓家,穿着打扮成为一种体面、时尚的文化潮流。

住 1949年前，多数农户住茅草房，木结构的瓦房少见。1950—1979年，70%的农户住房为简易木结构平房，30%的农户住茅草土砖房。1980年，农民开始全面修建新居，从土坯茅草房改为红砖瓦房，从居民点式红砖平房改为独立的庭院小楼房。到2014年，85%以上农户住进新式楼房。

▲ 农家新居

用 2014年，全乡4460户中16%的农家拥有家用小车，8%的农户拥有电脑，开通宽带网。彩电、洗衣机、电冰箱、电饭煲等家用电器基本普及，空调、热水器、旅游等享受型生活方式进入农家。

农村能源 20世纪60年代以前农户烧柴以秸秆、柴草为主。80年代后部分农户使用生活用煤。90年代农村用上国家电网电能后部分农户开始用电煮饭烧水。21世纪初期试行农村沼气工程，部分农户建起沼气池，后因气候、原料、技术、习惯等未能取得实际效果被放弃，后部分农户使用上石油液化气。至2014年，大多农户实行柴草、煤炭、电能、石油液化气混用。

五、特色地情

历史人物

胡业本 （1903—1927）字性吾，杜家冲村人。自幼学习勤奋，成绩优异，考入省立二中(今常德市一中前身)。1924年4月加入中国共产党，积极参与和引导常德工农群众运动，协助中共常德地委农运部部长陈昌厚成立常德县农民协会筹备委员会，先后担任常德县农民协会文书、常德县总工会工人纠察队总队长。1927年1月指挥“工纠队”在县城参与协助北伐军剪除反动军阀袁祖铭的战斗，获国民革命军第八教导师政治部颁发的“革命先锋”大奖旗。1927年5月24日省驻防军熊震部、县知事公署警察队等发动“敬日事变”，围剿共产党人和工农群众，胡业本指挥“工纠队”和农民自卫队还击，结果70多名队员牺牲，胡业本被捕，当日下午被杀害于城外七里桥，当地民众得知后连夜抢回尸体，葬杜家冲聂家窝。2014年政府拨款对墓地进行重建。

张　镇 （1899—1950）字诗畅，生于清光绪二十五年(1899)乙亥十月二十九日戌时，民国13年(1924)黄埔中央陆军军官学校毕业。民国16年(1927)苏联孙文大学毕业。历任宪兵第一团团长、第八师副师长、宪兵副司令、陆军中将、宪兵司令，1950年病逝于台湾。

1945年国共两党重庆谈判期间，张受周恩来重托，保卫毛泽东安全，张认真负责、灵活机动地完成了这一任务。后周总理曾多次过问张镇及家人情况，特别是20世纪70年代患病弥留之际仍念念不忘，对有关部门嘱咐：我们的胜利一定不要忘记两张（指张学良和张镇）。

肖学夔 （1646—1706）字达生，生于清顺治三年（1646年）（丙戌），赐进士及、广东提督、中军副将加三级，殁于清康熙四十五年（1706）（丙戌），享年60岁，葬于草坪镇国公山，存有碑刻。

地名典故

金鸡堤 位于珊瑚岗村。传说有金鸡降于该地，护卫常德。古传言常德城"前有金鸡报晓，后有梁山靠背，上有犀牛把口，下有老龙成潭"。金鸡即指金鸡堤。清代武陵县志记载："金鸡堤县西南四十里石砌宛然相传为鼎城故址贺志。"

渡船 双冲村境内无江无河，却有一地名称"渡船"。据传清朝中期当地胡氏用该地20多亩农田的收益，在桃源镇江、渌溪及斗姆湖龙湾头设立3处义渡。为纪念胡氏的善举，人们称该地为"渡船"，流传至今。

谷王庙 据传元末明初有一徐姓先人从江西迁境，携带稻谷良种给乡民种植。粮谷丰收，乡民安居乐业，尊他为谷王，并在赤家岗的夏岭修谷王庙祭祀。

牌楼坡 据传该地曾有一女子美貌如花，性情刚直作风正派，终生未嫁，树为妇女榜样。后来人们在其居住地立一贞节牌坊以昭后人。牌楼前有一坡地，设有常德通往云贵川的驿站，名曰牌楼坡，后随交通要道变迁逐渐冷落。

乐善桥 位于清凉山村。据传有一丁姓寡妇积德行善，捐其家产，在大港上建一木桥，以方便行人过往。后为纪念老人善举，称该桥为乐善桥。

名优特产

茶油 乡境为鼎城区三大茶油主产乡之一，油茶面积3.78万亩。1961年产茶油53吨，1978年225吨。1994年，乡政府总结推广双重村刘胜富垦复油茶山经验，全乡垦复茶山2万亩，亩产茶油提高到每亩10千克。1997年开始，乡政府推广油茶品种低改。到2014年，全乡低改面积4750亩，茶油总产量440吨。

六、各村简介

清凉山村

位于丁家港乡墟场中心，因境内有清凉山而得村名，为乡政府治所地。辖11个村民小组,400 户 1250 人。耕地面积 1905 亩(其中水田 1863 亩),油茶林 1800 亩。有小(Ⅱ)型水库(陈家冲水库)1 座。2014 年人均纯收入 9368 元。2016 年 5 月与五里冲村合并,沿用清凉山村名。

双冲村

位于乡境南部,距乡治所 5 千米,50 年代初期称仙宇庙乡,1955 年修建双冲水库后得村名。辖 14 个村民小组,330 户 1060 人,耕地面积 1652 亩(其中水田 1600 亩),油茶林 2300 亩。2014 年人均纯收入 9376 元。2016 年 5 月与西窝里村合并,沿用双冲村名。

牌楼村

位于乡境西南,距乡治所 3 千米。1965 年由仙宇庙、掉儿湾大队合并,因境内有古驿站牌楼坡而得名。辖 16 个村民小组,425 户 1567 人,其中少数民族 20 人。耕地面积 2274 亩,其中水田 2118 亩。有小(Ⅱ)型水库(新堰岗水库)1 座。常吉高速公路桃花源出口收费站建在境内。2014 年人均纯收入 8911 元。2016 年 5 月与杜家冲村合并,沿用牌楼村名。

杜家冲村

位于乡境西部,距乡治所 2 千米。辖 9 个村民小组,242 户 848 人。耕地面积 1308 亩,其中水田 1284 亩。境内有小(Ⅱ)型水库马洪溶水库。2014 年人均纯收入 9350 元。2016 年 5 月与牌楼村合并,新命名为牌楼村。

五里冲村

位于乡境西部, 距乡治所 2 千米。辖 11 个村民小组,306 户 1050 人。耕地面积 1806 亩,其中水田 1426 亩。有小(Ⅱ)型水库五里冲、罗家冲水库 2 座。2014 年人均纯收入 8319 元。2016 年 5 月与清凉山村合并,命名为清凉山村。

莲花庵村

位于乡境北部,距乡治所 2 千米,历史上曾有莲花庵,以此得村名。辖 13 个村民小组,410 户 1280 人。耕地面积 3000 亩,其中水田 2700 亩。第 8 村民小组为回族集中居住地。有小(Ⅱ)型水库黄伞冲。2014 年人均纯收入 9145 元。2016 年 5 月与杨公庵村合并,命名为杨公庵村。

杨公庵村

位于乡境东北距乡治所 3 千米,1964 年以前为王家坪、魏家湾两个大队。1965 年社合并大队,以名庵杨公庵命名村名。湖南省 413 地质队及中南地质石油普查大队20 世纪 70—90 年代曾居境内。辖 18 个村民小组,458 户 1566 人。耕地面积 1916 亩,其中水田 1886 亩。村境内有小(Ⅱ)型水库张家冲水库。2014 年人均收入 8685 元。2016

年5月与莲花庵村合并，命名为杨公庵村。

珊瑚岗村

位于乡境东部，距乡治所地6千米。据传史上境域产珊瑚，由此得村名。辖15个村民小组，335户1249人，其中少数民族21人。耕地面积2158亩，其中水田2038亩。2014年人均纯收入8808元。2016年5月与西陂堰、五泉山村合并，沿用珊瑚岗村名。

西陂堰村

位于乡境东部，距乡治所地8千米，因村境有一口大堰叫西陂堰远近闻名，由此得村名。境内武隆庵1970年代前曾有两棵雌雄同生、直径1米的银杏树，年产银杏千斤，1974年被砍伐。辖13个村民小组，402户1280人，其中少数民族110人。耕地面积2319亩(其中水田2202亩)，油茶林3500亩。2014年人均纯收入8346元。2016年5月与珊瑚岗、五泉山村合并，命名为珊瑚岗村。

五泉山村

位于乡境中部，距乡治所地3千米。因茶窝山有五口泉水清澈味甘而闻名，取名五泉山村。辖16个村民小组，387户1228人，其中回族15人。耕地面积2372亩，其中水田2122亩。有小(Ⅰ)型水库(英雄水库)、小(Ⅱ)型水库(阳陵陂水库)各1座。2014年人均纯收入8924元。2016年5月与珊瑚岗、西陂堰村合并，命名为珊瑚岗村。

西窝里村

位于乡境南部，距乡治所地4千米。辖15个村民小组，365户1258人，其中回族185人。耕地面积1916亩(其中水田1541亩)，油茶林3681亩。农田灌溉主要靠山塘蓄水。2014年人均纯收入7961元。2016年5月与双冲村合并，命名为双冲村。

赤家岗村

位于乡境东部，距乡治所地7千米。辖18个村民小组，493户1668人。耕地面积2960亩，其中水田面积2846亩，草坪镇受益的小(Ⅱ)型水库古陂垱水库建在村境内。2014年人均纯收入8333元。2016年5月与高岭山村合并，命名为赤家岗村。

高岭山村

位于乡境东南，距乡治所地9千米。辖11个村民小组，305户948人。耕地面积1917亩，其中水田1862亩。2014年人均收入8861元。1927年文甲农民起义领导人之一徐炳初出生于此。2016年5月与赤家岗村合并，命名为赤家岗村。

(执笔：胡成新　编辑：刘忠祥)

许家桥回族维吾尔族乡

地图审图号：湘 S(2008)052 号

一、区域概况

地理位置

许家桥回族维吾尔族乡位于区境西南部，距常德市城区 17 千米。东及东北部与斗姆湖镇马桥、花园、新农、新建、葛麻山村接壤，南与草坪镇先锋、连三桥村、丁家港乡西陂堰、珊瑚岗、杨公庵、莲花堰、五里冲村相连，西及西北与桃源县漳江镇泥窝村、木塘垸乡集民村相邻，北与斗姆湖镇南阳、临沅、万元村交界。乡人民政府驻麻家巷墟场，距区人民政府驻地 17 千米。

建置沿革

明清时期，乡域属武陵县仁丰乡。民国时期分属常德县仁道、五泉 2 乡。中华人民共和国成立后，废除乡、保、甲制，1951 年，乡域设许家桥、五宝山、观音堂、广成山、药王溪等 9 个小乡，1956 年合并为许家桥乡。1958 年实行人民公社体制，许家桥和丁家港、草坪、斗姆湖 4 乡合并成立金刚人民公社。1961 年调整缩小公社规模，析置许家桥公社，属斗姆湖区。1984 年 3 月撤销人民公社体制，改为许家桥乡。1984 年 12 月，经湖南省人民政府批准成立许家桥回族维吾尔族乡，先后属斗姆湖区、片、办事处。2015 年 11 月与丁家港乡合并，仍称许家桥回族维吾尔族乡。

区划面积

1956 年，许家桥乡辖五宝山、药王溪、金牛山、将军山、广成山、三元桥、八叶桥、三德桥、许家桥、麻家巷、民族、中堰、跑马岗、双堰岗、道林寺、兴旺冲、兴佛山、永寺山 18 个高级农业生产合作社。

1958 年实行人民公社体制后，境域将军、三元、民族、幸福 4 个生产大队为金刚公社的一部分，1959 年调整为五宝、将军、三元、柏枝、民族、中堰、兴旺、幸福 8 个生产大队。

1961 年许家桥公社成立，辖五宝山、药王溪、金牛山、将军山、广成山、三元桥、八叶桥、许家桥、三德桥、麻家巷、民族、中堰、跑马岗、双堰岗、道林寺、兴旺冲、兴佛山、永寺山 18 个生产大队。1965 年将军山、广成山 2 个大队合并为广成山大队，双堰岗、道林寺 2 个大队合并为双堰岗大队，所辖大队缩减至 16 个。

1984 年 3 月公社改乡，大队改村，区划未变，辖 16 个行政村。2002 年增设六〇一社区，2012 年 4 月增设许家桥社区，辖 16 个行政村和 2 个社区。

1995 年，乡境总面积 57.69 平方千米。耕地面积 3.04 万亩，其中水田 2.66 万亩，旱地 3827 亩；山林面积 3.2 万亩；水域面积 1.25 万亩。至 2015 年，全乡总面积无变化，耕地面积 2.88 万亩，其中水田 2.55 万亩，旱地 3250 亩；山林 3.12 万亩，其中油茶林 2.34 万亩。

人口民族

1950 年，乡境人口 9410 人。1981 年年底，全国第三次人口普查为 20430 人，其中男性 10268 人，女性 10162 人。汉族 17145 人，回族 3203 人，维吾尔族 81 人，苗族 1 人。2014 年，全乡总人口 21580 人，其中 18 个少数民族共计 8800 人，占总人口的 40.78%。少数民族中，回族 8188 人，维吾尔族 112 人，苗族 48 人，彝族 1 人，壮族 29 人，布依族 6 人，朝鲜族 2 人，侗族 10 人，瑶族 6 人，白族 6 人，土家族 375 人，哈尼族 2 人，傣族 1 人，黎族 6 人，佤族 1 人，畲族 2 人，东乡族 3 人，仫佬族 2 人。

乡域回族始于明初，回族将领受朝廷派遣南征，携眷南下屯兵境内，生息繁衍，以黄、李、马姓为主；维吾尔族亦始于明初，维吾尔族军队首领哈勒·八士受朝廷派遣南进剪除寇盗,其后裔定居境内,由朱元璋赐“翦”姓。1984 年改为民族乡后,由于国家移民,民众婚嫁及部分人员认祖归宗使得少数民族人口增长较快。

自然环境

乡域地势自西向东倾斜。西南丘陵崛突,冲岔、溪涧分布其间。东北平旷低洼,有西庄坪、黄鳝坪、马路坪等小平原。南有跑马岗、双堰岗、天子岗等山冈。最高点五宝山村枫树岗海拔 125.5 米,最低点民族西庄坪沙溶港海拔 34.2 米,全境平均海拔 79.85 米。境内属亚热带气候,四季分明,日照充足,降水丰沛。年平均降雨量 1250 毫米,降雨最多的年份为 1982 年,降水 1750 毫米,最少年份为 1960 年,降水 853 毫米。年平均气温 16.7℃。年平均日照时数 1713.1 小时。日照百分率为 38%, 年总辐射量为 107.87 千卡 / 平方厘米,≥15℃的活动积温为 4455.4℃,无霜期 272 天,乡境地貌为河流冲积平原、红土高岗地和砂砾高岗地。pH 值除三元、八叶部分地区在 4.6 ~ 5.5 之间外,其余地区均为 5.6 ~ 6.5。土壤有机质除五宝山、药王溪、兴旺冲在 2 ~ 2.9 之间外,其余地区均为 3 ~ 4。境内有刺猬、黄鼠狼、斑鸠、喜鹊、乌鸦等野生动物。有杉树、松树、丹桂、香樟、银杏等植物 20 余种。地下有金刚石矿,河床砂砾中含有沙金。

二、经济发展

经济综述

1995 年,全乡工农业总产值 1.7376 亿元,其中农业总产值 3576 万元,工业总产值 1.38 亿元。2007 年,全乡社会生产总值 2.8203 亿元,其中工业增加值 9856 万元,第三产业增加值 5648 万元, 农民人均纯收入 2908 元。2014 年, 全乡社会生产总值 3.6911 亿元,其中一产业增加值 1.0187 亿元,二产业增加值 2.1169 亿元,三产业增加值 5555 万元,农民人均纯收入 6168 元。

农业

种植业 1950 年土地改革农民分得田地后, 由于基础条件差, 科学种田水平低下,难以抵御自然和病虫灾害。1954 年实行集体互助组、合作化后,兴修水利,积土渣肥。1958 年后水稻种植单季改双季、高秆改矮秆,推广“麦稻稻”“油稻稻”“肥稻稻”等耕作模式。同时开始用化学农药防治病虫害,实行园田化,改善农业基本生产条件,推广农业机械,粮食产量逐年上升。1982 年实行家庭联产承包责任制,2010 年开始实行承包土地有偿转让、耕地向种田能手转移,一批种粮大户出现。2014 年,全乡有 135 个种田规模大户,15 个家庭农场,承包土地 11166 亩。民族村村民黄武,2003 年投资 80 万元添置 6 台大型农业机械,承包水田 300 亩。

养殖业 境内农户历来有散养畜禽习惯,作为家庭副业。20 世纪 70 年代政府实行计划指导，给每个农户下达蛋、猪上交派购任务。20世纪80年代后实行市场经济，推广科学养殖。20世纪90年代配方饲料全面推广，利用近郊优势形成牛、羊、猪、鸡、鸭、鱼规模养殖。2000年10月，引进肉牛养殖。2002年湖南金健乳业收购该场为第五牧场，养殖优良品种荷斯坦奶牛。2014年全乡有千羽以上鸡鸭、百头以上牛、羊、猪规模养殖场52个。

湖南金健乳业第五牧场 2000年10月乡境引进肉牛养殖场，2002年"中国农业第一股"金健乳业收购该场为第五牧场，引进荷斯坦奶牛优良品种。2014年拥有员工48人，室内饲养场面积7000平方米，加工、存储工作室面积3000平方米，本地栽种专用料草与从内蒙古购买羊草、美国进口苜蓿草相结合，实行"流水生产线式"现代科学养殖。

林业

20世纪50年代境内山林茂盛，1958年号召"砍荫亮田"，山脚两丈范围内树木砍光，兴土炉大炼钢铁，山上大批林木遭毁。20世纪70—80年代实施大规模植树造林，社、队共办园林场14个，面积3000亩，以果木、松杉为主。20世纪90年代试行林业定权发证，2010年正式确权发证固定到户，林权政策延至70年不变。2014年全乡林地面积32100亩，其中油菜林24885亩，森林覆盖率39.3%，全乡林木蓄积85320立方米。

工业

传统手工业 土布纺织：清代和民国时期，境内农村妇女大多从事家庭土布纺织。从木塘垸、丹洲、桃源等地购买棉花，加工成棉条，再用人工手纺车纺成纱线，销售给本地有土织布机的农家织成土白布，土法印染成印花布销售。榨油加工：药王溪一带，民国年间有私人油榨坊上百家，加工境内油茶籽，以及浔阳坪、车湖垸、木塘垸、丹洲、善卷垸、芦荻山一带的棉籽、菜籽和芝麻。印章盒制作：清末至20世纪50年代，境内家庭制作印章盒盛行。大多农家有家庭作坊，将枫木、梨木等采购回家后，加工成各种规格的能放印泥、印章的木盒，远销全国。牛宰场下脚料加工：以西庄坪为中心的少数民族地区，利用牛宰场内的下脚料进行加工，生产牛胶、牛皮等销售。

乡镇企业 1956年常德县二轻工业局在麻家巷办农具厂，成为境内第一家工业企业，1980年和公社农具厂合并。1961年许家桥公社建立后，成立搬运队，兴办起油脂加工厂。20世纪70年代后期至80年代，社(乡)先后办起制砖厂、预制件厂、园艺场、建筑公司等13个企业，大队(村)也各办有集体企业。1985年乡办企业缴纳税利30万元。90年代后期，乡办企业开始萎缩，相继停办或改体。

民营企业 20世纪90年代开始起步。1995年，全乡有个体私营企业864家，从业人员4837人。跑马岗村村民姜大新，1992年创办大米加工厂，2008年投资4600万元成立常德牛牛米业有限公司，拥有日产120吨大米生产线两条，烘干设备一套，粮食仓储4.3万吨，生产基地分布鼎城区各产粮大乡。2014年，全乡有大小民营企业270家，规模较大的有常德牛牛米业有限公司、南方海绵制衣厂、制刷厂、兴盛鞋厂等。

驻境国有企业

六O一矿 乡域及周边丁家港、桃源县八字路、木塘垸内金刚石储量丰富，品质好。1957年，国家计委确定由沅水地质队（又称413队），在常德建设中国第一个金刚石砂矿。1958年8月建成桃源车溪冲矿区，1959年更名为六O一矿，隶属建材部，矿总部驻麻家巷。聘请苏联专家为专业技术指导，又先后建成乡公嘴、药王溪、丁家港3个矿区。至1985年停采，共开采矿石224万立方米，采集金刚石11.0428万克拉。1970年我国第一颗人造卫星所用金刚石，就产自药王溪金牛山。该矿于2001年宣告破产，人员分流安置。

6909石油库 60年代为落实"深挖洞""要准备打仗"的国家战略，石油部选择境内水陆运输方便、地形隐蔽的岩码头建立国家石油储运库，以保证战时西南地区石油需要。1969年9月正式动工兴建油运码头、输油管道和两个大型油库群，常年储油万吨。随着国家战略方针调整，该油库于1997年停用。

商贸服务业

民国年间，许家桥、梓家桥、永正山等地有几家小店铺。1953年开始公私合营，1955年农民入股组建供销合作社，成为商品流通主渠道。70年代大队先后设立代销店、经理部。80年代个体商业开始起步，迅速成为商业主体。90年代基层供销社解体，境内新生大小商品批发部85家，个体商店250家。2014年，全乡有各类商铺312家，从业人员641人，社会商品零售总额1.5120亿元。

农村集贸市场 清代，乡境内即设有猪牛定期交易日，称为"赶场"。1956年集贸市场设麻家巷，1958年市场停开。1967年集市有限重开，开场日为月逢十、五日。80年代农贸集市活跃，沿国道319展开，形成"马路市场"，造成交通堵塞。1990年，乡政府将原乡农具厂改建为农贸市场，2011年投资400多万元改建成能容纳上万人"赶场"的集贸市场。2014年，市场成交额达428万元。

三、基础设施

交通运输

1935年，长怀（常德—怀化）公路（后称国道319）建成通车，北从西庄桥入境，南至麻家巷出境，境内长6千米。1959年驻境六O一矿修通麻家巷—岩码头—乡公嘴公路，随后形成以麻家巷为中心通往兴旺冲、三元桥、双堰岗的梅花形乡道网。1990年以后村组公路快速发展。2008年12月建成通车的常吉(常德—吉首)高速公路贯穿境内4千米,北从斗姆湖立交桥转线进入乡境后经民族、跑马岗、中堰、永寺山村,南出丁家港乡。2014年,全乡有国、省、县、乡、村道公路8条,总长63.5千米,全部实行硬化,90%以上农户可运输直达。

20世纪50年代以前,境内货物进出主要靠人工搬运至岩码头或裴家码头后走水路。1958年,充气轮胎板车出现,成为主要运输工具。1968年,公社购置第一台农用拖拉机,用于货物运输。20世纪70年代,省湘运公司在麻家巷设立客运代办站,20世纪80年代因私人客运兴起而停业。至2014年,每天直达常德市区或过往客运班车达500多趟,交通方便快捷。

邮政通信

邮政 1949年设立药王溪邮政所,负责境内大部分地方的信件报刊收寄投递,1959年该所迁至麻家巷。1962年后先后更名为许家桥邮电所和许家桥邮政支局,服务范围延伸至丁家港境。2000年,增设邮政储蓄银行。邮递业务由原来邮政一家经营变为社会多家参与,先后有圆通、申通、顺风、天天、韵达五家办起8个快递业务点。

通信 1956年乡治所机关开通"摇把子"有线电话,实行人工总机上下接转,配备专职电话接线员和外线维护员。20世纪80年代,先后开通拨号自动电话、程控电话。20世纪90年代电话通讯进入农家,移动电话兴起。2000年后,移动电话信号全面覆盖,中国电信、中国移动、中国联通在境内设营业网点9个,信号基站18座,手机通讯普及。2014年,全乡拥有固定电话用户1282户,移动电话用户21700户,互联网用户2072户。

供电供水

供电 1958年驻境六O一矿首通电。1961年,公社机关"搭车"接通国家电网照明。20世纪70年代中期,国家电网开始进农村,农户照明、水利排灌、农产品加工等逐渐使用电能、电器,80年代全面普及。1979年在金刚河、双堰岗处建水力发电站一座,装机22千瓦,并入国家电网。90年代,农村电网全面改造升级。2000年后,实行城乡电网同价。90年代建立供电变电所。2014年,全乡有变压器127台,供电高压线路105千米,入户低压线路230千米,总用电量1465万千瓦时。

供水 2009年、2014年分别建成丁家港乡双冲水厂、英雄水厂后,境内国道319公路沿线及以东部地区3900个农户跨乡受益。2014年建成许家冲水厂,日供水量500立方米,境内农户全部用上自来水。

水利建设

20世纪50年代,组织农民扩建、修整山塘。1958—1960年,金刚公社举全社之力开凿从永寺山村合井坝至德山港口的金刚河。1968年开挖南阳河。1974年扩改金刚河。1976年建成金刚河坝，实行以河代库，容水量296万立方米，与杠水灌区渠系串联，灌田2万余亩。1974—1980年，先后修建马江嘴、许家冲、南北堰、草堰4座小(Ⅰ)型水库。1979年兴建双堰、跑马、兴佛山三座提灌机埠等工程。

至2014年，全乡有金刚河、许家冲、南北堰、草堰、马江嘴5座小(Ⅰ)型水库，总库容量744万立方米。小(Ⅱ)型水库11座：丁家坝、金牛山、顾家溶、肖家冲、姚家堰、李家冲、八一、大陂堰、亚南冲、王家冲、狗头冲，总库容300万立方米。大小山塘596座，蓄水量246万立方米。杠水东干渠4500米。水库主灌渠18000米，灌溉支渠5700米。自流灌溉24000亩，提灌1200亩。

集镇建设

乡治所在地麻家巷，自古为交通要道和跑马练武场地，清代起设有墟场，民国年间有零散几家染铺、屠行。1956年并乡后，为乡政府驻地，供销社、卫生院、邮政所、县二轻农具厂等随即设立，形成政治经济中心。1958年成立金刚公社后，特别是六0一矿总部入驻后，人口增加至数千，形成规模集镇。80年代改革开放，农民兴工从商，集镇街道得以沿东西南侧扩展。至2014年，集镇建成区面积达2平方千米，常住人口5000人，设许家桥、六〇一两个社区。

四、社会事业

教育

民国年间，境内设有私塾、祠校、私立小学、国民公立学校。私塾：1912年金牛山村白家冲设王以仲私塾，1916年永寺山村罗雨廷办古庙私塾。私立小学:1890年五宝山村杨开肇办先锋古庙学堂，1895年罗育生办五宝山村古庙学堂，1920年八叶桥村裴碌生办仁丰村学堂，1944年三元桥村文发生办常德县私立启文高小，1915年双堰岗村陈伯敏办道林寺小学，1939年广成山村白云清办云深小学。祠校：1921年麻家巷村办罗氏祠校，1912年民族村办黄氏祠校，1923年兴佛山村办李氏祠校，1944年兴佛山村办唐氏四德小学，1938年永寺山村办赛、李二姓回族清真寺祠校。国民公立学校：1928年在药王溪村设第六保国民公立学校，1928年五宝山村的两所私立学校合并为五宝山国民公立学校，1931年八叶桥村仁丰村学堂更名为国立观音堂学校，1924年广成山村王世抚创办广成山学堂，1937年在三德桥村设仁道乡第六保国民小学，1939年兴旺冲村设第九保第二国民小学，1941年跑马岗村清真寺设仁道乡第九保国民小学。

1949年中华人民共和国成立后，实行学校公办，境内设有道林寺、药王溪、许家桥、观音堂完小,在校学生2000多人。其他小学也由复式班改为单式班教学。20世纪60年代后期,全公社16个大队均办有完全小学。1974年,各小学均附设初中班,小学入学率100%,初中入学率70%以上,高中入学率20%以上。1983年,除公社中学及民族中学外,其余初中班停办。1985年实行各村集资,对学校硬件升级改造。90年代后,因实行计划生育,入学儿童数量减少,民族中学和乡中学合并,各村小学调整为乡中心小学和金牛、八叶、兴旺4所小学。2015年所有小学并入乡中心小学,全乡有乡中学和乡中心小学各1所,教师63人,在校学生544人。

白云中学 广成山村人白云清,利用家产,于1939年创办起云深小学。1943年在白家祠堂右侧扩建两栋校舍办起中学,取名浩云中学。学校设3个中学班,4个小学班,有教师20多人,学生250人。1944年更名为白云中学,搬迁到常德市区大西门笔架城旁。中华人民共和国成立后,学校先后更名为常德市女中、常德市七中。

许家桥乡中学 1965年创办,始名许家桥公社农业中学,校址设麻家巷。1968年迁许家桥完小旧址,改名许家桥公社五七中学。1972年迁回麻家巷,更名为许家桥公社中学。1984年改为许家桥乡中学。1985年民族中学并入。学校占地50亩,建筑面积10000平方米。2002年为生源高峰年,有教师169人,学生1050人。2014年,有教师39人,学生184人。

文化

群众文化 境内民间传统文艺形式丰富多彩,有舞龙、舞狮、地花鼓、劳动号子、三棒鼓、渔鼓等。中华人民共和国成立后,群众庆翻身解放,从北方解放区引进跳秧歌舞、打腰鼓。1958年,开展赛诗、赛歌、赛画活动。"文化大革命"中,演样板戏、唱语录歌、跳"忠"字舞,传统民间文化视为"四旧"被扫除。改革开放后人民生活水平提高,传统民间戏曲班子再度兴起,自娱自乐卡拉OK进入农家,乡村乐团、广场舞健身成为新农村文化生活亮点,茶馆大多群众成为打牌休闲娱乐的场地。2001年以后,乡境内先后组建了万事兴、红太阳等4个女子管乐队。

广播电视 60年代初,每天早晚利用电话线传送、转播县广播站的广播节目。1967年,公社创办广播站,各大队安装高音喇叭,通过收音机转播上级电台节目。1975年,推广有线低音喇叭入户。1986年,乡政府创办无线广播电台。1976年,境内始有黑白电视机。1982年,始有彩色电视机。随后,电视机开始普及,农户用室外天线接受电视节目。2000年有线电视、有线数字电视开始入户。2014年年底,全乡有线数字电视入户2540家。

电影 50年代,县电影队下乡巡回放映电影,映前放映配合宣传时事政策制作的幻灯片。60年代,大队利用煤气灯照亮播放幻灯片。1976年,公社成立电影队,在各大队巡回放映，群众每月可看到两场电影。90 年代后，电视快速普及，乡电影队停办。2006 年，政府实行送文化下乡，数字电影在境内免费巡回放映。

医疗卫生

民国年间，境内有简易药铺 8 家，中医郎中 16 名。1956 年，组建 3 个联合诊所，麻家巷为中心诊所，有医药人员 14 名，1958 年属金刚公社卫生院管辖。1967 年，实行农村合作医疗，每个大队有 1 ~ 2 名不脱产的赤脚医生，为群众防疫、治病、接生。20 世纪 70 年代，实行计划生育政策，妇女儿童优生优育、卫生保健事业得到发展。改革开放后，卫生院一度实行自负盈亏，出现困境，个体医疗诊所兴起。2004 年，实施新型农村合作医疗。2014 年，乡境实现一村一个卫生室，有村级医生 17 名，参加“新农合”1.8 万人，占总人口 98%，年缴纳合作医疗费 200 多万元，年接收合作医疗的患者 2 万余人次，报销医疗费用 300 多万元。

许家桥回维乡卫生院 1961 年，在麻家巷中心诊所的基础上组建许家桥公社卫生院，医务人员 22 人，下设 4 个诊所。1984 年更名为许家桥乡卫生院，1985 年更名为许家桥回族维吾尔族乡卫生院。分别于 1970 年、1975 年、1982 年、1988 年、2014 年五度进行扩建升级改造。卫生院占地 7.7 亩，建筑面积 3000 平方米，有门诊、住院大楼。2014 年，设有西医、中医、内科、外科、儿科、妇产科、急诊等临床科室 8 个。拥有 X 光机、B 超仪、分析仪、制氧机、心电监护仪、半自动生化仪、血球仪等医疗设备 10 台件（套），开设病床 51 张。专职医护人员 28 名，年接纳门诊病人 1.5 万人次，住院病人 2500 人次。

许家桥中医骨科专科医院 为兴佛山村袁维友、袁学德父子创办。始于 20 世纪 80 年代的袁家家庭中医骨病治疗所，2000 年作为专科并入乡卫生院，设立中医骨病科。2013 年经市卫生局批准，投资 850 万元组建私立中医骨病专科医院，参照二级医院管理，为市级“新农合”定点医院。建筑面积 1642 平方米，医护人员 30 多人，治疗仪器设备 50 多台，以砭石疗法和袁氏膏贴治疗骨病。

社会保障

农村五保 1956 年由高级社对五保户进行供养。1958 年人民公社化后，实行公社敬老院集体和分散供养。1961 年公社实行“三级所有、队为基础”，五保户由各队供养。20 世纪 80 年代乡建立敬老院，入院者由县、乡供养，未入院者供养关系不变。2000 年后，国家取消农业税，五保户供养全部由财政负担。五保人员可入院集中供养，也可在家分散供养。2014 年，全乡供养五保人员 213 人，其中在乡敬老院集中供养 45 人。

机关事业单位保险 境内机关事业单位保险由区人社局和区机关事业单位保险站管理。2014 年所有机关事业单位 136 人全部参保，121 名退休人员由区社保站打卡发放养老金。

企业职工社会保险 2014年年底，乡境有区直企业退休人员283人，市直企业退休人员55人，均由社保部门打卡发放养老金。

农村居民养老保险 2010年开始实施，2014年参保人员12574人，其中4364人已按标准享受养老保险，年支付养老金392.76万元。

▲ 许家桥乡清真寺

贫困居民最低生活保障 2005年开始实施，由民政部门负责管理，2014年对798户869人发放保障金110万元。

人民生活

1949年前，由于战乱与自然灾害频繁，生产水平低下，人民生活困难。1949～1980年，境内群众温饱未能完全解决。1981年实行改革开放和落实民族政策后，境内群众生活水平逐年提高，2014年，全乡农民人均纯收入6168元，开始进入小康生活。

吃 1978年后粮食逐年增产，除自给外，每年出售商品粮1000多万千克。有了粮食，家庭养殖迅速发展，鸡、鸭、鱼、肉丰富，市场繁荣，人们的生活从吃饱肚子发展到讲究吃好、吃营养。

穿 1949年前农民穿着主要是手工纺织土棉布，请乡村裁缝做衣遮风御寒。1958年后，靠每年配发有限的布票，凭证买布做衣，一年难做一套新衣。1981年后，生产发展，经济宽裕，穿戴成为一种讲究、体面和时尚潮流，各款成衣、各式品牌服装进入寻常百姓家。

住 50年代前，境内民房主要是茅草屋、土砖屋。殷实富户为木瓦结构，多以宗族集中居住，十几户、几十户一个大屋场，房屋相连，过道相通。20世纪70年代，大屋场开始拆开，分散居住。改革开放后，农民收入增加，生活水平提高，房屋由砖混结构发展到水泥钢筋结构，由平房发展到楼房，至2014年，全乡85%以上农户住上楼房。

用 2014年，全乡5477户中，1320户拥有家用小车，1450户拥有电脑。彩电、空调、太阳能、热水器、洗衣机、电冰箱等各式家用电器普及。

农村能源 20世纪70代以前，农户烧柴，以秸秆、柴草为主。80年代部分农户用上生活用煤。90年代开始用电煮饭烧水。21世纪初期试行农村沼气工程，部分农户建起沼气池，后因气候、原料、技术、习惯等未能取得实际性效果被放弃。2010 年部分农户使用石油液化气，实行柴、煤、电、气混用。

五、特色地情

文物古迹

恐龙蛋化石 湖南省地质博物馆陈列的 20 枚恐龙蛋化石中，有 12 枚为乡境岩码头发掘，其中丛状蛋八枚，圆形、皱形、椭圆形 4 枚，形成皆为白垩纪时代，至今 7000 万年。1969 年修建 6909 油库时发掘，收集送样人胡济民等，送样时间 1976 年 1 月。

▲ 恐龙蛋化石

回风塔 位于药王溪村和桃源县浔阳坪交界处楚山主峰上，塔基处交界线上。清道光十九年(1839)由知县胡泰皆监修。砖木结构，青砖每块重 20 千克。塔高九层 30 米，与桃源县城隔江相望，和桃源文星塔连成一线，为当地三阁、三塔之一，因当地百姓忌塔为“塌”，故通常称之为锥子，该地也叫锥子湾。1968 年，桃源县八字路公社与常德县许家桥公社共同拆毁，砖木平分。2001 年，桃源县政府主持在原址重建，恢复原状。

▲ 回风塔

苏家大枫树 位于兴佛山村 9 组，树龄 500 余年，树围 6.33 米，树高 15 米，冠幅 132 平方米，虽内空但生长旺盛。据清常德府地名志记载，史上即以“苏家大枫树”命地名。1993 年省林业厅建档挂牌保护。

人物

钟相(？—1130) 宋武陵县唐封乡水连村(今鼎城区许家桥回维乡双堰岗村、斗姆湖镇葛麻山村一带)人。宋建炎四年(1130 年)金兵进犯潭州，由官员变为劫匪的孔彦舟从荆襄窜入澧州，有犯鼎州之势。钟相以“拒孔”为号，聚众起义，称楚王，改元“天载”，提出“等贵贱、均贫富”口号，声势大振，聚众数十万人，荆南十九个县均在义军控制之下。所占之地“无税赋差科，无官司法令”。后兵败被俘，被杀于湖南攸县。

李先慈(1881—1939) 字仁山，回族，境域西庄坪村人。精通阿拉伯语、波斯语、土耳其语、乌尔都语 。1911 年由甘肃果园清真寺授予阿訇称号。1913 年受聘于常德清真古寺任教长并开办“常德伊斯兰师范学校”，创办湖南省第一所回民中学，继办务本小学，协办清真完小（现东升小学）。1919 年编辑出版初、高级《回文读本》共 12 册。1921 年在上海伊斯兰师范任教务主任时，译出《古兰经》《阿文语法》等书籍。1919 年倡议成立“常德回文教育辅助会”。1930 年年底在西庄坪创办李氏学校，1931 年在常德创办伊斯兰中学。

地名典故

天子岗 又名添嗣岗，位于双堰岗村，为南宋鼎澧农民起义首领钟相出生地。为纪念钟相，人们将添嗣岗称为天子岗。该山冈南北走向，呈扇形，前宽后窄，长约 600 米。冈面开阔，东北面与斗姆湖平川相连，西南面与葛麻山沟壑相属，可进可退，能攻能守，堪称兵家要塞。清末建有添嗣仙寺，寺前宝塔屹立，四周古木参天，碧流环绕，远看似卧龙盘踞。

王天宝及将军山 明洪武十四年（1381）（壬午）九月，明洪武命颍川候傅友德为征南将军，王天宝为副将，率师征讨云南元梁王巴匝剌瓦尔密，大军由湘西进云南，历时两年半，云南平定。洪武十七年（1384）三月班师，论功，明太祖授王天宝将军之职。永乐二年（1404）成祖命其镇守常德，居县治南乡仁丰里，逝后葬今广成村村部后山上。后人将该山命名为将军山。

药王溪 溪从五宝山、马江嘴发源，流经乡境金牛山、将军山、广成山。相传历史上某年常德大地震后，境内瘟疫流行，有一外地道长从山上采集草药熬汤，治病救人无数，并将医术传与众人。道长被乡民尊为药王，该地被称为药王溪。至今盛产淡竹叶、威灵仙、马蹄香、苦参等 70 多个品种的中药材。

重大事件

鼠疫 1941 年冬，侵华日军 731 部队在常德城空投鼠疫跳蚤。乡民李先密到常德沙河宰牛染上鼠疫回家，扩散传染造成周边乡民 102 人死亡，其中丁姓一家六口死亡，金牛山村死亡 20 多人。2003 年我国民间团体组成赴日诉讼团要求赔偿，村民李锡林、何英珍作为诉讼代表在庭上发言、指证、控诉。

何东昌等视察许家桥乡中学 1987 年 10 月国家教委副主任、党组书记何东昌，1989 年 4 月中共湖南省委书记熊清泉、副省长卓康宁，分别视察许家桥回维乡中学。熊清泉题词“发展职教，办好普教，为四化建设培养四有新人”。

民族荣誉 1956 年民族村治调主任李光武出席全国民族团结进步表彰大会。1979 年 5 月民族村妇女主任马先桂出席全国民族团结进步表彰大会和天安门“五一观礼”。1988 年 4 月、1990 年 10 月国务院、国家民族事务委员会分别授予许家桥回族维吾尔族乡“全国民族团结进步先进集体”称号。1994 年 9 月，许家桥回族维吾尔族乡党委书记、乡长黄功宽被国务院授予“全国民族团结进步先进个人”称号。2005 年 6

月，乡党委书记黄祖国被国务院授予“全国民族团结进步先进个人”称号。2011 年 10 月，中共常德市委、常德市人民政府授予许家桥回族维吾尔族乡“全市民族团结进步模范集体”称号。2012 年 10 月，湖南省人民政府授予副乡长李云华“全省民族团结进步先进个人”称号。2015 年 2 月，湖南省人民政府授予许家桥回族维吾尔族乡“全省民族团结进步模范集体”称号。

六、各村(社、居)简介

许家桥村

位于乡北部，东南西北分别与民族、麻家巷、广成山、三德桥村接壤。水田 1350 亩，旱地 200 亩，林地 600 亩，水域 200 亩。辖 11 个村民小组，246 户 798 人，其中少数民族 238 人。2014 年人均收入 7327 元。2016 年 5 月与三德桥村合并，沿用许家桥村名。

三德桥村

距乡治所 2 千米，东南西北分别与民族、许家桥、八叶桥、斗姆湖镇临沅、万元村接壤。水田 1774 亩，旱地 50 亩、林地 313 亩，水域 29 亩，辖 11 个村民小组，286 户 1049 人，其中回族、维吾尔族 506 人。2014 年人均收入 6214 元。2016 年 5 月与许家桥村合并，命名为许家桥村。

八叶桥村

位于乡西北，东西南北分别接三德桥、三元桥、许家桥、斗姆湖镇南阳村。水田 2150 亩，林地 1670 亩，旱地 300 亩。辖 15 个村民小组，358 户 1133 人，其中回族、维吾尔族 30 人，2014 年人均收入 7241 元。2016 年 5 月与三元桥村合并，沿用八叶桥村名。

三元桥村

位于乡西北，东南西北分别与八叶桥、金牛山、药王溪、五宝山、桃源县木塘垸乡集民、斗姆湖镇南阳村接壤。水田 1416 亩，旱地 33.5 亩，林地 238 亩，水域 20 亩。辖 11 个村民小组，232 户 816 人，其中回族、维吾尔族 17 人。2014 年人均收入 7433 元。2016 年 5 月与八叶桥村合并，命名为八叶桥村。

五宝山村

位于乡西，东南西北分别与广成山村、药王溪村、桃源县漳江镇泥窝村、桃源县木塘垸乡集民村、三元村、八叶村相连。水田 1082 亩，旱地 408 亩，林地 2662 亩，水域 80 亩。辖 11 个村民小组，308 户 1084 人，回族、维吾尔族 182 人。2014 年人均收入 6333 元。2016 年 5 月与药王溪村合并，沿用五宝山村名。

药王溪村

位于乡西，东接金牛山村，南抵丁家港乡五里冲村，西连五宝山村，北交三元桥村。水田1172亩,旱地1180亩,林地1171亩,水面20亩。辖11个村民小组,298户1036人,其中回族、维吾尔族38人。2014年人均收入7574元。2016年5月与五宝山村合并,命名为五宝山村。

金牛山村

位于乡西,东毗广成村,南抵丁家港乡莲花庵村,西连药王溪村,北抵八叶桥、三元桥村。水田1404亩,旱地200亩、林地2280亩,水域104亩。辖13个村民小组,379户1279人。2014年人均收入7287元。2016年5月与广成山村合并,命名为广成山村。

广成山村

位于乡北,东西南北分别抵麻家巷、金牛山、八叶桥、许家桥村。水田2080亩,旱地600亩,林地1670亩,水域180亩。辖17个村民小组,530户1635人,其中回族、维吾尔族112人。2014年人均收入7021元。2016年5月与金牛山村合并,沿用广成山村名。

麻家巷村

位于乡中部,东抵民族村、南邻永寺山及丁家港乡杨公庵村,西交广成山村,北连许家桥村。水田1500亩,旱地64亩,林地367亩。辖9个村民小组,395户1304人。其中回族、维吾尔族604人。2014年人均收入8512元。2016年5月与许家桥社区合并,命名许家桥社区。

民族村

位于乡东北,东抵斗姆湖镇马桥村,南毗中堰村,西交许家桥村,北连三德桥村及斗姆湖镇花园村。水田1718亩,林地13亩,水域260亩,村辖10个村民小组,325户1058人,均为回族。2014年人均收入6248元。

中堰村

位于乡东北,东抵斗姆湖镇马桥村,南邻跑马岗村、永寺山村,西交麻家巷村,北抵民族村。水田1916亩,水域20亩。辖13个村民小组,303户1215人,其中回族、维吾尔族836人。2014年人均收入6418元。2016年5月与跑马岗村合并,沿用中堰村名。

跑马岗村

位于乡东,东抵双堰岗村,南邻兴佛村、永寺山村,西抵麻家巷村,北连中堰村、斗姆湖镇马桥村。水田1380亩,旱地300亩,水域10亩。辖9个村民小组,225户813人,其中回族、维吾尔族500人。2014年人均收入7478元。2016年5月与中堰村合并,命名为中堰村。

永寺山村

位于乡东南,东南西北分别与跑马岗村、兴佛山村、丁家港乡西陂堰村、珊瑚岗村、本乡麻家巷村、中堰村接壤。原名永镇山，20世纪70年代更名为永寺山。水田990亩，旱地275亩，林地600亩，水域50亩。辖11个村民小组，258户996人，其中回族、维吾尔族545人。2014年人均收入7410元。2016年5月与兴佛山村合并，沿用永寺山村名。

兴佛山村

位于乡南，东南西北分别与双堰岗村、兴旺冲村、丁家港乡西陂堰村、永寺山、跑马岗村相连。原名幸福山，70年代更名兴佛山。辖15个村民小组，400户1300人，其中回族380人。水田1820亩，旱地400亩，林地1870亩，水域300亩。2014年人均收入6735元。2016年5月与永寺山村合并，命名为永寺山村。

兴旺冲村

位于乡南，东南西北分别抵双堰岗村、草坪镇先锋村、连山桥村、丁家港乡西陂堰村、兴佛山村。水田2272亩，旱地378亩，林地3000亩。辖15个村民小组，393户1372人，其中回族、维吾尔族105人。2014年人均收入7284元。2016年5月与双堰岗村合并，沿用兴旺冲村名。

双堰岗村

位于乡东，东抵桃花源机场及斗姆湖镇新建社区，南抵葛麻山村，西连兴旺冲村，北抵跑马岗村。水田1694亩，旱地897亩，水域83亩。辖18个村民小组，423户1435人，其中回族、维吾尔族40人。2014年人均纯收入6247人。2016年5月与兴旺冲村合并，命名为兴旺冲村。

许家桥社区

位于乡政府驻地麻家巷墟场。2012年5月由原许家桥回维乡墟场的非农业人口和双堰岗村因桃花源机场扩建农转非居民组建而成。辖3个居民小组，827户1382人，其中回族、维吾尔族428人。2016年5月与麻家巷村合并，命名为许家桥社区。

六〇一社区

系601矿留矿人员组成，辖11个居民小组，481户1535人(户籍关系2005年转入红云街道派出所)，其中少数民族52人，社区居委会驻地驻原601矿总部。

(执笔:陈美龄　编辑:刘忠祥)

长茅岭乡

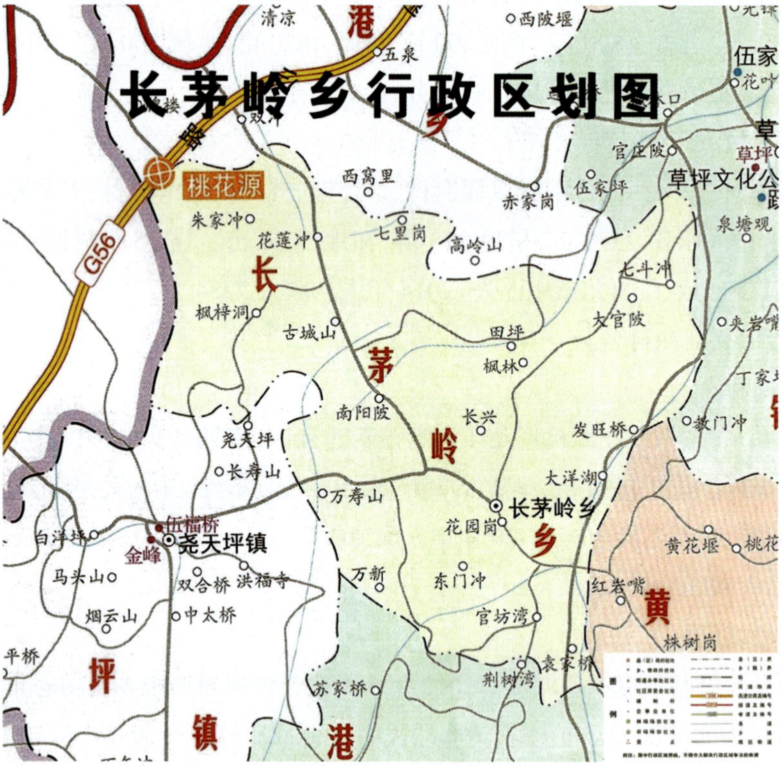

地图审图号：湘 S(2008)052 号

地域名片

革命老区

油茶之乡

湖南省诗词之乡

一、区域概况

地理位置

长茅岭乡位于区境西南部，东与黄土店镇接壤，南与港二口镇毗邻，西与尧天坪镇交界,北与丁家港乡相连。乡人民政府驻花岩岗村,距区人民政府驻地35千米。

建置沿革

民国时期,属常德县文甲乡。中华人民共和国成立初期,仍属文甲乡。1950年4月,废除旧的乡、保、甲制。1951年境内设万寿山乡等数个小乡。1953年7月,并为长茅岭乡。1958年10月,长茅岭乡与尧天坪乡合并为金星人民公社。1961年8月,金星公社又析为长茅岭公社与尧天坪公社,属港二口区。1984年2月,撤销人民公社,改长茅岭公社为长茅岭乡,先后属港二口区、片、办事处。2015年11月,长茅岭乡和尧天坪镇合并为尧天坪镇。

区划面积

1961—1965年,长茅岭公社辖25个生产大队。1965年12月进行区划调整,将段家坪与发旺桥合并为发旺桥大队,杨花堰与田坪合并为田坪大队,高家岭与枫梓洞合并为枫梓洞大队,包阳岗与万寿山合并为万寿山大队,肖家坪与东门冲合并为东门冲大队,伍家市与花园岗合并为花园岗大队,调整后公社辖19个大队。1984年公社改乡,大队改村,区划无变化,乡辖大洋湖、发旺桥、七斗冲、大官陂、田坪、枫林、长兴、七里、花莲冲、朱家冲、枫梓洞、古城山、南阳、万寿山、花园岗、万新、东门冲、官坊湾、袁家桥19个行政村。至2014年无变化。

1995年,全乡总面积62.5平方千米。耕地面积3.22万亩,其中水田2.9万亩,旱地3169亩。林地面积5万亩。2014年,全乡总面积无变化。耕地面积3.07万亩,其中水田2.76万亩,旱地3037亩。林地5.2万亩,水面7413亩,建设用地6869亩,荒草地2662亩,沼泽地14亩,园地2203亩,石砾地裸岩7亩。

人口民族

1995年,全乡共4827户17282人。2014年,全乡4760户18205人。其中城镇人口586人,农业人口17619人。男性9303人,女性8902人。总人口中,汉族17514人,占96.2%;回族、维吾尔族两个少数民族共691人,其中回族369人,维吾尔族322人。少数民族集中居住在花莲冲村、朱家冲村,其他各村有零散居住。

自然环境

乡域地貌以岗地为主,溪谷平原次之,岗地、平原、水域之间的大致比例为6.7:2.5:0.8。地势由西南向东北倾斜,最高点古城山海拔76.41米,最低点七方湖海拔38.5米,全境平均海拔45.73米。枉水河自南向北经袁家桥、大洋湖、发旺桥、草坪、德山港口流入沅江。两岸地势平旷,土质肥沃,适宜于农作物,特别是稻谷的生长。高干渠道由西向北经金星水库,流经草坪、德山港口流入沅江。高干渠两岸丘陵山岗地适宜油茶生长,小平原地宜水稻生长。

境域属亚热带季风湿润性气候，四季分明，日照充足，降水丰沛，年平均降雨量1269毫米，4—7月为多雨季节。年平均气温17.98℃，极端高温41℃(2005年7月)，极端低温-18℃(1955年1月)。年日照时数1709小时，无霜期275天。

野生动物有野鸡、野兔、蛇、黄鼠狼、穿山甲、鹭、青蛙、甲鱼等。植物有松、杉、楠竹、樟树、桂花树、油茶等。矿藏资源有黄金、黏土、页岩、砂卵等。

二、经济发展

经济综述

中华人民共和国成立前后，境内生产力落后，经济不发达。20世纪50年代搞“大跃进”、盛行“浮夸风”，提出“人有多大胆，地有多高产”、极“左”口号，“文化大革命”期间，导致经济发展缓慢甚至倒退，未能解决农民温饱。1978年实行改革开放，1982年实行家庭联产承包责任制，温饱问题得到解决。经过30多年的努力，长茅岭经济发展较快，开始步入“小康”。2014年，全乡社会生产总值29785.1425万元，农民人均纯收入7813元。

农业

种植业 境内种植以水稻为主，棉花、水果、蔬菜次之。民国时期种植一季稻，1957年开始种双季稻。改革开放前，因科技水平不高，粮食产量低，每亩两季难上800斤。1982年实行家庭联产承包责任制，依靠科技发展农业，调整农业结构，推广杂交稻，粮食产量逐年上升。1995年，全乡粮食总产1699万千克。2014年，全乡粮食总产1966万千克，出售商品粮999万千克。种植棉花449亩，产皮棉23350千克；油菜8640亩，产菜油25.5万千克；蔬菜7600亩，总产1450万千克；茶叶34亩，产干茶2000千克；水果253亩，总产16万千克。

养殖业 养殖业主要为养猪、牛、羊、鸡、鸭等家畜家禽。2014年，生猪出栏22500头，存栏14130头；肉牛出栏84头，存栏426头；山羊出栏840只，存栏490只；养鱼765亩，出水鲜鱼42万千克；养鸡18.3万羽，养鸭4.2万羽，产鲜蛋8200担。

林业

1958年大炼钢铁，办公共食堂，境内森林遭受严重破坏。中共十一届三中全会后实行土地承包责任制封山育林，85%的山林分给农户管理。1981年定权发证，退耕还林，进一步调动群众育林积极性。2014年新造林2003亩，“四旁”植树12万株，产茶油24万千克，林业产值1720万元。七里、古城山、南阳、花园岗、长兴五个村与湖南山晖农林开发投资有限公司以三、七分利形式合作开发油茶林2300亩，湖南省林业厅厅长邓三龙到乡考察，给予充分肯定，向全省推广。2015年，全乡有林地面积52000亩，其中油茶林43136亩、用材林3500亩、活立木蓄积量2800立方米、果园林253亩、经济林364亩、"疏林"地3200亩。森林覆盖率56%。

工业

清末民国时期，境内有零星分布的纺织土布、制伞、制丝线、手工造纸、缝纫、打铁等传统作坊手工业。于1955年把分散的匠人组织起来，成立铁业社、木业社、缝纫社。1958年建成电瓶厂，是境内第一家工厂。20世纪70年代末，开始发展社队工业，先后办起建材、粮油加工、酿酒、农机修配、印刷、墨水、鞭炮、土农药、土化肥等企业。2001年起，乡办企业进行改制，鼓励私营企业发展。2014年，境内有博亿新能建材彩瓦厂、红砖厂、油脂化工厂、花溪大米厂、裕兴大米厂5家规模企业，全乡工业产值1.2419亿元。

博亿新能彩瓦厂 2013年从福建引进资金2600万元，2014年建成投产，年销售收入过亿元，从业人员240多人。

长茅岭红砖厂 1982年投资150万元兴建，工人54人，年生产红砖1600万块，1986年被评为常德市名优乡镇工业产品。2004年转型为民营企业。

金鑫油脂化工厂 1996年投资1200万元兴建，职工32人，日生产精制食用油20吨。生产的"精花溪"牌茶油，在1998年湖南省第四届农博会上获金奖。2004年转型为民营企业。

商贸服务业

民国年间至中华人民共和国建立初期，境内有小微商铺数家。1956年，成立长茅岭供销合作社，独家经营，化肥、农药、肉食、煤油、食糖、布匹等物资凭票供应。1975年，公社企业管理站开设一家供销经理部，开始出现商业竞争。20世纪90年代，市场放开，经济活跃。2014年，乡集镇有大小个体经营户108家，规模型超市2家，经营餐饮、肉食、理发、照相、打字、音像、木器、家具、南货、百货、副食、五金、家电、建材、缝纫等。逢四、九日为墟场赶集日。2014年，全乡商业、服务业收入1378.94万元。

其他产业

建筑业 2014年，全乡从业人员1140人，产值330万元。

运输业 2014年，全乡从业人员540人，车辆223台，其中农用运输车115台、客运公交车7台、小轿车72台、面包车25台、校车4台，2014年营运收入890万元。

劳务输出 2014年，全乡有劳动力8904人，其中常年外出务工劳动力4500多人，务工地以广东、深圳居多1500多人，江浙次之1100多人，省内市外1300人，市内600多人，外出务工收入5200多万元。

财税金融

1953年12月始设长茅岭信用社。1980年起境内财政实行“划分收支、分级包干、定额上交、超收全留”的管理制度。2006年减免个体工商业税费,取消农业税,乡村两级各项开支经费由鼎城区财政转移支付列支。2014年底乡信用社存款额1.1946亿元。

三、基础设施

交通运输

1958年,丁(家港)长(茅岭)公路建成通车,是为境内第一条公路。1961年,拉通长(茅岭)尧(天坪)公路,穿越花莲冲、古城、南阳、花园、万寿等大队,境内长12千米。1962年,枉水跃进干渠从港二口至斗姆湖全线开通后,实行渠堤公路合一,经袁家桥、大洋湖、发旺桥等大队,通往草坪,境内长14千米。70—90年代,共修建乡、村道11条38千米。2009年起,开始硬化通村、通组公路。至2014年,全乡拥有县、乡、村级公路64千米,其中硬化52千米。

邮政通信

1938年,境内设乡村邮递员1名。1953年设立长茅岭邮政所,收发信件、投递报纸和包裹。1955年设立长茅岭乡电话室,有话务员1名,使用老式摇把电话机。1978年设立电话站。1992年开通程控电话和无线寻呼机。1999年开通移动电话。2013年两家个体物流快递站兴起,邮政事业出现竞争。2014年,移动、联通、电信在境内均设有营业网点,全乡有固定电话用户1047户,移动电话用户8400户,互联网用户310多户。

供电供水

供电 1971年,在花园大队一生产队修建小水电站1座,装机125千瓦,境内始有电力供应。1975年开始列入国家大电网供电。1980年成立乡电管站。1984年全境由国家电网供电。2014年,全乡有用电客户4647户,10千伏线路76.7千米,1047级高压电杆,400伏线路1948千米。配电变压器68台,配变总负荷4000千瓦,月用电量48万千瓦时。

供水 2002年修建乡自来水厂,日供水700吨,主供集镇。2014年水厂实行改造扩大规模后,供至11个村2751户及博亿彩瓦厂,约11000人实现安全饮水。七斗冲、七里、花莲冲、朱家冲、枫梓洞、古城山、万新、官坊湾、袁家桥9个村2090户6300人实行改水,每个农户打一口水井,国家按人补助200元。

水利建设

河坝 1958年修建大洋湖枉水河坝,坝高6米,长38米,灌田3400亩。1961年冬，对河坝进行改造，闸上修建长38米、宽2米的钢筋混凝土结构行人桥，可通行手扶拖拉机，并改换灌溉冲刷闸门。

水库　金星水库小(Ⅰ)型建于1958年，库容160万立方米，灌溉农田8400亩。梁家冲水库小(Ⅱ)型，建于1974年，库容32万立方米，灌溉农田2100亩。王家油榨水库小(Ⅱ)型建于1974年，库容30万立方米，灌溉农田3400亩。

机埠　共计6座，装机410千瓦。一机埠155千瓦，二机埠135千瓦，黄金机埠55千瓦，毛家冲机埠40千瓦，高峰机埠40千瓦，雷神坝机埠40千瓦，双堰机埠40千瓦。

至2014年，全乡共有山塘705口，其中水泥硬化413口，小型河坝7处，总蓄水量252万立方米。主干渠3条，支渠13条，总长度60.57千米，其中水泥硬化41.40千米。南阳、花园岗、大洋湖、发旺桥、袁家桥等5个村在国家支持下已实现园田化，田间沟渠、山塘、机耕路全部硬化。

集镇建设

1978年前，长茅岭集镇街道窄而不平，长不足140米。墟场建设简陋，不成规模。1978年后，向两头延伸修建楼房，街道拉长至340米，拓宽至8米。新修一条横街，长240米，宽10米，整个集镇成“十”字形布局。2012年，二条主街道按城市街道规模改造扩建提质，总投资210万元。至2014年，形成以红砖厂、油脂化工厂、加油站等骨干企业为主的工业园区；以中学、中心小学、幼儿园为主体的教育基地；以医院、通讯、餐饮、乡政府政务中心为主体的服务体系；以乡文化站、乡诗词陈列室、乡中学诗词长廊为主体的文化中心。

四、社会事业

教育

民国年间，境内有公立、私立小学15所。至1949年，尚存12所。中华人民共和国成立后，学校布局几经调整。1985年，全乡共有学校20所，其中乡办中学1所，村办小学19所。2004年拆并村小学，全乡保留乡中学、乡中心小学、古城小学、发旺桥小学、田坪小学、朱家冲小学、万寿小学7所学校。2016年减为乡中学、乡中心小学、古城小学3所学校。2014年，全乡有教职员工55人，在校学生743人，其中初中245人，小学356人，幼儿园132人。

长茅岭中学　占地51亩，建筑面积7800平方米，拥有高标准的教学楼、科教楼、学生公寓楼、多功能餐厅、电脑室、仪器室、多媒体电教室、理化、生物实验室、图书室、体育场等，可容纳700余名学生就读。

长茅岭乡中心小学　占地面积18.9亩，建筑面积3400平方米，拥有高标准教学楼、学生公寓楼、图书室、阅览室、仪器室、实验室、电脑室,与乡中学共用体育场。

科技

1957年成立长茅岭乡农科站,推广新品种、新农机、新技术。1996年,乡企业管理站成立乡办企业技改小组,1996年至2014年共从事技改、科研项目8项。如乡红砖厂利用再生能源稻谷壳焙烧红砖的技改项目,于1998年10月在重庆市召开的全国乡镇企业节能减排经验交流会上介绍经验。2007年,成立长茅岭乡老年科协,有会员48人,开展科技示范园、示范点、示范户活动,促进农村经济的发展。2014年,全乡有收割机74台,旋耕机31台,插秧机2台、烘谷机2台。

文化建设

文体活动 民国年间至中华人民共和国成立初期,境内民间文艺主要有渔鼓、围鼓、三棒鼓、地花鼓等表演形式,还有舞龙、舞狮、抵劲、拔河、彩龙船等民间文体活动。1958年流行顺口溜、打油诗。"文化大革命"时期推行"忠"字舞,各大队成立毛泽东思想文艺宣传队,演革命样板戏等。1978年以后,业余文学爱好者从事文学和诗词创作,公社成立文化站、建图书室。2010年起流行广场文化,跳广场舞。2014年,全乡有2个民间乐队、3个管弦乐队,各村建有图书室。

广播电视 1965年建立公社广播站,各大队安装高音喇叭。1973年至1982年,各大队设有广播放大站,广播入户率80%,农村广播网络基本形成。1988年普及黑白电视,1992年普及彩色电视,2001年全乡有线电视收视率达100%。

诗词文化 境内诗词源远流长。唐代诗人刘禹锡在长茅岭古城山赋《登司马措故城》诗一首。国学大师余嘉锡在长茅岭官坊湾建"读已见书斋"。常德诗墙镌刻有8首余嘉锡及家人的诗词。2005年成立长茅岭晚霞诗社,2014年3月更名为长茅岭乡诗词学会,有会员340多人,办有《古城新韵》和《花园》2个诗刊,设有乡机关诗词陈列室、潘振武将军诗苑、段子恒农家诗院3个诗词陈列室,辟有常德文甲农民起义纪念碑广场诗词长廊、乡中学学校诗墙2个诗墙。全乡有14人出版诗集、文集,数人获各种奖励。2015年获湖南省诗词之乡称号。

医疗卫生

民国年间,境内有数家个体中医诊所。1954年由胡斌成、王吉庭、聂玉华等诊所组成长茅岭乡联合诊所,1958年划入金星公社卫生院,1961年析置长茅岭公社卫生院,1984年更名为长茅岭乡卫生院。卫生院占地面积4220平方米,于1997年建门诊楼,2009年建住院楼,2014年扩建改造公卫楼和新建职工公租房各一栋。装备有全自动血球仪、200毫安X光机、台式B超、半自动生化分析仪、心电图机、制氧机、护理床、牵引理疗床等千元以上医疗设备18件。2015年,有医务人员22人,开设病床30张。

卫生院以基本公共卫生服务为主，下设公卫办1个、村卫生室19个，有乡村医生21名，免费为全乡提供居民健康档案管理、疾病控制、妇幼保健、老年病管理、健康教育、预防接种、卫生监督等11项公共卫生服务。

计划生育

境内从1958年开始执行计划生育政策，工作重心是控制人口数量，提高人口素质，提倡一对夫妇只生育一个孩子，经审批，符合政策的可生育二孩，杜绝多孩。2014年全乡出生190人，死亡86人，人口出生率10.38‰，计划生育率93.6%。2014年享受独生子女奖励711人，资金73.4080万元。从2015年起，计划生育工作重心调整为全面放开二孩，杜绝多孩，搞好生育优质服务，改善人口结构。

社会保障

农村五保 1963年，对农村孤寡老人及无劳动能力的人实行保吃、保穿、保医、保住、保葬(孤儿为保教)简称"五保"的社会保障。2014年，全乡供养五保对象260人，其中在乡敬老院集中供养43人，分散供养217人，全年发放五保金额59.476万元。

城镇居民最低生活保障 1999年实施。2014年，全乡有城镇低保对象33人，发放保障金10.2万元。

农村居民最低生活保障 2006年实施。2014年，全乡有农村低保对象583户793人，发放保障金99.9945万元。

机关事业单位养老保险 机关事业单位养老保险由区人社局机关事业单位保险站管理。全乡国家干部、教师、医生、站所职工全部参加事业保险，2014年有退休干部职工、教师235人享受退休养老待遇。

新型农村社会养老保险 2009年开始实施。2014年有6465人参保，参保率86.53%，上缴"新农保"基金69.6万元。已享受养老保险的3357人，按月标准75元/月，每年支付养老金302.13万元。

新型农村合作医疗 2005年实施。2014年全乡参加新型农村合作医疗农民达15753人，参合率达98.1%。

人民生活

民国年间，由于战乱与自然灾害频繁，人民生活困难。50—70年代，科技水平低，生产关系受制约，群众温饱没有完全解决。1981年改革开放后，境内群众生活水平逐年提高，2014年人均纯收入7813元，开始进入小康生活。

吃 1981年后，粮食逐年增产，除自给外，每年出售商品粮千万千克以上。有了粮食，家庭养殖迅速发展，鸡、鸭、鱼、肉丰富，市场繁荣，人们的生活从吃饱肚子到讲究吃好、吃营养。

穿 1949年前，农民穿着主要是手工纺织的土棉布，请乡村裁缝做衣遮风御寒。1958年后，靠配发有限的布票，凭票买布做衣，一年难做一套新衣。1978年后，生产发展，经济宽裕，由计划经济转为市场经济，各式名牌服装进入寻常百姓家，穿着打扮成为一种体面、时尚的文化潮流。

住 1949年前，多数农户住茅草房，木结构的瓦房少见。中华人民共和国成立到1978年，70%的农户住房为简易木结构平房，30%的为茅草土砖房。1980年，农民开始全面修建新居，并不断进行升级，从土坯茅草房改为红砖瓦房，从居民点式的红砖平房改为独立的庭院小楼房。至2014年，85%以上农户修建了楼房。

用 2014年，全乡4760户中，16%的农家拥有家用小车，7%的农户拥有电脑，彩电、空调、太阳能、热水器、洗衣机、电冰箱等家用电器和智能手机基本普及。

五、特色地情

历史人文

常德文甲农民起义 中共“八七”会议后，为配合毛泽东领导的秋收起义，根据上级地下党组织的指示精神，1927年9月10日，常德县文甲区农民在万寿山（今长茅岭乡万寿山村）打响常德农民起义第一枪。起义由文甲区楚材党支部书记戴修文任总司令，农民协会委员长徐炳初任副总司令，区农民协会委员、文甲乡农民协会委员长潘人安（后改名潘振武）任武装起义总指挥长。9月10日清晨，400多名农民自卫队员，手持鸟枪、大刀、长矛在万寿山上集结宣告起义，直奔设立在珞伽寺（今长茅岭枫林村）的文甲区区公所和团防局，击毙团防大队长张仕元，活捉印花局局长张国政，没收不法豪绅家产分给穷苦农民，起义队伍迅速扩大到上千人。起义成功后，戴修文等立即召开群众大会，公审并处决了张国政。会后，起义队伍分散隐蔽斗争。由戴修文带一路人马去安乡、徐炳初带一路人马去桃源，继续组织农民运动、开展武装斗争。后二人均被国民党反动派杀害。潘振武则告别家乡，寻找革命部队。几经周折，于1930年7月参加中国工农红军，同年10月加入中国共产党。参加了苏区五次反“围剿”、红军长征、抗日战争和解放战争。1955年授予少将军衔。

潘振武 （1908—1988）曾用名潘仁安。1908年4月23日出生于长茅岭乡万新村一个农民家庭。自幼好学聪明，在常德高等小学堂读书6年。1926年5月加入中国共产主义青年团，同年8月回乡组织成立农民协会，当选为文甲区农民协会委员、文甲乡农民协会委员长。1927年9月10日与戴修文、徐炳初一道组织和领导常德文甲农民起义。1930年7月参加中国工农红军，同年10月加入中国共产党。参加了中央根据地五次反“围剿”战斗、二万五千里长征，在抗日战争、解放战争中累建奇功。荣膺中华人民共和国二级八一勋章、一级独立自由勋章、一级解放勋章，是中共七大代表。1955年授予少将军衔，1988年8月，授予中国人民解放军一级红星功勋荣誉章。

在社会主义革命和建设时期，潘振武先后任中南军区后勤部副政委、广州军区后勤部政委、中国驻苏联大使馆武官、国防部办公厅副主任兼外事局局长、武汉军区副政委、中共湖北省委书记、全国五届政协委员、武汉军区顾问等职。1983年10月离休。1988年9月22日在武汉逝世，享年81岁。

戴修文 （1907—1928）长茅岭乡枫林村人。自幼好学，追求进步。1925年在省立二中组织学生爱国运动，查烧日货、打击买办资本，成为学生运动领袖。1927年8月任中共文甲区楚材支部书记，组织400多名青壮年成立长茅岭农民自卫军，担任总司令。1927年9月10日与潘振武、徐炳初在万寿山举行武装起义。起义爆发后，县政府派军警镇压、清剿农民起义。戴修文的家被查抄一空，全家老小一起被抓进牢房。戴修文潜住在常德县石门桥毛家洲，与未婚妻熊尚珍继续秘密从事农民运动。1927年10月被捕，1928年牺牲，年仅21岁，国民党当局把他的头颅悬挂在常德市下南门城墙上，示众3天。

冯冠熊 （1913—1934）原名光远，字本培，长茅岭乡朱家冲人。1918年五岁时入冯氏族学校读书，1925年考入湖南省立第二职业学校。1927年回乡参加农民运动，任文甲区儿童团团长。

1932年淞沪战争爆发，冯冠雄与姚润等人赴上海积极抗日。后又与国民党十九路军爱国军人组成援马占山团，转赴东北抗战。到东北后，马占山部队被日本关东军击溃，冯冠雄在热、察、黑边境组织抗日队伍，组成东北蒙边抗日救国军，自任总司令，奋力抗日，他的爱国行动却遭到国民党当局的排斥。1932年12月，得知国民党三中全会即将召开，便以蒙边抗日救国军总司令的名义致电该会，慷慨陈词：呼请“消除内讧，一致同心抗日”“迅调大军，歼彼倭奴，救我灾黎，收我失地”。国民党当局对此置之不理。1934年5月冯冠雄返回湖南常德，谢绝湖南省政府主席何键封官许愿的笼络，投奔贺龙，继续抗日。7月，去沅陵组织抗日队伍，募兵千余人，集枪数百支。这些举动引起湖国民党湖南省当局疑忌。11月中旬，冯冠雄在桃源县黄石被捕，解至常德，被常德警备司令刘运乾杀害，时年21岁。

蒋纬丞 （1880—1931）初名蒋国让，曾用名蒋国经，字纬丞。1880年11月13日出生于常德。幼年勤奋好学，1902年东渡日本留学，在日本秘密加入同盟会。1911年10月10日参加黄兴等人领导的武昌起义（辛亥革命）追随孙中山，主张共和，推翻清王朝。1912年12月26日，由中华革命军授予陆军中将军衔。1928年因身体原因回故里常德，关心国计民生，捐资幼育堂，以恤遗孤。后与李寄鸿等人创立鼎新电力公司；

捐良田百余亩，建立翰文中学、移芝中学、隽新中学。因常年征战沙场，忧国忧民，积劳成疾，晚年身体欠安。病逝于民国20年(1931年4月2日)，终年52岁，葬于长茅岭乡花园村境内。

蒋国保 (1905—1927)长茅岭乡发旺桥村人。1927年2月任常德县十二区农民协会纠察队长，1927年9月在常德文甲农民起义中牺牲，年仅22岁。

余嘉锡 (1884—1955)字秀豫，号狷庵，长茅岭乡官坊湾村人。童年好学，聪明过人。由父亲(进士)亲自授课，读完《五经》《四史》《楚辞》《通鉴》等名著，享有"神童"之称。年少立志著述，14岁作《孔子弟子年表》，15岁注《吴越春秋》。18岁中乡试举人，入京选为吏部文选司主事，先后在北京大学、中国大学、民国大学任教。民国20年(1931)被聘为辅仁大学教授，任国文系主任。民国31年(1942)任辅仁大学文学院院长。民国36年(1947年)当选中央研究院院士。1949年新中国成立后，被聘为中国科学院语言研究所专门委员。1955年病逝于北京。

余曼珍 (1878—1953)著名作家丁玲的母亲，字慕唐，号修梅。长茅岭乡官坊湾村人。少时入私塾读书，喜诗词，擅绘画。1911年进入湖南女子第一师范学堂(今湖南一师)学习，在学校与向警予、杨开慧等一起成为革命女性。1918年应常德县立德育女校聘为舍监(管理员)。此时，致力于妇女解放运动，提倡男女平等。1919年秋，在常德筹建《妇女检德会》，当选为主席，创办常德县私立文艺女校，自任校长。1922年10月发起成立常德妇女联合会，次年更名为"天足会"，提出还我"天足"的响亮口号。1938年—1945年期间在长茅岭、港二口、花岩溪一带度过艰苦贫困的流浪生活，写下60万字的回忆录和二百多首格律诗词。1949年新中国成立，由女儿丁玲接到北京，1950年组织土改工作队南下时要求参加，并申请加入中国共产党，因年高未获批准。1953年5月4日逝于北京，终年75岁。

革命英烈

王跃清　古城村人，1950年4月石门县剿匪中牺牲。

徐益清　大洋湖村人，1979年中越边境自卫还击作战牺牲。

唐建新　万新村人，1976年在部队因公牺牲。

陈远德　枫林村人，1953年抗美援朝牺牲。

娄朝元　田坪村人，1979年中越边境自卫还击作战牺牲。

文物古迹

沅南故城 位于长茅岭乡古城山村，城池为东汉马援修筑。东汉建武二十六年(50)置沅南县后至隋开皇三年(583)的533年间，为沅南县治。今尚有拴马厩、监窝、土城墙等遗迹。20世纪90年代被鼎城区人民政府确定为区级文物保护单位。

余家大院　位于官坊湾村余家冲，曾经只有30来户人家、不足100人的小山冲，清朝时期出了2名知府、5名知县，后称官坊湾。北京大学教授、中国科学院学部委员、国学大师余嘉锡，丁玲母亲、民国初期杰出的妇女活动家、民办教育家余曼珍，均出生于该地余氏家族。

潘振武故居　位于长茅岭乡万新村，2007年将其整修，开辟潘振武将军生平展览室，作为青少年爱国主义教育基地。

常德文甲农民起义纪念碑　为纪念1927年9月10日开国将军潘振武和革命烈士戴修文、徐炳初、蒋国保领导的常德文甲农民起义，2014年10月国家投资260万元，在起义集结地长茅岭乡万寿山，修建"常德文甲农民起义纪念碑"，2015年9月竣工落成。纪念碑占地12.3亩，由纪念碑和纪念碑广场组成。纪念碑广场至纪念碑分两个台阶，一台阶19级，二台阶27级，象征1927年；纪念碑基脚铺设90块大理石，象征9月10日；纪念碑身高13米，寓意常德文甲农民起义牺牲13位革命烈士。正面和背面的碑名分别由广东省军区政委蔡多文少将（鼎城籍）和潘振武将军二女婿、广州军区政治部副主任熊焰少将题写。碑文由中共鼎城区委、鼎城区人民政府撰写。

名优特产

长茅岭擂茶　长茅岭擂茶是鼎城擂茶的重要影响地，有童谣为证："姑嘎嘎（外婆），姨嘎嘎，接到屋里喝擂茶"。东汉建武二十三年(47)冬，爆发以精夫相单程为首的"武陵蛮之乱"。建武二十五年春，朝廷派伏波大将军马援率军南征，驻守司马错城(今长茅岭乡古城山)，军营闹瘟疫，将士纷纷病倒，不能作战。在马援十分苦恼之际，有仙人献验方。验方上写着"芝麻、绿豆、生姜、茶叶、炒米放入擂钵，用梓姜木棒擂成糊状，开水冲泡"。将士服后疫病痊愈，精神抖擞，很快平息动乱。此后擂茶传入民间，成为境内民众待客的上乘饮料，很多农户以擂茶代替午饭。喝擂茶时，佐以炸炒的锅巴、米皮、红薯片等地方特产以及专制的坛坛莱，或市面的点心，称之"搭茶"。边吃边喝边聊天，饶有趣味。

铁成一号油茶　长茅岭乡花莲冲村高级林业工程师肖铁成，从1976年开始用杂交的方法，经过30年培育的油茶新品种。2006年9月经湖南省科技厅、湖南省林业厅、中南林业科技大学等单位9名资深专家对实验林进行现场测定，亩产茶油126斤，并委托湖南省食品测试中心进行油脂理化性质测试分析。测定结果表明，具有丰产、稳定、优质、抗病虫力强、色泽金黄、口感香甜纯正等优良特点。油酸、亚油酸、亚麻酸、折光指数、碘价、皂化价等各种油脂理化性指标符合国家优质食用植物油标准。2006年12月27日，由省科技厅、省林业厅联合主持在长沙市召开铁成一号油茶杂交新品种的选育成果鉴定会，颁发科学技术成果鉴定书，以肖铁成的名字命名为铁成一号油茶。

重大事件

据《常德县志》记载，秦昭襄王二十七年（前280），派大将司马错在长茅岭古城山筑城屯兵，史称司马错城。

东汉建武二十六年（50），朝廷派大将军马援在司马错城旧址建沅南县城。

1926年11月，潘振武在万寿山组织成立文甲乡农民协会，当选为协会委员长，带领农民打土豪分田地。

▲ 长茅岭乡——常德文甲农民起义发生地、开国将军潘振武故乡

1927年9月10日（中秋节），潘振武与戴修文、徐炳初组织400多名农民协会会员，在长茅岭万寿山举行农民起义。

1978年12月，东门冲大队被评为常德地区农业学大寨先进单位，常德地区革委会奖给该村手扶拖拉机一台。

1984年腊月28日深夜，一辆乘载17名新化县农民工的汽车回乡过年，在大洋湖村坠入柘水渠道，淹死11人。大洋湖村青年刘仲模顶风冒雪下水营救溺水民工，打捞尸体，并拾金不昧，将打捞的一万元现金交给生还民工。常德县人民政府给刘仲模颁发了"学雷锋"先进个人证书。

2015年11月，全省乡镇区划调整，长茅岭乡并入尧天坪镇。

六、各村简介

大洋湖村

辖6个村民小组，225户705人。集体所有农用面积3137亩，其中耕地1130亩，园地52亩，林地1898亩，水面15亩，其他42亩。主产稻谷、油茶、沙金。2014年农业总收入761万元，人平纯收入8217元，村集体发包收入5000元。通组水泥公路3.2千米，群众饮用自来水，有规范的村级活动中心。2016年5月与长兴村、花园岗村合并，新命名为花园岗村。

发旺桥村

1949年前为发旺桥乡治所地，有传统商业街道，古渡口通往草坪、黄土店。辖12

个村民小组,318 户 1045 人。集体所有农用面积 4400 亩，其中耕地 1837 亩，林地 2531 亩,水面 32 亩,主产稻谷、油茶、沙金,饲养百头以上牲猪养猪大户 4 户。2014 年农业总收入 949 万元,人均纯收入 7390 元,村集体发包收入 5000 元。群众饮用自来水,通组水泥公路 4.7 公里,有规范的村级活动中心。2016 年 5 月与七斗冲村、大官陂村合并,沿用发旺桥村名。

七斗冲村

辖 6 个村民小组,153 户 514 人。集体所有农用面积 2328 亩,其中耕地 824 亩,山林 1443 亩,水面 61 亩,主产稻谷、油茶。2014 年农业总收入 629 万元,集体发包收入 5000 元,人均纯收入 9422 元。村通组到户水泥公路 3.7 千米,群众饮用自来水。2016 年 5 月与大官陂村、发旺桥村合并,新命名为发旺桥村。

大官陂村

辖 10 个村民小组,245 户 853 人。集体所有农用面积 3915 亩,其中耕地 1718 亩,园地 13 亩,林地 2145 亩,水面 39 亩,主产稻谷、油茶。2014 年农业总收入 844 万元,村集体发包收入 5000 元,人均纯收入 7983 元。通组到户水泥公路 4.8 千米,山塘、渠道实现水泥硬化,群众饮用自来水。2016 年 5 月与七斗冲村、发旺桥村合并,新命名为发旺桥村。

田坪村

辖 14 个村民小组,334 户 1205 人。集体所有农用面积 4070 亩，其中耕地 2223 亩,林地 1809 亩,水面 38 亩。95%的农田位于金星水库堤下,旱涝保收,是稻谷主产区。2014 年农业总收入 953 万元,村集体发包收入 1 万元,人均纯收入 7227 元。85%以上农户住进"小洋楼",村民饮用自来水,硬化公路 6.4 千米。2016 年 5 月与枫林村合并,沿用田坪村名。

枫林村

辖 9 个村民小组,240 户 805 人。村集体所有农用地 3114 亩,其中耕地 1578 亩,园地 31 亩,林地 1440 亩,水面 31 亩,其他 34 亩。地处金星水库灌区,90%的农田自流灌溉,旱涝保收,主产稻谷、油茶。2014 年农业总收入 801 万元,村集体发包收入 5000 元,人均纯收入 7823 万元。村民饮用自来水,通组到户水泥公路 4.2 千米。常德文甲农民起义总指挥戴修文烈士出生于该村。2016 年 5 月与田坪村合并,新命名为田坪村。

长兴村

辖 10 个村民小组,295 户 1002 人。村集所有农用地 3848 亩,其中耕地 1710 亩,园地 64 亩,林地 205 亩,水面 24 亩,建有村油茶专业生产合作组织。因临近乡政府所在地,全村有 100 多人在集镇从事二、三产业。 2014 年农业总收入 1134 万元,村集体发包收入5000元，人均纯收入7528元。2016年5月与大洋湖村、花园岗村合并，新命名为花园岗村。

七里村

辖8个村民小组，193户665人，集体所有农用面积3767亩，其中耕地1246亩，林地面积2358亩，水面163亩，油茶为支柱产业，2014年探索带状更新油茶低改模式。2014年农业总收入687万元，集体发包收入5000元，人均纯收入8160元。地处相对偏僻，筹资建通组硬化公路5.2千米。2016年5月与古城山村、花莲冲村合并，新命名为花莲冲村。

花莲冲村

辖5个村民小组，116户435人，是回族、维吾尔族少数民族居住村，有回族、维吾尔族人口212人。集体所有农用面积2393亩，其中耕地597亩，林地1766亩。为油茶主产区，20世纪50年代成立花莲冲油茶林场，是原常德县油科所实验基地，从事油茶生产与科研活动，面积120亩，培育出亩产茶油126斤的高端新品牌“铁成一号”在全省推广。2014年，农业总收入605万元，村集体发包收入1万元,人均纯收入9843元。2016年5月与七里村、古城山村合并，沿用花莲冲村名。

朱家冲村

辖9个村民小组，247户860人。集体所有农用面积5595亩，其中耕地1865亩，林地3674亩，水面56亩。是回维、维吾尔族集居村，有少数民族350多人。为油茶主产区，人平油茶林4亩多，常年人均产油30多千克。通组硬化公路4.3千米。2014年农业总收入789万元，村集体发包收入5000元，人均纯收入7719元。2016年5月与枫梓洞村合并，新命名为枫梓洞村。

枫梓洞村

辖15个村民小组，343户1133人。集体所有农用面积6042亩，其中耕田2377亩，林地3595亩，水面30亩。地处相对偏远，自然条件差，近年筹集资420多万元，硬化山塘、渠道，修筑水泥公路6.2千米。2014年农业总收入1022万元，村集体收入5000元。人均纯收入7357元。2016年5月与朱家冲村合并，沿用枫梓洞村名。

古城山村

为东汉沅南县城址，留存有古城墙遗迹。辖10个村民小组，340户1072人。集体所有农用面积4153亩，其中耕地1732亩，林地2408亩，水面13亩，稻谷和油茶并重。近年水田实现全部流转，由专业户承包经营，富余人员从事养殖或外出务工。2014年农业总收入906万元，人均纯收入7272元。2016年5月与七里村、花莲冲村合并，新命名为花莲冲村。

南阳村

辖6个村民小组,189户638人。集体所有农田面积3457亩,其中耕地991亩,林地2451亩,水面15亩,90%水田种植双季稻,稻谷和油茶为主要经济收入来源。丁家港—长茅岭公路贯穿村境，通组硬化公路2.4千米,2014年农业总收入521万元,村集体收入5000元,人均纯收入8167元。2016年5月与万寿山村合并,新命名为万寿山村。

万寿山村

为常德文甲农民起义发生地,在万寿山顶建有"常德文甲农民起义纪念碑"和纪念广场。辖13个村民小组,326户1064人。村集体所有农用面积5707亩,其中水田2407亩,林地326亩,水面40亩。2014年农业总收入887万元,人均纯收入7393元。2013年引资2600万元建成博亿新能建材(彩瓦厂),销售收入过亿元,吸纳农村剩余劳力340多人。2016年5月与南阳村合并,沿用万寿山村名。

花园岗村

辖11个村民小组,326户1091人。村集体所有农用面积4501亩,其中耕地1813亩,山林2646亩,水面42亩。为乡政府所在地,在墟场从事二、三产业达60多户。群众饮用自来水,通组硬化公路4.2千米。2014年村集体收入1万元,农业总收入927万元,人均纯收入8100元。2016年5月与长兴村、大洋湖村合并,沿用花园岗村名。

万新村

为潘振武将军故乡,"潘振武将军旧居" 位于村境。辖6个村民小组,145户456人。村集体所有农用面积2291亩,其中耕地1070亩,山林1171亩,水面50亩。2014年农业总收入437万元,村集体收入5000元,人均纯收入9574元。2016年5月与万寿山村合并,新命名为万寿山村。

东门冲村

辖10个村民小组,285户1008人。村集体所有面积4374亩,其中耕地1970亩,林地2354亩,水面50亩,为粮食主产村,1978年曾获"常德地区人平贡献商品粮一吨"农业学大寨先进单位,奖手扶拖拉机一台。有山塘5口,渠道1300多米,通组硬化公路5.4千米,群众饮用自来水。2014年农业总收入897万元,人均纯收入7552元。2016年5月与官坊湾村合并,新命名为官坊湾村。

官坊湾村

明清两朝先后产生两名知府、五名知县,国学大师余嘉锡、妇女活动家余曼珍(作家丁玲母亲)出生于此,官坊湾由此得名。 辖8个村民小组,214户730人。村集体所有面积2635亩,其中耕地1245亩,林地1356亩,水面34亩。2014年农业总收入767

万元，人均纯收入7975万元。2016年5月与东门冲村、袁家桥村合并，新命名为官坊湾村。

袁家桥村

辖8个村民小组，218户760人。集体所有农用面积2341亩，其中耕地1303亩，林地988亩，水面50亩，主产稻谷，地下沙金蕴藏量丰富。枉水灌渠纵贯村境，80%农田旱涝保收。枉水灌渠水泥公路连通村境大部，村组硬化公路互通。2014年农业总收入801万元，人均纯收入7885元。2016年5月与东门冲村、官坊湾村合并，新命名为官坊湾村。

（执笔：莫纯清　编辑：刘忠祥）

逆江坪乡

地图审图号:湘 S(2008)052 号

地域名片

国家级生态乡镇

一、区域概况

地理位置

逆江坪乡位于区境西南端,东邻花岩溪国家森林公园,南界安化县金鸡坳乡,西接桃源县桃花源镇，北连尧天坪镇、港二口镇。因境内插角山北麓莫家溪由东向西逆向流入沅水，得名逆江坪。乡人民政府驻逆江坪村伍家湾，距区人民政府驻地 53 千米。

建置沿革

民国年间，分属常德县黄州镇、下午冲乡、仙池乡。1949 年 8 月县境解放后，属仙池乡。1950 年 2 月废除乡、保、甲制，以农会代行乡政府职能。1951 年设逆江坪、官冲、老屋坪、雷家冲、三板桥 5 个乡。1956 年合并为逆江坪、官冲 2 个乡。1958 年并入跃进人民公社。1961 年析置逆江坪人民公社，属港二口区。1984 年更名为逆江坪乡，先后属港二口区、片、办事处。2015 年 11 月，为整合旅游资源与港二口镇合并新成立花岩溪镇。

区划面积

1961 年，逆江坪公社成立，辖逆江坪、二家湾、黄殿溪、清塘湖、湖江坪、廖花河、樟木庙（现名栎树坝）、土桥冲、新庵冲、鸿鹤陂、高岩塘、柏叶坪、老屋坪、太平铺（现名高峰）、海渔嘴、花岩溪、仙池山 17 个生产大队。1964 年 12 月，尧天坪公社木龙冲大队划归逆江坪公社管辖。1965 年，位于超美水库淹没区的海渔嘴大队因移民而撤销。1967 年析出花岩溪大队、仙池山大队建立县红卫林场，全公社辖 15 个生产大队。

1984 年，改为逆江坪乡后，下辖逆江坪、二家湾、黄殿溪、清塘湖、湖江坪、廖花河、木龙冲、栎树坝、土桥冲、新庵冲、鸿鹤陂、高岩塘、柏叶坪、老屋坪、高峰 15 个行政村，128 个村民小组。总面积 78 平方千米，耕地面积 1.63 万亩，其中水田 1.47 万亩；山林面积 8.1 万亩。1998 年，高岩塘村泉水洞组划归花岩溪国家森林公园，全乡辖 15 个村 127 个村民小组，总面积 77.3 平方千米。至 2014 年，全乡行政区划和总面积无变化。耕地面积 1.25 万亩，其中水田 1.17 万亩，旱地 822 亩。山林面积 8.58 万亩。水域面积 4050 亩。裸岩石砾地 12 亩。

人口民族

1950 年，境内有 1647 户 7213 人。1980 年有 3045 户 11893 人，其中农业人口 11643 人，非农业人口 250 人。1990 年有 3432 户 12309 人。2014 年，全乡有 3573 户 12713 人。其中农业人口 12365 人，非农业 348 人；男性 6429 人，女性 6284 人。

自然环境

境域地处雪峰山余脉，以丘陵、山地为主。全境平均海拔 368 米，地势南高北低。乡境东南群峰竣秀，插角山主峰海拔 716 米，为鼎城区群山之冠。北部丘陵绵亘，蜿蜒起伏。逆江两岸为平地，土质肥沃。廖花河村背塘坝海拔 54.8 米，为乡内最低点。

属中亚热带向北亚热带过渡的季风湿润性气候区，年平均气温 16.1℃，年无霜期 260 天，年降雨量 1300 ~ 1600 毫米，4—8 月的降雨量占全年的 66.5%，属安化暴雨圈。

境内植物资源丰富，素有常德“竹木王国”之称，主要为楠竹、杉木、樟树、楠木、槠、栲、枫等群落组成的常绿阔叶混交林带。有原始次生林 300 亩，生长红豆杉、银鹊树、飞蛾槭、中国粗榧等珍稀树种。野生动物有云豹、野猪、獾、乌鹿、中华鳖、黄连龟、穿山甲、果子狸、野山羊、五步蛇等。

高峰村境有脉金、逆江河域有沙金藏量。水力蕴藏可利用量达 20 万千瓦。

二、经济发展

经济综述

清代和民国时期，境内交通闭塞，工商凋零，经济落后。中华人民共和国建立后，经济逐步发展。1958 年修建超美水库和五溪水库，水利条件得到改善。1970 年，水稻亩产 250 千克。1978 年，全公社实现工农业总产值 624 万元，水稻亩产 300 千克。1982 年实行家庭联产承包责任制，水稻亩产过 500 千克。2000 年，全乡实现工农业总产值 10461 万元，水稻亩产 600 千克。2014 年，全乡实现工农业总产值 12609 万元，水稻亩产 700 千克，农民人均纯收入 7571 元，人均储蓄额 13043 元。

农业

种植业　以水稻为主，兼种玉米、红薯、花生、茶叶等。民国时期，有水田 1.6 万多亩，种植一季稻。1958 年建水库减少耕地 1500 亩，但因推广双季稻，水稻种植面积 26000 亩，年总产 358 万千克。1975 年引进杂交水稻，年总产 405 万千克。1982 年实行家庭联产承包责任制，年总产 440 万千克。20 世纪 90 年后推广软盘抛秧、测土配方施肥技术，粮食产量进一步提升。2010 年，因外出务工人数增加，部分双季种植改为一季

▲ 逆江坪乡境生态景观

种植，水稻种植13000亩，总产量650万千克。2014年成立2家土地专业合作社和1家农机专业合作社，土地流转3500亩，机耕机收面积占95%，机插秧800亩，再生稻2100亩。水稻总产量791万千克。

养殖业 中华人民共和国成立后，政府组织群众发展养殖业，成立畜医站加强对疫病防治。1950—1970年，境内年养猪1200头左右。1970—1980年，政府提倡养猪，下达派购任务，年均交售3000多头。1982年水库、山塘承包到人，双季稻面积减少，用水量减少，养鱼有所发展，1990年渔业收入9万元。2014年，全乡出栏生猪750头，山羊2055只，肉牛65头，牧业收入723万元。养鱼水面3921亩，出水鲜鱼280吨，渔业收入163万元。

林业

境内有山林总面积8.58万余亩。20世纪50年代前，以原始次森林居多，部分为楠竹、杉木林，大部分是薪炭林。少量竹木通过水路销售，嫩竹人工造纸，杂木烧成木炭销往常德等地，收入甚微。1958年全民伐木烧炭炼钢，森林遭到严重破坏。1968年逆江坪、清塘湖、新庵冲、鸿鹤陂、土桥冲五个大队开辟茶园1300亩。1970年学习湖北朱亭经验，公社营造杉木林7800亩。1974年公社及各大队开始兴办林场，公社建有三八、李排子沟2个社办林场。三八林场营造杉木林2700亩，李排子沟林场营造杉木林900亩。中共十一届三中全会后，经营权承包到户，初定50年不变，激发群众植树造林积极性。1985年，境内荒山基本消灭。2000年，国家对森林进行分类经营，全乡界定生态公益林6.14万亩，商品林2.56万亩。2002—2005年实施退耕还林2763亩，荒山造林1.13万亩，修建林间简易公路143千米。2008—2009年换发林权证，林权政策延至70年不变。全乡发放林权证3168本，面积8300亩。2008年，乡政府将李排子沟林场通过土地流转，承包给深圳红丽公司。2014年，将三八林场发放到各林户经营。至2014年，全乡拥有用材林3.78万亩，竹林3.25万亩，经济林8100亩，用材林蓄积量25万立方米，森林覆盖率达80%。

工业

手工业 民国年间，境内有竹木器手工作坊，产品由肩挑或水运外销。中华人民共和国成立后，竹木器加工成规模，由供销合作社收购外销。农具修配厂为境内第一家简陋工业企业。1982年境内兴起手工制作皮鞋作坊，以史国跃家传皮鞋技术带徒弟，逐渐形成皮鞋产业，几百家皮鞋制作销售店遍及省内，四川、湖北、山东各地都有逆江坪皮鞋匠身影，挣回资金超亿元。

乡镇企业 1976年筹资80多万元，兴办公社造纸厂，手工作业，以楠竹为原料生产包装纸。1986年投资100万元，改造为机械作业，以竹、麻为原料生产烟花纸，从业人员120人。1988年，全乡乡镇企业96家，其中乡办企业14家，村办企业82家，从业人数2665人。1995年，全乡乡镇企业总产值5393万元。2000年实行体制改革，乡村集体企业改造为私营。为保护生态环境，1992年关闭乡造纸厂。2010年起，先后关闭盐碱厂、高峰金矿等高污染、低效益工矿企业。2014年，全乡工业企业79家，产值6000万元，从业人员1500人。

商贸服务业

民国年间，境内有逆江坪、廖花河、三板桥、太平铺四个墟场和数家店铺。20世纪50年代，建立供销合作社，各大队办有代购代销店。1982年实行改革开放，个体私营商贸逐步发展。2014年，全乡有大型超市6家，市场摊位400多个，商业店铺200多家，从业人员500多人。每月逢一、六为赶集日，赶集者数千人，年服务业总产值797万元。

金融

1953年3月成立逆江坪信用社，开始由农民自愿入股，实行自主经营，独立核算，自负盈亏。后由政府管理，1984年8月由农业银行管理，1996年由人民银行管理。2014年存款余额1.4亿元，发放支农贷款4100万元，惠及460户。

1992年成立逆江坪乡基金会，融资规模最大时850万元。1998年停办，停办时形成呆账60万元。

▲ 逆江坪乡吉祥山庄

乡村旅游

乡域位于花岩溪国家森林公园和桃花源风景旅游区之间，区位优势明显。1994年起开展旅游资源调查、踏勘、规划。2009年兴办起“农家乐”，逐步具备旅游接待能力。2014年基本形成旅游规模，形成高峰、老屋坪、柏叶坪生态旅游区，插角山风景区，吉祥寺佛教文化区，湖江坪农业生态园。2014年有吉祥山庄、崖上人家、溪月人家、龙头湾休闲山庄等30多家农家乐、庄园旅馆。

劳务输出

1982年家庭联产承包制后，富余劳力涌向东南沿海务工，90年代起每年输出

3000多人，年创收1.2亿元。2014年部分农民工返乡创业，劳务输出有所减少。

三、基础设施

交通运输

20世纪50年代前，境内没有公路，竹木、木炭、谷物、山货等运往外地销售，所需南北杂货、生活用品运进靠竹排、火排沿溪河运输。1958—1959年，建成逆江坪至港二口公路，全长12千米，是为境内第一条公路。1966年，开通逆江坪至常德南站客运车。1975~1980年，建成逆江坪集镇至二家湾、黄殿溪、清塘湖、湖江坪、廖花河、木龙冲、栎树坝、土桥冲、新庵冲、鸿鹤陂、高岩塘等大队的公路。1983年，始建逆江坪至柏叶坪、老屋坪、高峰大队的土基公路，全长16.5千米，山高弯急坡陡，为常德县难度最大的山区公路，1986年改建成砂石路面，2005年投入500万元实现水泥硬化。2014年，乡境有县道7.2千米、村道110千米、林道50千米，其中水泥硬化77千米。客运站一座，客运中巴车14台，农村公交车2台，校车5台。

邮政通信

20世纪50年代，境内信函投递由港二口区一名业余邮递员兼任。1961年，设立逆江坪邮电所，配一名专职邮递员。1961—1985年，先后安装30部手摇电话机。1993年，开通程控电话。2000年以后，邮政、电信分营，境内移动、电信、联通3家通信公司在境内建有基站，信号实现全覆盖。2014年，全乡有固定电话用户420户，移动电话用户7000户，宽带网用户300户。

供电供水

供电 1977年，接通枉水小水电，供公社机关照明。1978年12个村先后接通枉水小水电，并成立公社电管站。1982年，高峰、老屋坪、柏叶坪3个边远大队实现通电。2003年枉水小水电纳入国家电网管理，进行农电升级改造。高峰村王家坡组7户30人地处九龙山深处，距村部5.5千米，户间距离4千米，山高谷深坡陡地形复杂，通电成本太高。乡、区、市三级政府建议搬迁，每户补偿2万元，村民故土难离，不同意搬迁。2008年，由政府投入50万元，给王家坡组安装一条入地专线和一台专用变压器输送电力。该组成为常德市最后通电的村民小组。2014年，全乡有高压线路74千米，低压线路260千米，年用电量达400万千瓦时。

供水 2012年，投资260万元，建成中等规模的逆江坪水厂，集中供应集镇墟场和逆江坪、二家湾、湖江坪、廖花河、栎树坝等村1200多户4000多人的饮用水，日供水量600立方米。2014年，上级政府下拨105.74万元，对难接通集中水的1520农户5287人，实行分散供水。

水利建设

1958—1959年，县调集6000人，在境内浪岭山下，历时两年人工修建中型水库—超美水库,后更名逆江水库。水库坝高38.5米,坝长220米,集雨面积44平方千米,库容2100万立方米,灌溉逆江坪、尧天坪、长茅岭等乡镇农田76000亩。1963年,县组织5000人修建超美水库干渠,乡域内长7350米。1964—1968年,逆江坪公社投入10万多个工日，修建逆江支渠9760米、土桥支渠14150米、新庵冲支渠4200米。

1968~1970年,分别在二家湾、黄殿溪、清塘湖大队修建觅仙溪、水田冲、红关木冲3座小(Ⅱ)型水库。

1989年,乡投入10万元,修建逆江坪村桅家湾机埠。1990年,乡投入30万元,修建木龙冲村叶家冲机埠。1991年,乡投入28万元,修建湖江坪村彤岚坝机埠。

20世纪90年代,各村新建山塘368座,筑河坝20座。2000—2013年,全乡山塘护坡150口。

至2014年,乡境有中型水库1座,小(Ⅱ)型水库3座,山塘498口,河坝20座,总蓄水量2800万立方米,乡渠道4条35千米,灌溉境内农田14000亩,其中自流灌溉11500亩。

集镇建设

1961年,逆江坪公社成立,在逆江坪大队五家湾修建木质楼房作为办公用房。随后,供销社、粮店、卫生院、学校、信用社、饮食店等相继在公社机关驻地设立,渐成集镇。1982年,集镇个体经商户达200家。2010年,修建起农民健身广场、农村客运站、农贸市场。2010起,先后修建财富源、逆江、农贸居住小区,形成功能齐全、基础设施较完善的边贸集镇,常住人口达1500多人。2014年4月,国家环保部授予逆江坪乡“国家级生态乡镇”称号。

四、社会事业

教育

小学教育　民国年间,境内有逆江坪、湖江坪2所完小,6所初小。中华人民共和国成立初期，大部分村设有小学或教学点，在湖江坪、逆江坪设立两所完全小学，1958年湖江坪完小改名为湖江坪中心小学。1973年,境内15个大队均开办小学,部分小学设“戴帽”初中班。1985年临近乡政府驻地的逆江坪完小被确立为逆江坪乡中心小学。1998年起至2005年,全乡15所小学先后整合为一所乡中心小学。2014年,逆江坪乡中心小学有8个教学班,350名学生,24名教师,被区评定为规范化中心小学。

▲ 紫云英生态游景区

中学教育 1965年，在清塘湖地主庄园内建逆江坪公社农业中学，3名教师，80名学生，有学农基地，学制为半工半读。1966年“农中”在花岩溪仙池庵设立分校。1969年“农中”迁至逆江坪集镇，有学生300人，增设高中班，更名为逆江坪公社五七中学。1984年撤销高中班，更名为逆江坪乡中学，实施三年制初中教育。2014年学校有8个教学班，32名教职工，280名学生。被湖南师范大学定为教学试验基地，市教育局评定为“常德市示范性初级中学”。

幼儿教育 2014年，境内开设有2所幼儿园，公办、民办各1所，有幼师和保育员14人，入园幼儿230名。

科技

1955年，成立畜牧站。1971年，建立农科队。1985年，成立乡农科站，后改名为农业技术综合服务推广站。1986年，成立柑橘、苎麻2个专业合作社。2009年，成立楠竹专业合作社，开展技术合作和自我管理。

文化体育

文化 中华人民共和国成立前，境内民间传统文艺主要有地花鼓、三棒鼓、锣鼓家什、渔鼓、山歌、民歌、倮泥歌等，题材多为民间故事、村野爱情。中华人民共和国建立初期，民间文艺主要围绕宣传土改政策、扫盲、除四害、乡规民约等开展。“文化大革命”期间，乡村盛行跳“忠”字舞，唱现代样板戏。20世纪70年代先后成立文化辅导站、广播站、电影队，分别配备专职文化辅导员、广播员、电影放映员。1978年投资50万元修建公社影剧院，拥有1054个座位，1980年公社电影队获省文化厅通报嘉奖。90年代后农民乐团、乡村歌舞团兴起，民间舞狮、龙灯、地花鼓、渔鼓、三棒鼓得到传承弘扬。2000年后，广场舞开始成为农民健身娱乐时尚。2014年，全乡拥有有线电视3300户，村级文化中心15个，图书室18个，图书藏量10万册，文化演出团体8个，实现无线广播村村通。

体育 境内传统体育活动有板凳抵劲，摔跤、跳绳等。中华人民共和国建立后，排球、篮球、乒乓球、游泳等现代体育逐步发展。2014年,全乡建有标准篮球场6个,乒乓球桌15台,健身器材场地6处,镇级健身运动场2个,村级健身广场15个,社区、企业健身点4个,羽毛球场7个,气排球场3个,棋牌室20个,各种体育运动队16支。

医疗卫生

民国年间,境内有廖花河、蒋家巷、黄殿溪、三板桥、清塘湖、老屋坪、逆江坪7家中药铺。

1951年由乡间郎中组成联合诊所。1961年在逆江桥头建立公社卫生院,有房屋200平方米,医务人员10名。1962年开展灭"四害"防疾病爱国卫生运动,麻疹、痢疾、脑膜炎得到有效控制。1968年15个大队均建立合作医疗室,配备1名赤脚医生,公社卫生院负责对大队赤脚医生、接生员的管理和培训。1970年公社卫生院迁址伍家湾,修建2栋700平方米砖木结构平房。

20世纪80年代,实施计划生育、优生优育政策。对育龄妇女、产妇、婴幼儿、儿童实行卫生、保健、防疫工作制度。妇保专干下乡对孕、产妇进行检查。对0~6岁儿童实施卡片记录跟踪管理,免疫预防接种。

2009年实行新型农村合作医疗制度后,建立起常住居民健康档案,每年对60岁以上老人进行一次免费体检。对糖尿病、高血压病人进行特殊管理,对新生儿及0~6岁儿童进行系统管理,建卡建档,建立孕妇保健手册,实行优生优育。

2014年,乡卫生院有门诊楼和住院楼3300平方米,医务人员15名,设病床45张。全乡有村级卫生室15个,乡村医生15名,建立居民健康档案12000份,其中高血压650份,糖尿病60多份。墟场和各村按标准修建起180多个垃圾池,摆放1000只垃圾桶,实行垃圾入池,统一处理。

社会保障

农村五保 1963年,对农村孤寡老人及无劳动能力的人实行保吃、保穿、保医、保住、保葬(孤儿为保教)简称"五保"的社会保障。2014年,全乡供养五保对象164人,其中在乡敬老院集中供养28人,分散供养136人,全年发放五保金额36.3万元。

城市居民最低生活保障 1999年实施。2014年,全乡有城市低保对象15人,发放保障金4.4万元。

农村居民最低生活保障 2006年实施。2014年,全乡有农村低保对象497户577人,发放保障金73万元。

机关事业单位养老保险 机关事业单位养老保险由区人社局机关事业单位保险站管理。全乡国家干部、教师、医生、站所职工全部参加事业保险,2014年有退休干部职工、教师113人享受退休养老待遇。

新型农村社会养老保险 2009年开始实施。2014年有4465人参保，上缴“新农保”基金46.2万元。已享受养老保险的2355人，按月标准75元/月，每年支付养老金211.95万元。

新型农村合作医疗 2005年实施。2014年，全乡参加新型农村合作医疗农民达12100人，参合率达98.5%。

人民生活

民国年间，由于战乱与自然灾害频繁，人民生活困难。20世纪50—70年代，科技水平低，生产关系受制约，群众温饱没有完全解决。1981年实行农村联产承包责任制后，境内群众生活水平逐年提高，2014年人均纯收入7813元，开始进入小康生活。

吃 1981年后，粮食逐年增产，除自给外，每年出售商品粮600万千克以上。有了粮食，家庭养殖迅速发展，鸡、鸭、鱼、肉丰富，市场繁荣，人们的生活从吃饱肚子到讲究吃好、吃营养。

穿 1949年前，农民穿着主要是手工纺织的土棉布，请乡村裁缝做衣遮风御寒，谈不上漂亮美观。1958年后，凭配发有限的布票买布做衣，一年难做一套新衣。1978年后，由计划经济转为市场经济，生产发展，经济宽裕，各式成衣、品牌、名牌服装进入寻常百姓家，穿着打扮成为一种体面、时尚。

住 1949年前，多数农户住茅草房，木结构的瓦房少见。中华人民共和国成立到1978年，70%的农户住房为简易木结构平房，30%的为茅草土砖房。1980年后，农民开始全面修建新居，并不断进行升级，从土坯茅草房改为红砖瓦房，从居民点式的红砖平房改为独立的庭院小楼房。至2014年，85%以上农户修建起楼房。

用 2014年，全乡4760户16%的农家拥有家用小车，7%的农户拥有电脑，彩电、空调、太阳能、热水器、洗衣机、电冰箱等家用电器和智能手机基本普及。

生活能源 历史上农户以柴火、秸秆为烧柴。1980年后部分农户用上生活用煤。1990年50%农户开始用电煮饭烧水。2000年后部分农户建起沼气池，后因气候、原料、技术、习惯等原因效果不佳而放弃。2010年部分农户使用液化气，实行柴、煤、电、气混用。

收入 1988年人均纯收入547元，1990年659元，2000年1341元，2010年4315元，2014年7571元。

储蓄 1974年人均储蓄额2.60元，1990年90.09元，2014年13043元。

五、特色地情

风景名胜

紫云英景区 2014年，湖南鑫大地水稻专业合作社在湖江坪村转包土地3000亩，创办湖江坪村生态农业园。其中有机循环生态种植园区1500亩，种植紫云英，发展乡村旅游，为鼎城乡村旅游"五朵金花"之一。

吉祥山 位于二家湾村，为以吉祥寺为主体的佛教旅游地。史上吉祥寺由宋代高僧克勤所建，香火鼎盛时期影响益阳、桃江、桃源、安化、汉寿、沅陵、湖北等地。1958年被毁。2007年开始重建。

古风民宅 位于高岩塘村逆江河畔，28户明清风格的木质青瓦房形成自然村落，独具特色。

插角山 又名插角殿，系雪峰山余脉。南麓属安化县，西北麓属桃源县，东北麓属鼎城区逆江坪乡，因三县(区)各插一角，故名插角山。主峰插花岭位于逆江坪乡高峰村王家坡组，海拔716.2米，地势险要，峰峦峻峭，为鼎城境内群山之冠。山上林木葱茏。山顶有插角殿庵，常年云雾缭绕。

崖上人家 位于高峰村袁家洞组，由悬崖、瀑布、森林、古树、秀竹、山里人家组成原生态旅游景观。

觅仙溪 位于二家湾村觅仙溪组，溪谷幽深，沿溪小路蜿蜒。溪路尽头，豁然开朗，农家房舍俨然，茂林修竹环绕。

龙凤湖 即超美水库，位于高岩塘村。1998年花岩溪国家森林公园为整合旅游资源改名龙凤湖。蓄水面积2600多亩，山清水碧，风景如画。

狮子岩 位于九龙山北麓老屋坪村狮子岩组，与安化县交界，海拔600米。岩石长21米，高7米，宽1.1米，形状如狮。

古树名木

古杉 位于柏叶坪村犁耳坳山，树龄1500年，树高25米，围径3.5米，树冠15米。2003年被鼎城区人民政府挂牌保护。

古栎 位于高峰村张家坡组，树龄900余年，围径3.8米，树高28米，树冠15米。2003年被鼎城区人民政府挂牌保护。

文物古迹

浪岭坡古道 位于逆江坪村，建于明代，是桃源、常德通往安化、益阳的一条要道。有一段路面用河中砾石铺成，至今保持完好。

栗子坳古道 位于二家湾村杨赛溪与严家冲之间，建于清嘉庆年间（1796—1820年），为连接桃源、安化交通要道。青石板铺成，长 1.5 千米，宽 1.1 ~ 1.24 米，被国家文物局第五次全国文物普查列为不可移动文物。

古石拱桥 境内有 3 座古石拱桥，均为红砂岩质条石砌成。土桥冲村石桥建于 1902 年，桥面宽 2 米，跨度 5.8 米，桥高 4.5 米。鸿鹤陂村鹅公桥建于明代，桥面宽 2 米，跨度 5.5 米，桥高 4 米。栎树坝村田家榜桥建于明代，桥面宽 2 米，跨度 6 米，桥高 5.2 米。

历史名人

莫天佑 （1308—1367） 逆江坪莫家溪人（今老屋坪村），明洪武年间骁骑将军，同佥枢密院事。战殁于无锡。

朱上贤 （1403—1464） 辰州卫指挥史，明永乐年间落籍逆江坪乡新奄冲村朱家湾。

莫延轴 （生卒年不详） 常武总兵副将，明崇祯十六年（1643）乱兵焚毁常德城，大火半月不熄，受命率兵灭之，后因以其功大，命其祖居地为官冲，即海鱼咀境内，现被淹入龙凤湖水域中。

谭文林 （1726—1802） 逆江坪村桅家湾人，清乾隆年间翰林院检讨，皇帝亲赐在其家门立桅扬威。

李作达 （1807—1884） 字丕化，黄殿溪村人。清嘉庆年间朝仪大夫，奉直大夫，盐提举衔等职。

六、各村简介

逆江坪村

位于乡集镇，东邻鸿鹤陂和高岩塘村，南接二家湾村，西交湖江坪村，北靠土桥冲与栎树坝村。村域面积 6.7 平方千米，山林 4350 亩，水田 930 亩，逆江河由东向西穿境而过。辖 10 个村民小组，306 户 1010 人。以商业为主，农、林、牧为辅，2014 年人均收入 9800 万元。2016 年 5 月与二家湾、高岩塘村合并，沿用逆江坪村名。

二家湾村

位于乡西南，东邻逆江坪村，南接黄殿溪村，西交湖江坪村，北靠逆江坪村。据传境内谭、李二姓元朝时从江西迁居此地，故称二家湾。村域面积 4.35 平方千米，山林 5292.5 亩，水田 1200 余亩。有觅仙溪小（Ⅱ）型水库一座，总库容量 11.47 万立方米。辖 10 个村民小组，283 户 981 人。以农、林业生产为主，2014 年人均收入 7860 元。2016 年 5 月与逆江坪、高岩塘村合并，命名为逆江坪村。

黄殿溪村

位于乡西南，东邻吉祥寺，南接柏叶坪村，西交清塘湖村，北靠二家湾村。宋代在境内玉皇山上建有皇殿庵，后改为黄殿庵。村名由此而来。村域面积 2.8 平方千米，山地 5343 亩，水田 692 亩。有水田冲小(Ⅱ)型水库一座。辖 8 个村民小组，172 户 683 人。以农、林业生产为主，2014 年人均收入 6400 元。2016 年 5 月与清塘湖、湖江坪村合并，命名为湖江坪村。

清塘湖村

位于乡西南，东邻二家湾村，南接黄殿溪村，西交桃源县芦花潭乡，北靠湖江坪村。村域面积 3.56 平方千米，山地 3800 亩，水田 1108 亩。有洪关木冲水库小(Ⅱ)型一座，村组硬化道路 6.5 千米。辖 7 个村民小组，190 户 705 人，姓氏以李、莫姓居多。以农、林业生产为主，2014 年人均收入 7560 元。 2016 年 5 月与黄殿溪、湖江坪村合并，命名为湖江坪村。

湖江坪村

位于乡西南，东临二家湾村，南接清塘湖村，西交桃源县芦花潭和龙虎，北靠廖花河村。村域面积 5 平方千米，水田 2000 亩，山林 3000 亩。辖 12 个村民小组，400 户 1320 人。以农业、养殖业、竹木加工业为主。2013 年成立土地专业合作社，实行农田流转集中创办农业生态园。2014 年人均收入 9920 元。2016 年 5 月与黄殿溪、清塘湖村合并，沿用湖江坪村名。

廖花河村

位于乡西，东邻木龙冲、栎树坝村，南接湖江坪村，西交桃源上庄、龙协村，北靠桃花源。村域面积 2.8 平方千米，水田 1483 亩，山林 1700 亩。辖 8 个村民小组，261 户 928 人，姓氏以李姓居多。以种植业为主，养殖业为辅，2014 年人均收入 8300 元。2016 年 5 月与木龙冲、栎树坝村合并，沿用廖花河村名。

木龙冲村

位于乡西北，东邻尧天坪镇桂花村，南接廖花河村，西交桃花源，北靠尧天坪镇金家冲村。总面积 4 平方千米，水田 1019.2 亩，山林 3260 亩，山塘近百口。辖 9 个村民小组，231 户 806 人。2014 年人均收入 6760 元。2016 年 5 月与廖花河、栎树坝村合并，命名为廖花河村。

栎树坝村

位于乡西北，东邻土桥冲村，南接逆江坪村，西交廖花河村，北靠木龙冲村，境内有两座修建于清代石拱桥。村域面积 4 平方千米，山林 1750 亩，水田 1200 亩，山塘 50 口，河坝 3 座。辖 9 个村民小组，240 户 780 人。以农业生产为主，青壮年劳力外去务工为辅，2014 年人均收入 6500 元。2016 年 5 月与廖花河、木龙冲村合并，命名为廖花河村。

土桥冲村

位于乡北，东邻新庵冲、鸿鹤陂村，南接逆江坪、栎树坝村，西交木龙冲村，北靠尧天坪镇桂花村。村域面积 4.2 平方千米，山林 3900 亩，水田 1424 亩。辖 11 个村民小组，288 户 882 人，以李氏、蒋氏姓氏居多。农业为主，林业、务工为辅。2014 年人均收入 6805 元。2016 年 5 月与新庵冲、鸿鹤陂村合并，命名为新庵冲村。

新庵冲村

位于乡东，东邻五溪茶场，南接鸿鹤陂村，西交土桥冲村，北靠港二口镇马家堰村。村域面积 2.4 平方千米，山林 2800 亩，水田 770 余亩，水面 300 余亩，1964 年修建印山水库。辖 6 个村民小组，190 户 604 人，朱姓、游姓居多，据考均为元代从江西婺源迁至。林业和农业并重，2014 年人均收入 6750 元。2016 年 5 月与土桥冲、鸿鹤陂村合并，沿用新庵冲村名。

鸿鹤陂村

位于乡东，东邻新庵冲、花岩溪国家森林公园，南接高岩塘，西交逆江坪村，北靠土桥冲。村域面积 4 平方千米，山林 2300 亩，水田 1053 亩。四面环山，两条小河从村内穿流而过，1964 年建印山附坝。辖 8 个村民小组，197 户 697 人。以林业为主，农业为辅。2014 年人均收入 6580 元。2016 年与土桥冲、新庵冲村合并，命名为新庵冲村。

高岩塘村

位于乡东南，东邻花岩溪国家森林公园，南接超美水库，西邻鸿鹤陂村，北靠逆江坪村。村域面积 3 平方千米，山林 3000 亩，水田 340 亩。辖 4 个村民小组，96 户 339 人，莫姓人口占半数以上。2014 年人均纯收入 4850 元。2016 年 5 月与二家湾、逆江坪村合并，命名为逆江坪村。

柏叶坪村

位于乡西南，东邻花岩溪国家森林公园，南接老屋坪村，西交桃源县芦花潭乡，北靠黄殿溪村及吉祥山风景区。村域面积 10.5 平方千米，山地 7720 亩，水田 334 亩，水面 500 亩，辖 5 个村民小组，144 户 513 人，王姓居多。以林业为主，2014 年人均收入 7200 元。2016 年 5 月与老屋坪、高峰村合并，命名为高峰村。

老屋坪村

位于乡西南，距乡治所 14 千米，东邻安化县羊角塘镇、花岩溪国家森林公园，南接高峰村，西交桃源县芦花乡，北靠柏叶坪村。村域面积 7 平方千米，山林 9300 亩，耕地 662 亩，水面 200 亩，有大小溪流 10 余条。辖 8 个村民小组，212 户 751 人，莫姓居多。以林业生产为主,2000年开始生态旅游,2014年人均收入6400元。2016年5月与高峰、柏叶坪村合并,命名为高峰村。

高峰村

位于乡境南端,为鼎城最南端。东邻安化县金龙村,南接安化县白沙溪村,西交桃源县老屋棚村,北靠老屋坪村。村域面积12.74平方千米,林地1.9万亩,耕地630亩。辖12个村民小组,230户860人,李氏、莫氏居多。以林业为主、旅游为辅,2014年人均收入6800元。2016年5月与老屋坪、柏叶坪村合并,沿用高峰村名。

(执笔:陈伯林　编辑:刘忠祥)

唐家铺乡

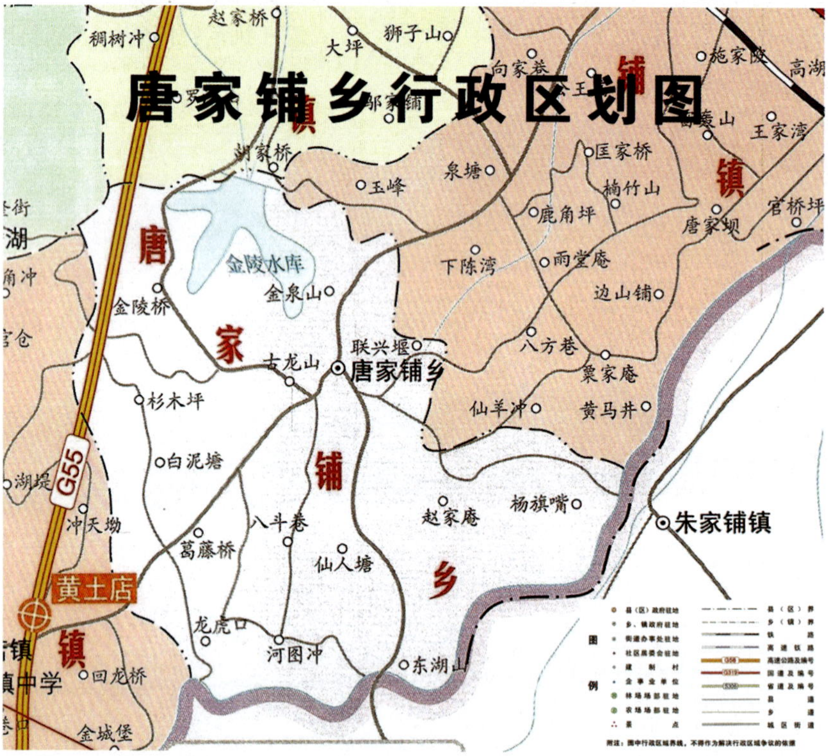

地图审图号：湘 S(2008)052 号

一、区域概况

地理位置

唐家铺乡位于区境东南，东与汉寿县朱家铺镇隔河相望，南与汉寿县丰家铺乡为邻，西与黄土店镇、草坪镇毗连，北与石门桥镇、谢家铺镇接壤。因境内早期有人设店熬糖为生，称“糖匠铺”，后取谐音称“唐家铺”。乡人民政府驻古龙山村，距区人民政府驻地 32 千米。

建置沿革

清宣统元年(1909)至 1949 年 7 月，乡域分属金霞、维新 2 乡。1949 年 8 月常德县境解放后，属金霞乡。1951年11月，废保甲制，常德县设19个区359个乡10个镇，乡域设立古龙山、东湖山、青云等5乡，属第十七区管辖。1956年6月撤区并乡，古龙山等5乡合并为龙山乡。1958年10月实行人民公社体制，龙山乡划入金霞公社。1961年3月析置唐家铺公社，属黄土店区。1984年撤销人民公社体制，改为唐家铺乡，先后属黄土店区、片、办事处。2015年11月，与谢家铺镇合并为谢家铺镇。

区划面积

2014年，唐家铺乡辖古龙山、龙虎口、金泉山、金陵桥、杉木坪、白泥塘、葛藤桥、河头冲、八斗巷、仙人塘、东湖山、杨旗嘴、赵家庵、联新堰14个行政村，总面积65平方千米，水田1.8万亩、旱地2.8万亩、山林4.5万亩。

人口民族

2014年，唐家铺乡总人口15580人，其中男性7802人，占50.07%，女性7778人，占49.03%。总人口中，汉族15545人，占99.7%；少数民族35人，其中回族18人，侗族5人，土家族12人。

自然环境

乡域属低山丘陵，地形中间高四周低，呈斗笠形，岗岭纵横，坡度和缓。最高点位于古龙山寨岭，海拔138.6米。最低点位于杨旗沧水桥，海拔62.2米。平均海拔120米。属亚热带季风湿润气候，四季分明，日照充足，雨量丰沛。年均降雨1400毫米，平均气温16.5℃，无霜期240天。野生动物资源有斑鸠、山鸡、野兔、竹鼠、香獐、野猪、果子狸、竹鸡、黄鼠狼等。主要植物有杉树、楠竹、樟树、桂花树、泡桐树、松树等树种。野生药用植物有黄栀子、乌药、金银花、板蓝根、土茯苓、淡竹叶、紫苏、威灵仙、香藿草、鱼腥草等。境内红黏土、陶土等矿产资源有一定储藏量。河头冲、仙人塘村有沙金储量，东湖村、洛阳冲石煤藏量较大。土壤土层深厚，多为黏土，旱地耕作层为30厘米，酸碱性适中，含磷带钾，适宜水稻、棉花、大豆、玉米、红薯等生长。

二、经济发展

经济综述

1949年中华人民共和国成立后，境内经济逐年发展。1958年推广双季稻，茶油、手工家织布陆续外销。20世纪80年代，实行农村家庭联产承包责任制，彻底解决温饱问题。1995年，全乡粮食总产量1500万千克，茶油10万千克，乡镇企业产值1亿元。2003年，全乡实现工农业总产值13040万元，其中农业产值2879万元。2013年，实现国民生产总值10155万元，农民人均纯收入4525元。2014年，实现国民生产总值12100万元，农民人均纯收入5400元。

农业

种植业 境内种植以水稻、棉花、油菜为主，兼种花生、玉米、红薯、黄豆、高粱等旱地作物。1950年代前，种植一季稻，亩产150~200千克。1958年，开始推广双季稻，两季亩产350千克左右。20世纪60年代初，推广矮秆稻，单产提高20%左右。70年代推广杂交稻，亩产达400至500千克。

油菜为境内冬季农业主要作物，常年种植面积5800亩，栽培模式主要为免耕直播、棉田套种和稻田直播或育苗移栽，亩产约60千克左右。2003年后，油菜杂交良种得到推广，亩产达90千克。

2014年，全乡种植水稻18840亩，其中双季稻12350亩，总产14580吨；种植油菜5000亩，油菜籽总产2500吨；种植棉花280亩，皮棉总产8.5吨。

养殖业 1976年，境内集体养猪1000头，养牛800头，养鸡3494羽、鸭2240羽，养鱼300亩出水6600千克。20世纪80年代，鸡鸭饲养向商品化、规模化发展，农户改传统“散养”为“笼养”“群养”“圈养”。1982年，全乡养鸡34140羽，养鸭13000羽。池塘及其他水面承包给农户经营，鲜鱼亩产58千克。20世纪80年代末期因农机普遍使用，役用耕牛逐渐被宰杀，肉牛养殖兴起。1989年，境内养牛专业户12家，养牛158头。1998年兴建联兴村猪场，生猪饲养向规模化标准化发展。2000—2002年，龙虎口、葛藤桥、白泥塘、杉木坪等村发展土杂良种猪，2007年金泉山种猪场建成投产。2013年，境内有养羊专业户8家，养羊1800头。2014年，全乡生猪存栏5.5万头，出栏3.2万头；羊存栏520只，出栏248只；养水牛、黄牛200头，鸡、鸭11.6万羽。出水鲜鱼28.2吨。

林业

民国年间和中华人民共和国成立初期，林地属私人所有，自生自繁。境内有成片松、杉树林237亩。1951年成立农业互助组和合作社，林地受重视得保护。1958年山林收归公社所有。1963年，山林权属下放到生产队，实行封山育林，禁止乱砍滥伐。改革开放后实行林业生产责任制，全乡山林承包到户，村民见缝插针，积极植树造林。至1986年，新增造林面积117亩。2014年换发全国统一林权证，承包期延长至2052年，境内出现13个造林大户，造林面积再增1125亩，用材林面积900亩，木材蓄积量3万立方米。红叶石楠、桂花树等经济风景林面积150亩。

油茶低改 境内有油茶面积3.8万亩，占林地总面积的95%，为鼎城区茶油核心产区。史上因粗放经营，产量不高，每亩产茶油4千克左右。2007年起，政府引导农户实施低产油茶林改造，进行垦复、施肥、修剪、调整密度、新植或嫁接良种苗。至2010年，垦复油茶山1万亩，成为全省油茶低改样板，国家林业总局油茶办副主任尹刚强、省林业厅厅长邓三龙先后实地考察。唐家铺乡农民总结的低改经验：“外空内圆一把伞,通风透光筛子眼,深挖埋肥三保沟,灭除杂草夺高产。”在全省推广。2011～2013年,全乡垦复7000亩,复垦5000亩。2012年,鼎城茶油被国家工商总局确定为中国地理标志证明商标。2014年,唐家铺乡与湖南申友农林投资有限公司合作,林农以林地入股,进行二次改造,合同签约面积1.5万亩,推进带状更新5000亩。低改后,平均每亩茶油产量10千克,其中实行品种改造的,亩产茶油50千克。

工业

清末和民国时期,境内有多家手工业作坊,其中织布作坊18家,印染作坊3家,木器作坊4家,糖、酒作坊14家,铁匠铺2家,砖、瓦窑8处。境内于20世纪70年代发展社队工业。1972年,建立唐家铺公社农机站,购入拖拉机2台,站内设农具加工和农具修理2个车间,有职工28人。同年创办围窑砖厂,1982年改为轮窑砖厂,年创产值1500万元,纳税10万元。1974年建公社制茶厂,年产茶叶3000千克,收入7.2万元。1987年兴办曙光瓷厂,从业人员48人,生产的杯、碗、盘销往长沙、岳阳等地。1990年建立炉具厂,年产蜂窝煤炉5000台。1900年代起茶油加工坊分别引进液压立式、卧式机械榨油机，日平均加工茶油400～500千克，比老式人工木榨提高效率200倍。1990年,全乡完成工业产值3000万元,实现纯利150万元。2008年,乡政府招商引资,建星宇烟花鞭炮厂,从业人员70人。2014年,全乡有工业企业12个,完成工业产值4200万元。

商贸服务业

清末至民国时期,境内简易集市有栗树湾(今唐家铺)、葛藤桥、刘家滩、杨旗嘴4处。栗树湾至黄土店镇和安化羊角镇,有3米宽大道相通,常有肩挑、背扛、手推鸡公车的生意人到境内集市交易。农历八月后,生意人有时多达50～100人,主要销售土纸、红薯片、茶叶、陶器、家织布等,收购境内茶油、桐油等。20世纪50年代,在乡治所地(集镇)建起供销社、肉食站、粮油站。在刘家滩、葛藤桥,杨旗嘴设立供销分社。1958～1978年,集市贸易受到限制,仅有供销社经营购销业务,商品种类不多,煤油、火柴、肥皂、棉布等日常生活用品凭票证计划供应。80年代改革开放后生产发展,市场日渐活跃,个体商贸繁荣。1995年,葛藤桥、唐家铺建有2处集市,有个体商铺68家,社会商品零售总额400多万元。2014年,境内有超市8家,建材市场3家,汽车、农机修理2家,不锈钢制作5家,副食品作坊1家,水电器材店2家,其他商业门店48家,社会商品零售总额超过4000万元。

三、基础设施

交通运输

公路　民国时期，境内无公路，东湖山村刘家滩至汉寿县毛家滩的沧水可通行小木船，进出货物主要靠人力挑运，75 千克以上重物用木制"鸡公车"推运。1951—1960 年建谢家铺至黄土店简易砂石公路，境内 5 千米，境内始有公路运输。1960 年 5 月，谢家铺至逆江坪县道建成通车，境内 9 千米。1979 年 12 月康家吉至唐家铺兰溶村公路通车，境内长 8.8 千米。1968 年建成东湖公路，长 5.5 千米。1969 年建成河头公路，长 5 千米。1970 年建成青杉公路，长 4.6 千米。1977 年建成杨旗公路，长 6.1 千米。至 1978 年，建有县、乡、村、组道 18 条，总长 85 千米。2005 年开始公路硬化，至 2014 年，全乡硬化公路 158 千米，硬化率 85%。

渡口　乡域与汉寿县有沧水相隔，交通不便。1933 年设沧水刘家滩渡口，用木船渡人。1937 年设沧水杨旗嘴渡口，方便往返境内至汉寿县朱家铺两地。1976 年设沧水杨家滩渡口，方便与汉寿木子岭的往返。

桥梁　1949 年乡民集谷米，在沧水河上修建东湖村刘家湾通五保山的木质结构沧水桥，长 55 米。1984 年，唐家铺乡和汉寿县朱家铺镇协力共建沧水杨旗嘴公路桥，钢筋水泥结构，全长 30 米，宽 4 米。2007 年修建沧水长潭钢筋水泥公路桥，全长 48 米，宽 4 米。

运输　1971 年 10 月 1 日湘运公司始发常南至唐家铺客运班车。1972 年成立唐家铺公社搬运队。1977 年 2 月成立唐家铺公社交通运输管理站，负责管理境内客货运输、车站线路。2014 年，境内有中巴车 15 辆，每天上午 6 时至下午 6 时，15 分钟一趟，往返常德桥南站，日客运量 1500 人次。

邮政通信

20 世纪 50—70 年代，境内报刊、书信、邮件由黄土店邮电支局收发。1978 年设乡邮电所。60 年代公社机关设电话总机室，手摇电话开通至学校、卫生院等乡属单位和各生产大队。1996 年开通程控电话，有固定电话 28 部。1999 年开通移动电话。2000 年，鼎城移动通信分公司设在境内移动基站 1 个。2004 年，电商业务兴起。至 2014 年，境内快递业务每月达 600 件，移动、联通、电信移动通信公司均建有基站，实现信号全覆盖，有固定电话 600 部，移动电话 10200 部，互联网用户 718 户。

供电供水

供电　1982 年 1 月，唐家铺公社自办发电厂，供公社机关、中学照明用电。同年 4

月架成黄土店变电站至唐家铺10千伏输电线路9.82千米,龙虎口、葛藤桥、古龙山、金泉山、联兴堰、白泥塘6个大队和中学由国家电网供电,自办电厂关闭。1983年成立公社电管站。1984—1985年,白泥塘、杉木坪、金陵桥、仙人塘等行政村相继通电。1999年全部农户通电,年用电量60万千瓦时。2000年新增变压器48台3960千伏安。至2015年,全乡有10千伏输电线路76.52千米,电杆813基;0.4千伏配电线路326千米,电杆1639基;变压器75台7105千伏安,年用电量300万千瓦时。

供水 2002年,在古龙山寨岭建自来水厂一座,日供水230立方米,供应墟场及周边村组1580户。2013—2014年国家投资30万元,扩建自来水厂,供水单位增至古龙山、金泉山、八斗巷、联兴堰、赵家庵(芷坊村)、仙人塘、杨旗嘴村等,2100户7800人实现安全饮水。

水利建设

水库 1958年,建成境内第一座小(Ⅰ)型水库——元桂水库。至1960年,先后建成杉木水库小(Ⅰ)型、东湖、涧山冲、朱家溶、栗树湾、高桥、竹窝冲、黄石堰、陈家冲、方田冲水库小(Ⅱ)型,总库容700万立方米,灌溉面积20840亩。

山塘 1965年至1976年,境内陆续整修、新建山塘790口,其中骨干塘72口,灌田6800亩。

渠道、机埠 20世纪70年代,建成沧山水库灌区黄土店公社黑窝闸至唐家铺公社杨旗嘴大队荒田冲的黄——唐支渠,全长19.57千米,途径境内10个生产大队92个生产队,9052亩水田实现自流灌溉。80年代,兴建电力提灌抗旱机埠11处,装机容量14台520千瓦,安装水管1045米,开挖排灌渠道15处总长23.1千米,灌溉面积6500亩。

2010年后,对水库进行除险加固,对山塘、渠道、机埠进行整修维护,基本保证全乡农田用水,仅有少数山冲死角靠天然降水耕作。

村镇建设

民国时期境内仅有唐家铺、葛藤桥、杨旗嘴三家油盐铺,兼卖香、蜡、纸钱等迷信用品。

新中国成立后,村镇建设始以"乡农民协会"(简称农会)所在地为中心规划,群众集资入股(一人一股,每股集资3元)建立供销社,供销社除经营百货外,设农资收购销售部。

1958年乡政府所在地修建第一幢砖瓦结构平房作供销社,共10间,每间4米×6米面积,设农资仓库,百货仓库,农资购销营业部等。

1960年乡治所地设立粮油站。

1961年成立人民公社后在治所地设立墟场，占地面积50亩，逐渐形成规模集镇。

1985年乡治所地随谢家铺－黄土店公路截弯取直，形成街道，总长度2200米，面积达到230亩，常住人口达1200人。

1992年集镇首建成1.5千米水泥硬化公路。

2002—2014年间先后建成集镇综合性农贸市场、建材市场，境域布点8家规模超市，其中"鼎华超市""兄弟超市"固定资产过千万元，日均营业额1.2万元。

2008年各村组建垃圾池，整治环境卫生，建立起村委会办公室、活动中心、卫生室等。

四、社会事业

教育

清末至民国年间，境内有赵家庵、郭家台、仙宫殿、天府宫、雷打庙等处私塾学校，学费启蒙生每年4斗谷(30千克)、2～3年生每年8斗谷(60千克)，4～5年生每年1石2斗谷(90千克)。民国24年(1935)创办仙宫殿完全小学，国语、算术为主课。新中国成立后，境内办扫盲夜校12所，以青壮年农民为主的参学人员500～700人。1951年后办有唐家铺完小和牛徨宫、河头村、赵家庵、郭家台小学5所学校，教师由县教育局分派。1965年创办农业中学，1973年农业中学与唐家铺完小合并，改名唐家铺中学。"文化大革命"期间，境内14个大队均设小学。1975年，唐家铺中学设高中部2个班，初中部7个班。术光、杨旗2所小学设初中班。1980年，唐家铺中学高中部迁入常德县二中(黄土店)。术光、杨旗小学初中班停办，学生转入唐家铺中学就读。是年，全公社有中小学生2680人。1994年，全乡有14所小学，学生2180人；1所中学22个班，学生1200人，为生源高峰。2006年后，因生源逐渐减少进行学校布局调整，全乡设中学1所，中心小学校1所。2011年建唐家铺公办幼儿园1所。2014年，唐家铺中学设14个教学班，有学生563人，教职工53人。唐家铺中心小学有学生385人，教师25人。唐家铺幼儿园有学生187人，幼师、护理15人。

文化体育

文化 境内传统民间文艺表演形式有渔鼓、三棒鼓、舞狮、舞龙、地方花鼓戏等，多在农历正月初二至正月十五沿村入户演出。中华人民共和国建立初期，流行扭秧歌，欢庆解放，欢庆丰收。1955—1957年，以农业合作社为单位建小图书馆。1958年开展文化大跃进，要求人人会写诗，境内盛行顺口溜、打油诗、快板等。"文化大革命"期间推行"忠字舞"，各大队成立毛泽东思想文艺宣传队。公社文艺宣传队演唱"样板戏"、小型话剧、常德丝弦、花鼓戏等。公社文艺宣传队于1969年9月、1971年3月两次赴省演出，表演的《一把米》《八老学毛选》两个节目受到表彰。1978 年改革开放后，境内业余文学爱好者在县、市、省级报刊上发表诗歌、散文百余篇。1990 年各村通广播，2000 年实现广播电视村村通。2006 年 10 月，乡文化站站长胡圣萍被国家广播电视总局、国家发改委、财政部评为"全国广播电视村村通工作"先进个人。2014 年，各村设立农家图书室，建文化活动中心，广场舞在集镇和各村人口密集地流行。

体育 20 世纪 70 年代，以学校为主组织蓝、排球运动，民间以复员退伍军人为主力组成一支农民篮球队。1998—2007 年，唐家铺乡举办 3 次农民运动会，设跳高，跳远，100 米、1000 米、5000 米赛跑，拔河，自行车定立等比赛项目，每届有 14 个村代表队和 1 个机关学校代表队参赛，有运动员 180 至 200 余人。2008 年后，因年轻村民离乡外出务工，乡农民运动会停办。

医疗卫生

民国年间，境内有回龙桥何氏、唐家铺罗氏 2 家药铺和数名个体中医。中华人民共和国建立后，1951 年 4 月，中医匡德生等集资 500 元成立联合诊所，有 8 名中医，2 名药剂员。1961 年 10 月，建立唐家铺公社卫生院，国家投资建院房 1 栋 12 间，有医生 18 人。1964 年卫生院扩修，设病房 8 间，16 个床位，医务人员 22 人。1965 年初省医疗队 16 人进驻唐家铺卫生院，时间 3 个月，培养出何仙娥、粟绍群等妇产科医师，并成功切除患者龚金秀 30 千克卵巢囊肿。1969 年实行农村合作医疗，各大队设卫生室，卫生室医生称"赤脚医生"，由大队推荐、公社考核送卫校培训 1 年以上后执业。1973 年，湖南省革委会在唐家铺召开全省合作医疗现场会。1972—1974 年唐家铺卫生院设为省医学院教学实践基地，1988 年被省卫生厅评为"全省文明医院"。从 20 世纪 80 年代起，卫生院坚持走中医药兴院之路，以老中医师何雨初为学科带头人，培养了普、骨、麻等科室骨干，能开展下腹部、四肢、股骨干

▲ 唐家铺乡——古枫树

等手术。2006年9月，被省卫生厅授予“全省中医示范单位”称号。2010年5月，全省首家药品不良反应监测哨点，在唐家铺卫生院挂牌。何雨初被评为常德市“十大名老中医”。2011年10月，卫生院配备120救护车。2014年，唐家铺卫生院占地面积7.8亩，建筑面积4000平方米，医务人员40人，床位50张。设有发热、肠道、预防、保健、中、西、妇、儿、创伤外疼痛理疗科等科室和中西药房、放射，心电图、多普勒、全自动生化检验室等医疗设施。全乡共有古龙山、东湖山、八斗巷、赵家庵、龙虎口、杨旗嘴等6家村卫生室。

社会保障

中华人民共和国成立后，人民政府对体弱病残、孤寡老人等困难弱势群体给予救助。1963年开始，由生产队向五保对象提供粮油等基本生活物资。2009年，乡政府将仙人塘村小学旧址改建成唐家铺乡敬老院，集中供养五保对象40人。2014年，全乡供养五保对象258人，其中集中供养124人。

2004年，实行新型农村合作医疗。2014年，全乡有参合人员14300人，参合率96%。

2005年，实行贫困居民最低生活保障制度。2014年，全乡有667户757人享受农村低保，年发放低保资金90.8万元；8户12人享受城市低保，年发放救助金3万元。

2010年10月，开始实行新型农村社会保险。2014年，全乡有6562人参加新农保，3445人享受养老金待遇。

人民生活

清代和民国时期，境内农民基本生活无保障，遇水、旱灾害和青黄不接时，有数百人外出乞讨。中华人民共和国成立后，实行土地改革，农民始得安居乐业。1958年后实行人民公社集体所有制，经济发展不快，但人民生活基本有保障。1980年后实行农村家庭联产承包责任制，经济快速发展，人民生活水平不断提高。境内99%的农户有余粮，有存款。2012—2014年，全乡农民人均纯收入分别为3958元、4650元、6800元。2014年，全乡85%的农户住进楼房，20户建有别墅。97%农户有摩托车、电动车。20%农户有运输车、家用车。

五、特色地情

风景名胜

赵家庵 位于赵家庵村十三组，占地15亩，建于明成祖永乐二年(1381)。清同治元年(1862)名为普济寺，台阶百级，建有戏台。2000年重修上旬殿，2002年加修观音殿，2004年重修戏台，加上原大雄宝殿共三进，总建筑面积1300平方米。

龙泉山 位于东湖山村易家湾，面积150亩。山形如龙，卧于公路两侧。山上林木茂盛，山中一眼清泉长流不息，冬温夏凉，可直接饮用。

古枫树 位于仙人村三组五方湾张家堰堤上，植于清乾隆十五年(1750)，树龄260多年，树高40米，围径9米，树冠40×40米，被湖南省林业厅挂牌保护。

名优特产

茶油 唐家铺乡有油茶林3.8万亩，所产"鼎城茶油"味正香醇，不含胆固醇，不饱和脂肪酸量高达90%以上，油酸含量超过83%。2012年被国家工商总局认定为中国地理标志证明商标。

擂茶 境域农家喜用擂茶待客，制作擂茶讲究传统工艺，有专用擂钵和擂棒，将生姜、茶叶、大米、芝麻、花生等按比例放入擂钵，用擂棒将其擂搅成糊状，冲上沸水，即为清香可口的擂茶。喝擂茶一般围桌而坐，桌上摆放自制坛子菜、糕点等，少则10盘，多则30~40盘，称为"搭茶"。

重大事件

1976年9月，时任湖南省委书记毛致用到唐家铺考察油茶低改。

1977年，唐家铺卫生院院长胡金婵出席在北京召开的全国卫生工作会议。

人物

杨彝珍 (1806—1898)又名移芝，号性农(一说杏农)，黄土店镇回龙桥村人。19岁(1828)入县庠，1832年与左宗棠应乡试而中。道光三十年(1850)中进士，列三甲选翰林院庶吉士，散馆，授兵部主事。光绪十四年(1888)与武陵举人刘廷斌创设德山书院，任讲席，建移芝书舍，无论达官贵人，乡野村民，一并欢迎入舍读书。书舍内挂"书犹药也，善读之可以医愚"等古训匾牌。光绪十七年(1891)为四品京卿衔，诰授中宪大夫。晚年(1894—1896)回河头冲村罗家窝建碗厂，修杨家牌坊一座(1970年拆毁)。光绪二十四年(1898)去世，享年93岁，葬于境域葛藤桥村癸丁山。民国元年(1912)子孙为其立碑，至今碑文清晰。现存著作有《移芝室全集》。

何文仲 (1934—) 青云村人，国家防化工程学院卫生处处长，技术五级(副军职级)，现离休住北京。

罗松山 (1963—)杉木冲村。1986年留学日本，获博士学位，现就职于国家发改委。

六、各村简介

2016年撤金泉山、联兴堰村，并入古龙山村；撤仙人塘村，并入东湖山村；撤杨旗嘴村，并入赵家庵村；撤八斗巷村，并入河头冲村；撤杉木坪村，并入白泥塘村；撤龙虎口村，并入葛藤桥村；金陵桥村保留。

东湖山村

东接罗平村，南与汉寿县朱家铺镇五宝山隔河相望，西临河图冲村，北靠赵家庵村。总面积6.5平方千米，水田1750亩，旱地250亩，林地3580亩（其中油茶林2380亩，杉木林1200亩）。辖16个村民小组，409户1580人。山塘38口，小（Ⅱ）型水库一座。村道15千米、组道40千米，入户道100千米，均实现硬化。种植樱花、牡丹等名贵花木500亩。

八斗巷村

位于乡境中部，东连仙人塘村，南抵河头冲村，西与龙虎口村接壤，北靠古龙山村。总面积4.2平方千米，耕地面积1200亩（其中水田980亩，旱地220亩），山林面积2600亩（其中油茶林2000亩）。辖9个村民小组，204户725人。水稻种植为主，兼种油菜、花生、红薯等。山塘（坝）52口（处），小（Ⅰ）型水库1座，库容90多万立方米方，支渠5000米，村境80%水田自流灌溉。

龙虎口村

东临河头站、八斗村，南与汉寿县朱家铺赤金村隔沧水河相望，西接黄土店镇回龙桥村，北靠葛藤桥村。总面积3.7平方千米，耕地面积1800亩（其中水田1560亩，旱地240亩），山林面积3400亩（其中油茶林2400亩，杉、松、竹林1000亩）。辖9个村民小组，258户907人。种植水稻为主，兼种花生、油菜、红薯等。山塘59口，可排灌沟港6.5千米。

仙人塘村

东连赵家庵村，南抵东湖山村，西与八斗巷、河头村毗邻，北靠联兴堰、古龙山村。总面积5.2平方千米，耕地1650亩，旱地380亩，油茶林3800亩。辖9个村民小组，298户1158人。骨干山塘48口，支渠6000米，农田基本自流灌溉旱涝保收。年外出务工人员200人左右。

金泉山村

位于乡境北，东抵联兴堰村、南连唐家铺墟场、西与金陵水库、谢家铺镇玉峰山村接壤，北临谢家铺镇下陈湾村。1965年由原双堰大队、金泉山大队合并而来，辖10个村民小组，281户1100人。总面积4.5平方千米，水田面积920亩，旱地面积170亩，油茶林面积3800亩。主种水稻，兼种油茶、茶叶、红薯，年外出务工人员280人左右。2014年人均纯收入7000元。

河头村

东接仙人塘，南邻汉寿县朱家铺镇赤金村，西连青云村，北靠八斗巷村。总面积

3.5 平方千米,耕地面积 1250 亩(其中水田 1150 亩,旱地 110 亩),山林面积 2200 亩(其中油茶林面积 2000 亩)。辖 8 个村民小组,278 户 832 人,回族 7 人(为外县市嫁入)。山塘 57 口,灌溉受益面积 1100 亩。水稻种植为主,兼种花生、红薯和玉米。有村办企业“围墙花栏柱”厂,年外出务工人员 300 人。2014 年人均收入 8000 元。

杉木坪村

东抵金陵村,南邻白泥塘村、西接黄土店镇冲天、官仓村,北靠金陵桥村。总面积 6.2 平方千米,水田面积 1410 亩,旱地 120 亩, 山林 226.73400 亩(其中油茶林 3100 亩)。辖 11 个村民小组,293 户 1020 人。水稻种植为主,兼种花生、黄豆、红薯等。山塘 65 口,小(Ⅰ)型水库 1 座。年外出务工人员 150 人左右。2014 年人均收入 6000 元。

葛藤桥村

先后称飞跃大队、曙光大队。位于乡境西,东连八斗巷村,南抵龙虎口村,西与黄土店镇回龙桥村、冲天村接壤,北靠白泥塘村。辖 10 个村民小组,307 户 1040 人。总面积 6 平方千米, 水田面积 1785 亩, 旱地 375 亩, 山林面积 3850 亩 (其中油茶 3400 亩)。山塘 79 口,水稻种植灌溉基本保证。水稻种植为主,兼种花生、红薯。年外出务工 350 人。2014 年人均收入 5800 元。

白泥塘村

东临古龙山,南接青云、葛藤桥村,西抵黄土店冲天村,北与古龙山村相连。总面积 5.2 平方千米,耕地面积 1460 亩,旱地 80 亩,油茶林面积 2358 亩。辖 10 个村民小组,285 户 952 人。山塘 58 口, 其中骨干塘 4 口, 近年年外出务工人员 150 人左右。2014 年人均收入 5800 元。

古龙山村

位于乡境东,东接仙人塘村,南连八斗巷村,西邻金陵桥村,北接金泉山村。总面积 6.9 平方千米,耕地面积 1595 亩,旱地 180 亩,油茶林 5344 亩,松、杉、竹林 180 亩。辖 13 个村民小组,385 户 1430 人,回族 5 人(因婚迁入)。山塘 64 口,主干塘 18 口,水田旱涝保收。近年年外出务工 300 人左右。2014 年人均收入 4950 元。

联新堰村

东与唐家铺乡墟场相邻,南接赵家庵村,西连仙人塘村,北靠谢家铺镇仙羊冲村村。总面积 4.8 平方千米,水田面积 1080 亩,旱地面积 159 亩,山林面积 3100 亩,其他林木面积 700 亩。辖 12 个村民小组,264 户 1032 人,回族 10 人(因婚嫁入)。山塘 64 口,有小(Ⅱ)型栗树湾水库、朱家溶水库 2 座。年外出务工人员 300 人。2014 年人均收入 3800 元。

杨旗嘴村

位于乡境东南，东临谢家铺镇黄马井村，南隔沧水河与汉寿朱家铺镇罗坪村相望，西抵赵家庵村，北靠谢家铺镇黄马井村。总面积6.7平方千米，耕地面积1822亩（其中水田1600亩，旱地222亩），山林3800亩（其中油茶林2500亩，其他林地1300亩）。辖13个村民小组，413户1475人。山塘15口，小（Ⅱ）型水库一座，总蓄水量30万立方米，庙谭河坝水渠纵贯村境。水稻种植为主，兼种花生、红薯、油菜。年外出务工人员450人左右。2014年人均收入6100元。

赵家庵村

东接杨旗嘴村，西与联兴塘村接壤，南连东湖山村，北邻谢家铺镇仙羊村。总面积5.8平方千米，耕地面积1430亩（其中水田1287亩，旱地130亩），山林6350亩（其中油茶林4350亩）。辖13个村民小组，385户1447人，少数民族19人（因婚迁入）。山塘32口，主干塘5口，小（Ⅱ）型水库1座。年外出务工人员540人左右。2014年人均收入4380元。

金陵桥村

东接金陵水库移民村古龙山，南临白泥塘、杉木坪村，西抵黄土店镇六角坪村、草坪镇兴隆街村，北抵德山开发区赵家桥村。总面积5.6平方千米，耕地面积1815亩（其中水田1374亩，旱地441亩），山林面积5122亩（其中油茶林4800亩，松、杉、竹林322亩）。辖17个村民小组，1612人。山塘32口，小（Ⅱ）型水库3座，主干塘2口。年外出务工人员（木工、泥瓦工、电焊工、电工等）380人左右。2014年人均收入5280元。

（执笔：李发红　徐立固　编辑：刘忠祥）

钱家坪乡

地图审图号:湘 S(2008)052 号

一、区域概况

地理位置

钱家坪乡位于区境最南端,东与汉寿县丰家铺乡交界,南与桃江县武潭镇、安化县羊角塘镇相连,西与沧山乡毗邻,北与黄土店镇接壤。因坪上钱姓人居多而得名钱家坪。乡人民政府驻马鞍头村,距区人民政府驻地 49 千米。

建置沿革

清末属武陵县善卷乡。民国 9 年(1920)属常德县黄洲镇, 27 年(1938)属沧浪乡。

1949 年 8 月常德县境解放后，仍属沧浪乡。1950 年 2 月，废除乡、保、甲制，属常德县第九区直辖。9 月，设铁炉坪、新桥、栗岗岭、中溪冲、马鞍、将军桥、东山坪 7 个小乡。1956 年 6 月合并为钱家坪乡。1958 年实行人民公社体制，属金霞公社。1961 年 3 月缩小公社规模，成立钱家坪公社，属黄土店区。1984 年撤销人民公社，更名为钱家坪乡，先后属黄土店区、片、办事处。2015 年 12 月并入黄土店镇。

区划面积

1961 年，钱家坪公社辖洞桃冲、晓溪冲、黄土坡、砂田溪、徐家嘴、将军桥、清水冲、黎家坪、袁家湖、马鞍头、枞山嘴、中溪冲、鸡嘴山、八角楼、铁路坪、陡水坡、栗岗岭、陈家冲、大岩、群利 20 个生产大队。总面积 77.6 平方千米。

1984 年，公社改为乡，大队改为行政村，总面积未变。耕地面积 1.73 万亩，其中水田 1.62 万亩，旱地 1123 亩；山林面积 8.49 万亩；水域面积 2100 亩。1982 年，马鞍头、大岩大队合并为马鞍头大队，八角楼、陈家冲大队合并为八角楼大队，群利、清水冲大队合并为清水冲大队。全乡辖洞桃冲、黄土坡、晓溪冲、砂田溪、徐家嘴、将军桥、清水冲、黎家坪、袁家湖、马鞍头、枞山嘴、中溪冲、鸡嘴山、八角楼、铁炉坪、栗岗岭、陡水坡 17 个行政村。

至 2014 年，全乡总面积和行政区划未变，耕地面积 1.68 万亩，其中水田 1.59 万亩，旱地 936 亩；林地面积 8.25 万亩；水域面积 1573 亩；建设用地 800 亩；荒地 1316亩。

人口民族

2010 年第六次全国人口普查统计，乡总人口 15041 人，其中男性 7893 人，女性 7148人。

2014 年，全乡有 4112 户 16592 人，其中男性 8576 人，女性 8016 人。农业人口 15802 人，非农业人口 790 人。总人口中，汉族 16582 人，占 99.9%。少数民族 10 人，其中回族 8 人，壮族 2 人，系外出务工者婚嫁迁入。

自然环境

乡域地处雪峰山余脉，九龙山自西向东入境，形成南高北低的低山丘陵地貌，山势坡度一般在 15～25 度之间，40 度以上占 25%左右，平均海拔 150～200 米。最低处铁炉坪村两天湖海拔 61 米，最高处沙田溪村

▲ 钱家坪乡境红豆杉

仙连巅海拔 393.3 米。发源于黄土坡村的沧水，流经沙田溪、袁家湖、马鞍头村，至铁炉坪村出境、境内长 13.3 千米。

境内野生动植物资源丰富，尤以竹木资源为特色，森林覆盖率达 75%。主要林木有楠竹、株树、杉树、松树、梓树、油茶树等。珍稀植物有红豆杉、罗汉松等。野生动物有野猪、野兔、麂子、果子狸、松鼠、竹鼠、黄鼠狼、穿山甲、金鸡、竹鸡等。四季分明，气候温和，无严寒，无酷暑。年平均气温 14.6℃，年平均降雨量 1870 毫米，相对湿度为 77% 左右。土壤层深，多为黏土和沙性土壤，酸性或中性(pH 值 5.5 ~ 6.0)。地下矿藏有黄金。

二、经济发展

经济综述

民国时期，境内经济主要为农业，有少量小手工业和商贸业。1949 年中华人民共和国成立后，经济得到发展，1958 年试种双季稻，1964 年后全面种植双季稻，粮食产量逐步提高。1981 年实行农村家庭联产承包责任制后，温饱得以解决。20 世纪 80 年代乡镇企业及第三产业逐步发展，洞桃金矿、竹凉席厂等成为乡镇骨干企业。2003 年，全乡实现工农业总产值 9993 万元，其中农业产值 2237 万元。2014 年，全乡实现工农业总产值 1.8 亿元，其中农业 7000 万元。农民人均纯收入 7350 元。

农业

种植业 历史上以水稻种植为主，兼种玉米、花生、豆类、蔬菜等。民国时期，种植一季稻。1958 年开始种植双季稻，1964 年双季稻达 1.65 万亩，总产 410 万千克。1975 年引进杂交水稻种植，年总产 490 万千克。1982 年粮食种植面积 1.8 万亩，其中水稻种植 1.65 万亩(年总产 540 万千克)，玉米、豆类种植 1500 亩，蔬菜种植 500 亩。20 世纪 90 年代后测土配方、软盘育秧、抛秧等新农业生产技术得到应用推广，粮食生产稳步上升，水稻每亩产量达 450 千克，年粮食总产量 743 万千克。2000 年后，外出务工人数增加，种植劳力减少，水稻全部改为一季种植，部分干榜田抛荒。2014 年，全乡种植水稻 1.1 万亩，总产量 500 万千克。种植油菜面积 2100 亩，油菜籽总产 21 万千克。

养殖业 境内传统养殖为农户家庭养殖，主要用于自宰自食，少量出售换取油盐酱醋等基本生活物资。1958 年办农村公共食堂，由生产队集体饲养生猪、耕牛，禁止农户饲养家禽家畜。1962 年公共食堂解散后，允许农户家庭养殖，实行国家生猪派购任务，不得在自由市场交易。改革开放后，农民被“捆绑”的手脚放开，养殖业积极性被唤起。20 世纪 90 年代养殖业向规模化发展，个人投资、政府扶持，兴办起各类养殖场 6 个。2000 年，全乡养鸡 20000 多羽、鸭 5000 多羽、生猪 7000 多头、羊 5000 多只、黄牛 100 多头。2014 年，全乡饲养生猪 1.5 万头，山羊 3 万只。

林业

境域森林资源丰富，林地面积占总面积76%。东南部多自然林，西北部多油茶林，林木大部以楠竹为主，民国初年即有“竹海”的美誉，纸棚作坊遍布竹林区。由于交通闭塞，1958年兴起的毁林伐树大炼钢铁之风未波及境内，森林资源免遭破坏，大树、古树保存完好。中溪冲村尚存300多年树龄的红豆杉，铁炉坪村尚存树龄800多年的罗汉松等。1970年，各大队开始兴办林场，1200亩宜林荒地得到开发，大部分种植杉木林。1982年起，实行林业生产责任制，山林承包到户，村民造林积极性提高，至2000年，造林面积达2.25万亩，其中退耕还林2950亩。2000年后，乡财政每年投入80多万元作为绿化专项资金，用于封山育林、森林防火、苗木补助，境内林业得到进一步发展，形成用材林、绿化林、经济林并举格局。2014年，全乡拥有用材林3.21万亩，竹林4.53万亩，经济林1950亩。楠竹年产量7.5万吨，用材林蓄积量22万立方米。村民房前屋后结合绿化美化种植红豆杉、罗汉松等珍稀树种，乡道村道两旁绿树成荫，余坪隙地果木成林。

工业

民国年间和中华人民共和国成立初期，境内有铁器加工、竹木加工、榨油、裁缝、酿酒、制扇、粗布纺织等手工作坊。1954年9月开办私营洞桃金矿，1956年转为地方国营。1980年放开经营，实行群众采、定点收、集中选、国家炼，至1994年停办，生产黄金600两。1972年，钱家坪公社在洞桃冲开办金矿，属境内第一家社办工业企业，年产值120万元。1992年，乡政府投资230万元兴建钱家坪竹凉席厂，“云峰山”牌竹凉席销往全国各地，年产值600多万元，1998年因管理不善而停产。1999年原竹凉席厂由私人购买后改建为胶板厂，年产值800多万元。2000年后，私营企业发展迅速，先后兴办碎石厂、砖厂、茶厂、金星竹业、云峰木业、哈佛门业、恒康竹业等企业。至2014年，全乡拥有各类企业28家，从业人员1100人。

商贸服务业

民国时期，境内有徐家嘴、马鞍头两处集市，经营杂货、肉食、百货、布匹、粮油食品、小手工业品。中华人民共和国成立后，在公社机关驻地马鞍头大队设立供销社、食品站、粮店等商业机构，在黄土坡、清水冲、八角楼等地设立供销分社，各生产大队均开设代购代销店，销售工业产品，收购农副产品。20世纪80年代个体经济兴起，个体商户快速发展，市场日益活跃。1995年在马鞍头、黄土坡分别建起商贸市场，全乡个体商铺65家，社会商品销售额730万元。随着商业流通体制改革和小城镇发展，政府筹资进行集镇基础设施建设，境内商贸服务业进一步发展。2014年，全乡有各类商铺48家，从业人员105人，社会商品销售额360万元。

劳务输出

20世纪80年代改革开放后，劳动效率得到提高，开始出现富余劳动力。20世纪90年代，境内开始出现外出务工热潮。2014年，外出务工人数5320人，其中广东1220人，福建850人，上海1100人，省内1310人，市内840人，劳务收入1.5亿元。

三、基础设施

交通运输

20世纪50年代前，境内出行靠步行，货物运输靠肩挑背扛和骡马驮运，有茶马古道通常德、安化等地。1957年12月，建成马鞍头至黄土店公路，全长9.2千米，境内始有公路。1959年12月，建成国道207沧浪坪至界牌段，经过清水冲、黄土坡等大队，境内长12千米。1964年建成马鞍头至群力公路，全长4.8千米，连接国道207。1982—2010年，修建乡村公路82千米，其中硬化58千米，公路网络覆盖全乡各村。2011年，常邵（常德—邵阳）高速公路开工兴建，经陡水坡村至洞桃村，境内长12.317千米。2014年建成九华至云峰禅寺旅游公路，全长4.8千米。

邮政通信

邮政 民国时期，有邮差半月徒步往返境内一次，收递信件。中华人民共和国建立后，由黄土店邮政所代办境内邮务。20世纪50年代始有少量报刊发行。1960年代信件报刊由乡邮员自行车投递，大队部委托有农户代收员。2002年邮政、电信分营，2014年乡邮政所正式挂牌，村设有邮政代办站，除办理邮政业务外，拓展办理邮政储蓄、快递等业务。

通信 1961年公社机关始设总机室转接电话。1970年，各生产大队安装一部手摇电话机。20世纪80年代公社机关、站所安装模拟程控拨号电话。1994年全乡始有一部移动电话。1997年开通程控数字电话，电话进入普通农户。2000年后，移动通讯覆盖全境，中国移动、联通、电信分别建立信号基站。2014年，全乡有移动电话12000多部，家庭固定电话1200多部，宽带网用户600多户。

水利建设

20世纪50年代前，境内除沧水流域少数农田自流灌溉外，其他地方仅有几处小型塘坝，基本上靠天种田。50年代后期，开始大兴水利建设，先后修建起大小山塘521口。1972年建成砂田溪小（Ⅰ）型水库，集雨面积2.03平方千米，库容128万立方米，灌溉面积5700亩。1982年起，先后修建袁家冲、南海冲、毛家冲、起水洞、楠木冲5座小（Ⅱ）型水库，总库容96万立方米，灌溉面积7020亩。2004年后，投入资金1000多万元完成水库、山塘除险加固工程32处。境内水库、山塘、拦水坝、沟港、渠道形成均匀布点，农田基本自流灌溉，实现旱涝保收。

供电供水

供电 20世纪60年代前，境内无电，农户靠桐油、煤油灯照明。1975年拦截沧水，在马鞍头村建起一个小型水电站，供政府机关、卫生院、学校等单位照明。1981年接通国家电网，实现全境通电，并建立公社电管站。2003年实行电网改造，增加变压器16台，线路改造30千米，更换电表1300多户。2014年，全乡有输电线路58千米，变压器50台4100千伏安，总供电量470.2955万千瓦小时。

供水 20世纪70年代前，乡民饮用水直接取自住宅附近溪沟、堰塘水。80年代，农药化肥对地表水源逐渐形成污染，村民开始挖井取水。部分农户将竹节贯通从远处接引山泉水，1990年后，采用胶塑管引水。2014年，建成袁家湖自来水厂，日供水能力500立方米，全乡17个村及集镇、学校16000多人口实现安全饮用水。

集镇建设

1961年钱家坪公社成立后，公社机关驻马鞍头村。随之学校、医院、供销社、粮站等单位亦在公社驻地周边建立，渐成集镇。1985年在集镇建成1万多平方米的农贸市场。2006年，马鞍头村成为新农村建设试点，水利、电力、道路、供水、通信、绿化、亮化、卫生、排污等基础设施条件得到提升。至2014年，集镇建成区面积达1.8平方千米，建筑总面积8.8万平方米，其中居民住房面积7.2万平方米，公共建筑面积1.6万平方米，常住人口800人。

四、社会事业

教育

清末民初，境内有5所私塾。民国年间建有铁炉坪和将军桥完小。中华人民共和国成立初期，设立徐家嘴、马鞍头、八角楼3所完小和1所扫“除盲”成人夜校。1958年增设将军桥、枞山嘴2所小学。1965年，创办钱家坪公社农业中学。1972年，农业中学与马鞍头完小合并为钱家坪公社中学，八角楼完小设初中部，各村办有小学，全境有小学17所。1976年为生源高峰期，初中、小学学生人数达2548人，并在钱家坪中学设2个高中班，1979年高中班停办。2000年，生源逐渐减少，学校开始撤并。2007年精简为1所中学（钱家坪乡中学）、1所中心小学（马鞍头中心校）。2011年创办钱家坪乡公立幼儿园。2014年，境域设1所中学、1所中心小学、3所幼儿园，在编教师65人，在校中小学生706人，幼儿入托203人。

钱家坪中学 坐落在马鞍头与袁家湖村，占地面积10000平方米，建筑面积4339平方米，其中教学楼面积1260平方米，公寓楼1224平方米，餐厅450平方米，拥有10

个教室,配有校园局域网,理、化、生实验室、电教室、图书室,电脑45台。2014年有3个年级9个教学班,在校学生510名,在编教职工49名,其中高级职称1名、中级职称13名、初级职称24名、小教职称11名、本科学历25人、大专学历21人、中专学历3人。

文化体育

文化 境内民间传统文艺形式有三棒鼓、渔鼓、舞龙、舞狮等。劳动时唱山歌、喊号子,农闲时哼乡村小调,自娱自乐。中华人民共和国成立后,民间艺人紧跟国家政策、形势,歌颂新社会,政府部门组织宣传队宣传土改政策、兵役法。"文化大革命"期间,乡间盛行唱语录歌、跳"忠"字舞。1970年,成立公社文化站,设文化专干指导农村文化工作。1968年,成立公社电影放映队,到生产队巡回放映,群众平均每月能看上一场电影。20世纪80年代,境内民间的花鼓、渔鼓等群众文化活动逐渐复兴。2007年起,先后组建起4支管乐队,从自娱自乐发展成为婚丧嫁娶服务。2014年,各村开办农家书屋,建立文化广场,电视广播实现村村通。

体育 境内民间传统体育活动有拔河、抵劲、摔跤等。中华人民共和国建立后,教育的发展带动现代体育运动的开展,篮球、乒乓球、广播体操、健身操、跑步等群众健身运动得到发展。

医疗卫生

民国年间,境内有一处私人诊所,以中草药方为乡民治病。中华人民共和国建立后,建立联合诊所,有中医3名。1958年,联合诊所改为钱家坪卫生院。1969年,实行农村合作医疗制度,每个生产大队设立合作医疗站,配备不脱产"赤脚医生"1~2人。20世纪80年代,卫生院下放乡政府主管。2000年后,上收区卫生部门主管。2003年起,各级政府加大基层医疗建设投入,乡卫生院提质升级,启动农村新型合作医疗,农民看病难的问题得到缓解。2013年,乡卫生院实施扩改建,用地6亩,建筑面积2930平方方米,添置B超、多普勒彩超、200毫安X光片机、全自动生化仪、电解质分析仪、心电图仪、心电监护仪、全自动洗胃机、全自动电治疗仪、离心机、恒温箱等医疗设备。2014年,卫生院有医务人员33人,病床50张,设有门诊部、住院部、中医馆、公共卫生服务中心,下辖17个村卫生室,有村医17名。

社会保障

农村五保 1956年由高级社对五保户进行供养。1958年人民公社化后,实行公社敬老院集体和分散供养体制。1961年公社实行"三级所有、队为基础",五保户由各队供养。20世纪80年代,乡建立敬老院,入院者由县、乡供养,未入院者供养关系不变。21世纪初期国家取消农业税,五保户供养全部由财政负担。五保人员可入院集中供养,也可在家分散供养。2014年,全乡供养五保户人员179人,其中在乡敬老院集中供养40人。

机关事业单位保险 境内机关事业单位保险由区人社局和区机关事业单位保险站管理。2014年所有机关事业单位21人全部参保,25名退休人员由区社保站直接打卡发放养老金。

企业职工社会保险 2014年年底,乡境内有区直企业退休人员25人,市直企业退休人员17人,均由社保部门直接打卡发放养老金。

农村居民养老保险 2010年开始实施,2014年参保人员5224人,其中3107人按标准享受养老保险,年支付养老金298.27万元。

贫困居民最低生活保障 2005年开始实施,由民政部门负责管理,2014年对525户660人发放保障金87.12万元。

人民生活

1949年前,由于战乱与自然灾害频繁,生产水平低下,人民生活困难,1949～1980年,境内群众温饱未能完全解决。1981年实行改革开放后,境内群众生活水平逐年提高,2014年,全乡农民人均纯收入7695元,开始进入小康生活。

吃 1978年后粮食逐年增产,除自给外,每年出售商品粮500多万千克。有了粮食,家庭养殖迅速发展,鸡、鸭、鱼、肉丰富,市场繁荣,人们的生活从吃饱肚子发展到讲究吃好、吃营养。

穿 1949年前农民穿着主要是手工纺织土棉布,请乡村裁缝做衣遮风御寒。1958年后,生产发展,经济宽裕,穿戴成为一种讲究、体面和时尚潮流,各款成衣、各式品牌服装进入寻常百姓家。

住 20世纪50年代前,境内民房主要是茅草屋、土砖屋,殷实富户为木瓦结构,多以宗族集中居住,十几户、几十户一个大屋场,房屋相连,过道相通。20世纪70年代,大屋场开始拆开,分散居住。改革开放后,农民收入增加,生活水平提高,房屋由砖混结构改为水泥钢筋结构,由平房改为楼房,至2014年,全乡80%以上农户住上“小洋楼”。

用 2014年,全乡4500户中1050户拥有家用汽车,800户拥有电脑。彩电、空调、太阳能、热水器、洗衣机、电冰箱等各式家用电器普及。

农村能源 1970年代以前,农户以柴火、秸秆为烧柴。80年代部分农户用上生活用煤。90年代开始用电煮饭烧水。2000年后试行农村沼气工程。2010年部分农户使用石油液化气,实行柴、煤、电、气混用。

五、特色地情

历史人物

唐绍尧 (生卒年不详)又名二华,马安头村人(一说为原仙池乡现花岩溪人)。

明天启壬戌(1622年)进士,户部右侍郎,任高阳知县时,发现城内建有佞臣魏忠贤生祠,每天奏乐供食,即下令禁止。魏借故发难,将唐逮捕下狱,幸得内阁首府李国甫力救,才免于一死,病危时嘱咐儿子倾家产造福乡梓。长子唐谊,又名正之,十四岁力请代父入监,后来考授司理。次子唐诚,又名存之,起兵勤王时坚守桂林,后晋升为文渊阁大学士,督统五省义师。季子唐访,又名周之,明永乐年间授翰林院庶吉士。

革命烈士

肖瑞成 生于1957年,沙田溪村人。1978年入伍,1979年参加对越自卫反击战牺牲。

王建勋 生于1957年,袁家湖村人。1978年入伍,1979年参加中越边境自卫还击作战中牺牲。

风景名胜

云峰竹海 境内以云峰山为核心的竹林面积达4万余亩。云峰山海拔396米,山顶有一棵由料树和罗木相偎的合欢树,浓荫如盖。山腰有供伐竹、采药人解乏歇息的竹寮,凭楼临风,极目远眺,竹海莽莽,满眼翠绿,山风吹过,犹如万顷波涛起伏。2014年,乡境开启乡村旅游,配套农家山庄、道路、景区设施,已举办三届竹文化节,成为常德市乡村旅游特色景区。

云峰古寨 位于中溪冲村。据熊氏族谱记载,该村寨形成于明洪武年间。房舍一色明清风格,桐油板壁,花格木窗,青瓦白脊,屋后桑竹掩映,房前阡陌纵横。村民生活安闲悠然。

茶马古道 位于中溪冲村,为常德通往安化、新化方向的古栈道起点。今山径尚通,山林间隐约残存古青石板路和指路碑石。

云峰禅寺 位于云峰山半腰,始建于明洪武年间,清康熙年间扩建成上下殿四合院寺庙。1956年被毁,仅存古墓三座、古碑两尊。2004年重修寺宇。2005年被湖南省宗教事务局批准成为宗教活动场所。

▲ 第二届常德·钱家坪竹文化节

名优特产

钱家坪竹制品 以竹凉

席生产盛名，兼制竹床、竹桌等。竹凉席制作先后经由锯竹材、锯竹条、竹片打孔、竹片砂磨抛光、水煮晾晒、上蜡、编织、检验等工艺程序。生产的云峰山牌竹凉席等竹制品曾与益阳桃江、安化等地竹制品齐名，畅销省内外。

古树名木

古红豆杉 位于中溪冲村境，为两棵伴生树，相互依偎。树龄360年，树围3米，树高8米，树冠80平方米，枝繁叶茂，果实累累。2008年由鼎城区林业局挂牌保护。

古罗汉松 位于铁炉坪村境，树龄800多年，树围3.4米，树高7米，树冠40平方米。2008年由鼎城区林业局挂牌保护。

六、各村简介

洞桃冲村

东抵晓溪冲村，南抵桃江县武潭镇，西抵安化县羊角塘镇，北抵黄土坡村。总面积2.906平方千米，山林3400亩（楠竹林2000亩，其他林地900亩，杂山500亩），水田789亩，小型山塘8口。辖10个村民小组，1003人，丰姓占75%。清朝年间盛产黄金，现存直井一座。1972年成立乡金矿，1994年停产。主要经济来源以竹木加工为主，因有金矿为依托，20世纪90年代有“小康村”之誉。2016年与黄土坡、晓溪冲村合并，沿用洞桃冲村名。

晓溪冲村

东抵汉寿县丰家铺乡，南抵桃江县武潭镇，西抵洞桃村，北抵徐家嘴村。总面积4.242平方千米，山林4704亩（楠竹林300亩，其他林地1000亩，荒山及阔叶林404亩），水田899亩，小型山塘11口。辖9个村民小组，821人，周姓为主占65%。竹器加工、竹踩板模板粗加工、木制品销售为经济特色，年收入近千万元。外出务工人员达450人，务工收入1000万元。2016年与黄土坡、晓溪冲村合并，新命名为洞桃冲村。

黄土坡村

东抵徐家嘴村，南抵晓溪冲村，西抵洞桃冲村，北抵砂沙田溪村，国道207穿境而过。总面积4.345平方千米，山林3915亩（其中楠竹林1800亩，其他林地1350亩，杂山765亩），水田1199亩，山塘5口。辖9个村民小组，988人，以李姓居多占75%。主要经济收入为种植、竹木加工、外出务工等，年收入约2000万元。2016年与晓溪冲、洞桃冲村合并，新命名为洞桃冲村。

徐家嘴村

东抵桃江武潭镇，南抵晓溪冲，西抵砂田溪村，北抵清水冲村，国道207贯穿其境。总面积2.759平方千米，山林2904亩（其中楠竹2000亩，其他林地700亩，杂山

204亩),水田916亩,山塘5口。辖8个村民小组,715人,以聂姓居多占35%,李、徐姓次之。以水稻种植、竹木粗加工等为主,年经济收入约1000万元。2016年与砂田溪村合并,新命名为砂田溪村。

砂田溪村

东抵徐家嘴村,南邻黄土坡村,西与沧山乡东山坪村毗邻,北抵清水冲村。总面积5.397平方千米,山林6331亩(其中自然林2300亩,楠竹林3000亩,人工林1000亩),水田822亩,小(Ⅰ)型水库一座。辖10个村民小组,871人。主种水稻,兼种玉米、大豆、蔬菜。外出务工人占总人口60%。守留人员主要从事竹木加工,年经济收入约4000万元。2016年与徐家嘴村合并,沿用砂田溪村名。

将军桥村

据传史上有位将军回乡省亲路过此地,一条沟港阻止去路,将军与当地百姓联手搭木桥一座,后人称其"将军桥"。东邻马鞍头村,南与桃江山水相连,西抵清水冲村,北与袁家湖村接壤。总面积8.12平方千米,山林4392亩(其中楠竹林3000亩,人工林1000亩,杂山392亩),小(Ⅱ)型水库一座,灌溉面积350亩。辖9个村民小组,812人。主要经济收入为竹木加工、销售,外出务工人员达52%。2014年人均收入7500元。2016年与清水冲村合并,新命名为清水冲村。

清水冲村

境内原有一大片原始森林,山脚有一条小溪流水清澈,故起名清水冲。东与将军桥村山水相连,南与砂田溪、徐家嘴村接壤,西抵沧浪坪村,北与黎家坪村相接。总面积5.029平方千米,山林5244亩(其中楠竹3000亩,林地1800亩,杂山、阔叶林444亩),水田1341亩,山塘15口。辖12个村民小组,1007人,主要姓氏为龙姓、贺姓。主要经济收入为竹品粗加工(跳板、竹模板原材料),外出务工人员占45%,2014年人均收入7000元。2016年与将军桥村合并,沿用清水冲村名。

黎家坪村

东抵袁家湖村,南与清水冲村接壤,西抵沧山乡竹清潭村,北连马鞍头村。总面积2.882平方千米,山林2367亩(其中楠竹1100亩,林木1000亩,阔叶林及荒山267亩),水田1180亩,山塘8口。辖8个村民小组,2825人,黎姓为主要姓氏,占43%。因山林面积少,外出务工人员达60%以上。2016年与袁家湖、马鞍头村合并,新命名为钱家坪村。

袁家湖村

东抵马鞍头村,南与清水冲村接壤,西与黎家坪村相连,北抵钱家坪乡中学。总面积2.399平方千米,山林2214亩(其中楠竹1500亩,林地600亩,果树114亩),水田

612 亩。辖 7 个村民小组,612 人,熊姓为主要姓氏,占 40%。有小(Ⅱ)型水库一座,库容 11 万立方米。主种一季稻,经济来源主要为竹木加工、外出务工,2000 年建立振新砖厂,年产值 1800 万元。人均纯收入 7200 元左右。2016 年与黎家坪、马鞍头村合并,新命名为钱家坪村。

马鞍头村

地处乡集镇,东与枞山嘴村相连,南同将军桥村连山同界,西抵沧山乡竹清潭村,北抵粟岗岭村。总面积 7.066 平方千米,山林 7974 亩,(其中楠竹 5100 亩,针叶林 2500 亩,阔叶林 374 亩,),水田 1431 亩,山塘 16 口。辖 11 个村民小组,1235 人。有造纸遗址 2 处。云峰木业、金星竹业、黑山羊养殖大户落户境内。集镇常住人口约 2300人,2014 年人均收入约 8000 元。2016 年与黎家坪、袁家湖村合并,新命名为钱家坪村。

枞山嘴村

东与鸡嘴山村相连,南抵汉寿县朱家铺镇,西抵马鞍头村,北与栗岗岭村相邻。总面积 5.136 平方千米,山林 5795 亩(其中楠竹 3700 亩,针叶林 1800 亩,阔叶林 295 亩),水田 931 亩,小(Ⅱ)型水库一座,山塘 13 口。辖 8 个村民小组,785 人,熊姓为主要姓氏。以种植一季稻为主。主要经济收入为竹木加工、销售,2014 年人均收入 12000 元。境内有天主教堂一座,2014 年兴办起乡村旅游,建有"云华山庄""云峰农家"等农家乐和接待中心。2016 年与中溪冲村合并,新命名为云峰山村。

中溪冲村

东抵汉寿县丰家铺乡铁甲村,南抵桃江县武潭镇文溪村,西与枞山嘴村接壤,北与枞山嘴村相连。总面积 7.597 平方千米,总人口 882 人,辖 7 个村民小组。山林 10104 亩(其中楠竹 8100 亩、林地 2000 亩),农田 679 亩,种植一季稻。有云峰山、云峰古寺、茶马古道、竹海等主要乡村旅游景观景点。主要经济收入为楠竹生产加工、竹器精加工销售。熊姓为主,孙、李姓次之。2014 年人均收入约 8500 多元。2016 年与枞山嘴村合并,新命名为云峰山村。

鸡嘴山村

东与铁炉坪村接壤,南抵中溪村,西北抵八角楼村。总面积 4.401 平方千米,总人口 738 人,辖 9 个村民小组。山林 5146 亩(其中楠竹 2600 亩、林地 1900 亩、阔叶林及杂山 614 亩),水田 765 亩,种植一季稻,兼种玉米、大豆。主要经济收入为楠竹加工销售和竹木家具生产。外出务工人员占总人口 55%,2014 年人均收入约 7000 元左右。2013 年与八角楼村合并,新命名为八角楼村。

八角楼村

东抵汉寿县朱家铺镇,南抵汉寿县丰家铺乡,西抵鸡嘴山村,北抵铁炉坪村。辖 11

个村民小组，302 户 1124 人。总面积 5.987 平方千米，农田 1074 亩，山林 7055 亩(其中楠竹山 4200 亩，林木 2400 亩，阔叶林及杂山 455 亩)。外出务工人员占总人口 46%，主在广州从事水电安装。留守人员经营竹木加工，2014 年村收入约 1000 万元。2016 年与鸡嘴山村合并，沿用八角楼村名。

铁炉坪村

因清朝洋务运动期间，在铁炉坪村肖家坳建有炼铜锅炉，因此得名。东抵八角楼村，南抵栗岗岭村，西抵陡水坡村，北与黄土店镇青岗村相连。总面积 3.513 平方千米，总人口 828 人，辖 10 个村民小组。山林 3148 亩(其中楠竹山 800 亩，林地 2000 亩，茶山348 亩)，水田 1249 亩，种植一季稻，有山塘 50 口。经济收入主要经营木材、做烤火架等，外出务工者达 47%，2014 年人均收入约 7000 元。2016 年与栗岗岭、陡水坡村合并，新命名为陡水坡村。

陡水坡村

东抵黄土店镇青岗村，南抵铁炉坪村，西抵沧山乡新桥村，北抵沧山乡凉水村及黄土店镇。总面积 3.1 平方千米，总人口 258 人，辖 5 个村民小组。山林 3158 亩(其中楠竹 800 亩，林地 1500 亩，油茶山 800 亩，阔叶林及杂山 58 亩)，水田 908 亩，种植一季稻，兼种玉米、大豆等。经济收入主靠外出务工、经商。2014 年人均收入约 7000 元。20 世纪 70 年代初期时任湖南省委书记华国锋曾到过陡水坡视察山区农村。2016 年与铁炉坪、栗岗岭村合并，沿用陡水坡村名。

栗岗岭村

东抵铁炉坪村，南抵枞山嘴村，西抵沧山乡竹清潭村，北与陡水坡村接壤。总面积 3.069 平方千米，总人口 465 人，辖 5 个村民小组。山林 3124 亩(其中楠竹面积 2000 亩，林地 1000 亩，开垦后存茶山 124 亩)，水田 888 亩，种植一季稻。主要经济收入为楠竹粗加工、木料加工和外出务工，2014 年人均纯收入 7000 元左右。2016 年与铁炉坪、陡水坡村合并，新命名为陡水坡村。

(执笔：唐固伦　唐永和　编辑：刘忠祥)

沧山乡

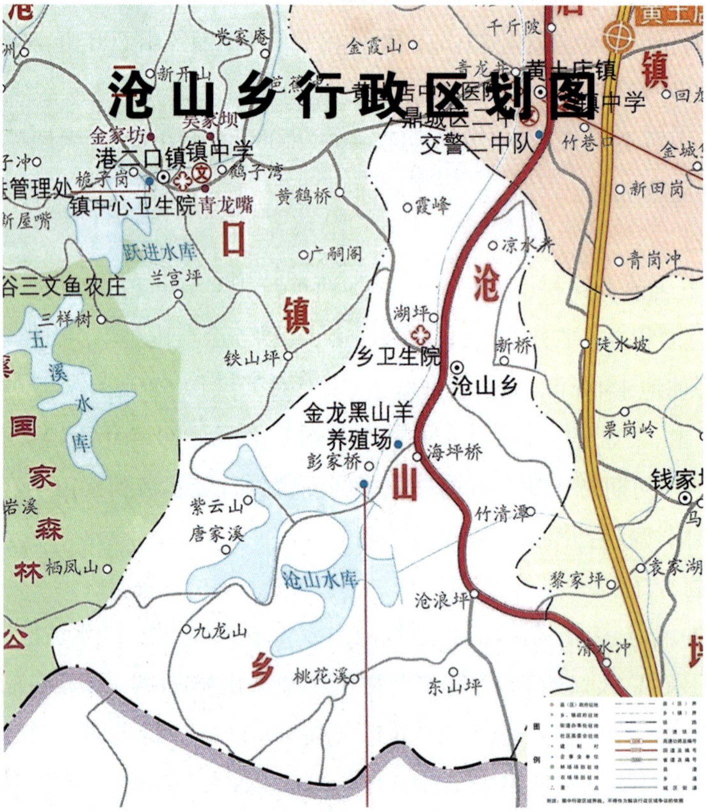

地图审图号:湘 S(2008)052 号

一、区域概况

地理位置

沧山乡位于区境南端,东与钱家坪乡毗连,南与安化县羊角塘镇交界,西与花岩溪林场、港二口镇相邻,北与黄土店镇接壤。因境内有沧山而得名。乡人民政府驻新桥村,距区人民政府驻地 45 千米。

建置沿革

明隆庆年间,属武陵县宜阳乡。清道光、同治年间属武陵县南乡。民国 9 年(1920),

属常德县黄洲镇,27年属沧浪乡。1949年8月常德县境解放后,仍属沧浪乡。1950年2月,废除旧的乡、保、甲制,属常德县第九区直辖。9月,分设新桥、桃花溪、东山坪、紫云山、九龙山数乡。1956年6月,撤区并乡,分属唐家溪、新桥两乡。1958年10月,实行人民公社体制,属金霞公社。1961年3月,调整公社规模,金霞公社析为唐家铺、黄土店、钱家坪、沧山4个公社,属黄土店区。沧山公社辖19个大队。1984年2月,撤销人民公社,恢复乡村建制,沧山公社改为沧山乡,先后属黄土店区、片、办事处。2015年12月,沧山乡、钱家坪乡、黄土店镇合并为黄土店镇。

区划面积

1961年3月,沧山公社成立,辖霞峰、凉水井、联桥、湖坪、新桥、新民、海坪桥、五八、大冲、紫云山、九龙山、万户、桃花溪、张家坪、夹巷口、金甲冲、沧浪坪、葡萄冲、竹清潭19个大队。

1976年,实行大队区划调整,凉水井、联桥两个大队合并为凉水井大队,新桥、新民两个大队合并为新桥大队,九龙山、万户两个大队合并为九龙山大队,桃花溪、张家坪两个大队合并为桃花溪大队,夹巷口、金甲冲两个大队合并为东山坪大队,沧浪坪、葡萄冲两个大队合并为沧浪坪大队,五八大队更名为彭家桥大队,大冲大队更名为紫云山大队,紫云山大队更名为唐家溪大队。调整后,全公社辖13个大队。

1984年2月,恢复乡、村建制,以公社建乡,大队建村,生产队建村民小组,行政区划没有变化。全乡辖霞峰、凉水井、新桥、湖坪、海坪桥、彭家桥、紫云山、唐家溪、九龙山、桃花溪、东山坪、沧浪坪、竹清潭13个行政村,120个村民小组。总面积67平方千

▲ 沧山乡生态景观

米。耕地面积1.48万亩，其中水田1.26万亩，旱地2191亩。林地面积6.79万亩。

至2014年，全乡行政区划和总面积无变化。耕地面积1.36万亩，其中水田1.22万亩、旱地1450亩。林地面积8.21万亩。水域面积3100亩。

人口民族

1961年，沧山公社有1396户6503人。其中男性3396人，女性3107人。1978年11月，有回族女性从草坪嫁入霞峰大队，境内始有少数民族。

2010年第六次人口普查统计，沧山乡总人口13694人，其中男性7257人，女性6437人。

2014年，全乡有3651户13784人。其中农业人口13122人，非农业人口662人；男性7313人，女性6471人。总人口中，汉族13771人，占99.9%；两个少数民族人口共13人，其中回族12人，土家族1人。

自然环境

乡域地处丘陵山地结合部，地势南高北低，集平原、丘陵、山地三类地形于一体。湖坪、海坪、东山坪、沧浪坪、唐家溪、桃花溪四坪两溪相间分布。沧山、九龙山、紫云山三山鼎立，海拔分别为308.4米、516.4米和302.5米。沧水发源于沧山，境内长3千米，经钱家坪流入汉寿县境。枉水发源于九龙山，境内长14千米，流经沧山水库、草坪，注入沅水。

乡域属亚热带季风湿润性气候，四季分明，降水丰沛，冬无严寒，夏无酷暑。年平均气温14.6℃，年平均降雨量1868.9毫米，无霜期245天，日照时数1615小时。土壤土层深厚，多为粘壤与沙壤，通透性强，土质肥沃，有机质含量为2%~2.5%，呈酸性或中性（pH值为6~7）。

全境森林覆盖率达73%，野生动植物资源丰富，主要林木有株树、杉树、松树、梓树、油茶树、楠竹、樱桃、桂花树、水桐树等。珍稀植物有红豆杉、罗汉松等。野生动物有野猪、野兔、麂子、果子狸、松鼠、竹鼠、黄鼠狼、穿山甲、金鸡、竹鸡等。矿藏资源有黄金，储量3吨左右。

二、经济发展

经济综述

明清时期，境域交通闭塞，工商凋零。民国时期，以农业生产为主，从事手工业者渐多，建有手工造纸棚30多处，农民人均收入不过百元。中华人民共和国成立后，乡内经济逐步发展。1958年，农业推广双季稻，竹木及加工产品陆续销售。1982年，实行农村家庭联产承包责任制，温饱问题得以解决，乡镇企业及个体手工业逐步发展。金矿、冶炼厂成为乡骨干企业。2014 年,全乡实现工农业总产值 19488 万元,农民人均纯收入 7909 元。

农业

种植业 境内以种植水稻为主,兼种红薯、玉米、花生、油菜、豆类及茶叶等。民国时期,全部种植一季稻。1948 年,总耕地面积 1.66 万亩,总产稻谷 249 万千克。中华人民共和国建立后,实行土地改革和农业合作化,推广良种,1957 年总产稻谷 300 万千克。1958 年修建水库减少耕地 3600 亩,因推广双季稻,水稻种植面积达 1.8 万亩,年总产 390 万千克。1975 年引进杂交水稻种植,年总产 455 万千克。1982 年实行家庭联产承包责任制,年总产稻谷 502 万千克。1990 年后,推广软盘抛秧、测土配方施肥等新技术,粮食产量进一步上升。2000 年后,外出务工人数增加,种植劳力减少,部分双季种植改为一季种植,普遍推广机耕、撒播、化学除草等,减轻农民的劳动强度。2014 年,全乡种植水稻 1.3 万亩,总产量 650 万千克;油菜 315 亩,产油菜籽 4.7 万千克。

养殖业 乡内素有农户家庭养殖猪、鸡、鸭、鱼的习惯,除少量自食外,主要用于兑换油、盐等生活物资。中华人民共和国成立后,政府鼓励发展养殖业。20 世纪 50 年代初,境内家家户户饲养猪、鸡,30%的农户饲养牛、羊。1970 年,由生产队集体经营池塘,派专人养鱼,鲜鱼亩产 40 千克。1976 年,全公社养鸡 5494 羽,鸭 3240 羽。80 年代,境内养殖业始向商品化、规模化方向发展。1982 年,养鸡 16498 羽,鸭 4638 羽,生猪 6538 头,羊 3462 只,鲜鱼亩产 49 千克。1989 年乡内出现养羊、养牛专业户,全乡养肉食黄牛 626 头,黑山羊 568 只。2000—2002 年,先后有新桥等三个村建成原种猪场。2014 年,境内有养猪大户 286 户,养牛大户 68 户,养羊大户 206 户。全乡养猪 3.2 万头、牛 1264 头、羊 3959 只、鸡 6.68 万羽、鸭 1.018 万羽。养殖水面 840 亩,出水鲜鱼 39.8 吨。

林业

20 世纪 50 年代前,境内原始次森林居多,树种有 80 余科 350 多种,以油茶林为主,楠竹、杉木次之,其他为薪炭林。因交通闭塞,竹木鲜有销售,少量杉木扎成木排经枉水销往常德城沅水码头。嫩竹用于造纸,杂

▲ 沧山水库

木烧炭销往黄土店集镇等地。1958年搞“大跃进”运动、办公共食堂，伐木为薪，烧炭炼铁，森林被毁，大型野生动物濒临绝迹。1970年，各大队开始兴办林场，封山育林，开荒造林。大冲大队党支部书记杨清和在紫云山建立林业专业队，改造2000多亩残竹林，创造“尿粉合剂”治竹蝗，在全省得到推广，并列入国家科技成果汇编。1978年实行改革开放后，境内实行林业生产责任制，山林承包到户，林权70年不变的政策使村民吃下定心丸，积极植树造林。1987—2013年，植树造林1.8万亩，退耕还林2400亩。政府每年投入千万元用于山林垦复、森林防火、苗禾补助等。2014年，全乡拥有用材林3.08万亩，竹林2.7万亩，经济林4950亩，绿化林3960亩。楠竹年产量5.5万吨，用材林蓄积量20万立方米。各类野生动物基本恢复到20世纪50年代前的水平。

工业

民国年间，境内有农具修理、木器加工等数家手工作坊。20世纪50年代兴办铁器加工厂、竹木器加工厂等。1968年开始发展社队企业，相继兴办农机站、建筑队、发电厂、地毯厂、农具厂、米粉厂、竹器厂等。

1976年开办沧山公社金矿，日处理矿石能力50吨，1984年5月上收为国营企业。1986年9月，新建乡办枇杷岭金矿，年产黄金48千克，1997年因资源枯竭停办。省博物馆存放有该矿的狗头金标本。

1986年，沧山乡政府投入930万元，用地29亩，兴建沧山冶炼厂，年产精锑2000吨，产值1亿元，从业人员300多人，因污染严重，于1997年关闭。

1999年4月，国营沧山金矿整体移交给沧山乡政府经营。2000年5月，乡政府将沧山金矿注册为金马公司。2004年12月，福建老板收购金马公司创办私营祥荣公司，新建1座日处理矿石200吨的选矿厂，矿区范围扩大至0.75平方千米。

至2014年，全乡拥有工业企业20多家，年产值12亿元，从业人员830人，纳税97万元。

商贸服务业

清代，境内有新桥、长茅岗两处集市，经营商品有杂货肉食、百货布匹、粮油食品、手工业品等。民国时期又在沧浪坪、杨林坪形成集市。中华人民共和国成立后，在乡政府驻地新桥建起供销社、肉食站、粮油店等，成为农村中心市场。在沧浪坪、九龙、彭家桥设立供销分社。各村（大队）均开设有代销店。1978年改革开放后，允许个体商贸服务经营，农村市场日益活跃。1995年，境内有沧山、沧浪坪两个墟场，个体商铺发展到73家，社会商品零售额600多万元。随着商业流通体制改革深入和小城镇发展，乡党委、政府筹资进行集镇基础设施建设，鼓励农民经商，推动商贸服务快速发展。2014年全乡有各类商铺102家，个体工商从业者382人，墟场赶集日客流量上1000人，社会商品零售额 4602 万元,其中集市商品成交额达 1400 多万元。

劳务输出

20 世纪 80 年代实行农村家庭联产承包责任制后,劳动效率提高,富余劳力增加,大量青壮劳动力外出务工。至 2014 年,全乡在外务工人数 4860 人,劳务收入 1.04 亿元。

三、基础设施

交通运输

20 世纪 50 年代前,境内有驿道通常德(城)、安化,出行靠步行,物资运输靠人挑马驮。1959 年,国道 207 建成通车,境内始有公路,长 11.5 千米。1976 年沧山集镇至金矿公路建成通车,后延至桃花溪村,全长 5 千米。1979 年沧山集镇至九龙山村公路建成通车,全长 7.5 千米。2000 年后,乡集镇至各村公路陆续建成通车,各村村民自筹资金修建村组道。至 2014 年,全乡有国、县、乡、村、组道公路 265 千米,其中硬化 141 千米。

邮政通信

20 世纪 50 年代初期,境内有一名业余邮递员,半月收、投一次信件。1961 年设专职邮递员 1 名。1961 年公社机关始有手摇电话,1985 年,全乡有手摇电话机 30 多部,为公社机关和各大队部使用,通过公社总机转接。1992 年始有模拟程控电话,1995 年境内开通程控电话 500 多门,实现县、乡电话联网。1993 境内设有邮政代办所。1994 年开始有移动电话,2013 年开通宽带网络,2000 年,邮政与电信分营。2014 年,邮政所独立挂牌,办理邮政储蓄、邮务、报刊发行等,其中年报刊发行金额达 13 万元。移动、电信、联通 3 家公司在境内分别建有信息塔,通信信号实现无缝全覆盖。2014 年乡境拥有移动电话 11480 部,家庭固定电话 1317 部,互联网用户 524 户。

水利建设

1958 年冬,调集金霞公社 1 万民工建成沧山水库。水库集雨面积 26.7 平方千米,库容量 3360 万立方米,蓄水面积 4590 亩。建库淹田 1987 亩,移民 2793 人。水库灌区面积 166 平方千米,跨沧山、黄土店、唐家铺、港二口等 6 个乡镇,灌田 5 万亩,其中沧山乡受益 5240 亩。灌区内有孙家冲、金霞、凉水井、团岭 4 条干渠,长 58 千米。有 7 条主要支渠,总长 72.6 千米。

1976 年,修建黄金洞小(Ⅱ)型水库,库容量 10 万立方米,灌田 400 亩。

2000 年后,投入资金 2000 多万元,完成除险加固工程 106 处,修建机埠 4 处、拦水坝 10 座、引水工程 6 处,整修山塘 600 多口。至 2014 年,全乡农田灌溉基本达到旱涝保收。

供电供水

供电 20世纪70年代前，境内无电，农户依靠桐油、煤油灯照明。1973年，公社拦截枉水修建一座小型水电站，装机容量2000千瓦，供机关、学校等单位照明。1976年，沧山金矿牵头接通国家电网，并提供境内7个大队用电。1980年，其余6个大队实现通电。2003年启动农电网改造，增加和更新变压器20多台，供电质量提升。2014年，全乡拥有输电线路58千米，变压器63台5800千伏安，总供电量422.3103万千瓦时。

供水 2006年，乡政府投入93万元修建沧山水厂，日供水300立方米，供应沧山集镇及周边3200人的安全饮水。2014年，国家投入3000万元，以沧山水库为水源，扩建沧山水厂，日供水能力提高到6000立方米，供应黄土店等乡镇50000人的安全饮水，其中沧山乡有9700多人受益。同时国家投入98万元建立分散供水设施，解决水库上游4000多人的安全饮水问题。

集镇建设

民国年间，境内有长茅岗和新桥两处小集镇。中华人民共和国成立后，集镇逐渐以党政机关所在地为中心规划发展。1961年沧山公社成立，公社机关驻新桥大队。学校、医院、供销社、粮店、信用社等相继建在公社驻地周围。1985年，乡政府在207国道两旁建立商贸区和农贸市场，鼓励个体工商户自筹资金建房12800平方米。2006年，启动社会主义新农村建设，以沧浪坪村为试点，重点改造农村水利、电力、道路等基础设施，积极发展村级集体经济，大力整治村容环境。2014年，新桥集镇已形成常安街、小河街、学校路3条主街道，总长1200米。房屋建筑总面积6.5万平方米，其中居民住宅3.2万平方米，公共建筑3.3万平方米。供电、供水、通信、绿化、排污等基础设施基本完善。常住人口1500人。

四、社会事业

教育

清末，境内有私塾4所。民国年间，建有沧浪中心校、桐荫完小2所小学。抗日战争爆发后，常德县女子学校迁至境内紫云山唐翰林祖屋。中华人民共和国成立后，政府号召扫除文盲，境内办起8所农民夜校。20世纪50年代，境内有5所初小和桐荫完小、新桥完小、桃花溪中心校8所全日制学校。1965年，在新桥村创办沧山公社农业中学。1968年，小学下放到大队，各大队均设有小学。1969年，农业中学与新桥完小合并为沧山中学。1975年增设九龙、沧浪坪两所中学。1976年在九龙、沧山两所中学设高中班。1979年，高中班停办。1981年撤销沧浪坪中学，1991年撤销九龙中学。1997年，沧山乡代表鼎城区接受省“两基”验收，全乡有初中1所，完小3所，初小6所，教师97

人，在校学生2366人，其中初中生1021人。2000年后，生源减少，学校开始撤并。2007年，全乡存1所中学、1所中心小学。2011年，创办沧山乡公立幼儿园。2014年，沧山中学校园占地42亩，建筑面积8946平方米，固定资产320万元，设有中学部、小学部、幼儿园，教职工55人，中小学15个教学班，幼儿园6个教学班，中小学生545人，幼儿197人。

文化

境内传统民间文化丰富，形式多样，主要有地花鼓、渔鼓、三棒鼓、舞龙、舞狮、乡村小调、山歌等。中华人民共和国成立初期，民间文艺以歌颂新社会、宣传土改政策、兵役法为主。“文化大革命”期间，大部分村民跳“忠”字舞、唱语录歌、演样板戏。1976—1979年，乡内两届高中学生文艺宣传队经常到生产队演出，并代表县参加常德地区会演获奖。2007年，全乡有5个管乐队、2个舞龙队、3个腰鼓队。2012年九龙村舞龙队与腰鼓队参加鼎城区百团大赛并获奖。2014年，各村建有农家书屋，通电视广播，村民文化生活丰富多彩。

医疗卫生

民国年间，境内有数名中医郎中行走乡间，为人治病。1953年，县人民政府在新桥村租用3间民房建立东山坪区卫生所，为境内第一家医疗卫生机构，有3名中医医生。1956年，区卫生所撤销，设新桥、唐家溪2个联合诊所，共有医务人员8人，实行中、西医结合诊疗。1958年，2个联合诊所合并成立金霞公社卫生院。1961年，成立沧山公社卫生院，下设大队卫生所。1969年，实行农村合作医疗，各大队建立合作医疗站，配备不脱产赤脚医生1~2人。1970年，沧山卫生院迁址新桥九队，占地1000平方米，新建房屋560平方米，有医务人员20人，病床10张。1998年，卫生院再迁至新桥村九组地段207国道旁，占地面积4300平方米，建筑面积1840平方米。2001~2013年卫生院添置各种大型医疗设备9件，医疗设施设备基本备齐。2014年，沧山卫生院设有门诊部、住院部、中医馆、公共卫生服务中心等科室，医务人员33人，病床48张。下辖13个村卫生室，有村医13名。

社会保障

农村五保　1963年对孤寡老人及无劳动能力的残疾人实行保吃、保穿、保住、保医、保葬（孤儿为保教）简称五保的社会保障。2014年，全乡供养五保对象260人，其中在乡敬老院集中供养30人，分散供养242人，全年发放五保金额66.5万元。

城镇居民最低生活保障　1999年实施。2014年，全乡有城市低保对象40人，发放保障金12.8万元。

农村居民最低生活保障　2006年实施。2014年，全乡有农村低保对象592户666

人，发放保障金 87.912 万元。

机关事业单位养老保险 由区人社局机关事业单位保险站管理，全乡国家干部、教师、医生、站所职工全部参加事业保险。2014 年有退休干部、职工、教师 185 人享受退休养老待遇。

新型农村社会养老保险 2009 年开始实施。2014 年有 5133 人参保，参保率 90.5%，上缴新农保基金 62.5 万元。已享受养老保险 2769 人，按月标准 75 元 / 月，支付养老金 249.21 万元。

新型农村合作医疗 2005 年实施。2014 年，全乡参加新型农村合作医疗农民达 12500 人，参合率达 98.3%。

人民生活

民国年间，由于战乱与自然灾害频繁，人民生活困难。20 世纪 50—70 年代，科技水平低，受落后生产关系制约，群众温饱没有完全解决。1978 年改革开放后，境内群众生活水平逐年提高，2014 年人均纯收入 7933 元，开始进入小康生活。

吃：1981 年实行家庭联产承包责任制后，粮食逐年增产，除自给外，每年出售商品粮千万千克以上。有了粮食，家庭养殖迅速发展，鸡、鸭、鱼、肉丰富，市场繁荣，人们的生活从吃饱肚子到讲究吃好、吃营养。

穿：1949 年前，农民穿着主要是手工纺织的土棉布，请乡村裁缝做衣遮风御寒，谈不上漂亮美观。1958 年后，靠配发有限的布票买布做衣，一年难做一套新衣。1978 年后，生产发展，经济宽裕，由计划经济转为市场经济，各种面料、质地、款式、品牌服装进入寻常百姓家，穿着打扮成为一种体面、时尚。

住：1949 年前，大多农户住简易茅草、土砖结构房，居住大瓦房者为个别殷实富户。中华人民共和国成立到 1978 年，50%的农户住房为简易木结构平房，35%的为茅草土砖房。1980 年，农民开始全面修建新居，并不断进行升级，从土坯茅草房改为红砖瓦房，从居民点式的红砖平房改为独立庭院小楼房。至 2014 年，88%以上农户修建起新式楼房。

用：2014 年，全乡 4760 户中，15%的农家拥有家用小车，10%的农户拥有电脑。彩电、空调、太阳能、热水器、洗衣机、电冰箱等家用电器和智能手机基本普及。

五、特色地情

历史人物

唐士瑛 （1252—1327）又名秉圭，唐家溪村人。原诰授昭武大将军，万户侯，葬于唐家溪村。生子元纪，又名修人，授刑部主事，浙江廉访史。

唐右桢 （1853—1925） 又名召皆，唐家溪村人，19岁以府试第一入郡庠，1876年参加湖南乡试中举人，后会试中进士。1894年授广西融县知县，为官四年，勤于政事，处事公正，人民得以安居乐业。1899年因父年高病重，卸任回到家乡。回乡后主讲德山书院，出任师范学堂监督，并在县城东湖巷与维新志士戴展诚创办明达学堂，为县内普通新学之始。1909年当选为湖南省咨政院议员，1925年病故，享年72岁。

杨 鸿 （1587—1648） 又名子渐，凉水井村人。年幼聪颖，喜读书，五岁能作楹联，十三岁补邑庠，十七岁登乙榜，明代天启二年（1622）中进士，任浙江淳安县令，1637年任职兵部，1638年任惠州海防副使，后升任盐运使、大理寺卿、刑部右侍郎、户部尚书、东阁大学士（宰相）。一生勤于政事，体察民情，为人正义，刚正不阿。1648年奉命湘西募兵，于麻阳县岩口洞佛神山定文寺被害。

唐石樵 （1834—1914） 又名滋棣，九龙山村人。咸丰庚申年（1860）郡试榜首，光绪癸巳年进士，候补直棣。性情刚直，不畏权贵。曾主讲慈溪书院，历任郡朗江、德山、移芝三书院董事，卓有成绩，自号“龙山石叟”。

革命烈士

汤建国 （1958—1979）紫云山村人，1977年参军，1979年2月参加中越边境自卫还击作战牺牲。牺牲后被追认为中国共产党党员，中央军委授予一等功臣称号。

文物古迹

唐仕瑛墓 位于唐家溪村杨山冲。唐仕瑛，唐家溪村人。元代武将，镇常澧。元武宗至大三年（1310）征讨安西叛乱有功，诰封昭武大将军。元泰定四年（1327）殁，葬于唐家溪九十九墩，占地600平方米。

杨鸿墓 杨鸿，凉水井村人。明代进士，曾官至户部尚书、东阁大学士，清顺治五年（1648）为土司杀害。葬于凉水井村乌龟山，康熙十三年（1674）建墓。乾隆二十八年（1763）其孙重修墓碑，碑高1.95米，宽0.72米，碑文清晰可见。1985年，被定为常德市市级文物保护单位。

扶桐寺 位于九龙山村扶桐山，始建于明永乐年间，传说寺内有异木、金貂、鸣蝉三件宝物。1966年“文化大革命”破“四旧”中被毁，1998年重建，寺中有古石钟一座，传为元代昭武大将军唐仕瑛鸣钟为号、召集将士的信号钟。

风景名胜

沧山 位于乡政府驻地西南2千米处，自平地矗起，亘10余千米，山麓石壁峭立，峰高海拔308.4米。沧水源于其麓。屈原《渔父》中有“泛沧浪之水清兮可以濯吾缨，沧浪之水浊兮可以濯吾足”。山上有古寺，四周有孟子岩、冲天井、黄金洞、木鱼坳等景。山下马蹄冲产黄金。沧山古寺始建于初唐，由前、中、后三殿组成，系三进木质瓦房。清末翰林唐佑桢撰有门联：濯缨濯足而来，趁半岭清风，一路送人登绝顶；可仙可佛之地，得此间佳趣，百年如梦效随园。1988 年重建，为砖木结构。寺旁有古井一口，上筑六角方亭，井深数米，水质清冽甘甜。古寺被杉林竹海环抱，有盘山公路直达。

九龙山 位于沧山乡与花岩溪林场接壤处，因九峰并峙宛如九龙腾飞而得名。主峰海拔 516.4 米，枉水源出其下。扼鼎城、桃源、安化三区县要冲，山势险峻。山脚有一岩门，仅容一人通过。过岩门沿溪而上，可见瀑布一挂。山周围为低山丘陵地，常绿阔叶林集中连片，楠竹、杉树居多。珍稀树种有伯乐、银鹊、香果、红豆杉等。

紫云山 位于紫云山村，海拔 302.5 米，层峦叠嶂，外险而中夷。山上有紫云寨、鼓岭、瞭望台等景观。

沧山水库 1958 年修建，拦截唐家溪、桃花溪两条溪流，库容 3360 万立方米，水面 4500 余亩，有“人工天湖”之称。湖周群山环绕，植被茂密，有楠竹、杉木林 5000 多亩。青山绿水，景色优美。每逢春暖花开，成千上万的白鹭栖息湖边山林，蔚为奇观。

古树名木

古桂树 位于九龙山村金凤山，距乡政府驻地 10 千米。树龄 500 余年，树高 18 米，树围 2 米，树冠 140 平方米。树苍劲粗壮，枝叶繁茂，浓荫如盖。秋季花开，香气四溢，花期长达月余。2005 年，由鼎城区林业局挂牌保护。

重大事件

1958 年 6 月，山洪暴发，冲毁农田 3236 亩，房屋 123 间。

1961 年 3 月，成立沧山人民公社，乡域始以沧山名。

1981 年 5 月 7 日，沧山金矿挖到一块鸡窝金，重 8961 克。

六、各村简介

霞峰村

位于乡境北端，距乡治所 4 千米。东接黄土店镇青龙井村，南连凉水井村，西邻港二口镇黄鹤桥村，北靠黄土店镇金霞村。总面积 2.66 平方千米，耕地 1251 亩，林地 2200 亩，水域 45 亩。辖 9 个村民小组，276 户 1052 人，以康、麦、梁三姓居多。生产竹制品为村民传统副业，尤以斗笠、鳝鱼笼居多。2000 年后劳务输出为新的经济增长点。2016 年与凉水井村合并，新命名为凉水井村。

凉水井村

位于乡境北端，距乡治所 4 千米，国道 207 贯穿全境。东邻钱家坪乡陡水坡村，南接新桥村，西望霞峰村，北连黄土店镇竹巷口村。总面积 3.59 平方千米，耕地 1596 亩，林地3370，水域40亩。辖11个村民小组，363户1180人，以孙、胡两姓为多，王、杨姓次之。规模鸡鸭养殖、生猪原种养殖为辅助经济特色。2016年与霞峰村合并，新命名为凉水井村。

新桥村

位于乡政府驻地，国道207两旁。东与竹清潭村相连，南与海坪桥村接壤，西与湖坪村毗邻，北与凉水井村相接。总面积4.26平方千米，水田1380亩，林地3620亩，水域80亩。辖11个村民小组，426户1335人，其中孙、杨、梁姓者占80%以上。境内2000年形成规模墟场，信用社、学校、医院、邮电及各类商铺均集聚，每月逢4～9(六个)赶集日。2016年与湖坪村合并，新命名为新桥村。

湖坪村

位于乡境西端，距乡治所3千米。东与新桥村接壤，南与海坪村交界，西与港二口镇铁山坪村毗邻，北与凉水井村相连。总面积2.71平方千米，耕地1055亩，林地2460亩，水域39亩。辖9个村民小组，225户936人。赵、王、胡三姓者居多，梁、杨两姓次之。原沧山冶炼厂建在该村六组，后因污染停办。2016年与新桥村合并，新命名为新桥村。

海坪桥村

位于乡境南端，距乡治所1千米，国道207穿村而过。东与竹清潭村接壤，南与沧浪坪村相连，西接彭家桥村，北连新桥村。总面积3.85平方千米，耕地1016亩，林地410亩，水域25亩。辖6个村民小组，254户905人，以胡姓为居多，谢、梁两姓次之。1994年曾创办橘园，因品质不高停办。建有22门轮窑砖厂，日产红砖3万块，村民就近务工。2016年与彭家桥村合并，新命名为沧山村。

彭家桥村

位于乡境南端，距乡治所4千米。东与海坪村接壤，南邻沧山水库，西与港二口镇铁山坪村相连，北与新桥村毗邻。总面积4.17平方千米，耕地922亩。辖8个村小组，233户971人，以唐、尹、张姓者居多。村组公路实现硬化。以黑山羊养殖为辅助经济特色。2016年与海坪桥村合并，新命名为沧山村。

紫云山村

位于乡境南端，距乡治所7千米。东接沧山水库，南抵唐家溪村，西连花岩溪林场，北与港二口镇铁山坪村相连。总面积2.09平方千米，耕地261亩，林地2700亩，水域25亩。辖4个村民小组，80户355人，以唐、杨两大姓为主。森林覆盖率达90%以上，盛产楠竹、杉木，加工竹筷。2016年与九龙山村、唐家溪村合并，新命名为唐家溪村。

唐家溪村

位于乡境南端，距乡治所8千米。东与桃花溪村隔山相望，南与九龙山相连，西与花岩溪林场接壤，北邻沧山水库。总面积3.06平方千米，耕地374亩，林地3840亩，水域50亩。辖7个村民小组，194户718人，其中唐姓者占70%以上，李、孙、杨姓次之。傍沧山水库尾岔，有较为丰富的草场，村民养殖肉食黄牛，水库水面广阔，适于休闲垂钓。2016年与紫云山村、九龙山村合并，沿用唐家溪村名。

九龙山村

位于乡境南端，距乡治所10千米。东与桃花溪村接壤，南与安化县羊角塘镇毗邻，北接唐家溪村，西邻花岩溪村林场。总面积7.06平方千米，耕地1232亩，林地9070亩。辖12个组，328户1368人，以唐、贺、瞿三姓居多。境内山清水秀，竹木资源丰富，药材、野菜种类繁多，森林覆盖率90%以上。2016年与紫云山村、唐家溪村合并，新命名为唐家溪村。

沧浪坪村

位于乡境南端，距乡治所5千米，207国道横贯境内。东接钱家坪乡，南抵东山坪村，西邻沧山水库，北与海坪桥村接壤。总面积7.56平方千米，耕地1186亩，林地8880亩。辖11个村民小组，390户1389人，以梁、杨、陈、李四姓为主。地处沧山东麓，为沧水之源，有山塘69口，森林覆盖率83%，竹木资源丰富，黄金储量大。2014年被常德市人民政府授予"美丽乡村"称号，为乡村旅游目的地。2016年与桃花溪村、东山坪村合并，沿用沧浪坪村名。

桃花溪村

位于乡境南端，距乡治所10千米。东与东山坪村相连，南与安化县羊角塘镇接壤，西与九龙山村隔山相望，北与沧浪坪村、沧山水库毗邻。清两江总督陶橱游历到此赐名为桃花坪，后改为桃花溪。总面积7.65平方千米，耕地972亩，林地10590亩，水域40亩。辖13个村民小组，312户1310人，以张、陈、杨姓者居多。盛产杉木、楠竹，森林覆盖率90%。2016年与东山坪村、沧浪坪村合并，新命名为沧浪坪村。

东山坪村

位于乡境南端，距乡治所9千米。东与钱家坪乡沙田溪接壤，南与安化县羊角塘镇相连，西邻桃花溪村，北接沧浪坪村。总面积6平方千米，耕地1262亩，林地7300亩，水域45亩。辖10个村民小组，348户1245人，以龚姓居多，赵、李姓次之。冬笋资源丰富，年收入数十万元。竹夹板、竹安全板、竹胶板粗加工生产为村主打产业经济。2016年与沧浪坪村、桃花溪村合并，新命名沧浪坪村。

竹清潭村

位于乡境东端,距乡治所3千米。东与钱家坪乡栗岗岭村接壤,南与沧浪坪村相连,西与新桥村交界,北与钱家坪乡陡水坡村毗邻。总面积5.38平方千米,耕地1150亩,林地6880亩,水域65亩。辖9个村民小组,291户1020人,以张、杨两姓居多,肖、胡姓次之。外出务工以在深圳从事家庭装修装饰、长沙等地从事废品回收为特色,并形成规模专业队伍,年创收数百万元。

（执笔:唐固伦　周松清　编辑:刘忠祥）

花岩溪林场

地图审图号：湘 S(2008)052 号

地域名片

国家森林公园

国家 AAAA 级旅游景区

省级自然保护区

一、区域概况

地理位置

花岩溪林场位于区境南部，东邻沧山乡，南倚益阳市安化县金鸡乡，西接逆江坪乡，北连港二口镇。因境内多溪豁和花纹岩石而得名花岩溪。场部驻花岩溪中心区，距区人民政府驻地60千米。

建置沿革

民国年间，属常德县仙池乡。1949年8月常德县境解放后，仍属仙池乡。1950年2月，废除乡、保、甲制，属常德县第九区直辖。9月，设花岩溪、官冲、老屋坪3乡。1956年6月撤区并乡，并为官冲乡。1958年10月，实行人民公社体制，属跃进公社。1961年3月，跃进公社析为数个公社，场域分属逆江坪、港二口2个公社。1967年5月，析出逆江坪、港二口2个公社的花岩溪、栖凤山等大队建红卫林场。11月林场停办，留少量林地设常德县林园专业队。1970年，析出港二口公社的栖凤山大队和南公坪大队的三样树、牛宝冲、土地冲等生产队，逆江坪公社的仙池山、花岩溪2个大队，组建常德县五七林场。1980年，改名为常德县林场。1981年，更名为常德县花岩溪林场。1988年，更名为常德市鼎城区花岩溪林场。1995年，境域成立常德花岩溪风景旅游度假区（市级），实行林场、度假区两块牌子一套班子管理体制。1997年6月，被湖南省人民政府批准为省级旅游度假区。12月，被林业部批准为国家森林公园。2000年11月，被湖南省人民政府批准为省级自然保护区。2003年，花岩溪国家森林公园管委会升格为副处级单位，林场受管委会和区林业局双重管理。2014年12月，被批准升格为国家AAAA级景区。

区划面积

2014年，花岩溪林场辖花岩溪、仙池山、栖凤山、三样树4个行政村和官冲、长冲、西冲3个林业分场，31个村民小组。总面积45平方千米。林地面积4.96万亩，其中国家生态公益林4.1万亩，原始次森林4005亩；耕地面积3300亩；水域面积6495亩。

人口民族

1995年，花岩溪林场总人口3448人，其中农业人口3338人，非农业人口110人，男性1741人，女性1707人。2003年，全场总人口4188人，其中农业人口3682人，非农业人口506人，男性2103人，女性2085人。2014年，全场有906户4209人，其中农业人口4139人，非农业人口70人，男性2137人，女性2072人。总人口中，汉族4176人，占98.3%；7个少数民族33人，其中苗族5人，土家族11人，回族13人，侗族1人，壮族1人，白族1人，维吾尔族1人。

自然环境

花岩溪林场地处鼎城区西南端山地，属雪峰山余脉。地势自西南向东北倾斜，山峦起伏，最高点九龙山海拔561.4米，最低点土地冲海拔90.5米，全境平均海拔325.95米。九龙山主峰由西南伸入境内，形成多条网状小山脉。山间沟涧交错，汇成罗家溪、莫家溪两大溪流，自九龙山北麓分别向北、向西流经场域。1958年修建跃进、超美、五溪三座中型水库后，境内水域面积达6000多亩，形成山环水绕的山水生态景观。

境域地质构成主要为侏罗纪板页岩，少量砂岩，土壤土层深厚，在40~100厘米之间，平均厚度70厘米，质地疏松，有机质含量较高，土壤酸碱度适宜，pH值4.5~6.5，适宜植物和农作物生长。

属中亚热带向北亚热带过渡的季风湿润气候区，四季分明，气温适宜，光照充足，雨量丰沛。年平均晴天215.6天，阴天67.3天，雨天73.9天，冰雪8.2天。年平均积湿5820℃。全年无霜期290天。年平均降雨量1602毫米。

植被生态良好，森林覆盖率达83.8%，野生植物达1089种，其中省级重点保护树种17种。主要珍稀树种有南方红豆杉、香果树、水杉、钟萼木、银杏、金钱松、皂夹、鹅掌楸、厚朴等。主要乡土树种有湖南石株、大叶柯、桂花、猴欢喜、紫玉兰、白玉兰、杨梅、檫木、木荷等。野生动物有200余种，其中珍稀野生动物89种。常见兽类有大灵猫、小灵猫、水獭、南狐、豺、獐、麂子、狗獾、果子狸、野猪、华南兔等。爬行类有鹰嘴龟、穿山甲、蝮蛇、眼镜蛇、五步蛇、竹叶青等。鸟类有鸬鹚、猫头鹰、红腹锦鸡、红嘴相思鸟、寿袋鸟、啄木鸟、布谷鸟、鸳鸯绿头鸭等。每年3月至10月，有10万多只白鹭在境内生息繁衍，为花岩溪林场赢得“中国白鹭之乡”的美誉。

二、经济发展

经济综述

1970年，花岩溪林场建立后，林场人员属集体性质的固定农林工，以竹木经营发放工资。农业居民人均山林面积10亩，耕地0.5亩，山林收入为主要经济来源。1995年以后，根据境内森林、湿地及生态系统条件，开始以培育森林资源为重点，以开发森林旅游为依托，以生态旅游为龙头，发展多种经营，境内群众生活改善，林业、旅游业互相促进，生态效益开始显现。

林业

1958年起，场域即为水库库区和移民迁出地，未遭伐木炼铁毁林劫难，林木资源得到保护，存林丰富、有保存完好的大面积天然林，其中原始次生林达4000余亩。

1970年建立林场后，开始垦荒造林。到1971年，共造林15000亩，主要树种为杉树、楠竹。1972年，从美国引进湿地松，在樟树冲栽种成功，今已成林成景，被群众称为“尼克松”林。1990年，在林场场部中心区后山上建起一处实验苗圃园地，又称百木园，成功引进一批非本地珍稀名贵树木。2011年10月，与德国专家共同编制的《花岩溪国有林场森林经营方案》通过评审，成功引进世界银行贷款“森林生态恢复与发展项目”、法国经济开发署援助性贷款“湖南可持续林业发展项目”。2015年验收面积3777亩，其中针阔混交林新造970亩，针阔混交林恢复补植223亩，乔混交林恢复补植2515亩。2015年，全场有林地面积49575亩，活立木总蓄积14.18万立方米，毛竹205.94万根，森林覆盖率83.8%。

在实行竹木栽种、采伐的同时，林场还积极发展竹木加工产业和林下经济，推出花岩溪榨笋、花岩溪擂茶、花岩溪竹山鸡、花岩溪山羊等生态食品品牌。

农业

境内有花岩溪、栖凤山、仙池山、三样树四个农业行政村，2014年共有农业人口3563人，水田2731亩，林地36800亩。人多田少，水田传统种植一季水稻。大多属山塝田、冷浸田，粮食生产基本“靠天收”，20世纪70年代前亩产几十斤至两三百斤不等。林(山)地零星种植红薯、玉米等旱地作物，粮食自给不足。农民收入主要依靠经营山林、竹木加工(竹夹板、竹筷)、养殖山羊、家禽等。

旅游业

1995年建立花岩溪风景旅游度假区，依托森林山水资源启动生态旅游开发建设。至2014年，旅游基础设施和旅游服务设施已有一定基础，具备较完备的旅游接待能力。已形成中心区、观鹭台、五溪湖、仙池山、龙凤湖、栖凤山等主要景区，为国家AAAA级旅游景区。景区主要道路全部硬化，建有停车场、游船码头4个，汽车站1个。有山水沁香宾馆等3家旅游商务酒店，床位315张。有莱香阁、五溪人家、秦人农家等具有明清建筑风格特色的农家乐客栈55家，床位1250张。全年接待游客4万多人，实现旅游收入4000多万元，从业人员2000多人。

三、基础设施

交通运输

20世纪70年代前，乡民出行靠徒步，运输竹木、换取生活物资靠人挑马驮。1978年，花岩溪至港二口的简易公路建成，境内始有公路，长11.6千米。由于弯多坡陡，遇山洪或大雪封山，仍难畅通。1995年启动旅游开发建设后，拓宽、硬化花岩溪—港二口—黄土店公路，全长17千米。2005年，硬化花岩溪—尧天坪—丁家港公路，全长25

▲ 五溪湖景区风光

千米。2008 年，建成花岩溪—桃花源水泥公路，全长 21 千米。3 条公路从东、北、西 3 个方向连通花岩溪与外界的通道。2010 年起，每天有 7 台客运车辆往返花岩溪 ~ 常德市区，年客运量 15 万人次。至 2014 年，境内有硬化公路 28 千米，砂石公路 81 千米，采伐作业小道 56 千米，沿湖、沿山观光游道 13 千米，水上游览线 10 千米，游船码头 4 个，游览车 7 辆，游船(艇)29 艘。

邮政通信

1967 年，林场场部开通与外界的手摇式电话。1971 年，设立邮政代办所，主要收发信函邮件，投递报纸书刊。2002 年，开始设立无线移动通讯基站。2008 年后，无线通信及宽带网得到快速发展，有 4 座移动基站和 2 个联通基站，通信信号覆盖全境。2014 年，全场有固定电话用户 300 多户，移动电话用户 1600 多户，宽带网用户 100 多户。

供电供水

供电 1979 年接入枉水小水电，境内始通电。2007 年引入国家电网，同时进行域内电网改造升级，供电范围实现全覆盖，供电质量大为改善，零散分居的农户用电亦有保证。2014 年，全场拥有输电线路 24.5 千米，配电变压器 20 台 80 ~ 100 千伏安，总供电量 100 万千瓦小时。

供水 历史上境内农户生活用水多用竹笕接引山泉或溪水。水源离家近者，大竹三五根相接即可引水入厨房水缸中，似城里自来水一样。水源远的，则需几十根大竹相接，穿岩过林，长达数里。2009 年，建成花岩溪自来水厂，日供水量 400 立方米，对境内 800 多户 2000 多人口实行集中供水，居民及游客实现便捷、卫生、安全饮用水。

水利设施

1958 年，常德县实施枉水水利工程建设，调集洞庭、跃进、冲天 3 个公社 2.5 万名民工，在境内及周边建成五溪、跃进、超美三座中型水库及配套渠系，兼具蓄水调洪、农业灌溉、水面养殖、水力发电等功用，灌区受益面积30万亩。五溪水库坝址及库区均位于花岩溪境，集雨面积23.8平方千米，库容3000万立方米，蓄水面积3900亩。跃进水库位于港二口境，少部库区位于花岩溪境，集雨面积12.5平方千米，库容1700万立方米，蓄水面积4590亩。超美水库坝址位于逆江坪境，大部库区位于花岩溪境，集雨面积44平方千米，库容2100万立方米，蓄水面积2625亩。超美水库与五溪水库有输水隧洞相通，五溪水库与跃进水库首尾相连。花岩溪实施旅游开发后，跃进水库又称跃进湖，五溪水库又称五溪湖，超美水库又称龙凤湖。

森林防火

1980年，建防火林带长2.7千米宽10米，防火线上种植抗火树种木荷，每年组织劳力对防火线进行修复。1979年，在海拔148.7米的青松岭建防火瞭望台1座，为4层水泥砖混结构。2014年，全场配有防火工具车、油锯、割灌机、风力灭火器、水泵、灭火拍等22台防火设备。

四、社会事业

教育

民国年间，境内先后办有公、私立学校8所。民国9年（1920），创办私立李氏思贤小学，校址在花岩溪钟家冲口，以水田32.29亩为校产，李姓学生免费入学，校长教员限在族内选用，教员年薪稻谷1200千克。1938年，为躲避日机轰炸，常德县立中学自县城迁入花岩溪，借境内富户李陆琦住宅为校舍，办有10个班。1944年增设简易师范班，1946年迁回德山。1941年，常德县政府民政科长吴杰人卸职后在栖凤山开办织袜职业学校，招收投考初中落选的社会青年补习文化和学习织袜。1947年停办。1947年春，杨基炼借开山坪李氏化公支祠为校舍，创办私立致中中学。至1949年，境内尚存官冲小学1所学校。常德县境解放后，人民政府接管学校，将致中中学并入他校，思贤小学改为花岩溪小学，因生源增加，校舍搬迁至黄仙冲一地主宅院旧址，1950年停办。至1957年，境内有官冲小学1所学校，教师4人，在校学生50多人。1958年秋，创办官冲民办中学，招收初中班1个，1959年因兴修五溪、超美水库停办。同时因水库工程居民外迁、生源减少，花岩溪、仙池山、栖凤山、老屋坪、高峰5所小学亦停办。1966年，逆江坪农业中学在境内设仙池山分校，招收初中班2个，高中班1个，1967年合并到逆江坪农业中学。1971年，重新组建花岩溪中学，设初中部，有教学班1个，学生40多人。1970年组建林场后，花岩溪、栖凤山、仙池山、三样树各村均办有村小，校名分别为仙池山小学、栖凤山小学、三样树小学、花岩溪中心小学，各校学生共100人左右。三样树小学1997年时有1名教师5个学生，是年被撤销。仙池山小学、栖凤山小学亦由于生源逐渐减少，于2003年撤销，学生先后汇入花岩溪中心小学。1986年，花岩溪中学招收职业高中班1个，学生55人。2000年起，因学生生源减少，开始调整学校布局。2002年，花岩溪中学并入港二口镇中学。至2014年，全场尚存花岩溪小学1所学校，有教师12人，在校学生146人。

文化体育

2009年建成花岩溪全国青少年户外体育活动营地，按功能区划分别设：中心项目拓展区；龙凤湖定向越野区（曾家塝）；五溪湖水上娱乐区；栖凤山徒步登山区（龚家洞—仙池古寺）；仙池山野战区（奇石沟）；麻家溪农事体验区（鹿渡桥—枫树边）；青松岭野外露营区；木鱼嘴野外烧烤区。在原来公益基础设施上，投资近80万元对中心区、中心花园和中心区——观景台、中心区——麻家溪两条主要游道进行亮化、绿化；投资近60万元改善三通（通水、通电、通路）条件和停车场及旅游公厕建设；投资近40万元对中心花园进行改造，建起面积近2亩的太极池，成为青少年水上教学基地；丰富百木园树木品种并进行挂牌，成为青少年科普教育基地等，被国家体育总局批准为全国青少年户外体育活动营地。

2010年，进一步完善青少年户外体育组合赛设施、梅花桩、旋转轮胎等12个项目，依托中心花园建成中心区体育健身公园。

2014年建成中心区篝火民俗文化广场，面积1000平方米、鹿渡桥农事体验基地等项目。

参与旅游接待服务的宾馆、农家山庄均接通有线电视。居民农户接通110户，能收视40多个频道电视节目。分散的边远山区农户安装卫星接收器，能收视到20～40套电视节目。

医疗卫生

1967年，林场建立卫生所。20世纪60年代末至70年代，各生产大队、分场配备不脱产的“赤脚医生”。1980年，卫生所升格为卫生院，接诊一般小伤小病，配备医务人员11人。90年代末，因院舍破旧，设施简陋，服务对象少，自负盈亏难以维系，曾一度停业。2009年，林场卫生院搬迁重建，建筑面积603平方米，病床床位10张，医务人员5人，为境内居民和游客提供一般医疗服务。2014年，全场有卫生院1所，村卫生室3个，医务人员8人，病床床位15张。

社会保障

企业职工养老保险　2015年，林场在职聘用人员25人，林场职工71人，均购买企业职工养老保险，在职参保率达100%。对林场退休职工197人进行养老保险生存认证,确保逐月领取养老金。

新型农村社会养老保险 2010 年 9 月开始实施。2015 年,全场有参保对象 1887 人,实际参保 1573 人,参保率 83%,缴纳保费 18.09 万元。享受养老保险 676 人,领取养老金 60 多万元。

新型农村合作医疗 2006 年开始实施。2014 年,参合 3872 人,完成缴费 232320元。

城乡居民最低生活保障 2003 年开始实施。2014 年,享受农村低保 175 人,领取资金 253440 元;城镇低保 44 人,领取资金 142440 元。

人民生活

2014 年,全场人均纯收入 9380 元。70%的农户住进楼房, 20%的农户拥有家用小车或农用车、运输车,30%的农户开通宽带网。电视机、空调、洗衣机等家用电器得到普及。

五、特色地情

文物古迹

集公理规碑 位于栖凤山村,立于清乾隆五十九年(1794)十一月间。青石碑体,高79 厘米,宽 44 厘米,厚 7 厘米。碑文 357 字,内容涉及民间俗事、公益事务、农事生产等十个方面的乡规民约。其中民间俗事规定,红白喜事不得大操大办,且要求赈酒人家需要给予到场老弱者每人三文钱以示关怀,对于青壮年乞丐,则不得施舍,以防助长好逸恶劳之气。

仙池古寺 位于仙池山村仙池山顶,始建于明代,清嘉庆二年(1797)重修。“文化大革命”期间古寺被毁。2000 年重建,并加修观音堂和知客室。古寺旁有一口 10 米多长、5 米多宽的水池,久旱不涸,久雨不溢,名为仙池。古寺门前有一棵树龄 500 余年的桂花树,花开时节,芳香四溢。

历史名人

唐氏三翰林 九龙山下的唐家溪为唐氏家族世代居住, 明清两代同一宗族出了四个翰林:唐绍尧、唐諴、唐访、唐佑祯,是为科举史上佳话。其中唐諴与唐访为两兄弟,是唐绍尧之子,父子三人均为翰林,堪称乡间奇迹。

唐绍尧 (生卒年不详)字延祖,号大愚,九世祖由江苏迁徙湖南常德仙池乡(花岩溪)青岗冲(一说为钱家坪乡马鞍头村人)。5 岁时生母张氏去世,继母王氏视为己出,百般呵护,鼓励向学。弱冠时参加常德府学考试,补博士弟子员(由博士官亲自任教的生员)。明朝万历四十六年(1618)乡试中举。天启壬戌(1622)进士,授翰林院庶吉士。先后任高阳知县、兵部武选司郎中(相当于今之国防部司长)、贵州巡抚、晋户部右

▲ 龙凤湖风光

侍郎(相当于今民政部副部长)。晚年因患足疾去职离京,回乡养老。病危时,嘱咐儿子倾其家产募兵,反清复明。去世后南明朝廷敕谥"文贞",葬于沧山脚下。著有《愚园诗集》行世。

唐　諴　(生卒年不详)字存之,号缺庵。唐绍尧次子。明崇、祯十六年(1643)进士。授詹事府少詹事,兼翰林院学士、经筵讲官(陪侍皇帝讲读经史之官)。时值奸臣刘承胤擅权,唐諴不屑为伍,上疏乞休。南明危亡时起兵勤王,与爱国将领瞿式耜坚守桂林。后晋升为文渊阁大学士,奉命督统五省义师,联合抗清,卓著战功。南明灭亡后退隐乡间,赋闲读书。清朝初年,礼部尚书、武陵同乡胡统虞向朝廷力荐,委以高官,唐諴坚辞不就。

唐　访　(生卒年不详)字周之,号汲庵。唐绍尧三子。南明丙戌(1646)参加乡试,以第一名(俗称解元)的成绩中举。特授翰林院庶吉士,主管诰敕(为皇帝起草与审阅文稿)。并随侍皇帝左右,以备顾问。清兵入侵,他奉命返湘,联络两湖勋镇何滕蛟等抗清。事毕便道省亲,恰逢父丧。泣而上疏,在家守孝。不到半年,武陵沦陷。料想时不可为,遂削发为僧,自号食苦和尚。整日慷慨悲歌,吟诗作赋。撰有《悔堂诗文》十余集。

唐佑祯　(?—1925)本名滋棠,榜名佑祯,字召皆。世居仙池乡唐家溪。年少时家贫,无钱延师。年届束发,发愤读书,弱冠中秀才。二十岁成为廪生(由国家供给膳食的生员)。光绪二年(1876)乡试中举。因父母年高,家境贫困,只好放弃功名,先在家乡唐家溪设馆授徒,后在慈利渔浦书院讲学。光绪十五年(1889)考上进士,授翰林院庶吉士。光绪二十四年(1898),因父亲年老多病,卸任还乡。后又曾一度主讲德山书院,出任西路师范学堂(今市一中)监督,重教兴学,勤于课士,首开融县之新风。宣统元年(1909),当选为湖南省咨政院议员。民国十四年(1925)病卒,享年72岁。生前著有《退翁琐记》一书(已失传)。其书法笔锋雄奇,刚劲有力。所书"唐氏宗祠""钱氏宗祠""熊氏宗祠"等匾额,著称于武陵,解放初期被毁。

余曼贞　(1878—1953)著名女作家丁玲母亲,祖居常德县长茅岭乡官坊湾村余家冲，为中国早期妇女运动先驱，杰出平民教育家，革命母亲。曾留下一部60年的回忆录与138题200余首旧体诗。其中112题为记录鼎城前河（又称前乡，即沅水以南）躲避日机轰炸所写，其中大部分点名写作地点，如“花岩溪”“仙池乡”“仙池山”、“寺”“庙”等等。其文学才华对丁玲起到潜移默化影响。

李孝定　（1918—1997）字陆琦，号伯勘，民国7年（1918）农历正月十九出生在花岩溪一个世代富庶家庭。三岁时父亲李家祯染疾身亡。母亲张施达，系国民党宪兵司令张镇胞姐，带着幼子在花岩溪寡居。李孝定三岁发蒙读塾师。十一岁高小毕业，以优异成绩考入省立三中（今常德市一中）。十七岁（1935年）考上南京中央大学文学系。1937年抗日战争爆发，随中大迁往重庆就读。1939年毕业。1940年考入北京大学文科研究所，1944年获硕士学位，随即受聘为该所助理研究员。抗战胜利后，借调至南京中央博物院筹备处，任专门委员，协助李济之先生筹办博物院。1949年，“中央研究院”历史语言所搬迁台湾，任该校副研究员。后任台湾大学史语所研究员、中文系合聘教授。1965年，任新加坡南洋大学中文系特聘教授。1978年返台，任“中央研究院”史语所甲骨文研究室研究员、室主任。1988年在“中央研究院”退休，受聘中文研究所讲座教授兼所长。

一生撰写、编著有《商承祚〈殷墟文字类编〉补》《甲骨文字集释》《汉字的起源与演变》等著作。甲骨文研究与郭沫若、罗振玉比肩齐名，被誉为“中国甲骨文研究的拓荒者”。1997年8月在台北病逝，享年80岁。自12岁走出家门后，一生再未回花岩溪。

赵必振　（1873—1956）字曰生，号星庵，翻译家、教育家。早年留学日本，留日期间译著有《近世社会主义》《二十世纪之怪物——帝国主义》等，是我国系统传播马克思主义第一人，载入中共党史。回国后曾在北洋政府财政部、教育部任职。20世纪40年代回祖籍地常德隐住、教书为生。其间曾多次行吟花岩溪，以赵曰生为名号，写下若干以花岩溪为题材的诗词歌赋被人吟诵传唱。20世纪50年代初被湖南省人民政府聘为省文物管理委员会委员、省文史研究馆馆员，1956年因病逝于长沙。

民风民俗

喝擂茶　为境内家家户户的一种生活习俗，既是饮品，也是茶点，是饮与食的完美组合。将炒熟的黄豆、绿豆、花生、芝麻与生姜、茶叶放入擂钵中，用花椒木棒捣成糊状，加入少许食盐沸水冲泡。佐以农家制作的“坛子菜”（俗称“搭茶”）、油炸面点、干鲜果品等，边喝边吃，谈天说地。

喝擂茶也是花岩溪人的待客之道，其中以“新姑爷茶、新娘子茶、尊贵客人茶、家常白话茶”为花岩溪民间“四道茶”为著名，流传“走东家，窜西家，喝擂茶，打哈哈，一来二往结亲家”的民间歌谣。

擂茶茶饮是花岩溪的旅游品牌和名片，2015年曾举行首届花岩溪擂茶节，中国国际茶文化研究会学术委员会主任、国家茶文化专家程启坤教授定义花岩溪擂茶为“中国羹饮文化的活化石”。

农家民居 境内民居沿袭独特的明清建筑风格，一色青瓦白脊、挑梁飞檐、桐油板壁、花格木窗。家家置有火塘吊锅，塘火长年不熄，以烘烤腊肉野味。山民秉承知书达理、热情好客、仁义真诚、邻里和谐乡风，居家过日子特别讲究居室整洁、环境美化。

名优特产

花岩溪榨笋 富含纤维素、氨基酸，口感清脆滑嫩，香而不腻，为花岩溪千年传统菜品和绿色食品。榨笋制作采用传统工艺，取清明和谷雨间嫩笋，将笋劈开，去掉笋衣，入 土灶大锅蒸煮。视火候时间，捞出沥干冷却，用特制木榨慢慢压榨，榨后再经晾晒。晾干后的笋干透出一股淡淡的原野清香。2015年10月，花岩溪榨笋成功申报常德市非物质文化遗产，并应邀代表常德市参加由文化部、四川省人民政府、联合国教科文组织在成都举办的第五届中国成都国际非物质文化遗产节，受到好评，获颁证书。

风景名胜

花岩溪山清水秀，森林茂密，生态优良，民风淳朴。1995年实施旅游开发后，已建成中心区、五溪湖、龙凤湖、栖凤山和仙池山5个主要景区和20多个景点。

五溪湖 位于花岩溪旅游度假区景区入口处，为1958年拦截罗家溪、花岩溪等5条溪流而修建的中型水库，蓄水面积3900余亩。湖面呈燕尾状，从拦水堤到水库大坝纵深5000余米，湖汊蜿蜒，山环水绕，多个小岛犹如青萝浮沉。

银盘山 位于五溪湖北岸，三面环水，其状如盘，故名银盘山。一侧是青松岭，东侧有哨楼。山水清幽，景色宜人。

神公寨 位于五溪湖大坝东侧，依山傍水，满山翠竹。品种有楠竹、罗汉竹、凤尾竹、方竹、拐竹、实竹等。

黄冲鹭林 位于黄冲、木山岭一带，千亩杉木林依山面水，每年春天，数万只白鹭到此安家，繁衍生息，蔚为壮观。

龙凤湖 始称超美水库，后改为逆江坪水库。1958年修建水库时将官冲坪龙凤湖包容其中，故旅游开发后称之为龙凤湖。集雨面积44平方千米，蓄水面积2600余亩。湖东麻家溪有输水隧洞长652米，与五溪湖（跃进水库）相通，湖水透明清亮，水绕山转。

核桃沟 位于仙池山以北，沟长3500米，内有大片野生核桃林，景色秀丽，竹翠松青，溪流潺潺，瀑布飞流。沟头处有一方石壁，长1000余米，如卧龙盘踞，人称白龙壁。

六、各分场(村)简介

栖凤山村

境内有山名曰七峰山,清同治年间因山上建"栖凤山寺",故村名亦沿用。辖村民小组 11 个,337 户 1516 人。总面积 16000 亩,其中水田 1410 亩,林地 11500 余亩,水面 160 亩,主产杉木、楠竹。"木渔嘴""香兰雅居"等农家乐参与旅游经营。2016 年 5 月与三样树村合并,沿用栖凤山村名。

仙池山村

境内有山海拔 345.2 米,山顶有池,因"久旱不涸、久雨不溢"堪称神奇,称为仙池山,清嘉庆年间建起"仙池古寺",村名由此而来。辖村民小组 9 个,285 户 1070 人。总面积 18000 亩,其中水田 1000 亩,林地 14000 亩,水面 1000 余亩。主产杉木、楠竹。境内龙凤湖为主要景区,"喜来登山庄""龙凤楼山庄" 等农家乐参与旅游经营,为旅游主景区。2016 年 5 月与花岩溪村合并,设立新的花岩溪村。

花岩溪村

地处林场场部(森林公园管委会)驻地,为旅游中心接待区。辖村民小组 7 个,210 户 685 人。总面积约 9400 亩,其中水田 210 亩,林地 9200 亩。主产杉木、楠竹。境内大多农户直接或间接从事旅游服务,有"莱香阁""观仙台"等多家农家乐参与旅游经营,旅游为村民主要经济收入来源。2016 年 5 月,与仙池山村合并,沿用花岩溪村名。

三样树村

相传境内有一棵松、杉、株三树共生的奇树,人称"三样树",村名由此而来。辖村民小组 4 个,79 户 292 人。总面积 2800 亩,其中水田 111 亩,林地 2100 余亩,水面 100 余亩。主产杉木、楠竹。境内五溪湖为主要旅游景区,有"望湖轩""麓水山庄"等10 多家农家乐参与旅游经营,林工经济收入以竹木经营为主,旅游服务为辅。2016 年 5 与栖凤山村合并,命名为栖凤山村。

西冲分场

为林场下辖、划片管理的专业分支组织。地域原属金霞人民公社唐家溪大队,1970 年 6 月划入原常德县五七林场。2014 年有林业职工 51 人,山林面积 3373 亩,其中竹林 1806 亩,自然混交林 114 亩,人工杉林 1264 亩,为主要旅游景区。林工经济收入以竹木经营为主,旅游服务为辅。

长冲分场

为林场下辖、划片管理的专业分支组织。组建于 1970 年,原名五溪分场,位于林场北面长冲口。2014 年有林业职工 108 人，山林面积 3450 亩，其中楠竹 1260 亩，混交林 860 亩，人工林 1300 亩，为主要旅游景区。林工经济收入以竹木经营为主，旅游服务为辅。

官冲分场

为林场下辖、划片管理的专业分支组织。组建于 1970 年，原名超美分场，1981 年改现名。位于林场西南端，逆江坪水库东岸。2014 年有职工 92 人，山林面积 3441 亩，其中楠竹 1257 亩，混交林 859 亩，人工林 1298 亩，原始次森林 200 亩，为主要旅游景区。林工经济收入以竹木经营为主，旅游服务为辅。

（执笔：黄蔡芬　杨立波　编辑：刘忠祥）

区园艺示范场

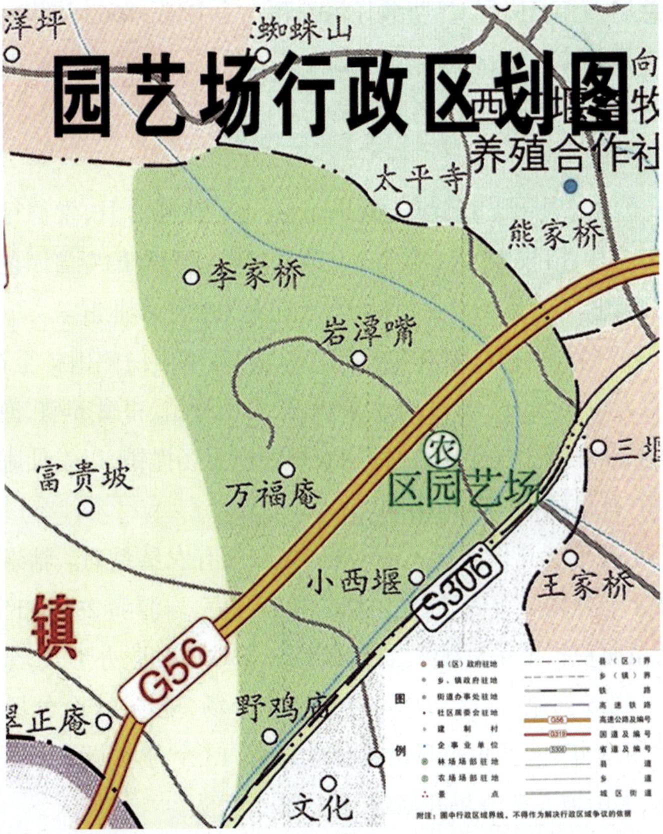

地图审图号：湘 S(2008)052 号

地域名片

柑橘之乡

一、区域概况

地理位置

园艺示范场位于区境北部，东接石公桥镇，南抵镇德桥镇，西靠大龙站镇，北邻周家店镇。因发展以柑橘为主的园艺生产而命名。场部机关驻崇仙庵分场，距区人民政府驻地 27 千米。

建置沿革

民国时期，称杨家橘园，为著名实业家杨湘曙在沈家坪创办的私营果园，面积 10 亩。1950 年，杨湘曙将果园移交给人民政府，1951 年更名为常德县园艺场。1952 年 2 月，扩建为常德专署园艺场，场部设崇仙庵。1958 年 1 月，移交常德市管辖，改名为常德市园艺场。9 月，改属常德县管辖，复名为常德县园艺场。1962 年 4 月改名为白鹤山农林牧渔园艺总场，由副县长胡昌明兼任场长和党委书记。1962 年年底白鹤山农林牧渔总场撤销，以崇仙庵作业区为主组建常德县园艺场，1975 年年初更名为常德县园艺示范场。1988 年更名为常德市鼎城区园艺示范场。

区划面积

1951 年，成立常德县园艺场建场，有果园 10 亩。次年 2 月，常德行署建设科在崇仙庵划出 600 亩山林，招收 85 人，将常德县园艺场扩建为常德专署园艺场。1958 年 9 月更名为常德县园艺场。总场设在白鹤山，崇仙庵为生产作业区。

1962 年 4 月改名为白鹤山农林牧渔园艺总场，范围由白鹤山扩至石公桥马鞍山，面积 10 万亩，总人口 4 万人。产业有水果栽培、水稻种植、畜禽养殖、渔业生产。有橘树 2000 亩，蜜桃 2000 亩。是年底，白鹤山农林牧渔总场撤销，以崇仙庵作业区为主组建常德县园艺场，有柑橘生产基地 1050 亩。

1975 年年初，更名为常德县园艺示范场，划归国有农垦系列。辖崇仙庵、贾家岭、舵陂堰、西洋陂 4 个分场。年底，原瓦屋垱公社万福庵、岩潭嘴 2 个生产大队划入园艺示范场，柑橘种植面积扩至 1.5 万亩。1976 年冬，采取县社联办形式，全县 560 个大队各选派一名社员到场创业，以区为单位增设 9 个分场，全场 13 个分场，职工、社员和民工 2166 人。1978 年，园艺示范场由县独立经营，13 个分场调整为崇仙庵、贾家岭、舵陂堰、西洋陂、太山坡 5 个分场和新建、新合 2 个大队。

1980 年，以同心河为界，将河西镇德桥公社文化大队、同心坝大队，石公桥公社王家桥大队部分生产队和农户划入园艺示范场，增设新立大队。1984 年公社改乡，大队改村，生产队改村民小组。园艺示范场设崇仙庵、贾家岭、舵陂堰、西洋陂、太山坡 5 个分场，野鸡庙、小西堰、万福庵、岩潭嘴、李家桥 5 个农业村。

1995 年，撤区并乡，将原瓦屋垱乡李家桥村成建制划归园艺示范场，镇德桥镇丁家井村红星组，大龙站乡翠正庵村 1 组、富贵坡村 11 组划归野鸡庙村。园艺示范场辖崇仙庵、贾家岭、舵陂堰、西洋陂、太山坡 5 个分场和野鸡庙、小西堰、万福庵、岩潭嘴、李家桥 5 个农业村，共 26 个园艺组，50 个村民小组，总面积 22 平方千米。至 2014 年，全场行政区划和面积无变化。5 个分场有橘园面积 5050 亩，属国有土地。5 个农业村共有水田6300亩,山林11000亩,均属集体土地。

人口民族

2014年,园艺示范场有2011户7640人。其中5个分场616户2985人,5个农业村1395户4655人。男性3896人,女性3744人。总人口中,汉族7609人,占99.6%,回族31人。

自然环境

以浅丘、岗地为主,间有山湾平地。五社河流经境东北部,同心河流经境东南部。境内最高处雨停岗和太山坡海拔197.8米,最低处小西堰海拔37米。全境平均海拔48.7米,相对高度35米。土壤为第四纪黄壤土,pH值4.5~6.5之间,有机值1%~1.5%。属中亚热带向北亚热带过渡的季风湿润性气候,四季分明,热量丰富,光照充足,降水丰沛。年平均气温为16.7℃,1月最冷平均4.4℃,7月最热平均28.8℃。年平均降水量1348.3毫米,3—8月多雨,9月至翌年2月少雨。年日照时数1826小时,年无霜期275天。经济林有柑橘、桃、梨、李、杨梅、枇杷、枣、油茶等,用材林有杉、松、樟、桂、椿、苦树等,野生动物有猪獾、野兔、狐狸、黄鼠狼、刺猬等,鸟类有野鸡、斑鸡、鹭鸟等30余种,蛇类有青花蛇、蝮蛇、虎松王蛇、水蛇等10多种。

二、经济发展

经济综述

民国时,境内经济社会落后,工商业基本为零,手工业者多为稻草纸制作、砖瓦窑工、木工、裁缝等。以农业生产为主,年人均收入不过百元。中华人民共和国成立后,社会经济逐步发展,形成柑橘生产为主,桃、李、梨、枇杷、杨梅、葡萄、西瓜等瓜果为辅和粮食生产两大板块经济格局。改革开放以后,按照"柑橘兴场、农业稳场、商贸活场"规划,全面协调发展柑橘生产、药材种植、水果批发、畜牧养殖、特色果品开发、饲养加工等产业。2014年,全场实现生产总值3200万元,财政收入320万元,农民人均纯收入5100元,城镇居民人均可支配收入2.5万元。

农业

柑橘生产 柑橘是园艺示范场立园产业,1951年由10亩橘园起家,1975年柑橘面积扩至1000亩,产量达到200万千克,成为湖南省柑橘出口外贸基地。1995年柑橘面积12000亩,年产柑橘3000万千克,畅销东北、华北、西北地区10多个省市,出口加拿大、"独联体"及东南亚各国,职工人均纯收入17835元。20世纪90年代中期后,传统柑橘品种出现滞销,经济效益下滑,开始结构调整,果品更新。2014年,完成1000亩橘园坡改梯垦复种赣南脐橙;进行土地流转,发展旅游观光农业;发展特种种植,种植玫瑰200亩、火龙果30亩、葡萄50亩、百合150亩。

种养业 境内农业村以传统种植业、养殖业为主。1978年开始种植杂交水稻，粮食单产提高50%。20世纪90年代开始种植优质水稻、优质水果兴，办养猪场、养鸡场，向发展果园经济及规模养殖转变。2010年，全场优质稻种植面积100%，其中吨粮田达90%，最高单产每亩700千克。2014年，境内有示范猪场1个，出栏生猪1500头；养鸡场4个，养鸡13000只，产蛋18.2万千克；养鱼水面900亩，产鲜鱼45万千克；葡萄园30亩，产鲜葡萄10万千克；蜜桃700亩，产鲜桃30多万千克；红心火龙果30亩，2015年开始挂果。种植优质稻5800亩，总产量4850吨。

林业

境域属低山丘陵，林木资源丰富。1958年大炼钢铁、办公共食堂，森林遭到严重破坏。20世纪60年代中期起，实行封山育林、植树造林，兴办大队林场。1975年，境内有万福庵、李家桥2个林场，林地面积6522亩。20世纪90年代起，实行退耕还林、工程造林，形成用材林、绿化林、经济林并举布局。2014年，全场有用材林2000亩，绿化林4500亩，经济林24500亩。

工业

民国年间，境内有砖瓦、榨油、裁缝、酿酒、鞭炮、竹木加工、粗布纺织、印染等手工作坊。在20世纪50年代农业合作社时期，开始兴办农村集体副业，组建场队企业。60年代，境内建有太山坡园艺场、万福庵园艺队、滚水坝水电站、野鸡庙林场、李家桥林场等场队企业。1964年，在农业大队设立代销点，园艺总场设商店。1979年，兴建1家酿酒厂，年产谷酒13000千克，创产值26万元。1984年兴建1家橘子罐头加工厂，年产罐头

▲ 区园艺场挂果的柑橘树

410万瓶，年产值500万元。1985年创办1家纸箱厂，年产值120万元。1996年，集体商店撤销，建成境内第一个大型私营超市。2010年，增加到大小超市8个，代销点7个，柑橘销售网点5个，柑橘交易市场1个，年经销柑橘3000万千克。2014年建有建材商店3家，铝合金窗门厂2家，柑橘打蜡厂2家，砖厂2家。

劳务输出

80年代初，实行农村家庭联产承包责任制，劳动效率提高，开始出现剩余劳动力，部分青壮年外出打工。2014年，全场外出务工劳力1665人，收入1.25亿元。

三、基础设施

交通运输

清末至民国时期，境内有大龙站至镇德桥太山坡大道、芭茅滩至瓦屋垱大道、富贵坡至石公桥大道，轿马可行。有芭茅滩水运码头，可通木船。1969年常德至蒿子港公路竣工通车，境内始有公路，长9千米。80年代建成场道李家桥至野鸡庙公路，全长17.8千米，路面宽度4.5米，2009年实现硬化。2010年起，投入2000多万元，新建通村通组公路24.8千米，重修王家桥、交通桥、同心桥、战斗桥、杨家桥5座桥梁，实现村村通水泥公路和客运班车。

邮政通信

1965年设园艺场邮电所，设立电话总机室，工作人员3人，办理邮政、报刊发行、电报电话业务。总场安装电话1部，为场内电信业之始。1985年，县邮电局在场内开通100门自动电话交换机，各村、分场均安装电话。1993年开通程控电话，入户235台。1996年，撤销园艺场邮电所，邮政业务由石公桥邮政支局代办。1995年，境内始有移动电话3部。2010年，开通宽带网络。2014年有固定电话820台，移动电话4350台，宽带网用户277户。

供电供水

供电 1974年，在一分场崇仙庵建立变电站，总场机关及一分场职工开始用电照明。1976年开挖同心河，竣工后在小西堰大队熊家建立滚水坝水电站，小西堰部分农户用上电。1982年，崇仙庵变电站接通国家电网，全场70%农户通电。1985年用电入户率达100%。1995—1996年启动电网改造，改造高压线路27千米，新立电杆150根，更新和增设变压器17台。2014年，全场拥有输电线路156千米，变压器92台5520千伏安，总供电量132万千瓦时。

供水 2009年，国家投资在西洋陂水库建立西洋陂水厂，解决境内两个分场、农业村及周边镇德桥镇、石公桥镇农户安全饮水问题，境内受益人口2543人。2015年，园艺示范场东北部3个分场及3个农业村5117人口接通周家店三渡水厂自来水。全场居民实现安全饮水。

水利建设

1956年，修建西洋陂小(Ⅰ)型水库，集雨面积6.9平方千米，坝堤高10.79米，库容474万立方米，灌溉农田12000亩。1960—1973年，修建文化、陀陂堰、神堰3座小(Ⅱ)型水库，总库容量86万立方米，灌溉农田4000亩。修建103口堰塘，蓄水量180万立方米，灌溉农田3000多亩。修建抗旱机埠5座，引水渠18条86千米。2012年修建贾家岭滴灌工程，灌溉田地4000多亩。2014年新建山塘6口，整修塘坝5处，浆砌水渠500米，新增灌溉面积150亩。

集镇建设

2000年前，境内无集镇墟场，农副产品销售以路为市，沿省道306线摆摊设点。2007年冬，利用崇仙庵分场200亩荒芜地修建起融柑橘交易、加工、居住、餐饮、医疗等为一体的小集镇。2008年成立新市场管委会。2015年，集镇拥有南北、东西两条主街、3条副街，街道总长1498米，房屋建筑总面积9.1万平方米，其中住宅面积6.02万平方米，公共建筑面积3.08万平方米，常住人口1080人。

四、社会事业

教育

普通教育 民国年间，境内有私塾3所和野鸡庙国民小学。中华人民共和国建立后，设野鸡庙、万福庵、李家桥3所初小。1958年，野鸡庙由初小发展为完全小学。1968年，总场创办职工子弟学校，招收小学生39人。1975年，李家桥、万福庵2所初小改为完全小学。职工子弟学校、野鸡庙、李家桥小学增设初中班，其中职工子弟学校设高中班(1979年停办)，招收中学生200人。1982年，停办各小学初中班，成立园艺场中学，招收初中学生217人。境内小学有园艺场中心校、野鸡庙、李家桥3所完小，万福庵、小西堰2所初小，44个教学班896名学生。1987年9月，园艺示范场开办园艺职业高中，学制2年，培训园艺专业人才，有学生105人，1989年7月停办。1995年为园艺示范场学校生源高峰期，有中小学教师59人，初中生277人，小学生758人，学前班6个，学前儿童313人，适龄儿童入学率98%，初中毕业率99%。2003年起学生生源减少，为整合教学资源，提高教学质量，学校开始撤并。2004年万福庵小学停办，2005年李家桥小学、野鸡庙小学停办。2006年，园艺场中学停办。2011年，中心校停办。至此，境内无学校。

成人教育 1980年，建立场办农校，设扫盲识字班10个，每年72个学习日，1997

年停办，共扫除青壮年文盲 156 人，扫盲率 100%。农校还加强农民职工的技术培训，至 2014 年，农业技术培训 8673 人次，培养园艺技术专业人才 57 人。

文化

1989 年成立场民间乐队，为居民的婚丧喜庆服务。2006 年成立场有线电视管理站，电视入户率 99.8%。21 世纪 10 年代，群众文艺创作活跃。2010 年，成立园艺场文化站，组织和管理全场文化活动。2014 年，全场有文学爱好者 53 人，创作诗歌 900 多首，写中长篇小说 3 篇，其中职工钟兴珉的散文《我爱这块热土》发表在《桃花源》文学期刊上。

医疗卫生

民国时期，境内有中草药郎中游走行医。中华人民共和国成立初期，境内没有医疗机构，乡民治病到附近石公桥或镇德桥诊所。1957 年园艺场成立医务室，1 名医生坐诊。1977 年成立场卫生所，有医护人员 7 名。1984 年县人民政府批准成立园艺示范场职工医院，有医务人员 12 人，住院床位 12 张，设中西医科、妇科、检验科、药剂房。1997 年，医疗单位改革、人员分流，职工医院保留 12 人，5 人自办私人诊所。2004 年区卫生系统改革，成立公共卫生办公室，由正、副主任、防疫专干、妇幼专干组成领导小组，下设村级卫生室 5 个，有民办大小卫生所 3 个。2009 年成立园艺示范场卫生院，原职工医院并入。2010 年在柑橘大市场内新修卫生院院舍。2014 年园艺场卫生院建筑面积 1000 平方米，设中门诊部、住院部、中西药房、检验室，置有 B 超、心电图、心电监测仪等医疗设备，医务人员 12 人，病床 24 张。下辖野鸡庙、小西堰、岩潭嘴、万福庵、李家桥 5 个村(分场)卫生室，有村医 5 人。

社会保障

1962 年，园艺示范场范围内的农业大队对孤寡老人和无劳动能力的残疾人实行保吃、保穿、保住、保医、保葬(简称五保)供养制度。1994 年，园艺示范场设民政所，负责社会保障工作。1998 年，实行城镇居民最低生活保障制度，场内有 175 人首批纳入最低生活保障范围。2004 年起实施农村居民最低生活保障。2005 年启动新型农村合作医疗制度，年内“新农合”覆盖率 80%，2007 年达 95%，2010 年达 100%。2014 年，全场享受城镇低保 168 人，享受农村低保 205 人，共发放低保金 75 万元；供养五保对象 49 人；新农保参保人 2118 人，城镇居民医疗保险续保 610 人；大病救助农村对象 200 人，资金达 20 万元；居民大病救助 126 人，资金 30 万元。

人民生活

中华人民共和国成立后，人民生活逐步改善。1978 年改革开放后，国民经济快速发展，人民生活不断提高。2006 年免征农业税费，农民享受各种惠农补贴。2014 年全场年人均收入 15710 元,95%的家庭住进新式楼房,彩电、冰箱、洗衣机、手机等电器基本普及,80%的家庭拥有摩托车、汽车,自来水入户率达 99%,电脑宽带网入户率达 15%。

五、特色地情

水果之乡 境域俗称常德“水果之乡”,历史传统主要种植:柑橘 1.5 万亩,年产量最多达 4000 万公斤;蜜桃 2000 亩,李子 1000 亩,枇杷 1000 亩,杨梅、梨 1000 亩。引进猕猴桃、葡萄、草莓、木瓜、火龙果、枣、西瓜、香瓜、菜瓜等特色果品类。

柑橘 种植始于 1951 年,面积 10 亩,品种 10 个。1962 年扩建到 1050 亩,品种 50 多种,产量达 100 多万千克,畅销省内外。1975 年成为湖南省柑橘出口外贸基地,无核蜜橘畅销日本、加拿大、美国、东南亚各国。1995 年种植面积 12000 亩,年产柑橘 3000 万千克,畅销国内外。90 年代中期以后,柑橘传统品种出现滞销,经济效益下滑,开始进行结构调整,实行果品更新。

蜜桃 20 世纪 50 年代,零散种植约 50 余亩,1965 年后,各生产队逐步发展,集体桃林全村达 400 亩。1978 年,参照“土地联产承包责任制”形式,全场职工、农民种植达 2000 多亩。2014 年各类早、中、晚熟蜜桃品种达 30 多种,年产鲜桃 720 万千克,年产值达 8000 万元。由于果品不宜久放,保鲜技术不高,多为本地销售或省内销售,成熟旺季,常出现滞销、腐烂伤果农。

枇杷、杨梅 清代即有种植传统,一般作为庭院风景栽种在农民房前屋后。20 世纪 80 年代土地经营权扩大,此类果品经济效益抬高,农户开始几亩、十几亩规模种植。2014 年,全场栽种枇杷 1500 亩,年产量达 50 万千克,产值达 1400 万元;杨梅 900 多亩,年产量达 18 万千克,年产值 600 多万元。

草莓 2005 年,万福庵村朱姓村民开始试种 20 亩,引人效仿种植,后因大棚技术失误,种植不成功。

风景名胜

西洋陂水库 位于野鸡庙、小西堰、万福庵三村之间,集雨面积 6.9 平方千米,库容474 万立方米,蓄水面积 1245 亩,东抵周家店,西靠太阳山脉,一湖碧水,三面青山,花果飘香,风景宜人。

人物

黄孟初 (1935—)男,陵陂堰晋阳村(今野鸡庙村)人,家境较殷实,从小好读书。1942—1945 年进陈雨初私塾读小学,1945—1947 年在镇德桥枫树口读完小,1948 年考入常德隽星中学,1954 年考入北京航空学院学习,毕业后分配至国务院第五研究设计院。1970年因两地分居调回常德。后任常德县中兴机械厂副厂长、厂长、党委书记，常德县锅厂厂长、湖南省机械工程学会会员、常德市机械工程学会理事、高级工程师。1995年退休回园艺场野鸡庙村居住。

邵明安 （1956—）神堰村宋家湾人，就读于瓦屋垱中学，湖南师范大学。清华大学研究生毕业后留学美国，获博士后学位，回国后任西安西北研究所所长、党委书记。

重大事件

1951年，成立常德县园艺场。

1975年1月，常德县园艺场更名为常德县园艺示范场，划归国有农垦系列。年底，开垦橘园1.5万亩，开挖同心河。

1983年，集体柑橘林承包到户。

1988年，常德县园艺示范场更名为鼎城区园艺示范场。

2008年，在王家桥交通桥内引道两旁占地200亩，修建园艺场集镇。

六、各村、分场简介

崇仙庵分场

位于总场东部，倚省道306线，东连石公桥镇王家桥村，北倚伍社河与周家店太平寺村隔河相望，西接岩潭嘴村和二分场，南临小西堰村。辖7个园艺组，752人。土地面积1730亩，其中园地1223亩，水域266亩。常红赣南脐橙果品公司在境内栽种脐橙1200亩。建有大型柑橘市场，万吨储果仓库2个。2014年人均收入13592元。因柑橘市场兴起形成小集镇。2016年与贾家岭分场合并，新命名为老分场。

贾家岭分场

位于总场北部，紧临崇仙庵分场和岩潭嘴村。辖6个园艺组，473人。土地面积1608亩，其中园地1422亩，林地81亩。2015年橘园实行“坡改梯”，大部分用作赣南脐橙基地。2013年用地50亩试种红心火龙果成功。年人均收入12680元。2016年与崇仙庵分场合并，新命名为老分场。

舵陂堰分场

位于万福庵村境内，辖5个园艺组，254人。土地面积1119亩，其中耕地17亩，园地930亩，林地58亩，水域19亩，未用地32亩。以种植柑橘为主。2014年人均收入11950元。2016年与西洋陂、太山坡分场合并，新命名为新分场。

西洋陂分场

位于总场中心区，辖4个园艺组，265人。土地面积947亩，其中园地832亩，林地17亩。水果种植主要有柑橘、桃、杨梅、枇杷等。2014年人均收入12090元。2016年与舵陂堰、太山坡分场合并,新命名为新分场。

太山坡分场

位于总场南,野鸡庙村境内。辖4个园艺组,232人。土地面积1007亩,其中园地690亩,山林200亩。以种植柑橘为主,部分职工外出打工,2014年人均收入12870元。2016年与舵陂堰、西洋陂分场合并,新命名为新分场。

野鸡庙村

位于总场南,省道306线20千米处,与太山坡分场接壤,与镇德桥镇以同心河为界。辖11个村民小组,1192人。土地面积4820亩,其中耕地1877亩,园地1100亩,林地441亩,水面550亩,荒地376亩。主要种植双季稻和柑橘、桃子、枇杷、杨梅、李子等水果。外出务工人员400多人,年务工收入约2000万元。2014年人均收入13105元。2016年与小西堰、万福庵村、西洋陂分场合并,新命名为西洋陂村。

小西堰村

位于总场东南,东临306省道,南与野鸡庙村为邻,西倚西洋陂水库,北与西洋陂分场接壤。辖7个村民小组,748人。土地面积3900亩,其中耕地1151亩,橘园363亩,山林150亩,水面1681亩,荒地204亩。耕地以种粮为主,山地以栽种柑橘为主,杂有桃、李、梨、枇杷、杨梅、西瓜等瓜果。家禽、水产养殖成规模型。常年外出务工人员200人,务工收入1000万元。2014年人均收入12186元。

1990年代境内曾建大型金刚石厂,后因土地污染于2010年停产。遗存有明朝永乐年间修建的通港陂堰老堤遗址。

2016年与野鸡庙、万福庵、西洋陂村合并,新命名为西洋陂村。

万福庵村

位于总场西部,分别与李家桥村、贾家岭、舵陂堰、西洋陂分场接壤相邻,紧挨西洋陂水库。辖9个村民小组,912人,主要姓氏为莫、张等。土地面积5357亩,其中耕地2381亩,园地614亩,山林934亩,水面352亩,荒地616亩。主要种植水稻、棉花,柑橘,杂以杨梅、枇杷、李子、桃梨等。常年在外务工人员250人左右,务工收入约1000多万元。人均年纯收入11859元。2016年与野鸡庙、小西堰、西洋陂村合并,新命名为西洋陂村。

岩潭嘴村

位于总场北,分别与贾家岭分场、李家桥村相邻。辖7个村民小组,762人。土地面积3251亩,其中耕地1236亩,园地729亩,山林374亩,水面439亩,荒地223亩。以种植水稻为主,旱地种植柑橘、棉花、花生等,山林以油茶为主。常年外出务工人员近300人,务工收入近2000万元。2014年人均收入9960元。2016年与李家桥村合并,新命名为李家桥村。

李家桥村

位于总场北，分别与周家店镇蜘蛛山村、舵陂堰分场、岩潭嘴村接壤相邻。辖16个村民小组，1232人。土地面积8679亩，其中耕地2542亩，山地616亩，山林3664亩（其中油茶林500亩），水面866亩，荒地497亩。主要种植水稻，辅以棉花、花生、红薯等。有规模养鸡、养猪、养鱼专业户10多户。常年外出（运输业）务工人员约300多人，务工收入1500多万元。2014年人均收入10980元。

（执笔：黄国清　编辑：刘忠祥）

区特种养殖总场

地图审图号:湘 S(2008)052 号

一、区域概况

地理位置

特种养殖总场位于区境东部八官崇孝垸内,东靠黑山嘴乡,南连韩公渡镇、牛鼻滩镇,西邻镇德桥镇,北接石公桥镇。场部驻原断港头乡政府机关院内,距区人民政府驻地 30 千米。

建置沿革

1995 年撤区并乡时,由断港头乡的五甲、先锋、福兴 3 个村和原常德县渔场一部分组成鼎城区特种养殖总场,属正科级事业单位,至 2014 年无变化。

区划面积

2014 年,区特种养殖总场辖断港头居委会,五甲、先锋、福兴 3 个行政村,土硝湖、苏家吉、马家吉、英湖、马鞍山、杜家庄、熊家垱、特种养殖示范场8个分场。总面积4.1万亩，其中水面3万亩，耕地8195亩。

人口民族

2010年第六次人口普查时，人口统计为4685人。2014年人口统计为1060户，4868人，其中男性2531人，占52%，女性2337人。农业人口4632人，占95.1%。汉民族为主，苗族人口5人，占0.9%，均系婚配嫁入。

自然环境

位于西洞庭湖边缘，地处八官崇孝垸与冲柳垸交界处。属冲积平原围堤造垸，场内河流湖泊众多，水面占总面积的75.6%。主要有“两水两湖”（冲柳高、低水，土硝湖、土硝垸）。冲柳高水自北向南经境流入沅江，冲柳低水至西向东经境与冲柳高水交汇。土硝湖、土硝垸处于高、低水交汇处。最高处先锋村海拔33.5米，最低处土硝湖海拔29米，全境平均海拔31.5米。

属亚热带湿润性季风气候，四季分明，阳光充足，气候温和，历史平均气温16.7℃，年平均降雨量为1200～1300毫米，日照时数1700小时，无霜期270天。4—7月为多雨季节。

境域水面辽阔，渔业水产品资源丰富，水产品养殖业为支柱产业，主要养殖：草、鲤、鲢、鲫、青鱼等传统鱼类；鳜鱼、大闸蟹、甲鱼、虾等高经济价值水产品。

土壤为河湖冲积土，土质肥沃，土层深厚，保水保肥力强，通透性强，有机质含量达3%以上，呈弱碱性（pH值为7.5～8.5）。适宜于稻谷、棉花、湘莲、蔬菜等作物生长。

二、经济发展

经济综述

1995年成立特种养殖总场后，实行“种养结合，养殖为主，优化结构，发展特色”的指导方针，优质双季稻种植面积9000亩，淡水鱼粗养水面30000亩，精养水面1000亩，鱼蟹套养2000亩，鱼鳖套养80亩，南美白对虾特色养殖280亩。1995年，总场农业生产总值698万元，农民人均纯收入1750元。2014年总场农业生产总值3746万元，人均纯收入6546元。

水产品养殖

境域水面宽广，水产品种类丰富，为鼎城区主要商品鱼基地。

民国以前，境内水产品产出主要靠自然水域捕捞，无养殖生产记录。新中国成立后，商品鱼养殖逐渐发展，1965年商品鱼养殖量首次超过捕捞产量。1980年后，境内有455亩养殖鱼塘，亩产70千克以上。1995年成立特种养殖总场后，原常德县渔场一部分并入特养场，水面总面积达33000余亩。采取粗放养与精养相结合，其中建高密度精养鱼池1100亩，每亩收益达1000元。养殖种类有青鱼、草鱼、鲢鱼、鳙鱼、鲤鱼、鳊鱼、鲫鱼、黄颡鱼、鲶鱼、鳜鱼、鳡鱼、乌鱼等经济鱼类。2000年、2010年代先后引进特种水产大闸蟹、黄鳝、鳖、珍珠、南美白对虾养殖等。2014年出产鲜鱼7000吨，产值8400万元，其中南美白对虾产量125吨，产值450万元，每亩收益达1.8万元。

20世纪50年代境内土硝湖一带出产珍稀鱼类——银鱼，年产量达5吨。银鱼细如银针，晶莹透亮，历史上为上等贡品。后因水利设施等工程建设和围湖造垸，于1974年绝迹。

养殖专业户 高海林，五甲村13组人。承包水面6000亩养殖鱼类，成立海华渔业养殖专业合作社实行规模养殖，形成"公司+农(渔)户"集约经营模式。

种植业

境内土壤肥沃，种植水稻，兼种油菜、莱藕、芝麻、棉花、湘莲、甘蔗、西瓜及甜瓜等经济作物与水果。

1958年水稻种植推广双季稻，1975年引进杂交水稻，1982年实行家庭联产承包责任制，亩产量分别约为120千克、250千克、450千克。1995年成立特种养殖总场后，先后推广软盘抛秧、机插秧、测土配方施肥、农业机械化、实行规模种植等新技术、新管理模式。2014年种植水稻7990亩，总产稻谷5593吨，亩产700千克。

2014年种植莱藕5143亩，产量1.8万吨。

商贸服务业

1995年境内有断港头墟场和先锋村墟场，个体商铺21家，社会商品零售额200多万元。2014年总场场部有各类商铺个体经营户48家，个体工商从业者144人，社会商品零售额达1600多万元。

▲ 特种养场

其他产业

建筑业 2014年，有从业人员720人，纯收入2160万元。

运输业 2014年，有从业人员41人，纯收入287万元。

劳务输出 2000 年起，境域每年外出务工达 1000 余人。2014 年劳务输出收入 6000 万元。

三、基础设施

交通运输

境域水道纵横,20 世纪 70 年代前交通运输主要靠水路。当时无固定码头,群众售卖农产品和采购日常用品都是用自家的木船,经石公桥、镇德桥、白鹤山往返于常德城区。1962 年为方便群众上交粮食,在断港头粮库后建断港头码头。1972 年治理冲柳河和围湖造垸时,境内结束水运历史。1969 年修建 046 县道,境内始有公路,长 7 千米。1979 年建成乡道断港头至石公桥公路,全长 15 千米。2007 年开始通村、通组公路硬化建设。2008 年建成特养场客运站,拥有客车 16 台,年客运量 20 万人次。2014 年境内 32 千米通村、通组公路及县道全部实现硬化。

邮政通信

20 世纪 50 年代境域邮政由原断港头公社负责信件报刊投递。1995 年断港头公社撤销后归属韩公渡公社。1995 年建场后,场部外部通讯联系采用手摇磁式电话,由公社总机转接、连通,1992 年开通拨号、按键模拟程控电话。2006 年后无线通信及宽带网得到快速发展,有移动和联通基站各一个,通信信号覆盖全境。2014 年境内拥有手机 4015 台,宽带用户 853 户。

供电供水

供电 境内供电由断港头变电所管辖。1965 年国家电网在断港头修建一座 3.5 千伏变电站,供应断港头、韩公渡等地用电,境内始通电。因点多线长难以保证正常生产生活用电,2003 年启动农村电网改造,实现变压器增容。2013 年断港头变电站升级改造为 110 千伏无人值班变电站,彻底改善境内及周边地区用电质量,生产生活用电得到保证。2014 年全场拥有输电线路 75 千米,变压器 22 台 3165 千伏安,总供电量 800 万千瓦时。

供水 20 世纪 80 年代前直接饮用湖塘沟港水，之后因农渔业生产大量使用农药、化肥、人工饲料等,水面开始大面积污染,采用打井取地下水。2013 年投资 400 多万元,在总场墟场新建起自来水厂,取地下水过滤实行集中供水,日供水能力 1000 立方米,用户 2150 户 11000 人,境内居民安全饮水得到完全解决。

水利建设

1963 年建成断港头 35 千伏变压站后,1964 年改断港头 180 匹柴油机埠为装机容量 110 千瓦电力机埠(55 千瓦台)。1969 年冬至 1970 年春,修建东西贯穿原断港头公社13个村长达18千米的东风灌渠，原水利部长钱正英曾莅临视察该渠。1984年建成付兴村30千瓦电力抗旱机埠。1985年建成五甲村装机容量55千瓦电力机埠。1997年为建1200亩示范精养鱼池基地，配套建成长3.8千米、高程为33.5米围水堤和30千瓦排灌机埠一处。1998年建成五甲村12组乌塘碑排水硚一座。1999年修建成荷花堰至赵家冲2.8千米排水沟。

四、社会事业

教育

1949年境域为私塾教育。1950—1995年建场前，境域教育归属断港头乡（公社），公社存续期间先后创办5所小学（先锋村、五甲村、福兴村、永南岗、黄家铺小学）和1所中学（断港头中学），境域子弟就读于此。1995年撤区并乡时，境域永南岗、黄家铺小学划归韩公渡镇。2003年由于生源减少，五甲村、福兴村、先锋村小学合并成立先锋村中心小学，校址设原先锋村小学。

断港头中学 前身为断港头公社五七中学，创办于20世纪70年代初，设初中部和高中部，共五个年级（初中3个年级，高中2个年级）。1979年因牛鼻滩区设立中学，公社五七中学高中部迁往牛鼻滩区中学。2014年断港头中学开设小学部。学校占地面积2.53公顷，建筑面积6000平方米，拥有高标准教学楼、科教楼、学生宿舍、多功能餐厅、电脑室、仪器室、多媒体电教室、理、化、生物实验室、图书馆等，常年有教学班9~12个，2014年有中、小学生420人。

先锋幼儿园 前身为创办于20世纪60年代的先锋村中心小学，2014年在原校舍创建先锋幼儿园。园址坐落在总场先锋村境内，占地1公顷，面积为1800平方米，为规范化功能齐全的公办幼儿园。

医疗卫生

20世纪50年代前境内无医疗诊所，看病治病大多依靠乡村“土郎中”。1965年，原断港头公社建立卫生院，各生产大队配备不脱产“赤脚医生”1~2名，公社卫生院配备医务人员20余人。80年代后因设施简陋，服务对象少，自负盈亏难维系，曾一度停业。1995年，段港头公社卫生院随公社同时撤销。2007年特养场组建特养场卫生院，租赁房屋100多平方米，床位10个，医务人员9人。

社会保障

自1995年启动，各项保障先后不断扩大、完善，做到应保尽保。其中农村居民养老保险自2010年实施，农村最低生活保障自2005年实施。2014年，全场五保对象63人全部享受供养；参加机关事业单位养老保险233人，领取退休金10人；参加农村社会养老保险 1880 人，领取养老保险金 900 人；参加新型农村合作医疗 4012 人，参合率 100%；享受农村居民最低生活保障 280 人，领取低保金 78 万元。

五、特色地情

故事传说

断港头地名故事 据老辈口口相传，境域断港头是一个风水宝地，地生龙脉，出天子的地方。不知何朝何代，出了个天赋异秉的能人叫陈朗水，家住篾片湖十二指山，能骑竹为马，跨地而走，天资聪颖，还会各种法术，自诩为未来天子。养竹兵竹将于自家屋后竹林，祭三支神箭于堂屋神堂之上，常年关闭大门，以期法成谋取帝位。后因陈朗水的舅舅无意中打开了大门，破了法，放飞了还未成气候的三支神箭，惊动了天子，遂派重兵追捕陈朗水，重围中，陈朗水惊慌失措，骑田埂而遁，慌不择路，向冲天湖（又称土硝湖）而逃。因田埂全是泥土，遇水而化，陈朗水淹死在冲天湖。20 世纪 60 年代有人建房屋挖土开基填水港，白天填的土晚上便神秘消失，总也填不满。当地老辈人认为是冲犯了龙脉，便杀黑狗淋血，才把那条水港填起来。

名优特产

淡水鱼 境内河道纵横，湖面相互连通，水域面积大，适宜鱼类生长。因无须投料投肥，自然放养生长，鱼肉质紧密鲜香，为绿色无污染食品。每年养殖销售草、鳊、鲫、花白鲢等各类鱼产品 7000 吨，为全区最大商品鱼生产基地。

莲藕 境域为西洞庭湖湖洲区，泥层深厚，水体洁净，莲藕种植历史悠久。藕品白如玉，状如臂，粗如小碗口粗，每支重约 10 斤左右。生吃清甜生脆，烹饪成则佳肴，为环保天然绿色食品。2014 年种植面积 5000 亩，莲藕畅销省内外。

民俗风情

三棒鼓 为境内流传历史悠久的曲艺说唱，唱词为五、五、七、五字句式，每句押韵，既有灵机应变唱段，又有完整故事唱本。一般为一人击鼓按曲调唱全节四句，一人击小锣和唱第四句，击鼓者常用手耍三节铜钱棍，以显技艺。艺人每逢春节走村串户献艺，平时为农家婚丧喜庆助兴。

渔鼓 又称道情，是境域百姓喜欢的民间曲艺，见于茶楼酒馆和婚丧喜庆场所。表演者一手怀抱渔鼓筒并持单钹、云板，一手持签子按点子敲击，既有应景灵活的唱词，又有故事情节完整的唱本。句式无严格规定，唱、白穿插进行。

六、各村(居)、分场简介

五甲村

1965 年属断港头公社,时称五甲大队,1981 年改村。位于特养场东部,东与韩公渡镇株木山村相邻,南与韩公渡镇牛古陂村隔河相望,西接本场先锋村,北抵冲柳高水间堤。辖 15 个村民小组, 1545 人,耕地 3200 亩,水面 300 亩。

先锋村

50 年代初期称天明,1965 年属断港头公社,时称先锋大队,1981 年改村。位于本场中部,东接五甲村,南与韩公渡镇大路陂村隔河相望,西接福兴村和韩公渡镇永南岗村,北抵冲柳低水间堤。辖 14 个村民小组,1730 人。耕地 1800 亩,水面 260 亩。2016 年 5 月与福兴村合并,沿用先锋村名。

福兴村

1976 年由断港头公社永南岗、黄家铺、先锋、株木山 4 个生产大队部分人口组成,以原地名福兴障命名。位于本场西部,西接韩公渡镇黄家铺村,东南与先锋村为邻,北抵冲柳低水间堤。辖 5 个村民小组,519 人。耕地 1300 亩,水面 297 亩。2016 年 5 月与先锋村合并,新命名为先锋村。

农业分场

马鞍山分场:人口 233 人,耕地 250 亩,水面 500 亩;杜家庄分场:人口 253 人,耕地 270 亩,水面 280 亩;熊家垱分场:人口 17 人,耕地 250 亩。

国营分场

特种养殖示范场、土硝湖分场、苏家吉分场、马家吉分场、英湖分场,有职工 233 人,均属原常德县渔场职工。

断港头居委会

成立于 1997 年,位于特养场墟场,人口 338 人,均为非农业人口。

(执笔:彭政华　编辑:刘忠祥)

区芦苇场

一、区域概况

地理位置

位于常德市鼎城区东北部，澧水流域鼎城段，东抵西湖管理区，南抵鼎城区民主阳城垸防洪大堤，西抵津市保河堤，北与安乡县芦苇站相望，长35千米，滩洲面积3.3万亩。从澧水上游洲滩往下依次为麻河分场，面积6105亩；蒿子港分场，面积5175亩；光明垸分场，面积4530亩；沙河口分场，面积6015亩；牛望嘴分场，面积5550亩；三角堤分场，面积5620亩，距区人民政府驻地50千米。

建置沿革

因地处澧水外滩鼎城段，湿地资源丰富，利于开发种植芦苇。1966年5月，成立常德县芦苇管理站，属县财税局直管全额拨款正股级事业单位，机关设蒿子港镇河口街。1983年，更名为常德县芦苇场，属县农委直管自收自支企业化管理正科级事业单位。1988年，常德县改鼎城区，随之更名为鼎城区芦苇场。1996年4月，机关搬迁至蒿子港镇锦阳街原区公所所在地。2011年11月，加挂"湖洲林场"牌子。2015年1月，获批为湖洲国有林场，正式纳入国有林场行业管理。2015年8月，实行国有林场改革，确定芦苇场为一类公益性事业单位。

自然环境

地形地貌 地处澧水流域民主阳城院外滩洲，三面环水，土壤为潮泥，极为肥沃。海拔最高处蒿子港长洲子35米，最低处牛望嘴荷包湖31.5米。植被主要是芦苇、杨树。

气候特征 四季分明，气候温和，光照充足，雨量充沛，无霜期长。洲上溪沟纵横，树林茂密，河面长，小气候特征明显。年平均气温15.8℃，1月平均气温3℃~8℃，7月平均气温28.1℃，月极端最高气温39℃> 10℃的活动积温5100℃，年均降雨量1600毫米，5—6月份降雨最多，达380毫米；12月份最少，为67毫米，无霜期300天。

土壤状况 主为泥沙土，土层厚度多在90毫米以上，土壤pH值多在3.5 ~ 6.5之间，质地疏松，肥力较好，适于植物和农作物生长。

人口民族

2014年有干部职工290人，其中在职职工168人，退休人员122人，机关工作人员24人（干部11人），一线职工144人（其中麻河分场26人，蒿子港分场15人，光明垸分场12人，沙河口分场23人，牛望嘴分场22人，三角堤分场19人，营养食品厂27人）。汉族285人，占98.3%；回族5人。

二、经济发展

经济综述

鼎城区芦苇场建场50年来，致力开发澧水荒滩资源，栽种造纸原材料芦苇和开发杨树速生丰产林，历史累计育苇18000亩（1966—2009年），为造纸厂提供原材料总计73.1万吨，造林33000亩，活立木总蓄积25万立方米。2015年总产值528万元，拥有固定资产1000万元。

2009年以前，以芦苇生产经营发放工资。2009年后，芦苇场实行租赁经营，整体承租给益阳森化公司（2013年被吉林森工重组）从事杨树生产。以租赁金保障职工生活，年人均收入12000元左右。2015年，全场实现租赁收入528万元，拥有固定资产1000万元。

发展简介

1958年特大洪涝灾后过后，实施澧水治理工程，大堤外扩，垸内居民外迁，澧水外滩广袤湿地资源闲置，常德县委、县政府责成县财税局组织开发种植芦苇。1966年，成立芦苇管理站，隶属于财税局（1975年由县农业局代管）。办公地点位于蒿子港码头处，初始人员35人，管理人员从县各单位调派，职工从周边人员中吸收录用，身份为固定农工，专业从事芦苇生产，兼营柳条（为工艺厂提供原料，因需求量不大，未形成规模）。1983年后，芦苇所从财政局分离，独立为科级单位，自收自支、独立核算，隶属于县农委，场部迁移至河品街常德县纸厂旁。1996年，场部迁移至锦阳街原蒿子港区公所。

芦苇面积从建场起逐年扩大种植，至1976年为2万亩，覆盖上起中河口乡，下抵西湖农场整个澧水外滩。1983年面积达到3.3万亩。

1986年开始，水利部门每年4—5月实施澧水滩洲清障高秆作物，以利行洪保安，沿澧水洪道滩洲一半面积芦苇属于清障范围，芦苇面积降至1.8万亩。1994年，鼎城区政府将扫障区扫障权交予芦苇场，实行扫障与开发一体化，每年将扫障区交予周边乡镇村民种植油菜，因季节错开，实现扫障与开发同步，获得经济和社会效益。1997年经水利部许可，芦苇场开始在扫障区芦苇边上种杨树，至2001年种植杨树5000亩，16万株，2009年杨树产值950万元。

▲ 芦苇

生产与管理

境域芦苇茎秆坚硬，质地细腻，纤维含量高，一般在40%~60%。一次种植多年受益，其间实施苇田灌溉、施肥、病虫害防治、田间管理及芦苇收割。

境域芦苇为无性繁殖，每年3月下旬至4月上旬从田间挖取芦苇根状茎，截取30厘米为一段进行栽植。通常情况下第一年栽植后，第三年每亩产量即可达0.6~1.2吨。

病虫害防治

境域芦苇虫害主要为蚜虫、蛀茎虫、飞虱等，一般严重发生季节在4月下旬和6月下旬。1995年前，药物防治为人工操作，靠人海战术，效率低下。1996年，与安乡芦苇站、澧县芦苇场联合，在安乡县城关镇附近的八方楼地区修建一占地面积4公顷的简易飞机场，每逢治虫时期联合向湖北荆沙和荆门航校调运五飞机喷洒农药，节省人力成本，提高效率。

生产经营

1966—1983年，芦苇产销由湖南省轻工业厅实行计划调配，芦苇主要按国家计划销往汉阳和天津纸厂。

1983年市场化改革后至1993年，芦苇场年创产值75万元，年上缴税收20万元。

1994年起实行统分结合联产承包责任制，芦苇生产面积分为168个段面，承包给每位职工，由职工自主生产管理，场部统一销售结兑，收益1∶1分成，1994~2006年期间，年产值在300万~550万元，向区财政年上缴税收50~75万元，经济效益明显，职工收入增加，芦苇场一度有鼎城区财政小金库之称。

2007年年底开始，受国际金融危机和国家环保政策影响，沿洞庭湖小纸厂相继关闭，芦苇价格大幅下滑，芦苇行业萧条。2008年开始尝试以洲块为单位与沅江金太阳、津市雪丽两家纸业公司实行租赁经营。2009年与益阳森化林业接洽引入租赁经营方式，逐年改种、扩种杨树。2009年—2015年，先后栽种杨树33000亩，整体租赁期15年，年租金528万元。租赁金为职工发基本工资和缴纳医社保(2013年开始为职工缴纳住房公积金)，帮助职工从事其他产业或第二次创业。

2011年11月，经区政府批准，芦苇场实行国有林场管理试点。2015年1月，鼎城区芦苇场正式纳入湖洲国有林场行业管理，是常德市唯一平湖区国有林场。

▲ 芦鳝

鼎城营养食品厂 1986年芦苇场成立的独立核算法人企业，位于武陵镇玉霞街道常沅路85号，占地13亩。主要经营豆制品、淀粉制品、非酒精饮料、罐头等，2001年停产注销法人资格，待岗职工与芦苇场在册职工同等待遇。

职工生活

2014年芦苇场实现总产值528余万元，人均纯收入12000元。有70名职工在常德城区购买商品房，其他职工在周边乡镇安家。11%的职工拥有家用小车，80%的职工拥有电脑开通宽带网。电视机、空调、洗衣机等家用电器和手机摩托车职工家庭得到普及。

三、基础设施

交通运输

省道205、306线、县道42线直通总场，至杭瑞高速公路西洞庭农场出口15公里，境内沿线35公里道路实现硬化，澧水主航道内船只可直达，滩洲内建有多条作业小道，水陆交通运输方便。

邮政通信

邮政通信始于70年代，依附蒿子港集镇同步发展。1971年，蒿子港墟场设立邮政代办所，主要收发信函邮件，投递报纸书刊。1972年，场部开通与外界的手摇式电话。1992年，开通程控电话。2000年后，无线通信及宽带网得到快速发展，通信信号覆盖芦苇场全部洲滩。2014年，场内职工手机完全普及，宽带网用户上百户。

供电供水

境内水电管网系统与蒿子港城镇一体同步同网规划、建设。

四、社会事业

职业教育

1990—1993 年，芦苇场输送 12 名青年职工参加函授和脱产学习，获得大专文凭 4 人。1997 年—1999 年输送 33 名青年职工参加鼎城区农广校学习，获得中专文凭。期间自身多次开设职工业务培训班，进行在职在岗职业教育培训，提高职工业务技能，先后输送职工 330 人次参加省市区组织的各类短期业务培训班。

文化体育

场部设有图书室、报刊阅览室、现代远程教育学习室、职工之家、党员之家、妇女之家和退伍军人之家。机关院内建有篮球、乒乓球、气排球等健身设施，组团参加历届区农运会和区全运会。

医疗卫生

场内未设医疗诊所，职工看病治病大多到周边乡镇卫生院及以上医疗机构。场生产区为血吸虫疫区，从建场起至 1993 年，职工血吸虫病由场里出全资治疗。1994—2007 年，因公急性血吸虫病由场公费全资治疗，慢性血吸虫病每三年由场出资 300 元和蒿子港血防站对接治疗一次。2008 年实行租赁经营以后，每年由场出资 200 元给职工自行治疗血吸虫病。2006 年，场内启动职工医疗保险，参保率 100%。

社会保障

2002 年 3 月，全场职工参与机关事业单位养老保险，2006 年 1 月退休人员开始在机关事业单位养老保险处领取养老金。2007 年 7 月，办理职工医疗保险。2013 年全场职工享受区住房公积金待遇。2014 年，退休人员退休金领取关系由机关事业单位养老保险处转至企业社会养老保险处。

五、特色地情

文物古迹

20 世纪 70 年代整修澧水大堤时，曾发掘出岳飞的儿子岳云所用的一方白玉印章，保存在湖南省历史博物馆。

特色美食

藜蒿粑粑 澧水滩洲盛产藜蒿。藜蒿属草本植物，俗名粑蒿，叶面呈绿色，叶底微白带绒毛。入春后，生长于洲滩边上，采撷后捣碎、浸泡、去汁、揪干，然后用糯米粉加水拌和，也可加进腊肉等佐料，做成圆粑粑，可用蒸笼蒸，也可用平锅煎，热吃冷食均可，清香味美可口，农历三月三日吃蒿子粑粑为当地习俗。初春时藜蒿的根茎是一道鲜美时令野菜。

芦笋 初春新萌芽的芦苇剥壳后的芦笋肉质洁白细嫩，食用口味脆嫩鲜香。境域生长的芦笋含有多种氨基酸和硒、钼、镁、锰等微量元素，对心血管病、血管硬化、高血压、胆结石、肥胖等病症均有良好的辅助治疗效果，是一种健康食品和抗癌食品。

芦鳝 境域芦苇湿地中的野生黄鳝在当地俗称芦鳝，体大肉肥，质地鲜嫩，为宴中上品佳肴。其肉、血、头、皮均有一定药用价值，据《本草纲目》记载，有补血、补气、消炎、消毒、除风湿等功效。

湿地风光

沿澧水洪道绵延 35 千米的芦苇湿地，多面环水，生长湿地植物 864 种、鸟类 201 种、鱼类 110 种，构成一幅苇塘风清、百鸟飞翔的自然生态景观。春来岸芷汀兰，鸥翔鹭飞。夏至芦叶青青，绿树成荫。秋季洲滩突兀，渔帆点点。冬日芦絮扬花，犹似飞雪。

重大事件

1994 年鼎城区人民政府授权芦苇场行使澧水滩洲行洪清障权，按“谁清障谁开发谁受益”的原则，芦苇场获得 533.33 公顷面积滩洲的开发经营权。

2009 年 2 月，鼎城区芦苇场将芦苇生产面积整体租赁给益阳森华有限公司进行芦林间作。租赁期限 15 年，年租金 528 万元。

2015 年 1 月，鼎城区芦苇场申报为湖洲国有林场获湖南省林业厅批准。

2015 年 8 月鼎城区国有林场改革，被确定为一类公益性事业单位。

（执笔：周先锋　编辑：刘忠祥）

鼎城区 2014－2016 年乡、镇(街道)、村区划调整情况

一、乡、镇撤并建(2014—2015 年)

2014 年撤武陵镇,建玉霞街道办事处、红云道街办事处、郭家铺街道办事处;撤斗姆湖镇,建斗姆湖街道办事处。

2015 年黑山嘴乡、黄珠洲乡、十美堂镇合并,新组建十美堂镇;大龙站镇、双桥坪镇合并,新组建双桥坪镇;长岭岗乡、雷公庙镇、蔡家岗镇合并,新组建蔡家岗镇;长茅岭乡、尧天坪镇合并,新组建尧天坪镇;逆江坪乡、港二口镇合并,新组建花岩溪镇;黄土店镇、沧山乡、钱家坪乡合并,新组建黄土店镇;唐家铺乡、谢家铺镇合并,新组建谢家铺镇;丁家巷乡,许家桥回族维吾尔族乡合并,新组建许家桥回族维尔族乡。

保留牛鼻滩镇、韩公渡镇、蒿子港镇、中河口镇、周家店镇、石公桥镇、镇德桥镇、灌溪镇、草坪镇。

二、村(居)撤并(2016 年)

牛鼻滩镇

白洋湖、黄溪堰村、南港渔场合并,命名为白洋湖村;观音庄、芷湾村合并,命名为芷湾村;肖家湾、永福村合并,命名为永福村;濠洲、林场村合并,命名为濠洲村;武陵、陈家铺村合,并命名为武陵村;小河口、水月宫村合并,命名为小河口村;同春、三星、渔码头、上林村合并,命名为同春垸村;谈家河、顶兴、兴丰村合并,命名为谈家河村。

保留栏马口村、百家湖村、上街社区居委会、北街社区居委会、南街社区居委会、新街社区居委会。

韩公渡镇

黄腊溪、城址、杨柳村合并,命名为城址村;黄家铺、英湖村合并,命名为黄家铺村;永寿寺、永南岗村合并,命名为永寿寺村;株木山、篾片湖村合并,命名为株木山村;大路陂、牛古陂、走马岗村合并,命名为走马岗村;郑家湾、双胜桥村合并,命名为郑家湾村;建丰、罗家铺、崇河村合并,命名为崇河村;牛皇庵、花园村合并,命名为牛皇庵村;镇龙庵、军山村合并,命名为镇龙庵村;朱洛铺、幸福村合并,命名为朱洛铺村;小湾、立新村合并,命名为立新村;金牛村并入三美社区居委会。

保留流花口村、丁家口村、小山村、团洲湖村、永泰社区居委会、断港头社区居委会。

十美堂镇

民东、同乐村合并，命名为同乐村；同富、紫流村合并，命名为紫流村；沙河、同兴村合并，命名为同兴村；互助、胜利村合并，命名为胜利村；小茅、上坝、虾子村合并，命名为小茅村；高粱村、教育村合并，命名为教育村；界福、上河口村合并，命名为上河口村；杨家台、长湖村合并，命名为杨家台村；邓家窖、康乐村合并，命名为邓家窖村；福民、荷包湖村合并，命名为荷包湖村；信阳湖、四百弓村合并，命名为信阳湖村；白泥洲、南堤村合并，命名为白泥湖村；打鼓台、月亮洲村合并，命名为月亮洲村；移堤、庆福村合并，命名为庆福村；四港、沙潮、七港村合并，命名为观音寺村；一港村和三分场合并，命名为一港村；东风村并入兴镇社区居委会；南湾村并入老街社区居委会；黄珠洲村并入交通街社区居委会；黑山嘴村并入沅阳社区居委会。

保留秧田村、菱角村。

蒿子港镇

仁和、长安村合并，命名为长安村；咸丰、庆丰村合并，命名为咸庆村；福美、金仁村合并，命名为福美村；复宁、光复村、镇渔场合并，命名为光复村；太岳、幸福村合并，命名为太岳村；民康、德安村合并，命名为民康村。

保留邱家村、河口街社区居委会、建设街社区居委会、振兴街社区居委会、劳动街社区居委会、锦阳街社区居委。

中河口镇

双剅、林家村合并，命名为双剅村；麻河、同德村合并，命名为麻河口村；乐安、长坝村合并，命名为乐安村；中河口、太坪村和棉科合并，命名为中河口村；北洲、西河村和林场、园艺队合并，命名为北洲村；南洲、灯油村合并，命名为南洲村；团洲、东堤村和东堤渔场合并，命名为团洲村；祐、柴码村合并为，命名受祐村；复兴、下河村合并，命名为复兴村；东北湾、铁甲村合并，命名为东北湾村。

保留河口社区居委会。

周家店镇

年丰、九岭村合并，命名为荷花村；金家垱、娥公桥村合并，命名为娥公桥村；天井、大砖桥村合并，命名为大砖桥村；白鹤寺、闵家桥村合并，命名为白鹤寺村；黄公咀、竹山咀村合并，命名为濠口村；天门岗、阳陂庵村合并，命名为阳陂庵村；泉水、才坪、向家垱村合并，命名为团垱坪村；柳溪湾、武岗寨、岩桥村合并，命名为武岗寨村；瓦屋垱、蜘蛛山村合并，命名为瓦屋垱；合子山、新时堰村合并，命名为新时堰村；能家桥、太坪寺村合并，命名为太坪寺村。

保留恒丰村、樊溪社区居委会、建设社区居委会、闵泉社区居委会。

石公桥镇

高堰岗、杨腊溪村合并,命名为贵家铺村;夹堤口、赵家垱、建新村合并,命名为赵家垱村;桃树嘴、冲天湖、泥港口、余家垱村合并,命名为冲天湖村;丁家垸、龙子岗、新竹湾村合并,命名为丁家垸村;仙人庵、北极宫、白云阁村合并,命名为白云阁村;东陂堰、覃家岗、文家坪村合并,命名为覃家岗村;芦茅岗、芦花坪村合并,命名为芦茅岗村;刘家铺、新庵、林场村合并,命名为三兴村;王家桥、联伍堰村合并,命名为王家桥村。

保留三堰口村、桥头社区居委会、桥南社区居委会、桥北社区居委会、夹堤社区居委会。

镇德桥镇

张家桥、周家岗村合并,命名为张家桥村;八方岗、乔家岗村合并,命名为乔家岗村;刘家桥、丁家井村合并,命名为刘家桥村;文化、同心坝村合并,命名为同心坝村;卧龙岗、龙潭桥村合并,命名为卧龙岗村;枫林口村并入夹港口社区居委会;受福村并入财神庙社区居委会。

保留朱家桥村、水浒庙社区居委会。

双桥坪镇

王家嘴、李家铺、江家垱村合并,合并为王家嘴村;涂家坪、金鸡岩村合并,合并为涂家坪村;五同庵、双堰角村合并,合并为五同庵村;农夫堰、官堰坪村合并,合并为官堰坪村;大桥、马鞍山村合并,合并为大桥村;宋家坪、刘家湾村合并,合并为宋家坪村;双堰堤、茶鞍岗村合并,合并为双堰堤村;板桥坪、全家坪村合并,合并为全家坪村;龙山、兴国寺村合并,命名为兴国寺村;白鹤垭村并入双桥坪社区居委会;富贵坡村并入大龙站社区居委会;翠镇庵村并入郑家岭社区居委会。

保留祝家垱村、南洋坪村。

蔡家岗镇

张家垭、龙门村合并,命名为龙门村;望仙桥、尹家坪村合并,命名为尹家坪;黄潭桥、中湖村合并,命名为中湖村;沈家岗、湖海坪村合并,命名为湖海坪村;大会庵、谢家岔、花园村合并,命名为花园村;黄山峪、周夹巷、桂花堰村合并,命名为黄山峪村;古堤溶、安家岗、落子山村合并,命名为落子山村;长岭岗、蒋家坪村合并,命名为长岭岗村;坛坪村、周家坪村合并,命名为坛坪村;芭蕉堰、大银岗村合并,命名为大银岗村;陆家殿、蔡家岗村合并,命名为蔡家岗村;宝家山、五里溪、刘家嘴村合并,命名为五里溪村;泉垱、高冲、岩巴垱村合并,命名为泉垱村;舒公殿、牛车垱村合并,命名为舒公殿村；南山村并入延寿庵社区居委会；小溪村并入高桥社区居委会；石牛冲村并入镇南社区居委会。

石板滩镇

莫家铺、南家坪、雷家铺村合并，命名为雷家铺村；玉皇庵、大溪冲村合并，命名为玉皇庵村；兴隆桥、枫树桥村合并，命名为兴隆桥村；狮子山、骑龙庵村合并，命名为狮子山村；拾柴坡、田家坪村合并，命名为拾柴坡村；现阳堡村、古堤溶村并入常水社区居委会。

保留毛栗岗村、荷花堰社区居委会、莲花堰社区居委会、石板滩社区居委会。

灌溪镇

唐家桥、富贵坪村合并，命名为富贵坪村；常桃、白马岗村合并，命名为白马岗村；大垱村并入溪沿社区居委会；五里岗村并入百家坪社区居委会。

保留中心桥村、兴发垸村、黄土山村、汤家坪村、岗市村、铁山村、窑顶村、乐福村。

尧天坪镇

尧天坪、长寿山、洪福寺村合并，命名为尧天坪村；白洋坪、马头山、烟云山村合并，命名为烟云山村；双合桥、中太桥村合并，命名为双合桥村；金刚岭、喜洋、太平桥村合并，命名为喜洋村；金家冲、桂花、下午冲村合并，命名为下午冲村；枫梓洞、朱家冲村合并，命名为朱家冲；花莲冲、七里岗、古城山村合并，命名为花莲冲村；南阳陂、万寿山、万新村合并，命名为万寿山村；袁家桥、官坊湾、东门冲村合并，命名为官坊湾村；七斗冲、发旺桥、大官陂村合并，命名为发旺桥村；花园岗、长兴、大洋湖村合并，命名为花园岗；田坪、枫林村合并，命名为田坪村。

保留金峰社区居委会、伍福桥社区居委会。

花岩溪镇

逆江坪、二家湾、岩高塘村合并，命名为逆江坪村；黄殿溪、清塘湖、湖江坪村合并，命名为湖江坪村；廖花河、木笼冲、栎树坝合并，命名为廖花河村；土桥中、新庵冲、鸿鹤陂村合并，命名为新庵冲村；柏叶坪、老屋坪、高峰村合并，命名为高峰村；黄鹤桥、芭蕉冲、党家庵村合并，命名为党家庵村；新开山、荆树湾村合并，命名为荆树湾村；打鼓洲、苏家桥、黄壁坪村合并，命名为黄壁坪村；马家堰、新屋嘴、茄子冲村合并，命名为茄子冲村；兰宫坪、铁山坪、广嗣阁村合并，命名为铁山坪村；鹤子湾村、栀子岗村并入金家坊社区居委会。

保留吴家坝社区居委会、青龙嘴社区居委会。

黄土店镇

鹿角冲、官仓村合并，命名为官仓村；湖堤、冲天坳村合并，命名为冲天坳村；青岗冲、金城堡、新田岗村合并,命名为金城堡村;桃花庵、七斗桥村合并,命名为桃花庵村;沙溪坪、红岩嘴、株树岗、黄花堰村合并,命名为红岩嘴村;金霞山、青龙井村合并,命名为金霞山村;九龙、唐家溪、紫云山村合并,命名为唐家溪村;沧浪坪、桃花溪东山坪村合并,命名为沧浪坪村;海坪桥、彭家桥村合并,命名为沧山村;新桥、湖坪村合并,命名为新桥村;凉水井、霞峰村合并,命名为凉水井村;洞桃冲、晓溪冲、黄土坡村合并,命名为黄土坡村;砂田溪、徐家嘴村合并,命名为砂田溪村;将军桥、清水冲村合并,命名为清水冲村;马鞍头、黎家坪、袁家湖村合并,命名为钱家坪村;枞树嘴、中溪冲村合并,命名为云峰村;鸡嘴山、八角楼村合并,命名为八角楼村;铁路坪、陡水坡、栗岗岭村合并,命名为陡水坡村;竹巷口村并入上街社区居委会;千斤陂并入下街社区居委会。

保留回龙桥村、竹清潭村、白岩冲村、中街社区居委会、友谊社区居委会、金沙社区居委会。

谢家铺镇

杉木坪、白泥塘村合并,命名为白泥塘村;葛藤桥、龙虎口村合并,命名为葛藤桥村;河图冲、八斗港村合并,命名为河图冲村;仙人塘、东湖山村合并,命名为东湖山村;古龙山、金泉山、联新堰村合并,命名为古龙山村;杨旗嘴、赵家庵村合并,命名为赵家庵村;丁家桥、桂花树村合并,命名为丁家桥村;施家陂、栗山、王家湾村合并,命名为施家陂村;官桥坪、高湖庙、塘家呗村合并,命名为官桥坪村;黄马井、粟家庵、仙羊冲村合并,命名为粟家庵村;雨堂庵、八方巷、鹿角坪村合并,命名为鹿角坪村;匡家桥、楠竹山村合并,命名为匡家桥村;公王庙、雷轰山村合并,命名为雷轰山村;下陈湾、玉峰、泉塘村合并,命名为下陈湾村。

保留金陵桥村、边山铺村、向家巷村、港中坪村、保留桥头社区居委会。

草坪镇

先锋、花叶港村合并,命名为先锋村;夹岩嘴、丁家坪村合并,命名为丁家坪村;枫林口、伍家坪、连三桥、官庄陂村合并,命名为枫林口村;兴隆街、陡山村合并,命名为兴隆街村;三角堆、稻罗岭村合并,命名为三角堆村;夹溪岭、白云庵村合并,命名为夹溪岭村;兴垸、放羊坪村合并,命名为放羊坪村;泉塘观村并入草坪社区居委会。

保留教门冲村、陡惠渠社区居委会。

许家桥回族维尔族乡

杨公庵、莲花庵村合并,命名为杨公庵村;珊瑚岗、西陂堰、五泉村合并,命名为珊瑚岗村;赤家岗、高岭山村合并,命名为赤家岗村;西窝里、双冲村合并,命名为双冲村;牌楼、杜家冲村合并,命名为牌楼村;五里冲、清凉村合并,命名为清凉村;许家桥、三德桥合并，命名为许家桥村；八叶桥、三元桥村合并，命名为八叶桥村；五宝山、药王溪村合并，命名为五宝山村；金牛山、广城山村合并，命名为广城山村；跑马岗、中堰村合并，命名为中堰村；兴佛山、永寺山村合并，命名为永寺山村；兴旺冲、双堰岗村合并，命名为兴旺冲村；麻家巷村并入许家桥社区居委会。

保留民族村、六〇一社区居委会。

斗姆湖街道办事处

葛麻山、火田坪村合并，命名为葛麻山村；新渠村并入南垸社区居委会；万元村并入新农社区居委会；阳南桥村并入红星社区居委会。

保留马桥村、临沅村、南阳村、新建社区居委会、斗姆湖社区居委会、机场社区居委会、花园社区居委会。

玉霞街道办事处

社居未作调整。辖鼎城社区居委会、临江社区居委会、常沅社区居委会、永安社区居委会、迎宾社区居委会。

红云道街办事处

社居未作调整。辖花船社区居委会、德安社区居委会、停车场社区居委会、福广社区居委会、红云社区居委会、西站社区居委会。

郭家铺街道办事处

社居未作调整，辖王家铺社区居委会、孔家溶社区居委会、郭家铺社区居委会、三滴水社区居委会。

花岩溪林场（花岩溪国家森林公园管理处）

花岩溪、仙池山村合并，命名为花岩溪村；栖凤山、三样树村合并，命名为栖凤山村。

区园艺示范场

野鸡庙、小西堰、万福庵村合并，命名为西阳陂村；岩潭嘴、李家坪村合并，命名为李家坪村。

区特种养殖场

先锋、幸福村合并，命名为先锋村。

保留五甲村。

后 记

《鼎城区乡镇(场)简志》的编纂工作始于2015年4月,此时正值历史上新一轮大规模撤乡并村、调整行政区划的历史变革时期。为记录这一重大历史事件和地理区划变迁,全面记载、反映乡镇政治、经济、文化的历史与现状,给后人留下珍贵乡村史料,按照湖南省地方志编纂委员会《湖南乡镇简志》编纂工作要求,鼎城区成立了乡镇简志编纂工作领导小组办公室,制定编修工作方案,部署工作任务,抽调专业人员,组建区、乡镇两级编修工作班子。从启动编纂工作到2017年10月正式成书,历时两年半,收集资料近两百万字,经数次修改、补充、再修改、再补充,一审、二审、三审、终审,最终编纂成书60多万字。

《鼎城区乡镇(场)简志》是《常德县志》《鼎城区志》综合志书的延伸。此次编修既为市卷本征集编辑资料,又单独编纂出版鼎城区卷本,编修过程中正值乡镇换届、改革进行时,事务繁杂,人心浮动,时间紧,任务重,责任大,给编纂工作带来难度。为此,区乡镇简志编纂办公室制定了详细工作方案,按照时间表逐一分步实施。

明确编修乡镇简志目的意义,强化工作责任,落实工作任务。编修乡镇简志事关地方历史文化建设传承,事关存史、资政、育人、教化,事关乡村建设。区委、区政府在召开的专门会议上、下发的文件中要求各乡镇不得敷衍马虎,撤销乡镇在被撤销之前必须保证编修班子、人员、场地、经费得到落实。保留乡镇要无条件担负起合并乡镇简志的编修工作,不得推诿。要成立专门班子,聘请懂行有能力的编修人员,广泛收集资料,按照专业要求和程序精心编纂,按时按质按量完成编修任务。

加强督导、指导、辅导,保持进度、质量同步。乡镇简志编修工作不同于经济硬指标,容易被"软对付"。对这项工作认识的差异,容易导致重视程度的差异、起步的差异、质量标准的差异、人力物力配备的差异。为此,在任务布置后即逐一上门督导,促其成为"一把手工程"。每隔一段时间或每进行一个工作环节、步骤时,对各乡镇编纂工作进行检查、通报。乡镇简志资料收集、编纂不仅对乡镇来说是一道从没涉及的难题,就是对抽调担任区卷本的编辑人员来说也是一个全新课题,实际上大家都是"新手"。对此,首先要求抽调的区编纂人员要认真读懂、领会省市下发的文件、资料、方案、范本,向曾经编修过地方志的市区专家、学者请教,请上级部门专家进行培训;然后区简志编辑人员现身说法，现买现卖，或大会集中培训，或以几个乡镇为片、或以一个乡镇为点，实行“一对一”“点对点”讲解辅导；在不同的阶段培植一两个走在前头的乡镇、推介一两篇本土范文示范，使其可学、能学、边干边像；对乡镇编修人员编纂过程中“出错牌”“跑题”、篇幅极繁或极简、几易其稿不达标的，则采取“走上门”或“接进门”开小灶个别指导；有的乡镇数次变动编修人员，则每一次都“一对一”从头讲解培训；有的乡镇由办公室人员采写执笔，因其年轻，在当地工作时间不长，对本土历史情况缺乏了解，同时本职工作难以脱身，即建议增强本土老同志力量，并帮助寻找“能人”“高手”。通过这些努力，基本保证了进度、质量同步，基本保证了在规定时间内完成“规定动作”交稿。

规定动作不走样，倚重着墨体现特色。“区域概况、经济发展、基础设施、社会事业、特色地情”五个板块为此次乡镇简志编纂的“规定动作”，但在编纂过程中又力求在“不走样”的前提下，尽力突出各乡镇的不同特色。比如在不同的板块、条目中根据不同乡镇的资源条件、经济发展、产业特色、社会历史人文，重点着墨山区特色、湖区特色、经济强镇特色、文化大镇特色、旅游新镇特色等。此外为记录正在撤并、即将消失的村，在鼎城区卷本中我们附设了第六板块“各村(居)简介”，主要录入各村的名称、位置、面积、人口、产业、收入等数据，以及在此轮并村中的撤、并走向。农林场既是事业单位，又有企业性质，同时又兼具管理行政村的职能，将其纳入时，“板块结构”既有所兼顾，又有所区别，大体按“三块”职能简述。在时间段上溯与下限处理上，本着详今略远，但有的下限处理不止于 2014 年底，如撤乡并村就“跨界”延伸到 2015 年年底—2016 年年初。

此外，我们觉得在各乡镇简志五个规定板块之前，有必要站在全区的角度对乡镇的演变发展过程有一个历史的、简略的、整体的叙述介绍，于是加写了“概述”部分，放在全书第一部分，以利于读者“总览”和“分览”。

乡镇简志与综合志书体例近似，角度、篇幅、表述方式不尽相同，需要适度把握、准确叙述。尽管尽了最大努力，但挂一漏十、史料不全、不精准、表述不得体甚至谬误之处在所难免，恳请读者、专家、同仁批评、指正、包涵。同时，本志书编纂过程中承蒙市史志办、专家们的精心指导和各乡镇的大力支持，在此一并致谢。

编　者

2017 年 10 月